U0934567

Sri Aurobindo

ESSAYS ON THE GITA

汉译世界学术名著丛书
（120年纪念版·珍藏本）
出版说明

2017年2月11日，商务印书馆迎来120岁的生日。120年前，商务印书馆前贤怀揣文化救国的理想，抱持“昌明教育，开启民智”的使命，立足本土，放眼寰宇，以出版为津梁，沟通中西，为中国、为世界提供最富智慧的思想文化成果。无论世事白云苍狗，潮流左右激荡，甚至战火硝烟弥漫，始终践行学术报国之志，无改初心。

迻译世界各国学术名著，即其一端。早在20世纪初年便出版《原富》《天演论》等影响至今的代表性著作，1950年代后更致力于外国哲学和社会科学经典的译介，及至1980年代，辑为“汉译世界学术名著丛书”，汇涓为流，蔚为大观。丛书自1981年开始出版，历时三十余年，迄今已推出七百种，是我国现代出版史上规模最大、最为重要的学术翻译工程。

丛书所选之书，立场观点不囿于一派，学科领域不限于一门，皆为文明开启以来，各时代、各国家、各民族的思想与文化精粹，代表着人类已经到达过的精神境界。丛书系统译介世界学术经典，引领时代思想，为本土原创学术的发展提供丰富的文化滋养，为推动中国现代学术和现代化进程做出了突出的贡献。

为纪念商务印书馆成立120周年，我们整体推出“汉译世界学术名著丛书”120年纪念版的珍藏本，寄望既利于文化积累，又便于研读查考，同时向长期支持丛书出版的译者、编者和读者致以敬意。

两甲子后的今天，商务印书馆又站在了一个新的历史时间节点上。我们不仅要铭记先辈的身影和足迹，更须让我们的步伐充满新的时代精神。这是商务人代代相传的事业，更是与国家和民族的命运始终紧密相连的事业。我们责无旁贷，必须做好我们这代人的传承与创造，让我们的努力和成果不仅凝聚成民族文化的记忆，还能成为后来人可以接续的事业。唯此，才能不负前贤，无愧来者。

商务印书馆编辑部

2017年10月

前　言

室利·阿罗频多的《薄伽梵歌论》(*Essays on the Gita*)原著英语,凡两系。皆发表于其个人杂志名《圣道》(Arya)者。第一系自1916年8月至1918年7月之文,经作者修订成书,为单行本,历其生平凡五版(1922、1926、1937、1944、1949年)。第二系乃1918年8月至1920年7月所撰,亦修订单行,凡四版(1928、1942、1945、1949年)。

此两系之论文综合为一册,则始于纽约之《室利·阿罗频多丛书》,时在1950年。南印度国际教育中心,则亦出版两系综合之单行本,时在1959年,再版于1966年。后此,则有《室利·阿罗频多全集》三十巨册出版,乃纪念其百年诞辰者(1972)。此《薄伽梵歌论》在其中为第十三册。

此书中文译本,成于1953年。原意在"述"而非"译"。于是有合并之篇,有新编之节,有移置之句,有润色之文。其存而未出者,凡六章(在原文第一系中,为第二、三、五、六、七、十六章)。当时以为此诸章内容,与吾华现代思想相距过远,出之适成扞格,反累高明。故留之以俟来哲。姑求出其邃义弘旨,无损无讹。自第十三章之后,渐次逐字直译,直至全书之末。然非纯全译本也,故签署曰"述"。

《薄伽梵歌》中文译本，初版由香港发行，时在1957年2月，再版由北京中国佛教文化研究所印行，时在1990年6月，较初版于经文微有修订，余注释等为译者所加者，概仍其旧。

1992年秋

徐梵澄识于北京

目　　录

薄伽梵歌论

第一系 …… 3

一、大综合论 …… 5

二、教义中心 …… 10

三、俱庐之地 …… 16

四、战斗与人生 …… 23

五、僧佉与瑜伽 …… 29

六、僧佉、瑜伽与韦檀多 …… 41

七、智慧意志之瑜伽 …… 53

八、行业与牺牲 …… 63

九、牺牲之意义 …… 71

十、牺牲之主 …… 79

十一、神圣行业之原则 …… 88

十二、降世论 …… 97

十三、神圣出生与神圣行业 …… 107

十四、神圣工作者 …… 115

十五、平等性 …… 125

十六、平等性与知识 …… 136

十七、自性决定论 …… 147

十八、超出自性之三德 …… 158
十九、涅槃与世间行业 …… 168
二十、行业瑜伽要义 …… 180
第二系 …… 191
第一部 …… 193
一、二分自性 …… 193
二、敬爱与智识之综合 …… 207
三、至上神圣者 …… 217
四、秘密中之秘密 …… 229
五、神圣真理与大道 …… 239
六、行业,诚敬与智识 …… 250
七、《薄伽梵歌》之至言 …… 265
八、变是权能中之上帝 …… 283
九、神能论(Vibhūti) …… 293
十、世界精神观(上篇)
——时间为毁灭者 …… 305
十一、世界精神观(下篇)
——论其双方面 …… 315
十二、道与敬爱者 …… 322
第二部 …… 333
十三、田与知田者 …… 333
十四、超出三德 …… 345
十五、三补鲁洒 …… 359
十六、精神作用之充实 …… 373
十七、提婆与阿修罗 …… 387
十八、三德、信心、工作 …… 400

十九、三德、心思、工作 …… 416
二十、本性与自法 …… 430
二十一、趋向无上秘密 …… 448
二十二、无上秘密 …… 461
二十三、《薄伽梵歌》义理核心 …… 484
二十四、《薄伽梵歌》之使信 …… 494

附:薄伽梵歌

1988 年中译本序言 …… 521
1957 年海外初版序言 …… 523
第一章 …… 539
第二章 …… 550
第三章 …… 567
第四章 …… 577
第五章 …… 587
第六章 …… 594
第七章 …… 605
第八章 …… 612
第九章 …… 619
第十章 …… 627
第十一章 …… 637
第十二章 …… 651
第十三章 …… 656
第十四章 …… 664
第十五章 …… 671
第十六章 …… 676

第十七章 …… 682

第十八章 …… 689

注　　释

释辞(义译) …… 707

释辞(音译) …… 715

释名(人名) …… 730

释名(神名) …… 737

释时 …… 744

释器 …… 746

释木 …… 747

征引(一) …… 749

征引(二) …… 757

薄伽梵歌论

第　一　系

一、大综合论

《韦陀》而下暨诸《奥义书》，载籍博矣。“真理”，独一而永恒者也。世间万事万物之理皆由此出，依此而明，据此而得其所，此“真理”者，吾人之所求也。顾独一而永恒矣，必于“时间”内自表襮，而且因乎人心。大抵古代典籍，必包含二种原素：一属当时者，变灭者，以其所出生之时代国土之理念为限；一属永恒者，不变者，放诸古今内外而皆准。夫古人之心，今人之心也；今人之智识非古人之智识，此随时代而变迁者也。凡古代学术思想，其形式，组织，体系，其玄学与智识上之型模，微妙精确之术语，必随时代而变；声光势用，久必浸衰，无当时之力；名相或为新兴者所代，而附以增益修改之义。于是研究古代某一经典，而欲深知其于当时之意象精神，明其于古人之印象作用，邈不可得。其为永恒价值者，乃其广大弥纶之“真理”，以超乎智识之眼光所可见，知，证，悟，且可生活于其中者也。

今吾人研味《薄伽梵歌》，当舍其在古代当时之玄学涵义不论；观乎古今注疏纷陈，门户诤论，至今未已，虽至公无私之哲学史论，亦无以救其偏失。盖其事原不可能。吾人所能为者，唯有求其所涵清新活泼之真理，视其所能裨益吾人造福今世者奚若，而出之以最自然最生动之表述，合乎今人之思绪，而有以应其精神之求。虽然，如此亦犹不能无失，必不免以今之时代特性，思想理义，强加古人。斯失也，在昔日伟大人士亦尝所不免。然若使深入乎此伟大经典之精神中，而于实际生活加以体验，必能有得乎精神真理，如吾人之所求者。而古代经典之所为作，原义有在于此。且唯古代经典，宗教、哲学，能如是加以更新，置之向上发展人类精神经验之熔炉而重加炼冶，视其历劫不磨之质也奚似，而更加型铸之，发皇之，乃于人类为有益；非是者，古董之遗余，无真实生命冲动之力，不足以裨益今世而启发将来者也。

《薄伽梵歌》中，真为时间及空间所限制者，少；其精神广大而深微。而此佥佥者，亦易加以普遍化而无损于教义。唯其广大化之，此教义乃愈见增其深度与力量。愈漫遍而意义乃愈丰满。如"牺牲献祀"之事，原义为人神间之酬酢，属古亚利安社会，义本深微，而亦堙废久矣，若推而取其广义，则今代所谓生命与生命之交互，自我奉献之常情，皆足以阐释此人生真谛者也。又如行事遵经论(Śāstrá)所云，其义似狭，囿于时代、地域，未有若何广大深微之精神性，然经论者，人类所自加之律则；经论所述之行为，所以代常人纯自私自利之行为，足以克制其以人生为满足欲望之趋向。甚者，如说四族姓，其所说乃精神真理，而未泥乎社会形式等分。有适当之个性，乃成就适当之事业，有其天性之秉赋，乃足成其自我表现之功能，原非拘泥于阶级之不可废者。若此之类，似属此一时代、一国家之道矣，而求其内中之涵义，实远超一时代一国家而上之。推广而求，有虽未显明表述之原则，其中暗涵之义理，亦不可胜道矣。

进者，吾人处理《薄伽梵歌》所附有之他种哲学玄义，亦当本此精神；如其说僧佉与瑜伽，同一韦檀多真理之两面也，证悟此一真

理之方，乃分两道：僧佉之道，属哲学，属智慧，属分析性；瑜伽之道，属直觉，属实行，属诚敬，属伦理，属综合性，由经验而达乎知识者也。《歌》中于二者之教，未严判其不同，神我是一，于僧佉论辄扩充而取韦檀多之广义。至若后世衍进为多神而一自性之僧佉，及所谓巴檀遮利(Patanjali)瑜伽者，非其在《歌》中本义，斯则固当恰如其分，不增不减而处理之。若使谓《歌》中理论乃某某派哲学发展之结果，则又所不计；于教既为弥漫广泛，则其当时起源存而不论可也。

复次，哲学之体系，真理之次序，皆非《歌》中至关重要而不可变之义理也。然组成此哲学体系之材料，织为此一片云锦之思想，皆复杂而归乎和谐，深邃而不朽者。何也，以其非徒为哲学智识之推测，乃精神经验之永恒真理，及最高心理可能性上可以证明之事实，为研究存在之神秘者所不容忽视者也。此种经验，至丰富而属综合性，此种思想亦广大而属综合性。其结构既非某一学派分析辩证之谈，其语言亦非某一部执独立彼宗之论，其理念之平衡分布，又可见一宽博周遍之大智慧回旋于其间。以印度精神史事观之，此乃诸伟大综合之一，其丰富不下于各宗各派之创立，及精神经验之证会，执一以究极，殊途而同归者。其用在调融和合，不在分析剖判也。

是故，当其视宇宙存在之基本为唯一永恒、纯粹、不变之“自我”也，亦不当说此为纯“不二论”；当其说遍造物之“自性”三式摩耶，亦不合说为“摩耶论”；当其说无上“自性”显为情命之形式而归于“太一”，轻解脱而着重归于“太一”，以为精神知觉性之至高境界，亦不合说之为“胜不二论”；当其以自性与神我二者而释此宇宙

也，亦不得目之为“数论”；当其表克释拏为维师鲁之降世应身，亦不得视为维师鲁一教派之神道论。其于无缘无相之大梵，及宇宙创造主而为众生之友者，亦未强分高下于其间。盖其为精神与智识之综合，不异于古之奥义诸书，而凡足以损伤其广泛之综合性者，自然加以避免。是如一广大之门，启对无数精神之真理，经验，视瞻所及，于彼至上境界周遍靡遗，有勘测而无界划，有指引而无障隔。后世注家，往往取之为一派一说之根据，用为辩诤之口实，失之远矣。

以印度思想发展史观之，大端之综合有四。最古者，《韦陀》之综合也。人类心灵高起而上翔，以其神圣知识，权能，欢乐，进而与宇宙天神并驾齐驱，直入乎物质界以后之高等界。此种综合之极诣，则在《韦陀》修正之经验中，有至神圣极超上而殊悦乐者，于是而人与神合得其圆成。次则《奥义书》集纳古代先知与见者经验之菁华，以之为一大精神知识综合之起点；凡其所见所经验而得者，皆综合于一伟大之和谐。此其二也。《薄伽梵歌》由此韦檀多之综合起始，托基于其基本理念，进而和合诚敬，行业，智识三大瑜伽，以此而人类可以直面至真，归于超极。此其三也。过此以往，尚有密乘之大综合，凡足以为精神生活之阻碍者，皆转变之而化为精神之胜利，使吾人得体验生活之大全，且启示赫他（Hatha）瑜伽与罗遮（Rajayoga）瑜伽之秘奥，利用身心之苦行以成就神圣生命之多方，此《薄伽梵歌》仅略略涉及而未深入者。于是乃恢复古《韦陀》先知之人类神圣圆成之道，其间久已沦废者也。此其四矣。

今者，吾人值一新时代之方始，当入乎人类思想经验与企望之一大综合与和谐。自无能守韦檀多之一端，亦不能趋密乘之一径，更不能皈依往古敬神之一教，终不能局促于《薄伽梵歌》之四隅。非是者，则自他人古人之知识与本性中，而创立我辈之精神生活；未是依我自有之本体与潜能而创设精神生活也。我辈非属于过去之黄昏，而属于将来之日午。各种新鲜资料潮涌而至，印度及世界各大神道之势力，正有待于吾人之同化；且佛教有复兴之意，而近代知识之发现，虽有限亦有可资，甚且人类知觉性上久已遗失之秘密，邃古之奥义渐尔启明，凡此皆足以指示一新生丰富浩大之综合将临；凡吾人所役者，举新之而一体广大化为和谐，实为将来精神上与智识上之需要。过去之综合辄取其先者为出发点，此后之和谐亦不得不然，以已经证实之精神思想与经验为之基。其中则《薄伽梵歌》实居首要矣。

然则吾人之研究《薄伽梵歌》，非谓于其思想作学术之探讨，或效法古代论师作分析之辩证，或安立其哲学于玄秘之历史中。吾人所以研究之者，求助力，求光明，目的有在于辨认其重要且鲜活之使信，人类而得其圆满与最高精神幸福之所必资取者。唯综合，故能大。

（澄案：综合者，集大成之谓也。网罗百家之学而无遗，一一皆究其极，然后从而比较抉择进退抑扬于其间，立定主旨方案，一以贯之而发其和谐，斯之谓综合也。然亦非有所发明增上不为功。阿罗频多氏之学，可谓大矣。独于雪藏以北中华五千年之文明，所言甚略；若使大时代将临，人莫我知，无憾也，而我不可以不知人，则广挹世界文教之菁英，集其大成，以陶淑当世而启迪后人，因有望于我中华之士矣。）

二、教义中心

阿琼那驻车两军之间也，睹其所当杀戮者，非异国，非异族，非异姓，又非九世之仇，而皆尊、长、亲、戚、故、旧也，所以骨肉相残，操戈而争夺者，国王之权位耳，亦又明知己之力，足以杀彼等不义之徒；非己之力，则足以致败。至此，而其内心犹豫焉，翱翔焉，懑怼焉，恻怛焉，五内震荡而不知所出。——夫博大深微之教，必不附丽于寻常生活之事可知；以寻常伦理而可了者，亦无需此天神之教。必其当大疑惑，值大危难，盘根错节，奇衺万变，而宇宙之真理乃可说可见。世俗以生死之情为大，而人生遭际，必有以生死为轻之时矣，阿琼那至此则曰：宁被戮而死矣，宁乞食以终其身矣，慈悯感怆之深，又远过凡人日常之激动。空虚茫漠，若凭舟而失棹焉，常时所守之"正法"，际此无能为用。翻若其所遵从之道德宗教伦理之正轨，忽陷之于大罪恶，大杀戮，其祸不仅在当时，且蔓延至于后世而未已，此其所见及者也。于是其急欲求得者，乃别一行动之轨则，代此"大法"，凭借之而脱此疑难。此固人间行动之人，亦一时代代表人物也，其悲伤悯恻，人生之情也。

于是问之于其师，其师，天神也，为"真宰"之降世应身；隐于世而为其御者，亲切恳挚，从容说此教言，以象征言，则人性神性，并驾齐驱也。且古《韦陀》中亦有人神同载之说矣（如 Indra 与 Kutsa），《奥义书》中亦有两鸟同栖一枝之喻矣。人生终有内心之神明为主宰，可以其身心性命之全体，依乎至上之神明而居，天人合发，万变定基。而其相遇也，不在山椒水涯茅舍团瓢之内，从容论说宇宙之玄微，而在揽辔赴战慷慨杀敌之车乘中。盖其为神也，非独智识之神，且为行动之主，人类行为之所由出，斯亦人类生命之所依归者也。顾其所欲教此弟子者，适非弟子之所问，即舍此一切“法”，而唯自居于一广大觉悟中，即生活于“神明”内；而一切行动，又唯当从此一觉悟源出也。彼神人者，未尝教以何种外表行动律则，而实教以内中心灵之修为，心灵等平，舍弃行业果报之望，双超善恶之表，唯归心凝定于“神明”，乃以瑜伽而有为，反复陈说，无非使此行动性之阿琼那，明乎生活且行为于此世间，而同时又超出世间之理，此斯弟子所未遽解者也。

于是有说，《薄伽梵歌》者，遂以此为“行业瑜伽”之书，所谓工作之福音也。是矣，《薄伽梵歌》诚说行业瑜伽，说人类工作，然此工作、此行业、与现代人所知为工作、为行业者，异撰。《歌》中所谓行业者，乃臻极于智识之行业，即所以得精神之证悟与心灵之定宁者；乃出自诚敬之行业，即一往归诚于无上“真主”之行为，期有与此“至真者”合德，而非近代社会之任何行业，发自为己为人之动机，或社会人道之理想与原则者。今人辄以无求无欲之履行社会职责，为此《歌》之所教，此所谓以欧化智术，参入东方古印度思想者也。《歌》中所教者，非人世之劳工，乃神圣之行业，非所谓完成其相对之社会职责，乃舍弃一切行事与职责之标准，无我以圆成神圣意志，即由我辈自性而有所为之神圣意志；非社会事业，乃至上人至善人之行事，无其个人性，为此世界而有为，以作向上帝向神明之牺牲奉献者也。

谓《薄伽梵歌》为专教行业之书固不可，谓之为专教诚敬瑜伽或隐士修道之方亦不可。其着重内心之弃舍，亦未尝说出家遁世为极则，至若有为胜于无作为，于内心作平等观，而以之皆归于“至上神我”，乃款款而道之者也。行业，智识，诚敬，瑜伽之别三，在《歌》中等无轩轾，有时顺思绪而扬其一，未尝以此而抑其余。要之，此为精神生活之书，而非应用伦理学。阿琼那受教：依其时代最高理想而生活，然更当有“彼面者”“超上者”之了解知见，入乎大梵知觉性，以其内外在“神主”之决定而有为，非徒如凡夫之随顺外间律则与世法而已。

凡此种种解说之异撰，实由古今之思想有其差别。今世西洋上古希腊罗马文化之哲学理想主义，固已废置，即中世纪基督教之虔诚主义亦已无存，而代之者，乃实用理想主义，及服务于社会国家人类之虔诚也。于是“人”为神明，而“社会”为可见之偶像，其诚敬固犹在也。凡此，善矣美矣，尤为时代所宜有，亦皆属“神圣者之意志”之一部分，否则不能于人类发生如此伟大之效能；顾此种近代思想，于其实际动机上所摒弃者二事：一为上帝，永恒者；一为精神性，为神明境界。皆《歌》中之主旨也。由是而《薄伽梵歌》，似与时代不复相接。今代生存唯依于情命，人心，智术，《歌》则教人生活归极于精神；今代唯处于“变易”，而“变易者”，则一切众生皆是也，《歌》则教吾人亦安居于“非变易者”，则止泊乎“超上自在主”也；今代唯处于“时间”之迈进，《歌》则教人生活于超时间之“永恒”。若是者，以近代心思而绎释此《歌》，必有不合。今代于上者真者偶有知见，则仍以之隶属人类社会，然上帝与精神性，自有其存在之权，非必为人类之附庸也；而按于实际，吾人内中之低下者，必约束之而使其为高上者而存在，庶使吾人内中之高上者，亦明觉为此低下者而存在，引之至其自处之高境也。

是故研究此书者，偏重一道固不可，以今度古亦未合。然天神之师所以教人间之弟子者，其说不必外求，歌中之警策（mahāvākya），固有在也，如云：

往！尔其皈依于“彼”兮，
以尔身心其尽如；
以彼恩慈之故兮，
　　得永恒至上之安居。
此智我以授尔兮，
较玄秘而更閟，
此观照而无余，
则径行尔心之所出。

更听我之至言兮，
一切秘密中之至秘，
尔于“我”为挚爱兮，
故“我”言尔之所利。

致思于“我”兮，
敬“我”！事“我”！拜“我”！
爰臻至于“我”所。
——尔为“我”之所亲，
故真挚其尔许。

尽弃一切法兮，
皈“我”于一。
“我将释尔诸罪恶兮，
尔无忧戚！”

（《歌》，拾捌，六十二至六十六）

彼者，我也。——尽研此五颂之奥蕴，而《薄伽梵歌》之大体明矣。所以定大犹豫决大疑难者，固有在于此。——要之，超凡入圣，代低等法则之束缚以高尚律则之自由，步骤有三：第一，由舍弃欲望，由绝对平等性，而成其行业，斯时也，人犹自以为作者，但以所作为牺牲奉献，奉献于一至上神明，初未在其自体中证悟此神明也。第二，非但捐弃业果之望而已，抑且自明非事业之作者，悟入“自我”为平等无为不动不变之原则，而一切行业，则宇宙“力量”之活动，即“自性”之事功，斯则非平等而有为，亦变亦动之权能也。第三，证知超上“自我”即“无上神我”为统制此“自性”者；性灵，其一分之显示也；在纯粹超上性中，由“自性”而一切行业皆归焉。敬爱者，爱“彼”；奉献者，奉“彼”；皈顺者，皈“彼”，于是而知觉性全上跻而移入此神圣知觉性中，则人类心灵，亦分享“彼”之神圣超上性，超于“自性”，超于行业，而作为于完善之精神自由中。初重行业；次重智识，而知行合一；末重敬爱；行与知皆升举，充满新力，得其圆成，是三道合一；夫如是而与神明“本体”合，与神圣自性为一

矣——有旨哉！*

* 此所引之五颂，其前之第六十一颂，《论文》中引其前半。云："众生内心兮，主者维神！"以其行文之方便故，余半颂未引。兹并略。

三、俱庐之地

阿琼那之忧伤，实引起人类生命与行为之全部问题矣。世界何是？为何如是？世界如是，则此世界中之生活何由而与“精神”中之生活相和谐？——此等困难深奥问题，皆此天神之师所坚执计度以为其教令之根本者，由是而教令其弟子发于行事，必出自生存之新姿态，为解脱智识之光明所照射者也。

顾承认此世界如是，而有为于其中矣，而内中又将安其精神生活，将毋异宜？其困难果何由而作也？第一章谓之“阿琼那忧伤之瑜伽”者，何也？岂非直见宇宙人生之真面目，揭除道德伦常之幻影，自视公正之妄见，有以生其震怖耶？将非此生存之一面，在人未与其自我得一高尚妥协之前，于其已觉醒之心思乃生其迮愕惊骇者耶？此真面目，外表之，则俱庐战场之大杀戮也；内视之，则造物主之为“时间”而磨灭万物也。宇宙之主，创造万物；同此宇宙之主，毁灭万物者也。《奥义书》有云：“圣贤英雄，皆彼筵宴之馔肴，死亡则其香料也。”同此真理也，初则昧然隐现于人生事实中，次乃明明朗耀于心灵透视中，显为生命之实谛。世界之存在，人类之生存，以奋斗杀戮而进展，此外表也；宇宙之“本体”以大创造大毁灭而圆成其自体，此内情也。人生为战斗与死亡之田，此俱庐之地也；上帝为“至不仁者”，“可怖者”，此阿琼那于杀戮之场所见也。

希腊哲人赫那克莱脱斯（Heraclitus）有言：战争，万物之父，战争，一切之主宰也。——渊哉此语，类同希腊诸哲之至言，深奥之真理在于其间。就吾人所见者，物质或诸种力量相撞击，世界由是而生，诸多力量，倾向，原则，有体相冲突，世界由是而行，新者成而旧者毁，而莫或知其所如往也，——或以为终于自体之大毁灭；或以为成其空洞之循环，或有乐观之论，以为进化之循环，虽有似是之纠纷混乱，终且愈跻愈近于某种高尚之神圣圆成者，如《启示录》(*Apocalypse*)所述。不论此类学说奚似，吾人所确知者，则成也毁也，无毁必无所成；和谐乃得于争冲力量之均等，而此亦自无数明争暗斗而胜得者；更有甚者，舍由吞噬其他生命以恒常自加长养而外，生命实无由长存。吾人之躯体，固时时新陈代谢者也。视之若九关之城，则窥其垣墉攻其壁垒者，旦夕未已，而守御之者，亦朝夕不懈。此则人类生存之大较也。

古代思想，固尝承认此种真理，以之为哲学起点。《奥义书》见此不迷，说之透骨，谓“饥饿”者，“死亡”也，此乃世界之创造者与主宰者。而以生命之存在，为献祀所刑之马。表“物质”以寻常日用之语曰“食物”，食物者，被吞噬而亦吞噬他物者。食者方食而旋亦被食矣，——乃物质世界之公式。后世有达尔文之物竞天择，优胜劣败之进化论，初未逾古希腊，印度，所说之真理，皆较确切，广大，且有力者。

德国哲人尼采(Nietzsche)者，固常以战争为人生之要谛矣，以战士为理想之人，——其始也为骆驼人，其末也为儿童人，其中间必为狮子人*，于是乃能臻至完善也。尼采学说，吾人未必尽与以同意，然此说则揭举一真理，素来为吾人所不敢直视者。常人之情，好视“自然”为慈爱，为生命，为善，为美，而忽视“自然”亦为丑恶之死亡，颂赞上帝为“湿婆”(Śiva)，而不好称之为“楼陀罗”(Rudra)，此亦哲学，宗教，伦理皆不可免之凡情也。此说一出，诚于世间心灵雄猛之人为一大补剂，足以救其软化，懈弛，皆由凡俗忌讳所引生者，而且倘若不直视生存真际，勇猛而不自欺，竟何由而解决生存中之乖谬冲突耶？然则吾人首当谛视此人生与此世界为何是，然后乃可寻求其转化之方；若此生存之丑恶一面中含秘密，有属于终极之和谐者，则忽视此面亦失去此秘密矣；既于生存问题之真实原素所见未真，则于生存问题之终极解决必不能善。若使此为必当剪除之仇敌，则漠视其权势及其在生存原则中植基之实力，亦复无济于事。

复次，战争毁灭，不但为人生物质一面之通则，亦属吾人心思，生命，道德，生存之要端。在通常智识，社会，宗教，伦理之实际生活中，若无冲突纠争，则罕有进步；已存在者与将存在者斗，居于已存在未存在之后者亦复相争。如今之人，如今之事，求进步，增长，圆成，则斗争所不能免，同时而欲保持贯彻彼至高至上之行为原则所谓“不害”者，其事为不可能。岂不说谓吾人唯当用“心灵之力”，永不从事战争而毁灭耶？亦不以物质之武力而自卫乎？是矣。然吾人所见者，“心灵之力”尚未有效之前，当世之人，当代诸国，相攻

---

* 按：见拙译《苏鲁支语录》，初版世界文库版，上海生活书店发行；再版商务印书馆发行，北京，1992。

相害，相毁相残，魔力鸱张，蔓延莫制，而世间所损已多，则虽守其“不害”，其弊且或较以暴力而止暴力者为甚。然且以“不害”为理想，以为必有一日由此而臻于佳境矣，然“心灵之力”，若发皇功效，则亦非和平不害之力也；其毁灭之效，且远过于刀剑炮弹，盖不在一时之近功，而在莫大之后果。此张目运用“心灵力量”之人所能明见，见其终极所毁灭者若何浩大，后果若何巨深，几乎凡依之者赖之者皆毁灭而俱尽。恶不能灭，势必凡附丽于恶而生存者皆灭，则虽曰不为暴行，吾人可免于此感觉上之痛苦，而其为毁灭也，无异。

进者，每当吾人运用“心灵力量”，同时亦起大“羯摩”之力加于对方，其后果非吾人所能管制者也。精神之人，遇暴力侵凌，不为抵抗，而遇之以定宁至静，则往往招致宇宙间至巨之种种力量而起其反对作用，较之用武力抵抗者，迥不相侔，若使其恶势力不受禁遏，一往蔓延，必自招更大毁灭，有非吾人想象欲加之者，而以武力抗拒之者，翻较仁慈，此史事上屡见不一见者也。士君子洁身修己，不动其心气，以使世间争斗毁灭之律则，自败而后已，此不足也，必当求其根源而断绝之。三德之“剌阇性”犹成多于毁，若任乎“答摩性”而不动，于恶势力不能或不欲抵抗，随顺而无拒违，更适足以长恶。故以个人之行事论之，避免参与斗争及其同时必生之毁灭，可谓独善其身有助于其个人之道德体，至若“屠戮生灵者”则仍其未除也。

此外，则全部人类历史，乃足以证明此一原则之冥顽坚健，遍漫不衰。而吾人和缓之，调剂之，亦自然之理。盖斗争与毁灭非一切也，宇宙间尚有其他原则存：有牺牲人以为我之冲动，即有牺牲我以为人之精神；有离析争斗之事，即有联合互助之力；有自私利己之行，即有爱他无我之能。相对而观，转如机括。“联合”非徒互助而已，亦在此人生奋斗中，有以自强而御外患，然亦用之于自私，争斗，及生命之相搏。进而观“爱”，亦常为死亡之力，尤以爱善，爱上帝之爱，如人类小己私我之所拥抱者，乃为若干冲突，战争，毁灭之原因。“自我牺牲”信伟矣，其最上者，适足以证知人“死”出“生”之律，某“权力”之祭坛，必得此牺牲者而其事乃办。值猛兽之攫，母鸟之翼其雏也；为自由而争，志士之死其国也，烈士之卫其道而殉其主义也，动物生命高下不齐，此皆其自我牺牲原则之最高例证也，斯理亦昭然明著矣。

复次，远观其后果，更不容易乐观。志士之死也，欲其国之独立自由也，不数十年而后，羯摩之主，既已偿其流血与痛苦之代价矣，其国乃化为侵略者，压迫者，转而以掠夺殖民地，并吞属国以延续其命脉。古之殉身基督教者，无虑数千万人矣，以“心灵之力”，抗帝国之威，使基督教得以流行，基督得其胜利。是矣，其“心灵之力”果然胜利，基督教亦果然流行，然非基督教主；此一胜利流行之宗教，遂转化为勇猛雄强战胜攻取之教会，其迫害侵凌之势，远较其所取代之信理及帝国为甚。世间各大宗教，皆自加团结为互相斗争之实力，进而相聚作殊死战以图生存，增长，而占据此世界也。

凡此，皆诏示吾人生存中有一原素，或者为原始因素，吾人未知如何克服者；或者此原素本无由克服，或者吾人未尝加以谛视，虚衷默察，而识其本来。若吾人欲达到生存问题之正当解决，无论此解决为何，必先之以正面观察。而正面以对生存，即正面以对上帝；斯二者原不能分。世界生存之律则，其责任不能自其创造主移卸，或自其所组成之“彼物”刊落。然而于此，吾人往往又和缓之，模棱之，乃建立一至爱深慈之“上帝”，至善之“上帝”，至公之“上帝”，一随我辈于正义，美德，公道之伦理概念焉；余者，则以为非“彼”，或非“彼”所有也。一若生物界之死亡吞并律，及宇宙之成也，住也，坏也，皆“人”所发明者然。有少数宗教则以为不然，如印度教者：以为宇宙神秘之权能，实为三位一体之真际，象征“力量”者，不独为慈爱之“杜迦”母（Durga），亦为可怖可愕之“迦黎”母（Kali），杀戮流血，舞蹈而乐其毁灭者也；而教人曰：“此亦圣母也，当知此亦上帝，汝有力亦当赞美者焉。”为此教言者，端赖有大无畏与至诚；而印度教之得创立渊深广被之精神性，卒非其他教可比者，亦以此故。盖真理者，真实精神性之基本，勇猛大无畏乃其灵魂也。

综上所云，非谓斗争毁灭乃生存原始要终之事，亦非谓和平不大于战争，仁爱不较死亡为更神圣，更非谓不当以心灵之力代替物理之力，以和平代战争，以和谐代争斗，以仁爱代吞噬，以大公无私代自私自利，以不死之永生而代死亡。上帝非独为“毁灭者”，亦又为众生之友，不独为宇宙之三位一体，亦又为“超上者”；可畏可怖之迦黎母，亦仁爱慈和之女神。俱庐战场之主者，乃神圣之友人兼御者也。为众生之吸引者，为天神降世之克释拏。无论其经此纷争扰乱杀戮之场，策驾安往，诱导吾人至何所何神主而休，其必为超出此吾人所坚执诸方面则无疑已。顾将之何所？其道奚由？如何超上？出何情况？皆吾人所当发现者也。而发现之方，首当直面世界之真实，观察其实相，恰如其值以估计其动作此际之初机，然后正道与目的地随而显现。吾人必须承认此俱庐之地，必须皈服此入“死”出“生”之律则，然后方得双超死生而入“永生”之道，吾人必须张目凝视，不效阿琼那之惊愕，有勇气瞻望此“时间”与“死亡”之主宰，于此宇宙之“毁灭者”不加否认，不加憎恨，亦不自其前退转。

四、战斗与人生

人生何居？明暗种种势力交争，常变而常灭，患难，痛苦，邪恶，毁坏相辐凑；此世界也；而有见遍在之“神明”在于其间者，以为不得不有此人生之谜之解答；以为超出其所居之“无明”而外者，必有调和之“明”，此则在于纯粹之信仰，其态度若曰：“汝虽杀我，我仍信汝矣。”——一切人类思想，无论其为有神论、泛神论，或无神论，若属肯定而活泼者，所持之态度，隐约不外如是。有所承认，有所信仰；承认世界之冲突矛盾，而信仰某至高原则曰“上帝”，或宇宙“本体”，或“自然”，使人生能调和，或克服，或超出此冲突矛盾者也，或三者同时，使人生以克服与超上而归于和谐者也。

至若论人生之实际，则吾人必承认其斗争一面，至极则如俱卢之地一大战也。历史上不乏过渡时期，种种力量相撞，以成一大毁灭与一大复兴，凡政治，宗教，道德，社会，智识皆与焉，而此在人类进化之社会阶段上，或实际心理阶段上，往往极成于一物理之大痉挛，即斗争，大战，革命是也。《薄伽梵歌》肯定自然中有此猛烈危难之必需，承认此猛烈过渡时机之道德面，即正道大法与不正道非法之相争，至善之律则与至恶之势力相战，亦又承认其物理面，即人与人各代表其互相反对之权能，执干戈而相杀戮。《薄伽梵歌》成书之世，其时视战争为人类必有之活动，远较近代为甚，其时以为消灭战争，直梦呓耳。

就人类进化之历史循环观之，和平善愿之福音，实未尝须斯胜利；盖各民族之道德，社会，精神，皆未尝准备成熟，而进化中之人类“自性”，尚未容许有此种超上性立即成熟也。进化而至如今，吾人唯调和各种龃龉扞格之力量，使其相互暂安，以缩减过于恶劣争冲之重演，舍此而外，实未尝有若何进步。而今人所求以建其全世界之和平者，仍不外出之以充满怨毒仇恨之世界全面战！若人类之天性不改，则凡建立于智识理念，经济平衡，政治调整，厌战心情之和平，既不稳定，亦不持久。或者将来人类有一日已在道德，社会，精神上皆准备圆熟，可接受全世界之和平，吾人亦相信此日之必临；然此日来临以前，接受战争，承认人为斗士之天性与功能，必为任何实用哲学与宗教所不能免者。《薄伽梵歌》视人生之固然，非独望其将来之或然，顾及普遍人类活动之此一方面，故思如何以之与精神生活相调和也。

故《薄伽梵歌》为行动性之战士说教也。此战士之族姓曰刹帝利，职责所在，固为战斗与保护而已。战固有所为，为正法，为正义；扩固有所存，则余族姓人也。于此，吾人不得不略略顾及古社会组织，《歌》中之思想所从出，于印度文化为特异者。居今之世，凡思想者，劳动者，生产者，战斗者，皆萃于一人之身，社会组织之倾向，乃聚合此种种活动，求人人致其力于此公共之智识，经济，军事生活与需求，初未顾及个人之天性与气质。顾古之亚利安社会，与近代社会不同。古者，个人之天性气质为要，以此而决定其在社会上之地位，功能，及伦理典型，未尝重视人为社会性之生存者，亦不以其社会生存之美满为理想之极则，所重者，其精神性耳，视个人为在形成中与发展中之精神体，凡其社会生活，伦理律则，气质之活动，功能之施为，则皆助长此精神形成者。是故职责有分属，刹帝利则从事于作战，保护其余族姓，推而至于抑强扶弱，有其道德义务矣。今代言人人于国家社会有其义务，是矣，其发于行事也，有利有弊，其导社会生活于一致，团结融合，使人生全般发展，固远优于印度社会个人生活之狭隘，隔离，及其过度之专业分化；然其弊也，行之若过于切实，结果适为混乱颠倒。即以近代战争论之，固人人皆有兵役之义务，以保卫其所依托所利赖之社会矣，其末也，则举国沦于一流血之大战壕，思想家也，艺术家也，哲学家也，僧侣也，商人也，工匠也，皆拔离其常业，失其自然功用，而全社会生活解体。于是理智沦没，良知贬斥，而国家危亡。不但军国为然，即不以军国见称者，竭力国防，若尽其疯狂之极致，必化为国家之自杀。

而古亚利安社会，则竭力范限战祸之蔓延，亦又保存战争之利益；其道无他，即委战争之义务于一族姓人，刹帝利是也。其天分，气质，传统，固皆以战争见长，且于战争中得其心灵之灿发，凡勇武之德操，训练之纪律，扶助之义烈，皆于是乎在；而社会之其余族姓，则固受保障而远离，若与战争无与焉。如是而人类战斗破坏之天性，限于少数人，而此少数人为高尚伦理所激扬，适足以发皇其美德。故社会之受战祸也小，而受益也多。《薄伽梵歌》视战争为人生不可无之要素，盖谓此种战争；别其界际，严其限制，一隶属于人生目的之大全，即伦理与精神之发展；在谨慎廓出之范围内，其于个人实体生命多所毁灭，固矣；而于精神生活及民族伦理之提高，乃多所建设。稽之往事，战争而隶属于理想，乃有助于此种发扬，正气武烈，沛然而兴，此必至愚痴之和平主义者，乃加否认者也。逮其为用已过，自当消失，否则无建设性而体存，失其理想，乃徒为暴行，此人类进步思想所必加拒斥者也，然其过去功在民族，此就任何合理之进化观点论之，不得不承认者也。

虽然，战争之物理事实，不过人生一普通原则之特殊外表显示而已，而刹帝利者，亦不过此一普通性格之外表典型，有用于人类完善之圆成者。常人在此人生战斗中所取之态度，必与其自性中最优越之气质相合。僧佉分此世界能力之主要性质为三，故亦为人类天性之三种，"萨埵性"者，平定，知识，与满足之性格也。"剌阇性"者，冲动，行为，与奋斗之热情也。"答摩性"者，惰性与冥顽之姿态也。阿琼那则"剌阇性"人也，而以高等"萨埵性"自制其行为，其忽而忧伤者，则为"答摩性"所袭而不胜耳。此时乃有出家遁世之心，即作"答摩性"之退隐，舍弃一切行业而为修道士(Sannyāgin)。为之师者，于此可以谕其休止，而使其安度纯净和平之修士生活；或者净化之而激扬其"萨埵性"趋向至于极高境界以为弃舍，识此世界生存之无谓，转求彼超时间之无极者，玄默者，无名无相之至静者，彼面者。顾其师皆不此之为，固贬抑其"答摩性"之退转，亦不直其弃世隐遁之倾向，反激扬其行业，甚且参加此残忍凶暴之战争行业，而其所教者，真解决此危难之方，乃别有一内中之退隐，及心灵之超乎世间自性之道，而平静自得之行业，仍成作于世间。非物理之遁世而是内中之弃舍，斯《薄伽梵歌》之所教也。

彼克释拏者，神人也，不出和平神圣之言以解其弟子之忧伤，反激其努力杀戮，异甚！(贰，一至三十八)世固有以温柔为教者，非是者，则其人粗犷而难调，然则弱适足以济强；必得助于"答摩

性”之冥顽，以成就其“萨埵性”之发展，抑遏其过盛之“剌阇性”热力。但神圣性之人物则不同，非以柔弱而生长，乃自强力而更跻于强力者也。神弓在手，神人为御，不义不法之徒在前，阿琼那此时，诚不能就感情冲动而决其所当为与所不当为，此时而徇一己之私情，以避免必有之毁灭者，谓之阘弱，故克释拏以严辞答之而如消也。

彼克释拏之说，非肤泛之激励也，言辞发自极深奥之真理，即躯体之生死，原无至极之重要性。何哉！真实者，是心灵而非肉体，无数劫来，人类生命循环不已，实际为一大事因缘之准备，即超出生死是也。超出生死，非死后而尤生之谓也，凡有心思之动物，死后有生，其死去者，躯体而已。人，固非徒躯体而已也。彼不自视为一生命为一躯体者，固当自知为精神而生活于“精神”中。所谓火不能焚，刃不能刓，水不能溺，风不能干者也。忧悲也，喜乐也，暂现于感觉者也，而不足以撄内中宁定已得解脱之人。居于内中之“精神”，固容接万物，宁定而永恒者也。

进者，纵使吾人之自我流转生死而不已，则死亦非可忧可伤之事也。心灵出现于冥冥谓之生，此冥冥者，非未尝有也，特非吾人之识感可接者耳，则其还归于此冥冥谓之死。彼无有者将不有有，而既有者焉能无有？心灵既有，何至于无？然则孰为被杀，谁能杀人，已逝者无可忧，尚存者无可虑，亦释然矣。

然彼阿琼那之必赴此战者，何也？“自法”(Svadharma)为之主也。“自我”之发展，非独在内而已，外间之世界亦当接受，认为成其发展之因缘。于是则其社会上之职分，生活上之律则，本体上之法度，皆当完成而无遗憾者也。彼刹帝利何为者哉，保护人道者也，则奚为不战？而刹帝利之人生目的，将为与亲戚故旧白首相讙以终其余年乎？非也，为大法正义而战，乃其所乐也；光荣而死，又其所乐，故曰："如值天门之开"，言其不易得也。

综之，人生不能不战斗；而神圣之战士，——刹帝利为其象征耳——有其信条，曰："知尔上帝，知汝自我，保护他人，保障正道；勿畏勿弱，不懈汝在世界战争中之职守。汝即是永恒而不灭之'精神'，汝之心灵，正上臻至超乎生死之永生；生死，等闲耳，创伤痛苦，皆等闲耳，皆当克服者也；勿计汝本身之快乐与利益，而当超上之，绕转之。超上，在汝所攀登之辉煌峰顶；绕转，在此战争等鞫铄之世界，凡善与恶，进与退，皆纠结而胶固争冲者也。凡人皆呼汝为彼等之英雄而求救，救之！战矣！世界必因毁灭而进步也，则毁灭之；然勿恨尔所灭者，亦勿忧彼被毁者。念哉！遍处皆此一自我也，万物皆不灭之性灵也，而躯体则尘土耳。以宁静坚强平等之心情而完成汝之工作，勇猛以死，或光荣而胜，战矣！此固上帝所俾汝之工作，亦汝自性所俾之工作，当完成者也。"

五、僧佉与瑜伽

彼天人师既销释阿琼那之忧伤，旋即于其说精神解决之始，作僧佉与瑜伽之辨，此于《薄伽梵歌》之了解，固至关重要者也。

《薄伽梵歌》基本乃韦檀多学之书，为韦檀多三书之一，且有视为第十三《奥义书》者；实则非徒说韦檀多学而已，原教人以应用瑜伽之学；附益之哲理，则所以阐明其瑜伽也。故智识与敬爱基于行业，而智识又为行业之高栖，其精神之核心乃在于敬爱。此瑜伽也，又托根于数论之分析哲学，以之为起点而又超出之，折衷于韦檀多高等综合之真理焉，此其大较也。

所谓僧佉与瑜伽者，何也？此僧佉固非自在黑疏释之数论，此瑜伽亦非巴檀遮利出以简言之瑜伽书。《歌》中未尝说神我为多，固与数论相左；其尤异者，谓“彼一”即“自我”或“神我”，而“彼一”即是宇宙之“主宰”，“自在主”，或“至上补鲁洒”，为宇宙之因，则数论所严格否认者也。传统数论可称为无神论，而《薄伽梵歌》之数论则调协有神论，泛神论，一神论，微妙折衷者也。

巴檀遮利之术，所谓兰遮瑜伽也(Rajayoya)，内中修为之方，有伦有序，以之制气而调心，渐进使心思止息，归于入“定”；此种自我超上之功，所得在当时者，为心灵之知识与权能，两皆扩大发皇。悠远者，乃与神明和合。然《薄伽梵歌》则综纳各派瑜伽之术，博涉多收，融和同化，兰遮瑜伽则仅为其一原素，亦非至关重要者也。

《歌》固不取严格与科学化之等分，而取心灵发展之自然程序；诚采主观平定行为之少数原则，期于心灵之自新，成其转变以上达，离低等自性而新生于高等神性中也。故其说“定”（三摩地 Samadhi），与寻常瑜伽禅定之义不同。巴檀遮利以行业为道德纯化与宗教静虑之初端，而《薄伽梵歌》则以行业为瑜伽特著之性格，永远之基本；在兰遮瑜伽中，倘果已得则行业旋废，至少亦不复为瑜伽之方，在《薄伽梵歌》中，行业则为臻极上达之途，虽心灵已得其全部解脱，而行业继续不已。

如是，作此分辨矣，可知其名相较通常吾人串知之术语涵义为广，思想乃不致混淆。然凡数论与瑜伽所包涵之精义，凡其为广大普遍而真实者，《薄伽梵歌》固皆采纳之矣，初亦不以此等自限，如相反对之学派然。其所谓僧佉者，广大韦檀多之僧佉学也，其原素义理，早见于诸《奥义书》之韦檀多大综合中，亦具于后世诸“古事记”之发展中者也。其所谓瑜伽者，乃主体修持与内中转变之方，所以发现“自我”或与神明合德者；所取者广义，而兰遮瑜伽特其一端耳。然《歌》固说僧佉与瑜伽非互不相容而相异之两派，其原则与目的皆为同一，其出发点与方法则异。僧佉亦瑜伽也，以知识而进行者也，始于生存原则在智识上作分辨，分析；其终也见“真理”而得“真理”也。瑜伽，以工作而进行者也，其最初原则则为“行业瑜伽”，而行业（羯摩 karma）取极广之义。此瑜伽者，以一切内中外表之活动皆奉献于至上行业之主，即彼“永恒者”之为心灵之一切能力与苦行之主宰，而以为牺牲者也。然则瑜伽者，“真理”之实践，超上之知识以启其明，诚敬之精神以策其动，一贯为或宁静或热烈之牺牲奉献也。奉献于智识所见为“至上者”也。

数论之真谛为何？数论者，以分析程序而得名者也，于吾人之生存原则，常人所见为联合，为联合之结果者，从而分析之，计数之，辨别而区分之，此所谓数论，即僧佉学也。此僧佉全未从事于综合，其原本立足点属二元，此又非诸韦檀多学派之相对二元论(Dwaita)。而为绝对严格之二元。其解释存在也，以为由两种原始原则组成，——“神我”，静者也；“自性”，动者也。“神我”为心灵，为纯粹知觉之本体，不动不变，自体光明。“自性”则其能力亦其程序也，“神我”无所为，但反映能力之动作及其程序；“自性”属机械者，既反映于“神我”中，则现为种种活动中之知觉性，并生种种现相：创造也，保持也，消灭也，生也，长也，死也，知觉与无知也，感识之明，智识之明，以及无明也，有为也，无为也，苦也，乐也，“神我”在“自性”之势力中，皆以归之于己，实则此皆属于“自性”之运用。

“自性”者何？三功德所成也。功德者(guṇa)，能力之真元形态。曰“萨埵”，智慧之种子，涵藏保育能力之工事；曰“剌阇”，乃力量与行动之种子，创造生起能力之工事；曰“答摩”，惰性与无智性之种子，反对“萨埵”、“剌阇”者，消灭其所创造且涵藏保育者也。此“自性”之能力之三势平衡，则一切皆止息，无运动，无作用，亦无创造，于其光明不变之知觉“心灵”体中，亦无可反映者。然一旦此平衡扰动，三者互不相下，相互争冲，于是而不息之创造(成)、保育(住)、消灭(坏)皆起，宇宙之现相开展。如此未已，以“神我”之愿加反映而成，此所反映之荡摩激扰，乃隐蔽其永恒性格，而归之于“自性”之性者也。若使“神我”不与以认可，则三者仍复归于平衡，而心灵归其永恒无变之不动位；则诸相皆泯。“神我”似唯有此二种权能，一则反映，一则与或不与“自性”以认可；“神我”为“自性”之见证者，以其能为反映，且为能与认可者，（即《薄伽梵歌》所云 sākṣī 与 anumantā）然非活动之“自在主”也。其认可，乃被动性，其不与认可，亦一被动性也。无论主观客观之行为，于“心灵”皆为陌生，以其既无自动意志，复无主动智慧也。故不能为宇宙之唯一原因，而有待于肯定第二原因。非谓“心灵”以其知觉之智识，意志，悦乐为宇宙因，乃谓“心灵”与“自性”二者为宇宙因，一为被动之“知觉性”，一为主动之能力。僧佉论之解释宇宙存在也，如是。

顾此知觉之智慧与知觉之意志，吾人所视为生存之大端者，何自而生耶？寻常吾人自然以此归之“神我”，而不属之于“自性”也。但在数论中，此智慧与意志全为“自性”之机械能力之一部分，不属于心灵，而皆属于“大”谛，“大”谛者，智也。（Buddhi）。为二十四谛之一，即二十四宇宙原则。在世界之进化中，“自性”并其内中三德为之基，为事物最原始之本质，非显了，无心知，从而生力量之基本五态，即五大，亦五物质也，“物质”与“力量”在数论中无有分别，所谓地，水，火，风，空（以太）是也。然吾人当注意者，此五非近代科学所谓原素之义，在古代思想中乃物质能力之微妙状态，其纯粹本体固不能求之于粗重之物质界者。凡物皆此五微妙体或原素所合成。而五者又为五唯量之基本，即物质或能力之五种微妙性格：香，味，色，触，声是也。此五唯量者，使心识能知物境之路由。合此由原始能力发出之五大，与由之而知此五大之五种识感之因缘，乃成吾人近代所谓宇宙存在之客观面。

余十三谛者，组成宇宙存在之主观面者也。大，我慢，意（或译心思）及其十根为十三谛。根者，识之功能也，五属知，五属行。意

者，原始心识，见知一切境而生其反应者也。盖同时有推理与传达之活动，以见知而接纳《歌》中所谓物境之“外触”（bāhya sparśa）者也。于是而成其世界之理念，发作其情命活动力之反应。然专化其通常接纳之能，则以闻，触，见，尝，嗅五识之助。遂以物之五种性格为相应之五境。境者，对象也。又以生语言，动作，摄持，排泄，生殖之五业根之助，而专业其相应必有之情命作用。大者（布提），分辨之一谛，同时为智慧又为意志，即“自性”中分辨与排置之能为。我慢者，私我意识，乃大中之主观一谛，以之导“神我”自认为“自性”及其活动者也。然此等主观诸谛，皆属机械性质，正如其为无心知之能力之一部分，与成其客体活动之诸谛同。顾吾人所难解者，智慧与意志何能为机械“无心知者”之性能，而本身又皆属机械性？（jaḍa）。然近代科学，岂非得相同之结论耶？虽在原子之机械动作中，亦有其能为，唯可称曰无心知之意志者；在“自然”之一切工作中，此遍漫之意志乃成就一切智慧之工事，而无心知以为之。吾人所谓心思之智慧，与在物质宇宙之一切活动中下乎知觉以分辨且排置者，在真元上恰恰相同；如科学所欲明示者，有知觉之“心思”，乃无心知者之机械作用之结果及其抄写而已。然数论阐释近代科学犹昧然未达者，即属机械性且无心知者而擅有知觉性之形相，其所遵之程序为何。此盖因“自性”在“神我”中之反映；“心灵”知觉性之光明，乃归属于机械能力之工作，于是“神我”既为见证者而观察“自性”，遂自忘其为“神我”，转由生于“自性”内中之理念，误以为其自我能思维，感觉，愿望，有为，实则此思维，感觉，愿望，行为之活动，无时不为“自性”及其三德所成，初非“神我”所成也。除去此幻觉，则为心灵离“自性”及其工作而得解脱之初

步。

究之吾人生存中，犹有若干事物数论全然未加解释，或解释而不圆满者也。若使吾人之所需者，徒为宇宙程序之一合理解释，在原则上作为一切古代哲学所共同之伟大目标之基础，即心灵解脱自宇宙“自性”之谜，则此僧佉之世界观与解脱法，与其他任何学派同善同能。最初为吾人所不解者，即何以能以一多元论之原素参入其二元论，肯定一“自性”，又承认多“神我”也。吾人以为倘以一“神我”，一“自性”之存在，似已可解释宇宙之创造及其进化而无余。然僧佉论以严格分析方法观察事物诸谛，正尔必发为多元论。第一，如实就吾人所见者，世间正有多数知觉体，各随其自有之法而视此同一世界，于其主观与客观之事物，皆有其独特经验，于同一认识与反应之程序，皆有其分别之交涉。若仅有一“神我”，则必无此中心之独立性与分别性，一切将以同一方式而见此宇宙，其主观性与客观性皆同。“自性”为一矣，一切皆见此同一世界；盖“自性”诸谛，遍处皆同，而组成内中与外界之经验者，于一切皆同此诸谛也；然凡诸视见，展望，态度，行动，经验，及脱离经验之方，其分殊区别，多至无量，而此分殊区别，不属于皆为同一之自然活动，而属于见证之知觉性，则除假定有多数见证者即多数“神我”外，绝无他法可加解释。然我慢一谛，即分别之私我意识，岂非足以解释者耶？未也，我慢者，“自性”之一共通原则而无须乎变换者也。其用不过导使“神我”自认为与“自性”同一而已，若“神我”唯一，则众生亦为一，其私我之知觉性必皆合一而相同；纵许在细微处其形式及诸部分之联合不同，而心灵之展望与心灵之经验必皆不相异。“自性”之殊异，应不能为此一切中心差别及多种展望，且自始至终不

能在此一“神我”一“见证者”中有经验之分殊。是故纯粹之僧佉论，自其所生之古学分出，而离其韦檀多学之因素，必不能不承认心灵之多元论，此正其推理所必需。有彼一“自性”一“神我”之关系，可以解释宇宙及其程序，而不足以解释宇宙中知觉体之多量也。此其一。

复次，困难更有甚焉者：解脱者，古代诸学派之鹄的，亦此学之归趋也。解脱何由而得？如前所云，由“神我”撤销其于“自性”种种活动之认可耳，活动皆由“自性”而兴，所以取悦此“神我”也；要之，此特一说法而已。“神我”为被动，认可或撤销认可非其所能为也。实际仍为“自性”本身中之一运动。更深求之，此乃“大”谛即分辨意志中之一种反动或违拒运动。“大”自呈其用于心思之认识；勤勤于分辨且排置宇宙能力之活动，以私我意识之佐助，使此“见证者”与其思想、识感及作用体认为一。以其分辨事物之程序，乃归于此损蚀销熔之证验：即此体认为一乃属虚妄也；终之乃作“神我”与“自性”之区分，而见此一切为三德平衡之忧动；“大”谛同时为智慧又为意志者，自其所支持之此一虚妄退转，而“神我”既得解除其束缚矣，乃不复自联系于心思之意趣于此宇宙活动中。其究竟结果必为“自性”失其权能，不能自加反映于“神我”之内；盖私我意识之效能既灭，智慧之意志亦化为淡漠无情，而不复为其认可之工具；则三德势必归于平衡位，宇宙活动必终，而“神我”归于静止。若使仅有一“神我”，而此分辨一谛自其虚妄退转，则必全宇宙皆息。吾人现见此类事实无有也。亿万人中，少数人趋于解脱或得其解脱，而余人无与焉，宇宙“自性”之活动实未尝由此总结之违拒，必为其一切程序之终竟者，而一毫受损。是则唯假定“神我”为

多，一一独立，乃能解释此事实而无过。此外，由韦檀多之一元论观点而解释合理，则宇宙摩耶论耳（māyāvāda），然摩耶论则持一切皆如梦幻，系缚解脱，两非真实，皆摩耶经验之谬妄，实则既无缚者亦无脱者。而较实际之僧佉论，不能采纳此存在之幻相说，故不能用此解决。唯有承认心灵之多，由数论对宇宙存在之分析乃为必然之结论，此其二。

《薄伽梵歌》始于此种分析，其标举瑜伽也，初似全般接受此种真理者然。既承认三德与二十四谛矣，亦以各种活动归诸“自性”，而“神我”亦复说是被动无为。且说宇宙间知觉有体是多，亦许能认同之私我意识之消灭，智慧意志之分辨作用，以及超出三德为解脱之方。阿琼那受教，自始所当为者，即智识瑜伽，即智慧意志之瑜伽。然此中有一至关重要之分别焉，即视“神我”为一而非多也。盖《薄伽梵歌》中之不变，不动，自由，永恒，而非物质性之“自我”，除一细节外，即僧佉之永恒、被动、不动、不变之“神我”，而出之以韦檀多派之叙述者也。其主要分别，在其是“一”而非多。由是僧佉论以多性所避免之全般困难皆起，而需要不同之解决。于是《薄伽梵歌》于其韦檀多派之僧佉论中，介入以韦檀多派之瑜伽学。

此新原素为何？即“神我”之新概念也。“自性”以其活动取悦于“神我”，是矣，顾此悦乐何由而决定耶？据僧佉论之严格分析，此仅能由彼玄默之见证者被动认可。“神我”认可智慧之意志与私我意识之作用也，原属被动，其认可此意志自私我意识退转也，亦属被动。彼为认可之源，为见证者，以反映而持载“自性”之工作者，（sākṣī anumantā bhartā，）舍此以外无他。但《薄伽梵歌》之“神我”，亦“自性”之主宰，为“自在主”。若智慧“意志”之活动属于

“自性”,则此意志之渊源与权能皆出自知觉之“心灵”;彼乃“自性”之“主”。若“意志”之智慧作用为“自性”之作为,则智慧之渊源与光明皆出自“神我”,乃自动出之者;则非徒为“见证者”而已,亦是“知者”,“主宰者”,知识与意志之自在主(jñātāī śvaraḥ),彼为“自性”之行动之究竟因,亦其退出行动之究竟因。在彼僧佉论之分析中,“自性”与“神我”二元乃宇宙因;在此综合之僧佉论中,“神我”以彼之“自性”为宇宙因。至此,可知其如何与传统之严格分析相远矣。

然《薄伽梵歌》所从而发端之一“自我”抑又奚是?信为不变,不动,永恒自由矣,无有于一切变易,亦不入乎变易(avikārya),未生,不显,是为“大梵”,而“万有以之而遍漫”。然则其本体中似涵“自在主”之原则矣;倘其为不动者,又如何而为一切行为动作之主耶?抑宇宙间之多数知觉体又将何属?彼等似非“主宰”也,以其服属三德之作用及私我意识之虚妄,竟甚似“非主宰者”(anisā)。若如《薄伽梵歌》所云,彼等皆为一自我,则其内入作用及服属与虚妄何由而生?且舍“神我”之纯粹被动性,此又何可解释?又此多者何自而起?况在一身、心中之一自我得其解脱矣,其在他身心中者仍在幻妄与束缚中耶?凡此种种问题,皆有待于答复者也。

《薄伽梵歌》在其末分诸章中,分析“自性”与“神我”,参入以新原素多种,于韦檀多派瑜伽学为近,与传统之僧佉论则甚相远者。说“神我”有三,或一“神我”之三位。《奥义书》涉及僧佉之真理,有时似说神我有二。有颂说一未生而三色者,即“自性”及其三德之永恒阴性原则,创造不休。有未生者二,“神我”二,其一依乎“自性”而乐之,其一已尽乐其乐而离之。别一颂喻谓二鸟同栖一枝,永恒为侣，一啄食树上之果，喻“自性”中之“神我”乐受此宇宙也。其一则静观而不啄食，喻玄默之见证者，离其乐受也。若其一视其二而知一切皆彼之伟大也，则得解脱乎忧悲。此两颂之观点不同，而其所暗示者则一。其一鸟，永远沉默而全无拘系之“自我”即“神我”也，万有由彼而遍漫，彼顾视其所遍漫之宇宙，而超然居上；其第二鸟即内入于“自性”中之“神我”也。前颂说二者同，而其为解脱为系缚之位不同，即同一知觉体之两种不同分位，——盖其第二“未生者”已降入享受自性之欢乐而离之。后一颂则说前颂之所未备，即于其一体性之高等格位中，“自我”为永远自由，无系着，不自动，虽于其低等有体中，下降入“自性”之无数有生者；且以某一有生者中之退转作用，由之而返乎其高等位。此一说也，一知觉心灵而有双重格位，开一新端；然“彼一”之多性程序，则仍晦然未白。

《薄伽梵歌》于此二者之外，又加其三，并《奥义书》之其他思想一同阐述者也。此第三者为何？即一至上之“神我”，曰，“至上之夫”或“无上补鲁洒”(Purushottama)，其伟大则此一切万事万物皆是也。(拾伍，十六至二十)于是乃有三者：一变灭者(Kshara)，一不变者(Akshara)，一至上者(Uttama)。一、变灭者，变动不居之“自性”(svabhāva)，心灵之一切变化皆是也；此则为“神圣本体”之多性，即在“自性”内中而非出离之者也。二、不变者，即无变易无动转之自我，玄默而无为，此则“神圣本体”之一性，为“自性”之“见证者”，而不参与于其运动中；亦即不活动之自我，无着于“自性”及其工事。三、至上者，即“主宰”，为无上“大梵”，亦即无上“自我”，双具不变之一性与变动之多性。故由于一浩大无垠之动性与作用，属于“彼”之“自性”，“彼”之能力，“彼”之意志与权能者，而“彼”

得显示“彼自我”于此世间；由于一更广大无涯之静性与不动性，而“彼”之本体乃超此世间而独立；然仍是“彼”之为“至上补鲁洒”，乃双出此离“自性”及依“自性”之表。此一义也，虽常隐含于诸《奥义书》中，乃独由《薄伽梵歌》揭举而确立，其于后世印度宗教思想之势力，乃异常伟大。此义为最高敬爱瑜伽(Bhaktiyoga)立其基础，自谓能超出一元论之严格界义者也；亦在标举敬爱道之《古事记》(Purāṇa)哲学之后方。

《薄伽梵歌》之学，亦不自憙建立于僧佉论之“自性”分析中，盖彼处唯能安立私我意识，而无以容多性之“神我”，彼处“神我”非“自性”之部分，乃与“自性”分离。反之，《薄伽梵歌》肯定“主宰者”以“彼”之本性而化为情命(耆婆，Jiva)。倘宇宙“能力”仅有二十四谛而无他，则此何由安立？彼神圣之天人师若曰：是矣，其说宇宙“自性”及其三德之显明活动可通，其说“神我”与“自性”之关系亦不谬，且以释内入与退转之实际作用亦皆有用，但此特三德之低等自性耳，为显了者，无心知者也；然犹有一较高者，无上者，有心知且神圣之“自性”，此则乃化为个人之心灵耆婆者也。在低等“自性”中，每一个体现为私我；在高等“自性”中，“彼”为个体之“神我”。换言之，多性乃“彼一”之精神自性之部分。此个别之心灵是我，在创造中此为我之一部分显示，而具有一切我之权能；此为见证者，为允可者，为持载者，为知者，为主。降而入低等“自性”中，则自以为被行业所系缚，以享受此低等有体；亦能退转，自知为被动之神我，无有于一切行业。更可超出三德，脱离行为之束缚而自由，而仍具有行为，如我之所为，且以敬爱崇奉此“至上补鲁洒”而与之结合，则能全般享受其神圣“自性”。

如是，其分析有如是矣，不自囿于宇宙之显了程序，而深透超知觉之“自性”之至上玄微（Uttamam rajaguhyam），《薄伽梵歌》乃建立其韦檀多与僧佉及瑜伽三学之综合。乃建立其智识，行业，敬爱之综合。若依纯僧佉论，则行业与解脱相违，其结合为不可能。若依纯一元论，则以永恒不断之行业为瑜伽一部分为不可能，而既得大全知识与解脱与和合之后，仍处于敬爱之途亦不可能，或亦冗赘而非理。于此则《薄伽梵歌》之僧佉学消融，而《薄伽梵歌》之瑜伽学乃渡越此一切困难矣。

六、僧佉、瑜伽与韦檀多

《薄伽梵歌》前六章之全旨，在于以韦檀多之真理，笼括僧佉与瑜伽两道为一大综合，通常视之，二者固属相对而相违者也。此综合以僧佉为出发点，为基础，但自始即充满以瑜伽之理念与方法，且愈进展愈加着重，而重新型铸于其精神中。在当时宗教人士之心目中，初似以为两派之分歧，在于僧佉以知识进展，通过智识瑜伽；瑜伽则以行业进展，且安立于自动知觉性之转化。其次，僧佉导人至于全般被动，至于舍弃尘世工作（Sannyāsa）；而瑜伽则以内心舍弃欲望而已足，纯化主观原则所以导入作为者，转化行业以趋向上帝，超向神圣存在，趋于解脱。此为第一分殊之推论结果。二者之指归同一，即超出此世俗生存，超出有生，而期心灵与“至上者”合契。此种殊异之处，固《薄伽梵歌》所表呈者也。

阿琼那所感觉之困难，未能悟解此两相反对者有何综合之可能，足征按当时寻常思想，此两派间已有严格之分划。彼天人师始以调和智识瑜伽与行业，而说徒有行业，固远逊于智识瑜伽也。行业之可取者，乃在以智识使人超出世俗人类心思及其欲望，上臻大梵纯净平等之境界，而欲望皆捐。行业为解脱之方，然必是此种已经知识纯化之行业。然阿琼那未解也，于其师所着重宣说韦檀多派之僧佉思想，及其所谓克制诸根，自心思出离而退归“自我”，上臻大梵境界，消灭低等人格于非人格性之涅槃，皆所未通，盖其时瑜伽思想犹多隐伏而未阐，故问："君既以为智识胜于行业矣，则胡为命余为此暴行耶？君似以纷陈之言使余迷惑，故请作一决定语，由之而余之心灵乃臻乎至善也。"（叁，一，二）

克释拏答复此问，遂言僧佉之道为智识，为遁世；瑜伽之道为行业；然倘非瑜伽，倘无视作牺牲之行业，平等而为，不冀其果，倘不见作者为"自性"而非心灵，则真遁世亦不可能。然随即谓知识之奉献乃最高者，凡百行为皆臻极于智识，以智识之火而行业皆焚；故以瑜伽而行业皆舍，缚解而执除。得其"自我"者如是。然阿琼那亦犹未解也。（伍，一）于此有无欲望之行业，即瑜伽之道，于此又有舍弃行业，即僧佉之道，二者并行似是一法者然，而其间无明显之妥协。阿琼那，行动性人也，其心思尤未克分辨此微妙似是谜语之说，妥协调和，其师固已言之矣，——在外表之无为中，当见有为仍持续未已；在明显之有为中，当见其真实无为，盖心灵已弃除其为作者之幻觉，而捐弃其行业，悉委之于牺牲之"主"矣。——虽闻之而未得其意，未深透入此精神与真实性中，故请其师作一决定语，二者孰愈也。

此一答复殊关重要，盖分辨二者甚明，虽未加阐发，然已明指调和之路。则曰："弃世与行业瑜伽，二皆使汝心灵得福。然行业瑜伽为优。彼不忮而不求者，虽有所作为，亦常可谓弃世之士矣，盖已无有于对待之两端，故易安然脱离系缚。说僧佉与瑜伽为异者，童蒙也，非智者也；若坚立于其一亦得二者之果"，（伍，二至四）盖在整体中，二者互相涵摄。而僧佉所臻至者，习瑜伽者亦得，见僧佉与瑜伽为一者，彼诚见之矣。然弃舍之道难得，非以瑜伽不为功；有用瑜伽者，则可速臻于大梵；彼之自我化为众生之自我（化为一切存在者之自我），虽有为而未居乎有为之内也。斯人知行业非彼所为，而实“自性”之所为，由此悟解，彼已无缚；彼已弃舍行业矣，无所为矣，而行业仍由彼而作；彼则化为“自我”，为“大梵”，视一切众生为自体存在之“本体”之变是，已亦为其一变是而已；而一切众生之作为，不过为宇宙“自性”之发展，以众生个体之自性而成，而已之作为，亦不过同此一宇宙活动之一部分。——虽然，此非《薄伽梵歌》全部教义也；盖至此仅说不变之自我或“神我”，说不变易之大梵，说“自性”为宇宙所缘，然仍未阐明“自在主”，“至上补鲁洒”；至此仅说行业与智识之和合，虽有暗示，然仍未介入一至上之敬爱因素，后来极关重要者；至此仅说一不活动之“神我”及低等“自性”，而犹未说“神我”之三分位及自性之二分位。诚然，已说及“自在主”，然彼与私我及“自性”之关系皆未确定。前六章不过就所可能叙述综合之大凡，未详说此等至关重要之真理，后来述及时必修改，扩大，而不废此初步之和合者。（伍，五至七）

薄伽梵言：斯世原有二途，以使心灵入乎大梵之道者，僧佉派以智识瑜伽，瑜伽派以行业瑜伽。（叁，三）此处以僧佉与智识瑜伽合，以瑜伽与行业之道合，有堪注意者；此示当时之思想较现代者大不相同，现代思想成于韦檀多学大加发展之后，此发展后于《薄伽梵歌》著作之时，于时其他《韦陀》学派，皆已失其为实用解脱之方而沦废矣。确立《薄伽梵歌》之说，吾人必须假定：当时趋于智识一途者，大抵皆用僧佉之说。（原注：诸《古事记》与密乘诸派，皆充满僧佉思想，虽皆隶属韦檀多派而与其他学派之思想相参合。）后来以佛教之发展，僧佉智识一途，声光甚为佛教所掩。佛教之为无神论与反一元论，与僧佉同，然着重宇宙能力所得结果之无常，不说之为“自性”而说之为业力（羯摩），盖佛教既不承认韦檀多派之大梵，亦不承认僧佉之不动“神我”，而以能分辨之心思（妙观察智）识得此无常为解脱之方。后世对佛教之反动兴起，则未恢复古之僧佉学，而商羯罗（Shankara）所阐释之韦檀多学乃盛；于佛教之无常，则代之以韦檀多学之摩耶（Maya），即幻有，无常与幻有，性质相同者也。于佛教说空，说不可名相之涅槃，一负极“绝对者”，乃代之以韦檀多派不可名相之“有”，“大梵”，即不可言说思议之正极“绝对者”，其中一切名相，动作，能力皆息，盖“彼”中此等名相，动作，能力原未尝真实存在，不过心思之幻觉而已，此种韦檀多思想虽与佛法相对待，其性质亦复相同。吾人今代说智识瑜伽，通常乃忆及商羯罗基于此种概念之方法，即视人生为幻有而为弃舍也。然《薄伽梵歌》立义之时代，摩耶犹未是韦檀多学流行之主语，其涵义尚远不如后代商羯罗所标举者之鲜明确凿；盖《薄伽梵歌》于“自性”所述弥详，于摩耶则略；且以摩耶为“自性”之同名异称，仅为其在低等格位者；为三德之低等自性。（traiguṇyamayī māya），宇宙存在之主因，在《歌》中不说是幻有之摩耶而说是“自性”。

虽然，不论其形而上学理念之精微分别何在，《薄伽梵歌》所阐述僧佉与瑜伽之实际分别，与于今韦檀多学之智识瑜伽与行业瑜伽之分别相同，而此分别事实上之结果亦无差异。僧佉以智谛，从分辨之智识出发，与韦檀多派智识瑜伽同；以反照思维（vicāra），而达乎正分别（viveka，按：此“分别”是术语，是辨认义），分别心灵之真本性，及所加于其上之“自性”之工作；其所以能加者，乃由执著及体认为一也；此与韦檀多之以同一手段，达乎正分别相同，即分别“自我”之真性，及所加于其上之宇宙现象，所以能加者，乃由心思之幻觉，斯则导至私我之体认为一与执著也。在韦檀多方法中，心灵返乎其永恒真实位，为唯一“自我”，大梵，则摩耶息而宇宙之作用亦销；在僧佉方法中，心灵归于其永恒真实位，为不自动之“神我”，则三德之工事皆止，而宇宙之作用亦终。摩耶论之大梵是玄默，无变易，不自动者，僧佉论之“神我”亦然；是故舍弃世俗生活与工作，于两派皆为解脱之必要之方。但于《薄伽梵歌》之瑜伽，如于韦檀多之行业瑜伽，有为不但为解脱之准备，本身即是得解脱之手段。《薄伽梵歌》反复辩说者，即此观念之正当；虽持之力而言之重，终未能在当时盛行五印，则佛教已兴，未能抵抗其潮涌也。（原注：但同时《薄伽梵歌》似甚影响大乘佛法，经论中有大块直取材自《薄伽梵歌》者。佛教原始为一派清净启明之僧侣所修，是有助发展“慈悲为行、诚敬为修”之大乘诸宗，大有影响于亚洲文化者。）而其后再失势于遁世虚幻论之翕张，及出世道人信士之狂热，至晚近乃在印度思想中开始发生有益之真实效力。舍弃凡尘，诚不可无者也，然真实之出家乃在内心之捐除欲望与私我计执；非此，则人事上外表之断绝世俗为虚伪而且无功；有此，则出家已非必需，虽出家不禁。其关重要者，智识出，得解脱之力无有高于此者，然具智识之行业亦必不可无；智识与行业合，则心灵全居于大梵之位，非但在静止与不动之安定中，亦且正在动作之紧张与强力中。而尤重要者则敬爱也，然具诚敬之行业亦正所当有；合智识，敬爱，与行业三，则心灵得上臻自在主之至高位，而居于至上神我中，即同时兼为永恒精神之静定与永恒宇宙活动之主者也。此为《薄伽梵歌》之综合。

复次，除此僧佉智识之道与瑜伽行业之道有分辨外，在韦檀多

学本身尚有另一相似之矛盾，此《薄伽梵歌》必加以处理，修改，而融入其亚利安精神文化之广大重述者也。此矛盾为何，即《韦陀》学之智识分与行业分之相异也。此一原始之思想分别，导致两派哲学之分殊。所谓《韦陀》论师，乃前弥曼萨派，则守其《韦陀》之颂赞与祭祀仪文；所谓梵论师者，乃后弥曼萨派。（原注：茁米尼之解脱思想，乃永恒大梵界，明乎大梵之心灵，在其中仍具有神圣躯体及神圣之享乐。《薄伽梵歌》不以大梵界为解脱境，心灵必度入超宇宙位。）梵论师以颂赞与祭祀为无谓，为低等知识，而着重出自《奥义书》之高等玄学智识，此两不相合者也。《韦陀》论师之实用学派，以为古代亚利安修士仙人之教，在于笃守《韦陀》之祭祀仪文，用其神圣祷祝之词，以求满足此世间愿望，举凡财富，后嗣，胜利，种种幸福，以及身后升天而永享天福，皆可以牺牲祀事而致者也。至若梵论师之理想学派，则视此等皆初步准备耳，而真实人生之目的，在转向大梵之知识，由此乃可得其真实永生不可言说之精神幸福，远超过世俗之低等享乐，或在下诸天之福乐者。无论《韦陀》之真实原义若何，此一分别久已建立，又为《薄伽梵歌》所必处理者。

此智识与行业之综合所以议《韦陀》论者，其言近乎激烈诋毁。谓“彼等愚人所说者，虚饰之言，无有见识，盖信奉《韦陀》教义；其教义谓舍此以外无余，情欲之心灵，天国之寻求者，——以为唯由此乃可得有生事业之果*，其仪法之繁文缛节甚伙，固以享乐与握权为其目标也。”（贰，四十二，四十三）《薄伽梵歌》似进而攻击《韦

* 按：此译与本译“求再生由行业而得果兮”句微异，各家译语微有不同。

陀》本身。《韦陀》之学虽大致不讲，然于印度人心目中，固为神圣不可侵犯，为一切哲学与宗教之神圣渊源与权威。“阿琼那！《韦陀》要旨乃在三德之行为，汝当超出此三德也！”（贰，四十五）说“凡诸韦陀”——此语是广义，亦可摄持诸《奥义书》，因以后亦用“所闻”（Śruti）一名词，——于知道者皆无所用。“凡诸韦陀于有知识之婆罗门，其用处正如遍处有水时一井之用处也。”（贰，四十六）甚者，此等古典皆为障碍；——此说或由古籍本文殊异甚多，及其解说之纷歧冲突而起，——盖文字皆可迷惑理解者，真确之了解，仅能于内心之光明集中求之。谓“若汝之智慧超出愚迷之臼窠，则于所已闻之经典或所将闻者，皆无动于衷。若汝之智慧虽以所闻而迷惑，然能坚定不动，居于三摩地，则汝将臻乎瑜伽。”（贰，五十二，五十三）此数颂与习俗之宗教情绪甚相反对，故释者往往曲解其义，然本义原自明显，始终一贯。后此更有一颂（陆，四十四）言知者当超乎梵道语言之域，即超出《韦陀》及《奥义书》范围以外。于此义更加确定且着重矣。

虽然，吾人当究凡此诸说之意义何在？以一综合性质广大弥纶之《薄伽梵歌》，必不徒然反对此一大宗亚利安文化而作消极非毁，此可断言者也。《薄伽梵歌》必综合以行业而得解脱之瑜伽学，与以智识而得解脱之僧佉学，将融合智识与行业二者。同时又必融合此二派所共有之神我及自性，与当时流行韦檀多派中梵论师所说之大梵为一。韦檀多派所说大梵，即以诸《奥义书》所举之神我，天，自在，——无上心灵，上帝，主——融会归一，即不变易大梵也。则又必自此派势力之涵盖下，将瑜伽派之主或自在主之理念拓出，而不与之相违。甚者，又自有其光明思想之增益，为此大综合之冠冕者，即“至上神我”与“神我”三位说，虽此理念已具于《奥义书》中，然亦无明文，且无精神无可非难之论据，初读似与教说彼二“神我”之典籍（所闻）相反。更有甚者，当其综合智识与行业时，不得不顾及僧佉与瑜伽相反之论，又不得不顾及韦檀多派本身中行业与智识之相违，其间此二名词之涵义及其冲突，又与僧佉与瑜伽所说之对立相异。纷纭之说，各自许托基于《韦陀》与诸《奥义书》，林林总总，莫衷一是，观于现代学究籀解古籍，诉断不已，而结论相去霄壤，犹可想象当时，无怪乎《歌》中说智识以所闻而迷惑（贰，五十二，五十三）。人心既倦闻此等纷争矣，势必更无动于衷，更无意于旧闻与新论，则转而趋向内中深处之直接经验以求真理矣。

前六章中，智识与行业之综合，僧佉，瑜伽，及韦檀多三派之综合，固皆奠定广大基础矣。但所见韦檀多派说行业，有一特殊含义；即《韦陀》之牺牲祭祀之事业也，或者且及人生行事，当遵其《家礼》诸经（Grihya Sutras）所教，其间奉行此等祭祀仪文，视为要务，且为人生之宗教核心也。宗教之事，祭祀之业，仪法纷繁缜密，行之者必周必慎，此韦檀多派所谓行业也。然瑜伽派所说行业则意义范围更大。《薄伽梵歌》取此更广大之义；一切行业，固皆当归入精神活动也。同时又非如佛教之拒斥祭祀牺牲，而宁可激扬而增大其义。故曰非独祭祀牺牲为人生之要事而已，即全部人生，一切行业，皆当视为牺牲，虽愚者行之而无高等智识，至愚者行之则不遵仪轨而无法度，然其为牺牲则是也。此生活之正当条件。万物之“父”之造人也，原以牺牲为其永久伴侣。（叁，十）顾韦檀多派之牺牲，皆有求之奉献，期望物质果报，期望天国更大之享乐，且以此为永生，为最高之救度，此《薄伽梵歌》教义所不许者也。盖《薄伽梵歌》以舍弃情欲为起点，视之为心灵之剽贼，(叁，四十三)必加以拒斥消灭者也。然未尝指斥《韦陀》之牺牲行业为无功，固承认之，认其可以得斯世之享乐及彼方之天国。彼天神之师曰：彼等之牺牲咸归于"我"，"我"为诸神之形而施之，满其所愿之果，(柒，二十二)盖彼等愿如是而就我也。(肆，十一)但此非真道，享天国之福，亦非人所当求之解脱与圆成。愚夫拜神，未自知所拜者何神，其实所拜者，在此诸神形式中之"彼一"，"主"，唯一之"天"也，而受其牺牲敬拜者，"彼"也。故当于"彼"致其牺牲奉祀。举凡生命能力及一切行为，皆真实牺牲也，而奉献之皆当用诚敬而无欲求。为"彼"，且为众生之福利。《韦陀》派论昧于此理，徒纷纭于其仪法之纲，遂缚人于三德之业，此则当严加指斥而弃除者也；然其中心思想则未尝毁也；变其形而扬举之，乃化为真实精神经验与解脱方法之要素。

韦檀多学之智识论则无此等窒碍。《薄伽梵歌》遂一举全部采纳之。前六章乃以韦檀多派静止无变易之大梵，内在于全宇宙唯"彼一"而无二者，潜然代替僧佉派静止无变易然属多数之"神我"。此六章一贯承认大梵之知识及其证悟为解脱所必需之要法，虽执无欲望之行业为知识之一必要部分时亦然。同时以私我之涅槃，入乎无变易非个人性之"大梵"之无限平等性中，为解脱之要义；且大致以此寂灭，与僧佉论之"神我"出离其与自性之活动认同，而返乎不动不变之本位无殊；甚且以韦檀多之术语与僧佉之术语融合而发之，如少数《奥义书》所尝为者(如白净书)。但韦檀多派有一缺点必加超过者。吾人不难臆测，在当时之韦檀多派，尚未重加发展其神道倾向，此种倾向在后期韦檀多之维师鲁派哲学中，乃著明显要，在《奥义书》中固早有之，为其一原素而未发皇者也。吾人可以假定守旧派之韦檀多学，在主要倾向上以泛神论为根基，以一元论为极顶。（原注：泛神论之公式为"上帝"与"大全"为一，而一元论则增之曰：唯"上帝"或"大梵"存在，宇宙不过为一幻相，或否则为一真实但属局部之显示。）固知有"大梵"，独一而无二；亦复知诸天，维师鲁，湿婆，梵神等皆消归于此"大梵"中，然独一至上之"大梵"，为独一"自在主"，"神我"，"天"，此一理念已自其光荣地位旁落。（原注：此说微有疑惑，但吾人至少可说，对此已有强大倾向，至终臻极于商羯罗哲学者也。）此诸名相，在诸《奥义书》中，固尝加于无上独一"大梵"矣，亦未为非是，然已超出僧佉论及神道概念以外；在严格合逻辑之"大梵"论中，只可用于"大梵"理念之附属面或低等面也。《薄伽梵歌》，意在恢复此诸名相原来之平等性，及其所诠表之概念。而更有进焉者："大梵"在其最高格位而不在任何低等面乃表为"神我"，以低等"自性"为其摩耶者，此则彻底综合韦檀多与僧佉论；又表为"自在主"，所以彻底综合二者于瑜伽学；尤有进者，则以为"超上自在主"，无上神我，尤且高于不动不变之"大梵"。而私我之泯灭于非个人性中者，最初仅作为与"无上神我"合契所必有之第一步。盖"无上神我"乃"无上大梵"。如是乃径而度越《韦陀》及诸《奥义书》，如其权威论师之所教者，而严明确立其自有之教义，固由彼等而出，然亦未能尽与韦檀多论师寻常所诠释者合谊。（原注：此"无上神我"理念，原散见于诸《奥义书》中，但未若《薄伽梵歌》之集中标举，诸《书》亦往往说"至上神我"或"无上大梵"双涵有功德与无功德两相反对者（nirguṇī guṇī）；非有此则无彼，于吾人现代理智似相违者。）就事实论之，以当时人执一说之学派纷争，及流行之《韦陀》义解，若无此对经典文字之自由而和协之处理，则此伟大之综合为不可能。

《薄伽梵歌》后部诸章中，崇扬《韦陀》及《奥义书》备至。谓之为神圣教典，谓之为至言。天帝且自谓为韦檀多作者与《韦陀》明者，唯“我”乃以诸《韦陀》所由知者，（拾伍，十五）即《韦陀》智术之对相，言外之意，固认《韦陀》为智识之书，而此等经典足当其称谓。是谓彼至上神我在其双超变易与不变易者之极高位中，乃自降于斯世而显于《韦陀》中也。虽然经典之文字也，终为障碍而导入迷疑，亦犹基督教之使者，警告其弟子云：文字杀人，精神乃足救人耳。夫经典之用，自有其边际，过此以往，则其用息焉。一切智识之源，乃人心中之“主宰”，故曰：中处于群有之内心，以我而有念，知，与推理除疑。（拾伍，十五）经典者，彼内中《韦陀》之文字形相，即彼自体光明“真实性”之诠表，犹是“语言大梵”也（śabda brahma）。《韦陀》中有云：“颂赞（咒语）者，发于内心，出自真理隐秘之居处（sadanād ṛtasya，guhāyām）。”此一渊源乃其认可；顾无极之真理较其言诠为大。而不可说唯某一经典为完足而舍此以外无其他真理，如《韦陀》论师之说《韦陀》。斯则于世间一切经教皆然。可谓能救治且能解放之一语。试合世间已有或尝有之经典，《新旧约全书》，《可兰经》，中国之四库书，印度之《韦陀》，《奥义书》，《古事记》，《密乘书》，诸《论》，以及《薄伽梵歌》本书，以至圣圣贤贤先知哲士降世神佛之所言说，亦不能说舍此以外无他，而吾人智识所不能自其中发现之真理为非真，徒以不在其中发现之故。斯则部执之偏见，或折衷派宗教人士之合论，而非自由明通之思想者与体

验上帝之心灵无所拘束以寻求真理也。无论已闻或前所未闻，若人心在其光明深处之所见，或内中从一切知识之“主”之所闻，则常可谓之真理，彼固永恒之《韦陀明》者也。*

* 按：《易》曰：“书不尽言，言不尽意。”后世之拘文凿义者，鲜不失为迂儒。儒法皆重名分，世乱则名法皆紊，镂刻文字，终不足以有为也。求道者辄曰：依文解义，三世佛冤。相宗已启其端，禅宗则不立语言文字，而山林尘俗不识一字者往往见道。无论出世入世，文字之用固有限也。用君之心，行君之意，可矣。

七、智慧意志之瑜伽

前二篇粗具《薄伽梵歌》之思想背景，由此亦可知其思绪发展之轨辙：初则标举一局部真理，隐约暗示其深义，次则举其暗示之深义而阐发之，直至其上升至最后一秘密义，则全然不加发挥，待人之自加体验证悟而已。着眼终在其大综合，其一切音调旋律，步步皆为心思准备其最高圆成一曲也。

彼神圣之师谓阿琼那曰：我已向汝说明僧佉之自我解脱智矣，今更当说安立于瑜伽中之别一面。（贰，三十九）今汝回避汝之行业，畏其业果而转冀他果。乃离乎汝人生之正途，因其非导汝趋向汝所冀望者。虽然，此种行业与业果之理念，以欲得果为动机，以行业为满足欲望之工具，乃愚夫之缠缚耳。唯愚者不知行业为何，其真源安在，亦不知其真实活动，更不知其高等用途。我之瑜伽则可解脱汝心灵系于一切行业之缠缚。汝所畏之事多矣，畏罪恶，畏患难，畏地狱，畏惩罚，畏上帝，畏世间，畏身后事，畏汝自我，此时汝何所不畏哉？汝固亚利安人之猛士，世界之大英雄也。然此畏惧乃人类所共有者，于今生于后世畏罪恶畏痛苦，昧于此世界之真性质而畏之，未尝见上帝之真本体而畏之，未尝了解其宇宙之目的而畏之。我之瑜伽可祛汝之畏惧，虽少分亦可使人无有恐怖也。（贰，四十）一旦汝已践履此途，则凡汝所行，跬步无失，几微之动，必有所得，竟无有堪阻汝前进者。虽然，此雄豪慷慨绝对之诺言，其于彷徨犹豫无往不踬之心思，自未易遽尔确信；其广大充实之真理仓卒亦未可明，除非以此开端之使信，与最后一颂同读："尽弃一切法兮，皈'我'于一；'我'将尽释尔诸罪恶兮，尔无忧戚！"（拾捌，六十六）

虽然，非以此上帝对人类深沉感动之言而发教义之端。发端解释乃大道上所必有之初步光明，非直照心灵，而为诉诸理智之语。初说者，非人类之"友"或"爱人"，而为"向导"与"教师"，将有以解其迷惑，使得明乎真实自我，世界自性，及其己身行动之渊源也。盖人以无知而为，其智慧迷误，因此于其间之意志亦误，遂仿佛人为行为所缚；否则行业无由缠缚自由心灵也。因此错误智慧而有希望、畏惧、愤怒、忧愁，及暂欣之悦乐；否则行业亦以纯粹之宁定与自由而可为也。是故最先以授阿琼那者，为智识瑜伽。以正当之智识而有为，因此亦定其正当意志而专注于"一"，觉知一切内中之自我，行事一出于此平等之定宁，不以吾人肤浅心思之我，在千端万绪之冲动下而纷竞奔驰，则智慧意志之瑜伽矣。

复次，人类之智慧，典型有二。其一乃集中，定止，和谐，合一，唯独指向"真理"；其性是一体，其本体唯集中之定宁。其二则无纯一之意志，无合一之智识，而有无数之理念，枝蔓纷歧，逐逐于生活与环境所起之欲望，东西奔驰不已。布提（Buddhi）一名，原义为理解之心思权能，但在《歌》中用之，则取广大哲理之义，乃指分辨心与决定心之全部作用，所以决定吾人思想之方向与运用，以及吾人行为之方向与运用者；凡思想，智慧，判断，抉择，目的之认识，皆包括于其功能中：盖合为一体智慧之性，非但为能知之心思之集中，亦且为决定且坚执此决定之心思之集中；而纷杂智慧之表征，则不独为理念与认识之散漫，尤为目的与欲望之散漫，因此即是意志之散漫。然则意志与智慧乃布提之二种功能。合一而智慧之意志，固定于启明之心灵中，集中于内中自我知识；反之，纷纭枝蔓之意志，碌碌于繁多之事，而不计唯一必要之事者，则属于无休止而散漫之心思作用，分布于外表生活与工作及其结果者。（贰，四十一）故曰："行业远逊于智慧瑜伽兮，尔其皈依于智慧！为得果而为业兮，斯可悯嗟。"（贰，四十九）即以得工作之果为心思与行为之目的之谓也。

吾人必当不忘《薄伽梵歌》所采纳僧佉论之心理学次序。一面为"神我"，即静定之心灵，不自动，无变易，无外发进化，为一；另一面为"自性"或"自然力量"，有惯性而无知觉之"心灵"，但必与彼知觉性并列，或与之相接，然后能自动，最初非甚为一物，而为非决定者，具三功德，能为外发及内入。心灵与自性相接，而后发生吾辈生存经验之主体性与客体性；在吾人为主体者，外发在先，因心灵知觉性为第一因，无心知之"自性"力量为第二因与依因；但仍是"自性"而非"心灵"，乃供给吾人主体性之工具者。按次序最初起者为布提，即分辨或决定之权能，发自"自性"力量，及其私我之自体辨识之附属权能。于是作为居次之外发进化，则由此等起发另一权能，摄持对象之诸多分辨者，即识感心思或"末那"（Manas），——吾人必当记录此等印度名词，因其英语译名，皆未真实相等。自识感心思之第三进化，乃有分别根识，凡十，五属了知，五属作业；其次乃有每一了别之权能，声，形，香等，为心思而赋予其对象以价值者，对吾人之主观性，使事物成为事物者也。——于是，乃有为此等事物之物质基础者，识感对象之初原境况，即古代

哲学之五原素，或毋宁说为“自性”之原本情况，即地、水、火、风、空，以其种种不同之组合，既成万物者也。

凡此“自性”力量之权能与等级，反映于“神我”之纯粹知觉性中，遂为吾人非纯粹主观性之资料。谓之为非纯粹者，因其作用有赖于对客观世界之见知，且依赖其主观之反应。布提，简单是决定之权能，发自非决定且无心知之“力量”、以惯性而决定一切者，在吾人乃表为智慧与意志之形式。末那，即无心知之力，以客观之正动与反动而摄取“自性”之分辨者，以吸引而摄取之者，则化为诸识之了知与欲望，即智慧与意志之粗重或低等两项。——化为属识感、情绪、愿望之识感心，在低等义度下之欲望，希求，思慕，热情，情命冲动，及意志之一切变形。诸识化为识感心之工具，识感知识之了知五根，冲动与情命习惯之活动五根，主观者与客观者间之中介者；余者皆吾人知觉性之对象，即识境。

此一进化发展之次序，似与吾人所见为物质进化之次序相违。但吾人倘记布提本身，亦为无心知之“自性”之惯性作用，在此义度下必有无心知之意志与智慧，虽在原子中亦有分辨与决定之力量，若吾人更观察在植物及下心知之诸物中，亦有其感觉、情绪、记忆、冲动之粗胚无心知质料，若吾人观看在动物与人类之进化知觉性中，“自性”力量之凡此诸权能，擅有吾人主观性之形式，则吾人可知凡近代于物质自然界观察所得，僧佉论固皆辨正其理而符合矣。心灵从“自性”退转而向“神我”进化，此原来自然进化之次序遂当逆转。古《奥义书》如是说，而《薄伽梵歌》所述吾人主观权能之上升次序也，几于直引《奥义书》：谓超诸境者为识（即识根），超诸识者为心（即末那），超诸心者为智识之意志，更超于智慧意志者，彼也。(叁,四十二)——彼,乃知觉之自我亦即“神我”。是故《歌》言吾人所当了知且以智而悟入者,乃此“神我”,即吾人主体生命之至上因。吾人之意志当注定于其中。如是以此伟大真实心知之自我,收摄“自性”中吾人之低等主观自我,宁静之,坚定之,吾人乃能消灭此自主与平安之仇敌,即无息而恒转之心思欲望。

盖智慧之意志,其动作之可能性有二。可以向下向外而转,趋于认识与意志之散漫作用,在自性之三重活动中转;或则向上向内而入,趋于知觉之玄默心灵,安于其和平与平等性中,于其无变易之纯洁性内,不为“自性”之引诱所动。择于前者,则主观之有体为识感对象所支配,生活于与外物之接触中。斯则欲望之生活也。盖诸根为根境所扰,生其不息之驰骛,常为一径强烈向外之暴动,直攫诸物境而享受之,而识感心思亦被挟持俱去,譬如海上之舟,风飘远举。(贰,六十七)服属于感情,热念,欲望,冲动之心思,为诸识根之向外运动所惊醒,亦挟持智识之意志俱去,遂失其宁静分辨与自主之权能。使心灵而服属自性三德之纷驰,处其永恒格拒争冲之地,度其虚妄无知客观情想之生活,奴役于忧悲,愤怒,耽执,热情;此皆布提向下趋转之结果——斯则通常未经训练未得觉悟之俗人生活。如《韦陀》论师以情欲之享乐为行业之目标,以其圆满为心灵之至上鹄的者,皆误人之导师也。内中主观之自体悦乐,不依乎物境,乃吾人之真正目标,与吾人之安平与解脱之高广姿态也。

然则吾人所当集中意念坚决采取者,乃智慧意志之向上向内一途,即自定于神我之宁静自我知识中也。第一事厥为消除欲望即祸患之全部根源,使欲望消除,则必使欲望之因泯灭,即诸识外

驰，以攫取且享受物境也。当其趋于外驰矣，则必收敛而遏抑之，如龟敛藏其六体于甲壳中（贰，五十八），使诸识根返其渊源，自安于心思中，心思则自安于智慧，智慧则安定于心灵及其自我知识中，观察自性之作为而不隶属于彼，无所欲于客观生活之所可予者。

虽然，此非外表之弃世遁隐也；误会于此旋生，克释拏乃谓此非舍弃外间物境之意。僧佉之退隐或苦行外道，往往自残身体，饿其体肤，甚至企图摒绝食物；《薄伽梵歌》无取于此种自我训练，立义乃在内中之弃舍，即欲望之捐除。既内在于躯体中之心灵有此躯体，必以食物营养之而为寻常生理活动；摒除食物，则徒为除去一己与识境之接触，而未除其内中之缘，使此接触为有害者。识感于物境之乐欲（rasa，亦译“情味”）犹留，好与弗好也，盖乐欲（rasa）有其二面。反之，心灵必堪忍此物理接触，不遭内中情想之反应。否则徒有物境之摒绝，而非主观之息心；诸识皆属于心，为主观者，然则主观乐欲之止息乃自制自主之明征矣。或问与物境无欲以相接，诸识无欲情而为用，如何可能？是可能者也，由得睹彼无上者，——超上，“心灵”，“神我”，——由生活于瑜伽中，以智识瑜伽使身心全部与彼结合为一；盖彼唯一心灵是安恬者，自足于其自有之悦乐中，一旦吾人发现此内中之无上者，以心思与意志皆专注之，则其无对待之悦乐，可代为物境所操纵之情欲心思之好恶。斯则解脱之真道也。

固然，自我训练，自我克制，非易事也。有识之士，莫不知自制之重要，其最寻常之教，亦莫过于缩制识根；然常人说之不详，行之不当，不广不足。往往圣贤或聪明辨达之士，诚从事于全般自克矣，亦于不知不觉间为识感挟持而去。（贰，六十）盖心思自然为识根之用；有其内心之兴趣以观察识境，定止于其间，以为智慧凝思之对象，亦使之作为意志所至为关注之对象。执著由此而生，欲望亦因耽执而起，欲望而不得满足，或遭间断而受牴牾，则痛苦，热情，忿怒皆生，热情盛则心灵蒙蔽矣。智慧与意志亦皆忘失其见，不安于恬静观察之心灵中；于是亦忘其真实之自我，由此一失，而聪明之意志亦矇然皆蔽，甚且丧灭。（贰，六十二，六十三）一时之间，吾人竟全然自忘，而消失于热情之云雾中；吾人全然化为热情，愤怒，忧愁，已不复为自我，与智慧，与意志。此固当抑遏防止，诸识感当终使就范，盖唯有诸识之绝对控制，乃能使聪明平静之智慧安居于其固有位分中也。

此不能全以智慧本身而圆满成就者也，不能徒以心思之自我训练而成；必以瑜伽，以与高于其自体者相接，而定宁与自制，皆内在其中为固有者，始克完成。求此种瑜伽之成就，则不外将全体自我，虔敬以奉于"神圣者"，"归我于一"；盖解放者原在吾人内中，此非吾人之心思，亦非吾人之智慧，更非吾人之个人意志，——凡此，皆工具而已。终知吾人所当皈依者，"主宰"耳。为此，吾人必以彼为吾人全部身心性命之对象，以心灵与之相接。故曰：必当坚定于瑜伽而全然皈"我"；然在此时（第二章）犹是瞥然暗示其深义，如《歌》之常式，出一语包括全部最高密义之种子尚待阐释者，即"合太和坐观'我'为最胜"也（yukta āsīta matparaḥ 贰，六十一）。

如是，若成乎此，则能遨游乎物境间，与之相接，以之有为，识根则全在主观自我控制之下，——非委命于物境及其接触与反应矣，——而此自我又依于最高之自我即"神我"。既无有于反应，于是诸识根乃离其好恶，脱于正负欲望之两端，而和平，安豫，清明，悦乐之宁定乃萃乎其人。清明之宁定，乃心灵安乐之源；一切忧恼皆失其感触宁静心灵之权能，智慧乃迅速得以建立于自我之和平中；痛苦忧患则皆消灭。是布提坚定于此自我与静宁、自我知识中，无欲望，无忧愁，恬然定止，乃《歌》中所称曰三摩地（三昧Samodhi）者也。

居三摩地，非谓于身内身外一切皆失其知觉性，不复知其心思及生理之自我，虽炙灼其肌肤，鞭挞其身体而不苏觉也。——唯流俗之理念如此；未知寂定乃特殊之深密性，然非其重要表征。其验在于祛除一切欲望，使无由搅心，而得成其自由，心灵之悦乐乃凝敛于其自体之内，心思则寂静平等，高出于依违诱拒之表，凡日常外在生活之紧张，晦明风雨之交互，举皆外之矣。故虽在外表有为，实在内中凝敛；虽谛视外物，而实集中于自我；他人或见其忙忙于世间俗事，而实专对乎“神圣者”。阿琼那所问，表常人所不解者，欲求此大三摩地外表物理实际可见之相耳，故曰：如是者，如何而语，如何而坐，如何而行耶？（贰，五十四）夫三摩地者，无外相可说，彼天人师亦未尝欲有说也；其唯一之证验是内中之具有，而若干心理上相反之力量皆有可征。平等观是得解脱之心灵第一特征。然即此平等性之最显著可见之相仍属主观。“处忧患而心无恼乱兮，居安乐而不执持”，（另译：“其享乐之欲望皆除”）离贪，离畏，离嗔兮，是人谓之“定智牟尼”。（贰，五十六）斯人也，“超乎自性三德之作用，无有于对待，坚定于其真实本体，无有于得此有此，而保有其自我”。（贰，四十五）且自由之心灵竟何有于得失耶？具有“自我”者，固一切皆具有矣。

虽然，其行业与作为固皆未止息也。斯则《薄伽梵歌》之强有力处，立义原始，非依傍他宗者也。既以此为得解脱者之心灵安定，此安定境界超出“自性”，说及凡组成“自性”行动者之虚无，而仍能为之辩护，命其不废行业之继续，于是而免乎他派清静哲学或出世道之重大过阙，——此阙失处，现代吾人犹见此类哲学欲避免而未能也。谓“汝之分有在于行，但唯在于行，而无时或在于其果，勿使汝工作之动机在于行为之果，亦勿于无为有任何执著。”（贰，四十七）然则此间所命之行为，非《韦陀》论师所教以欲望而有为之行业，非以恒常之活动使不息而强有力之心思得其满足，如实际或行动性人所要求之行业也。“其坚定于瑜伽而有为，既弃除执著，平等于得失成败；所谓瑜伽即平等性矣。”（贰，四十八）行业之所苦者，相对善恶之选择乎，畏罪恶而难臻于至善乎？然得解脱者既以理智及意志与神明契合矣，在斯世乃两弃恶业善业；盖彼已双超为善为恶之对待，自居于一高等律则中，建立于自我知识之自由中也。然则此种无欲望之行业，不能有决定性，不能有效能，无强大之动机及创造力欤？非也！在瑜伽中成就之行业，虽为世间俗事，亦为最高尚，最明智，有效率，有能为者；盖“行业之主”之智识与意志，有以内成之也。其言曰：瑜伽在诸行中为便捷。谓行事之方便善巧也。然一切归趋人生之行业，岂非逾越瑜伽修士之普遍目标，欲脱离此忧悲苦恼人生之缠缚乎？亦非也；贤哲非求于得果，与神圣者合契，而为其行业者，乃入乎另一完善之格位，其间无有生之缠缚，绝无忧患之人生所引为身心之疾苦者也。（贰，五十一）

如是，彼所达之格位，“大梵”之格位也；乃坚立于“大梵”中。斯则缚于尘俗有生者之全部观念，视线，均皆反转。常人有对待性

之生活，为其白日，清醒，知觉性，行动与知识之光明者，于彼则为黑夜，为昏梦之睡眠，为心灵之阴翳。反之，于常人为高等之有体，为夜，为睡眠，一切智识与意志皆寝息于其中者，对自我克制之牟尼乃为其真本体，知识与权能之白日，醒时，（贰，六十九）常人如浑浊泥水，以欲望之小小流注而浑搅矣；彼则如广大有体与知觉性之海洋，盈盈不动，盖心灵浩茫恬静，扰之不浊；一切世间欲望之入其人，如众流之归海焉，彼则无所欲求，中不自乱。（贰，七十）常人私我之意识充满，分此分彼，此为我有，此是汝有，扰攘不宁，彼则与一切中之唯一"自我"契合，无其我执，亦无我所。其所为固犹常人也，然已捐除一切欲望及其奢念，不为事物之形形色色所迷，而臻至于伟大之平安；其个人之私我因已消融于"彼一"而生活于此一性中，若使临终而能固定于此格位，可以没入"大梵"，得其涅槃，此非佛教之负极自我消灭，而为其个别自我之大汩没于一无限非个人性"存在"之浩大真实性中。（贰，七十一，七十二）

如是，微妙结合僧佉，瑜伽，与韦檀多三学，而《薄伽梵歌》初步教义之根基始定。此犹远非全体也，乃初步知识与行为必不可无之实际合一，然已暗示心灵圆成第三臻极之至深密重要原素，即神圣之敬爱是矣。

八、行业与牺牲

古之教义，知与行辄相乖背。智慧离乎识感，欲望，及人生行事，唯对向至真，彼一，无为之“神我”，无变易、无相状之“大梵”——斯必为知识之永恒种子矣。是则无行业之余地，盖行业属无明；行业适与知识（即明）相对；其种子为欲望，其结果为缠缚。克释拏说行业远逊于智识瑜伽者，似亦谓此。然行业固说为瑜伽重要之一分也，岂非有严重自相矛盾之失耶？不宁唯是，少分之行业，庸可存留暂时，微小而至无妨碍者，可以不废，然此际之行业为何耶？大暴行耳，流血之战争，残酷之杀戮，绝不能与智识相容者，亦绝不能与自体悦乐之心灵，与其不动之和平相合者，而其教有在于是耶？将以静处于大梵中之阶位，及内中作无欲望之平等观之教，而为之辩正耶？此未能调和之矛盾也。阿琼那闻此相违之说，未能通晓，故欲其教以直道，就凡夫之智识，可由之而径达至善者。（叁，一，二）为答此难，《薄伽梵歌》立即阐明行业积极且必不可无之说。

于是其师最初分辨得解脱之二途，可以分别而专心致力者。一为智识瑜伽，一为行业瑜伽，其一如常人义解，暗示废弃行业，以其为解脱之障碍，其一则直以行业而趣归解脱。至此犹未固执二者之合一，或与分别此两端之思想相协调，但初说僧佉弃舍行业之道，出世退隐，既非唯一之途，亦全非较佳之道。心灵或“神我”所当臻至者，无为也（naiṣkarmya），即离行业之恬澹虚无；盖为之者乃“自性”，而心灵当超越之，不入乎有体之劳尘以内，当处乎自由之定宁以观察“自性”之工事，而不为其所动。斯则心灵无为之真谛，而非谓自性行业之止息也。是故以不为任何事业而遂可臻此心灵无为之境者，误也。徒然舍弃行业则不足，亦且非解脱之正道。故曰：“彼行业之不作始兮，无为不得；彼遁世而无所为兮，圆成不获”（叁，四）——圆成者，以瑜伽而达其自我训练之目的也。

然则必不得已，此为一必不可免之手段耶？若“自性”之工作继续未已，心灵如何而免于参入其内？战斗，而内中乃不思不感觉此我个人方作战斗，无望于胜利，抑且内中无动于失败，又如何可能？是故僧佉之教，则以为参加自性活动之人，其心智必陷入我慢，无明，欲望，因此亦沦于行业；反之若心智出离矣，其行业亦必随无明与欲望而俱止。然则舍弃人生而抛除行业乃为必要，固必然之条件，而为趋于解脱之最后一法。此一流行推理之反对，——虽未出于阿琼那之口，然以其余问而观，其心思必有此转，——为其师所预料立见者也。则曰：不然，此种舍弃不但非属必要，亦且至不可能。“盖无人斯须得无所为；为生于‘自性’之功能所推移，凡人必当有所作为也。”（叁，五）于伟大之宇宙运行，且于宇宙力量永恒之活动及其权能，有明确之认识，乃《薄伽梵歌》之一特点；后世密乘竟特殊着重此“自性”或权能（shakti），以为超于“神我”，此《歌》之所以为卓异已。《歌》于此际虽犹未强调其说，然合以其思想中之可称为神道原素及敬爱原素者，弥彰有为之论，在其瑜伽方案中，乃极力修改古韦檀多玄学之清静倾向，固甚明朗者也。人而托生于自然界中，虽须臾虽刹那亦不能无所作为；其生存本身即是

一活动；全宇宙则上帝之一作为也，甚至徒然生活亦系“彼”之运动。

吾人之物理生活，其支持也，继续也，犹旅程也，犹躯体之参方朝圣而长征也，必非以无行动而能。纵使其能舍弃躯体而不与支持，静立如一树，端坐如一石，此植物或物质之静性亦不能脱之于“自性”之手，盖无由自其工事出脱也。所谓行业者，非徒谓吾人生理之运动或活动；吾人之心思生存亦为一大复杂动作，甚且为不息能力之工作之更大更重要一部分，——是为生理体之主因及决定者。因与果缘，若徒抑遏其果而留存其主因之活动，必唐劳无所得。识感之对象不过缠缚之所缘耳，心思固结其上乃是能缘，为工具因。人固可绾遏其业根，禁阻其自然活动，然倘其心思仍忆持而粘结于识境，亦徒劳无所得。是人也，以自我训练之谬解而自误；未尝了解其目的或真谛，亦未知其生存之主要原则，故其自我训练之一切方法皆非。* 身体之作为甚至心思之作为，本身皆无有是，既非系缚，亦非缠缚之主因。所关重要者，乃“自性”之巨力，欲行其志于其身、心、性命之伟大园地中者也。其危险，乃其三德（三态或三性）之权能，可惑乱且迷误智慧，因此亦蒙蔽心灵。此义在后部吾人将见为《薄伽梵歌》全书有为与解脱之关键。解脱乎三德之迷误与蒙蔽而行为可继也，而且行业自必继续，无论其为最伟大，最丰富，或甚至为暴烈之行为；凡此皆不足轻重，盖无有感触“神我”者，心灵实无为也。

---

* 《歌》中（叁，六）mithyācāra 一词，通常译为“伪善之人”，吾意不然。伪善之人，如何能自加苦痛与困乏，严厉而周备乃尔？彼特迷误耳，其所尝行之自我训练方法，乃唐劳而无用之方法也。——此必为《薄伽梵歌》原义。——原注

但在此际,《薄伽梵歌》犹未进至此一大端。心思既为工具因,而无所作为既不可能,则合理而必要之正轨,乃此主观与客观有机体之受控制而作为矣。心思当管制诸识以就其范围,以为智慧意志之工具,而业根亦当就其正业,有为,然是当作瑜伽之行为。但此自我克制之精义为何,且何谓行业当作瑜伽而为耶?不执而已。有为而不使心思沾执于识境,无凝滞于所为之结果。全然无所作为者,妄也,是自欺也,固属颠倒而不可能;若充分且自由以成其作为,不役属于识感与热情,无欲望,无执著,斯则圆成之第一秘奥耳。故克释拏云:"自克制矣,汝当月为。"(叁,八)* 吾固言智识高于行业,然未说无作为胜于有作为也。其理适尔相反,盖智识非谓舍弃行业也,其义为平等性及无耽执于欲望与物境;其义为智慧之意志宁定于"心灵"中,自由高举,超乎自性之低等工事,管辖心思,识感,身躯之动作于自我知识中,约束之于精神证验之自我悦乐中,则纯粹而无对象之自我悦乐也,如是而布提瑜伽乃以行业瑜伽而完成,即智慧意志自我解放之瑜伽,于无欲望之行业瑜伽中,乃得其充满之意义。似此,《薄伽梵歌》乃建立其教义于无欲望而有为之需要,而联合僧佉主观之修习,——舍弃其纯物理管制,——与瑜伽之修为矣。

虽然,仍有一主要困难未加解决。欲望为一切人类行为通常

---

* niyatam kuru karma,尝有释此为《韦陀》派日常行业者 nitya karma,谓日常祷祀等事,吾不谓然。——(中略)——非外间律则所规定形式上之工作,而为无欲望之事业,为已得解脱之布提所管制者,乃《薄伽梵歌》原义。按:此句译曰:"为汝分所当为兮",据此论则当译为"汝当为自有克制之行为兮",前译未出"自加克制之行为"义,盖仍遵《韦陀》派之说也。——原注

之动机，若使心灵而无有于欲望，则行为更无其他基本原理矣。为维持躯体计，吾人或不得不作种种事业，然此亦服属于身躯之欲望，而倘欲得成就，亦必加袪除者也。但假定此不可能，则唯一方法，乃规定吾人身外行为之律则，非吾人主观性中任何事物所使令者，即《韦陀》派之常业(nityakarma)，日常祷祀之事，及社会职责，求解脱者仍可施行，因此乃命令其施行者也；其间无任何主观利益或私人目的，为之无所容心，此非其为自性所驱，徒以其为经论所教者。但若使行业之原则为主观者，非外于本性，若使已得解脱之人及圣贤之所为，皆为其本性所管制，决定，则唯一主观行动原则必为欲望，为无论何种欲望，或为躯体之情欲，或为内心之感情，或为思想之卑下或高尚目标，——但皆隶属于"自性"之三德。然则吾人且释《薄伽梵歌》中之自克行为，为《韦陀》之常业，其分所当为者，乃亚利安社会之职责，亦且释其牺牲之事为《韦陀》所教牺牲奉祀之事，此一分所当为之事，乃当为之而无所容心，无个人之目的。此则通常《薄伽梵歌》无欲望行业之解释也。但吾意不然。《薄伽梵歌》之教义，必非如是粗疏浅薄，必非如是属地域性，属时间性，而且狭隘者也。其义乃博大，自由，而且深沉，微妙，非为一时一国之人说，而是为一切时一切人类说者。尤以其破除一切外表形式，细节，武断，而返诸吾人本体本性之伟大事实与原则为然。此为浩大哲学真理之书，亦即精神上应用之教，非局促于宗教与哲学之公式及版滞之教条者也。

虽然，其困难在此：吾人之本性如是，其行为之普通原则乃为欲望，果能建立真无欲望之行业耶？寻常所谓无所为而为之事，非真无欲望也；若细加审辨，乃以其他大欲望代替个人较小之利益而

已，是则貌似非为个人，而为国家，为人类，为美德者。如克释拏所教，一切行业皆“自性”之三德而成，皆吾人之本性所成；纵依经教而行，仍出吾人本性，何况经教所云，寻常不过一种掩护，徒然隐盖吾人之欲望，成见，热情，自私，及属个人或国家或宗教之虚荣，意绪，偏好等；纵使不然，纵使最为纯洁，吾人仍依乎本性之选择而行，设若吾人之本性不同，三德以他种结合在吾人之智慧与意志上发生作用，则吾人将不依乎经教，而从吾人之所乐或吾人之智识概念而生活，否则亦抉破社会法律之樊，而安于隐遁孤独之生活矣。吾人不能服从身外何物而化为非属个人性，盖吾人实无由出离自我；吾人所能为者，唯有上达于内中之至高者，即入乎自由之“心灵”与“自我”，此则在一切有生皆同，因此无个人性；唯有上入于吾人本体中之“神圣者”，此则具有“彼自我”，超乎宇宙，因此亦超出“彼”之宇宙工事，或“彼”之个人行业，不受其束缚。此乃《薄伽梵歌》之教，无欲乃达此目的之手段而已，无欲本身非目的也。是矣，然如何为之耶？无他，唯以牺牲为目的而成其一切行业而已。故彼天人师曰：“非为牺牲而有作为，人世遂系缚于行业，汝为牺牲而为，其脱乎一切执著矣。”（叁，九）是则非独牺牲祭祀之事及社会职责，显然一切事业皆可本此精神而为；任何事业固可以或广或狭之私我意识而为，亦可为“神圣者”而为之矣。“自性”之一切存在，一切作为，原皆为“神圣者”而有；由是而行，以是而住，向是而趋。设若吾人长此为私我意识所制，终不能以此真理之精神而有见有为，则徒然满足私我，在自私精神中，非为牺牲而有为矣。自私乃缠缚之结。倘向神明而有为，不计其私，吾人乃能解此结而终获自由。

虽然，《薄伽梵歌》在初仍取《韦陀》派牺牲祀事之义，以当时流行语说牺牲之律。此有其用意者也。弃舍与行业之诤,有其二式:僧佉与瑜伽对反,在原则上既经协调;再则《韦陀》学与韦檀多学之诤,仍有待于此天人师之调和者。前者为争端之较广大说,行业之涵义乃普通而广泛。僧佉始于"神我",无变易而不自动之神圣格位,在真际此亦即人人之心灵,遂成神我之无作为与自性之有作为相对待;故其合理之结论为止息一切行业。瑜伽始于以"神圣者"为"自在主",为"自性"一切活动之主宰,因此超出一切活动,其逻辑结论非一切行业之止息,而为心灵之超上,虽为一切行业而仍其自由。《韦陀》学与韦檀多学之争执则不同:行业(karma)则囿于《韦陀》中所说之事,即牺牲献祀祈祷等仪文,余事则视之于救度为无用。《韦陀》派之弥曼萨派以此为解脱之方,韦檀多派根据诸《奥义书》,则仅视之为初步准备,属于无明,亦为求道者之障碍,终必加以弃斥者。《韦陀》派以牺牲而敬拜诸天诸神,以之为佐助吾人得救之权力。韦檀多派则倾于视之为心思界及物质界之权能,与吾人之救度相反对者。(《奥义书》云:人类为天神之牧群,天神不欲其有知,亦不欲其自由也。)其所见为"神圣者",乃无变易之"大梵",非可以牺牲敬拜之行业而臻至,必以智识乃达者也。行业唯堪导入物质结果及低等诸天;是故当弃。

《薄伽梵歌》解决此一纠纷,则以为诸神,诸天,皆一天神即一"自在主"之诸形式,则一切瑜伽,敬拜,牺牲,苦行之"主宰"也。若使奉诸天之牺牲敬拜仅能导入物质结果与天国为真,则奉一"自在主"之牺牲能致乎超于彼等之大解脱亦复无妄。盖上帝与不变易之"大梵"原非两体,而为同此一"本性",则择趋其一,必趋归此同一神圣"存在者"。而一且行业,臻极皆获其成就于此"神圣者"之知识中。“凡百诸行兮，会归智识其有极。”（肆，三十三）是则非障，而为无上知识之路。如是而两派之诤讼毕调，由于牺牲本义扩大之诠释。实际此一冲突，仍是僧佉与瑜伽广大纷争之一端也。《韦陀》学即瑜伽派之一特殊而狭隘之形式；韦檀多派之原则固与僧佉论之原则合，盖二者皆以为得救之运动，乃智慧，布提（buddhi），从“自性”之分别诸权能，从私我，心思，识感退转，两离主观者客观者，而归于无分别无变易者。彼天人师原有调和折衷之见存于其心，以处理此牺牲之说，但自始至终，非着眼于《韦陀》派狭义之牺牲与行业之说，而取其广大普通之通谊，——扩大狭隘形式上之见解，以容受广大贯通之真理，为其所限制而不富者，固《薄伽梵歌》所常用之方法也。

九、牺牲之意义

《薄伽梵歌》中说牺牲者二处，一在第三章(叁，十至十六)，一在第四章(肆，二十四至三十三)。前者就其本身而论，似专言仪式上牺牲奉祀之事，后者则大之为象征主义，其要义乃变，而升入高等心理及精神真理中。在第三章说牺牲之必要已，随即继说精神之人超出行业。(叁，十七，十八)

此固《韦陀》与韦檀多两派理想也，若不相容者然。其一为积极求享世间之乐，及死后升天，人与神之权能相生相养；其一较严毅之理想为解脱者独立于精神中，无有于行业或享乐，斯世或彼土，而唯生存于无上"自我"之和平中，乐其"大梵"平静之乐。第三章以后诸颂，则为此二极端先开调和之地；奥窍不在于既转向高等真理后而遂无作为，乃在于无欲望之有为，有为于未达之前及既达以后。已臻解脱者，以有为固无所得，以无为亦无所得，(叁，十八)初无个人目的以为其选择也。"故为汝分所当为兮!"所以"保世"(lokasaṁgraha)也。(叁，十九，二十)行业与牺牲固臻于至善之方矣，然有其三类：无牺牲而为者，即自私自利之行，以享其乐欲，而失其人生之真谛与大用者也。以欲望而为者，其牺牲与享乐徒为牺牲之果，仅如此乃为其虔诚奉献，外此则非者也。其三则为无任何欲望与执著而为者。是此第三者，乃使人之心灵臻乎至上者也。

凡此全部教义，纯依吾人对此三名之诠释，一牺牲(yajña)，一

行业(karma),一“大梵”(brahma)也。若使牺牲徒为《韦陀》所说之牺牲,所以成就此牺牲之《韦陀》祭祀典礼即为行业,而“大梵”即生此行业之“语言大梵”(śabdabrahman),谓《韦陀》之文字,则一切《韦陀》教条之据点皆已让许,则亦无其他。凡世俗之所欲得者,子孙,财富,享乐等皆以牺牲奉祀为正当方法而可致,雨亦可致,民族之富,庶,长存亦确然可保;人生则为人与神之持续献酬,以神之所赐者转奉于神,而果报乃增其富足,受其保障,得其赡养。是故一切人类行业,几于皆当副之以牺牲奉祀而化为圣礼;非如是虔诚奉献之行业必获诅咒,不先之以仪文祀典之享乐则为罪恶焉。甚至救度与至善,亦当以仪式上之牺牲奉献而得。是故祭祀礼仪永不可废。求解脱之修士,亦当奉行仪法上之牺牲,虽为之而不执矣;如遮那恪 Janaka 诸圣贤,亦以此而臻乎精神之圆成与解脱也。

显然,此必非《薄伽梵歌》教义也,盖与本书之余分全部相违。纵无第四章中之阐释,而在此说本身已有广义之指示,固已言牺牲生于行业,行业起于“大梵”,“大梵”出于“无变恒贞者”(Akṣhara),即永不变易者,是故遍入之“大梵”建立于牺牲祀事中。(叁,十五)原文有“是故”之词,及反复称述“大梵”一名,皆为可注意者;盖“大梵”之义,非尽如当时流行之解释,谓即是《韦陀》;而有象征意义,谓具创造性之“言”,即是遍在者,永恒者,在万有中之“自我”,在生存之一切行业中者也。《韦陀》为神圣者永恒者之知识,——克释拏于后有云:“唯我为以诸《韦陀》所由知者”(拾伍,十五)即由一切知识(或“明学”)之书所得知之“彼”也。但此为于“彼”在“自性”行业中之知识,此在三德行业中之知识。在“自性”行业中之“大梵”或“神圣者”,吾人可谓其生自无变永贞者,即非变易“神我”,或“自我”，超出“自性”之一切工事或性格或功德以上者也。“大梵”为一，然自显示其为两面，一无变易之“有体”，一在流变中为行业之作始者、创造者。一为事物中遍在而不易之“心灵”，一为事物中动作工事之精神原则；一为“神我”之自安于自体，一为“神我”之活动于“自性”中；一为变易，一为不变易。而无上之我（purushottama），乃以此二面而自显于宇宙间；超诸德之不变者，为“彼”之静定，平等，而自持之状态；由此而发其显示于“自性”之功德及其宇宙工事中；由此“自性”中之“神我”，由此有功德之“大梵”而生一切宇宙能力之工事（羯磨）*，在人，在一切生存中；由此行事乃展出牺牲之原则。即神道与人道之物质交感，所谓食从雨得、人依食物而生活等，乃据此原则而进展者也。盖“自性”之一切工事，其真本性质皆属牺牲，“神圣有体”，则为一切动能，行业，牺牲之享受者，一切存在者之大“主”也。明乎此神圣者之遍漫，及其建立于牺牲中，乃真实《韦陀》明，即真《韦陀》知识。

* 此解释正确不诬。亦可于第八章开篇见之。各宇宙原则皆一一数出。—akṣhara，(brahma)，svabhāva，karma，kṣhara bhāva，puruhṣa，adhiyajña.

Akshara 乃不变易之大梵，精神，或自我，阿图门（Atman）。

Svabhāva 乃自我原则，（译“内我”或“自性”）adhyātma，为有体（being）之原本本性而活动者，“变是（becoming，亦译‘用’）之自有之道。”此则出乎自我者，Akshara。

Karma（音翻“羯摩”，义曰“行业”）自兹而起，乃创造性之运动，即 visarga（吐生），此乃使一切自然有体，及有体之一切主观或客观之变动形式得其存在者；羯摩之果，是故为凡此一切可变之变是，自原本自我自性发展出之自性变化，即变易性 kṣara 之出自自性 svabhāva。（按：用汉古语释之，自性为体，变是为用，体用不离，用出自体。）

Purusha（音翻“补鲁洒”，义为神我），即心灵，乃变是中之神圣原素，adhidaivata，即明神，以其当前现在，羯摩之工事，乃化为牺牲献祀，yajña，即奉献于内中之神圣者。adhiyajña，即秘密之神圣者，接受牺牲奉献者也。（译作“知献祀者”，此“知”如“知县”，“知州”之“知”。有“管理”义。）——原注诸天诸神者，皆“自性”中此“神圣心灵”之种种权能也，“彼”在一低等作为中，亦可由此等而得知。诸神与人相依，此等权能与人之心灵交感，彼此酬酢，互助，增益，发扬彼此之工事而愈相安，于是人乃愈堪臻乎至善。以知己之生存，乃“自性”中神圣行业之一部分，非分别独离之事物，为本身故而可追求者。则视其享受与欲望之满足，乃诸天在其宇宙工事中之所锡赉，乃牺牲奉献之结果，则不复以有罪自私之邪恶虚伪精神追求之，一若依其自力，无酬无谢，而可自人生中夺得之善事者然。此种信念增上不已，则其欲望亦渐驯调慰足于以牺牲为人生与工作之律则，甘于牺牲之所余，其他皆自由献之于一己生命与世界生命伟大有益之交互。而有与此律则相背驰者，纯为私人一己之利益而工作而享受，则昧乎生活之真谛，功用，与目标，滞凝其心灵之向上发展，是亦虚生而已矣。（叁，十二，十三，十六）则亦无由践履臻乎至善之途。然至善之方臻，必牺牲不复奉于诸天诸神，而独奉于建立于牺牲中之一遍在“神圣者”，以诸天诸神皆为其低等形态与权能者，如是则弃其欲望与享受之低等自我，以其自为作者之个人意识，捐诸一切事业之真作者，即“自性”是已；以其自为享受者之个人意识，捐诸“神我”，即宇宙之高等“自我”，即“自性”工作之真享受者是已。夫如是，然后乃得其至上满足与纯粹悦乐于彼“自我”中，而非在任何个人享受中，有为无为两无得失，既无求于神，亦无依于人，盖得此自体悦乐而已周足；其工作也，纯为此至上之“神圣者”，以为纯粹之牺牲，无执著亦无欲望焉。夫如是，乃得其平等，离诸功德而自由；其心灵非安立于“自性”之动荡中，而静定于不变“大梵”之和平中，纵其行业继续于“自性”之运动而不已。是则牺牲乃其臻于“至上者”之道也。

三章此诸颂之要义如此，以其后之诸颂更足证明。肯定保世为行业之目的，“自性”为唯一作者，“神我”为其平等之支持者，虽有为时亦必将其所为奉献于彼，——物理上有为不废，而内中无为，乃牺牲之极诣，——更肯定此自动牺牲，而行之以平等无欲望之心思，乃解脱于行业之缠缚，是其结果。故曰：“随所得而遂足兮，超对待之双途，等成败而不忮兮，虽有作而无拘。”又曰：“为牺牲而有为，凡所为业兮，尽虚。”（肆，二十二，二十三）其义谓在自由，纯洁，完善，平等之心灵上，乃不留任何缠缚与迹象。吾人以后当广释此诸颂。此后遂继之以《歌》中所独具之牺牲一名词之解释，无疑乎所取乃象征之义及心理上之解释也。在古《韦陀》学派中，牺牲常有其双重意义：一为物理外表之仪式，自有其意义；一为心理，象征，及其一切环境内中之意义。但至此时代，在《韦陀》派古代之秘密象征主义，精密，奇妙，诗化，心理化者，早已失传，而代之以别一广大，普遍，哲学化之象征主义，在于韦檀多学及后期瑜伽学之精神中者也。祭祀之火，非物质上之火也，乃“大梵”之火，或上对“大梵”之能力，内中火神，献祀之祭司，焚燎之物斟灌其中；斯则为自我克制之火，或纯净化之识感作用，或克制情命体之训练中所用之情命能力，训练在于制气，则兰遮瑜伽，（Rajayoga）与赫他瑜伽（Hathayoga）所常行者也。或可曰自我知识之火，无上牺牲之光焰也。说食牺牲之所余，乃不死之甘露，在此则犹少留古《韦陀》派之象征，古以梭摩酒（soma）象征甘露，甘露者，以牺牲祭祀而胜得之大欢，使人不死之神圣悦乐，神歆之而人饮之者也。奉献之本身，则为人之物理或心理能力之无论何种工事，凡身心之所

为，皆奉于诸神或彼一神，奉于“自我”或宇宙诸权能，奉于一己之高等“自我”，或一切人类一切生存中之“自我”者也。

此一牺牲之缜密解释，乃推出一广大包罗之界说，义即牺牲之行事，与能力，与物质，与奉者，与享者，与目标，与作用，皆此一“大梵”也。谓“祀事兮，即是梵天，斟灌兮，即是梵天。献此于梵天之火兮，亦由梵天。观想行业皆梵天兮，唯彼将至于梵天。”（肆，二十四）末语谓以三摩地在梵天行业中而臻至“大梵”也。已得解脱之人必为牺牲之行事，乃在此知见中，此即古韦檀多所立义，曰：“我为彼”，又曰：“凡此诚皆‘大梵’也，‘大梵’即此自我。”此即全为一体之知识；为“太一”，显为作者，所作之事，事业之目的，为知者，为知识，为知识之对象。如是，一切信皆“神圣者”矣。凡为行业所灌注之宇宙能力，皆“神圣者”，凡所奉献之能力，皆“神圣者”，凡所供奉，皆“神圣者”之某种形式；供奉者，则“神圣者”之在人中者也；其事，其行业，其牺牲祭祀，则“神圣者”之在动作中者也；其以牺牲而将达之目的，亦“神圣者”也。于具此知识而生活而行为其中者，则必无能缚之事，无个人自私自利之行为，而唯有彼“神我”以其本体中之神圣自性在彼自体中之作为，奉献一切于“彼”之自我知觉之宇宙能力之火中也。凡此一切运动与作为之向彼一神者，其目的乃为此种知识，及知觉“彼”神圣存在之保有，与“彼”合一之心灵之所为也。明乎此，且生活行为于此一体化之知觉性中，则自由矣。

虽然，非一切修士皆有此知识也。“有余瑜伽师，唯奉牺牲于明尊；有余师以牺牲献事兮，唯斟灌于梵天之燔。”（肆，二十五）明尊，诸神也。求之者，则想念神圣者之种种形式与威德，而以种种法则，可谓种种固定行动之仪法，自我训练奉神工作而求之。其次诸师，即具有此知识矣，则唯有一法，一道，即牺牲之简单事实，将一切行为活动皆投入合一之神圣知觉性与能力中，即将无论何种工作皆奉献于“神圣者”也。牺牲之道非一；奉献正尔多方。有自我克制与自我训练之心理牺牲，乃导人入乎高等之自我保持与自我知识。（肆，二十六，二十七）自制者，火也，以智慧而炽然，自制瑜伽之火也。此种训练，在接受识感之物境，而不使心思为诸识之活动所扰动，诸识本身皆化为牺牲之净火矣；更有一种训练，使诸识皆定止，使心灵明朗纯净，而出现于心思动作翳障之后，安恬而静寂；又有一种训练，时若既知自我，则一切识感动作及情命体之动作，皆接纳入彼一至静至寂之心灵中；更有以物质奉献为牺牲者（肆，二十八），如信士对其神明敬拜所奉；或更为自我训练之苦行修持，其心灵之力，趋向某一高等目标；或以制气之术为牺牲者，则兰遮，赫他派诸瑜伽修士所行也。或更有其他瑜伽奉献。要之，凡此一切皆趋于自体之纯净化；一切牺牲，皆臻于至上者之达道也。

凡此种种方式变化，其间有一主要原则，即抑制种种低等活动，损减情欲之管制，代之以高尚能力，捐除纯属自私之享乐，而代之以神圣悦乐。此种悦乐，则由牺牲，自我奉献，自制、自主，舍弃一切低等冲动，以达一更伟大更高上之目标。故曰：牺牲之余为甘露，饮之臻永古之梵天。（肆，三十一）牺牲为此世界之法律，非此则了无可得，此世已然，云胡他世？故一切牺牲皆“入乎梵天之口”（肆，三十二），（本译“陈乎梵天之前”，——mukha 原有“面前”，与“口”二义，另说此皆“列于《韦陀》之内”，于义未取。）则火焰之口，容接一切牺牲供奉者也。是为一大“存在”在活动中之无数工具无数方式，以之而人类行为可供奉于“彼”；人之外表“存在”乃其一部分，极深内中自我则与之为一者也。凡此皆“生于行业”，则谓其发自且规定于此一神圣者之浩大能力，自显于宇宙之羯磨者也。此能力使一切宇宙活动皆化为对此一“自我”，“主宰”之进步奉献，在人，则其最后阶段为自我知识与神圣知觉性——即大梵知觉性——之具有。“知此汝其解悬。”得自由也。

但此多方多式之牺牲范畴中，有其等级。物质者最下，智识者最上。智识者，凡一切行为所臻极者也。此非任何低等知识，而为最上之自我知识，或上帝知识，可从知存在之真实原则之人学而致也，得之可不更堕入心思无明之迷惑，或识感知识之缠缚，及欲望热情之低等活动中。此智臻极，则“见众生咸在自我，更在‘我’而无余”。（肆，三十五）“自我”者，即彼一，无变易而遍漫，容持一切，自体存在之真实性，亦即大梵，隐于吾人心思体之后，若吾人解除私我，则知觉性可扩大而伸入其中，而见一切众生皆为变是者，在此唯一自我存在之内也。

但此一“自我”或无变易之“大梵”，吾人亦见其对吾人真元心理知觉性，现为一无上“本体”之自我显示，此“本体”为吾人存在之源，凡变易者或不变易者皆其显示也。斯则为上帝，神明，“至上神我”矣。一切事物吾人皆奉于“彼”以为牺牲，一切行事皆委于“彼”之手；吾人生活且动作于“彼”之存在中；在本性中与“彼”合一，与“彼”中之一切存在合一，吾人乃化为与“彼”为一之一心灵，一有体之权能，斯亦与众生为一；亦体认吾人之自体与“彼”之无上真实性为一而相结合。以为牺牲之工作，祛除欲望，吾人可得知识，臻于心灵之自体保有；以在自我知识与上帝知识中所为之行业，吾人乃得解脱，而入乎神圣存在之一体，和平，悦乐中矣。

十、牺牲之主

《薄伽梵歌》之全部行业福音，基于牺牲一义，即联贯天、人、事业之永恒真理也。人类心思，通常仅摄取一存在多方面永恒真理之段片观念、立场，而建立其人生，宗教，伦理诸说，侧重其某一相状或表征；但往往在大启明之时代中，每当其转还，必重新憬悟于其相当之大全性，转还而取全于综合人、天，明觉其世界知识、与自我知识、上帝知识之关系。《薄伽梵歌》之福音，安立于此基本韦檀多之真理上：以为凡存在者皆此一"大梵"，一切存在皆"大梵"之旋轮，发自上帝而归于上帝之一神圣运动也。一切皆"自性"之显著活动，"自性"乃"神圣者"之权能，发皇神圣"心灵"之知觉性与意志者也。"心灵"为自性工作之主，而又寓居于其形式中。"自性"降入于事物形式及心思与生命活动之收摄中，有以满足"心灵"故；"自性"又以心思及自我知识，还归寓乎其内中之"心灵"，在知觉性上具有之。其始也，自我及其万有、万是，并其一切意义，皆内入乎现象之进化中；其次乃有此自我之进化外发，乃有此万有万是并其一切意义之启示，即一切凡为隐藏者而又经现相创造所提示者之启明。此"自性"之循环，(一入一出)，倘非"神我"同时擅有且保持其永恒三态(即三德)，亦不可能。三者，于此作用之全皆不可阙一者也。斯必显于变易者中，此则吾人所见为有限，为多，为此万事万物者也。现为此亿万众生之有限之人格，具有无限之种种变化，

种种因缘。亦现为凡此之后之心灵，及神明作用之力量，——是则"神圣者"之宇宙权能与性格，监临宇宙间生命之工事者，在吾人见为唯一"存在者"之各种遍是相，或者，亦可见为唯一至上"人"之人格多方自表。于是，更在一切存在一切名色之内，且秘在其后，吾人亦见更有一不变易者，无时间性，无人格性，唯一永恒而无限"存在之精神"，即万有之一无可分解之"自我"，其间万有皆可见其自体如实为一者也。是故归乎此，个人活动且有限之人格，乃发现其可自解放而入乎一玄默广大之宇宙性中，与凡出乎此无可分解之"无极者"且为其所支持者为一体，不变而无拘，恬静，而安于一。甚者，可出其自我存在而遁入其中。然一切之至上秘密（uttamam rahasyam），则"无上神我"也。斯即至神圣者，上帝，双具有极者与无极者，其中个人者与非个人者合，唯一"自我"与多存在者合，已是者与将是者合，世间事业与超世间之和平合，用与体合，合则为一，相互具有而互涵。一切事物得其秘密真理于上帝中，亦在上帝中得其绝对调和融合焉。

凡一切工作之真理，必依乎有体本身之真理。一切活动之存在，在其最内中真实性上必为"自性"奉牺牲于"神我"之工作。"自性"牺牲其内中多性有限心灵之欲望，奉献于彼无上无极之"心灵"。人生，一祭坛耳。"自性"以其工作及工作果实，陈列于此祭坛，陈于其内中知觉性所达之"神明"之任何方面前，以求牺牲之无论何种结果，则生活心灵之欲望所能摄持以为其径接或至上之善者。此所崇拜之"神明"，所求之悦乐，牺牲之期望，乃随心灵在"自性"中所臻至之有体及知觉性之程度而定。在居"自性"内变易"神我"之运动中，一切皆为且必为互易；盖存在原是一体，其中之区分必建立于互相依赖之某种律则，各自生长，各依乎全体而遂其生。凡牺牲非自愿供奉之处，“自性”则强迫征出之，以满足其生存律则。生命律则为相互之施与及受取，非此律则则生命无由须臾存。此事实乃一钤记，神圣创造之“意志”所加于在其本体中显出之世界者。亦是一证明，证明造物主创造此一切有生体，原以牺牲为其永恒之伴侣。牺牲之普遍律则，足证世界原属于上帝，为上帝所有，人生为其领域，为其敬拜之殿坛，而非无依倚之私我自求满足之地；非私我之圆成，——斯不过吾人粗朴而幽昧之发端；人生经验之指归，终在于发现上帝，崇拜且寻求此“神圣者”，“无极者”，由恒常扩大其牺牲，臻极于纯全之自我奉献，建立于纯全自我知识者。

但个人本体始于无明，且长久坚住于无明。敏锐知觉其自体，则视私我为人生之原因与全部意义，而非“神圣者”。彼自以为作者，而未知一切存在之工事，包括凡其身内身外之活动，固皆唯一宇宙“自性”之工作而无他。彼自以为工作之享受者，以为万物皆为己而有，“自性”当满足之且服从其个人意志；而不知“自性”服属于一高等宇宙意志，求有以满足超乎彼及一切工事与创作之“神主”，初无意于餍足个人或顾及其愿求。个人之有限存在，意志，愿望，皆属“自性”而非属个人，凡此“自性”时时以为牺牲而献诸“神圣者”，以为隐秘工具而使行“彼”在其中之大用者也。此无明之钤印曰自私，因此，有生者乃漠视牺牲之律则，而图取凡彼所能取者以归于己；其予也，则“自性”以其内中外在之压迫强之予而后予。人诚不能有所取，除“自性”使人得取以为其分所应得者，除“自性”内中神圣“权能”有以徇人之欲望者。在一牺牲之世界中，自私之心灵竟如盗贼，取此等“权能”之所予，而无意于报之也。是故其人生之真义失，既未利用人生及行业，由牺牲以增大其生存而上扬，是虚生也已。

人而超诸私我之范限以发现心灵，信如何耶？仅当其在一己之行为中，开始见他人自我之价值，一如其私我之需要与权能，在一己行业之后开始见知宇宙之“自性”，亦由天地间诸神明而瞥见“无极者”“太一”，然后有望。于是始发现一己欲望之律则外，更有其他律则存，为一己之欲望所当增进服从隶属者，彼乃发展其纯粹私我体为理智与道德体。于是更重他人自我要求之价值，稍轻一己私我之要求；乃得见利人利己间之纷争，利他之倾向愈增，则其自我之本体及知觉性亦愈趋于增大。然后乃见“自性”及“自性”中诸神圣“权能”，固彼所当奉其牺牲、敬拜、而皈命者，盖心思及物质世界之工事，乃由彼等及其律则所管制，乃学知唯由在人之思想，意志，生活中而加崇彼等之伟大，愈常有其当体现前，然后能增进一己之权能，智识，与正当行业，及此等所予之慰足也。如是，在物质与自私之生活意识上，加以宗教及超物理之意识，乃堪由有极者以上臻“无极者”。

但此仅为一悠长过渡期耳。虽为有克制有管束之欲望，一明觉之私我，一为萨埵性所启明而微妙化之“自性”，乃依然服属于欲望之律则，以私我概念与要求为中心以对万物，由“自性”管制其本体与由“自性”之行事而已。疆土固增大矣，但凡此仍在变易、有限，且属个人性之疆域中。真自我知识及随之之正当行业原则，犹在其外也。盖以智识而为之牺牲乃最高牺牲，唯此能为完善工事。是则有赖乎其见知一己自我，与他人自我，原是一体，而此自我高乎个人私我，乃一无限，非个人性，普遍之存在，一切皆运动于其中而得其有体者也。当其见知宇宙诸神明彼所致其牺牲者，皆一无极“神主”之种种形式，更进而尽弃其对此一“神主”之有范限且能范限之概念，则悟其为至上之神，超名相语言之表，同时为有极亦为无极，同时为一为多，虽以“自性”自显，实则超乎“自性”，虽以无限功德而表呈其本体之权能，实则超出功德之范限。斯则“至上神我”，牺牲所当敬奉者也。此非求行业任何个人暂得之果，而求心灵之具有上帝，以生活于与“神圣者”之和谐与一体中。

换言之，凡人趋解脱与圆成之道，在于非个人性之增上。此为自古恒常经验，倘人启对无个人性者与无极者——在“自性”中之非个人性者与无极者，在人生中之非个人性者与无极者，在其自有之主体性中之非个人性者与无极者——愈甚，则其私我及有极者圆围之束缚愈减，其启对此为纯洁者，为高尚者，在万事万物中为一为同者愈广，则感觉广大，和平，纯粹之悦乐也愈增。私我在其自体权利中之所得，有限者自体之所能予，其欢欣，悦乐，慰安皆微小，不定，且属暂时。甚者，若纯粹安于私我意识及其有限概念，权能，满足中，则将见此世界永远充满无常忧苦。有限之人生，永不能免于空虚之感，盖有极限者原非人生全部或最高真理；人生似非全然真实，直至其悟入无极之理。是故《薄伽梵歌》坚持大梵知觉性之说，即非个人性之生命，而启其行业之福音，古代圣贤修为之大目的也。盖非个人性且属无极之“太一”，乃不动之“自我”中，“无变易者”，“大梵”。世界之无常，变易，多方之活动，乃于其自体之上得其永恒性，固定性，平安性之基础，是在此“太一”中也。吾人倘见及此，则当见举起一己知觉性及有体之定态，出离有限人

格，而上入乎此无极且非人格性之“大梵”中，乃为第一精神需要。见万物于此一“自我”中，乃能使心灵出乎私我之无明，出脱其行业与结果，是则为智识，为明；生活其中，乃得平安及稳定之精神基础。

如是，成此伟大之转化者，厥为一道双途，一智识之途，一行业之途，《薄伽梵歌》以一坚固之综合而并收者也。智识之途，则转移知解及智慧意志，使不复下陷于心思识感工作之敛摄中，而上指于“神我”或“大梵”；使专注于唯一“自我”之理念，而不散漫于丝棼之心思感念及情欲之横流冲动中。就其本身论之，此道似趋于行业之全般弃舍，归乎静止之被动性，使心灵从“自性”分离。但实际此绝对弃舍，被动，分离为不可能。“自性”与“神我”乃有体之孪生原则，原不能分，吾人生活于“自性”中一日，即在“自性”中之行业一日不能休止，纵其于未觉悟之心灵意义不同，或形式不同，终不可止。真实出世退隐之道非逃避工作，——因出世退隐，亦必有之，——乃消除欲望与私我。其道为虽有所作而无耽执于结果，虽工作之时，亦复如是，其道为生活于心灵中，识“自性”之为作者，任其有为，识心灵为见证者，支持者，保持之，观察之，而不耽执其所为或结果。于是此私我，此有限且纷扰之个人性，乃静止而汩没于唯一非个人性“自我”之知觉性中。“自性”之工作，仍以“变是”（即“用”）或一切存在而继续。斯时吾人乃见凡此存在，皆全在“自性”之驱策下生活，动作，而有为于此唯一无极之“本体”中，则见且感觉吾人之有限存在，亦仅其中之一，则见且感觉其种种工事，皆属“自性”，然非属吾人之真实自我，即玄默而非个人性之一体也。私我尝以工作乃其所为，因此吾人遂以之归己；今私我既亡，则此后

工作皆不属于吾人而属于“自性”。吾人以消灭私我，遂成就非个人性于吾人之有体与知觉性中，以舍弃欲望，遂成就非个人性于吾人本性之行为中。吾人不但自由于无为，亦且自由于有为；吾人之自由，非依赖一物理与情绪之不动性与空无，直在行为中亦不与自由相失。纵使有自然行动之长流激荡，而吾人内中非个人性之心灵，仍其安恬，静止，自由也。

以此纯全非个人性而得之解脱，固为完善，为真实，为必不可无矣，但是此即为最后一语，为此事之究竟耶？全人生，全世界存在，乃“自性”所奉予“神我”之牺牲，“神我”乃“自性”中唯一秘在之心灵，“自性”之一切工事，皆作于其中，此吾人前已言之者；顾此事之真义，乃是在吾人内中心灵为私我，欲望，以及吾人之有限，活动，多方面之个人性所隐蔽。吾人超出私我与欲望，及有限之个人性，而取其伟大对治，非个人性，乃得见乎非个人性之“神主”；以吾人之有体，与一切皆存在其中之唯一自我与心灵体认为同一，行业之牺牲仍然继续，此已非吾人所为而实“自性”所为，“自性”以吾人本体之有限部分，心思，识感，身体而作为，实在吾人之无限本体中作为也。——但牺牲乃奉与谁耶？有何目的耶？非个人性者，无活动，无欲望，无欲达之目的，不依赖乎全此造物界任何事物；盖为其自体而存在，安于其自我悦乐中，安于其永恒无变易之自体中。吾人或当无欲望而为事业，以为达此非个人性自体存在与自体悦乐之手段，然而此运动一旦已经施行，其工作目的亦终止矣；则更无用于牺牲也。行业不妨继续，盖“自性”及其活动仍继续未已，但此种行业中，亦更无其他目的矣。然而既得解脱后而仍继续有为，其理由乃纯属负性；是乃自性之迫促，加于吾人身心有限诸部分者

也。倘其全是如此，则第一，行业可以削减至最低限度，徒限于“自性”绝对强迫所欲加于吾人之身者；第二，设若不减至最低限度，——盖有为既属无关，无为更非目的，——则行业性质亦同为无关。然而阿琼那既得此知识后，可战可无战。战则顺其刹帝利本分，不战则安于恬澹退隐，一随其新起之出世思想。无论其所为何者，皆了无关系，或者且以不战为优，盖可较迅速挫折“自性”在其心思上所留存之冲动，由过去之倾向而仍其把持者也，而一旦其蜕形而后，且安然隐入“无极者”与“非个人性者”中，而无须还此无常悲苦之世间，更历此人生忧患矣。

倘其如是，则《薄伽梵歌》意义全失；盖其第一中心目的败矣。但《薄伽梵歌》诚复坚持行业之性质有关重要，于工作之继续有其积极认可，非徒以彼消极机械性之理由，即“自性”无目的之强迫。私我既经克服矣，牺牲之享受者即神圣之“主”仍在，牺牲仍有其所奉予之对象。非个人性“大梵”非究竟语，非吾人有生体之最高秘密。盖有极与无极，个人性与非个人性，乃同在而相对待之两面，则属于一神圣“本体”，非此分别所限而同是此两者。上帝是一永未显示之“无限者”，永自策动以显视其自体于有限者中，彼为伟大非个人性之“个人”，凡人之人格皆其局部之相；彼即向人类启示其自体之“神圣者”，居为人类内心之“主宰”。智识可教人见此群有皆在一非个人性自我中，由此吾人乃得解脱乎分别之私我意识，更由此能解脱之非个人性，而见群有皆在此一上帝中，“更在我而无余”。吾人之私我，吾人有范限之人格，阻障吾人见此在一切中，且一切因之而有之“神圣者”；盖吾人既服属于人格，则唯见“彼”之段片，如事物有限之相，必使吾人如此摄持者。吾人必不能由低等人格以达于彼，唯能由吾人本体之高等，无限，且非个人性部分以达于彼，斯则可由化为一切中之此一自我得，世界万有皆以此一自我之存在组成者也。此无限者，涵容而不废一切有限之现相；此非个人性者，接受而不拒绝一切个人性与人格；此不动者，保持，漫遍，包罗，而不离“自性”之一切运动，乃“神圣者”之镜相，有以现示“彼”之本体者也。是故吾人必先臻至于“非个人性者”，唯由诸天诸神，由有限者诸方面，不能全得上帝之圆满知识。然此非个人性之“自我”玄默不动，思其为自体凝敛，而离其所存持，漫遍，涵容者，亦非“神圣者”全体启明全可慰足之真理。窥此真理，吾人当由此玄默而上望“无上补鲁洒”，彼在其伟大性中乃双摄变易者与不变易者。彼自居于此不动性中矣，然自显示于宇宙“自性”之一切运动行业中；是虽得解脱以后，自性中工作之牺牲仍当继续奉献于彼矣。

是故瑜伽之真目标，非徒为一自我消灭以汩没于非个人性“有体”中，而为与此神圣“至上神我”生动且自体圆成之结合。举吾人全部生存以上达此“神圣本体”，安寓其中，与之为一，以吾人之知觉性与彼之知觉性相结合，使吾人片段本性为彼完全本性之反映，在吾人心思识与感中，全以神圣知识而得灵感，在意志与行为中，究极为神圣意志所策动而无失，消失欲望于彼之敬爱与悦乐中，此则人生之圆成也；此乃《薄伽梵歌》至上秘密之教。人类生存之最后意义与真正目的归止于此，进展之行业牺牲，亦以此为最上一阶。盖“彼”至终为行业之主，为牺牲之神。

十一、神圣行业之原则

《薄伽梵歌》论牺牲之义，大致有如上述。其核心在“至上神我”一说，至此仅略加暗示，犹未阐明，然此半颂：“汝见众生咸在我分，更在我而无余。”（肆，三十五）义亦可明矣。不然，何以说“咸在我”矣，又说“更在我”耶？超乎三德低等自性，处心灵于不动之“神我”中，吾人终可上跻无极“神主”之高尚本性，此虽以“自性”而转，然不为三德所拘者也。既达玄默神我内中之无为，无所欲望（naiṣkarmya），一任“自性”为其所为，吾人可超上以达乎神圣之“主宰”，能为一切，了无拘系。然则“至上神我”一义，在此现为克释拏，即那罗衍那之降世应身，乃此教义之关键。非此，则自低等自性退敛而入乎“大梵”境界中，必使既得解脱之人趋于了无作为，于世事漠不关心；有此，则同此一退敛而入乎“大梵”境界中，乃成为一步骤，由此而世事之有为乃入乎“神圣者”之精神中，得其神圣性且在“神圣者”之自由中矣。若以玄默之“大梵”为目标，则世间及一切行业皆当弃舍；视上帝，“神圣者”，“至上神我”为目标，为超乎行业，抑又为其内中之精神主因、与目的及原始意志，则世界及一切行业皆已克服，而保有之于超世间之神圣超上性中。世界不复为囚狱，而化为精神生活富庶之乐土，私我暴君之禁制既灭，情欲桎人之系缚亦除，自私自利之占有与享受之樊篱皆撤。而此得解脱且宇宙化之心灵，泰然为自主之君王矣。

如是，牺牲之工作，皆得其辩正为解脱之方，及精神圆成之道矣。古之圣人，如禅那迦及其他行业瑜伽士，臻乎成就，皆平等无欲以为其工作，视为牺牲，了无自私之目的或执滞。同乎此，同其无欲也，行业亦可且当继续于得解脱圆成之后，则以博大神圣之精神出之，以高尚定宁之精神尊贵性出之。“宜乎汝有所为兮，纵唯观于保世。”（叁，二十）“贤者之所作兮，他人同之；彼所成之准则兮，举世从之。举三界余无可为，无未得而待成。辟德阿之子兮，咨于仍处乎行。”（叁，二十一，二十二）——“仍”字暗指：我依然在行业中，非若出家之人，自以为非舍弃行业不可也。——“若余不处乎行，恒行而无休，人将遍遵‘余’道而效尤。若‘余’羌无行动兮，诸界且将摧折！‘余’且为祸乱之元恶兮，群生于焉尽灭！似凡夫执于行业兮，智者当如斯有为，而无执滞兮，婆罗多！保世为怀。愚夫执其所为兮，智辩弗使之生。”——谓不在其理智上造成分别。——“智者当和合而有为”，——谓当以智识且在瑜伽中而有为。——“诱人进乎诸行。”（叁，二十三至二十六）全部《薄伽梵歌》中，赫然似此七颂之重要者，不多见。

但吾人当知，此数颂不能以现代实用主义倾向解释者也。实用主义着眼于现代事实，而不见及任何高远之精神可能性，则释此为哲学与宗教上之辨正，以直其社会服务，爱国行为，世界主义，人道主义，及千百急切社会方案与其梦想之执著，最吸引现代人之心智者也。此诸颂所言者，非一广大道德上与智识上之博爱主义之规律，而为人与上帝在精神上合一之原则，亦即与其所寓居及寓居其中之世界从生为一体之原则。此非教人以自我隶属于社会人类，或杀戮自私主义于人群集团之祭坛，而为使个人得圆成于上帝中，牺牲其私我于此涵容万类之“神圣性”之唯一真祭坛也。《薄伽梵歌》之经验，思想，其境界较近代思想之境界为高，近代思想在目前阶段，亦奋斗以离其自私主义之缠缚，但其展望仍属世间，属智识与道德，在其气性上非属精神性者。爱国主义，世界主义，社会服务，集体主义，人道主义，人类宗教或理想，皆可喜之助力，趋于初步脱离个人、家庭、社会、国家等自私自利之原始境况，而进入第二阶段。在此第二阶段中，个人得体认其生存与万事万物之存在为一体，然此特在智识、道德、感情之水平上为能行者，犹未能在此水平上全以完善美满之正道出之，即其本体之大全真理之道也。但《薄伽梵歌》思想，则远达乎自我知觉性发展之第三境况，以此第二阶段较之，则犹是局部进化阶段也。

印度社会倾向，固常以个人服属社会要求矣。然印度之宗教思想及精神寻求，其目的常属崇高之个人主义。此一大宗印度思想如《薄伽梵歌》者，自然不失其以个人之发展为首要，为个人之最高需要，个人有发现且实施其最广大之精神自由，伟大，光荣，华贵之要求也。古《韦陀》时代圣贤，弘扬理想人类之第一伟大公约，即个人发展为启明觉悟之见者，君王，以君临其精神之大国也。个人之目标有在于是。个人之目的，在于超出其自我；非消失其个人目的于一有组织之人类社会之目的中，而为扩充，增高，且崇大其自我，以入乎“神主”之知觉性中。《薄伽梵歌》所宣布之律则，乃主人，超人，神圣化之人，最优者之律则，其人整个人格，已奉献于唯一超上遍是“神明”之本体，自性，及知觉中，失其小我而得其大我，固已神圣化者矣。至若希腊之超人道，如阿仑匹亚式，阿波罗式，狄阿尼修斯式（Olympian，Apollonian，Diongsian）之超人，或任何如天使如魔鬼之超人道，或尼采（Nietzsche）所说超人道之任何片面且偏而失其中者，未足以相拟也。

超出低等不完善“自性”，上与神圣本体，知觉性，本性结合为一，乃瑜伽之目的也。顾此目的既达之后，其人已臻于“大梵”之格位矣，不复以自私之谬见观其自我与世界，而见众生皆在此“自我”，上帝中，“自我”，上帝亦在此众生中，则发乎此见之行业为何？——盖行业仍不废也，——其一切行为之个人性动机或宇宙性动机为何耶？此阿琼那所问，所谓“云何语，云何坐，云何行”也，（贰，五十四）而自另一立场答复者，异乎问者之立场。此动机不能为智识、道德、感情水平上之个人欲望，盖此已捐除；甚且道德动机亦已弃舍，因已得解脱者，已超出低等善恶分限，而生活于其超善恶之光明纯洁中。此亦不能为精神呼召：以无所为而为之行业，而成就其完善之自我发展，盖此呼召亦已应答矣，发展已完善而圆成矣。于是其行为之动机必出于一途，曰“保世为怀”。世者，人群也。人群远征，趋赴一遥辽之神圣理想，必加团结，不入迷途，其知识不可陷于错乱，冲突；非是者，将趋归消散灭亡。人类在无明之长夜或昏暗中前行，倘不加以团结，保持，向导，纲纪训练而不失其序，殊易趋于灭亡，斯则其“最优者”之责，用其明，用其力，用其法与例，用其可见之标准与不可见之影响，然后可为也。“最优者”，最前进之个人，超乎集团普通水准，乃人群之自然领袖，唯彼等为能指人类所当行之道，及其所当守当达之理想或标准。然神圣化之人为“最优者”，非寻常通俗义，其标准，其势用必有一种权能，非寻常超人所能施者。然而其所创之例为何耶？其所当保持之标帜或律则又为何者？

至此，此天帝降世应身，乃以己为例为准则以说阿琼那，其意若曰："吾仍处乎行"；汝亦当处乎行业。如我所行，汝亦当行。我为道亦又为归，汝亦当如是。若汝既知既见，既化为神圣人矣，亦当化为上帝在个人之权能。众生处于"无明"中，见道者处乎"明"中，而身心性命之行业，非以是而化为个人私利，乃见为上帝之所有也。其见道以后，在外表此种行业无有以异于众人者，而其精神自迥不相侔。是必汲引众生上跻于其所臻至之水平，必为扶助众生上达之工具矣。

以上帝本身为例而勉得解脱之人，此意义极为深远；盖此启示《薄伽梵歌》神圣行业之全部哲学基础。解脱之人，固已自跻于神圣性格，其行业乃依此神圣性格为转移。顾何谓神圣性格耶？此必非徒不变不动非个人自我之"非变易性"，盖此将使得解脱者趋于无作为之不动性。此亦必非徒多式多方个人之"变易性"，"神我"而自隶于"自性"者；盖此必将导其服属于其人格及低等自性与气质。然则此神圣性者，"至上神我"之性，双融二者，成一神圣调和，此则其存在之至上秘密也。吾人之行业属于"自性"内，彼，非此种行业之作者也；盖上帝以其权能，知觉之性格，有效之力量——Shakti，Maya，Prakviti——而有为，而又皆超上之，不沦于其内，不隶属其间，而能自别乎生命，心思，与身体之所为，此吾人之所不能也。了无系缚，自升出其所造行业之法律，工事，习惯而外，彼为行业之作者而实无为。故曰："知余虽为作者兮，实无为而永恒！行业不'余'玷染兮，业果'余'无求索。"（肆，十三，十四）然彼亦非不活动无能为之"见证者"而无余。盖是彼仍在其权能之度量与步骤中工作前进，每一运动，其所造成此众生世界之每一微

尘，皆内具彼之当体，充满彼之知觉性，为彼之意志所驱策，为彼之智识所形成。

复次，彼又为“无上者”，无功德，然又具有一切诸功德者也。不为任何自性或行业之任何形态所系，亦非如吾人之人格包含诸德性之总和，自性之种种形态，及心思，道德，情感，性命，物理体之种种特殊活动；而为一切形态与德性之渊源，能随其意志所至而发展其任何一种，出之任何方式且至任何程度者也；彼为一无限之有体，凡此皆为其变化方式，为无可计量之数量，无拘束之不可名相言说者，凡此皆其度量，数目，筹码，似欲在此宇宙诸标准量度中，而加以计算，且韵律化者。然彼又非徒为无个人性之非决定者而已，又非徒为知觉存在体之一团资料，以供种种决定及人格化成得以取材者，而为一至上“本体”，唯一原始之知觉“存在者”，为一完善圆满“人格”，能有一切因缘，密切与最属于人间者为缘，具体而又亲切；盖彼为友，为朋俦，为爱人，为游侣，为向导，为教者，为尊师，造就智识，发施喜悦，然在此种种因缘中，略无拘碍，乃自由而绝对。此则神圣化之人，亦可随其所诣而臻至者也。虽在其人格中亦无个人性；虽与他人保持极亲密之缘，亦不为德性或行为所拘系；虽似奉行此法（dharma）或彼法，然亦不为法所拘碍。完全之神圣理想，既非行动性人物之动能，亦非出世者或清净修士无为之光明；既非行动性人强猛之人格，亦非玄哲圣人漠不关心之非人格也。此二者，出世道与入世道两相冲突之标准；一者没入于“变易者”之行业中，一者欲完全自处于“非变易者”之安宁中；但完全神圣理想，则出乎“至上神我”之性，超出此冲突，而调和一切神圣可能性者也。

行动性人，必不满于任何理想，倘其不依于此宇宙自性之圆成，此三德之游戏，及思想，心情，身体之人类活动者。彼将谓此活动之最高成就，乃我对于人类圆成及人中神圣可能性之理念；唯独能满足智慧，情心，及道德体之某种理想，人类天性在其活动中之某种理想，乃克使人生满足；人在其身，心，性，命之工事中，必有某事某物使彼能寻求者。斯则彼之本性，彼之法(dharma)，而且彼何由在其本性以外某事某物中而臻其圆成耶？凡人皆为其本性所缚，则其求圆成也，亦必在于本性中。人类之完善圆成必循人类本性；故凡人求之也，必遵从其人格路线，其自法(Svadharma)，必然在此人生中，在行业中，而非离行业与人生以外。是矣，《薄伽梵歌》则曰，其言固有真理也，上帝在人中之成就，“神圣者”在人生活动，亦属理想完善之一部分。第唯求之于外表事物，于人生，于行为之原则中，则永不可得；盖如是汝则将不独遵汝之本性而为，在其本身固为完善之律则者，抑且将永远服属于其形态(即三德)，——而此即不完善之律则，——永远役于其偶俪相对性，苦与乐，好与恶，而尤隶属于“剌阇”一态，并其欲望原则，陷于其愤怒，忧悲，期望之网，——而此欲望原则也，无时或息，吞并一切，如无餍之火，灾及汝之世间行业，斯则智识永远之大敌，智识在汝之本性中乃遭其蒙蔽，如烟蔽火光，如尘暗明镜(叁，三十七至四十)；故当戮之，然后安居于光明宁定之精神真理中也。识感，心思，智慧，皆此永不完善之原因所居，而汝之求完善圆成也，固将自囿于此心思，识感，智慧乎哉！固将自囿于此低等自性之活动乎哉！是唐劳耳。人本性之动力面，首当试自加以静定一面；人必自拔乎低等自性而上达彼超于三德者，臻乎建立于最高原则即心灵中者。能为自由而神圣之行业，必在汝既得心灵宁定之后也。

反之，出世之清净派，隐者修士，则见凡人生与行业皆无完善化之可能。凡此岂非正为束缚与不完善所在耶？如有火斯必生烟，行业原则本身属于“剌阇性”，为欲望所从出；为因也，而其果适为智识之蒙蔽；为循环也，则欲望与成功失败相仍，忧与乐相倚伏，善与恶相交互。上帝或可在世间，然非属于世间者也；为上帝则为退世无为之上帝，而非吾人行业之原因或主宰；事业之主为欲望，工作之因是无明。若使此世界此变易者在某义度中为“神圣者”之游戏（lila）或显示，则隐过乎显，是自性与无明之一不完善之游戏也。此则一瞥以观乎世界性质，立即可明；而于此世间之充分经验，岂非恒常教示吾人此同一真理耶？岂非无明轮转，系心灵以欲望与行业之冲动力，转生不已，直至此力尽消或弃置而止耶？非但欲望当弃也，行业亦当抛舍；心灵居于玄默之自我中，乃得进入无动无为无扰而绝对之“大梵”。——对此非个人化之清净道出世者之诘难，较入世行动性人之诘问，《薄伽梵歌》更难酬答。盖此清净出世道操持一更高且更雄强之真理，而究非大全或至上之真理，如或加以宣扬，以为此即人生普遍、完全、最高之理想，则于人类向其目标之进步，更为淆乱而且不幸，较无外之动能说之诬为甚。若以一偏而强有力之真理为全部真理，此可创成一强烈之光明，然亦生强烈之混乱；盖其真理原素之力本身，即增强错误原素之力。动能理想之误，足以延长无明，使人类寻求圆成，而圆成乃不可得，因此缓其进展；而此静性理想之误，则其本身包含毁灭世界之原则。故克释拏云：“若吾羌无行动兮，诸界且将摧折，余且为祸乱之元恶兮，群生于焉尽灭。”（叁，二十四）纵或一人之误，一近于神圣化人

之误，未必能毁灭全世界人类，然亦足以生广大之惑乱，在其性质上毁坏人类生命原则，而扰害其进步之固定途径也。

由是观之，凡人出世之清静道倾向，必当自明其不完善，而承认与动力性倾向后所在之真理平等，——即上帝在人中之成就，神明之遍在于一切人类行为。上帝非徒在于玄默中，亦在行业之内。被动心灵之出世清净道，不为“自性”所影响者，与动性心灵之入世动力道，全委身于“自性”，使伟大世界牺牲，“神我祭祀”，得以完成者，非一真一伪永相冲突，亦非一高一低两真实之相抵，互不相容，实为神圣显示之双项也。徒是“非变易者”，非其圆成之启钥，非至高秘密义谛。二重之圆成，调和融合，乃当寻求于“至上神我”中，在此则为克释拏，即无上“本体”，——诸世界之“主宰”，与“降世应身”——所代表者也。神圣化之人而入乎其神圣性中，亦将如其所行而行；必不至自托于无所作为。“神圣者”活动于“无明”之人中，亦活动于“明”之人中。知“彼”，乃属吾等心灵之至高幸福，及其圆成之道；徒体验且知“彼”为超上之安宁与玄默，非大全知识。吾人所当参透之秘密，为永恒且未生之“神圣者”之秘密，同时亦为神圣之有生与行业之秘密。发自此智识之行业，乃能解脱一切束缚矣。故曰：“彼倘知余若是兮，彼又奚为业缚。”（肆，十四）倘使脱离行业与欲望之羁罥，出离生死轮回，为人生目标与理想者，则此种智识乃真实广阔出离之道。故曰：“伊谁知‘我’圣生，如实知‘余’圣举，捐躯则不往再生，伊来‘余’所。”（肆，九）由智识且以神圣有生之具备，乃臻至乎不生不灭之“神圣者”，即群有之“本体”；由智识及神圣行业之成就，则上达乎事业之“主”，群生之“自在主”。人且生活于彼不生之本体中；其所为皆属于彼宇宙之“主宰”焉。

十二、降世论

说知行合一之瑜伽——智识所以辅佐，转变，而且启明行业，行业则成就于智识中，二者合，皆奉献于“至无上神我”以为牺牲，克释拏曰：以此瑜伽余尝援之维伐著洼，（肆，一至三）以次传承，其间亦尝废失，然今已授君矣。

然则何谓“至上之秘闻”耶？盖谓其优于其他瑜伽也。诸他派瑜伽，或导人臻至非个人性之“大梵”，或达于有个人性之某天神，或得解脱以凝敛于幸福中，或得解脱于无为之知识，而皆非此至上之道，使人趋于神圣之平安及神圣之工作者，盖神圣之知与行、与至乐，三者合一，皆合于美满之自由中；如无上“神圣者”之最高有体，既以其显了自体之种种相异甚至相反之权能与原则，和合于其本体中；如是凡诸瑜伽道路亦皆合一，此所谓“秘密中之至秘”也。是故《薄伽梵歌》之瑜伽，非如少数人士所云，唯独为行业瑜伽，三道中之最低者，乃综合与整体之至上瑜伽，以吾人生存有体一切权能，皆转向上帝者也。

阿琼那在最实际之义度中，怀疑此传承之说，（肆，四）克释拏遂自直言为天帝降世。

在近代思想中，此天神降世一东方学说，乃理性化之人类知觉性所至难了解或接受者也。最上以此为人类天才，权能，性格之一种显示，为此世间或在此世间成就伟大事业而已，最下则以此为迷信，——对希腊人则将以为文明之障碍，在其余欧西人士必目为愚蠢。唯物论者必不屑一顾，盖彼原不信上帝；理性论者或神道论者必以此为痴迷而可哈；而彻底二元论师，视人性与神性间有不可渡越之鸿沟者，必且目为侮渎神圣矣。理性主义者，以为倘上帝存在矣，必外乎宇宙或超乎宇宙，则不至参与尘中俗事，而听其为一固定律则作机械转，——为遥制世事之立宪君王，或至上为一漠不关心而不自动之"精神"，居自然界一切活动后，犹如数论中之"神我"；彼既为纯粹"精神"，必不至具于形体，现为有限，如人类之为有限，既为永远无生之创造者，必不能为被创造者而降生世间，——虽有其遍能，此必皆其所不能者也。更进而彻底二元论者且曰："上帝在其本身，本分，本性，必与人异，与人分隔；完善者，必不能擅有人类之不完善性；无生而非个人性之上帝，必不能生为人类个人；世界之'主宰'，必不能自囿于'自性'所系之人类行为，且限于有生灭之人类形体。"——凡此疑难，初睹似于理智为可愕者，似皆已在彼天人师之心目中矣。固尝说"神圣者"在其自体中不生不灭，为万事万物主，然已至极归于其"自性"之作用而有生，由其自我"摩耶"之力；凡夫轻视彼，因其寓居乎人体者，在其至上本体中实万物之"主"；在神圣知觉性之行动中，彼实为四姓律则之创造者，世界行业之作为者，同时在神圣知觉性之玄默中，又为其自性行业之见证者，——盖彼常超乎动静之表，为"无上神我"也。《薄伽梵歌》能答复此一切疑难，调和此一切矛盾，则因其出发自韦檀多派之存在论，与宇宙观，及神道观也。

姑舍是。且问降世之目的为何耶？则曰：翊卫善人而建树大法，其时，则非法孔庞，正法凌替也。（肆，七，八）是矣，然吾人当求其正解。世之注疏家，拘执各宗派别不同，或浅识之士，执教义而自足者，往往皆忽视此一奥义：即天神降世之说，原自有其两面。建树正法，非降世之唯一目的也。盖此本身不足为一完全目的，非一基督，一克释拏，一佛陀所以显生于斯世之大事因缘，但此为一高等目标普通情形，无上神用之一端而已。原此神圣出生（divyam janma），有其二者：一为天神而降生于人世，神明显其自体于人类形躯与性格中，一为人上升入神圣知觉与神圣性格中（madbhāvamāgatah）；则为有体新生而入乎心灵之第二生；天神降世与保持正法，皆欲有以为用于此新生也。此降世说之奥义既失，则见徒为迷信盲从，或为神话上或历史上超人幻想或神化，而非《薄伽梵歌》所以为达"无上神秘"之一步，为甚深宗教哲学真理也。

倘非此人类上升于神道，得佐助于天帝降生于人间，倘徒为建立正法而得天帝降世，则其事颇属无谓；大法之建立，正义或道德标准之保持，由伟大人格或伟大运动，以神圣之遍能，出之寻常方法可已，则圣贤教主国君之流所行是也。正以天帝降世，乃见神圣性显示于人性中，使人性可型范其原则，思想，情感，动作，自转化为神明，如基督，克释拏，佛陀之道行矣。降世应身之律则大法，盖为此目的而建树者也。故基督，克释拏，佛陀柴立其中央，而谓人曰：我为法门，我为道路，从我行可也。是故凡降世应身必以己为准则，为先例，自谓为大道，为法门，亦说见性成佛，众生之佛性本体是一，人子与天父为一，居于人身之克释拏与"天帝"及众生之"友"，皆同一"至上神我"之二种启示而已，启示于其自体中，启示于人类典型中。

若取此数颂作如是观，其意义始为完足；吾人当以《薄伽梵歌》

全部一贯诠解，如说一切众生中之一“自我”，“神明”居乎众生之内心，固当如是观；其说创造主与所创造众生之关系，其所申述之神圣光荣变现（vibhūti），皆当以此义参会。而当其自作为无私行业之标准也，此固人间之克释拏，亦又当视为世界神圣“主”者也。以此义而读第九章，如谓：“咨余寓乎人身兮，愚者蔑焉余侮；莫识‘我’超上之性兮，‘我’为万物之大主。”（玖，十一）则了无滞碍矣。如是，乃知神圣诞生及其目的；非偶尔独特之神奇，正居世界显示整个方案中之恰当地位；是谓由知彼神圣出生及神圣行业，人乃臻至“神圣者”，既皈依于彼，充满乎彼，且亦如彼，乃达乎彼之自性与本体矣。非此，则无由明通此神圣秘密，或且嘲笑之，或则迷信之，或且落于近代思想中，无由解其深义矣。

前言近代思想于此案不能无疑，或理性主义或二元论皆有其非难，是矣，而《薄伽梵歌》皆能解答者，正以其建立于韦檀多派学说故。自韦檀多学观之，凡此重大攻诘，自始即属空虚而不立。天神降世之说，固非其方案中必不可少之义，然亦自然入乎其中，为深合理性且契逻辑之一概念。盖以为凡此世间皆上帝也，皆自体存在或“精神”，皆“大梵”，——舍是则无余物，无有外乎此者，亦无有异乎此者，更不能有外乎此者异乎此者。“自性”本为神圣知觉性之一种权能，不能外，不能异；众生本为神圣本体之内中，外表，主观，客观之心灵形式与躯体形式，且皆存在于此神圣本体之知觉性权能中，或为其结果，不能外，不能异，远非“无极者”不能擅有有极之性，且全宇宙亦一“彼”而已，非余；吾人可见可识吾人所居之此广大世界，无非一“彼”而已，非余。亦远非“精神”本体不能擅有形式，或不屑自系于物质形式或心思，而擅有一有限性格或形躯，且凡此皆一“彼”而已，非余；且宇宙仅以此关系以此擅有而存在。又远非此世界本体为一机械律则，初无心灵或精神参与其种种力量之运动间，或其心思与躯体之动作间，——说仅有某原始漠然不相关之“精神”，被动存在于世界之外或世界之上——反之，此世界及其每一微尘，皆无非在作用中之神圣力量，此神圣力量决定且管制其每一运动，寓于其每一形式中，具有世间每一心思与心灵；一切皆上帝也，一切皆活动于其中，且得其存在；“彼”在一切中皆显示其本体，在一切中有为，即是一切；凡有生者，皆隐形之那罗衍那也。

进者，远非未生者不能有生，甚至凡有生者在其个性中皆未生之精神，无始无终且永恒者；在其真元存在及遍是性中，万有皆一不生不灭之“精神”，而生死者，特其擅有与改变形式之相。完善者而擅有不完善性，为宇宙间全部神秘现相；但此不完善性，出现于所擅得之躯体或心思之形式与动作中，依存于现相中，——而在彼能擅有者固无不完善性也。如日舒光以照万物，在其光明与所见中，原无缺点，能见之个人视官则庸或不无。上帝亦非远居于某上天而遥制世间，乃于此世间亲切遍在；每一力量之有限动作，乃无极“力量”之一动作，而非属于一分别自体存在之能力，有其限度，劳作于其无所源出之能力中者。在每一意志与知识之有限作为中，吾人可发现支载之者，有一无限大全知识大全意志之作为。上帝统御世间，非虚位自居于一外在或异国政府；彼超越一切故统御一切，亦因其内居于一切运动中，即是一切运动之绝对心灵与精神。以此而观，则吾人理性非难天帝降世之可能，在原则上无一说可以安立，盖其原则乃空虚之分别，为智识理性所成，则世界全部

现相与全部真实，无时不与相反对且加否定者也。

虽然，离此可能性而外，仍有实际工作一问题，——是否神圣知觉性真自其隐障之后出现，而直接行动于现相界，有极者，属心思与物质者，有限者，不完善者中。且有极者不过一界说耳，为“无极者”对其知觉性之多方变化作其自体表呈之票面价值也；每一有极现象之真价值，在其为自体存在中之一无极，不论其在属于现相性质之作用中为何，不论其属时间性之自体表呈为何，固皆如是。若吾人审视之，个人非仅彼一人而已，非严格分别自体存在之个人，而为人类在其自体之一身体一心思中；进者，人类亦非严格分别自体存在之种族或属类，乃为“大全存在”，“宇宙神主”，自型范于此人类典型中者也；在此发舒其某种可能性，今吾人且曰，是发皇且衍进其若干显示之某种权能。其所发皇者，即其自体，是即“精神”也。

所谓“精神”者，何物耶？“精神”者，自体存在之有体，具足知觉性之无限权能，及其本体中无条件之悦乐；此或是彼物，或是无物，或至少为无物而与人类及世界有关系，因此人与世界亦与之有关系者也。物质，身体，仅为知觉体之力量一聚集行动而已，用为变化无方之因缘之起点者；变化无方诸因缘属于知觉性，知觉性以其识感之权能而作为。“物质”无处不能真无知觉性，盖虽在一原子中，在一细胞中，皆有之。由近代科学证明，亦知其有一意志与智慧之权能，独自进行其工事。此权能也，乃属于“自我”，“精神”，或上帝之意志与智慧之权能，在其内中者，而非机械性之细胞或原子，有其分别特殊自体导源之意志或理念。此一弥漫宇宙之意志与智慧，内涵于万有中者，从一形式至一形式发展其权能；在世间至少于人类中为最接近充分神圣者，于此虽在外表智慧形式中，亦隐约知觉其神圣性。但在此仍然有一限度，有显示之不完善处，阻碍低等形式，不得其与“神圣者”同体为一之自我知识。盖在每一有限有体中，其现相作用之范限，亦附有现相知觉性之范限，此则界定有体之自性，而成有生者与有生者间内中之分殊。“神圣者”诚在其后有为，以此外表不完善之知觉性与意志而管制其特殊显示，但其本体自居隐秘中，如《韦陀》所云：隐居崖穴（guhāyām），或如《薄伽梵歌》所云：“众生内心兮，主者维神；由彼之摩耶兮，旋转众生如驾机轮。”（拾捌，六十一）此“主宰”隐于内心，蔽于其所由活动之自私本性知觉性，而秘密工作，乃上帝处理有生者之普遍方法。然则缘何假定其在某一形式中独显于前方，出乎现相知觉性，以成一更直接且自觉之神圣工作耶？显然，若竟如是者，所以打破其自我与人间之障隔，此障隔为人类局促于其自性中所永不能揭去者也。

《薄伽梵歌》，释有生者寻常不完善行业，由于其隶属于“自性”之机动，由其受范限于“摩耶”之自体诸表呈。此二者，皆同一神圣知觉性有效力量之两面，辅车相依者也。摩耶本原非是幻有，——由低等自性之无明，幻相乃生，即三德自性之“摩耶”也，——原是神圣知觉性在其有体多方自我呈表之权能中；而“自性”则为此知觉性之有效力量，各随其本性与自法，（Svabhāva 与 Svadharma）各按其特殊功德与业力，而作出此每一自体表呈者也。故曰：“倚乎我‘自性’兮，我数数吐此群生而全出之；此皆无由自力兮，实维自性率之。”——（曰“倚乎”者，“依乎”，“迫乎”之义；曰“吐……出”者，则遣之散为多种有体也。）（玖，八）凡不知神明寓乎人体中者，皆昧于此理，盖服属于“自性”之机械动作，服属于其心思之范限，安于其中而无自力，且居于阿修罗性中，则以情欲而迷惑人，以自私而蒙蔽其意志与智慧者也；故曰：“其性昏瞢”，（玖，十二）盖内中“无上神我”，非对一切或任何有生者皆为显了；彼自隐于黑暗浓云中，或光明白云中，究极隐于其“瑜伽摩耶”中（rogamāyā，亦译“创造之神秘权能”也）。（柒，二十五）故曰：“三德成性以翳蔽兮，举斯世莫‘我’知。……‘我’之神圣摩耶，功德所成，信难超越。唯独皈依于我之人，度此摩耶而出。……损智慧于摩耶兮，禀气性于阿修罗。”（柒，十三至十五）换言之，在一切众生中，有内在之神明知觉性，盖“神圣者”居乎一切中；但居其中而为摩耶所蔽，真元自我知识，遂不得开，转以摩耶作用，自性机械作用，趋于自私之迷途。虽然，由自性机动退转而归依其内中秘密“主宰”，人终可知觉居其内中之“神明”。

于此堪注意者，即《歌》中以微妙然重要之文辞变化，以说明“神圣者”使寻常人出生之事，与降世应身出生之事。说“倚乎我自性”矣，遂言“我吐此群生而全出之”。前此则曰：“居乎自性兮，我由‘自我’摩耶而起。”（肆，六）说“倚乎”者，其义为有力之向下压迫，所控制之对象，则被压迫，受克制，范限于其运动或工事中，于是使无由自发其力，而必受“自性”之督率也。“自性”在此作用中则为机械化，使众生无不能为其自有动作之主。反之，其曰“居乎自性”，曰“居乎”者，义固为居其内中，亦为立乎自性之上而超越之。斯则内寓之“神主”，于“自性”有其自觉之管制，于此“神我”非无自力，徒以无明为“自性”所驱者；而“自性”乃充满“神我”之光明与意志。然则在寻常之生，乃“吐出”，“遣出”——吾人则曰“创造出”——此众生或群有；在神圣之生，则所出生所自体造成者，乃自体知觉自体存在之有生体(ātmānam)。在韦檀多义，“自我”(ātmā)与“众生”(bhūtani)之分别，恰同于欧洲哲学中“自体”(Being)及其“变是”或“用”(beeomings)之分别。二者，“摩耶”皆为创造或显示之工具，但在神圣有生，则为以“自我摩耶”(ātmamāyayā)。此非入乎无明之低等摩耶之内入作用，而为自体存在之“神主”，在其现相自我表呈中有知觉之作用，固自明知其活动与目的者。——《歌》中称之曰：“瑜伽摩耶。”在寻常之出生中，“神圣者”用瑜伽摩耶以翳蔽其自体，使低等知觉性无由得见，在吾人遂成为无智识之工具，即“无明”摩耶(avidyāmāyā)；但同此一瑜伽摩耶，在吾人知觉性返乎“神圣者”时，自我知识亦因而显了，则为智识之工具，即“明”之摩耶(Vidyāmāyā)。在神圣有生中乃如是活动——为“明”，以启示以管制通常在“无明”中所为之行事。

如是，《薄伽梵歌》所说之神圣出生，适与寻常凡人出生相对，虽以同一手段，而此乃知觉之“神主”出生于人间，盖非入生于“无明”，而为出生乎“明”，非生理现相，而为心灵之出生事。是则“神灵”出生为自体存在之“有体”，知觉以管制其变是，非在“无明”云雾中，与自我知识相失。此乃“神灵”降生人体而为“自性之主”，以其意志自由活动于“自性”中，且居乎其上，非无自力而陷于其机械性中轮转；盖工作于“明”中，非工作于“无明”中，如凡夫为然。此乃万有中之秘密“神灵”，出乎隐蔽后之秘密统治，全在人类典型中，出生为“神圣者”。寻常在隐障后方为“自在主”，而在前方之外表知觉性，非具有此出生，乃为出生所支配；在前方为情命(耆婆 Jiva)，为一局部知觉体，与自我知识相失，在现相上隶属于“自性”而拘束于其工作中。然则"降世应身"者，*乃"神灵"克释拏在人类中之直接显示，显示有体之神圣境况，使此人类心灵，人类至上典型，一神圣光荣之变现者阿琼那，由此天人师之训令，得上达而臻至者；其上达臻至，必由出离其寻常人道之范限与无明。此为自上显示彼为吾人在下当发展而臻至者。此为上帝托体为凡人之神圣出生。吾辈生死中人必上达乎此。此为引人入胜之神圣事例，在人类存在之完善化典型中上帝所示人者。

* Avatar 一字，义为"下降"，为"神圣者"下降，降至分别人神阶位之界线以下。——原注

十三、神圣出生与神圣行业

天神出生，为神而又为人，其可能性与目的，前皆述之矣。其工作亦有双重形式与意义，如其有生。神圣力量，生作用于外表世界，支持且修正神圣法律；以此而人类趋向神圣之努力，虽以“自性”之轨则，反复于正动、反动、前进、后退之旋律间，乃得不决然失坠，而究竟上达，此其外向一面也。趋向上帝之知觉性之神圣力量，生作用于个人心灵及人群心灵，使得以承受“神圣者”在人中新形式之启示，而其向上自我开展之权能，乃得保持，增新，而益盛，此其内向一面也。天神不徒为外表作用而降生世间，虽人类之实用意识常欲假定其如此。作用与事实本身，原无价值，其价值乃得自所代表之力量，及其所象征之理念，此力量因而为其用者也。

降世应身出现时之危机，自俗眼视之，仅为大物质转变之际，值事会危难之秋，然在其渊源与真实意义，则为人类知觉性中一大转捩，必遭受巨大修改，以成某项新发展者也。此转变作用必需神圣力量，然力量则随其所包含知觉性之权能而变移；是故有神圣知觉性显示于人类心思与心灵中之必要。若此转变徒为属于智识或属于应用者，则亦无用于天神降生；斯则知觉性可以高举飞飏，权能可以盛大显示，一时代人物，可兴起而超上其寻常自我，一时代知觉性与权能潮涌，乃以少数特殊人物为浪花顶峰，其行为领导普遍行动，于意望中当有之转变已足。欧洲之宗教改革及法国革命，皆此种危机也。此皆非伟大精神事会，而为智识上实用上之改变，一属教会，一属政治，其社会之理念，形式，动机皆变；所成就普遍知觉性之修改，乃心思性者，动力性者，而非属精神性者。若此危机中有一精神种子或意向存，则神圣知觉性在人类心思与心灵中之全体或部分显示，乃出为其发动者或领导者。此则降世应身也。

《薄伽梵歌》所述降世应身之外表作用，则为恢复"大法"也。历世既久，正法衰敝，失其势用，反对者起，强盛而凌迫，斯时则天神之应身出焉，举而恢复其权能；如通常理念中之事物恒为作用中之事物所代表，且为服从其冲动之人众所代表，则其使命也，在其外表且最属人间之事项中，为解救寻求正法者，使其脱离反动黑暗之压迫，而歼灭不法之徒，图固执其于正法之否定者也。然此说也，以解《薄伽梵歌》则不足，适尔损减降世应身之精神奥义。达摩（Dharma，法）一字，有伦理与实用义，有自然与哲学义，有宗教与精神义，可纯用一义而退其余。在伦理则为正义之法律，行为之道德规律，或更取其外表与实用义，则为社会与政治之正义，或径为社会法律之服从。若用此义，则可解释为每当非正义非公道与压迫严重时，天神之应身乃降世以救善人而灭丑类，破除不义，推翻压迫，恢复人类道德之平衡。

此即流行神话之传说也：克释拏乃维师鲁天帝降世；时当俱庐人不义，朵踰檀那兄弟为其首恶，地不能容，地则呼救于天，以减轻其负载，于是天帝降世，解放班陀兄弟于压迫中，尽戮不义之俱庐部属。似此之说，亦属之维师鲁前身诸降生故事，为罗摩（Rama），以消灭罗婆那（Ravana）不义之压迫；为波罗叔罗摩（Parashurama），以消灭恣肆騃武之刹帝利族姓；为侏儒婆曼那（Vamana），以

废巨魔巴利(Bali)之统治。凡此诸说,皆以实际伦理或社会或政治使命,归于降神,殊未正当解释此现相也。此未摄其精神意义;若使此外表功用为全部意义者,则吾人当除外基督与佛陀之降生,其使命全非殄灭恶人而解救善类也,而有在于传达全人类一新精神使信,神圣生长与精神体验之一新律则。反之,若徒取“达摩”一字宗教意义,释为宗教与精神生活之律则,固可达此事之核心,然降世应身所为之一部分最重要工作,又恐除外。在神圣降生史上,吾人常见其双重工作,显然固当如是者,盖降世应身在人类生活中作上帝之事,行神圣“意志”与“智慧”之道于世间,此则内中外表,常两皆成就,内则心灵进展,外则人生变改也。

应身降世可为一伟大精神领袖,为救主,为基督,为佛陀;当其现示于世间之期已毕,则其道行乃引生一深沉而强烈之改革,不但在伦理上为然,在其民族之社会,外表生活与理想中亦然。降世又可为神圣生命之化身,神圣人格与权能在其特著工作中之临凡,现似为社会,道德,政治之某一使命,如罗摩或克释拏故事所表;但在民族心灵中,此降生一事,常为内中生活与精神重生之永远权能。所可异者,佛教与基督教永恒、生动而广被之效果,乃其伦理,社会,与实用理想之力,及其于诸时代诸民族之影响;虽在废弃其宗教与精神之信仰,形式,及规律诸时代诸民族,其效犹彰然可睹。后期印度教,毁佛,毁其法,毁其僧,然保有佛教之社会与道德影响,及其于民族之生活与理念上之效果,留存不可磨灭之痕迹。在近代欧洲,基督教亦徒有其名,人道主义乃其在伦理及社会界之翻译也。自由、平等、博爱三大企想,则基督教精神真理之移入社会与政治界也。后者,尤为极力拒斥基督教与其精神训练之人士所发扬，甚且为在其解放之智识努力中，欲废除基督教为信条之时代所光大。至若罗摩与克释拏之平生，属于往古，流传为诗歌，为故事，甚且可视为神话；然不论视为神话或史实，此皆无关宏旨，盖其永恒真理与价值，在其寓乎民族内中知觉性与人类心灵生命中，常坚住为一精神形式，当体，势力。天神降世一事，为神圣生命与知觉性之一事实，可自体实现于外表作用中，然此作用既过，大事既毕，必长存于一精神势力中而不衰；或者，自体实现于精神影响与教义中；然纵使当此新宗教新法纪凋谢之后，仍必留存其永久效用于人类思想，情操，与外表生活中。

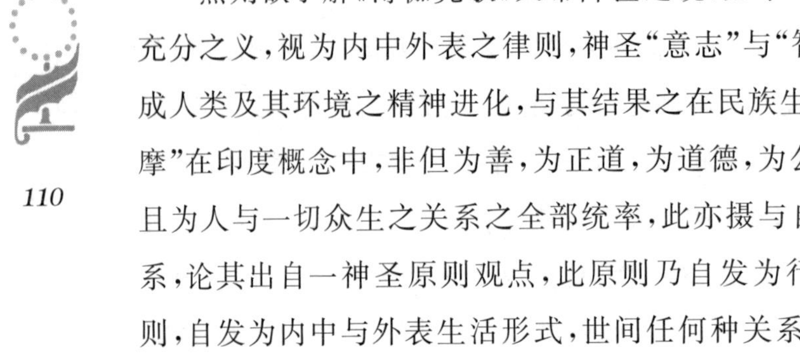

然则欲了解《薄伽梵歌》天帝降世之说，必于“达摩”取最深弘充分之义，视为内中外表之律则，神圣“意志”与“智慧”，以之而作成人类及其环境之精神进化，与其结果之在民族生命中者也。“达摩”在印度概念中，非但为善，为正道，为道德，为公理，为伦理；而且为人与一切众生之关系之全部统率，此亦摄与自然与上帝之关系，论其出自一神圣原则观点，此原则乃自发为行业之形式与律则，自发为内中与外表生活形式，世间任何种关系之命令也。“达摩”者，轨持，吾人所可持，又能综合摄持吾人内中与外表活动者也。（按：原注于字义有此注解，同外篇所释。）在其本初意义中，原指吾人自性之基本律则，秘密规定吾人一切行动者；在此义度中，则每一有体，典型，种类，个人，群众，皆有其自法。其次，吾人内中有一自当发展而显示之神圣性；依此义则“达摩”为内中工事之律则，以此而神圣性在吾人有体中生长者也。再其次，则为一种律则，吾人用以管制外发之思想，行为，及吾人彼此间之关系，以至最能一面助成吾人自体之生长，一面助成人类之生长，以趋向神圣理想者也。

通常所谓“法”者，说为永恒而无变易之事物。在其基本原则上，理想上固尔如此，但在其形式中，则为常变且进化者也。因人类尚非已占有其理想，或生活于其中，然大致完善企望之，向其知识与实行增进生长。在此生长中，达摩乃凡有助于吾人生长入神圣之纯洁性，博大性，光明，自由，权能，力量，悦乐，仁爱，至善，一体，美中者；违此，居于其阴影与否定中者，则凡一切阻碍此生长者，未经过其律则者，未投出且不欲投出其神圣价值之秘密者，皆是也；而凡为不纯，狭隘，黑暗，束缚，乏弱，卑鄙，苦恼，乖戾，分别，且为丑恶，为粗暴者，乃形成一违谬与颠倒之防线，人类在其进化中所当离弃者也。凡此，则谓之“非法”(adharma)，常奋欲制服“正法”，掣之后退，堕落，作成不善，愚蒙，黑暗之反动力量也。于是二者间乃有长远之冲突斗争，胜败起伏，有时向上力量发扬，有时向下力量得势。此在《韦陀》意相中常表以两方之战，一为神圣权能，一为“狄鞑”势力，一为“光明”与混元“无极”之子，一为“黑暗”与“分别”群儿。在苏鲁支教中，则为“阿胡罗玛兹德”(Ahuramazda)，与“阿黎曼”(Ahriman)之战斗。在后代诸宗教中，上帝偕其天使与“撒旦”(Satan)或“伊伯力斯”(Iblis)及其群鬼相斗，皆欲占据人类生命与人类灵魂者也。

此等事实，乃决定降世应身之工作。在佛教体制中，信徒脱离一切反对其解脱者，则皈依三宝，即佛，法，僧三种权能。在基督教中，则为基督教生活律则，教会，与耶稣基督。三者，常为一应身工作之三种必要原素。彼付授一法，即自加训练之戒律，以之出离低等生性，而生长入高等生命者。此必包含行动之轨则，与同事及利生之方，是为以八正道而自奋勉，或以信，爱，纯洁之规律而自勖励，或以任何此类在生命中神圣自性之启明。于是又因人之每一倾向，有其个人与集团二面，同道者自然相结为精神之同俦与一体，遂组成其僧伽，(Saṁgha，按："僧"字乃"僧伽"音译而略者，在佛教原义乃佛弟子众之团体，初非一人也。)一人人格与教化之集体。在维师鲁教派中(Vaishnavism)，亦同有其三宝：曰教律(bhāgavata)，即该教施其敬爱之法规。曰教士(bhakta)，即同守此宗规之俦侣。曰教主(bhagavān)，即神圣之"爱者"与"被敬爱者"，爱之律则建立于其体性中而自加圆成者也。降世应身代表第三原素，为神圣人格，有体，本性，为达摩与僧伽之灵魂，以身作则而教示之，育成之，吸引群众入其幸福与解脱道中者也。

在《薄伽梵歌》教义中，三者乃擅有更广大意义，盖较其他个别宗教派系，原更弘深而且复杂也。此中团体，则韦檀多学包罗万有之一体也，心灵见一切皆在自体，自体亦在一切中，于是与万有合一。其"法"，则为举一切人生关系上入一神圣意义中；始于自己建立之伦理，社会，宗教律则，所以结合寻求上帝人士之团体者，更升上之，由充之以"大梵"知觉性；所立之法律，乃一性，平等性之律，无欲望，已解脱，上帝所管制之行动律，上帝知识与自我知识律，吸引且启明一切个性与行为，引之向神圣本体与神圣知觉性，亦以敬爱上帝为知与行之极峰。敬爱上帝寻求上帝之同道互助理念，为僧伽理念之基本者，在《薄伽梵歌》说以敬爱与赞美而寻求上帝时，亦介入焉，然则斯教之真实僧伽，即全人类也。全世界人皆趋向此"法"，各随其所能。——故曰："苍生遍是遵'余'之道兮。"——寻求上帝者，乃以其自我与众生为一，乐其乐，忧其忧，以其生命皆为一己之生命;已得解脱者,既与众生为一矣,乃生活于全人类生命中,为人类中一“自我”而生活,为众生中之上帝而生活,其行也,为“保世”,为保持一切众生于其“法”中,而此“大法”乃为保持其在一切阶段一切道路向“神圣者”之上进滋长。盖此一应身,虽显于克释拏之名相中,未专注其人类有生之一相,而著重于其所代表者,“神圣者”,“无上神我”,一切应身皆其人身,凡人所敬拜之一切神道之名色,皆其造像者也。克释拏所宣扬之道,固为由此可达于真知识与真解脱者,然此是包括一切之大道而无外者。盖“神圣者”在其遍是性中,摄持一切应身,一切教,一切“法”。

《薄伽梵歌》着重人生之奋斗,以世界为战场,有其二者,一内一外。内者,敌人在个人内中,则消灭欲望,无明,自私,乃其胜利也。其在外者,人类集团中“法”与“非法”之战斗也。“法”为神明所持,为人中之神性所拥护,为代表“大法”者及努力于人生实现“大法”者所翼卫。“非法”,则为“狄鞮”性人,天魔性人,阿修罗与罗刹性人所操持,以强烈之自私性为其元首,为代表之者及致力于满足之者所保障。斯则诸天与群魔之大战也。印度古文学中充满此类象征,摩诃婆罗多之战,以克释拏为主角,班陀诸兄弟,为建立“大法”之国而战,皆天神之子也,皆其权能在人类之表形,其对方则为天魔之权能,为阿修罗之降世。虽此外间之战,天神亦降世而助焉,或直接或间接助之,以摧毁恶徒阿修罗之统治,挫抑其魔势,助长正法之理想。斯则欲使天国近临世间集体,亦建立天国于个人心灵中。

天神生世之内中结果,则善学者得焉。善学者,自此学得神圣有生与神圣行业之真性质,以其有体之全,皈依乎彼,以彼充满其

知觉性，以其智识之体验而净化一己，出离其低等自性，则上达乎神明本体与神圣本性焉。应身出世以启示人中之神性原超乎低等自性，以示神圣行业为何，示其为自由，无私，无欲望，非个人性，遍是，而充满神圣之光明，权能，仁爱。生世而为神圣人格，将有以充满人类知觉性，而代替有限私我人格，以使其超出私我，而入乎无极性，宇宙性，出离生死而入永生。生世而为神圣之权能与爱，号召众生得此皈依，而不更固守人类意志之短缺，陷于其畏惧，贪婪，怒瞋之争冲。既释除凡此忧劳痛苦，乃得生活于神圣之安愉幸福。（肆，九，十）至若其出生为何种名相，或彰扬“神圣者”之某一方面，初非至关重要之事；因众生各以其本性而异趋，然皆遵“神圣者”所安排之道而行，终则趋归于“彼”。其最适合众生本性之某一面，即其领导中众生最易遵从之一面；以何种方式人而接受，敬爱，喜悦此至上之神，彼亦如是而接受，敬爱，喜悦此人矣。故曰：“人如是而就我兮，我亦如是而佑之。苍生遍是遵余之道兮，辟德阿之胄兮！”（肆，十一）

十四、神圣工作者

臻于神圣有生，心灵入乎一高等知觉性而得其神圣化之新生，为其神圣行业，为之于未得之前以期臻至，为之于既得之后以为表现，此则《薄伽梵歌》行业瑜伽之大全也。其说行业也，未尝界定其外表象征，视而可识者，以世界评论而可量者；极虑以泯除寻常道德分辨，以人类理智而致者。其标志神圣工作之指征，皆深为亲切而属主观；其钤印因而使人得知者，固无象可见，属于精神，而超乎伦理也。

虽然，非不可识也，可以其所自来之心灵光明烛见之。尝云："孰是有为兮，孰是无为；见士于此兮，亦多迷疑。"盖虽贤哲亦以实用，社会，伦理，智识之标准，从其偶然现象而辨之，未尝求其根本也。"故当告汝为业兮，知之，不善庶其出离。当知何者是'有为'，何者是'为非'；当知何者是'无为'，'为'道深微。"(肆，十六，十七)世间行业，正如深莽丛生之林，凡人跄踉其间，则遵乎其时代理念，人格标准，环境思想而行，又非属一人格一时代而已，乃属乎多时代，多人格，多层思想，多社会阶段之道德，虬蔓缠结而不可分，随时间而依习俗，由经验而非理智，然皆自以为守绝对而不变之真理，未计其空摹正当理则也。贤哲之士，乃于其中求一固定法则之最高基础，求一本元真理，终不得不生此一最后至高之疑问：究竟一切行业及生命本身，是否虚妄？是否止息作为乃倦怠而感幻灭之人类心灵之最后归依。如此，信乎其多迷也。盖智识与解脱，以行业、以有为而得，不以无为而得。

然而其解决为何？竟以何种行业而脱乎人生忧患，解此疑难，除此错误，消此忧悲？往往最纯洁而善愿之行为，乃得混杂不纯疑难之结果，则何以脱之？此无数量形式之罪障恶业，又何以离之？则答曰：无用于外表之辨也。世间需要之行业，皆不必避免；人类活动无须树立分限之藩篱；反之，一切行业皆当为之，但发乎与"神圣者"相结合之心灵而为之矣。无为，止息行业，非其道也。得最高理智之内视者，见此种无为本身即是恒常之有为，乃服属于"自性"及其功德运行之境况。心思依乎物理不动性，则仍在幻觉中，自以为作者而非"自性"之为作者也；则误以惰性为解脱也；而未见虽绝对惰性有大于金石土块之惰性者，"自性"仍活动于其中，固持而不易。反之，在行业盛满高潮中，心灵乃脱乎此活动，非其作者，不为所作者所羁缚。人而生活于此心灵自由中，不为"自性"功德所系，是人乃得脱乎行业。此则《薄伽梵歌》所云"人中彼则睿智"之义也。（肆，十八）此说关键在数论之分辨"自性"与"神我"，分辨自由无为之心灵，在行业中乃永远宁静，纯洁而不动，与恒常活动之"自性"，在其可见之纷纭劳碌中，亦如在其惰性与止息中，两皆活动而未已。斯则智谛（buddhi）最上努力所赋予吾人之智识也，具此智识者，在"人中则为睿智"矣。——非思想混乱者，以低等理智之外表，不决定，且非永久之辨别，而裁判人生与工作也。是故得解脱者，不畏行业，彼为一切工作之广大作者，故曰："无不为兮！彼瑜伽师。"其为作者异乎众人，不服属于"自性"，而恬处于心灵之宁定中，静然与"神圣者"契合，故谓之"瑜伽师"也。（按：瑜伽义为

“契合”,见外篇)“神圣者”乃其工作之主宰,斯人则为工作之沟涧而已,以其本性之为工具,而知觉且服属此主宰。以此种知识之纯洁及光焰,凡彼之行业皆如以火而尽焚,而其心灵乃不染任何痕迹,不遭任何破损,恬安静谧,纯白清明。在此解脱智之中无所不为,无作者个人私意,乃神圣工作者之第一相。

第二相为无欲;盖既无个人私念,欲望亦复全消;欲望无所支持,自然澌灭。在外表视之,解脱者之所为,无以异乎众人也,或且以更雄强之意志与动力而大举有为,盖神圣意志之权力,寓乎其活动性中;然在其事业与创设中,欲望之低等意念皆绝,“彼凡百作始兮,不着情虑之求”。彼亦捐弃事业结果之执滞矣,人而不为结果工作,徒为行业“主宰”之工具,则欲望无地自容,——甚且亦无望于行之有功,盖结果原为“主宰”所有,为彼所决定,非由个人意志与努力所决定;或行之有功所以满足其“主”也,盖真作者乃“主宰”本身,一切光荣,归之彼“能力”(shakti),托于本性中者,而非归于有限人类人格也。得解脱者之心思与心灵,了无所为;虽由其本性使之有为,为者仍是“自性”,实行之“能力”(shakti),知觉之“女神”,为神圣“寄寓者”所统治而有为也。

此说非谓工作可以行之不完善,不成功,不取正当之手段与目的也。反之,一完善之行业,在瑜伽中静然为之则易,茫然于希望与恐怖中行之则难,何况纷纭于匆促人类意志之烦扰,疲敝于蹇钝理智之裁决。《歌》中有云:“瑜伽在诸行为便捷。”但为此者,乃一宇宙之光明与权能,以凡人*之本性活动,无个人性而为者也。行

* 义亦为善美。

业瑜伽之士，知其所得之权能，将适应于所命之结果，事业后之神圣思想，将与其所当为之工作等衡，而己之意志——此非愿望或欲念，而为知觉权能之一非个人性之驱策，对向一非其私自所有之目标，——乃在其能力与方向中为神圣智慧所管制，固极微妙者。其结果或为成功，如通常心思所见，或似为失败，亦如通常心思所见者；斯则本意常在其人之成功，而功非彼所成也，乃全智之操纵行业及其结果者所成，盖彼非寻求胜利，徒为圆成神圣意志与智慧，则以似是之成败而达其目的，往往似是失败而其效力较成功为巨大，亦无吝于用败也。阿琼那奉命以战，固必胜矣；向使面临失败，亦仍当作战，盖此乃当前规定于彼之工作，为圆成神圣意志之能力总和中于彼当前之一份，其圆成固无间也。

得解脱者，无个人希望；未尝攫取事物为其个人所私有；神圣"意志"有所赋予彼也，则受之，彼无所贪求亦无所健羡；而其有所得也，则无拂拒亦无执著；其有所失也，则无怨尤亦无吝悔，任其趋于事物之漩流。其内心其自我皆在完善管制之下；无冲动亦无乖反，感外物之纷纭接触而未尝或骚然以应也。其行为固纯物理动作，"唯以身行道"，盖余者皆自上而降，非生出于此人间，纯为"至上神我"之意志，知觉，悦乐之反映而已。是故不以行事及目标之努力，而生思想与心情上任何反应，如吾人所谓热情，罪恶者。盖罪恶非在外表行为，而在个人意志，思想，情绪之不纯洁反应，斯附丽于行业，或为其原因者；其非个人性者，精神性者，则常为纯洁，凡其所为，皆赋以自有至上之纯洁性也。此精神之非个人性，乃神圣工作者之第三相。固然，凡已臻至某种伟大程度之人类心灵，皆觉知一非个人性之"力量"，或"仁爱"或"意志"，或"智识"，以其人而有为，但彼等皆不能免于人类人格自私之反应，有时且甚强烈者也。然已得解脱之心灵，则无有于此。盖彼已将其人格，消融于非自我性者中，固已属之神圣“个人”，“无上神我”，斯则自由且无限运用一切有限之性能，而不为任何所束缚者也。彼已化为一心灵，不复为诸自然性能之总合；其所余人格之现象，以供“自性”之活动者，乃一无束缚，广大，粘柔，普遍化之物；此为“无极者”之一自由典范，为“至上神我”之活面具。

此种知识之结果，此种无欲与非个人性之结果，乃在心灵与本性中之一圆满平等性。平等乃神圣工作者之第四相。歌中有云：彼已“超对待之双途”矣。吾人已见彼于成败得失皆作平等观矣，无所动于衷；不但此也，一切对待在彼皆已超过而且融洽。外表分别，常人以决定对世事之心理态度者，在彼仅有附属工具意义。彼非漠视分别，然已超乎分别。幸与不幸之遭际，在服属于欲望之人类心灵所至关重要者，于无欲望之神圣心灵皆同其无逆，盖其参互纠缠，皆所以成作发皇永恒至善之形式者也。彼无由战败，一切于彼皆转向“自性”之“法田、俱庐地”之神圣胜利，此则行动之地，大法进展之田，战争之每一转变，早为战争之“主”，行业“主宰”，达摩“领导者”所擘划，无由出乎其圣慧眼先见之明。是人间之尊崇，侮辱，讥谤，颂扬，皆不足以动之，盖彼有一更明见之裁判者，彼之行业别有一标准，其动机初非依傍世间酬报者也。阿琼那之为刹帝利族姓中人，自然尊崇其荣誉，其脱乎耻辱，以为蒙懦夫之名有不如死者，固宜；盖在世间保持其荣誉及勇武标准，原属其达摩分内事；但阿琼那为解脱心灵也，则此等事皆可置诸度外，彼仅当知其分所应为，无上“自我”所求于彼之行业则为之，结果皆以委之行业

“主宰”可已。甚者，彼已超过罪恶与善德之分辨，斯则于斗进之人类心灵，又如此其重要，求有以尽减自私之纠纷，而除去热情之系轭焉，——彼得解脱者，甚且远超此等奋斗而上，安坐于已启明为见证心灵之纯洁性中，罪恶已经刊落，不以一善行而增加一美德，不以一恶行而损失一美德，其神圣无我之本性，守其不可移易不可变更之纯洁，乃彼所攀登之极峰，而安立其坐具者。于此罪恶与善德之意度，皆无其起点，无其施用。

阿琼那犹在无明中也，内心或者仿佛觉有正义公理之呼声，则其心思可以诘难，不战则为罪恶，必致人群与诸国遭受压迫，无道之虐待，及此恶势力胜利之业果；不战而当负此咎也，则作战是也。或者内心可以憎恶此屠杀暴行，其思想又可疑难，流血诚罪大恶极，无足以辨正者，则赴战非也。此两种态度，诉于美德与理智，正有同等之权，斯则在乎其人，其事，其时，以何者入乎心思或彰于世人耳目，而以为是也。或者，其荣誉其内心正尔强其支持友军而抵抗仇敌，保障善法正道，摧毁恶法邪道。然已得解脱之心灵，所见有超此等标准之冲突而外者。则唯见彼至上“自我”所命其当为者，以保障或推行进展之“大法”。既无个人之目的可达，亦无个人必加满足之爱憎留存，更无行为固定标准界线，以划定人类有伸缩性之进步前驱，或挺然违抗“无极者”之呼召。彼无个人之仇敌当杀，而唯见有出自其环境以反对彼之人，唯见有事物中之意志，以其反对而促进运会之前进者。于此等人与事，彼无容于愤怒与仇恨；愤怒仇恨，于神圣性皆为蓦生。阿修罗欲杀戮破坏反对一己者，罗刹则唯狰狞嗜杀，二者之性，于彼安平和悦无所不包之了解与同情，皆为不可能者也。彼不欲毁伤，“所有唯慈与悲”，(拾贰，

十三）但此慈悲属于俯视众生之神圣心灵，包容众生于一己，而非情心，神经，躯体之退缩，即世间所谓怜悯者：彼亦非以此生命与躯体为无上重要，着眼乃在心灵生命，视此不过有其工具价值而已。彼不至于匆匆赴战以杀人，然若使战争在“大法”潮流中汹涌而来，则亦以广大平等性而接受之，于其所当击破其权能，摧毁其统治，消灭其欢乐者，固有完善之了解与同情也。

盖在一切中彼唯见有二者：“神圣者”平等居于每一有体中，一也；变换之显示，仅在其暂时环境中不平等，二也。在动物，在人，在犬，在不洁之贱役，在有学问且有德行之婆罗门，在圣人，在罪犯，在无情之人，友人，敌人，在爱己而利己之人，在憎己而害己之人，彼皆见其自我，见其“上帝”，于此一切，在内心皆有同一平等仁慈，同一神圣亲爱，环境可决定外表之离合争冲，然无由影响其平等观，其博大心，及内中怀抱一切之度量。而在其一切作为中，皆有同此一心灵原则，一圆满平等性，同一行业原则，彼内中“神圣者”之意志，活泼为用于人群在其缓缓向上帝趋进发展者。

复次，神圣工作者之相，有在于为神圣知觉性中心者，是为完满之内中悦乐与安宁，其来源与持续，初无依乎世间外事外物；此在内中固有，此即心灵知觉性之真本质，即神圣有体之真本性。常人之快乐依于外物，是故有其欲望；是故有其愤怒与热情，欢喜与苦痛，悦怿与忧愁；是故以幸运与恶运衡量一切事物。凡此，皆不足以影响神圣心灵也。永恒自足而无所依赖，故曰：“常悦豫而不依。”盖其神圣悦乐，安豫，愉快，欣喜之光芒，皆永远在于内中，即深植于本体以内。故曰：“彼内中其自得兮，于内中其恬安，于内中唯光耀兮。”其仍在外物而得有欢乐者，非为此外物故，非为在外物本身中可得可失者，而乃为其中之自我故，为其表现“神圣者”故，为其中永恒者非彼所能失者故。其与外物相接也，无有凝滞，（伍，二十一）处处皆得与其一同之悦乐，盖已“化自我为群生之自我”，（伍，七）“彼自我以瑜伽而合于大梵”矣；（伍，二十一）此“大梵”者，为一而平等居于众生，而且以其一切殊异合而为一者，彼且与之相结合，故其自我乃化为一切众生之自我也。接其所好者，无所喜，触其不好者，无所忧，（伍，二十）事物损伤，朋友损伤，仇敌损伤，皆无以扰其向外凝望思心之坚定，或惑乱其接受包容之情心；此心灵乃如《奥义书》（《伊莎书》所云，无有伤痕者也，avraṇam）。在一切事物中，皆有同一不可磨灭之喜乐，是以谓之“享无尽之幸福”。

此平等性，非个人性，平安，悦乐，自由，初不依乎如此外表之事曰有为或无为者。《薄伽梵歌》反复坚持内中弃舍与外表弃舍之分辨。出家遁世，非内中弃舍不为功，且无价值，若得内中自由，出家已无必要。实则弃舍（tyāga）本身，即真实完足之出世道也。“彼不忮不求兮，恒常退士兮宜称；彼无有于对待兮，释乎羁缚兮善能。”（伍，三）此“退士”谓永远出家遁世之士。外表之苦行，非必要者也。诚然，一切行业，业果，皆当舍弃，然此不在外表而在内中，非捐于“自性”之惰性中，而为奉与牺牲之“主”，投入“非个人性者”之悦乐宁定中，一切行业所从出而不扰其平静者也。行业之真退士，乃将一切工作安置于“大梵”者。“弃夫执滞而为兮，献梵天以行业。罪衍莫彼或染兮，如水不沾莲叶。”（伍，十）是故“瑜伽师弃除执滞兮，独以身、心、智而行，或独以诸识兮，业所以清净其生。”（伍，十一）唯“和合者弃捐业果兮，得太一之定宁。不和合者为欲念所驱，系乎业果兮累婴”。（伍，十二）一旦既得此基础，臻此纯洁，入此定宁，内寓之心灵得完全管制其本性，心思已舍弃一切行业，在内而非在外者，则如“安居于九关之城，既自无所为兮，亦弗使其有营”。（伍，十三）盖此心灵者，是一切中非个人性之“心灵”，遍是之“主”，此为非个人者，既不造世间行业，亦不造是作者之心思理念，亦不造业与果之因缘。凡此皆人中“自性”(svabhāva)——如字义即其“自我变是”之原则——所作成者也。此普遍之“非个人性者”，不取任何人之罪恶，亦不取任何人之善德：此等皆众生无明所造成，“已为作者”之私意所造成者，以其昧于最高自我，以其入乎“自性”之活动，及其内中自我智识既脱离此黑暗之封裹，此智识乃照明其内中真实自我，有如太阳；于是乃知已为一心灵，超出“自性”之工具而上。纯洁，无极，不可犯，无变易，彼则更不受任何影响；不更思念一己为受“自性”工作之支配。甚且以与“非个人性者”全然体认为一，彼亦无须投生而入“自性”之运动中。（伍，十六，十七）

然此解脱初不禁其有为也。唯彼知活动者非一己而为“自性”之三德。“‘我了无所为兮’，——彼合道知真者自惟。（谓彼之心思与不自动之‘非个人性者’相合。）凡视，听，触，嗅，食，行，卧，呼吸，言语，摄取，渲泄，目开闭，‘皆诸根作用于根境而已’——其人自思。”（伍，八，九）其人既安居于不受形况无所变易之心灵中，则超出三德之摄持(triguṇātita)；彼既非属“萨埵性”，亦非属“剌阇性”，更非属“答摩性”；以其清明无搅之心灵，乃烛见其行为中三德之更互，其光明与快乐，活动与力量，止息与惰性，三者倚伏而乘除。此宁静心灵之超上，观照其行业而不沦入其中，此三德之超出，亦是神圣工作者一高等相。此理念本身，可导入“自性”之机械定命论，心灵为全然隔离而无责任；然《薄伽梵歌》以“至上神我”一超神道理念，乃得免乎此不充足思想之错误。明释终非“自性”机械决定其行业；乃“无上者”之意志有以感发“自性”；是彼已尽戮狄多罗史德那诸子，是假手于阿琼那者，乃宇宙“心灵”，超上“神主”，为“自性”工作之“主宰”。安立行业于“非个人性者”中，乃解除作者个人之自私性，一切行业皆归于万事万物之“自在主”。故曰：“属诸行业于‘我’兮，内‘我’汝其心眷；（意为以知觉性与‘自我’体认为一），去己私而无所愿兮，（即无个人欲望，无我，无我所）祛烦热兮！战兮！”（叁，三十）是谓“行之！”行“我”之意志于世间也！全部行业乃为“神圣者”所策动，激发，决定；在“大梵”中非个人性之人类心灵，乃其权能之纯洁而静谧之沟涧；此权能在“自性”中乃实施神圣运动也。得解脱者所行如是，获成就之行业瑜伽师所行如是。竟无何者由个人发端，而皆起乎自由之精神，亦无所变改之而消逝，如知觉性海不变易之深渊，上有波浪生起又消失而已。故曰：“彼执已解兮，彼缚已除，矢心兮唯智之居，为牺牲而有为，凡所为业兮尽虚！”（肆，二十三）

十五、平等性

行业瑜伽，独重平等性，何也，以此乃自由精神与世界之自由关系之结节也。“自我”智识，无欲，非个人性，福乐，“自性”三德之超上，凡此种种，当其归于本原，自体凝敛而不活动时，无用于平等性也；盖已不识事物中有平等不平等相反者。然若使一旦精神认识有此种事物，而处理多性，多人格，多分别，“自性”行业之多不平等性时，则必以此平等性之唯一显著特征，形成其自由格位之此诸余相。智识乃与“彼一”为一之知觉性；若与宇宙间各种不同有体及生存者相缘，则必自显其与一切平等为一之性。非个人性，乃一不变精神之超上其世间种种变化之人格；然当其处理宇宙间诸多人格，则当自示其对一切为平等至公之行动精神，无论相缘之关系如何变异以使此行动变易，或必发生此行动之情形如何变异而使之变易。《薄伽梵歌》中克释拏尝云，彼于众生无爱无憎，于众生皆为平等；（玖，二十九）然敬爱上帝者，独承殊眷，盖其所造相缘之关系已经不同；是则一切中至公之“主”，乃各随一一心灵近彼之方而与之相接。无欲乃无限“精神”之超上性，超乎世间各种欲境之有限吸引；然若与此等物境相缘，则当其具有时，或当自示为平等无偏无执之漠不关心，或当自示为平等无偏无执之悦乐爱好；盖此性原自体存在，初不依乎物境之具有或不具有，在其真元中本无变易无烦扰者也。精神之福乐原在其自体中，若使此福乐与众生万物

相缘，则唯以此道乃克显示其自由精神性。超出三德，原是不烦扰之精神优越性，超出“自性”三态行动之波流，三态常性则为扰乱而不平等者；若使与“自性”种种冲突而不平等之活动相缘，若使自由心灵竟容其本性有若何行业，则对一切活动，结果，或事会，必以无偏之平等性而显示其优越。

平等性是一表征，于求道者是一试验。若心灵中有不平等处，则其处必现有“自性”诸态之不平等活动，现有欲望之动作，现有个人意志，感觉，与行为，忧喜之动态，或被激能扰之喜乐，是则非真实精神福乐，而为心思之满足，其一贯程序中自必联带其反面或退转，即心思之不满足，——有此足以为证。凡心灵有不平等之处，是处必有智识之背离，失其坚住于与“大梵”为一与众生为一之大度。唯以其平等性，而行业瑜伽师在其行业中乃自知其为自由。

《薄伽梵歌》之说平等性也，乃在其精神义度中，高尚广大，乃使《歌》之教义为秀出。不然，以平等性本身为心思，感觉，气性最可欲之阶位，使吾人超出寻常人类弱点者，徒是此种教义，亦非《薄伽梵歌》所独著也。平等性常被称扬，以为玄哲理想，为圣贤特著之气性。《薄伽梵歌》诚采此玄哲理想，然上引至一极高境界，使吾人呼吸乃更广阔，清纯。淡泊(stoic)安定，心灵之圣哲姿态，皆其上登之初步，二步，离乎热情之涡漩，欲念之震荡，上跻于清净与福乐，甚且非天神之清净福乐，而是属于在其无上自主中之“神道”本身者。淡泊之平等性，以德操为枢机，建立于坚忍之自制自主；较快乐而更宁静之哲理平等性，其自制自主则以知识，以离执，以高等智识上之淡漠，高处本性所偏好之躁动以上，如《薄伽梵歌》所云：“我居然泊若”(玖，九)更有一宗教或基督教之平等性，则为顺从上帝之意志，长久跪伏其前。此三者，乃向神圣平安之三方法或三步骤：英勇之坚忍一，圣贤之淡泊二，虔诚之逊顺三。《薄伽梵歌》则以广大综合方式出之，交织为一向上之心灵运动，然各赋以更深之根基，远大之展望，普遍且超上之意义。盖一一与以精神价值，与一精神本体之权能，超出德操之烦劳，理解之难会，及情感之紧张也。

寻常人类心灵，对于自然生活所惯有之骚扰，感觉兴趣；盖此原自有其悦乐存；又因既有此悦乐，则认可低等自性之扰动，任其活动可以持续不已；“自性”除有以得其爱者，享受者，“神我”之认可与喜乐外，实无所为。吾人不认识此种真理，盖每遭骚扰反对之实际打击，为忧伤，苦恼，不安，不幸，失败，责斥，侮辱所袭，心思遂从此打击退转，急急趋赴其相对且愉快之扰动一方，欢喜，快乐，种种满足，富盛，成功，胜利，光荣，称誉皆是也；但此殊不改变心灵对生命悦乐之一真谛，则处乎思心相对二元以后而为恒常者也。战士创伤不感身体之快慰，失败不感心思之满足；然彼于使其得创伤失败或得胜利欢喜之战神，固有其全般爱好也，彼承认失败之机会与胜利之希望，为战争错综交织物之部分，其内中悦乐所寻求之物也。甚者，创伤能与以记忆中之喜乐骄傲，此在痛苦既过，乃为完全，然甚至在痛苦犹存时，亦感觉如此，竟为痛苦所养育。失败能与以对于优越敌方作勇猛对抗之喜乐骄傲，或者，若其人性格卑劣，憎恨与复仇之热望，亦有其较黑暗残忍之悦乐。心灵对于人生寻常活动之悦乐，有如是矣。

思心遭受人生打击反对时，乃以痛苦与憎恶而退转，此乃“自性”之技巧，施行自我保卫之原则，使吾人身体与神经可受创伤之

部分，不致非时趋于自我毁灭：于人生可爱之接触乃有其喜乐；此即“剌阇性”“自性”之悦乐诱引，使人中之力量克服“答摩性”之惰性倾向，充分驱策之以向有为，欲望，奋斗，成功，由此等之执著而其目的可以达到。吾人之秘密心灵，于此斗争努力中有其悦乐，甚至在困厄忧患中亦有其悦乐，在回忆反顾中乃更完全具足者；然在当时固已有之，且常出现于苦痛心情之表面，以支持之于其热情中。真吸引心灵者，乃此一交织物，即吾人所谓为人生者，具足依，违，引，拒，奋斗，寻求，奉献，逼迫，及其余种种扰乱者也。吾人内中“剌阇性”之欲望心灵，若感受单调悦乐，无斗争以成功，了无阴影之欢喜，久必倦怠，餍足，而以为无味；乃需要一黑暗背景，衬托其享受光明，而与以充分价值。盖其所寻求所享受之快乐，原属此种性质，其真元本为相对，有赖乎其反对面之经验与感受也。心灵在二元相对中之喜悦，乃思心乐此人生之秘密。

今且命思心超出此一切纷扰，进入纯粹幸福心灵之净乐，则必且立刻退转。然此净乐心灵，实暗中长时支持其争斗力，使其自体之持续存在为可能者也。但思心不信有此一存在；或则以为此必非人生，必非其素有所乐之世间种种变化生存；是则必然乏味。或者，必以为此事艰难，退缩于此上进之奋斗，实则此一精神转化，不较欲望心灵图实现其梦想为难，亦不需更大之奋斗努力，与欲望心灵皇皇然费巨力寻逐其暂时所欲乐者，乃不相侔。其不愿之故，乃在命其超出自有之天地，以呼吸人生更清纯少有之空气，其权能幸福非其所能体验，亦几乎难信以为真者，而此低等浑浊自性之喜乐，乃其所素习而以为有味者也。然此低等满足，在其实际亦不得谓为恶事或无益之事；毋宁谓为人类本性向上进化之必有情形，盖所以脱出"答摩性"之无明与惰性,凡物质有体所常守者;人生进向至上之自我知识,权能,悦乐,层级而升,此正其"剌阇性"阶段。若使吾人永远固守此界,如《薄伽梵歌》所云之"中道"(madhyamāgatiḥ),则上达仍未完全,心灵之进化未为圆足。经过"萨埵"体、性以达彼超三德者,乃心灵进于圆成之道也。

将引导吾人出离低等自性纷扰之运动,必为趋向心思,情绪,心灵中平等性之运动也。吾人当知,虽终于必超低等自性之三德,然运动发端,必以三中之一为起点。平等性开端可为"萨埵性","剌阇性",或"答摩性";因人类天性中,有一"答摩性"之平等性之可能。此则或为纯粹"答摩性",情命气性之沉重平等,鲁钝麻木,无望于人生之欢欣,遂于生存震动了无反应。或者,此由于情欲之疲劳,以餍足于享受而集,或反之,以人生痛苦过多而退缩,失望憎恶,恐怖憔悴,不乐人间而成:是则为混合性质,为"剌阇答摩性"运动,低等素质得势者。或者,接近"萨埵性",自辅以智识概念,以为人生之情欲终不得满,心灵过弱,不足以主宰生命,则一切皆为苦恼,为倏谢旋消之努力,初无任何真实真理,明智,光明,悦乐,斯则"萨埵答摩性"之平等原则,虽可导入平等性境,然亦不甚为平等,而适为麻木不仁或均等否定。原本"答摩性"平等之运动,是"自性"自我保卫原则之通律化,原为自某种苦痛结果之回避,遂推至"自性"与全部人生之脱离,以为此总合导入忧患,自苦,而非入乎心灵所求之悦乐也。

固已,真解脱不在"答摩性"平等中,然此可作为有力之起点,若其转化为"萨埵性",如印度出世道,以见及更伟大之存在,真实权能,高尚悦乐,皆有在于超"自性"之不变"自我"也。此运动之自

然转向，乃趋于弃世出家，舍弃人生与行业，然非趋于内中弃舍欲望而合以“自性”世间持续之有为。如《薄伽梵歌》亦承认此运动；容纳一退转之出发点，见知世间生存之缺陷，生，老，病，死，苦，（拾叁，八）佛陀在历史上之出家起点也。亦承认修持有志在于依“我”而致力于脱离老死者。（柒，二十九）然若使此而有功者，必附之以于高等境界有“萨埵性”之见知，归依且乐于“神圣者”之存在，曰“依我”。于是心灵以退转而入有生之一高大境，超乎三德，“解脱生、死、老、苦，永生庶其可臻。”（拾肆，二十）“答摩性”之回避人生苦痛与努力，本原为一弱化与降等之事，此中即寓有向任何人皆宣传厌世出家之危险，即以“答摩性”之软弱畏缩之钤印，加于不适宜之人，而迷惑其理智，乱其辨析之明，（叁，二十六）减少其所持之企愿及生活信仰，行为能力，此皆人类心灵在其“剌阇性”奋斗以克服其环境，原为可喜而不可无者；于是而非真实启对一高等目标，一更大事业，一更雄猛之胜利；斯其所尚未能者。但于适宜之人，此“答摩性”之退转，则有用于一精神目的，足以消除“剌阇性”之诱引，低等人生之劳碌，阻碍“萨埵性”觉悟以入乎高等可能性者。求皈依于其所创造之空，乃能闻此呼召，曰：“既生此无常悲苦之世兮，汝其唯‘我’敬止。”（玖，三十三）

虽然，在此运动中，平等性仅在从凡组成此浮世者平等出离，至于远隔，漠不关情；然未包含平等接受一切世事之权能，有力能忍苦乐之相撄，而不执不乱，为《薄伽梵歌》中自我训练之要素者。是故吾人纵使发端于“答摩性”之退转，——实则原本无需，——此仅能作为一更大事业之最初激励，不能作为永恒之悲观。真实之训练，始于一种运动对吾人初欲逃避之事物有所宰制。是此际“剌阇性"之平等乃得入焉，此在其最低限度亦为雄强自性之骄矜，谓能克制自我，主宰自我，超出热情与懦弱；唯清净道之理想(Stoic，即 Zeno 学派)，乃攫取此分别点，使之为心灵全部解脱之关键，脱离低等自性一切弱点之奴役。如"答摩性"之内转退缩，乃自我保卫以免于痛苦原则之通律化，此"剌阇性"向上运动，亦为"自性"别一原则之通律化；此别一原则，乃承认奋斗，努力，人生本有向主宰与胜利之内中冲动者；但将战争阵地转移至唯可得全部胜利之区。其目的不在于为身外散漫目的及暂得之成功，而在于以精神奋斗及内中胜利，完全克服"自性"及世界本身。"答摩性"之退转，双离世间苦乐而逃，"剌阇性"之运动，则并加忍受，宰制，而超上。淡泊派之自我训练，呼召情欲于力士臂间而殪之，如《史诗》所云，年老国王逖多罗史德那，如此压碎毗摩铁铸之像。既坚忍事物痛苦与快乐之震动，自性之身体或心思感动之原因，乃破碎其结果而皆裂；此种训练之完成，乃人能忍受一切接触而不觉其苦，不受其引诱，不为所激扰。原旨乃在使人为其本性之主宰。

《薄伽梵歌》有以诉诸阿琼那之战士天性，始于此英勇运动。召彼执其巨敌情欲而戮之。其于平等性第一叙述，属于淡泊之哲人。曰："处忧患而心无恼乱兮，居安乐而不执持。离贪，离畏，离嗔兮，是人谓之定智牟尼。"(贰，五十六)"彼遍处皆无凝滞兮，美恶随其相应。无欣欣亦无戚戚兮，彼智则为坚定。"(贰，五十七)以实例说之，如绝食，则"物境"离矣，但欲食之情味犹存。必在此意想亦离之后，虽在识感之现行中，能于物境(artha)不寻求其意想所欲得，离其所味(rasa)之欢，然后心灵始达其至上水平也。(贰，五十九)所谓"逍遥乎根境"者，识根运行于物境，诸识皆服从自我，离乎好恶，乃得心灵气性广大美悦之清净境界，是中热情忧恼，皆无所容。（贰，六十四，六十五）一切情欲奔归心灵，如众流之归海，然此当仍其不动，满盈而不扰：终则一切情欲皆可捐除。（贰，七十）离嗔，离痴，离畏，离引诱，乃《歌》中所反复申言，以为得解脱之格位，为此则必习于忍受其震撼，斯则倘非坦然以对其起因，则无由致也。“倘居世犹未脱此形躯兮，而堪忍贪瞋所起之动力，彼为至乐之人兮，彼人合乎至德。”（伍，二十三）坚忍，忍受之意志与能力，乃其手段。“与物境相接兮，感寒温与苦乐。斯皆有来去而无常兮，尔强忍为坚卓。”（贰，十四）“平等于苦乐而坚定兮，于此皆无累婴，嗟尔人中英杰兮！彼堪入乎永生。”（贰，十五）心灵平等者，当忍受苦恼而无怨恨，接纳快乐而不狂欢。虽生理身躯之感受亦当以坚忍而加宰制，此亦淡泊派训练之一部分。童年，少，壮，老，衰，皆不逃避，皆以坚定之智承受而消灭之。（贰，十三）（原注：智坚定者于斯不疑，强健而聪明之心灵，不为此等所扰乱，动摇。然亦承受之者所以克服之也。）非怖畏“自性”，在其低等面具前，骇然遁逃，唯克服之乃英雄本色，故曰：“嗟尔人中之英杰，”人中狮王之心灵也。受此制服，“自性”乃不得不抛弃其低等面具，启示其真本性，彼为自由心灵，原非其臣仆而为其君王矣。

《薄伽梵歌》认可此淡泊之训练，英雄哲学，亦如其接受“答摩性”之退转，有其同等条件——在上，必为“萨埵性”智识见知；在根本，必有自我证验之目标，在中，必有升登神圣“自性”之阶梯。训练而徒然摧毁吾辈人类天性之共通情感，——虽较“答摩性”之人生疲怠，无结果之悲观，不生产之惰性为少危险，因此至少可增益心灵之权能与自主，——彼仍非纯净之至善，盖此可导至麻木不仁，非人性之孤独，而不得真实精神解脱。淡泊之平等性在《薄伽梵歌》修持中仍不失为一原素者，因其与体验动性人类本体中自由不变之“自我”相联，且有助于此证悟，“见乎至真”而臻至新自我知觉性中“大梵”阶位。“悟‘彼’（至上者）之超乎智兮，自制以‘自我’而制，汝戮此大敌兮，其形为情欲而难逮。”（叁，四十三）“答摩性”之回避遁逃，“刺阇性”之奋斗胜利，二者皆可认为正当者，仅在其经过“萨埵性”而上窥自我智识，使二者皆为合法者也。

纯粹哲学家，思想者，天生圣人，不但依乎“萨埵性”原则为其究极之辨正，自始即用之为自主之工具。斯人皆由“萨埵性”之平等性发端。彼非不观照物质外表世界之无常，不足以满欲望而予真乐，然此不足以启其忧愁，恐惧，绝望。彼以宁静辨识之眼目观照一切，作其选择而无拒无迷。“愉乐生于所接兮，实为忧苦之所胎。斯自有其始卒兮，觉者于斯不怀。”（伍，二十二）“自我不凝滞于外物兮，得自我内中之愉穆。”（伍，二十一）彼见“唯我为我友兮，唯我又为我敌。”（陆，五）是故不自委于欲情热望之手，“不以我而自抑”，而以其自有之内中权能脱此桎梏，“庶以我而自扬”；盖已克服低等自我者，鲜不得其挚友同盟于其高等自我。彼以智识自安，能克制其识感，遂为“萨埵性”之平等性瑜伽师，——盖“平等性谓之瑜伽”。（贰，四十八）——故曰：“自我止足于智识兮，制诸根而安定如磐，彼瑜伽师谓之和合兮，视土块，金，石兮，同观。”（陆，八）“坚定平等，于寒于暑于苦于乐于荣于辱兮。”（陆，七）在心灵中，“彼于同心之人，友与敌，漠然者，与中立人，……而一视同仁兮，”（陆，九）盖见此皆暂现之因缘，生自人生之变化者。纵于称为有学，纯洁，美德，及此等所建立以为优越性者，皆无所动其心。于众

生皆能“宅心于等平”，（伍，十九）初不论其为罪犯，圣人，学正品端之婆罗门或堕落之贱民也。凡此皆《歌》中于“萨埵性”平等性之称述，固足以概括世间所惯说圣人之静妙平等性者。

然则此与《薄伽梵歌》所教之更大平等性分别何在耶？其分别在于智识哲理之辨识，与精神之辨识，韦檀多一体智识，即《薄伽梵歌》所建立其全部教义者。哲学家以理智之权能保持其平等性，所用者乃辨识之思心；但即此本身根据已属可虑，虽大体以常时注意或以所养成之心思习惯，而能主宰其自我，实际则彼未尝脱于低等自性，此则时复可以多方爆发，时可激烈报复其遭受拒斥与压迫之仇。盖低等自性之活动原有三重，“剌阇性”与“答摩性”永远伺“萨埵性”人之隙，“蔽兮！贤哲之聪明，此常在之敌使之瞀昏。”（叁，三十九）仅以依乎某高于“萨埵性”者，高于分辨心者，依乎“自我”，而后可得完全之安定，——此非哲学家明智之自我，而为圣人之精神自我，超出三德者。一切必以入乎高等精神性之有生而得其圆成也。

复次，哲学家之平等性，如清净道者，如遁世者之平等观，是内中一寂寞之自由，与人群相离，远隔；但入乎神圣有生者，不但在一己中而且在众生中发现“神明”。已悟出与众生为一之性，故其平等观乃充满同情与一性。彼见一切皆为一己，而意不在于独自得救；甚且出而负荷彼等之忧乐，则亦非其一己所感染或服属者。《歌》中反复申言，完全之圣人乃永远以一大平等性而从事于利乐有情，且以此为业而为乐，“以福利一切众生而为欢”也。（伍，二十五）完全之瑜伽师，非在其精神离索之象牙塔中，寂然凝思于“自我”，而为多方之工作者，为世间之利益，为世间之上帝而有为，“无不为兮彼瑜伽师”。(肆,十八)盖彼为一诚敬者,为“神圣者”之爱者,崇拜者,亦如为圣人为瑜伽师;无处不爱上上帝,随处皆见是“彼”;其所爱者,彼自不惜奉事;行业亦不能解其幸福之结合,盖其一切行为发乎其内中之“彼一”,而对向一切内中之“彼一”也。《薄伽梵歌》之平等观,乃一广大综合之平等,其间一切皆上升入神圣本体神圣自性之大全。

十六、平等性与知识

知识与瑜伽，在《薄伽梵歌》初分教义中，乃心灵上翥之两翼。瑜伽者，以神圣行业而与“至真”契合，此行业为牺牲，奉献于“无上者”，发乎心灵对众生万事之平等，而无欲望者也。知识者，无欲性，平等性，此牺牲权能所基也。双翼相辅而上翔，微妙交互以相益，如人两眼，互益而交用其明，以交换质素而彼此增上。行业愈趋于无欲，心思平等，出之以牺牲精神，则知识愈增；知识愈增，则其心灵安定于行业之无欲、牺牲、平等性中也愈固。故曰：智识之奉献优于一切物质奉献。（肆，三十三）“倘汝为一切罪人之尤兮，则唯以智识之筏兮，而度滔滔之罪流，……较智识而能净化兮，斯世更无与同。”（肆，三十六，三十八）“情欲”及其初生子“罪恶”，皆以智识而灭。得解脱者，能以行业为牺牲，盖彼已离乎执著，由其思心，情心，精神皆坚定建立于自我知识中。（肆，二十三）可谓凡其行业既为，皆旋即消归于“大梵”本体，其于似是作者之心灵，乃不留任何反动之后果。行业者，“主宰”因彼之“自性”而为者也，乃不属于此为工具之个人。事业本身，唯化为本性之权能，“大梵”本体之实质已。

《薄伽梵歌》说行业“会归知识其有极”，盖是此义。“信如炽焰之燎薪兮，化为烬煨，信如智识之火兮，焚诸业而尽灰。”（肆，三十七）此则非谓知识完全时行业亦止。其义乃在以智识而尽断诸疑，以瑜伽而舍弃所为，具有“自我”，则行业无由縈维。（肆，四十一）彼已化其自我为众生之自我；工作也，而不为工作所影响。虽有为而无或咎愆，（伍，七）盖心灵不陷入其中，不受其迷惑之反动也。故曰瑜伽之途，“又优于弃舍行业”，（伍，二）夫有生于斯世必不能无行业，一日而寓此身躯，即一日行业不能废，故出世诚属难能，然用行业瑜伽足矣，此容易迅速使心灵入乎“大梵”。行业瑜伽，既为内中精神上将事业归于“大梵”，而非外表物理上之弃舍，（伍，十）则为工具者之人格止息；虽有为而实无为；盖非但行业结果已捐，即事业与有为本身皆奉献以归于“主”。于是“神圣者”乃出而负担其行业，此“至上者”乃化为作者，工作，与结果也。

《薄伽梵歌》所说知识，非心思智识之活动，此乃由神圣“真理”之太阳光华外射，而灿然生长入有体之至高境界也，《黎俱韦陀》，尝说：“彼真理，藏于黑暗中之太阳也。”（tat satyam sūryam tamasi kṣiyantam）黑暗者，吾人之愚昧，或曰无明。无变易之“大梵”，高处于精神之天，俯视低等二元自性，无触于善恶功罪，亦不接于吾人善恶功罪之感；无触于吉凶忧喜，亦不接于吾人成败之欣哀，至上而遍漫，沉静而至健，纯洁而于万物平等，为“自性”之渊源，非吾人工作之直接作者，但见证“自性”及其事业，亦不加吾人以为作者之幻觉，盖此幻觉乃低等“自性”无明之结果。但吾人不能见及此种自由，主宰性，纯洁性；吾人皆为无明所惑，足以隐蔽吾人本体内中秘在之“大梵”永恒自我知识者。然于殷勤不懈之求道者，知识自至，而除去其自然之自我无明，是如久藏之太阳忽然辉朗，照示超低等生存二元之无上本体，“显彼极真其有光”也。（伍，十六）以全部心情长久坚持之努力，以整个知觉体归向之，以彼为归极，使之为吾人思辨心之对象，不但在吾人内中见之，随处皆见之，以己与彼为一心思，为一自我，自建于彼，于是得以知识之水，尽涤低等人格之一切黑暗忧患矣。（伍，十七）（原注：《黎俱韦陀》尝说“真理”之波流，纯全知识之流水，充满神圣阳光之流水。ṛtasya dhārāḥ，āpo vicetasaḥ，svavatīr āpaḥ。在此为修辞之隐喻，在彼皆具体之象征。）

如是，其结果也，乃为对一切人一切事完善平等，如是乃能全然归“梵天”以行业。“梵天”实无疵瑕而平等，而仅当吾人“宅心于等平”，等观品端学正之婆罗门，象，母牛，犬，贱人。（伍，十八，十九）知一切皆为“大梵”，然后能居于彼一性中，视吾人行业发乎自性，自由而无畏于执著，束缚。罪业，罪恶沾污自不能有；盖吾人既克服此一充满欲望，事业，及其反动之有生体，——此之谓“胜物”（伍，十九）——原属无明者，既生活于无上神圣“自性”中，则吾人行业中必更无错误或缺点；错误与缺点，皆无明之不平等性所创造也。平等“大梵”实无疵瑕，超出善恶之纷扰，既生活于“大梵”中，吾人亦超出善恶；吾人乃得在此纯洁性中清净无瑕而有为，“独以福利一切众生而为欢”也。（伍，二十五）吾人内心“主宰”，在无明中亦为行业之因，但由彼之摩耶，由吾人低等自性之我执，行业交织之网遂成，其纠缠反动之退转，遂反加于我执，在内则为善恶功罪以相撄，在外则为吉凶祸福以相撼，即羯摩之大锁链也。若吾人以智识而得解放，则此“主宰”不更隐藏于吾人内心，乃显示为吾人最上之自我，取吾人工作而为之，用吾人为良好无瑕之工具，——“汝独为其外力”（拾壹，三十三）——以利乐有情。夫如是，乃平等性与知识之亲切结合也。布提（buddhi）中之知识，反映为气性中

之平等性；在上而处于知觉性之高等界，知识则为“本体”之光明，平等性则为“自性”之本质。

印度哲学与瑜伽学中“知识”(jñāna)一名词，常用于此等最高自“我”知识之义；此为吾人用以生长入真实本体中之光明，而非用以增进吾人之信息与才学之知识；此非科学，哲学，美学，伦理学，心理学，或世间应用学术之知识也。凡此亦皆有助于吾人生长，诚属无疑，但仅在于变是中，而非在于本体；凡此可入乎瑜伽知识之界义中，仅当吾人用以助长对“至真”，“自我”，“神圣者”之知识，——其有助也，为科学知识，当吾人能透过程序与现相之障蔽，而见其后彼唯一“真实性”能解释此一切者；为心理学知识，当吾人用之以知“自我”，而分辨低等自我与高等“自我”，以使吾人退乎此而进入于彼；为哲学知识，当吾人以之为光明，照烛存在之真本原则，以发现生活于彼永恒中者；为伦理学知识，当吾人既以之分辨善恶功罪之后，舍其一而超其一，入乎神圣“自性”之纯洁天真；为美学知识，当吾人以此而发现“神圣者”之美；为世界知识，当吾人由此而见“上帝”处理众生之方，而用之于对人内中“神圣者”之服事。虽然，凡此皆不过佐助而已；真知识对心思为一秘密，乃生活于精神中者，心思仅得其反映而已。

《薄伽梵歌》说明吾人得此知识，可由已见至道之智者启蒙，而非由纯以学术而知者：盖其真实出自吾人内中。“人成就于瑜伽兮，以时自得之于衷。”(肆，三十八)此说在人内中生长，而人亦生长其中，此乃当其既增加无欲，平等观，对“神圣者”之虔敬以后。凡此仅可说彼无上智识；而人智慧之所增集者，乃识感与理智从外界劳苦而获。欲得此另一知识，此自体存在，自体经验，自体启明，直觉之知识，必在吾人已克服且主制吾人之心思识感以后，不为其所诱惑，而心思与识感甚且化为其明镜；吾人必以全知觉体，凝定于彼一切皆存在其中之无上真实性，以使其可在吾人内中现示其光明之自体存在。

终极，吾人必有信心，非理智之疑惑所可动摇者。“嗟彼愚蒙兮，信心渺茫，意虑犹疑兮，至于灭亡。既无此世兮，又无彼方；疑惑之人兮，终无乐康。”（肆，四十）实际倘无信心，诚不能在此世界成就任何决定事业，遑论有得于超上之界；唯有执定某稳固基础与积极支柱，而人可达某种限度此世彼土之成功，幸福，安乐。徒属怀疑之心思必自失于空虚。在低等智识中，怀疑与不信亦暂时有其用处，但在高等智识中，则成为障碍：盖彼中全部秘密，非真理与虚伪之平衡，而为已启示之真理一恒常进步之体验。在思智知识中，常有谬误或缺点搀杂，则必于真理本身亦加以疑惑审虑，然后祛除；但在高等知识中，伪妄无由参入。而理智以自结于此意彼意所贡献者，不能徒以疑问而除，必由坚定于体验中而自然刊落。若于所得知识中有任何过缺，必加除去，此不以疑问在根本上已得体验者而除，斯则非更高深远大生活于“精神”中，而进至更远更完全之实践莫能也。凡犹未体验者，亦当以信心而准备之，不以疑惑；盖此一真理非理智所可授者，且时与推理与逻辑思心所缠绕之理念相违：“此一真理非待证明者，而为一当内向以生活其中者，为吾人所当生长入乎其中之一更伟大真实性。终焉者，此为一自体存在之真理，若非为吾人生活其中之无明所障蔽，亦复自然明白；疑惑纠纷，阻滞吾人接受之追随之者，皆生自无明，生自为识感所乱、为意见所惑之思心与情心；以其生活于低等且属现象之真理中也，

遂不得不疑惑高等真实性。是故当以‘自我’智剑断之。”谓能体验之智剑也，即返乎瑜伽，恒常生活于与“无上者”之结合，其真理既知，则一切皆知矣。(yasmin vijñāte sarvam vijñātam)

吾人在此所得之高等知识，于知“大梵”者，若其无间生活于“大梵”中，——“自建于‘梵天’”，——乃为其恒常对事物之见识。此非“大梵”之见、或知识、或知觉性而除外一切者，乃是见一切皆在“大梵”中且有如自我。已说得此知识方可上臻，而不退堕入吾人心思性之迷惑，由于见众生在“我”，“更在‘我’而无余。《歌》中余处亦更扩大说之，曰：‘既以瑜伽自靖兮，处处等观而皆平；见众生皆在‘自我’兮，‘自我’在于众生。——彼遍处皆见‘我’兮，观万物皆在‘我’，‘我’则不离于彼兮，彼亦不失‘我’。——彼独皈于一兮，‘我’居于庶品维崇；纵其生为多方兮，彼修士生在‘我’中。——彼遍处作等观兮，以‘自我’而为量，或乐或苦兮，我以彼瑜伽师为最上。”(陆，二十九至三十二)此即诸《奥义书》之古韦檀多学，《薄伽梵歌》所常以展示吾人者也。然其优于后期由此衍化而出之他派哲学者，在其毅然化此知识为神圣生活之一派实用哲学。常坚持此一性之知识与行业瑜伽之关系，因此坚持一性为世间得解脱之行业基本。每当其说知识，随即必说其平等性之果；每当其说平等性，亦随即必说此智识为其基。其所教令之平等性，不始于亦不终于心灵之静定位，仅有用于自我解脱者；而常以之为行业基础。在已得解脱之心灵中，“大梵”之安定性为本；在已得解脱之本性中，其“主宰”之广大，自由，平等，漫遍世界之行业，乃辉射出发乎此安定性之权能；此二者合一，乃和合神圣行业与上帝知识。

《薄伽梵歌》与他派哲学，伦理，或宗教生活所共通者，其理念在此可立见已推衍至何限深微度。坚忍，玄哲之淡漠，虔诚逊顺，如前已说，三者皆平等性之基础；但《薄伽梵歌》之知识真理，不但总合三者，而且赋予以无限广大精微之意义。清净道之知识，属于心灵坚定自主之权能，以本性奋斗而臻至之平等，以恒常儆醒自制，防其走作：此予人以高贵之平安，严肃之悦乐，然此非得解脱之自我所得之无上喜悦；解脱者不以一律则而生活，但在神圣本体之平静，和易，自发之完善中生活，以致纵其生活为任何形式，——"纵其生为多方兮，"——彼行为而且生活于"神圣者"中，盖此种圆成不但已得，且自然法定具足，更无需用力保持之，则已化为心灵体之真自性也。《薄伽梵歌》接受吾人与低等本性奋斗之坚忍强毅，但以此为初步运动；若使以个人力量而达相当之自主，则自主之自由仅可以与上帝结合而臻至，以人格没入或寓居于彼神圣"个人"中，消失个人意志于神圣"意志"中。有一自性及其工作之"主宰"，居于自性中而超上自性，为吾人至高本体及宇宙自我；与彼为一乃使我辈神圣化。与上帝结合为一，吾人乃可得无上之自由自主。清净道之理想，圣人为君王，因以其自我统治亦遂能为外物之主宰，则差近韦檀多派之自我主制者与一切主制者(Svarāṭ gaṁrāṭ)；但此在低等界。清净道之王权，乃以加予自我及环境之力量而保持者；瑜伽师完全得解脱之王权，则以神圣自性之永恒威权而自然存在，以与其无拘束之宇宙性相结合而保持，以究极无强迫而自然寓乎其超上性而成就，对其因而工作之工具自性为超上也。其主宰事物，因其心灵已与万事万物为一。以罗马古事为喻，清净道之自由，乃一奴隶而得解放者(libertus)之自由，然实则仍依靠其所尝执役为奴隶之权力；彼之自由为“自性”所许，因此乃其功劳所应得。《薄伽梵歌》之自由则为真实公民自由，属于入乎高等自性之有生，其神圣性原为自体存在者。不论其所为何事，生活如何，自由心灵生活于其“神圣者”中；为此第宅中享特权之童子(bālavat)，彼为无误失，盖一切彼之为彼，及其所为，乃充满“完善者”，“全幸福”，“全爱”，“全美”。其所享受之王国，乃美悦之疆土，用希腊哲人之语出之，“此王国属于儿童”也。

哲学家之知识，乃属浮世生存之真自性，知乃为优胜。外物之无常，世间分别殊异之虚无，其内中恬漠，光明，纯依自我。此为玄哲漠然之平等性；此可使人得高上宁静，然必无更伟大精神悦乐；此为孤立之自由，一似卢克莱修(Lucretius——罗马诗人，卒于基督前五十四年，寿四十四。)派之哲人，居于高崖之端，下瞰怒涛汹涌，凡夫飘荡其间，而彼固自之超出也，——终之亦属隔离且无效能。《薄伽梵歌》亦接受此漠然无情之哲学动机，视为初步运动；但其所臻至之“漠然无情”，若此不合宜之名词犹可用者，亦绝无哲人离隔之度。诚复如人居高临下，但如“神圣者”在上，固无有于斯世，亦非于世无情，彼常有所为而遍在，支持，引导，救助众生之劳苦。此平等性建立于与众生为一之一性；玄哲平等性之所无者，乃补足之；盖其心灵为平安之心灵，亦为仁爱之心灵。等视一切众生，咸在“神圣者”中而无外，因其与一切众生之“自我”为一，故在与一切众生之无上同情中。咸在我而“无余”，无余则无外，非徒一切善者、美者、可乐者皆在其内；无论何人何事，在现象为无论如何丑恶，堕落，有罪，可憎，不能出此遍是全灵之同情与精神一体性以外。此中不但不容有憎恨，忿怒，或不慈，亦复不容隔离，藐视，或

任何优胜之微小矜持。将于奋斗心思之无明有神圣同情，将有神圣意志倾注之以全体光明权能快乐，以救助此表面之人；但于其人内中神圣“心灵”且有多于此者，则为赞美与爱乐。盖从一切人，从强盗，娼妓，下流，一如从圣贤，才智，彼“被爱者”外望而诏吾人曰：“此为我！”“在一切众生中爱‘我’者！”——说神圣遍是之爱，有任何哲学宗教尝作更伟大有力语，以表此极深至密者耶？

虔诚逊顺，亦属一种宗教平等性之基础，顺从神圣意志，艰苦忍受，耐心以负十字架。在《薄伽梵歌》中，此一因素乃扩大形式，化为以个人全部有体皆皈顺上帝。此非徒为被动顺从，而为自动奉献自我；不但见知而且接受一切事物中之神圣“意志”，且为将一己之意志，奉献行业之“主”，为其所用之工具，此不但出之以为上帝仆人之怀，义固稍狭者也，人至少终且出之以全般弃舍，以全体知觉性与工作皆为奉献，以致吾人之有体与彼之有体合一，已经非个人化之自性，乃徒为工具而非他。一切结果，无论为佳或不佳，可乐或不可乐，幸或不幸，皆接受而属之吾人行动之“主宰”，终至不但忧患苦恼皆加忍受，抑且全体皆捐：情感心之绝对平等性于焉建立。在工具中，无个人意志之擅有；乃见一切原已成就于遍是“神圣者”之遍知先见与遍能效用中，而人之私我性固不能改变此神圣“意志”之工事也。是故最后态度以教阿琼那者，若曰：一切皆已在我之神圣意志与先见中为我所成就，“汝独为其外力”而已。（拾壹，三十三，三十四）此态度终必引至个人意志与“神圣意志”绝对结合，而且，以智识之增长，工具得与神圣“权能”与“智识”相应无差。自我投顺之一完善且绝对之平等性，心思为神圣“光明”与“权能”之被动沟涧，自动有体为其在世间行业极有效能之工

具，——是为此“超上者”，遍是者，与个人者无上结合之姿态。

至若他人加乎我之行为，亦将有其平等性。凡彼所为，不足以改变此内中之一性，仁爱，同情，发乎得见万事万物中之一“自我”一“神明”者。但退让之坚忍与顺从彼等及其行事，一消极之无抵抗，非为行事之必要部分；此为必不可能者，盖恒常为工具以服从神圣与宇宙“意志”，必不免为与充满此世界之反动力量相冲突，个人意志求其私我满足者，随处皆是也。是故教阿琼那以抵抗 ，战斗，克服；但战斗亦无憎恨，或个人欲望，或敌忾怨仇，盖于已得解脱之心灵，此等感情不可能有。思“保世”以有为，无其个人性，以护持以领导人群遵从大道而达神圣目标，必为心灵与“神圣者”与宇宙“本体”结合为一之必有惯例，因其原属宇宙作用之全部倾向与意义。此亦不与吾人与众生为一之一体性相违，纵其在此世现为吾人之仇敌，反对者。盖神圣目标亦为彼等之目标，因其为一切众生之秘密目的，虽其外表心思为无明与自私所迷误，辄离其正轨而违拒此策动。然则抵抗之，战败之，乃外表对彼等最佳之服务也。以此一义，《薄伽梵歌》乃避免有限制之结论，可从一不可实行而凌驾一切因缘之平等观，及无智而使人弱化之仁爱观抽绎者；而于此唯一要义则保持无损也。于心灵，则与一切为一矣，于情心，则有平静弘大之仁爱，同情，慈悲，但于双手，则有自由而无个人性以作出善业，非徒为某甲某乙而不顾甚且违碍神圣计划，乃为作发创造之目的，人类进步之幸福与得救，一切众生之福利而作也。

与上帝为一，与众生为一，遍处证悟永恒神圣之一体，吸引人类进向此一性，皆人生之律则，发自《薄伽梵歌》教义者也。广大深微，无有过于此者矣。即解脱其自我，生活于此一性中，佐助人类登于向此目的之大道，其间为上帝而无所不为，亦复“诱人进乎诸行”。（叁，二十六）神圣工作之律则，无有更自由伟大有加于此者矣。此自由与一性，皆人类天性之秘密目标，及人类存在之终极意志也。于今人类皇然求快乐而不得，转向于此，其必然矣；一旦张其目，启其心，以对其内中周遭遍处之“神圣者”，而知生活实在“彼”中，则此分别之低等自性，徒为囹圄之圜墙，必加排倒，或者，至不得已亦为儿童学校，必长大离出，在本性为成熟，在精神为自由。一己与在上之上帝，人中之上帝，世界中之上帝为一，乃解脱之意义与圆成之秘密矣。

十七、自性决定论

行业与自我知识合，由是而生活于高等“自我”中，吾人遂能超越“自性”之低等施为。既无复奴役于“自性”及其三德矣，乃与吾人本性之“自在主”为一，于是则可脱离羯摩锁链，为吾人内中“神圣意志”而运用“自性”；吾人内中高等“自我”者，即此“神圣意志”也，为“自性”工作之主，而不受其反动之压迫。反之，“自性”中愚昧之心灵，乃为此无明所奴役于三态中，盖未与高居其上之“神圣者”——其真实自我，——愉快认同，乃顽钝郁然与私我心思体认为一，此私我心思虽妄自矜夸为大尊，实“自性”工事中之一附属因素，徒为一心思征结，为自然工事之一可供参考点而已。将此征结破除，不使私我为吾人工作之中心与受惠者，而一切资取于神圣之“超心灵”，且以一切皆归属焉，乃超乎三德无止无尽纠纷之一法。盖此为生活于无上知觉性中，私我心思乃其低下等级，在一平等合一之“意志”与“力量”中有为，而不在三德不平等之活动中，为破碎之寻求扪索，为一番搅动，一低下之摩耶者。

《薄伽梵歌》中诸颂，说私我心灵服从“自性”之处，有人遂解为此乃所以阐释一绝对而机械之决定论，在宇宙存在中不容有任何自由者。诚然，其所用之语气殊重，且似甚为绝对。但在此吾人当取《薄伽梵歌》之思想为一整体，而不容断章取义，——此实于任何真理为然，无论其本体如何真实，若与同时界划而又足成之其余真理相离，必化为系缚心智之网罗，误人之武断；盖实际一一皆复杂经纬中之一缕，而不能与此织物分离。《薄伽梵歌》中每一思想皆如是交织，必在其与全部关系中了解之者也。《薄伽梵歌》已分辨知全者与知不全者。知不全者，辄为存在之局部真理所误；知全者，则有大全综合智识之瑜伽师也。坚定以视一切存在，见其全，不为其互相冲突之诸多真理所误，乃宁定完足之智慧之第一需要，谓瑜伽师所当臻至者也。吾人复杂生存体一极端，有某种绝对自由，此为心灵与"自性"关系之一面；在另一极端而相对者，为"自性"之某种决定性，此为另一面；在此两相反对真理间，亦有一局部，似是，因此非真之自由影像，曲折反射而映入心灵者，此即吾人通常所谓自由意志；如实论之，此名义殊非精当。《薄伽梵歌》于凡非完全解放而自主者，不谓之自由也。

关于心灵与"自性"吾人常当顾念两大派学术思想，居于《薄伽梵歌》之后者，即数论派与韦檀多学派也。于数论之"神我"与"自性"说，修正且补充以韦檀多之三重"神我"二重"自性"；"自性"之低等形式乃摩耶之三德，高等形式乃神圣自性及真实心灵自性也。此为解开秘密之钥匙，调和且解释吾人否则所当视为矛盾冲突者。吾人之知觉生存，实际有不同诸界，在此界为实用真理，一旦吾人臻至其上之一界，则见其形相已变而非真，盖在此上界中，吾人乃更能瞩见事物之全体。近代科学发明，已证明人类，动物，植物，甚而至于矿物，大体皆有相同之生命反应，不得已而无更适当之名词以形况之，姑可说为各有其"神经知觉性"，具有机械心理之同一基础。若使各申其所经验者之心思叙述，则吾人必于同此自然诸原则，同此反应诸作用，得四种不同且大相冲突之报告，正如吾人既登上生存之另一阶，彼等所得之价值与意义已完全不同，而必以另一展望评判之也。于人类心灵之各层水平，正复如是。在吾人寻常心思性格中所称为自由意志者，在某种限度内如是称之固属正当，然自彼瑜伽师视之，则全非自由意志，而为服属于“自性”三德。瑜伽师既已上达，以吾人之夜为昼，以吾人之昼为夜。（贰，六十九）彼视此同一事实，但发自“知全者”之高等展望，吾人则自局部知识之有限观点视之，所知“不全”，则无明也。于吾人所诩为自由者，于彼正尔为束缚。

吾人自诩为自由，实则无时不陷于低等自性之网罗，——此种无明之见，乃《薄伽梵歌》所达到之观点，为对治此愚见，乃肯定说私我心灵在此界中全部服属于三德。有云：“遍是诸行业兮，唯发乎‘自性’之三德，蔽于我执之人，巧思‘我为作者’。知真者知德业分立。思维‘功德性运乎功德耳’，彼则离执。迷于自性功德兮，执滞乎功德之运行。彼愚顽所知不全兮，知全者于彼当弗撄。属诸行业于我兮，内我汝其心眷！去己私而无所愿兮，祛烦热兮，战兮！”。（叁，二十七至三十）于此分明可辨两知觉性水平，两行动观点：一者为心灵陷于私我自性之网，以自由意志之想象而为行业，但非真实自由意志，受“自性”之冲动强迫；一为心灵不承认与私我为一，在“自性”之上而观察，认可，且管制其工作。

吾人尝谓心灵服属“自性”；但《薄伽梵歌》分辨心灵与“自性”之德性时，则肯定说“自性”常为实行者，而心灵常为“自在主”。此说心灵为私我所蒙蔽，但韦檀多派说真“自我”为神圣，永恒自由，且自体知觉。然则此为“自性”所迷惑之自我为何，此服属于“自性”之心灵为何？答曰：此乃吾人在寻常谈论中，作事物低等观念或心思观念之说；于此吾人唯说似是之自我，似是之心灵，而非说真实自我，真实“神我”。是私我乃真服属于“自性”，以其原为“自性”之一部分，为其机械中一种功能；心思知觉性中之自我觉识自认与私我同体为一时，乃作成一低等自我即一私人自我之相。同然者，吾人寻常所思念为心灵者，实则不过自然人格，非彼真“个人”，“神我”，而是吾人内中之欲望心灵，则“神我”之知觉性于“自性”工事中之反映也：实际此仅为三德之一种作用，故为“自性”之一部分。然则可说吾人乃有二心灵，一为似是或欲望心灵，依三德之变动而转，且完全为此变动所组成，所决定；一为自由永恒之“神我”，不为“自性”及其功德所限。吾人有二自我，一似是自我，则仅为私我，即内中心思中枢，取此变动人格，“自性”之变易作用，乃曰：“我为此人格，我为自然有体，正做此事做彼事。”——但自然有体不过为“自性”而已，三德之组合也。——一真实自我，诚为具有“自性”之主宰，持载者，现形其中，但本身非是此变易之自然人格。然则自由之道，必为祛除欲望心灵之欲望，及此私我之虚妄自我观念。故曰：“去已私而无所愿兮，祛烦热兮，战兮！”

此种吾人有体观念，发乎僧佉（数论）之二元论，分析吾人本性为“神我”与“自性”二原则者。“神我”无为，“自性”有为；神我为充满知识光明之有体，“自性”即机械本性，反映其一切工事于知觉之见者——“神我”——中。“自性”以其三种姿态即三德之不平等而有为，三者永远争冲，互易，变换；以其私我心思（我慢）功能，又使“神我”与此一切工事体认为一，因此在“自我”之玄默永恒性中，造成一有为，变易，时间性之人格意识。此不纯洁自然知觉性乃翳蔽纯洁心灵知觉性；心思在此私我与人格性中忘记“个人”；吾人任分辨智为识感心思及其外发之作用所移，为此生命及身体之欲望所夺。若“神我”长此认可此作用者，则私我与欲望与无明必管制此自然有体。

设若仅此而无他者，则唯一救治乃全然撤销其认可，以此消退而强迫一切吾人本性堕入于三德不动之平衡，因此亦止寂一切行业。无疑，此为一对治之法，然其弊在犹如使病人与疾病同除，此正为《薄伽梵歌》常常不加许与者也。尤以退处于“答摩性”之无所作为，正为愚者遇此真理时所作；其人之分辨心将堕于虚妄之分别，虚妄之对待，其活动本性及智识，皆将相互对待分立而相争，扰攘纠纷，而不得真实结果，行为则成一系虚妄自欺之邪行，或否则徒为“答摩性”之惰性，工作之停止，趋向人生与行为意志之微弱化，然则此非真解脱，而为降伏于最低之一德，“答摩性”，即无明与惰性原则。或否则全然不理解而将寻此高等教义之疵瑕，用其当前心思经验——即此自由意志之愚痴理念——以反对之，而且在其迷谬之推理及此私我与欲望之欺惑中，增其固执，于无明之更深沉更顽固之肯定中，遂失其解脱机会矣。

就事实论之，此种高尚真理，仅在知觉性与有体之广大高等界乃为有益，仅在彼界可体会之，对经验为真实。自下而上窥此种真理则为妄见，谬解，或者且将误用。善恶之分辨，诚为一应用律则与实事，于自私自利之人类生存，从动物以趋向于神明之过渡阶段，诚为有益，但在一高等界中，吾人乃超于善恶之表，甚且有如“神主”之超此二元 ，此则高尚真理也。但未成熟之心思，攫此真理，而不克自低等知觉界上升，于此实际无所用之者，乃转而用之于放纵阿修罗习性之方便，全然否认善恶之分殊，更以放纵而自毁灭，“当知其诸智蒙蔽兮，将灭没兮愚痴！”（叁，三十二）“自性”决定论之真理，亦犹是也；亦被妄视而误用；误用之者，辄曰：此人即其本性所造成此人者，不能如何异乎本性之所驱策而为。在某一义度中，此为真实，但不在于所附加之义度，不在于私我个人能于其工作不负责任，不受责难；因其既有意志，复有欲望，若从其意志与欲望而有为，则虽此是其本性，亦必不能不受其羯摩之反应。此为在一网罗中，或在一陷阱中，对其当前经验可现为惑乱，非理，不公，可畏，对其有限之自我知识亦复现似如此，但此陷阱为彼所自择，此网罗为彼所自织者。

《薄伽梵歌》诚然已说：“贤哲亦循其本性而行，众生俱‘自性’是随；固强制之兮，奚为？”（叁，三十三）若分别观之，此几为“自性”之全能，绝对控制心灵而无可希望；哲人尚尔，众生皆然。于是从此推广其教义，教吾人在行为中忠实遵循吾人本性之律则。故曰：“循自法虽无功兮，胜行他法而与宜；遵自法虽死其犹胜兮，他法来其畏危。”（叁，三十五）何谓自法，其精义当在末后诸章说，但此必非谓吾人当服从任何虽属不善之冲动，所谓本性命令吾人者。盖在此二颂之间，更立有教言：“贪瞋之于根境兮，固结诸根。其弗涉于彼之樊，二皆修道之所由屯。”*（叁，三十四）随即答阿琼那之问，循从吾人之“自性”是否有过，常人犯罪竟如有力驱使为之者，虽其奋斗之意志亦无可奈何。彼天人师旋答以贪婪，怒瞋，生于“剌阇性”者，皆心灵之大敌，固当杀之矣。（叁，三十六，三十七，四十一，四十三）斯则谓“诸恶莫作”为解脱之第一条件，且反复教示

* 末句有释为“大路上之强盗”者，阿氏则译为“道上之阻碍心灵者”。

自制，自主，管制心思，识感，全低等有体。

是故于此正有一分辨，何者在本性中为真元者，为其游离，固有且必然之行动，初无用于抑制，压迫，勉强者，何者为其偶有者，为其错乱，颠倒，而吾人必加管制者。亦暗示在强制，压抑与管制，善导，善用间，固有分别。前者为意志所加于本性之暴力，终必压抑有生体之自然权能；后者为高等自我管制低等自我，则予此等权能以正当发展及最大效率。所谓“瑜伽在诸行为便捷”是也。此则于第六章发端时明白言之（陆，五，六）：“庶以我而自扬兮，无以我而自抑；（或以自我放纵或压迫而自抑，）唯我为我友兮，唯我又为我敌。我为其自我之友兮，彼唯以我（高等自我）而自克（克制低等自我）；于彼不自克者流（于不具足其高等自我之人），我（低等自我）为仇怨其如贼。”（谓如仇家怨家，其行动如是也）凡人既自加克制矣，且臻乎完善之自主自持之安静，则至上之我，虽在外表人类知觉体中，亦坚定平等而住。（陆，七）换言之，以高等自我管制低等自我，以精神自我主宰自然自我，乃凡人得解脱圆成之道。

于是自性决定论乃得一极大检制，其意义与范围皆精确限定矣。由服属而至于自主之过程如何发展，若观察诸德在“自性”等级中如何上达，乃最可明了。在下为一切生存，其间“答摩性”独著者，凡此诸有体皆未达于自我知觉性之光明，皆极致为“自性”之波流所荡。在原子中甚至有一意志，然吾人明知此非自由意志，盖此属机械性，原子不具有此意志而为此意志所具有。在此之布提，即“自性”中之智慧与意志原素，诚如数论所说不诬，如实明显为一属机械性甚且为一无心知之原则，知觉“心灵”之光明，全然未奋斗以达外表者；原子不知觉一智慧意志；“答摩性”，即惰性与无明原则，全加摄持之，其中包含“剌阇性”，隐藏“萨埵性”，然皆寂然休止。“自性”以莫大力量驱迫此存在形式而有为，但以之为机械工具，“旋转众生如驾机轮”。（拾捌，六十一）其次，在植物，则“剌阇性”已奋斗达乎表面，具有其生命权能，具有神经反应之能力，在吾人则可见为苦乐者，然“萨埵性”则犹甚涵藏，尚未出现觉醒一知觉智慧意志之光明，一切仍属机械性，下心知或半心知，“答摩性”犹强于“剌阇性”，双为禁锢“萨埵性”之狱卒。

复次，在动物中，“答摩性”犹强，虽吾人可认之为属“答摩性”生物，然有“剌阇性”更盛于“答摩性”。其所已发展之生命权能，欲望，情感，热力，快乐，痛苦，亦随之俱至。而“萨埵性”虽出现矣，然仍依赖低等活动，但亦贡献此等以知觉心思之最初光明，私我之机械意识，知觉之记忆，某品种思想，尤以本能与动物直觉诸亲为著。但智慧意志，犹未发皇知觉性之全部光明；是故动物不能负其行为之责任。猛虎之扑杀吞噬，与原子之盲目运动，烈火之焚毁，暴风之坏损，同其无可归罪。设若其能答复问题者，虎将曰：“我扑杀，我吞噬”，自谓有自由意志，有作者之私我，与人类同；但吾人明见，实非虎真扑杀，而为虚中之“自性”能扑杀，能吞噬；若其止而不杀不噬，则此由于饱足，畏惧，或怠惰，由其中“自性”之另一原则，由于所谓“答摩性”之作用。其杀，则动物中之“自性”也；其不杀，亦此动物中之“自性”也。中而有任何心灵，则在“自性”之活动上被动与以认可，在其热情活动中为被动，与在其怠惰及不动作中为被动同。动物随“自性”之机动而转，与原子无异。此之谓“循其本性”而行，（叁，三十三）“如驾机轮”焉。

然则在人类中至少有另一动作，一自由心灵，一自由意志，一

责任感觉，一真实作者，异于“自性”，异于“摩耶”之机械性者耶？似是然矣。盖在人类中有一知觉之智慧意志；乃充满观察之“神我”光明，似以此而观察，了解，认可或不认可，许与或不许与，似终且为其本性之主矣。人不能如猛虎，或烈火，或暴风，彼不能杀伤毁坏而振振有词曰：“我循本性而为”，彼不能为此者，盖彼无猛虎，烈火，暴风之性，因此亦无彼等行为之律则，“自法”。彼有一知觉之智慧意志，曰布提，彼之行事皆归属者。若使不如是而行，若盲目循其冲动与热情行事，则其有体之律则即自法未得正当施展，彼未充其人性而行，或竟如动物然。诚然，“剌阇”或“答摩”原则，可执持其布提，而诱之以认可其任何作为或无作为之正当；然此“是正”或引据布提，必于其作为之先或作为之后原有在也。进者，在人中有“萨埵性”觉醒，不但如其为智识与智慧意志而有作为，而且如其为光明之寻求，正知识之寻求，及依此正知识而行动之寻求，如其为他人生存与要求之同情知见，如其为其本性上——即“萨埵性”在其人中所创造者，——高等律则之求知，于是而服属之，且如其为更伟大之和平安乐概念，则随美德，智识，同情而俱至者，如是而有为也。彼隐约自知当以“萨埵本性”而制伏“答摩性”与“剌阇性”，其寻常人道之圆成当趋至于是。

但主要为“萨埵性”之情况即自由欤？人中此意志即自由意志耶？曰：不然；此《薄伽梵歌》自一高等知觉性立场所加否定者也；唯高等知觉性中乃有自由。布提或知觉之智慧意志，仍为“自性”之一工具，当其有为也，纵使在极端“萨埵性”义度中，仍是“自性”之有为，心灵仍在摩耶轮上旋转。无论如何，吾人之自由意志，至少十之九为虚妄显明；此意志非在某一时中为其自有之自体存在之动作所造成、所决定，而为吾人之过去，吾人之遗传，吾人之训练，吾人之环境，一大复杂事物吾人称曰“羯摩”（业）者所创造、所决定。而此羯摩者，在吾人之后，为“自性”所发于吾人与世界之过去全部作用，汇集于个人，决定彼之为彼，决定彼在某一时中之意志为何，甚且决定此一时中之动作为何，如分析所可见者。私我尝自附于“羯摩”，则曰：“我尝为之”，“我将为之”，“我受苦痛”；但若使其自加省察，而见其何由而成，且将如说于动物亦说在人，曰：“‘自性’尝在我中为之，‘自性’在我中欲之”，若使其加以形况曰“我之自性”，此义仅为“自性如其自体决定于此个人中者。”佛教徒辄曰一切皆是羯摩，原来无我存在，自我理念乃私我心思之妄执，盖皆明见生存之此一面而为说也。私我若自思维，“我将取此善行，而不采取彼恶行”，则无非自附于“萨埵性”之一高涌波浪，或已成之潮流，于此“自性”以布提宁取某种行动而不取他种者，斯亦犹如机轮上之一链绳，或毋宁说机轮上之一齿或某一部分，倘其为有知觉者。数论之士且曰，“自性”在吾人内中成其自体，成此意志，以取悦于观察而不活动之“神我”也。

但设若此极端之说当加以修改（此后将说当在何种义度下加以限制），所谓吾辈个人意志之自由者，仍属异常相对而且极度微藐，以其与他种决定因素大相混合。甚至极强之权能亦不克至于自主。不能赖之以抵抗环境之强烈波澜，或其他本性之潮起，或加以压制，或加以形况，或与之混合，或加以巧妙笼络欺骗者。虽至最属“萨埵”一德之意志，亦常受余二者之制，受其压迫，与之混合，遭其围困如此；因此仅一部分存其“萨埵性”，由此生起自欺之一极强因素，甚非自愿或属天真之自隐与伪作，以心理学家无情之眼光，虽在最佳之人类行为中犹可察见者也。若吾人思维：吾人正自由活动，在行动后仍藏隐有种种权能，出乎最严密之反省以外者；若吾人自思已无私我，私我仍隐藏于心思中，于圣人亦如于罪人为然。若使吾人果然明见吾人之行动及其渊源，则不得不与《薄伽梵歌》同其说曰："此功德运行乎功德"矣。

职此之故，甚至"萨埵"一德独彰，亦不成其为自由。盖如《歌》中所说，其能束缚与余二德同，亦如是而束缚，以欲望，以私我；第欲望较高贵，私我较纯洁而已，——此二者，若犹在任何形式中把持此有生体，即不得自由。道德之人，智术之士，有道德人之私我，智术士之私我，是彼"萨埵性"私我，乃彼所求有以满足之者也。其寻求道德智术，皆为己私。仅当吾人终止满足此私我，而不自此私我思维愿望，无此内中有限之"我"执，然后乃得真自由。换言之，自由，最高自主，始于吾人超自然之我，而得见得持彼无上"自我"，以私我为其翳蔽与阴影者。此而可能，则必当有见于在吾人内中此唯一"自我"高居"自性"之上，且必化吾等个人有体，在有体与知觉性中与彼为一，且在行为之个人本性中，仅作为一无上"意志"之工具，唯此一"意志"乃真自由者。为此，则吾人必高举以远超三德，盖此"自我"甚且出乎"萨埵"一德以上。固然，不得不经过"萨埵性"而上登，但臻至则必且超此"萨埵性"而上；吾人出乎私我以发，离乎私我以至。欲望之最高，最力，殊巨，而极喜者，推引吾人近之；但若安寓其中，必在所有欲望皆已刊落之后。在某一阶段，吾人甚且当解脱此求解脱之欲望矣。

十八、超出自性之三德

"自性"之决定，有如是矣。其结论则私我本身原为"自性"行业之一工具，是故不能脱离"自性"之管制；私我之意志乃"自性"所决定之意志，为吾人本性之部分，以其过去之行业与自体形况之总和，在吾人内中所形成者。且由吾人内中如是而形成之本性，由在此中如是而形成之意志，吾人当前之行为，亦如是而被决定。言者辄谓初始发端之作为，吾人可以自由选择，无论其后来一切如何甚为此发端所决定；然则吾人之责任有在于此发端之权能及其于将来之结果。然"自性"中之发端行为，无具有决定性之过去在其后者，何处可得耶？吾人本性之当前境况，于总和于细微而非吾人过去本性行业之结果者，又何处可得耶？所以有开端自由行动一印象者，盖吾人乃时时从现在而进入将来以生活，不由现在而常溯回过去以生活，因此对吾人心思为强烈鲜活者，为现在及其结果；而不甚醒然以现在纯为过去之结果；视过去者为已逝亦复已矣。语言行动，恍若在此纯洁初元之时，乃绝对自由以为所欲为，内心之选择绝无依赖。实际无此绝对自由，吾人之选择无如此之独立性也。

诚然，吾人内中意志，常自当抉择于若干可能性间，盖此常为"自性"行动之方式；即使吾人之被动性，不肯有何意志，此本身亦为一种选择，此本身亦为"自性"意志在吾人内中一种行为；虽在原

子中，亦有一意志常正为其工作。此全部分别，为吾人以自我理念与“自性”中意志之行动相联结之限度；当吾人如此自加联结时，遂以为此乃吾人之意志，且说此为自由意志，做此行动者，乃是吾人。是错误、或非错误，是虚妄、或非虚妄，吾人之意志与行为之此一理念，非无后果或无其用途者；凡事在“自性”中皆有一后果与用途。甚者，此且为吾人知觉体之一进行程序，由此进行程序而吾人内中“自性”乃愈能觉知且反映其内中秘在之“神我”当体，又由此知识之增加，乃更启对行为之更大可能性；正由私我理念与个人意志之助，“自性”乃得自跻于高等诸可能性中，由单纯或优势之“答摩性”被动性，上升于“剌阇性”之热情与奋斗；更由此“剌阇性”热情与奋斗，而上登于“萨埵性”之更大光明，快乐，纯洁。常人所得于其自我之相对自主，乃其本体高等可能性所成就于其低等可能性之统治。当其以自我理念联系于高等德性之奋斗，凌越低等德性而求主制，乃克臻此。自由意志之感，无论是虚妄或非虚妄，乃为“自性”作用之必有机械，当人进步时乃为必需；若失之于其有准备于得高等真理以前，于彼乃为不幸。若谓“自性”诱惑吾人执行其命令，而一自由个人意志之理念乃此等诱惑之最强有力者，则亦当谓此诱惑乃于人为有益，无此则人无由发展其充分可能性。

虽然，此非单纯诱惑也，不过观点之错误与位置之错误而已。私我自以为是真实自我，仿佛以己为行动之实际中心，似觉一切皆为彼而存在，于此所犯则观点与位置之错误也。以为吾人内中，在吾人本性之行为中，有某物或某人，为行动中心，且一切为彼而存在者，非误也，但此非私我，此乃秘在吾人内心中之“主宰”即神圣“自我”，而“情命”(Jiva)，异乎私我，乃其本体之一部分。私我意识之执著，乃此一真理在吾人心思中颠倒破碎之阴影，即吾人内中原有一真实“自我”，为一切之主宰，“自性”乃为彼且服从彼之命令而从事工作。同乎此，私我之自由意志理念，亦为一真理错乱误置之意识，即吾人内中原有一自由“自我”，而“自性”之意志，不过其意志已受形况之局部反映而已。谓之曰已受形况且为局部者，因其生活于“时间”之持续中，以恒常一系形况改变而动作，此种形况改变，甚遗忘其前事，亦仅依约知觉其自身之后果与目标。然内中之“意志”，超乎“时间”者，知此一切，吾人内中“自性”之动作，可谓为一种尝试，在自然自私之无明困难境况中，欲作出内中“意志”与“智识”在充分超心思之光明中所先见者。

但在吾人进化中，有一时期必至，时则吾人能见及吾人本体之如实真理，于是吾人私我自由意志之错误，乃克刊落。摒除私我之自由意志一理念，非意许行动之止息。“自性”本是作者，虽废除此机械而后，其工作亦不因而中止，亦如在其进化程序中而用此机械以前，原亦未尝或息。在已摒除此理念之人，“自性”或甚且可发展更大之作为；盖其心思可更明觉其本性之一切为其本性者为何；由于过去之创成自我，更可明知周环之且在其上工作之种种权能为何，皆可佐助或阻碍其生长者；亦可更明晓其内涵之更大潜能性为何，由于一切尚未表现然堪能表现者；于是其心思可为更自由之沟涧，以备“神我”认可其所见之更大诸可能性，可为更自由之工具以反映“自性”，为用于“自性”之发展，及其实现此诸可能性之至极企图。然自由意志之摒除，不能徒为理解中一定命论，或自然决定论之理念，而无对吾人内中真实“自我”之见知；盖如是则私我仍为吾人“自我”之唯一理念，而此既常为“自性”之工具，则吾人仍以私我而行为，以吾人之意志为其工具，是则吾人之此理念未能作出若何真实改变，仅作吾人智识态度一种修改而已。吾人必已接受私我有体与“自性”作用之决定，得此现相真理，亦且得见吾人之隶属；但吾人将不见内中未生之“自我”，超出三德之行为者；且不见吾人自由之门何在。“自性”与私我盖非吾人之全体也，而有自由心灵即“神我”存焉。

顾此“神我”之自由何在耶？当时数论哲学中之“神我”，在其本体真际中原是自由，徒因其为“非作者”，(akartā)；若论其允许“自性”投射其行动之阴影于不自动之“心灵”上，则在现象上为三德之作用所束缚，倘非脱离“自性”且止息其活动，则不克恢复其自由。然则倘若有人抛除自我为作者一念，不以行业属于一己，若自视为不自动之“非作者”，如《薄伽梵歌》所教，以为一切行业皆“自性”所有，乃其三德之活动，岂不将有相同结果耶？数论之“神我”，乃认可者，但此认可仅为被动(anumati)，一切行事皆属“自性”；原本彼为见证者与支持者，非宇宙“神主”自动且能统制之知觉性。彼为能见能接受之“心灵”，如观者观一戏剧出演，非彼亦为导演，亦为观者，自编此剧，而又出演于其自体中之“心灵”也。若使其撤销认可，不肯承认作业之虚幻，戏剧以之进展者，则亦终止其为支持者，而行业亦止，盖“自性”原为取悦于作见证之知觉“心灵”而有为，且唯以“心灵”彼之支持而“自性”所为得以不断。然则于此显明可见，《薄伽梵歌》所说“神我”与“自性”之关系，有以异于数论者；盖同一运动适得完全不同之结果，一则止息工作；一则趋向伟大无我无欲之神圣行为。在数论中，“心灵”与“自性”各为一整体，为二元，在《薄伽梵歌》，则为一自体存在之本体两方面，两权能；

“心灵”不但为认可者，亦且为“自性”之主，为“自在主”，由“自性”而享受世界之游戏，由之以施行神圣意志与智识，在一事物方案中，以彼所认可而得支持，以彼之内在当体而存在，且存在于彼本体中，为彼之本体之律则及其内中知觉意志所统制者。以知，以反应，以生活于此“心灵”之神圣体性中，乃退出私我及其作用之目的。于是人乃超越三德之低等自性，而上跻于高等神圣“自性”。

决定此上升之运动，乃“心灵”与“自性”相缘之复杂姿态所成；此依据《薄伽梵歌》之三重“神我”说。“心灵”之直接认知“自性”之作用，转变，持续变化者，是为“变易者”，似与“自性”同其变化，在其运动中运动，为彼“个人”在其本体理念中，随“羯摩”之持续作用所生于彼人格上之转变而转变。“自性”在此即“变易者”，为“时间”中之恒常运动与变化，一恒常化成。但此“自性”不过“心灵”本体之实行权能耳；“自性”能变为何者，由“心灵”原是何者；“自性”能行，亦依“心灵”之转变可能性如何而后行；“自性”乃作出“心灵”本体之化成。“自性”之“羯摩”，决定于“心灵”转变之自体律则，决定于心灵之本性。(Svabhāva)但因其为变化之执行者，经纪者，“羯摩”翻似决定本性者然。吾人何是，吾人即依此而作为；以吾人之作为，吾人发展，而作发吾人之何是。“自性”为行动，为变易，为化成，“权能”则为施行此一切者；而“心灵”乃知觉之“本体”，为此“权能”所从出者；从其知觉性之光明体质中，此“权能”抽绎能变易之可变意志，而表现此诸变易于其行动中。此“心灵”是“一”，亦是“多”；此为一“生命本体”，凡生命由此而成，亦即凡此诸有生命者；此为宇宙之“存在者”，亦即宇宙间种种生存聚集，“一切众生”，盖凡此皆彼“一”也；此一切多“神我”，在其原始本体中皆彼一且唯一

"神我"。但"自性"中私我意识之机构,原是"自性"作用之一部分者,引诱心思认定心灵之知觉性,即是此一时分之有限变化,引诱其认定此与自性在某一时间空间范围中之活动知觉性之总和为一,与其过去行业总和一时之结果为一。自别一方面观之,固可体认凡属有体甚至在"自性"本身中亦为合一,可觉知有一宇宙"心灵",在宇宙"自性"之全部作用中显了,"自性"而显示"心灵","心灵"组成"自性"。但此特觉知伟大宇宙"变是"而已,此亦非虚妄或不真,但此知识未予吾人以"自我"之真知识;盖吾人之真实"自我"常为多于此者且外于此者。

无他,显示于"自性"中之心灵,为其行动所缚矣,然在此以外有"神我"之另一格位,则全为静位而非动作者。此即玄默,无变易,遍漫,自体存在而不动之"自我"是也。此即不变之"本体"而非变易,为"非变易者"。在"变易者"中,"心灵"内转于"自性"之行动中,是故仿佛集中且自失于"时间"内,自失于"变易"之波浪中,但非实如此也,在现象中且循其潮流乃似如此;在"非变易者"中,"自性"宁止于"心灵"中而归于玄默,是故乃知觉其不变易之"本体"。数论之"神我",若反映"自性"诸德之各种工事时,自知为"具功德者""个人性者",则"变易者"也;数论之"神我",当凡此诸德皆止息于平衡一境时,自知为"无功德者""非个人性者",则"非变易者"也。是故当"变易者"自联结于"自性"之工作时,现似为作者(kartā),若"非变易者",脱离诸德之一切工事,乃不动之无作者(akartā),乃见证者。凡人之"心灵",若取此"变易者"之姿态时,与人格之活动且自体认为一,以"自性"中之私我意识,翳蔽其自我智识,遂自以为是工作之作者私我;若其取"非变易者"之姿态时,

自与“非个人者”体认为一，乃知觉“自性”为作者，本身不过为不活动而作见证之“自我”。人之心思必倾向于此二姿态之一，交互以取；或在性格与人格之变易中为“自性”所束缚于行业，或在不变易之非人格性中脱离其工事。

但此二者，——“心灵”之静位与不变易，并“心灵”之动位，与在其“自性”中之变易，——实同存并在者也。若非更有“心灵”存在之一无上真实性，以此为其二相反对面然不受其任何一面之限制者，则此将为一不可调和之异论，除非释之以此类理论如摩耶论，或二重而分离之有体论。吾人已见《薄伽梵歌》立说于“无上神我”矣。（即“天上之夫”，“至上人”。）至上“心灵”即“上帝”，“自在主”，“万物主”。彼发抒其自动本性，——《歌》中曰“我自性”（玖，八）——显之于情命中，由每一情命体之本性即“本身变是”，按其内中神圣本体之律则而作发之，其律则之大端，每一情命体所必遵从者也。（按：Svabhāva 向例在佛典中译为“自性”，但此避与数论之“自性”prakṛti 相混，故亦译曰“本性”。书中称曰“本身变是”是也。bhāva 原从 bhū 一字根而得，有“是”义，“变是”义。）但亦在私我本性中作发之，则由三德之相互作用，成其迷惑耳。此即三德所成之摩耶，“信难超越”者也。（柒，十四）唯脱出三德则超越之。凡此当其为“自在主”以“自性权能”在“变易者”中作成，在“非变易者”中彼则无所感触，漠然无情，视一切等平，遍漫一切之内，然又超乎一切。在三者中彼为“主宰”，在“非变易者”中，在至上监临一切遍漫一切之“非人格性”中，彼为无上“自在主”；在“变易者”中，彼为内在之“意志”及当前自动之“主宰”。纵使作发其人格性之活动时，彼在其非人格性中仍为自由；既非徒属人格性，亦非徒属非

人格性；但在两方面为此同一本体。如《奥义书》所云：彼为非人格之人格性 nirguṇo—guṇī。（按：梵文原义为“非功德之功德者”，此书译 impersonal—personal，亦是。）在彼则事业尚未作成之先，一切皆已愿望成就；——如于逖多罗史德罗诸子尚生时，乃曰：“彼等唯余已尽戮兮。”（拾壹，三十三）——“自性”之所作成，则彼“意志”之结果而已；由其后方之非人格性，彼则不为其行业所缚。

但凡人之为一己私我，由其与工作及变是昧然自认为一，仿佛此为其整个心灵，而非发乎心灵之一权能，遂为私我意识所迷误。凡夫以为彼及余人，乃作成一切事业；不悟“自性”乃正作成一切；不悟以彼之无明与执著，遂误表“自性”之工作而变其相，以归于己。彼为功德所奴役，时而沉滞于“答摩性”鲁钝之冥顽，时而为“剌阇性”之劲风所举，时而为“萨埵性”局部光明所囿，全然不自辨别于自性心思，唯如是为功德所挟制者。是故彼为苦乐哀欢好恶贪瞋所主：非自由矣。

如是，信欲求其自由者，彼必从“自性”作用退转，还于“非变易者”之静位；然后超出三德。若自知为“不变易之大梵”，非变易之“神我”，彼则当自知为一非个人性之自我，为“性灵”，静然观照，平等以支持其行业，然一己则安恬，虚泊，不动，无感，而贞纯，与一切在其自我中为一体，而非与“自性”及其工事为一体。此一自我，虽以其当体授权于“自性”之行业，虽以其遍漫存在与之以认可与支持，然本身既不造世间之业，亦不造行者之性，更不造业与果之聚合因缘，（伍，十四）徒然观照自性在“变易者”中之作成此一切事业；既“不取伊谁之罪恶，亦不取伊谁之善功”为其自有；（伍，十五）彼固保其精神纯洁。“无明复其明智兮，此众生之所以昏懵。”是无明所蔽之私我，乃以此等事归之一己，盖以作者之责任自许，不以己为一大权能之工具，究之工具即是其一切也。还于非人格性自我，心灵乃返乎更伟大之自我智识，乃脱乎“自性”行业之盖缠，不为其功德所撄，无有于其善恶苦乐之表相。斯时自然之有体，心，身，情命仍留，“自性”仍然工作；但内中本体不自体认与此等为一，纵功德活动于自然有体中，彼亦无所欣戚。彼为宁定而自由无变之“自我”，观照一切。

然则此为最后境界，为究极可能性，为至上秘密耶？非也。此既为一混合格位或分别格位，则非一完善和谐之格位，一双重而非合一之有体，虽为心灵中之自由，亦为“自性”中之有缺。此仅能作为一阶段。超乎此者为何？其一答案属于出世道，则全然摒绝自性，废弃行业，至少尽其可能而弃除之，因此或致有无混合无分别之自由；但此说也，虽《薄伽梵歌》加以承认，然非其所取也。《歌》中固坚持舍弃行业，然是在内中以属之“大梵”。“大梵”在“变易者”中，全部支持“自性”之行业；在“非变易者”中，虽支持之又同时自离于行业，乃保存其自由。个人心灵与后一“大梵”合，则自由而离系；与前一“大梵”合，则仍支持之而不受影响。若其见二者皆一“无上神我”之两方面，于此乃最优为。“无上神我”，为秘密“自在主”而寓居一切存在中，乃克管制自性，其意志已不更为私我意识所颠倒变乱矣，“自性”乃得以此意志而由本性作发行业；个人心灵，乃使此已神圣化之自然本体作为神圣“意志”之工具，“独为其外力”。彼虽在有为中亦超乎三德，无有于三德，终于成就《薄伽梵歌》最初教言：“阿琼那！尔超乎三德斯可。”（贰，四十五）彼仍为三德之享受者，与大梵同，然不受其范限，所谓“无功德又享受用功

能"者也。(拾叁,十四)无执著,然支持一切,亦与"大梵"同,但其内中诸德之作用,已完全改变矣;已高出其自私性格与私我反应也。斯人者,已结合其整个有体于"无上神我"中,已擅有神圣本体,与变化之高等神圣性,甚且已将其心思并自然知觉性与"神圣者"结合为一。此转变也,诚本性之究极进化,神圣有生之圆成,亦即至上之秘密。此而成就矣,心灵乃自知为其本性之主宰,而且得生长为神圣"光明"之光明,神圣"意志"之意志,乃可化其自然行动为神圣行业。

十九、涅槃与世间行业

以此全有体之瑜伽，使心灵与“无上神我”契合，《薄伽梵歌》之纯全教义也。专遵智识一途，独与非变易之“自我”合，则其为教也隘。智识与行业既调和矣，由是《薄伽梵歌》乃发抒至诚敬爱之理，而以之与智识、行业二为三合，斯则达乎无上秘密之高轨焉。倘使与非变易之自我结合为唯一秘密或至高秘密，则此全然为不可能；盖臻至某限度时，诚敬至爱内心之本，亦如行业之内中基础，皆将坏散崩溃。唯结合于非变易之自我，至极而无外，则其意义必为凡此变易有体之全部观点皆加废除，不但在其通常低等之行业为然，且在其根本，在其凡使生存为可能者中为然；不但在其无明之行事中如此，在其明之行事中必亦复如此。斯亦必为废除人类心灵与“神圣者”间知觉之静态与动态上之殊异，实则此殊异乃使“变易者”之活动成其为可能者；是则“变易者”之行为，乃全化为无明之活动，其内中必无神圣真实性之任何根本或基础。反之，以瑜伽而与“无上神我”结合，义为在吾人自我存在之本体中与彼为一之智识与享受，亦为在吾人活动之本体中，与彼相当为异之分殊。是此后者坚持此结合于神圣工作之活动中，为神圣敬爱之动力所促进者，且为一已完善化之神圣“自性”所组成者；是知见世界中之“神圣者”，与体认自我内中“神圣者”，两相谐和，而后得解脱者之行业与诚敬乃属可能，而且不但可能，在其有体之完善状态中竟为必然者。

但结合之径直一道，在由坚定证知非变易“自我”，《薄伽梵歌》固执此义，谓必有此而后工作与诚敬乃能得其全部神圣意义；此殊容易使人误解其旨趣者也。若吾人唯取其严格说此种需要之诸颂，而忽略其居于其间之整个思想系统，则易误会此真教人以无为之凝定，为心灵最后一境界，而行业适为准备步骤，唯以达不动“非变易者”中之寂静者也。其坚持此需要，在第五章之末，及第六章全章，为最强而最概括。于此瑜伽之说，乍见以为与行业两不相容，见其反复用“涅槃”一名词，以表修士所达之阶位也。

此种阶位之表征，乃自我灭无之至上寂静也。且似分明说此非佛教所谓涅槃，即有体之一种幸福否定，而为韦檀多派局部有体之自失于其所企望之圆满本体中，《薄伽梵歌》常说“梵涅槃”（或“梵泥洹”），灭没于“大梵”以内；“梵”在此似专说“非变易者”至少原指内中无时间性之“自我”，虽内在于“自性”之外在性中，然已自其积极之活动退转者。然则吾人当研究《薄伽梵歌》在此之主旨为何，尤当问此寂静，是否绝对不动止息之寂静，是否自体灭没于“非变易者”中，其义即绝对删除“变易者”之全部智识与知觉性，且摒弃一切“变易者”中之作为。寻常吾人惯视涅槃与世间任何存在及行业互不相容，且几欲争论，说此一名词本身已足，已决定此疑问矣。但吾人若谛视佛教，吾人将疑惑此绝对互不相容之处是否真实存在，是否于佛教人士亦有此矛盾；若更进而审辨《薄伽梵歌》，则见其不成为此无上韦檀多教义之一部分也。

《薄伽梵歌》说，“知梵者自建于梵天”（伍，二十），即上跻而入乎“大梵”知觉性之完善平等，其后即以九颂释“梵瑜伽”与“梵涅槃”义。始谓“自我（心灵）不凝滞于外物兮，得‘自我’内中之愉穆；

彼自我以瑜伽而合大梵兮，享不朽之幸福。”（伍，二十一）盖说无执著乃至关重要，于是贪，瞋，痴，乃无由侵袭，非此自由，则真快乐为不可能。此快乐也，平等也，皆当得之于此身；必不能有此屈从低等自性之残念遗留，以为唯身死乃能得完全之解脱。盖纯粹精神之自由，必得之于此世，具有之、享受之于此人生。旋曰：“彼内中其自得兮，于内中其恬安，于内中唯光耀兮，彼修士兮，成梵道，入梵涅槃！”（伍，二十四）在此显然谓涅槃为消灭私我于高等精神内中“自我”，则永无时间，无空间，不为因果律则所拘，不为世事变移所动，自体幸福，自体光明，永远居于和平安静。此修士已非是私我，非此身心所限之小小个人；而已化为“大梵”矣；彼在知觉性中已与永恒“自我”之不变易神圣性合一，此固内在于彼自然有体中者也。

但此为深入寂定，超一切世间知觉性而外乎？或犹系准备运动，使此自然有体与个人心灵蜕化，入乎某绝对“自我”，究竟且永恒超“自性”及其工作者耶？在能入涅槃之先，此种退转运动是否需要？或者，据《歌》中上下文之意，似谓涅槃乃可与世界知觉性同存，甚且以其自有方式包含之者？显然为可同存且包含之者矣，盖随后一颂即云：“仙之人兮！（即圣人修士）得梵涅槃，罪垢消磨兮，断绝二端，克制私我兮，以福利一切众生而为欢！”（伍，二十五）似此竟谓如是即是在涅槃中矣。随后一颂义更明确：“修真之人兮（Yatis，即以瑜伽与苦行而自制之人），去贪、嗔而自制其心，有知‘自我’之明，梵涅槃于焉近临。”（伍，二十六）“近临”者，梵涅槃周环之，其人固生活其中，已具有“自我”之知识也。然则有此知识且具有自我为安定于涅槃中矣。显然，此为涅槃一义之推广。无有情欲之垢疵，以平等心而自持，自由乃建立其上，对一切众生平等，慈悲，至竟断除无明之疑惑阴暗；无明者，使吾人与结合一切与“神圣者”分隔者也；明者，知吾人及一切内中唯一“自我”之知识也。去无明而还明，显然皆诸颂所说涅槃之情况，有以组成之，且为其精神本质。

如是，分明说涅槃与世间知觉性及世间行动相容。盖已得涅槃之圣人，皆知觉此变易宇宙中之“神圣者”，且以工作而与之亲缘；从事于众生之福利。彼辈未尝离弃“变易神我”之经验，然已神圣化之，盖“变易者”，如《薄伽梵歌》所云，一切众生皆是也，为一切众生之福利而有为，在“自性”之变易中，乃是神圣行业。世间行业与生活于“大梵”中，原非矛盾，不但原无矛盾，亦且为其必有之情况与外表结果，盖吾人在其中而得涅槃之“大梵”，此精神知觉性之销纳吾人分别私我知觉性者，不但即在吾人内中，亦且在凡此一切众生中，不但超出此一切宇宙事象而居上，亦漫遍其间，蔓延其内，且包举一切。是故说梵涅槃，其义必为有限分别知觉性之毁灭销止，此知觉性能分别且能诬罔，由三德之低等摩耶，引入生存表面而成体者也。然则入梵涅槃者，乃由此而进入另一真实能统一之知觉性，斯乃存在之中心及其涵纳者，乃其整个包含，持载，整个原始，永恒，究竟之真理。若吾人已得涅槃，入乎涅槃，则涅槃不但在吾人内中，亦且遍周身外，——是以谓之“近临”也，——因其非独为秘居吾人内中之“大梵”知觉性而已。亦且为吾人生活其中之大梵知觉性。此不但为吾人内中之“自我”，个人有体之无上“自我”；亦且为吾人外在之“自我”，宇宙之至上“自我”一切存在之自我。生活于彼“自我”中，吾人乃生活于一切中，而不仅生活于吾人私我

之有体中；以与彼自我为一，则与宇宙间万事万物坚定为一体之一性，乃化为吾人有体之真本性，吾人活动知觉性之基本格位，吾人一切行为之根本动机。

虽然，后此随即继之以两颂，似又引离此结论者。则曰："杜外境之驰接兮，内视凝两眉之间。调气息于鼻中，匀出纳以周旋。善制诸根，心，智兮，牟尼指自在而上达，尽销其情欲，畏惧，怒瞋，斯人永臻乎解脱。"（伍，二十七，二十八）于此又得一瑜伽程序，介入一原素，似与行业瑜伽相异，甚至又与分辨思维观照之纯智识瑜伽不同者；在其特著形相中，乃属于兰遮瑜伽（Rajayoga），以其心理之生理修持法介入之矣。此为制伏一切心思运动之法，为调息之方（Praṇayama）；引识感与视觉而皆敛。凡此种种，皆导入"三摩地"（Samadhi）之法，其目的在于木叉（mokṣa），木叉者，解脱也，在寻常语文中，其意义不但为分别私我知觉性之离弃，抑且为整个自动知觉性之斥除，以吾人有体汩没于最高"大梵"中，此之谓木叉也。然则吾人当假定《薄伽梵歌》以此方法，为以消亡而得解脱之最后运动耶？或仅为一特殊方法，一强力佐助，以克制外驰之妄念也？是否此为极顶，为至教，为最后一语？二者皆是矣。吾人有理由视此为一特殊方法，佐助，亦至少为终极出离之一门，非曰消亡，而是上臻入超宇宙之存在。盖虽在此章，此亦非最后一语；极顶究竟之说，乃在此后之章末一颂，则曰："我歆牺牲而嘉苦行。（谓一切修持与努力）为一切世界之大自在主，为一切众生之同心密侣。知我兮，——乃至乎安土。"（伍，二十九）是又说及行业瑜伽之权能；则在得涅槃诸寂定之条件中，又坚持活动"大梵"，宇宙之超上心灵之知识矣。

吾人且返乎《薄伽梵歌》之伟大理念，即“无上神我”说，——虽此一名词出现，乃近全书之末，然即此克释拏所常说之“余”，“我”，即“神明”，“神圣者”，为无时间无变易之本体中一“我”，亦遍在斯世间，一切存在，一切活动以内，为寂静安平之主，亦为权能行业之宗，在此为降世应身，为参加伟大战争之神圣御者，为“超上者”，“自我”，“大全”，每一个人之主宰。彼为一切牺牲一切苦行之享受者，故求解脱者当视其行事为牺牲为苦行。彼为一切世界之大主，显示于“自性”及万事万物，故已得解脱者仍当行“保世”之业，在世间善治人民，善导众生。彼为一切众生之友，故已得涅槃于身内身外之圣者，仍复恒常从事于福利众生——甚且有如大乘佛教视慈悲广被之行事，为涅槃最高象征。是则人既与“神圣者”在其无时间且非变易之自我中合矣，彼仍于人类于“神圣者”有其敬爱，亦犹拥有“自性”活动之因缘，故堪为“敬爱道”。

进者，此为其立义之所归，探第六章之旨趣乃更明了，则所以批评且充分阐发第五章末诸颂者也，——于此亦可见《薄伽梵歌》视此为重要。最初天人师乃重申其常所断言之世道精义，在内心而非外物，——此固为特著矣。则曰：“为其分所当为而不计果兮，彼则为退士兮为瑜伽师。非彼不燃祭祀之火兮，与夫不为法仪。尔知人云弃舍兮，即瑜伽修。孰能为瑜伽士兮，而不捐弃图谋。”（陆，一，二）图谋者，心思之欲望意志也。行业当作，是矣，顾有何目的，为何而作？当其攀登瑜伽之峰，则行业当作，盖此为其路由。为路由，为原因耶，何者之因？曰：自我圆成因，解脱因，梵涅槃因也。常沉定修习内心之出世道而为其行业，此种圆满，此种解脱，此欲望心思，私人自我，及低等本性之克服，皆易完成也。

但已登峰造极又当何为耶？则行业不复为因；以行业而获得之自主自持，其安定性乃变为因。然则更为何者之因？曰：为凝定于“自我”，凝定于“大梵”知觉性中故，为得道者作神圣行业于其中之绝对平等性故也。“时无凝滞于根境，弗沾执其所为，悉捐弃诸图谋兮，——上达乎瑜伽谓斯。”（陆，四）斯则吾人已知，乃已得解脱者成其行业之精神也。彼行之而无凝滞，无欲望，无自私之意志，无心思之求索，即欲望所从生者。彼则已克服低等自我，臻乎圆满之定宁；其间其至上之自我对彼乃克显明，常定止于其有体，居于“三摩地”，非但为内敛知觉性之禅定，且亦常在心思出定清醒之时，直面情欲烦恼之因，以及寒暑，苦乐，荣辱，忧喜，种种偶俪对待之滋扰。此高等自我即“非变易者”，是谓“磐安”，高居于自然有体之变易扰乱以上。瑜伽师可谓与彼和合（即在瑜伽中），倘得如彼，安定如磐石而不移，超现象与变易之表，止足于自我知识，于众生万事万物，皆平等其心。

虽然，此瑜伽非易为之事也。阿琼那旋有后问。盖不息之心，常易为外物所牵引，自此等高处下堕，落入忧悲，痴惑，不平等性之强力把持。于是《薄伽梵歌》乃进而授人一“兰遮瑜伽”之止观法，附益于行业与智识二瑜伽之普通方法外，乃强烈修习之方，全然降伏心思及其一切工事之有效方法也。以此方法，教瑜伽师恒常修习与“自我”和合，使此得化为彼寻常知觉性。则彼当独居静坐，将心思中一切欲望及占有之念皆捐，在其全部本体与知觉性中皆得自我主制。故曰：“敷坐具于清净处兮，为一己之定居，不高亢而不卑兮，纍吉祥草，鹿皮，而上缔練。于是端一念虑兮，调制心思识根。如是定止安坐兮，修瑜伽以清净神魂。”（陆，十一，十二）此静坐之姿态，必如兰遮瑜伽所常习之不动端坐。眼光内敛，凝定于两眉之间，“四方其无目逃”。心思则平定，无畏，固守贞洁之誓；全体受约制之心思，则必专对“神圣者”，使知觉性之低等动作，没入高等安定中。盖所求之目的，乃涅槃之寂定也。故曰：“如是调伏其心兮，瑜伽师恒与‘我’合德。彼遂至于静谧兮，臻在‘我’之涅槃于至极。”（陆，十五）

此涅槃之寂定可得，若一切心思知觉性皆完善受羁，解脱乎情欲，在“自我”中静止；如置灯于无风之处，光焰不摇，则不息之动作皆休焉，外表之动作皆杜焉；于是以此心思之玄默静定，“自我”在内中乃灿然而自见，非如其在心思中改变之相，而见于“自我”中，不由心思作部分之翻译或误译，以私我而表达者，乃以“自我”而自见。于是心灵乃得满足，而知其自有之真实超上之幸福；此非彼不宁静之快乐，属于心思识感者，而是内中清深严净之悦怿，不为心思之骚扰所动，不复能自其本体之精神真理脱离。纵使心思忧苦之猛烈攻击，亦无由搅动；盖心思之忧患痛苦，原自外来，乃外间感触之反应，然此乃自由之人，不复奴役于外来感触之心思无定反应，有其内中自体存在之悦乐也。此为脱离痛苦之接触，解除心思与忧患之相依。坚定胜得此不可移易之精神福乐乃谓之瑜伽，此瑜伽即是神圣结合；此为一切收获之最大收获，为一珍宝，其他一切贵重物品居其旁者，皆失其价值矣。然则是此瑜伽乃当坚决修持，不以困难或失败而退转，直至解脱已得，直至涅槃之福乐已得，永恒具有而不失。

于此主要之重点，乃在静定生感起念之心思，欲望及诸识之心思，——此皆外境撼触之接受者，以吾人习惯之情绪反应相酬答；

但甚至思维心亦当止寂于自体存在之本体玄默中。最初，生自欲望意志之一切欲念皆当弃斥，无外无遗，诸识皆当为心所管制而内敛，使不得循其寻常乱动无止之习惯而向诸方外驰；其次，则心思亦当为布提所摄而内转。以固定凝摄之布提，渐渐当使心思之动作停止，既以心思凝定于高等自我之后，则一切皆不当思惟。每当无息不静之心思发起，则立刻当加约制，使归伏于"自我"中。心思既通彻宁静之后，则心灵最高至纯洁、无烦、不恼之福乐，乃得降于此瑜伽师，其心灵亦已化为"大梵"矣。故曰："如是修持常体'自我'兮，瑜伽师尽销其垢氛。与大梵其合一兮，善受其无涯之乐欣。"（陆，二十八）

虽然，人犹有生也，其结果非摒绝世间行业一切可能性之涅槃，亦非与世间一切众生断绝任何关系之涅槃。初见以为必然矣。倘一切情欲热望皆捐，倘不许心思自发于思虑，倘修习此玄默寂寞之瑜伽成为惯例矣，更有何种与外表感触及变易现象之世界之因缘或行业为可能耶？无惑乎瑜伽师一时仍住于此躯体也，则似山林崖穴乃更为其适当居所，为其继续生活之唯一场所，而常入禅定乃其唯一行事与福乐矣。此则不然。《薄伽梵歌》之教，谓人行此孤独之瑜伽，其他一切行业未可废也。则曰：行此瑜伽也，非宜于彼不睡不食不游不事事之流，亦非宜于彼过度从事于行业者，皆当有节制而已，（节制，yukta音译"约克多"）（陆，十六，十七）斯则通常释为一切皆当得中，有度，为之恰如其分，其义固亦如是矣。但无论如何，既得此瑜伽之后，一切皆当在另一义度下有其"约克多"，则取"约克多"一字在《薄伽梵歌》余处之通义，即"结合"也。然则于眠，于食，于游处，于行事，彼修瑜伽者皆当与"神圣者"合，其为一切事，皆为之于此“神圣者”之知觉性中，“神圣者”乃是自我，乃是“大全”，乃是支持且包含其生命及其行业者。凡欲望，私我，个人意志，心理思惟，皆低等自性中行为之动机而已；当其私我既失，修士已成“大梵”，当其生活于一超上遍是之知觉性中，甚且即是此知觉性，则行业亦由此自然发动，高于思心思想之光明智识亦由此出，较其个人意志更强之别一权能亦由此起，为彼而成就其事业且致其结果；个人之行为已销，一切皆入乎“大梵”而为“神圣者”所擅有，故曰：“属诸行于我”也。

《薄伽梵歌》说此自我实践之性质，说此瑜伽之结果，——yoga—kṣemam vahāmyaham“我将俾其所未得兮，于所有俾以安全。”——由其分别之私我心思，思想动机，感情，行业，皆以涅槃而没入“大梵”知觉性所得者，乃包含其宇宙意义，虽升入于一新见识中。则曰：“见众生皆在‘自我’兮，‘自我’在于众生。彼既以瑜伽而自靖兮，处处等观而皆平。”（陆，二十九）凡其所见者，对彼皆为“自我”，一切皆彼之自我，一切皆为“神圣者”。然倘彼居于“变易者”之变易中，可勿失去此艰难修道之结果耶？可勿失此“自我”而退转入乎心思，则“神圣者”失彼，世间得彼，又还于私我及低等自性耶？是则不然。曰：“彼处处皆见‘我’兮，又见万物皆在‘我’，‘我’则不离于彼兮，彼亦不失‘我’。”（陆，三十）盖此涅槃之寂静，虽由“非变易者”而得，乃建基于“无上神我”之本体中，而此乃引申入于众生世界，如“神圣者”如“大梵”皆然，虽超上之，又不为其自有之超上性所囿。人固当视一切事物皆“彼”，在此见识中生活有为；此为瑜伽之圆满结果。

但何故有为耶？定居于一己之寂寞中而观此世界，若以为然

者，见之于“大梵”中，见之于“神圣者”中，而不参与其间，不动作于其间，不生活于其间，不有为于其间，乃常自处于内中之“三摩地”，非更平稳耶？此岂非彼至高精神境界之律则“达摩”欤？又不然也。已得解脱之修士，除此一至简单之法外，更无其他律则，“达摩”（法），即生活于“神圣者”中，敬爱“神圣者”，而与众生万物为一；彼之自由为一绝对之自由，而非附带有条件之自由，自体存在，而不更依赖任何行为轨则，生活法规，或任何种范限。彼更无需任何瑜伽方式矣，盖彼自兹永在瑜伽中。则曰：“彼独皈于一兮，我居于庶品维崇；纵其生为多方兮，彼瑜伽师生在‘我’中。”（陆，三十一）其于世间之爱已精神化矣，自识感经验化为心灵经验，乃建基于对上帝之敬爱，在此敬爱中既无危难，亦无过缺。憎畏世间，或时而有用于自低下本性退转，畏惧与憎恶实乃属吾人之私我，而自体反映于世间者。然在世间而见上帝则无所畏惧，此为笼括一切于上帝本体中；视一切皆“神圣者”也，则了无所憎，了无所厌，而为爱世界于上帝中，爱上帝于世界中。

然则至少属于低等本性之事，必畏之而避之乎？修道者如此费力苦加超上之事，岂不当畏当避耶？抑又不然；一切皆归纳之于自我识见之平等性中。“彼遍处作等观兮，以‘自我’为而为量，或苦或乐兮，——我以彼瑜伽师为最上。”*（陆，三十二）此非谓其人当自其无忧无虑之精神幸福退转，而更婴人生之悲苦，感他人之忧患也，乃谓在他人中见已所已超出且离弃之对待性，而仍当视一切如己，视己之自我在一切中，上帝在一切中，而不为此等事物之现

---

* 按：第二句，本论译为“遍处以平等观而见之于‘自我’之影像中”，义胜。

象所迷所乱；为其所动，适由此而辅助他人，医治他人，为一切众生谋福利，引导人群趋向精神幸福，为世界向天国进展而工作，如世间岁月仍为彼所有，则彼当度其神圣生活。爱上帝者而能为此，则能拥有一切上帝中之事物，则可静观低等本性及三德摩耶之工事，作用于其中，有为于其上，而不自其精神一体之权能高处堕落，无忧动亦无不宁，自由于上帝识见之博大展望中，为美悦，伟大，光明于上帝自性之强力中，斯人者，可谓无上瑜伽师矣。彼诚已“胜物”，胜物者，克服造化也。

《薄伽梵歌》于此，亦如于余处，常常以敬爱为瑜伽之极顶。“彼独皈于一兮，我居于庶品维崇。”（陆，三十一）于此几可谓为总括全书教义之结论。——无论为谁，敬爱上帝于一切中，其心灵建立于神圣之一性中，则无论其如何生活行动，皆在上帝中生活行动。在阿琼那一问，及此天人师一答之后，——论此瑜伽何由于不息之心思全然有其可能者，——乃更著重此意而为其究极之说曰：“瑜伽师高于苦行之士，论且高于智识之士，瑜伽师高于功业之士，阿琼那！故汝当为瑜伽师。”（陆，四十六）此瑜伽师也，以事业，以智识，以苦行，及以任何其他方法，虽精神知识，或权能，或其他为此等事本身而为者，亦皆不求，独求与上帝结合；盖此摄一切其余，一切于此中乃超出自体而上臻至神至圣之意义。但虽在瑜伽师中，行敬爱一道者，乃最伟大。“有在诸瑜伽师，内中与我合一，具虔信而唯我敬止兮，‘我’意其契‘我’臻极。”（陆，四十七）是此，乃前部六章之终结一语，其中包含余分之种子，有尚未阐明，实亦始终未尝全加明说者；盖此常存其为秘密之教，为至上精神秘奥及神圣微密也。

二十、行业瑜伽要义

《薄伽梵歌》前六章，形成为教义初步之一总聚；余十二章乃此前六章之阐述。此聚中有若干造象犹待完成，在全部主旨宏大施工之次，仅依约现为提示者，然其本身皆至关重要，故保留之，以待更大举于此工作余二面加以施为，是则余十二章之事也。若使《薄伽梵歌》而非一鸿大教典必扩充至尽者，若使为凡人一师一徒间之讨论，可得以其时而继续者，师俟其机而广说，徒有其准备而深求，则可想象其姑止于此六章之末而谓之曰："可矣，如许于兹已多，且先自行之而证验之可也。汝已得尽可能广大之基础矣。若有疑难发生，亦当自然解决，或者，吾且将为汝解决之。但于今试实行我所已说者，在此精神中为之。"诚然，此中亦有甚多待后时诸分之解释始克正确明了者。为免除可能之误会与当前之疑难，余亦往往不得不预取后说而加诠解，例如反复加入"至上神我"一义，于《歌》中故意留待后来，非此则于"自我"于"行业"及"行业之主"终复有所难明，窥《歌》中原义，以为倘此人间弟子之心思若犹未成熟，若径递出过于伟大之真理，或可扰乱其沉着迈进之初步也。

若使其师遂辍其说于此际，则阿琼那可问曰："君言销欲望与执著，已说平等，说克制识感与静定心思，说无痴情与非个人性之行业，说工作奉献，说重在内中弃舍而轻外表出家，凡此，无论其如何仿佛在实行为难，在理智上皆余所了解者也。然君亦言超出三

德而仍不碍其行为，特未言三德如何而工作，非明乎此，则余亦难于察识而超上之矣。甚且君言敬爱为瑜伽之最大原素，然说之简略，而于智识与行业，则所述甚详。且至诚敬爱，固当奉之谁耶？诚然，不奉之于寂静非个人性之'自我'，而为奉之于'主'于君矣。如敬爱大于自我知识，智识之大于行业，此非变易之'自我'，乃大于变易之'自性'及此行业世间，而更有大于此非变易'自我'者，君也，君为谁耶？三者间关系云何？行业，智识，敬爱三者关系云何？'自性'中之心灵，与非变易之'自我'，与此一切之非变易'自我'而同时又为智识，敬爱，行业之'主'者，其间关系云何？而此'主'，岂非无上'神圣'，在此大战大屠杀中与我同在，作此凶猛可怖之行事，为此战车之御者耶？"——《薄伽梵歌》余分，乃为答复此诸问题而说，在全部理智之解决方案中，固当即解答而无或稽迟矣。但在实际修为中，则当分程次第前进，若干事亦殊属大事者，暂时搁置，待其后起，以精神经验已获得之进步而照明，乃得充分自加解决。《薄伽梵歌》至相当限度所遵之轨道，乃此一经验之弧线，最先安立一庞大智识与行业之初基，其中已含有原素，引至敬爱与一更伟大智识者，然尚未充分到达也。前六章具呈此基础。

至此，吾人乃可迟回而思考其解决《薄伽梵歌》以之开端之原本问题，已至何种程度。可再附带说明或不为无益者，此问题本身，原可不牵连存在之性质之整个问题，以精神生活代寻常生活之问题。固可基于实用方案或伦理方案解决之，或自智识或理想立场出发，或于凡此皆合加考虑而解决之；此则近代解决困难之方法也。其初本身不过此一问题，即是否阿琼那当服从杀戮中个人犯罪之道德意识，或尽其公众社会职责，保障"正义"，一切高贵本性之良知，要求其反对不义之武力压迫者，考虑及此，以为同属道德而服从之耶？此问题生于现代今时，可加解决，如吾人可以此或彼种种相异之答案销释之，但皆出自吾人寻常生活及正常人类心思之立场者。可视为个人良知，与吾人对社会国家之职责二者间之一问题，理想道德与实用道德间之一问题，或为“心灵力量”与事实间之一问题，承认此烦难事实，即生命如今至少犹未全是心灵，有时执干戈为正义而斗，正不得不有。凡此种种解决，要之皆属于智识，气性，感情者也；皆赖乎个人立场，至佳不过吾人举措难事之正当方法，谓之为正当者，以其适合吾人之性格，适合吾人伦理与智识之进化阶段，适为吾人以所有之光明能明见能优为者；然此非导至究竟解决。所以然者，因其发于寻常心思，寻常心思则为吾人有体之各种倾向所纠缠，仅能达于其间之一种选择，或一种调叶，融洽诸方，即吾人之理智，吾人之道德体，吾人之机动性需要，吾人之生命本能，吾人之感情体，及较罕之运动，或可算为心灵本能或心灵偏向者，皆是。《薄伽梵歌》认为从此立场，仅能有当前之实际解决，不能有绝对解决。于是，既从其时代之最高理想贡献阿琼那以如此一实际解决已，此固阿琼那所不欲受，且显然无意于接受者，乃进而从迥乎另一立场出发，而至于迥乎另一答案。

《薄伽梵歌》之解决法，乃超出吾人自然有体及寻常心思，超智识与伦理纠纷而上，入乎别一知觉性之具有别一有体之律则者，因此亦发自吾人行为之另一立场：其间个人欲望与个人情感皆不复统治矣，对待之偶性皆刊落矣；其间行业非属吾辈所有，因此超出个人善恶功罪之意识；其间宇宙非个人性之神圣精神，以吾人而作发其世间之目的；其间吾人以神圣之新生，化为彼“本体”之有体，彼“知觉性”之知觉性，彼“权能”之权能，彼“幸福”之幸福，而且不复生活于吾无个人之目的当达，设若吾人竟全然有为者，——此为所余之唯一真问题与困难，——则仅为神圣工作，外表本性徒为被动之工具而不复为因，不复供应其动力，盖动力在上，在吾人工作“主宰”之意志中也。如是，此乃对吾人呈为真实解决，盖已返乎吾人本体之如实真理；而依吾人本体如实真理以生活；显然为吾人生存问题之至上解决，唯一全然真实之答案矣。吾人之心思人格与情命人格，乃吾人自然生存之一真理；但为无明之一真理，凡附属于此者，亦皆此真理之类也，于无明之工事则有实际效用，若吾人返于本体之真实真理，则不复有效。但吾人如何能确定此为真实真理耶？若吾人长此自足于寻常心思经验，固不能也。盖平凡心思经验全属于充满无明之低等自性。吾人仅能由生活于此伟大真理中而知其为伟大真理，是即由瑜伽自心思经验超出而入乎精神经验。盖全生活于精神经验，直至吾人不复为心思而化为精神矣，直至脱除吾人于今本性之过缺，方能全然生活于吾人真实之神圣本体中，乃究极所谓瑜伽也。

转移吾人本体之中心点向上，吾人整个生存与知觉性因而变改，其结果为吾人行业之整个精神与动机皆变，而行业之外表现相仍其如故，锱铢悉同，斯则《薄伽梵歌》行业瑜伽之主旨也。改变汝之有体，于精神中再生，以此新生，并进向行业，即内中“精神”所任命者，可谓为此使信之核心也。或者，以他语出之，附以更深微更属精神性之意义，——化汝在此世所当作之事，为内中精神重生或神圣新生之手段，而且既化为神圣矣，仍作为“神圣者”之工具，为神圣事业以保世而领导生民。然于此有二事当加确定而不容误解，一为向此转变之路，向此对上转移，向此神圣新生之路；一为工作之性质或以之而工作之精神，盖虽其展望与目的已完全不同，而其外表形式可全然不变。但此二事大抵为一，释其一可明其二。吾人行业精神，发乎吾人之有体之本性，及其所取内中之基础，但本性亦受吾人行动趋向及精神效用之影响。吾人工作精神之一巨大改变，则改变吾人有体之本性，更换其所取之基础；此乃移易吾人从之有所作为之知觉力量中心。若使如言者所云，人生与行业全为虚妄，若使"精神"与人生或行事无关，则必非如此；但吾人内中心灵，以生命与行业而自加发展，而且，非甚为行动本身，而为心灵之内中力量工作之方式，斯决定其与"精神"之关系。此则诚为行业瑜伽之是正，是正其为高等自我实践之应用手段也。

吾人从此基础出发：以为凡人今之内中生命，几全然依赖其情命与生理本性者，仅以有限之心思能力活动以提举而超出之者，非其可能之生存全部，甚至亦非其今之真实生存全体。在人内中有一隐藏之"自我"，其当今之本性，或则为其外表现相，或则为一局部机动性之结果。《薄伽梵歌》似始终承认其机动真实性，而无取于极端韦檀多派之严格见解，以此徒为现象；彼一见解，殊足以砍伐一切事业行动之根本也。其呈表此一哲学思想原素之法，——此固亦可以其他法式呈表者，——乃容纳数论"神我"与"自性"之分，即区别能知，能支持，能内成之权能，与能行，能作，能供应种种工具，中介物，与程序之权能二者。其异处乃取数论之自由而不变之"心灵"（即神我），而出之以韦檀多派之术语曰：此即无变易而遍在之"自我"或"大梵"；别之于另一内寓乎"自性"中之心灵，即吾人可变易与机动性之有体，事物之多数心灵，殊异性与人格之基础。

但此“自性”之行动在于何者也?

在于进行工事之权能,“自性”,即其工作之基本三态(即三德)之交参活动也。然则以何者为其所从事之物(中介物)耶?此即存在之复杂系统,为“自性”工具之等级进化所成者;心灵经验“自性”之工事,当其映现于心灵经验中也,吾人可次第称之曰理智,私我,心思,识感,物质能力之原素,皆为其形式之基本者。凡此皆属机械性质,为“自性”之复杂机轮(yantra);以吾人现代眼光观之,可谓皆内含于物质能力,而自显示于其中,当心灵在“自性”中以每一工具之向上进化而觉知其自体,其次第乃适为吾人于此所言之倒转,物质居先,次为识感,次为心思,次为理智,最后为精神知觉性。理智,最初唯从事于“自性”之工作,可发现其诸工作之究竟性格;可视其仅为三德之活动,心灵牵涉其中者;可分辨心灵及此等工事;至此,心灵乃得一机会以离出此纠纷牵涉,而返其原始自由与非变易存在。在韦檀多派说法中,此见及精神,见及本体;心灵不复自视为“自性”之工具及工事,不复自视与其变是为一。至是心灵乃恢复其不变易之精神自体存在,而与其真“自我”与本体自认为一。据《薄伽梵歌》所云:是由此精神之自体存在,乃能自由支持其变是之作用,为其有体之主宰,为“自在主”。

谛观此种哲学分辨所基托之心理事实,吾人可说生活乃有二种。——且哲学者,在智识上向吾人呈表心理与物理存在之事实于其真元义度中,及其与任何可能存在之究竟真实性之关系之一法也。——此二种生活为何?一即心灵专注于其活动本性之工事中,自认与其心理与生理工具为一,为此等工具所限,为其人格性所限,服属于“自性”。一为“精神”生活,超出此等,为广大,遍是,自由，无碍，超上，非个人性，以无限平等性而支持其自然有体与作用者，以其自由与无限性而皆超出之。吾人可生活于今之自然有体中；或者，吾人可生活于吾人更伟大之精神本体中。此为第一巨大分野，《薄伽梵歌》行业瑜伽建立其上者。

此全部问题与整个方法，乃在于心灵得解脱，出离吾人于今自然有体之范限。在吾人自然生活中，最初一居优势之事实，乃吾人隶属于物质"自性"之形式，隶属于事物之外表接触。此等由识感而自呈于吾人生活中，于是生命由识感而立即反应此诸物境，摄持之，处理之，粘执之，欲望之而求结果。心思，在其一切内中感觉，反应，情绪，与观念，思维，感受之习惯方法上，则服从诸识之作用；理智亦为心思所挟持而去，亦顺从此识感生活，在此生活中，内中本体役于外物，不能须斯真实超上之，或出乎其在吾人发生作用之范围，脱离其在吾人内中之心理结果与反应。其不能出离者，盖有私我一谛（私我即我慢），以此而理智乃辨别"自性"所加于吾人心思，意志，识感，躯体诸作用之总和，以别乎其于他人之心思，意志，神经有机体，躯体等之作用；于是生活对吾人似仅为"自性"影响吾人私我之法，及私我反应其撼触之法。吾人不知其他，吾人似非其他何者；而心灵本身，似仅为心思，意志，感情与神经之接受与反应之另一集团。吾人可大化此私我，视我即家庭，部落，阶级，国家，民族，甚而至于人类，然在此一切乔装中，私我仍其为吾人行动之根本，仅由与外物作此等更广之交接，而得其分别体之较大满足也。

于吾人内中活动者，仍为自然有体之意志，摄持外界接触，以满足其人格诸方面。而此能摄持之意志，即欲望，热情，与耽执事

业及其结果之意志，斯即吾人内中“自性”之意志也。吾人称之曰个人意志，是矣，但吾人之私我人格，乃“自性”所创造，此非是且不能是吾人之自由自我或独立本体。全部皆“自性”三德之作用。此作用或属“答摩性”，于是吾人乃有一惯性人格，服属或满足于事物之机械循转，不能更努力以至于较自由之动作与自主。或则为“剌阇性”作用，于是则有活动不息之人格，强加于“自性”，欲使之服从其欲望与要求，而不见其似是自主仍为奴役，盖其要求与欲望原属于“自性”，若吾人仍服属之时，则终不克自由。或者竟为“萨埵性”作用，于是而有已启明之人格，欲以理智而生活，或欲实现其所倾心之某种善，真，或美之理想；但此理智仍服属“自性”之现象，而此等理想，皆吾人人格之变动面，终无确实把握或永恒满足者也。吾人仍载于一变化之机轮，以私我回旋，而依服吾人内中或此一切内中之某种“权能”，但吾人非彼“权能”，亦不与之相通或相合。然则仍无自由，无真实之自主。

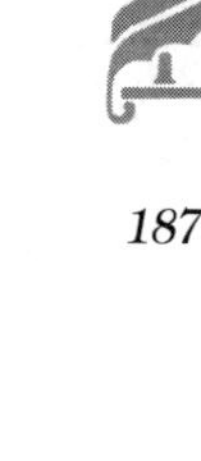

虽然，自由固有可能者也。于此，吾人第一步必迈入吾人内中，脱离外界于吾人识感上之作用；此义为吾人必生活于内中，摄敛识感向外物之自然奔兢。主制识感，能摒除一切其所追随者，乃真实心灵生活之第一条件；唯其如是，吾人乃开始感觉内中有一心灵，异乎心思接受外物感触之变化。而此心灵，在其深度中返乎某自体存在者，无变易者，宁静，而自持，伟大，庄严，尊贵，自为主宰，不为吾人外表本性争驰所动。然若长此吾人徇乎欲望，此必不可能者也。欲望者，乃一吾人肤表生活之原则，自满足于识感生活，其全部事功，有在于热情活动者也。于是吾人必祛除欲望，此自然有体之癖习既销，则为其感情结果之热念皆静；得、失、成、败，苦受，乐受之忧、悲、欣、喜，皆所以容留款接之者，亦将退出吾人之心灵。一安静之平等性斯得。然吾人仍当生活于世而有为也，吾人在工作中之本性，因为求工作之结果也，则必须变移此性，为事业而无耽执于其果实，否则欲望及其一切后果皆留。然吾人又如何而能变移此内中为作者之性格耶？无他，判离事业与私我及人格，以理智观之，视此不过为“自性”三德之转，使心灵离此转动，最初使其化为“自性”工事之观察者，而委此等事业于实处其后之“权能”，即“自性”中某物之大于我辈者，非我辈之人格，而为宇宙之“主宰”。但此皆非心思所允许者也；其本性为寻逐识感，挟理智及意志与俱。于是吾人必学习静定心思。吾人必臻至彼绝对安定止寂，于是乃能觉察吾人内中平静，无动，福乐之“自我”，永恒不为事物撼触所乱所撄，足于自体，且唯在是而得其永恒之乐。

此“自我”为吾人之自体存在之本体。不为吾人个人生存所范限。于一切生存者中皆是同一，普遍，而等平，以其无限性支持此全宇宙大用，但不为一切有限者所范围，不以“自性”与人格之转变而变改。一旦此“自我”在吾人内中启发，若吾人感受其静止，安宁，吾人可生长入乎其中；吾人能转移心灵在“自性”中卑微沉沦之安止，而摄之归入“自我”。斯则可以吾人所已得者之力而致，则静定，平等性，无欲之非个人性皆是。当吾人生长于此等事物中而至圆足，以吾人全部本性归属之，则生长入此静定，平等，无欲，非个人性而遍漫之“自我”。识感归于沉静，以至高之定宁而接受世间感触；心思亦归乎沉静，而化为宁定之遍面知见者；私我自体亦消融于此非个人性之存在中。吾人在内中已化为吾人之此自我，视万事万物皆在此自我内；亦视此自我在一切内中；与一切有体在其生存之精神基础上化为一体。在此无我之静定性与非个人性中而有为，则所为者已不属于吾人，不复以其反应而缠系或扰乱吾人矣。“自性”及其三德织其行事之网罗，但不影响吾人无忧无患自体存在之宁静。一切固已奉献于彼一平等而遍是之“大梵”矣。

虽然，于此有困难二。第一，此宁静非变易“自我”，似与“自性”之行动相违。然则行业如何而能全然存在？或一旦吾人已入乎非变易之“自我”存在中时，行业如何而继续？使吾人本性之行业为可能者，有一行为之意志也，彼趋向工作之意志于此中何在？若随数论之说，谓意志在“自性”中而不在“自我”中，则“自性”中仍必有一动机及其中之能力，以兴趣，私我，耽执，而吸引心灵赴其工事，若此等不复反映于心灵知觉性中矣，则其能力必消，其工作动机亦随之而止。但《薄伽梵歌》不取此说，此说必执有无数神我存，而非一宇宙“神我”，否则心灵之个别经验，独自解脱，而亿万他人不得解脱，其理难通。“自性”非一分别之原则，而为“至上者”之权能，贯彻于宇宙创造中者也。倘若此“至上者”仅为非变易“自我”而个人仅是某物由彼在“权能”中而发出者，则一旦返本还原，定止于其自体中，则除此无上结合与无上寂静外，一切必止。第二，若使行动仍以某神秘方式而进展，而“自我”既于一切平等矣，则无碍于有何事业已做或未做，若已做亦无分于所做何事。然则为何固执此最猛烈不幸之行动形式，此战车，此争斗，此战士，此神圣御者耶？

《薄伽梵歌》答此问题，说“至上者”甚且大于不变易“自我”，说其更为广遍包容，同时为此“自我”，又为“自性”工作中之“主宰”。但“彼”指挥“自性”之行业，乃以永恒之寂静，平等，超事业性及超

个人性，皆属于不变易者也。吾人可说此乃其有体定态，彼从之而指挥工作，若吾人生长入乎此，吾人乃生长入彼之有体，且入神圣工作之定态中。由此，彼进而为其有体在“自性”中之“意志”与“权能”，自显示于一切存在中，生而为世间之“人”，居于凡人内心，自示为“降世应身”，人中之神圣有生；凡人生入彼之本体也，乃入此神圣有生也。事业当为，作为吾人对事业“主”之牺牲供奉，必以吾人之生长入乎“自我”，而体验在吾人本体原与彼为一，且视吾人之人格为彼在“自性”中之一部分显示。在本体与彼为一，吾人乃生长与世间一切有体为一，而为神圣工作，视工作非属于吾人，视为彼以我辈而成就之事，所以保持且领导此生民焉。

此则当为之要事矣，为此，而一切阿琼那所视为困难问题者皆销。于是问题已不属于吾辈个人之行业，盖成作吾辈之人格者，化为属时间性且为附庸之物矣，问题乃属于神圣“意志”之行事，由吾辈在世间施行者也。欲明乎此，吾人必明此无上“本体”在其“自体”与在“自性”中为何，“自性”之工事为何，又趋向何处，必明“自性”中之心灵与此超极“心灵”之亲切因缘，以具智识之敬爱为基本者。解答此诸问题，则《薄伽梵歌》余分之事也。

（第一系终此）

第　二　系

第　一　部

一、二分自性

《薄伽梵歌》前六章，教义自成一整片。可谓为知与行之初基。余十二章又可分为两组，密相联结之两聚，所以阐明教义余分，发乎此初基者也。第七章至第十二章，关于“神圣本体”之性质，作一大形而上学之叙述，于此基本上综合联说智识与敬爱二者，正如初分之综合联说行业与智识也。“宇宙神我”之奇观，现于第十一章，在此综合阶段上作一动力性之转捩，隶之于行业与人生，生动活泼。于是又以强力带转一阿琼那起初切至之问，全部叙述皆依此而转，成一循环。进而释“神我”与“自性”之分辨，发抒其三德工事及超三德之理念，臻极于以智识成就无欲望之行业，在此结合乎敬爱——智识，行业，敬爱，三者于是乎合一，——然后由此上升入一大结束，即自我投顺于“存在之主宰”之无上秘密也。

前六章中，界义有未确定以启发函钥之基层真理者，困难生起，旋加解除；其进展诚颇辛劳，反复于数度内转回旋中，暗示者多，而义或未了。在此第二分中，所说态度较缜密，平易，前所未有也。于此吾人已达一更明朗之境，有得于更密栗精当之表述。正职此谨严之故，吾人当更审慎前行，以避免错误或失其真义。吾人已非坚定践履心理经验与精神经验之稳实基地，而当接触精神真理有时且为超宇宙真理之智识表诠。形而上学之叙述常有此困难及不定性，盖其试向吾人之心思，界说彼真为无限者；此固为必不可无之尝试，然永不能美满，不能至尽究极者也。最高之精神真理可以体悟证会，可见，然仅可局部说明。诸《奥义书》较深之方法与文字，自由引用象征描摹，出之以直观语式，则智识陈说之森严界义确定性破除，而文词之涵义，可发抒为无尽暗示之潮流，实为此等境界中唯一正当方法与言语。然《薄伽梵歌》不能运用此法，盖原计解决一智识上之困难；寻常吾人之情感冲动纠争，罔不诉之于理智以为仲裁，然此际理智本身已内自冲突，而无由获一结论。《薄伽梵歌》固欲解答此种困难也。然则必引导理智超出其自体，而又当用其自有之方法，且取其自有之态度。奉以精神心理之答案，其事乃理智初无经验者，则此解答所基托之有体诸真理，必出以智识叙述而满足之，然后理智乃能确信其不诬也。

至兹所奉足以是正之真理，固皆其所稔知者也，然皆仅足以为一出发点而已。其初，有“自我”、与“自性”中个人有体之辨。此分辨用以指明“自性”中之个人有体，若生活于私我之行动范围以内，深闭不出，必隶属于三德之转，则以其不定之运动而作成理智，心思，情命，识感之全部视境与方法者也。而在此圆周中必无解决。是故求解决必超出此圆周以上，超出此三德之自性，臻于非变易“自我”与玄默“精神”，盖如是而人能出乎私我与欲望之动作以外，即为此困难之全部根本者。但此本身似径导引人入乎无为，无所动作，盖“自性”以外，既无行业之工具，亦无动作之原因或决定者，——非变易“自我”原不自动，于万物、万事、万态平等而无偏曲，——于是而“自在主”之瑜伽理念介入焉，以此“神圣者”为事业与牺牲之主宰，在此虽尚未明言，然已暗示此“神圣者”甚且超上非变易“自我”，在“彼”乃保持宇宙存在之钥。是故经过“自我”而上升及彼，方可能有精神自由，不受行业之系束，然仍得在“自性”之行业中继续有为。但尤未说明此“无上者”为谁，此降世为天人师、为事业之驾御者为谁，抑其与“自我”、与“自性”中个人有体之因缘何似，亦又未详自彼而生向行业之“意志”，如何能异于三德自性中之意志。若仅是此，则服从之心灵，殊难不役属于三德，纵非在精神如此，在行动中必然，如是者，则所许之自由，顿变虚幻，或非完全。意志似为有体之实行部分，似为“自性”之活动力量或权能。(Shakti，Prakriti)然则有一高于属三德者之“自性”耶？是否有实际创造，意志，行动之权能，异乎私我，欲望，心思，识感，理智，及情命冲动之权能耶？

是故，在此不定性义中，今兹所当为者，乃更完全表述神圣工作所当基托之智识也。此仅能为“神圣者”之整体知识，全部知识，“神圣者”乃工作之渊源，在其本体中工作者乃以智识而得自由；盖彼知此一切工作所从出之自由“精神”，且参入其自由中者。进者，此智识必须照明，有以是正《薄伽梵歌》初分末端之说。斯必建树敬爱一道，以凌驾精神知觉性与行业之一切其他动机与权能而上；此必为无上“主”之知识，即一切众生之“主”，心灵唯能对“彼”作圆满之投顺，为一切敬爱归诚之极峰。此乃天人师所欲言者，在第七章起始诸颂，为全书余分发展之开端。故曰：“尔心独契于‘我’兮，修瑜伽以‘我’为依（‘依’者，知觉体与行业之全部基础，指归，寓所）。听之！知‘我’大全其无遗。”尽言之，说之无遗，否则我仍留有疑惑之根据也。“将告汝以此智兮，与此理而尽言。倘已知此兮，世更无当知者或存。”此语之涵义为“神圣本体”即是一切，皆为涡苏天，若在其一切权能与原则上整体知彼，则一切皆知，不但知纯粹“自我”，且知世界，知行业，知“自性”。然则更无余者当知，盖一切皆是此“神圣存在”。徒以吾人在此世之观念非如是为整体，因其安立于分别之心思与理智，及分别性之私我理念，遂使吾人对事物之心思概念为无明。吾人必出离此心思与自私观念，进于真实一体化之智识。而此有其两面：一真元智，(jñāna)，一大全智(vijñāna)，一为对无上“本体”之直接精神觉知，一为对其一切存在原则之正当亲切知识，则谓“自性”，“神我”，以及其余，知此，而群有在其神圣渊源及其本性之无上真理中皆可知矣。全知罕有而难得，故有第三颂。

于是，发端且为有以建立此全体知识，《薄伽梵歌》旋即作一深沉重大之分辨，为其一切瑜伽之应用基本者，即二“自性”之分殊，一为现相“自性”，一为精神“自性”。于是分“自性”之卑者高者于第四，第五颂。此为《薄伽梵歌》所出之第一新形而上学思想，辅助其出发自数论哲学诸概念，然而超出之，赋予其所保存所引申之名相以韦檀多学派之意义。自性八分，为五大所成，——五大者，常译为五原素，宁可谓为物质有体之五原本或真元情况，与以具体名标，为地，水、火、风、空(以太)。——心思及诸识与诸根，理智意志，与私我，八者，数论之说“自性”也。而数论之说止此。因其止于此，遂于心灵与“自性”间立一不可度越之划分，必安立为分明判别之二元。倘《薄伽梵歌》亦止于此者，势亦必成其无可救治之对待，则宇宙“自性”必为三德之摩耶，而宇宙存在必徒为此摩耶之结果;不能为其他矣。然而更有其他焉。有一高等原则,一精神自性。有“神圣者”之一无上自性,为宇宙存在之真实本源,为其基本创造力量与效能,其他一低等无明之“自性”依此而起,且为其黑暗阴影。在此最高之机动中,“自性”与“神我”为一。“自性”在此乃“神我”之意志与实行、权能,为其本体之用,——非别为一元,而为在“权能”中之彼自我。

此无上之“自性”,非独为内在于宇宙活动中精神本体之权能当体。盖如是则或仅为遍漫“自我”之不动当体,内在于万物或容纳万物,以某法驱迫世界活动,但本身不活动。此至上之“自性”又非数论之非显者,(冥性 avyakta)非事物显了活动八分性之初原未显胚胎位,非“自性”之独一原始能生之力量,由此而其诸多为工具与实施之权能皆生者。进者,若以韦檀多义而释此冥性一说,谓此无上“自性”为内涵或内在于不显了“精神”或“自我”之权能,宇宙出乎此而反乎此者,其义亦不周足。是此矣,顾有更多于此者;盖此不过其精神之一境。此为无上本体之整个知觉权能(cit-śakti),在自我与宇宙之后者。在非变易“自我”中,此乃内涵于“精神”中;此在其内,然在退守(nivṛtti)状态,或可谓自持而不参与活动之状态:在变易自我与宇宙中,则外发为动作(pravṛtti)。于此以其动力当体现前,则在“精神”中发出一切存在者,在此一切存在中出现为其真元精神本性,为居乎其主观客观现相活动后之固定真理。此为其真元性质与力量(svabhāva 即本性),为其一切变化之自体原则,为其现相存在后之固有原则与神圣权能。三德之平衡,仅属于量之变化,且属依他起之活动,发自此无上“原则”者。凡此一切形式之动作,凡此低等本性之心思,识感,智识之努力,仅为一现

象，若非以此精神力量及此本体权能者，则全然不能成其为现相；现相由此而出，独以此而存在，且存在此中。若吾人仅居于现相性中，仅以其所印入吾人之观念而视世界万物，则无由达于吾人活动生存之实际真理。实际真理乃此精神权能，乃此本体之神圣力量，乃事物中精神之真元性质，或毋宁谓事物之成其为事物者，乃在此精神中，且由此而引出其一切能性，及其运动之一切种子。达乎此真理，权能，性质，吾人乃达乎吾人变是之真实律则，与吾人生活之神圣原则，乃达乎其在“智识”中之渊源与认可，非独其在“无明”中之进行程序而已也。

以上所云，乃以《薄伽梵歌》意义，表之于合乎吾人近代思想方式之语言。若吾人观其于“超上自性”(para prakriti)之叙述，则见其所说之实质大致如此。盖克释拏云，此高等自性是“我”之无上自性。此“我”者，无上神我也，即至上“本体”，极高“心灵”，超上“精神”，宇宙“精神”。“精神”之原始与永恒自性，及其超上与发源之“权能”，乃所谓“超上自性”也。最初自其“自性”活动权能观点说世界起原，克释拏即郑重声言：“此二者是众生万物之胎。”随即在下半颂由发源之“心灵”观点言之，重申同一事实，则云：“我为全宇宙之源起兮，抑又为其坏颓。”复云：“无有何者更高于‘我’。”于此则无上“心灵”，“无上神我”与“无上自性”，乃同体为一；表之则为视此同一真实之两道。盖克释拏自云为此世界之创生又为其散坏，则显然此谓其本体之“超上自性”同为此二者也。“精神”，是无上“本体”之在其无极知觉性中；“无上自性”，乃“精神”有体之权能或意志之无极性，——是其无极知觉性在其固有之神圣能力中，在其超上之神圣作用中。创生，乃此知觉“能力”出乎“精神”之进化

运动，乃其在变易宇宙间之活动；颓坏，乃以“能力”之内入作用退藏此活动于不变易之存在中，于“精神”之自体凝敛之权能中。此则“无上自性”之本义也。

然则“无上自性”，乃自体存在“本体”之无限无时间而有知觉之权能，宇宙万有出乎其中而显了，出乎无时间性而入乎“时间”。但为此宇宙中多方遍是之变化立一精神基础，此无上“自性”乃自表呈为生命。换言之，至上神我之永恒多性心灵，在宇宙之一切形式中出现为个体精神存在。一切存在，皆具有一不可分之“精神”生命；一切在其人格，作用，与形式中，皆为此唯一“神我”之永恒多性所支持。吾人必当慎重，不可误以为此无上“自性”与此显了于“时间”中之生命，同体为一，乃在外此则无其他之义度中，或在此唯是变是性而全然非有体性之义度中：如是则不能为“精神”之无上“自性”矣。甚且在“时间”中亦为多于此者，否则其在宇宙中唯一真理，乃为多性，而世界中无复一性矣。此非《薄伽梵歌》所说义也：不说无上“自性”在其真元中为生命，而说其“化为生命”（在译中为“生命之本”，jīvabhūtām）；斯乃暗许在其显示为生命之后方，原是其他何者而更高，此则为独一无上“精神”之性。后此更教示吾人，“生命”即“自在主”，但原为其显了之一分，“自我之一分”。纵宇宙中或无数宇宙中一切有体之多，在其变是中不能为全体“神圣者”，但为无极“太一”之一部分显示。其中“大梵”即此为一而不可分之存在，似可分而居之，“在群有而无分兮，居然似乎分呈。”（拾叁，十六）一性为较大之真理，多性为较小之真理，二者皆为真理而非虚妄。

“宇宙由此而持载”者，由此精神性之为一体也，甚且为一切具

其变是者之所由生者，抑又于万物坏散时将全世界及其存在内敛于其自体者，所谓“又为其坏颓”也。如是发乎“精神”，受支持于作用，以时休息而退藏其作用，在此成此住此坏之显示中，“生命”实为多量存在之基本；吾人或可称之曰多数心灵，或亦可谓为吾人在此世所经验之多性之心灵。在其本体中固常与“神圣者”为一，唯在其本体之权能中与之相异，——非谓不同为此一权能而相异也，乃谓此仅支持此唯一权能于一局部多方已个体化之作用中而相异。是故万物原始、要终，及在其持续原则中，亦即是此“精神”。一切之基本自性皆此“精神”之自性；仅在其低等有分别之现相中，现似为某不同者，为身，命，心，智，私我，诸识之性。但此皆属现相，依他而起，非吾人自性与吾人存在之元本真理。

精神本体之无上自性，于是予吾人以超乎宇宙之一原始真理与生存权能，又予吾人以在宇宙中显示之精神真理之初基。但此无上自性与低等现象自性间之联系何在耶？克释拏云：皆系于“我”，凡此“群有”，（sarvam idam）——诸《奥义书》中所常用之一语，表宇宙动性中一切现相之大全，——“如线索之贯珠颗”。但此喻不能过于笃实追究；盖珠颗唯以线索贯穿而相联，除依乎此而互相衔接外，与线索更无其他一性或关系。且进观乎其所喻者。此为“精神”之无上自性，精神本体之无极知觉权能，自体心知，大全心知，大全明智，保持此诸现象存在相互为缘，贯彻之，支持之，寓乎其中，将其交织为其显示之一系统。此一至上权能不但在一切中显示为“太一”，而且在各个体中显示为“生命”，为各个别精神当体；亦复显示为“自性”之一切性质之真元。然则此皆一切现象后隐秘之精神权能。此最高性质非三德之工事，三德工事乃性质之现象而非其精神真元。然则毋宁谓此为此诸一切表面变异之内中权能，为固有，为一，亦为可变异。此为“大化”之基本真理，能支持其一切现象，而赋予以神圣与精神之意义者。三德之工事，皆理智，心思，识感，私我，情命，物质表面不安定之变化，即“以萨埵，剌阇，答摩为性”者之表面变化；但此则为变化之真元、安定、原始、亲切之权能，又可谓“本性”（svabhāva）。此则能决定一切变化之初原律则，决定每一生命体之初原律则；成其真元，而发展自性之运动。此为每一创造者中之原则，缘起于超上神圣“大化”，属于“自在主”者与之亲切相缘。彼至上存在与此低等存在之联系，乃得之于神圣“性”（bhāva）与“本性”（svabhāva）之关系，及“本性”（svabhāva）与此表面“性”（bhāvāḥ）之关系中，即神圣“自性”对个人自我本性；与自我本性在其纯粹且原始性质中，对此在其一切性质之混杂、错乱、活动中之现相性之关系。低等“自性”（prakṛti）之降等权能与价值，缘起于无上“威力”（Shakti）之绝对权能与价值，必返乎其中以求其自有之渊源与真理，及其活动与运行之真元律则。同然者，心灵或“生命”，沦于现相性质之卑微拘束活动中，若欲出离而化为神圣且完善者，则必由归于其本性之（svabhāva）真元性质之纯粹活动，而返乎其自我有体之高等律则，其间乃可发现彼之神圣性之意志，权能，动力原则，与最高工事。

凡此所云，以随后诸颂所举事例乃可明了，所以示“神圣者”在其无上自性之权能中，显示且生作用于宇宙间诸生物，及所谓无生物者。吾人可将此诸事例，加以哲学上之适当排比，原文乃顺诗歌形式之需要，其次第颇为散漫而自由也。最初，神圣“权能”与“当体”，作用于物质五原本状态中。“我为水中之味，空中之声，泥土中之清香，火中之辉光。”于此吾人不妨足成曰：空气或风中之触。此义为“神圣者”本身在其“超上自性”中，乃各种识感因缘基本上之能力，据古数论哲学，则以太，辐射，电，气，液体，及其他物质原始情况，皆其物理之中介者。物质之五原素情况，皆量或物之原素之在低等自性中者，皆物质形体之基本。五唯量（Tanmatras），味，触，香等，皆性质之原素。五唯皆微妙能力，其作用使识感知觉性与物质之粗重形体相缘，——皆一切现相知识之基础。自物质观点视之，物为真实，识缘皆依起；但自精神观点论之，真理乃相反对。物与物质中介，本身皆依起之权能，在基本不过具体方式或情况，其间事物中“自性”之性质，得以对生命之识感知觉性自加显示。唯一原始且永恒之事实，乃“自性”之能力，即有体之性质与权能，如是由诸识对心灵自加显示。在诸识内之属真元者，最属精神性且最微妙者，本身即彼永恒性质与权能之材料。但“自性”中之能力或有体之权能，即是在其“自性”中之“神圣者”自体；每一识在其纯粹性中因此即彼“自性”，每一识即“神圣者”之在其机动知觉力中。

在此系列中其他名词，读之乃更明了。诸如：“我为日、月之光明，……人中之英，……智慧人之智慧……强者之能力。修士之苦行。”“我为万物中之生命。”在每一项中，此为真元性质之能力，凡是为今之某物者之变是皆依焉，斯为特著之表征，表在其自性中神圣“权能”之有在。进者，“我为诸《韦陀》中之‘唵’唱”，即“唵”一基本音，即一切显了语言之有创作能力声音之基本；“唵”（OM），为声音言语之能力一通相表呈，能包含，能总括，能和合，能发抒声音言语之一切潜能与一切精神权能者；其他声音质素，语言文字由之而织成者，说者谓皆为此一声之衍化。斯则甚为明显矣。此非识感，生命，光明，强力，精英，苦行(修持之热力)等之现相发展，于无上“自性”为固有者。是真元性质在其精神权能中乃成为此“本性”。是精神力量如此显示，是其知觉性之光明，其事物中力量之权能，启示于一原始纯粹表相中，乃为此本性也。彼力量，光明，权能，乃永恒种子，万事万物皆由斯发展，依之而起，为其变化，为其黏柔可变之情况也。是故《薄伽梵歌》发之为一最概括之说曰：“尔知我为万有之种子兮，帕尔特！邃古永生。”此永恒之种子乃精神本体之权能，乃本体中之知觉意志，如余处所云，乃“神圣者”所投入“大梵”之种子，投入超心思之广大中，由此而一切入生于现相存在。是此精神种子，乃自体显示为一切变是中之真元性质之原始权能，为其“本性”。

真元性质之原始权能，与低等自性之现相依起，有实际分辨，事物本身在其纯粹性中，与事物在其低等现象中，有实际分辨，则朗然表之于此一系之末颂：“我为勇士之力兮，而贪，欲俱离”，则谓祛除对事物现相快乐之执滞。“我为众生中之欲兮，而与正法无违。”至若“自性”之次等主体变是，(即心思境界，欲望感情，热情冲动，识感反应，理智之有限与二元活动，感情与道德意识之转动)属于“萨埵”，“剌阇”，“答摩”三德者，以及三德之工事，则《薄伽梵歌》谓其本身皆非无上精神自性之纯粹作用，乃是依之而起：“知彼皆唯我由从”，而无其他渊源。但“非我在彼等兮，实其皆在我躬”。在此诚为一强大然而微妙之分别。“神圣者”自云：“我为真元之光明，强力，欲望，权能，智慧，但由此等而出之依起者，非在我真元中之我也，‘我’亦不在彼等中，然彼等皆由‘我’而起，皆在我之本体内。”吾人观事物之过渡，由高等自性而入下低等自性，又由低等而返于高等，固当以此诸颂之说为根据也。

说为“勇士之强力”，此义不难解释。人虽为强者，有其强力原则之神圣本性，亦复堕于欲望执著而为之奴，颠顿以入于罪恶，而向善德斗进。其故，在于以其一切依起之行动，降入三德之掌握中，而不自其真元神圣本性，自上而管制其行动。其强力之神圣本性，初不因此依起歧出而受影响，在真元中常是不变，虽有任何阴翳及退堕而犹然。“神圣者”固在此本性中，以其强力，经彼低等生存之混乱，而支持其人，直至彼能恢复其光明，以其本体之真日光全然照明其生活，以其高等本性中神圣意志之纯洁权能，管制彼之意志及其行为。但“神圣者”如何能为欲望（kāma）耶？此即情欲已说为罪魁祸首，吾人之大敌而当戮之者也。盖彼情欲乃三德之低等自性，其本生之起点乃“剌阇”体；吾人通常曰情欲者，谓是。而此另一精神性之欲望，乃一不违乎达摩之意志。

然是否说此精神欲望为一善德之欲望，以道德为性，一“萨埵性”之欲望耶？——盖善德常在其起源为“萨埵性”，且以之为动力？于是显然在此有一矛盾，——因次颂（柒，十二）第一行，即已说“萨埵性”不是“神圣者”而是低等依起。无疑，罪恶当除，若使人而欲于何处接近“神主”；然若使吾人欲入乎“神圣本体”，则善德亦当超出。固当臻至“萨埵性”矣，然亦当超出。道德行为仅为纯洁化之一手段，吾人可由此上升入神圣性，但此性本身亦出乎对待偶俪以上，——否则在屈属于“剌阇”热情之强者，必无纯粹神圣当体或神圣力量。达摩在精神义度中非是道德或伦理。《歌》中余处有云，达摩乃“本性”所管制之行业，为个人自性之真元律则。而此

“本性”在其核心原是精神之纯粹性质，在其知觉意志之固有权能中，且在其行业之特著力量中。此处所说之欲望，然则为吾人内中“神圣者”有目的之意志，非以寻求发现低等自性之欲乐者，而为寻求发现其自有之游戏与自体圆成之“阿难陀”；此为存在之神圣“悦乐”，发抒其行动之自有知觉力，与“本性”之律则相於。

虽然，所谓“神圣者”非在低等自性之变是，形式，感情中，甚至“萨埵性”者亦复如此，而此等又皆在彼之本体中，何谓耶？在一种义度下彼必在此等中，否则此等无由存在。但此说“神圣者”之真实无上精神自性，非囿于其内，此等仅为彼本体之现相，由私我及无明之作用从之创出者。无明在一颠倒之视景，与至少在局部为虚妄化之经验内，将一切呈于吾人之前。吾人想象心灵在于身体中，几为依身体所起或其结果；吾人甚且感觉之如是：而不知实身体乃在心灵中，乃依心灵而起，为其结果。吾人以为精神为吾人一小部分，——“神我”不大于一拇指——在此物质与心思现相之大聚集中：实则后者以其一切盛大之现象，不过“精神”本体之无极性中一微小物耳。于此亦然；在甚为相同之义度下，此等皆在“神圣者”中，而非“神圣者”在此等事物中。三德之低等自性，如是创成事物之虚妄观念，而赋之以低下性格者，乃是“摩耶”，一种虚幻权能，此非谓其完全不存在，或唯从事于非真实性，乃谓此迷惑吾人之智识，创造虚妄之价值，将吾人蒙蔽于私我，心思，识感，物理，及有限知识中，于此乃隐蔽吾人存在之无上真理。此虚幻之“摩耶”，隐蔽吾人之为“神圣者”，无极与不可磨灭之精神。故曰：“三德成性以翳蔽兮，举斯世莫我知，——我超彼等兮，永无灭时。”（柒，十三）若吾人能见“神圣者”乃吾人生存之真实真理，一切其余随之改

观，擅有其真性格，而吾辈之人生与行业，乃得其神圣价值而动转于神圣自性之律则中。

究竟“神圣者”既在于是矣，甚至此等惑人依起之根本下乃有神圣自性，又吾人既为生命，而生命即彼，然则何故此“摩耶”信难超越耶？因此仍为“神圣者”之摩耶，由功德所成。此本身亦是神圣，由“神圣者”之自性发展而出者，但为在天神自性中之“神明”；此为“神圣”（daivī），义为属于天神，或可谓属于“神主”，但属于“神主”而在其分殊之主体与低等宇宙面中，即三德方面。此为一宇宙大屏障，“神主”所织成以蒙蔽吾人之理解者；“大梵”，“维师鲁”，“楼羌罗”皆织成其复杂经纬；“威力”，“无上自性”即在其里，隐藏于其每一纤维中。吾人当在吾人内中发现此网，穿透之，出离之，其用既毕亦当舍弃之，舍离诸天神而转趋原始至上“神主”，在“彼”中则将同时发现神道之最后意义及其工事，以及吾人自有不可磨灭之生存之最内中精神真实。故曰：“独皈依于我之人，度此摩耶而出。”（柒，十四）

二、敬爱与智识之综合

《薄伽梵歌》中涵大量形而上学理念，时复溢于楮墨，然非形而上学论文也；其中无一形而上之真理唯以其本身故而加表述者。其寻求最高真理，乃求其最高实用，非为求智识上或甚至精神上之满足。作为真理，乃为救人而开辟一大道，使吾人从如今有生死之不完善境况，达乎永生之美满圆成。是故在此章初十四颂，予吾人以所需要之哲学真理已，旋即于下十六颂亟说其直接应用。将此化为一起点，以结合行业，智识，敬爱三道，——盖行业与智识本身，初步综合已经成就也。

如是，三种权能呈于吾人之前，一“无上神我”，为吾人所当生长臻至者之最高真理，一“自我”，一“耆婆”（情命）。或者，亦可说为一“至上者”，一非个人性之精神，与多性之心灵，吾等精神人格之无时间性之基础，真实与永恒之个人，“永存‘我’之一分”。（拾伍，七）三者皆为神圣，三者皆是“神圣者”。本体之无上精神自性，“超上自性”，无有能规定之“无明”之任何范限者，乃“至上神我”之性。在非个人性“自我”中，有同此一神圣性，但在此乃居于永恒静止，平衡，无作，无动转之境况中。终则为动作故，为转变故，“超上自性”乃化为多性精神人格，即“情命”是已。但此“超上自性”之内在作用，常为一神圣精神工事。此是无上神圣“自性”之力，“无上者”本体之知觉意志自加散发为“情命”中性格之各种真本精神权能:此真本权能乃情命之本性。举凡一切行为,转变,直接发自此精神力量者,皆一神圣变是,一纯粹精神作用。是故人类个人在行为中之努力,必为返乎其真实精神人格,使其一切工作自其在上"威力"之权能流出,由心灵、由最内在之固有本体发皇其行业,而不由心思理念与情命欲求,化其一切行为,为"无上者"之意志之纯洁流衍,化其全部人生为"神圣自性"之动力象征。

但亦复有三德之低等自性,其性格乃无明之性格,其行为亦无明之行为,混淆,错乱,颠倒;此乃低等人格之行业,属于私我,属于自然个人而非精神个人。为退出此虚伪人格计,吾人乃当归趣非个人性"自我",使吾人与之为一。如是,既出离私我之人格矣,乃能发现真个人与"无上神我"之关系。此与彼在本体上为一,虽在自性之作为,与属于时间性之显示中,必为局部而且有限定性,因其属个体性也。又既从低等自性出离,吾人乃能证悟高等者,神圣者,精神者。然则自心灵而有为,非谓自欲望心灵而有为;盖此非高等内中本体,乃是低等自然肤表现相。依内中自性、依"本性"而有为,非谓以私我之热情而有为,一随自然冲动与三德不稳定之活动,或漠然或热衷以作为善恶功罪。顺从热情,积极或消极放纵为恶,既非达至高非个人性之精神清净道之方,亦非达神圣个人之精神活动之路。神圣个人者,将为无上"个人"意志之沟涧,"无上神我"之直接权能与明显变是也。

《薄伽梵歌》自始即注定神圣出生之先决条件,高等生存之预期,乃杀戮"剌阇性"情欲及其余孽,此谓袪除一切罪恶而不为。罪恶者,低等自性之行事,以满足其自具之愚痴,冥顽,或强暴"剌阇性"与"答摩性"之耽执,粗鄙卑下,为反叛精神对自性任何高等自

制自主者也。为祛除有体之此等粗鄙冲动，为低等“自性”在其下劣情态中所迫成者，吾人必倚重此“自性”之最高情态，即“萨埵性”，常寻求智识之和谐光明，求行动之正当律则者也。“神我”，即吾人内中之心灵，在“自性”中，认可三德之各种冲动，必准许在吾人有体中之此“萨埵性”冲动，及“萨埵性”意志与气性，寻求此种律则者。“萨埵性”意志在吾人本性中应当主制吾人，而非“剌阇性”与“答摩性”意志也。此为行动中一切高等理性之意义，亦为一切真道德文化之意义；此为吾人内中“自性”之律则，努力欲由其低下无秩序之活动，进向高等有秩序之行为，不以痴惑愚闇而作为，使其结果为忧恼，不安静，乃以智识与启明之意志而行动，使结果为内中之快乐，静定，与和平。若吾人不在内中首先发皇最高一德即“萨埵性”之律则，必不能超出三德。

“恶人不依于我兮，——痴愚，人中幺麽。损智慧于摩耶兮，禀气性于阿修罗。”（柒，十五）能惑之私我，愚弄其“自性”中之心灵，痴狂遂生。为恶之徒，不能臻至“无上者”，何也，盖永远欲满足其私我偶像，居人性之最低格度中；其真实之上帝即此私我。其心思，意志，逐逐于三德摩耶之活动，皆非为精神之工具，而为其情欲之自欺工具或自愿奴隶。彼唯见此低等自性，而不见其无上自我与最高本体，或此在彼内中亦在世界中之“神主”：则随其意而解说一切生存，一在私我与欲望之义度中，而唯役属于欲望与私我。役乎欲望与私我而无企慕于一高等自性与高等律则，可谓得阿修罗之心思与气性矣。上达必有之第一步，乃企望一高等自性与高等律则，服从较情欲为优之统治，见及且敬拜较私我或任何私我放大之影像为高贵之神明，成为一正当思想者与正当行为者。然此本身亦犹不足也；盖虽“萨埵性”人，亦服属于三德之迷罔，因彼仍为好恶所制。彼在“自性”诸形式之圆周中转，而无最高超上整体知识。虽然，在其伦理目标中恒以向上之企望，终可祛除罪恶之翳蔽，即“剌阇性”情欲与痴愚之暗阴，而得以净化之本性，出离三重摩耶之统治。唯由善德，人犹未克臻于至上也。但以善德，* 乃可发展其臻至之能为。盖粗胚“剌阇性”私我或冥顽“答摩性”私我，皆极难摆脱而加贬抑；“萨埵性”私我则较易，终至其充分微妙化且自体启明矣，至易加以超上，变易，或消灭。

然则人固当首先道德化，化为净行之正人（sukṛtī），然后再超上，出乎生活之道德规律以上，入乎精神自性之光明，浩大，与权能中，于此而出乎对待二端惑痴（dvandva-moha）之掌握。于是更无求于个人之独善或快乐，或避拒其个人之患难与痛苦，盖彼不更为此等事所影响，或说：“我有道德”，或“我有罪恶”，而纯以“神圣者”之意志，在其自有之高等精神自性中，为众生之福利而有为。为此目的，吾人已见自我智识，平等性，非个人性，皆最初之所必需矣，且见此为智识与行业调和之方，调和精神性与世间行事之方，调和无时间性自我之永恒不动之寂静，与“自性”实用能力之永远活动。但《薄伽梵歌》于兹为行业瑜伽师，已调和其行业与智识二瑜伽者，安立一更大之需要。于今不徒要求其有智识与行业矣，而更当求有其“敬爱”（bhakti），向“神圣”之虔诚，敬爱，钦崇，以及心灵向“至上者”之企望。此一要求，直至此际乃明显提出，在天人师教示

* 善德者，谓真实内中之净行；思想，感情，气性，动机，行为中一“萨埵性”之清朗，非徒习俗或社会道德之谓。——原注

化一切行业为牺牲，奉献于吾人有体之“主宰”，乃其瑜伽之转捩，斯时已经准备，规定奉献一切行业为其顶点，不但委之于非个人性之“自我”，而且由此非个人性奉献于彼“存在者”，吾人一切意志与权能所从出者。在彼处所暗许者，在此乃始明表，吾人于是更充分得见《薄伽梵歌》之目的。

于是，从寻常本性解放脱出，入生于神圣精神本体，三种交互依倚之运动乃呈于吾人之前。“好恶起对待之惑兮，庶品生皆入之！”（柒，二十七）是为无明，为自私，不克见及且依持遍处之“神圣者”，盖唯见及“自性”之对待二端，常从事于其本身分别之人格与其进求及退缩。倘由此圆圈脱出，吾人行事中之第一需要乃清除情命私我之罪恶，热情之火，“剌阇性”欲望之纷扰，斯则必由能安定化之“萨埵性”动力而成，属道德体者也。此而成就，“人之罪恶净尽兮，业行福德”，——或可说：既成就此之时，盖至某一点后，一切在“萨埵性”中之生长，于静定，平等，超上性皆增上其能为，——则必双超对待，而化为非个人性，平等，与“非变易者”为一自我，与一切众生为一自我。此入生乎精神中之程序，乃完成吾人之纯洁化。但其成就乎此之次，当心灵已扩大入自我智识，则亦必当增加敬爱。盖彼不独当行动于一广大平等性精神中，亦当向其“主宰”为牺牲奉献，此一切众生之“主”，彼知之尚不完全者，若其坚定具有此眼光，在一切存在中遍处而见此自我，则亦将能知之完整。一旦完善得具平等性与一体性眼光之后，——乃“释对待之痴惑”——则一无上诚敬，对“神圣者”之怀抱一切之敬爱，乃化为有体之全部且唯一律则。其他一切行动律则皆捐于此投诚皈命中——“尽弃一切法兮皈‘我’于一”，（拾捌，六十六）——心灵乃得

坚定于此诚敬中，于自我奉献其一切有体，智识，行业之坚诚誓愿中；盖于此乃有导源一切之“神主”之完善，整体，一体化之智识，为其生存与行为之稳固且绝对之基础矣，故曰：“坚誓愿以敬我兮，……”（柒，二十八）

以寻常眼光视之，既得智识与非个人性后，任何归于敬爱或继续情心之活动，似为退转。盖在敬爱中，常有人格为因素，或甚且为其基础，其发动权能，乃个人心灵，耆婆，之敬爱钦崇，对越无上遍是之“本体”者也。但以《薄伽梵歌》立场视之，此退转之说不立；其目的初非无为，非汩没于永恒“非个人者”中，而为以吾人有体之全部与“无上神我”契合。在此瑜伽中，心灵以其非个人与不变易自我有体之意度，诚然出离其低等人格；但此仍然有为，而一切行为，属于在“自性”变易性中之多性心灵。若吾人不对过度之清静论加以矫正，介入以对“至上者”奉牺牲之理念，则将视此行为原素，乃全然非属于吾人之物，乃三德活动之残余，无神圣真实性在其后，为私我、我性之最后销熔形式，为低等自性之一继续冲动，吾人对之无由负责者，盖吾人之智识已摒弃之，志在逃出之而入乎纯粹无行动。但由结合唯一自我之静定非个人性，合于“自性”工作之努力，以工作为对上帝之牺牲，吾人以此双钥，乃出离低等自私之个人性，而生长入吾人真实精神个人之纯洁性中。于是吾人不复为低等自性中受束缚与愚闇之私我，而为超极“自性”中自由之情命。然后吾人不复生活于此知识中；一无变易非个人自我，与此变易多性“自性”，视以为相对之二元；而知此为上升于“无上神我”之怀抱，同时由吾人本体之此二种权能而发现者。三者皆精神，而似是对待之二者，乃证为第三者即最高者之对抗面。故其后克释

拏有云:“一变易一非变易,斯世补鲁洒二者。”(二者,一有变易个人性精神体与一无变易非个人性精神体。)“别有超上补鲁洒,称‘无上自我’,入乎三界而持载之,是不灭‘自在主’。我既超乎变易者,又超乎非变易者,于斯世谓我为‘无上补鲁洒’,彼如是无妄而知我兮,‘无上补鲁洒’是;尽其为彼以敬我兮,以其遍智。”(拾伍,十六至十九)《薄伽梵歌》今兹所发挥者,乃此大全智识与整体奉献之敬爱道也。

所当注明者,《薄伽梵歌》所要求于其信士者,乃具有智识之敬爱,视其他一切形式之敬爱,在其本身虽善,然较此为卑。彼等固能为之已臧,然非其在心灵上达中所臻至之目的。于已出离“剌阇性”自私罪恶而进向“神圣者”之人,《薄伽梵歌》乃辨别其四流。有皈依于彼而求解脱世间痛苦者,有依彼而求世间幸福者,有来求智识者,终亦有以智识而加彼以崇扬敬拜之哲人。四者皆《薄伽梵歌》所许,然仅于最后一流哲人与以全般印可。无外,凡此运动皆属高贵,唯合智识之敬爱乃优于此一切。吾人可说此四种敬爱,依次为属“生命情感与感受性”,* 属实用与机动性,属理智知识性,与属最高直觉本体者,则取其余一切自性合于“神圣者”为一体也。虽然,实际余者皆可视为准备运动,盖《薄伽梵歌》于此说经历多生之后,既具有大全智识,既在本身中历多生而成就乎此,终乃臻乎“超上者”。盖见万事万物皆为“神圣者”,此种智识殊属难臻,而伟大之心灵,能如是而完全见彼,能以其全体,在本性之任何方面,以

* 后代狂喜极爱之诚敬道,其根本为心灵性,仅在其低等形式或较外表之显示上,属“生命情感性”。——原注

此包举一切之智识之广大权能，而内入乎彼，即遍知而敬我以身心之全。是人者，世间罕有。故曰："斯巨灵实为难得。"(sa mahātmā sudurlabhaḥ)（柒，十九）

进者，求上帝而唯求其世间之锡赐，或以为忧患中之皈依处，而非为"神圣者"本身之故，此种诚敬，何得谓之高尚？自私，弱点，欲望，岂非寓乎此等崇扬，又岂非属于低等自性耶？甚焉者，若无智识，则信士接近"神圣者"，不以其包举一切之真理，见遍是涡苏提婆，但建造"神主"不完善之名称形相，此等名色，仅皆其自我需要，气质，性情之反映，其所以敬拜之者，为有助或慰足其自然期望也。彼则为上帝创造因陀罗(Indra)或阿祇尼(Agnī)，或维师鲁(Vishnu)，或湿婆(Shiva)，等名色，或为神化之基督或佛陀，或否则为自然德性之某种综合，视为一慈爱悲悯而宽大之上帝，或为正义公道威猛之上帝，或为愤怒，恐怖，炎烈惩罚可畏之上帝，或此等任何结合，于是而建其神坛于外，求祷之以情心思心于内，祈斯世之福善安乐，或治疗其创伤，或对一错误，教条，属智识而不宽容之教理，加以宗派之认可。凡此，至于某一限度，信皆真确已。知遍在之"本体"即涡苏天，是凡此群有，斯巨灵唯难得焉。凡人皆被各种外表欲望所牵引，此皆夺其内中智识，故曰："彼正智为此情彼欲所夺，"遂趋赴其他天神，即神道不完善之形式，有以应其情欲者也。如是者，诚属愚昧，于是修立此此彼彼法戒，皆为有限，有以餍其本性之需求而已。凡此内中，皆为一强迫性之个人决定，其自我本性之狭隘要求，乃其所服从而视为至上真理者，——尚未堪此无限者及其广大性也。在此等形式中之"神主"，若其信心为完全者，亦应其所求，但此等结果及满愿皆属暂时，而以追求此等结果为宗

教原则及人生原则者，其智慧诚属微小，理智亦未成形。若以此道而有精神造诣者，此仅达诸天神；仅为“神圣者”在变易自性之形成中，作为愿果之施与者，乃为彼等所证会。然有崇扬超上大全之“神主”者，则包举此一切而转变之，尊上其天神至于极高，“自性”至于极顶，超出之而归于真正“神主”，证会且臻至“超上者”也。故曰：“敬诸天者归诸天，敬我者乃归于我。”（柒，二十三）

虽然，至上“神主”初不以此等信士所见不全，遂加拒斥。盖“神圣者”在其至极超上本体中，未生而无减，较凡此局部显示为优越，固未易为任何有生者所知。彼自隐于此莫大“摩耶”外衣内，即彼瑜伽之摩耶，以此而彼与世界为一，然而超上，内在，然而隐藏，居于众生之内心，但非显示于任何或每一有体。“自性”中人，视此等“自性”中一切显示，皆为“神圣者”，实则皆彼之工事，权能，隐障。彼知一切过去现在未来诸存在者，但尚无知彼者。（柒，二十六）若使其如此以“自性”中之工事迷惑凡人，而全然不在其间遇之者，则人或摩耶中之任何心灵皆无神圣希望。是故一如彼等接近之方，各随其性而受其敬爱，而答之以神圣之爱与慈悲也。要之此等形相，皆显示之一种，不完善之人类智慧可由此而接触之，此等欲望皆最初工具，吾人之心灵因而转向彼者；任何诚敬不为无效能或无价值，不论其范限为何。然此有一伟大必需品，即信心是也。故曰：“任何信士于此何相，愿以虔诚而敬拜者，我则使其敬信安而无倾。”（柒，二十一）以其道与敬拜中信心之力，彼乃得其欲望及其精神证会，在斯时于彼为合者。自“神圣者”而寻求一切幸福，终必寻求彼之一切幸福于“神圣者”中。依于“神圣者”而得其快乐，终必学知固定一切快乐于“神圣者”中。在彼之形相与性质中而知

“神圣者”，终且必知彼为“大全”与“超上者”，为一切事物之源矣。*

如是以精神发展，敬爱乃与智识为一。情命乃得其乐于一“神主”中，——于“神圣者”中，所知为一切有体，知觉性，与悦乐者是，又为所知于“自性”中，于自我中，于超自我与“自性”者中之一切事，一切物，一切有体。彼则永恒与之合一；为一永恒之瑜伽，固无有更高于彼者，与“宇宙遍是者”永恒合一，盖舍此以外无他者，无他物。在彼则集中其全部敬爱，非集中于任何局部之神道或教律。此一诚敬乃彼生活之全部律则，而彼已出乎宗教信仰之一切条律，行为之法则，个人之生活目标。彼亦无将加治疗之忧伤，盖彼已保有此“大全幸福者”。彼无所追求之情欲，盖彼已保有最高者与“大全者”，且接近使一切归于圆成之“大全权能”。彼亦无疑惑，或未遂之志犹存，盖一切智识自彼所生活于其中之“光明”而向之潮涌。彼完全爱此“神圣者”，亦为“神圣者”之所爱；盖如彼之得其喜乐于“神主”，“神主”亦得其喜乐于彼。此则为具有智识之信士（jñānī bhakta），即爱上帝之哲士也。而此知者，如《歌》中神主所云，我身是也；他人仅得“自性”中之某方面与某动机，但彼则得“无上神我”之真自体与全体，彼与之相合者也。神圣有生于无上“自性”中，乃属于彼，在本体为具足，在意志为完全，在敬爱为绝对，在智识为圆满。在彼中则“情命”之宇宙生存得其是正，盖其已超出自体，于是而得其本体之全部最高真理。

---

* 纵使有至上臻至后，三低等之寻求仍有其地位，但已转化，非狭隘属于个人性者——盖仍可有一热情，以除去忧患，罪恶，无明，以增加至上之善，权能，悦乐之进化与全般显示于此现相“自然”中。——原注

三、至上神圣者

自第七章中所说者，吾人乃得较新颖而圆满位置之起点，得充分准确加以固定。在实质遂归于此义，即吾人应当内转，趋向于一更伟大之知觉性与至上生存。此非以吾人之宇宙性格全然除外，而为使吾人今之真为吾人者，得其高等精神圆成。在所必有者，乃化吾人有体生死中之不完善为有体之神圣完善。此种可能性所基托之理念有二：第一，凡人个体心灵，在其永恒真际及原始权能中，乃无上“心灵”，“神主”之一缕光明，在世间为彼隐蔽下之显示，为彼有体之一有体，知觉性之一知觉性，本性之一本性，但在此心思与身体存在之阴暗中，自忘其渊源，真际，实性。第二，“心灵”在显示中之二重自性，——一为原始自性，与其自有之真实精神原为一体者；一为依他起之自性，则服属于私我与无明之纷扰。后者应当加以除弃，而精神自性应在内中恢复，圆成，化为机动，活泼。经过一番内中之自我成就，新格位之开辟，吾人入生于新权能，吾人遂返乎“精神”自性，重复化为“神主”之一部分；吾人固自彼而下降于此有生死之人间形体也。

如是，与现代普通印度思想在此乃立即分离，态度少否定而多肯定。据现代印度思想，理念有足使人迷惑者，即“自性”之自体抹煞，此则代之以博大解决，即在神圣“自性”中一种自我圆成之原则。在敬爱道诸教派之后代发展，此至少有其预示。出乎吾等寻常格位以外者，隐藏于吾人生活其间之私我有体后方者，吾人第一种经验，在《薄伽梵歌》，则仍调为一浩大非个人性非变易性自我之寂静，在其平等与一性中，吾人乃失去小小私我人格；在其平静纯洁中，乃弃去吾人之一切欲望热情之窄狭动机。然第二种更完全之识见，则启示吾人一生动之"无极者"，一神圣不可量之"本体"，凡吾人之为吾人者，皆自此出，凡吾人之为吾人者，皆归属焉，自我，自性，世界，精神，皆归属焉。时若吾人在自我与精神上与彼为一，则不但不失去自我，竟且重新发现吾人之真自我，安定于彼中，居于此"无极者"之超上性内。此可一时以三种同时之运动而致，——一、由建立于彼及吾人精神自性之行业，作整体之自我发现。二、以"神圣本体"之智识，——此"神圣本体"即是一切，一切亦存在其中——而作整体之自我转变。三、在三种运动中最具决定性而且最尊严者，即由敬爱虔诚，向此"大全者"与此"无上者"以吾人全部有体作整个自我投顺，归依吾人行业之"主宰"，吾人内心之"寓居者"，一切吾人知觉存在之能涵者。对彼凡吾人是为吾人者之渊源，吾人奉献以凡吾人是为吾人者。此坚心之敬奉，则且化一切吾人所知者为彼之智识，化一切吾人所行者为彼权能之光明。吾人自我奉献之敬爱热忱，将吾人举升至彼，而启彼本体内中深心之神秘。敬爱遂完成牺牲之三联，作为启此无上微密之三而为一之秘钥。

吾人自我奉献之一整体知识，乃其有效力量之第一条件。是故最初吾人当在其神圣生存之一切原则与权能中，如实(tattvataḥ)知此"补鲁洒"，在其全体和谐中知之，在其永恒真元与生活程序中知之。但对于古代思想，此如实智(tattvajñāna)之一切价值，有在于其权能，能解脱吾人生死，而入乎无上存在之永生。是故《薄伽梵歌》，次乃示人如何此解脱在其至上程度中，亦为其精神自我圆成运动之最后结果。终之曰此“至高神我”之知识，乃“大梵”之完善知识。克释拏云：有以“我”为皈依者，以“我”为其神圣光明，为其救度，为其心灵之接纳者，止泊处者——在其精神努力上“依我”而求脱离老死，脱离生死体及其范限，彼则知“大梵”，知精神自性之整体，知行业之全体。（柒，二十九）又因其知“我”，同时又知有体之物质性与神圣性，且知“牺牲主宰”之真理，则虽在其临终绵惙之际，犹守“我”之知识，此际以其全部知觉性与“我”契合，是故彼等臻至于“我”。不复为世间生死所缚矣，彼等乃达乎“神圣者”之至上格位；与销失其分别人格于非个人无变易之“大梵”中者同功。如是《薄伽梵歌》结束此一重要而具决定义之第七章。

复次，无上“神圣者”在宇宙中之显示，其主要真理，在此有简括诠表，见于若干名词中。其发源与有效诸方面皆在于斯，皆涉及心灵之还归其整体自我知识者。最初有“彼大梵”；其次有“自性”中自我原则，“内我”；其次有有体之客观现相，“外物”，与其主观现相，“神”；终则有行业与牺牲之宇宙原则之秘密，“献祀”。（捌，一，二）克释拏云：我，超乎此一切，为“至上神我”，世人固当由此一切及其关系而求我知我——此为人类知觉性之求返乎“我”者唯一完全之道。但此等诠表本身，最初非十分明晰，至少可加以种种解释，于是其界义不得不加以精确决定，阿琼那旋即问其真诠。克释拏之答复则殊为简要，——综全《歌》中，实未有一处迟留于任何纯粹形而上学解释者；所说者仅如许量，出之以如是之方，使其真理足为心灵所摄持，恰如其分以进趋于体验而已。彼“大梵”者，诸《奥义书》所常用之一语也，以表自体存在之本体，与现相有体相对者也；而《薄伽梵歌》似谓此为非变易之自体存在，即“神圣者”之最高自体表现，而一切其余之转变者，衍进者，皆建立于其无变易之永恒性中。“内我”者，“本性”也。即心灵在无上“自性”中自体之精神方法与律则。“业”者，则为创造冲动与能力之名，此从“本性”，从此最初真元自我变是，发抒出一切事物，在其势力下成就，创造，作发“冥性”* 中宇宙诸存在之变是者也。所谓“外物”者，即变易转化之一切结果。“神”者，意谓“神我”，“自性”中之心灵，为主观本体；作为其知觉性之对象者，乃其真元存在之一切变易转化，由“业”力在“自性”中发皇而出者，于是“神我”观察之，享受之。所谓“献祀之主”行业与牺牲之“主宰”，克释拏云：我身是也，即“神圣者”，“神主”，“无上神我”，秘在于凡此一切有体之存在者内中。夫如是，而世间万有，皆落于此公式内矣。

《薄伽梵歌》旋即由此简单叙述进展，演成其以智识而得最后解脱之理念，则前章最后一颂已提示者也。此后亦当回复至此思想，发抒其最后之光明，于行业与内中体验为需要者，吾人不妨姑待至有此等名相所表之一切更充分知识。但当吾人进展以前，竟须求如此章吾人所正当知解者，与以前所说者之联系。盖此处所说者，乃《薄伽梵歌》于宇宙程序之理念。最初，有此“大梵”，即最高自体存在不变易之本体，一切存在皆居于此在空间，时间，因果性（deśa-kāla-nimitta）之宇宙“自性”活动后。盖唯以此自体存在，

* “冥性”即“自性”未生“大”等前之称。

空间,时间,因果固能存在,然若无此不变易、遍在,而不可分者之支柱,则无由进展至其分别,结果,与度量。但此不变易之“大梵”本身了无所为,不为何者之因,不作何种决定;此为至公,平等,支持一切,但不选择或发源何者,然则发源者,决定者,赋予此“无上者”之神圣冲动者为何?统治行业者为何?由永恒本体在“时间”中积极展出此宇宙变是者为何?此则“自性”(svabbāva)之为“本性”也。“至真”,“无上者”,“至上神我”固在也,持载其高等精神威力之活动于彼之永恒无变易性中。彼表现其神圣“本体”,“知觉性”,“意志”或“权能”,而“宇宙由之而持载”,则为“超上自性”也。“精神”之自体觉知,在此无上“自性”中,以其自体智识之光明,得见机动性理念,得见凡在其自体中彼所分别出者之如实真理,而表现之于其本性中,于“情命”之精神自性中。在每一情命中,自我之内在真理与原则,自发布于显示中者,一切中之真元神圣性,在一切变化,颠倒,反复之后方居为恒常者,则“本性”是也。凡在于“本性”中者,皆逸入宇宙“自性”中,使之在“无上神我”之内视下,加以其*所能之成作。由此恒常本性,由每一变是体之自我原则与真元性质,“自性”乃成作多种变易,求有以表白之,在名、色中,在时、空中,展布其一切转变,以及时、空中种种境况前后彼此生引之持续,即吾人所称为因果性者。

复次,凡此等发布及由一境化为一境之持续变换,即羯摩也,即“自性”之行业,即“冥性”之能力,即工作者,即程序之女神。最初为本性之逸入其创造作为中。创造属变是中诸存在,亦属其或

* 此“其”字指“自性”。

为主体或否所变是者。凡此综合观之，乃“时间”中事物之恒常生起，以羯摩之创造能力为其原则。凡此变易之转化，以“自性”之诸力量诸权能结合而兴，此即所谓“外物”，组成此世界而为心灵知觉性之对象者也。在此一切中，心灵乃能享受且能观察“自性”中之“神明”；心思，意志，识感之神圣权能，其知觉有体之一切权能，所以反映此“自性”之工事者，皆其“天神”矣。然则“自性”中之心灵为“变易神我”，即变易心灵（kṣara puruṣa），“神主”之永恒活动：同此在“大梵”中之心灵自“自性”退转，则为“非变易神我”（akṣara puruṣa），即“神主”之永恒寂静。然无上“神主”，固寓居于变易者之形、体中。同时双具不变易存在之寂静，与变易行动之享受，此即寓居生人内中之“至上神我”也。彼非独在别一面某至上位中，远乎吾人，彼亦且在此每一存在者之躯体中，在人心中，在“自性”中。于此接受“自性”之行事为牺牲，且有待于人类心灵之知觉自我奉献。甚至虽在人类之无明与自私中，彼仍为其本性之“主”，其一切行事之“主宰”，监临“自性”与羯摩之律则。心灵自彼而入乎“自性”变易之活动中；心灵亦由不变易之自体存在而返乎彼，归于“神圣者”之最高位，——“无上之居”。

人之生于斯世也，于“自性”与羯摩作用中在一世界一世界间流转。“自性”中之“神我”乃其轨范：其人内中心灵之思惟，观想，行动如是，遂常转变为如是。已往之为彼者，决定其当今有生；凡彼在今世之为彼者，所思所行者，至于身殁，乃决定彼在其他世界为何，及其诸来生为何。若有生为一变是，则有死亦为一变是而非终尽。其身体虽弃，而其心灵自行其道。然则甚有赖乎彼捐弃躯体之时，彼为何者。盖无论彼之知觉性临殁时凝注于何种变是之形式，在生前心情思想中常充满者，彼于身殁后必臻至焉，原“自性”以羯摩作发心灵之思想与能力，事实上此乃“自性”唯一职事也。是故若人内中心灵欲臻至“无上神我”格位，则必有两种需要，两种条件，得加以满足，然后可能。彼必按照其理想在此尘世生活中，型范其全部内中生命，而在其离世之际，必念念忠实于彼之素所企望与意志。故克释拏云：“临长逝之时兮，唯念‘我’而蜕遗，彼来入乎‘我’体兮，兹焉不疑。”（捌，五）“我体”者，即“无上神我”，我之本体格位也。彼则与“神圣者”之原始本体契合，而此即心灵之究极变是，羯摩还于自体及其渊源之最后结果。心灵已随从宇宙进化之活动矣，此活动在世间障蔽其真元精神性，其原始变是之形式，本性，又已经过其知觉性之一切其他变是方式，仅皆为其现相者，遂还入彼真元自性，且以此还原而寻得其真自我与精神，则臻至有体之原始格位，此自还原之观点视之，为一至高之变是，则“入乎我体”也。在某一义度中，吾人可谓其已化为上帝矣，在其现相自性与生存之最后一转变中，已与“神圣者”之自性合为一体也。

《薄伽梵歌》，甚着重凡人临殁时之思想心境，此着重之处甚难了解，若吾人不明了所谓知觉性之自体创造权能者。凡思想、内中眷念、信心、所全部决定关注者，吾人内中本体乃向之改变。此种倾向化为决定力量，当吾人上入乎此高等自体进展之精神经验中，非如吾人寻常心理之依赖外表事物，非如其奴役于外表“自性”者。在此高等精神界，吾人能见自我坚定化为心思之所关注者，恒常所企慕者。是故思想之任何退转，忆念之任何不诚实处，必常阻滞此转化，或在其程序上下堕，还乎吾人以前之为吾人，——至少吾人尚未实地坚决固定此新转变以前如此。若吾人已经为此，已使此于经验为寻常，则忆念自体存在而不失，因其已化为吾人知觉性之寻常形式。恰值度出此生命界之际，吾人斯时知觉性境况之重要乃了然矣。然非临殁之记忆，与吾人平生整个主旨及过去之主体性相乖异，或未经其充分准备而能具此救度之权力。《薄伽梵歌》此处之思想，与寻常宗教之方便与放恣不侔；其迥乎不同者，寻常俗朴之幻想，以为经教士最后祈祷涂油，一"基督教化"之丧，则其生平虽历未经感化之邪教生活，亦已得救；或以为在神圣贝纳痆斯城，或神圣恒河，预先处置，尽其形寿或骤尔身故，乃得救之充分方法。其身体死亡时心思所当专注之神圣主体变是，必为其平生心灵念念中向之生长者，故曰："常结念而遂通。"又曰："是故汝当一切时，唯念'我'而战斗；专凝心智于'我'兮，汝唯至'我'其无疑。制以瑜伽修习兮，心不他驰；达乎至人至上至神兮，凝定其思。"（捌，七，八）

于此，吾人乃得睹此无上"神我"之说——此甚且较"非变易者"更伟大，《薄伽梵歌》终极称之曰"至上神我"。在其无时间性之永恒中，彼亦为不变易者，远超出此一切显示之上，而于斯世"时间"中，仅得其有体之依稀仿佛，以若干变化之象征与乔装而表达者也。则谓之为"不显者，不变者"。虽然，彼亦非仅为一无形相或不可名相之存在；或者，不可名相，因其更微妙于心思所可及之究极微妙性，又因"神圣者"之形相原出乎吾人心思之外。故曰："其形不可方。"（捌，九）此无上"心灵"、"自我"为"见知者"，为日月之"古昔"，在其永恒自我见知与智慧中，为一切存在之"主宰"，"统治者"，在其本体中载持万事万物而使各得其所。此无上"心灵"即《韦陀》明者所说不变易而自体存在之"大梵"，此亦即修苦行之士所入者，当其超出生死心思之情恋，为此而修习管制躯体之欲情。* 此永恒之真实性，为有体之最上一步，一安立处，一立足点；是故为“时间”中心灵进展之至上目标，其本身非一运动，而为一太始，永恒，无上阶位。

《薄伽梵歌》描述修士最后之心境，当其出生入死而至此无上神圣存在。其心思不动，心灵具足瑜伽之力，以诚敬而与上帝合一，——于此由敬爱之结合，不以由智识之无相合一而更代，至此竟为瑜伽无上力量之一部分，——而生命力则全部引上，凝定于两眉之间，则神秘眼光之聚处也。一切识感之门皆闭，思想闭于一心，收摄生命力量自其散乱运动中归于头部，智慧则集中于念此神秘一音“唵”om！概念思想，存于忆念至上“神圣者”中。此则瑜伽修士传定舍身之法也；此乃将整个有体对“永恒者”对“超上者”作最后奉献。虽然，此不过仍为一程序而已；重要条件乃生时常常记念“神圣者”而不走作；虽在行业在战斗中亦然，——化整个人生行事为一不间断之瑜伽。“神主”自言，有为此者则易臻至于我；彼为臻于究竟圆满之巨灵矣。

如是，心灵离身而达之境为超乎宇宙者。虽宇宙体系中最上一天，仍未脱乎轮回生死；但往依“至上神我”者，不堕轮回。是故以智识企求不可言说之“大梵”，所得无论何果，亦为此另一概括之企求所得，由智识，行业，敬爱三相合者，而奉于自体存在之“神主”，即工作之“主”，人类及一切众生之“友”。如是知彼而求彼，不受羁于再生，不束缚于羯摩锁链；心灵得脱乎有生死体之苦痛，无

---

* 此文字直据《奥义书》。——原注

常，满愿于永远离出。《薄伽梵歌》于此更详说脱出轮回之义，乃引据宇宙循环之古说，则印度宇宙观之固定一部分也。宇宙显了与非显了，有永恒更替之循环期，每期谓为“大梵”创造主之一昼夜，昼夜时间同长，其工作之劫波历一千世，其睡眠沉冥劫波又历一千世。当白昼来临，一切皆自不显而生入乎显示之有体；当黑夜既降，一切又皆消融，或沦逝于此不显者中。如是，凡此一切存在者，转换于此变与不变之循环中而无能为力，反复投入转变，又反复还于非显了者。但此非显了者非“本体”之原始神圣者也；别有太元，别有其存在之另一阶位，即超此宇宙之非显了者，出乎此宇宙非显示以外，此则永恒自持，自定，非与此宇宙显示位相对，而远出其上，非可与侔，永恒而无变易，非屈从此一切群有之坏灭而俱坏灭。“太元谓为不灭兮，又曰无上之途（按：‘途’，此论则译为无上心灵与阶位。）有能达者兮不返，此为我最高之居。”盖臻至彼处之心灵，已脱乎宇宙之显示与非显示之循环也。

无论吾人接受或摒弃此种宇宙观，——此以依乎吾人倾向于承认此“知昼夜者”知识之价值，——重要处乃在《薄伽梵歌》于此所作之转变。吾人不难想象此永恒不显之“本体”，其格位似与宇宙显示或非显示无关，必永为未加界说不可言议之“太极”，则达乎彼之正当方法，乃除去吾人在显示中所已变成之一切，不以吾人全部内中知觉性，凝集于思心智识，情心敬爱，瑜伽意志，情命生力之结合者，上致乎彼。尤有甚者，敬爱似无所施于“太极”，“太极”似空无任何缘系者。但《薄伽梵歌》则坚持其说，——虽此为超宇宙者，虽此为永恒非显示者——“彼为至上神我兮，独以诚敬可达而非他。万物皆寓其中兮，由之庶品群罗。”（捌，二十二）换言之，此无上之“至神”，非绝无缘系之“太极”，离吾人之幻相而上，而为“明智者”，世界之“创造者”与“主宰”，“万物之载量”，知彼而爱彼，以彼为“太一”，为“大全”，为“遍是涡苏天”，以吾人全部知觉体，在一切事物中，一切能力，一切行为中与彼合一，然后可求无上成就，美满圆成，与绝对解脱。

于是，《薄伽梵歌》更出一奇特之思想，则采自早期韦檀多派神秘论者。此则修士可自选择其舍身之日期，一随其欲再投生或脱离轮转。火与光与烟或雾，昼与夜，朔至望半月，望至朔半月，太阳之北道与南道，此皆相对者也。由每对之前者，知“梵”者归于“梵”天；由后者，瑜伽修士入乎“月光”，终则再投生人世。此皆光明路与黑暗路，在《奥义书》则为“天神道”与“祖灵道”，而明乎此之修士，可以不迷。无论此种观念后有何“心理生理学”事实或其他象征主义，（原注：瑜伽之经验，表示此理念后实有一“心理生理学”之真理，虽未必在实验上为绝对者；即在“光明”与“黑暗”诸权力内中斗争中，前者常于白昼或每年光明之时有其优势，而后者则常在黑暗时中居上，此种平衡常相保持，直至最后胜利始已。）——此由神秘主义者时代留传于后，彼神秘主义者流，视凡物理事实为心理之有验象征，随处皆见内中者与外表者之交互与某种同一性，视光明与智识，火光原则与精神能力为然，——吾人唯当观《薄伽梵歌》于此作一转变，以结束此章，云：“故汝于一切时兮，其修瑜伽以自维。”（捌，二十七）

盖究极此乃至关重要者，使全部有体与“神圣者”为一，全然，且在一切法上如此，自然、恒常凝定于此结合中，不但使思维、观照，而且使全部生活，一切行为，劳工，战斗，为念念不忘上帝。“常

念我而战斗"，是说不忘"永恒者"恒常现前之意，虽在有时间性者之冲突中，寻常占据吾人思虑者，亦无须臾或忘，而此固难能，近乎不可能矣。虽然，若其他条件皆已加践履，此诚为全然可能者也。若吾人在知觉性中化为与万物同此一我，此一我常对吾人之思想为"神圣者"，甚至吾人之眼光及余识，处处皆见且识得此"神圣本体"，以致无论何时全然不能感觉或思维何事何物，徒然即是彼事彼物，如未经启明之识感所得者，而唯觉其为"神主"，同时亦隐亦显于此形式中者，若吾人之意志，在知觉上与无上意志为一，而意志，心思，身体之每一动作，感觉为自此而发者，为其运动，以此为所禀赋，或与此同一，则凡《薄伽梵歌》所要求者，皆全部可行。然则对于"神圣本体"之忆念，不复为心思之间断行为，而为凡吾人一切行动之自然境况，在某一义度中竟可谓为知觉性之真本质。情命乃具有与"无上神我"之正当，自然之精神关系，而吾人之生命全体为一瑜伽，一已圆成又永自圆成之一性。

四、秘密中之秘密

按部就班而真理开展至此，每一步辄启示大全智识之一新面，辄建立某种精神境况与作用之结果于其上，于此，遂不得不作一重大之转变矣。是故天人师慎使阿琼那注意彼所欲言者之决定意义，庶几其心思得以觉醒而会神。盖彼且将启迪其心思，对大全"神圣性"能知能见，以引至第十一章所说之神变现示，使此俱卢战场之猛士，能觉知彼之有体与行业与使命之创作者，持载者，人中与世界中之"神主"，非世间及人中任何事物所得而范限束缚，盖万有由彼而生，皆是彼无极本体中之一运动，以彼之意志而得维持继续，在彼神圣自我智识中而得其是正，常以此为初始，本质，与终极也。阿琼那且将知觉其自我唯存在于上帝中，唯以其内中之权能而有为，其事业仅为神圣行业之一工具，其私我知觉性不过一障蔽，对其无明，则为彼内中真体之一误表，彼内中真体者，无上"神主"之一分，一不灭之火花也。

此现示也，用于祛去其心思中余留之任何疑惑；将欲使其刚毅以赴其所畏避之行事，盖彼严受明命为此行事则不能退转，——若使退转，即为否定且诬罔其内中神圣意志与认可，斯则已表现于其个人知觉性，且施将擅有伟大宇宙性之认可形相矣。于今此世界之"本体"，向彼现示为上帝本身，受永恒"时间精神"之心灵禀赋，且以其威严可怖之声，命令彼赴战场战斗。彼受此召唤，解放其精神，在此宇宙神秘中圆成其行业，此二者——解放与行业——且将并为一运动。自我智识之更大光明，上帝与"自性"知识之光明，既展示于其前，其理智上之疑惑旋亦宛然消解。但理智之清明不足；彼必以内视照明其外表如盲目之人类眼光，以使其得全部有体之认可而行，以其一切身心诸部皆具美满之敬信而行，虔诚对越其自我中之"自我"与其有体中之"主宰"，对越世间之同此一"自我"与宇宙一切众生之"主宰"而行也。

凡此以前所说者，已定此智识之初基，已准备其最初必需之资料或间架，及乎此际，整个构筑之形制，乃必呈于其启明视识之前。凡以后当说者，更有其重要性，盖将分析此构筑之各部分，示其中所组成者为何物；但此向彼说教之"有体"，将启示其大全智识，实际现示其眼前，使彼无所拣择，唯有观看。以前所说者，已明示彼非固缚于无明与自私行动之缠结而不可解除，彼固尝自足于其中者也，直至其局部之解决不复能满足其思心，而思心者，固已为现象之相对冲突所迷，斯即成就世间行业者，而情心者，亦已为其事业之纠纷所困，使彼觉无法出离，除非出家弃世而无所作。于是，亦尝示之以两相对待工作与人生之道矣，一为在私我之无明中者，一为在一神圣本体清明之自我智识中者。彼可以情欲，以热望，为低等"自性"性格所驱之私我而有为，奴役于善，恶，忧，喜之平衡，碌碌于其行事之成，败，得，失之效果，系乎此世界机轮而转，陷入于有为，无为，为非之大罥网中，有以其幻变相反之面幂形相，惑乱人之思心，情心，以及性灵者也。但彼究竟非系缚于无明之行业而不能自拔者，若彼欲之也，亦可为智识之行业。彼于此可初为高等思想者，知者，瑜伽师，寻求自由者，次为得解放之精神。见及此一

伟大可能性，保持其意志与智慧固定于知识与自我见识间，将有以实现此可能性且使之发生效力者，乃出离其忧愁苦恼之路由，脱出人类迷疑之大道也。

在吾人内中有一精神，超出行业，寂静，平等，不为此外间纠纷所缠缚，观察之，为其支持者，渊源，内在之见证，而不陷于其中。此为无极，涵笼一切，在一切中为一自我，平等以观察自性之全部行事，见其仅为"自性"之作用，而非其所自有之行业。又见乎私我及其智慧与意志，皆"自性"之机械，其一切动作皆为其三形态与性格之起伏所决定。顾永恒之精神，初无有于此等事也。无有于此等事者，因其知之；彼知此"自性"与私我及此诸众生之个体，未足为生存之全部。存在者，非徒为转变之全景，恒常移易，或光荣，或虚幻，或奇妙，或暗淡者也。有永恒者矣，有不变，不灭，无时间性之自体存在者；此不以"自性"之变易而动摇者也。此为其公平之见证，既不发施影响，亦不遭受影响，既不发生作用，亦不承受作用，既非善而为功，亦非恶而成罪，乃常为纯洁，完全，伟大，而无损伤者。凡影响动摇私我有体者，举不足以启其喜忧，此非何者之友，亦非何者之敌，而为一切之一平等自我。于今凡人不觉知此自我，因其缠缚于外驰之心思，因其未学且不欲学习内中生活；彼不肯出离，不肯自其行事引退而视为"自性"之工作。私我为障碍，为幻妄旋轮上之关捩，销失私我于心灵之自我中，乃自由之第一条件。化为精神，非徒为一心思与一私我而已，此则解放福音开初之一语。

是故阿琼那最初受命，则为捐除其于事业得果之一切欲望，为一无欲望无偏私之作者，为其所当为者而已，——委其结果于任何

权能，为此宇宙工事之主宰者。彼非其主宰，故自显明；“自性”之有所作，原非满足其个人私我；宇宙“生命”之有生，原非成遂其欲望与偏好也；宇宙“思心”之运行，原非所以是正其智慧之见解，判断，标准者也，其宇宙目标或其世界方法，目的，初无待就正于彼微小之法庭。此种要求，仅可发自愚昧之心灵，盖生活于其人格中，自其狭隘卑弱之观点，以视万事万物者。然则最初彼当自对世界之私我要求退出，为亿万人中之一人，奉其一分努力，劳工，献于非彼个人所决定之结果，而为宇宙之作用与目的所决定之结果。然彼所当为，固尤有多于是者，彼当弃除其为作者之念，脱乎一切人格之纠缠，而见在彼及一切人中工作者，原是一宇宙之智慧，意志，心思，生命。“自性”为世界之工作者；彼之工作乃“自性”之工作，甚至其在彼所得工作之结果，乃大总数结果之一部分，为较彼之权能更伟大“权能”所导致者。若彼在精神上可为此二事，则其行业之一切纠缠皆脱；盖此缠缚之总结，在其私我之要求与参与。举凡热情，罪恶，个人之忧、喜，皆当自其心灵褪除，其心灵从兹乃在内中生活，宁静，广大，纯洁，平等以待遇一切物与一切人。行业无由发生任何主观反应，于其精神之纯洁宁静上乃不留任何污染痕迹。彼将为一自由无着之有体，具有内中之喜乐，安宁，顺适，与无可移易之幸福。内外表里皆不复留彼旧时微小人格，盖将知觉感受与一切众生为一自我，一精神，甚至其外表本性，在其知觉中亦化为宇宙心思，生命，意志之一部分，为不可分离者。其分别性之私我人格，将上跻而汩没于精神本体之非人格性中：其分别之私我本性，且与宇宙“自性”之作用合而为一。

虽然，此种解脱，依乎同时然尚未调融之两种观念：精神之清明识见，与“自性”之清明识见是也。此非科学性或智慧上之离乎执着，虽于唯物论哲学家亦有可能者也；唯物论哲学家无碍于对“自性”独有相当清晰之识见，但无见于彼自我之心灵及自我本体。此又非唯心主义之贤哲，作智慧上之离执，斯人者，灿然运用其理智，以离脱乎其私我之有范限、生烦恼诸相者也。此为一更广大，生动，完善之精神上离执着，发乎有见于“至真”，彼“至真者”，大于“自性”，大于心思与理智者也。但甚至此离执或无着，仅为自由与智识之清明之见之初步秘密，此非神圣神秘之全部关键，——盖此本身将使“自性”不得解释，而使吾人有体之活动部分，与精神及静定之自体存在相离。神圣无着，必为神圣参与“自性”之基础，以更代旧时自私之参与，神圣之静定性，必支持一神圣活动与机动性。彼天人师自始即有此真理在心目中，故坚持工作之牺牲，坚持承认“至上者”为吾人行事之主宰，降世应身及神圣有生之说，最初仍保持为附属于清静道解脱之初步需要。独充分发挥导人至于精神之安静，无着，平等，与一性之诸真理，一言以蔽之，仅发挥无变易自我之观念与作用，而赋以最大之权能与重要性。其另一伟大而必要之真理，所以成全之者，姑置于较小或较为相对光明之阴影中；故常暗示及之，然尚未加阐发。今兹在此后诸章，则迅速表出者也。

天人师，天神之降世应身，人类心灵在世界行业中之御者，克释拏，尝从事于准备启示其本身之秘密，“自性”之最深秘密。在其准备之紧张程序中，留有一音恒响，时时间入，为其大全“真理”究竟和谐曲预示，导引。此一音响，乃无上“神主”之理念，寓乎人与“自性”中，然大于人与“自性”者，为自我之非个人性所发现者，然非个人性自我亦非其全部意义。于今吾人乃得见此弘大循回交响之主旨。此是唯一"神主",在宇宙自我、与凡人、与"自性"中为同一者,乃以彼车中之天人师之声音,准备申明其绝对擅有此觉悟之事物见者、与行业作者之全体。彼且曰:"我在汝内中者,我在此人形中者,以我而一切存在,动作,有为,我为自体存在精神之秘密,同时为宇宙大用之秘密。此'我'乃一大'我',虽最伟大之人类人格,亦为其局部段片之显示,'自性'本身亦不过一低等工作。为心灵之主宰,为宇宙行业之主宰,我乃唯一'光明',唯一'权能',唯一'本体'。汝内中之'神主',乃'师尊','太阳',智识光明之执炬者,以此而汝能明觉汝非变易自我与汝变易自性之分别。虽然,汝且出乎光明本身以外而望其源,则汝将知此无上'心灵',其中乃恢复人格与'自性'之精神真理。然则汝当见此一我于一切有体中,庶几能在一切有体中见'我';见一切有体于一精神自我与真实性中,盖此为见一切有体在'我'中之方法;当知一切中之一'大梵',以使汝能见上帝即至上'大梵'。知汝己,成汝己,使汝能与'我'结合,此无时间性之自我,则'我'之清明光耀,或透明之障蔽也。我为'神主',乃自我与精神之至高真理也。"

阿琼那当见同此一"神主",不但为自我与精神之高等真理,亦且为"自性"及其一己人格之高等真理,同时为个人之秘密又为宇宙之秘密。此则为在"自性"中遍有之"意志",大于"自性"之所为,"自性"之所为皆发乎彼,属乎彼,凡人之所为及其结果同然。是故彼当以行业为牺牲而有为,盖此为其工作及一切工作之真理。"自性"是作者而私我非作者,但"自性"不过"本体"之一权能,此"本体"为"自性"之一切工作与动能之唯一主宰,为一切劫波宇宙牺牲之主。是故，其工作既皆此“本体”所有，则彼自当奉其一切行为于其内中及世界中之“神主”，行业固皆由“彼”在“自性”之神圣秘密中作成者也。此为心灵神圣有生之二重境况，属乎其由私我及躯体之生死性脱离，而入精神性与永恒性者，——最初当有一已无时间性不变易自我之知识，以此而与无时间性之“神主”结合，但亦当有彼居于宇宙之谜以后者之知识，即一切存在及其工事中之“神主”。如是，吾人乃能希冀以吾人全部本性与有体之奉献，而与彼“一”生动以相合，彼“一”者，在时间与空间已化为此万有者也。全部自我解放之瑜伽中，敬爱之地位在此。此为一种欣慕与企望，望彼大于不变易自我或变易“自性”者。一切智识，皆化为一欣慕与企想，一切行业亦然。本性之行事与心灵之自由，皆在此欣慕中合一，而化为向此唯一“神主”之自我轩翥。最后之解脱，由低等自性还于高等精神变是之渊源，非心灵之灭殁，——仅其私我之形相灭无，——而为吾等智识，意志，敬爱之全自我，出离彼之宇宙真实性，而还寓于彼之超宇宙真实性中，是圆成，非消灭。

必然，使此智识为阿琼那之心思所了悟，彼神圣天人师进而除去其所余二种困难之渊源，即非个人性自我与人类人格之相反，一也；自我与“自性”之相对，二也。若此二种反对尤存，则“自性”与人中之“神主”终归晦暗，不合理，不可信。“自性”既说为三德之机械束缚，心灵又表为服此羁束之私我有体。设若此为全部真理者，则必俱非神圣且不能为神圣可知。自性，愚顽而属机械性，必不能为上帝之一权能；盖神圣“权能”，在其工事必为自由，在其渊源必为精神性，在其伟大性中亦必为精神性。心灵为自私而受束缚于“自性”中，仅属于思心，情命，身体者，必不能为神圣者之一分，必不能为一神圣体。盖如此一神圣体本身必属“神圣者”之真性，自由，自体存在，自体发展，属于精神，超于心思，生命，躯体以上。凡此二种困难及其晦滞之处，皆被一道真理光明扫除。机械“自性”仅为一低等真理；为一低等现相作用之公式。更有一高等“自性”属精神者，斯即吾人精神人格之本性，吾人真实个人。上帝同为非个人性又为个人性者。彼之非个人性，于吾人之心理证悟中，为无时间性之“本体，知觉性，存在福乐”之一无极者；其个人性，在此世自表为有体之一知觉权能，知识与意志之知觉中心，及多方自我显示之悦乐。吾人在吾人本体静定真元中，皆此一非个人性；在吾人精神个人中，每人皆此真元权能之总聚。然而有分别者，徒为自我显示之各种目的故；神圣之非个人性，若人入乎其后，则知其同时为无极之“彼”，一无上心灵与精神。此为伟大之“我”——“我”为“彼”(so’ham)——凡人格与本性皆由此出，多方自嬉娱于一非个人性世界之现相间。《奥义书》云：凡此群有者，皆“大梵”也，“大梵”为一自我，自见于知觉性之四联续位中。《薄伽梵歌》则云，涡苏天，永恒之“本体”，是为一切。彼为“大梵”，从其高等精神自性，知觉以支持且导源此一切，在世间又知觉以化为一切事物，在智慧，心思，情命，识感之性质中，在物质存在之客观现相中。情命是彼在“永恒者”之精神性中，在彼之永恒多性中，在从知觉之自我权能多个中心点之自我视见中。上帝，“自在”，“耆婆”，为存在之三项，三者皆为一本体。

顾“本体”如何而自显示于宇宙中耶？最初，显为不变易无时间性之自我，遍在而持载一切，在其永恒性中为有体而非变是。其次，内涵于此有体中者，有一自我变是之真元权能或精神原则，即为“本性”，以此而由精神之自我视见，乃决定，表现，以解放而创造凡固有或内涵于其存在中者。此自我变是之权能或能力，发施一切在精神中如是决定者于宇宙行业即羯摩中。凡创造皆此作用，皆真元自性之此种工事，即羯摩。但在此世间，此发展为智慧，心思，情命，识感，及物质现相之“形相客观性”之变易“自性”，实与绝对之光明相离隔，为“无明”所范限。凡其工事，于此皆化为心灵在“自性”中之牺牲，以奉献于秘在于“自性”中之无上“心灵”；故无上“神主”寓居于一切中，作为其牺牲之“主”，其当体与权能管制之，其自我智识与有体之悦乐承受之。知此，乃为得世界之正知识，宇宙中上帝之视见，亦为夺得脱出“无明”之门。人而奉献其行业及其一切知觉性于遍在一切中之“神主”，使此知识发生效用，乃克使彼返乎精神存在，由此精神存在而入乎超宇宙“真实性”，居乎此变易“自性”之上，永恒而光明者。

此真理乃有体之秘密，《薄伽梵歌》今欲以其结果之多方，施于吾人内中生活与外间行事者也。其所将说者，乃一切中至秘之事。(玖，一至三)此即为全“神主”之知识，彼有体之“主”，允授予阿琼那者，此真元知识附以在其一切原则中之大全知识，则知之已无余者当知。其无明之全部纠结，已惑乱其凡人心思，而使其意志自神圣命定之工作退转者，将全然一划而顿断。此乃一切智慧之智慧，一切秘密之秘密，为皇华之学，皇华之秘。此为一无上纯洁之光明，凡人可以直接精神经验证明者，在一己中可见其为真理：此为正定之知识，有体之正则。若人已得之，见之，而试忠实生活其中者，则行之也易。

虽然，信心为必要矣；倘使信心阙如，倘人信托其批判智识，以外表事物为用者，猜忌以诘难此启明知识，诘其不能直此现似自性之分别与缺陷，忌其似欲超上之，陈述若何事物，有以使吾人出乎当今生存之首要实际事实以外者，即其忧患，苦恼，罪恶，缺点，不神圣之错误与颠踬，——则必无明通体验此更伟大知识之可能。心灵而不克具信心于高等律则与真理，必还乎寻常有生死之人生常轨，隶役于死亡，错误，罪恶：必不能生入其所否认之“神主”中矣。盖此真理必以生活而证验者，——生活于心灵增长之光明中，非在心思之黑暗中以论难出之者。凡人当生长入此真理，当自化为此真理，——此乃唯一证明之法。唯由超越低等自我，人乃克化为真实神圣自我，而体验吾人精神存在之真理。凡人所操加以反对之似是真理，皆低等“自性”之现相。脱离低等“自性”之罪恶，阙陷，不善，必由于接受一高等知识，其中此一切似是之不善皆得见为究竟非实，显为吾人黑暗之作品。但如是而生长入神圣“自性”之自由中，人固当承认，而且信仰、此秘在于吾人当今有限本性内中之“神主”。为何行此瑜伽为可能而且容易，其理在于行乎此，吾人以一切自然为吾人者之全部工事，皆委于彼内中神圣“补鲁洒”之手。“神主”在吾人内中成作神圣有生，进步，简易，而无失，取吾人之有体入乎彼之本体，充满之以彼自有之智识与权能，则曰：“破以煌煌智慧之灯。”（拾，十一）彼着手于吾人黑暗无明之本性，化之为其自有之光明与博大性。以纯全信心而不自私，吾人所信仰且为其所驱而欲转变以成者，内中之上帝必与以成就。但于今似是为吾人之私我心思及生命，必先自完全投顺，委诸吾人最内中秘密“神明”之手，使加以转化焉。

五、神圣真理与大道

《薄伽梵歌》，乃进而启露此无上整体之秘密矣。斯则为唯一思想，一真理，求成就与解脱之士，必学习生活于其中者，亦即其精神诸体及其全部运动之唯一圆成律则也。此无上秘密，乃超上“神主”之玄秘，“彼”为遍在，又是一切，然又大于此宇宙及其一切形体，而又外之，故世无能涵、亦无真能诠表之者，凡假借于时间空间及其因果关系中事物形相之语言文字，举不足以示似彼不可思议本体之真理。由此而生之吾人圆成律则，乃以吾人全部本性而欣崇敬拜，自体投顺于其神圣渊源及具有者。吾人究极之一道，乃将吾人世间全部生存，非徒其中此分或彼分而已，化为向此“永恒者”之一运动。由此一神圣瑜伽之权能与玄秘，吾人出乎彼不可言表之秘密，而入乎现相事物此有拘束之自性中。以同此瑜伽之一倒转运动，吾人必超出现相自然之范限，而恢复更伟大之知觉性，以此吾人乃能生活于“神圣者”，“永恒者”中。

“神圣者”之至上本体，乃超乎显示以外者也。彼永恒真实之相，不显于物，不摄于生命，不可以心思识。凡吾人所见者，自体所创造之相也，非“神明”永恒之自相。有某者或某物，异乎此宇宙，不可思议，不可言说，不可名相，一无极之“神主”，出乎吾人所能仿佛最大或最小之无极性概念以外。凡此事物之交织，吾人命之曰宇宙者，凡此动作之总和，吾人不能加以界定，徒劳于其形相与运动中寻求任何固定真实性，任何阶位，水平，宇宙支点者，固皆为此至高“无极者”所织出，形成，而引申，建立于此不可名相之超宇宙“神秘”上。此建立于一自体表呈中，其本身未尝显示且不可思议。凡此变是之总聚，常动而变易无方，凡此创造物，存在，事物，有呼吸而生活之形体，无论在其总体或分别存在，举不足以包括之。彼不在此等中；不在此等中生活或由此等而生活，动作，或得其有体，——上帝非“变是”。此等则皆在彼中，实此等皆在彼中而生活，动作，且从彼而取得其真理；此等皆彼之变是，彼为此等之本体。故曰：“群有皆寓乎‘我’内兮，‘我’非于群有之内以宁。”（玖，四）在彼之存在之无极性中，无时、无空、而不可思议，彼乃引申此较微小现相：在无际之时、空中一无边之宇宙是已。

进者，说万有存在于彼中，亦非此事之全般真理，非全然真实关系：盖此乃以空间理念说彼，而“神圣者”固无时无空者也。时、与空，内在性、与遍是性、与超上性，凡此皆彼之知觉性之名称与形相也。有一神圣“权能”之瑜伽，“识之！‘我’瑜伽神圣权威”，（玖，五）“无上者”以之而创造其自我之相，在其自所引申无极性之精神而非物质之自我表呈中，其所引申者，物质仅为其一相。彼自视与之为一，且与其所包含之一切认同。在彼无极之自见中，——此自见亦非彼之全见，泛神论者视上帝为一，其观念仍较有限，——彼与万有为一而同时又超上之。但彼又异于此自我，或精神有体已引申之无极性即包含而又超上宇宙者。世间万有皆存在于彼之世界知觉之无极中，但此又作为一自体形相，为“神主”之超宇宙真实性所持载者，则超乎吾人之一切世界，有体，知觉性等名相者也。彼为“超”宇宙者，此固彼本体之神秘矣，然亦非在任何概括无余之义度中为

“外”乎宇宙者也。盖彼遍漫一切，为一切之自我；有一上帝自体之光明而未内入之当体，恒常与变是相缘，以其简单当体现前，而使其一切存在归于显了。则曰：“持载万品而不寓乎其中兮，‘我’为群有之化机。”(玖，五)是故以此而吾人得有此等名相；曰“本体”，变是，自体存在，依他存在，变易体，非变易体。但此二种关系之最高真理及其相对待之决定义，必求之于超乎此者中；是无上“神主”，以其精神知觉性之权能，(瑜伽摩耶)，乃双显能涵之自我与所涵之现相。又唯独在吾人精神知觉性上与彼结合，吾人乃克与彼之本体有真实关系。

以形而上学出之，此乃《薄伽梵歌》此处诸颂之义：但此皆不基托于任何智识推理上，而基托于精神经验；此能综合，因皆如在圆球面而起自精神知觉性之若干真理。设若吾人与任何至上或遍是“本体”知觉以相缘，不论其在世间或显或隐，吾人乃得一甚有分殊之经验，此经验之某项，遂以不同之智识概念而化为其存在之基本理念。最初，吾人有一粗率之经验，即此“神圣体”乃大乎吾人者，异乎吾人者，大乎且异乎吾人所居之此宇宙；只若吾人长此生活于现相自我中，而仅见此世界之现相面，则彼亦不过如此而无余。盖“至上者”之最高真理乃超宇宙者，凡属现相者，似为别一事物，异乎自我知觉精神之无极者，若非幻相，亦似为一较微小真理之相。若吾人徒居于此分别中，吾人视此“神圣者”宛若为超宇宙者。彼之是此，正在此义度中：既超乎宇宙，乃非内含于此宇宙及其创造中；但非在此别一义度中：即谓此等皆居乎彼之本体以外：盖外乎此唯一“永恒者”与“真实”，更无他物也。吾人在精神上体验此“神主”之第一真理，若吾人得此经验，即吾人唯在彼中而生活，行动，而有吾人之生存，无论吾人与彼如何不同，吾人唯依赖彼以得吾人

之存在，而此宇宙本身，不过为“精神”中之一现相与运动而已。

但进者，吾人又有较远而较超上之经验，即吾人之自我存在，与彼之自我存在为一。吾人得见一切中之唯一自我，于此有其知觉与视见：吾人已不复思维或说吾人乃全然与彼相异，但有此自我，有此自体存者之现相；一切皆在自我中为一，但一切皆在现相中为异。若使无外深密与自我结合，吾人甚至可得此经验，即现相如梦而非真。更进者，若以双重深密性，吾人亦可得二重经验，即与彼无上自体存在之一性，然吾人又与彼一同生活，与彼多方相缘于一坚住之形式中，实为依彼本体之依起。则宇宙及吾人在宇宙中之生存，化为“神圣者”之自体知觉存在之一恒常且真实之形式。然在彼较小之真理中，则吾人与吾人，与彼，与“永恒者”之凡此有生命或无生命之权能，及吾人在宇宙自然中与彼之宇宙自我相交接，此等关系之分别皆起。凡此等关系皆异乎超宇宙之真理，皆为依精神之知觉性某种权能而创造者；因其为异，因其为所创作，致使无外之超宇宙“太极”之寻求者，征求其相对或完全之非真实性。然此等皆自彼而起，皆依彼自体所从出之存在形式，非自无物而造成之幻有。盖“精神”随处所见者，永皆其自体，皆其自体之各种形相，非全异乎彼自体者。吾人亦不能说超宇宙者中，全无与此等关系相应者。吾人又不能说此等皆依渊源自彼之知觉性而起，而彼渊源中又绝无支持或是正此等者，绝无为其自体此诸形式之永恒真实性与超上原则者。

复次，若吾人在另一方法上深求自我与自我诸形式之不同，则必视“自我”为能涵，为内在，吾人可承认遍在精神之真理，然精神诸形式，其当体诸型范，可使吾人感觉其为不同者，为暂现者，甚且为不真实之形相。吾人有此种经验：即有此“精神”，“神圣本体”，

不变易，在其视见中永远包含宇宙诸变易。吾人又有同时或偶合之别一经验，即“神圣者”内在于吾人内中与一切众生中。然而宇宙对于吾人，可仅为彼及吾人知觉性之一经验形式，或仅为存在之一形相或象征，以之吾人乃当建立与彼之重要关系，渐渐生长以知觉彼者。然而另一方面，吾人得另一启明之精神经验，其间吾人不得不见一切事物即是“神圣者”，不但是彼寓居宇宙及其无数创作中不变之“精神”，亦且凡此一切内中外表之变化皆是。于是万事万物，在吾人乃觉为一神圣“真实性”，显示其自体于吾人及宇宙中。若此经验为无外者，吾人乃得泛神论之同一性，“太一”即此一切：但此泛神论之见仅为局部之见。此申引弥漫之宇宙，非全部“精神”之为“精神”者；有一“永恒者”较之更大，由之而其存在乃有可能。宇宙非“神圣者”究竟真实性之一切，乃其单独一自体表现，乃其本体之一真实然而微小之运动。凡此种种精神经验，初见无论其如何不同或相反对，若吾人不专注于某种而除外他种，则见其皆可调和；若吾人见此一简单真理：即神圣“真实性”为大于宇宙存在者，而万事万物，或通或别，皆此“神圣者”而非余，——吾人可说皆足彼之表征，然皆非全在其总和或部分现相上即“彼”；若使为异，若皆非神圣存在之实质与名相而是其他何者，则必不足以为彼之表征也。“彼”是“真实者”；事物皆其表现之真实。*

* 纵使在心思中吾人感觉其与绝对“真实者”面对，此乃为较不真实。商羯罗之摩耶论(Mayavada)，若舍其论理间架不说，而消融之于精神经验中，亦不外此相对非真实性之夸说而已。出乎心思之外，此困难自消，因其原在其处非有。瑜伽或哲学之各派，及诸宗教派别，相异。在其后之各种分别经验，若加移置而蜕除其各种分歧之心思推衍，则皆能和合，而且若升至其共通之最高深密度，则在超心思之无极者中合一。——原注

此则为“遍是涡苏天”一语之涵义；“神主”是一切之为宇宙者，亦是宇宙内一切，又是多于宇宙之一切。《薄伽梵歌》最初着重彼之超宇宙存在。非然者，则心思易失其最高目标，而唯长此转向宇宙者，或否则凝滞于宇宙中“神圣者”之少许局部经验。其次，则着重彼之宇宙存在，一切皆在其中行动作为者。盖此为宇宙工事之是正，此即浩大精神之自觉性，“神主”于其中自见为“时间精神”而作其宇宙工事者。其次，相当严肃着重于认许“神主”为人身中之神圣寄寓者。因彼为一切存在中之“内在者”，若使此内寓之神明不被承认，则不但个人生存之神圣意义皆失，不但向吾人最高精神可能性之迫促，失其最大力量，而且人类中心灵与心灵间之关系，皆成其微小，有限，而自私。终之，则深长着重宇宙中一切事物之神圣显示，而肯定一切皆发乎唯一“神主”之自性，权能，光明。盖此种视见，于神道知识亦最关重要者；全部有体与全部本性之向“神明”作整个之转依，实建立其上；而人之接受世间神圣“权能”之工事，重铸其心思与意志以就“神圣工作”之模型，在发端为超上性，在动机为宇宙性，以个人情命而传达者，此种可能亦基托焉。

然则至上“神主”，宇宙知觉性后之不变易“自我”，人类中之个人“神圣性”，以及秘密觉知或局部显示于宇宙“自性”，及其一切工事，与创造者中之“神圣者”，皆为一真实性，一“神主”。此一之多个真理，吾人所最信仰以出之者，若施于此一“本体”之其他姿态，则皆颠倒，或意义皆变。于是“神圣者”常为“主”，为“自在主”矣；然吾人不能因此遂以彼之真元为主宰之理念，朴率以施于此四场合而一成不变。作为显于宇宙“自性”中之“神圣者”，彼密切与“自性”同体为一而有为。然则可谓彼本身即是“自性”，但于其行事中具一精神，预见而先愿，了解且实施，迫出作用，统治结果。作为一切中玄默之“自我”，彼则为“非作者”，唯“自性”是作者。彼且使一切工事，一随吾人自体之律则（即本性）由“自性”作成，然彼仍为其主，盖彼见知且支持吾人之行为，使“自性”得彼之默然认可而工作。彼以其不动性，由其遍漫而不动“当体”之压力，乃传度无上“神主”之权能，而支持其工作，则以其一切事物中之见证“自我”之平等观。作为无上超宇宙之“神主”，彼则发源一切；彼超乎一切，迫出一切显示，然未尝自失于其所创造者中，或自附于彼之“自性”之工事。属彼者，为有体之自由临监之“意志”，先于自然作用之一切必需。在个人中，当无明之际，则为吾人内中秘密“神主”，强迫一切动转于“自性”之机轮者，于此私我则成为机轮之一部分而转，同时为一制动器又为一利动器。但全“神圣者”既内在于每一有体中，吾人可由超出无明而超出此关系。因吾人自可与支持一切事物之一“自我”体认为一，而自为见证者与非作者。或者吾人可将个人有体，置于人类心灵与吾人内中“神主”之正当关系中，而在其本性部分，作之为直接原因与工具，在其精神自我与个人，作之为内中神主之至上，自由，而不执滞之宰制中高等参与者。此则为吾人在《薄伽梵歌》所必当明见者；吾人于同一真理，必允许其义度有如此之转变，一依乎其施为有效所自而起之关系症结。否则吾人唯将见矛盾冲突，实原未有者，或亦如阿琼那之困惑，趑趄于仿佛对吾人为谜语之词也。

是故，《薄伽梵歌》始则肯定“无上者”包涵一切于其本身中，但不在何者内，“而我非于群有之内以宁”。旋即曰：“抑群有非安于我内兮，……持载万品而不寓乎其中兮。”我为一切存在之支持者，然不位于一切存在以内。但同时又出以似是之相违语，坚持“神圣者”寓居乎人形中，而认识此真理，乃于心灵之以行业，敬爱，与智识而解脱为必需者。——凡此诸说，皆仅在现相上似是相违。是作为超宇宙之“神主”，彼乃不居于存在以内，甚且诸存在亦不寓于彼中；盖吾人所作“本体”与变是之分辨，仅可施予现相宇宙中之显示。于超宇宙存在中，一切皆是永恒之“本体”，若亦有任何多性者，则一切皆诸多永恒之“有体”；而且内寓之空间理念亦无由参入，盖一超宇宙之绝对本体，必不受时间与空间观念之影响，此等时、空观念，皆“上主”之瑜伽摩耶在世间创出者。其中一精神之“同列并在”，则非属时间或空间，一精神之“同体为一”与“同事相值”，必为其基础。但自别一面观之，在宇宙显示中，由无上非显示之超宇宙“本体”，有时间、空间之宇宙引申展布，其中彼初则现示为一自我，支持凡此一切存在者，以其遍漫之自体存在而持载之。甚且由此遍在之自我，彼无上“自我”亦可说为持载此宇宙；彼为其不可见之精神基础，一切存在之变是中隐秘精神因。彼之持载此宇宙，正如吾人内中秘密精神持载吾人之思想，行为，运动。彼似为漫遍，似包涵心思，生命，身躯，以其当体而支持此等：但此遍漫本身为知觉性之一行事，非属物质；身体仅是精神知觉性之一恒常行事而已。

神圣“自我”包含一切存在；一切皆位于彼中，真元非物质上如此，在彼自我本体引申之精神概念上如此；吾人于物质与“以太”空间之过严格意念，不过在物理心思识感之名相下作此翻译而已。如实论之，甚至在此世间，一切皆精神之同列并在，同体为一，同事相值；但此一基本真理，非吾人返于无上知觉性则不能施用。直至彼时，此一理相仅成其为一智识上之概念，吾人实际经验中无与之相应者。于是吾人不得不以时间、空间关系之名相而说，说宇宙及其一切有体，存在于神圣"自体存在者"中，如其他一切事物存在于空间原始"以太"中。则曰："如风大常遍周流，寓乎太空。汝知群有居于'我'内兮，亦此之同。"（玖，六）宇宙存在是遍漫而且无极，"自体存在者"亦是遍漫而且无极，但自体存在之无极性是稳固，静定，不变易，而宇宙者则为一遍漫之运动。"自我"是一，非多；宇宙者则自表现为一切存在，且似为一切存在之总和。一为"本体"，另一为"本体"之"权能"，此则运动，创造，且有为于能支持且无变易基本"精神"之存在中。"自我"不寓居于凡此存在或任何一存在中；是谓彼非何者之所包含——正如说以太非内含于任何形相中，虽一切形相究极皆导源乎以太。彼亦非内寓乎或组成于一切存在之总和——正如以太非内含于常遍周流之风大，非为其一切形相或其力量之总和所组成。但运动中"神圣者"亦仍有在；彼寓居于"多"中，作为每一有体之"主宰"。此二种关系在彼同时皆为真实。一为自体存在对宇宙运动之关系；另一，内在性，为宇宙存在对其自有诸形相之关系。一为有体之真理，在其包含一切之不变易性中，自体存在：另一为同此有体之"权能"之真理，显示于其自加隐蔽自加启明运动之管治与内成。

于此遂曰：宇宙存在以上之"至上者"，倚乎或迫其"自性"以发皇在其中所含藏之一切，所尝为显了而已化为隐晦之一切，发为一永恒轮转之回旋。一切存在，动作于宇宙间，皆服属于此驱策之运动，亦服属于显了有体之律则，以此而神圣"大全存在"之现相，乃得表现于宇宙诸和谐中。"情命"随其变是之轮转，在此神圣"自性”之作用中，即“神圣者”之自有本性之作用中。在其进展之轮转间，则化为此一人格或彼一人格；此常遵从其有体自具律则之曲线，作为神圣“自性”之一种显示，不论在其高等而直接，或低等而依他之运动中，在明或无明中。轮转止息，则出离“自性”之作用而返还于“自性”之静定与玄默。自是愚昧，乃服属于“自性”轮转之漩涡，不能自主，为彼所制，仅以还于神圣知觉性时，乃得自主而自由。彼“神圣者”亦循此轮转，但不为隶属，而为向导及其能内成之“精神”，非以其全部有体参入其中，而为以有体之权能随伴之而型范之。彼即彼自有“自性”作用之监临管制者，——非是生于“自性”中之一精神，而是创造之精神，使“自性”生产一切出现于显示中者。若在彼之权能中随伴之，而使其作成一切工事，则彼亦在其外，宛若在一超宇宙统治中，为高居其作用以上者，非以任何内入与主宰之欲望而与“自性”相系，是故不为其工事所缚，因彼实无限超出此等工事而居先，在工事于“时间”轮转中全部进行之前、后，以及当时，彼皆无异。凡诸变化对彼之不变易本体皆无分别。此支持而漫遍宇宙之玄默自我，不为其变易所影响，盖虽与以支持，然不参与其中。而最伟大超宇宙之无上“自我”亦不受影响，盖彼实超出且永恒超上之也。

虽然，此作用亦为神圣“自性”之作用，而神圣“自性”永非与“神圣者”分离，则其所创造之每一事物中，“神主”必然内在。此一关系虽非其本体之全部真理，然此一真理，亦全非吾人所能恝然忽略者。彼固寓居此生人形体中。有漠视其当体之人，以其面具之障蔽，遂蔑视人类形式中之神明者，皆为“自性”之现相所迷惑而愚弄者也，彼等未能体会内中有一秘密之“神主”，无论在人类中知觉为降世应身，或为彼之摩耶所障蔽。有心灵伟大之士，不自囿于其私我理念，而自启对其内寓之“神明”者，乃知人中之秘密精神，仿佛为有限人类本性所拘束者，即同此一难可指说之光耀，吾人敬拜之于彼方为至高“神主”者。彼等皆知觉其最高格位，其间彼为一切存在之主宰，又见于每一存在者中，彼仍为无上之“神明”与内寓之“神主”。其余一切，则为一自体范限，以显示“自性”在宇宙中之变化者。彼等亦见：既是彼之“自性”化为宇宙间之一切，斯世在其内中事实上仅为一“神圣者”而非他，一切皆是涡苏天，而彼等敬拜之，不独以之为一彼方至高“神主”，亦且以为其在此世间，在彼之一性中，在每一分别有体中。彼等见此真理，遂生活且行为于此真理中；欣崇之，证会之，奉事之，视为万事万物之“超上者”，又为世间之上帝，为万有中之“神主”，以牺牲之工作事奉之，以智识求得之，遍处皆见彼而非他，举全部有体双出其本体及其一切内中外表之本性而奉之。若是者，彼等知此为广大完善之道；盖一无上、而遍是、且属个人之上帝，此其全部真理之大路矣。

六、行业，诚敬与智识

是则为完整之真理，最高最广之知识矣。“神圣者”，超宇宙、永恒之“无上大梵”也。以其无时间、无空间之存在，支持此一切在“时间”、“空间”中其自有本体与本性之宇宙显示。彼为“无上精神”，赋予宇宙之形体与运动以心灵者也。彼为“至上之夫”，此宇宙或他宇宙间之一切有体与变是，自我与自性，皆其自我形相化与自我动能化矣。彼为“超上自在主”，一切存在之不可指名之主，以其精神统治，管制其“自性”中自有已显示之“权能”，遂展出世界之循环，及所创造者在循环中自然之进化。“情命”，（耆婆），个人精神，“自性”中之心灵，以彼之本体而存在，以彼之知觉性之光明而知觉，以彼之意志与权能，而受权作智识，意志，行为，以彼之神圣享受此宇宙而享受存在，遂入乎此世间之宇宙轮转中矣。

凡人内中心灵，乃“神圣者”在世间之一局部自体显示，自加范限，以作彼之“自性”在宇宙间之工作。在精神真元中，个人与“神圣者”原来是一。在神圣“自性”之工事中，彼与之为一，然与“自性”中之上帝，及超出宇宙“自性”之上帝，有诸多深切之关系，且有作用上之异。在“自性”之低等现相之工事中，彼由其无明与自私之分别，似甚与彼“一”相异，而且思维，愿望，行动，享受于此分别知觉性中，为其个人在宇宙间生存之目的，与私我之快乐，及其与其他心思与生命体之表面关系。就事实论之，凡其有体，凡其思维，凡其愿望与作用与享受，皆是“神圣者”之本体，“神圣者”之思维，意志，作用，与享受“自性”之反映。——若彼长在无明中，则此种反映为自私而且颠倒。归还于彼本身之此种真理，乃其直接得救之方，乃彼之最大最近出离之门，出离其于“无明”之隶属。彼既为一精神，一心灵，有心思与理智之性，有意志与动力作为，有感情与感觉，及生命寻求生存悦乐之性，则唯有转捩此等权能以对上帝，然后其归还于其自我之最高真理，乃全然有其可能。彼必以无上“自我”与“大梵”之知识而知；彼必以其敬爱归于“至上之人”；彼必以其意志与行事隶属于宇宙之“无上自在主”。于是乃从低等“自性”而度入神圣“自性”，于是乃舍弃其“无明”之思想与意志与行业，以神圣之同体为一性而思想、而愿望、而行为；作为彼“心灵”之心灵，彼“精神”之权能与光明：乃享受“神圣者”之内中无极性，不复仅享受此等外间之接触，面具与表相。如是神圣以生活，如是转移其全自我与心灵及本性以对上帝，则彼入乎无上“大梵”之最真实真理中矣。

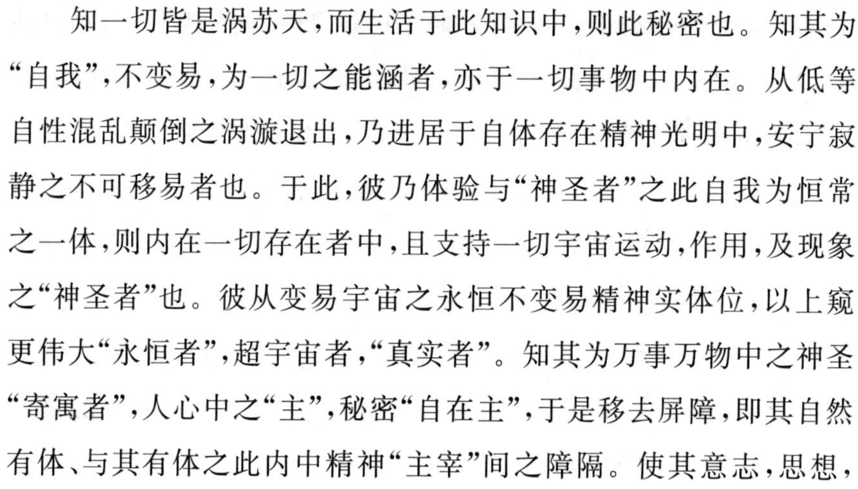

知一切皆是涡苏天，而生活于此知识中，则此秘密也。知其为“自我”，不变易，为一切之能涵者，亦于一切事物中内在。从低等自性混乱颠倒之涡漩退出，乃进居于自体存在精神光明中，安宁寂静之不可移易者也。于此，彼乃体验与“神圣者”之此自我为恒常之一体，则内在一切存在者中，且支持一切宇宙运动，作用，及现象之“神圣者”也。彼从变易宇宙之永恒不变易精神实体位，以上窥更伟大“永恒者”，超宇宙者，“真实者”。知其为万事万物中之神圣“寄寓者”，人心中之“主”，秘密“自在主”，于是移去屏障，即其自然有体、与其有体之此内中精神“主宰”间之障隔。使其意志，思想，行业，在智识上与“自在主”者为一，以常现之证悟，调整而与内寓“神明”之意识合契，在一切中见彼而崇拜之，变易全部人间行业，化之为神圣本性之最高意义。彼知其为在世界中彼周遭一切之实体与渊源。凡是事物者，在现相上皆见为障蔽，在其秘密轨道上，则见为此一不可思议“真实性”之自体显示之手段与表征，乃遍处发现此一性，“大梵”，“神我”，“心灵”涡苏天，“本体”之化为此一切众生者。是故，人整个内中存在，亦与“无极者”和谐合调，于今自体启示于一切存在中者，或在其内中及周际者，而人整个外表存在，化为宇宙目的上一恰合之工具。更由此“自我”而上窥“超上大梵”，在彼方、在此世、为唯一仅有之存在者。由此一切中之神圣“寄寓者”，上窥“至上之人”，是在其无上格位中，乃超过一切寄寓。由在宇宙中显了之“主”，而上窥“至上者”，超出且统治其一切显示者。如是，由无限智识之展布，以及由向上之视见与企慕，乃得上升于其以概括一切之完整性而转向之者。

《薄伽梵歌》之智识与行业与诚敬之综合，实皇华建基于此心灵对上帝之全部转向。如是全部知上帝，乃知彼之为“一”，在自我中，在一切显示中，又超一切显示外，——凡此皆合一而同时。甚且如是知彼亦为不足，除非随之以情心与心灵皆紧张上升，转向上帝，除非引燃矣于一点同时又包括一切之敬爱，企慕，欣崇。诚然，知识而无企慕之助伴，不以上升高举而生动，则非真知识，盖此仅为一智慧上之知见，与一番枯寂认识之事而已。对上帝之视见，必然附带对“神圣者”之欣慕与热烈追求——追求在其自体存在之本体中之“神圣者”，亦追求在吾人内中之“神圣者”，亦追求在万化中之“神圣者”。以智识而知，不过知解而已，可作为一有效之起点，——或者，亦未必可能，或必不可能，若在智识中无诚心，在意志中无趋向内中体验之迫促，在心灵上无势用，在精神中无吁呼：盖此可谓为脑经已外表了解，而内中心灵则毫无所见。真知识乃以内中本体以知，时若内中本体已为光明所触，则上升以拥抱其所见，急切以求具有，奋欲形成之于其自体中，就之以形成其自体，努力于与所见之光荣化为一体。在此种义度下，知识乃向同体为一性之觉醒，而内中本体既以知觉性，以悦乐，以敬爱，以具有，而与其于自体所见者为一，实践其自体，则已觉醒之知识，必附带一强大之冲动，以进向此真实而唯一完善之证悟实践。此际之所知者，已非向外化之对象，而为神圣之“神我”，一切吾人为吾人者之自我与主宰。于彼摄持一切之悦乐，对彼深沉而感动之敬爱与赞美，必为此事之必然结果，为此知识之真正灵魂。此种崇敬非情心孤独之寻求，而为全部生存之奉献。是故此亦当取牺牲之形式；对“自在主”且将奉献一切吾人之工作，将吾人一切内向外向活动之本性，投顺于所崇敬之“神主”，在其每一为主为客之运动中皆如此。凡吾人主观之工事，皆在彼中转，皆寻求彼——“主宰”与“自我”——为其权能与事业之渊源与目标。凡吾人客观之工事，在世间亦转向彼，使彼为其对象，在世间开创一对上帝之服务，其管制之权能，则为吾人内中之“神明”，其中吾人与此世界及此一切众生，乃为一自我者也。盖世界及自我，“自性”及其中之心灵，两皆为彼“一”之知觉性所启明，皆“超上神我”之内外诸体。于是乃有思心，情心，意志之在此唯一自我与精神中之综合，随此综合，乃有智识，诚敬，行业之综合，在此完整之结合中，在此投怀之上帝证会中，在此神圣瑜伽中。

虽然，为私我所缚之本性，全然臻于此一运动，其事甚难。纵使吾人终于且永登此道矣，欲达于其胜利与和谐之整体性，亦复不易。生人之心思，昧然依于现相与障蔽而迷惑；徒见外表之凡人躯体，凡人心思，凡人生活方式，而未于寓居生人中之“神明”得能解脱之一瞥。甚者，忽视其内中之神圣性，亦不见之于他人，纵使“神圣者”在人类中显示为“应身”为“光荣”，亦仍然盲昧，且漠视或侮蔑此隐蔽之“神主”。故曰：“咨余寓乎人身兮，愚者蔑焉余侮。”（玖，十一）若于众生中已加漠视，更不能见之于客观世界中，盖以分别私我为其囹圄，有限心思为其已闭塞之窗牖也。则于宇宙中不见上帝；则不知有无上之“神明”，为此充满生存诸界之主而寓居其中者；见世界万物，有以化为神圣，且心灵本身，亦觉知其内中固有之神明，乃化为类似天神，属乎“神主”，于此种识见，亦复盲然矣。其欣然得见且以热情赴之者，仅为私我生活，为有限事物本身之故而寻索追求，以满足其智识，躯体，识感之尘世饥渴而已。彼等唯自委身于心思外向迫促之人，亦复坠入低等本性之挟持，故执之以为基本。于是化为人中罗刹性之俘虏，以满足其分别情命私我强暴无厌之求，以此为其意志，思想，行为，享受之黑暗神主。或者，彼等乃急进于徒劳无功之循环，被迫于顽固之自我意志，自足之思想，自我尊大之行为，智识化之享乐嗜好，自满而又永无餍足，属于阿修罗性者。坚住于分别私我知觉性中，使其为吾人一切活动之中心，则是全然失去真实自我觉悟。投喜乐于精神之此等迷方之工具，乃是一种魔魅，拘系人生于无益之循环中者。以神圣而永恒之标准绳之，见其一切希望，作为，知识，皆属虚空之事，盖其杜绝伟大希望，摒弃解放行为，而贬斥启明智识。此为一虚伪知

识，唯见现象而失乎现象之真理；为一盲目之希望，唯追寻暂时者而失去永恒者；为一无生产之行事，任何利益皆损失消亡，几于永远劳而无功已。* （玖，十一至十二）

顾心灵伟大之士则不然。能自启对较神圣本性之光明与广大性，此神圣本性，凡人所堪能者也；唯彼等乃遵道而行，其道也，始则狭隘，终则广大难名，而臻至于圆成与解脱。神明在人内中生长，乃人生之正当事业；坚定转化低等阿修罗性及罗刹性为神圣性，乃人生谨慎蕴藏之真谛。此生长增上时，障蔽解除，心灵乃得见行为之重大意义，及生存之真实真理。眼光启对人中之"神主"，世界中之"神主"；向内而视，在外乃知无极之"精神"，"不灭者"，一切存在皆从之导源，存在于万物中，万事万物亦常以之而存在，且存在其内者。是故，此一视见、此一智识摄住心灵时，其全部生命企慕化为对"神圣者"、对"无极者"之一种超上敬爱，与极深之欣崇。心思独自结于永恒者，精神者，生活者，遍是者，"真实者"；唯以此故而无计于物，唯独欣乐大全幸福之"神我"。一切语言文字与一切思想，皆化为一颂诗，颂赞此遍是之伟大性，"光明"，"美"，"权能"，"真理"，已在其光荣中启示于人类心灵者；皆化为对此一无上"心灵"与无极"个人"之崇拜。内中自我向外破出之长期努力，于兹化为一番精神努力与企慕，在心灵中保有此"神圣者"，在本性中实践此"神圣者"。全部人生化为一恒常之瑜伽，彼"神圣者"与此人类精神之结合。此则为全体敬奉之态度；以虔敬心情对

* 按：原文于此用一希腊神话故事：即"西修弗斯(Sisyphus)之劳力"。此神乃宇宙间最巧诈者，终于在天界被罚，转运一大石上山，每欲及顶，辄又下堕于深谷，如是上下循环不休。山名 Aerocorinthus。

越永恒“至上神我”而奉其牺牲，造成吾人整个本体与本性之一超然上举。（玖，十三，十四）

而有唯专重智识者，亦达同此一点，则以在心灵与自性上“神圣者”之视见，此视见之权能则常增上，使人专注，而有迫力者也。彼等之事，乃以智识为供奉品，此智识不可名状之欢欣，亦进于“无上神我”之崇奉。此为一充满敬爱之悟解，盖其工具已为完整，其目的亦为完整。此非追寻“无上者”，徒视之为一抽象之一体，或一不决定之“太极”。此为对“无上者”与“宇宙者”一深心感动之寻求与执持，对在其全无极性中“无极者”之追求，亦为对在一切有极者中之“无极者”之寻索，对“太一”在其一性中之视见与抱持；不但在其一性中，又在其各别诸原则中，无数容貌，力量，形式中，在此处，彼处，遍一切处，无时间性而又在时间中，多方，多种，在其“神主”之无尽面，在无数量有体中，在彼对吾人于此世界于众生之亿万面中，如是而视之持之焉。故曰：“以‘我’为一，为多，为异兮，为宇宙之遍存。”（玖，十五）此种智识，甚易化为一种欣崇，一深广之虔敬，一浩大之自我奉献，一整体之自我牺牲，盖此为一“精神”之知识，一“本体”之接触，一无上宇宙“心灵”之抱持，此“心灵”者，要求凡一切吾人之为吾人者，皆其所有，亦如当吾人接近彼之际，则普施其无尽生存悦乐之一切财富也。

复次，行业之道，亦化为欣崇与自我奉献之诚敬，盖此为以吾人整个意志及其活动，全然奉献于一“超上神我”。外表《韦陀》教仪，为一雄强之象征，于一较小然仍是向上天之目的为有功效；但真实牺牲乃彼内中之灌献，其间“大全神圣者”本身化为祭祀之行事，为牺牲，为献祀之每一仪式。彼内中礼节之一切行事与表相，皆彼在吾人内中权能之自体表现与自体教令，依吾人之企愿，而上升至其能力之渊源者。“神圣寄寓者”本身化为斟灌，为燔燎之光。盖火光者，向上帝之意志，而此意志即吾人内中之上帝本身。所献者，亦为组成吾人本体本性中“神主”之形式与力量；凡自彼所得者，皆奉之于敬拜与服事其自有之“真实性”，其自有之无上“真理”与“本始”。彼“神圣思想者”，本身遂化为圣洁之祝词（Mantra，亦咒语）。是彼本体之“光明”，乃自表于对越上帝之思想中，在光荣之启明词语中为有功效，斯则龛安思想之秘密者；在彼旋律中亦然，为人诵出“永恒者”之旋律。光明之“神主”本身即是《韦陀》，亦是以《韦陀》而宣示者。彼为智识，又为智识之对象，凡黎俱三曼，夜矩（三韦陀），光明之声文，以智识之光照明心思者，正定行为之有能力语，平静和谐之成就语，所以招致精神之神圣欲望者，本身皆“大梵”也，皆“神主”也。神圣“知觉性”之咒语，致其启明之光；神圣“权能”之咒语，致其效用之意志，神圣“悦乐”之咒语，致其精神之存在悦乐而平等成就。一切语言思想，皆自伟大“唵”声 OM* 发华而出——“唵”，为此“声”，此“永恒者”。显示于有感觉对象之形式，显示于彼有创造性之自体形相化之知觉活动中，名色皆其表相者，显示于“无极者”自体凝聚之超心知权能以后，此“唵”者，尊极之渊源，种子，事物与理念，名与色之胎藏也，——此即自体完整为至上“不可接触者”，为原始之“一体”，为无时间性之“神秘”，高出一

* Aum—“唵”！“阿—乌—门”，“阿”为粗重者、外在者之精神，Virat；“乌”为微妙者、内在者之精神，Taijasa；“门”为秘密超心知之遍能之精神，（Prajña）；“唵”OM 为“太极”，Juriya—《唵声奥义书》。——原注

切显示，而在至上有体中自体存在者也。*

心灵而如是知，如是崇拜，如是奉献其一切作为，以其本体对“永恒者”作一伟大之自我投顺，于彼，上帝为一切，一切皆此“神主”。遂知上帝为世界之“父”，养育，抚爱，而督率其诸子。亦视上帝为神圣之“母”，抱吾人于其怀，滥施吾人以慈恩，以其美丽之形体充周宇内。又知其为第一“创造者”，由之而导源一切在时间、与空间及因缘中，能创作、能生起者。又知其为“主宰”，为宇宙或个人禀赋之命定者。凡自皈依于“永恒者”之人，世界与命运及盛衰倚伏皆不能使之惊，痛苦罪恶之一面不能使之惑。于心灵能见者，上帝是道，上帝是彼旅程之归处，此道上无有迷茫自失，此归处则其明智领导之步武所刻刻准确近临者也。乃知“神主”为彼之有体及一切有体之主，彼本性之支持者，为“自性心灵”之夫，为其爱侣与抚慰者，为其一切思想行为之内中见证。上帝为其安宅，为其国土，为其寻求与愿望之栖宿，为一切众生之聪明、亲密、宽仁之友。如存在相之一切生，住，灭，在其视见与经验中，皆为彼“一”，在其永恒循环系统中，发布，保持，且敛退其有时间性之自体显示者。唯“彼”为不坏灭种子，一切似有生灭者之本原，及其在非显示中永恒止宿处。太阳与火光之热力中能烧者，彼也。霖雨降澍而又止霁者，彼也。一切物理自然及其功事，皆彼也。死亡者，彼之面幕，永生者，彼自体之启示也。凡吾人所谓存在者，皆彼；凡吾人所视为非存在者，于“无极者”中仍秘密内在，且为此“不可名相者”神秘

* 参见《唵声奥义书》，即《五十奥义书》中之第十九。又，《薄伽梵歌》玖，十六，十七。

本体之一部分也。(玖,十七至十九)

虽然,吾人而欲诣乎"至上者",除以最高之智识与敬爱,无他法;除全般自献而皈依此即是一切之"至上者",无他途。其他宗教,其他敬拜,其他智识,其他寻求,亦常有其结果,然此皆暂住,限于享受神圣现相与表征。随吾人心性之平衡而信从,则常有一外表智识与最内中智识,一外表寻求与一最内中之寻求。外间宗教为外间神明之敬奉;所追求者,外在之幸福;其信士脱离罪恶而净化其行为,达于一积极伦理之正道,以满足固定律则,经教,外表之赦免;则奉行其外表交接神灵之仪式象征。然其目的乃求天国之幸福,在世间生命之无常苦乐终尽之后;所求固非世间能予之更大幸福,然仍属个人凡间之享乐,纵其世界较此有限而苦痛之尘寰为广。而彼等所企望者,固以正信与正行而达之矣;盖物质生存与世间活动,非吾等个人变是之全境,亦非宇宙之整个公式。诚有幸福广大之诸天。于是古《韦陀》仪法之士,学三《韦陀》之显教,自消除罪过,饮天神酬献之醪,求以牺牲与善行而致天赐之果。此于"彼土"之坚信,此于较神圣世界之寻求,使在过渡中之心灵能得有力量,以臻于天上之欢乐,为其信心与寻求之中心者:然其还堕尘世生死也,又为必然,盖于彼土生存之真目的,未加发现,实践。在此世而非余处,必发现至上"神主",从不完善人类生理自性,必发展出心灵之神圣本性,由与上帝与人与宇宙结合一体,必发现生存全部广大真理,而加以生活,体验,展示其神奇。斯则结束吾人变是之悠久循环,使吾人达一至上结果:此乃以托生人间所赋予心灵之机会,此未圆成,则必不能终止者也。爱上帝者,常进向吾人出生于宇宙间之此一至上需要,其道则为集中敬受与欣慕,以之而取无

上与遍是“神圣者”为其生活之整个鹄的，——既非尘世私我之享受，亦非诸天乐土之安愉，——为其思想与识见之全部目标。唯见“神圣者”而无余，无时不与彼相结合，爱之于众生中，悦之于万事万物中，乃其精神生活之整个情形。其视见上帝，亦不使彼叛离人生，彼亦不失美满人生之任何事物；盖上帝本身，自然化为彼福善之施与者，内外表里“俾以其所未得，于所有俾以安全。”天上人间之欢乐，较彼所具有者，仅如微小阴影；盖彼生长入“神圣者”中，“神圣者亦沛然注以一无极存在之一切光明，权能，悦乐。”（玖，二十至二十二）

寻常宗教敬拜有偏，非奉大全“神道”。《薄伽梵歌》就古《韦陀》至斯时已发展之显教，取其直接例证；叙述此外表敬奉为拜他神，诸天，神圣化之“祖宗”，或原质权能与精灵等。凡人寻常奉献其生命与工作于神圣“存在”之局部权能或诸方面，如其所见所怀想者，——大抵为赋予自然与人中显著事物以神灵之诸权能，诸方面，或在一神圣超上象征中，向其映示其自有之人道者。凡人若以信心而为此，则其信心亦属正理；盖“神圣者”接受无论彼自体之何种概念，形式，象征，一如其崇拜者心中当时所有，（柒，二十一）遂随其内心所具之信心而与之相接。一切诚敬之宗教信仰与行为，实则为对一无上遍是“神主”之寻求；盖彼常为凡人牺牲苦行之唯一主，又为其努力与企慕之无限欣赏者。无论敬拜之形式如何卑微，无论神道理念如何狭隘，无论其奉献，信心，努力以透入一己私我崇拜之隐障后，及物质“自性”之范限为如何拘碍，此终成为个人心灵与“大全心灵”间之一线联系，而有其感应。虽然，此感应，此崇敬奉献之结果，仍依乎其知识，信心，与工作，而不能度越其范限，是故从较伟大之上帝知识观点论之，——唯此知识乃授出本性与变是之全般真理，——此低等奉献，非依牺牲之真实与最高律则作成者也。此非建立于无上"神主"在整体存在中之知识，非建立于其自我显示诸真原则之知识上，而是附丽于外表与局部形象上，——"非如实知我"。是故其牺牲在其目的上亦属有限，在其动机上大抵为自私，在其行动与奉献上亦属不全而且错误，故曰："于古法其已违。"全然见知"神圣者"必为全然知觉之自我投顺之条件；余者，皆仅达乎局部而不完整之事物，必从之退转，而自扩充于一更伟大之寻求与更广阔之上帝经验中。唯独究极追寻一至高而遍是之"神主"，乃得达乎全体知识与以其他一切方法所能得之结果，同时虽在一切诸方面得睹彼之真理，然不为任何一方面所限。此一运动，包括神圣本体进向"无上神我"道中之一切形式。（玖，二十三至二十五）

绝对自我奉献而一心皈命，乃诚敬之道，《薄伽梵歌》所取为其综合之极顶者也。一切行业与作为，皆以此诚敬化为向无上遍是"神主"之一奉献，故曰："凡汝所行，所食，所献，所施，与所以为苦行兮，为之！犹'我'为尸。"（玖，二十七）于此，则人生至小至微之情况，从一己或以一己所有之最轻微奉献，极无关重要之行为，皆得一种神圣意义，而此化为"神主"可接受之供奉，以为保有此爱上帝者之心灵与生命之方。于是欲望与私我所作之分别皆销。人之行事既不紧张以求其善果，亦不规避其不愉快结果，而一切行业与结果皆奉献于"无上者"，世界一切工作与结果之所永属者，则更无束缚矣。盖绝对自我奉献，则一切自私之欲望皆从内心消除，由其内中捐除分别生活，则个人心灵与"神圣者"有一完善结合。一切意志，一切行业，一切结果，皆转属于“神主”，由净化启明之本性而神圣施为，不更属于个人有限私我。如是已委顺之有限本性，乃化为“无限者”之一自由沟涧；心灵在其精神本体中，既超出范限与无明，遂还与“永恒者”为一。“神圣永恒者”寄寓一切存在中：平等以对一切，为一切众生平等之朋友，父，母，作者，爱者，支持者。彼非何人之敌，非何从之偏袒者，未尝舍弃任何人，未尝永远贬谪任何人，未尝以专断之尊威而宠幸任何人：凡人在无明中回旋不已，终亦平等皆得达于彼。但唯此美满之欣崇，乃能使上帝居乎人中及人居乎上帝中为一知觉之事，为一完善专诚之结合。敬爱“至上者”，全部自我投顺，皆达于神圣一性直捷之道也。（玖，二六至二九）

一旦此整体自我奉献，在信仰，诚意上皆已完成而基本无缺，则平等内在于吾辈每人中之“神圣当体”，亦不立其他先决条件。任何人皆可入此门，一切人皆可登此堂陛：在“大全爱者”之宫室中，一切尘世分别皆失。于此非有德者见招，而有罪者于“当体”前见斥；戒律精严身心清净之婆罗门可行此道，生于罪恶忧苦贱胎之堕民及社会所斥逐者，亦可同行此道，皆平等得有无上解脱之胜缘，皆可高居于“永恒者”内。无分男女，在上帝前皆有平等之权：盖神圣“精神”，非敬仰个人或社会地位与界限者。凡人皆可直前诣彼，无需中介亦无拘碍。故天人师曰：“人虽行大恶兮，敬‘我’而不拜其他；唯当以彼为良善兮，彼抉择已无讹。”盖其行事之决定意志，已为一正当且完全之意志。又曰：“迅疾成其法体兮，爱至永安。”（“成乎法体”者，转化为一正道大法之心灵也。）换言之，全部自我奉献之意志，遂广开精神诸门，回应乃得“神主”全然不降且自奉于人类中人,斯则迅速转化低等本性为精神本性,由是同时重铸且同化吾人内中一切,以合乎神圣生存之律则。自我奉献之意志,以其权能乃得揭除人与上帝间之障隔;斯则消除每一错误,摧毁每一阻难。彼等以凡夫之力,或从事于求知,或从事于积德,或从事于艰苦之自我训练以冀上达者,其生长向“永恒者”乃困难辛劳;唯独“心灵”委其私我及其工作于“神圣者”,则上帝本身来至吾人,而代负吾人之重荷。无知者则照以神圣知识之光明;柔弱者,则与以神圣意志之权力;罪恶者,则与神圣洁化之解脱;苦痛者,则俾以无限精神悦乐与庆喜。彼等之弱点及人力之颠蹶,初无关系也。故“神主”之声向阿琼那呼曰:“当知敬我之人兮自不殚残。”(斯谓此乃我之诺言,敬我者必不毁灭。)先事努力与准备,婆罗门之圣洁,皇王修士在行业与智识中启明之力,固皆有价值,盖凡此足使不完善之人类,易达此自我投顺与广阔视景;然纵使无此准备,凡皈依于此“爱人类者”,——不论其为“吠奢”族姓人,唯劳碌求财与生产者;不论其为“戍陀”族姓人,为千般严格禁止所阻碍者;不论其为女子,闭置而窒碍其生长,约束于社会所加于其周遭之狭隘圜围,而难于自我发展者;甚且不论由其过去羯摩而转生为极卑贱者,或为不入流之氓,贱民,瞻达罗人(Chandala)——皆立得上帝之门为之广开。在精神生活中,凡人所重之一切外表分辨,以压力诉诸外向之心思者,皆止息于神圣“光明”之平等性前,止息于一至公“权威”之广大遍能性前。

此世界也,纷纭乎对待,拘束于当时一刻之直接暂现因缘,若人凝滞于此等事物而长此寓乎其中,承认此等所加于彼之律则为其人生之律则,则一斗争,忧患,苦恼之世界也。解放之道,唯有止

其外向而内转；且现相者，物质生活所创也，物质生活加其负担于心思，囚禁之于身体于生活之常轨，则唯有从此现相而转向神圣“真实性”，斯正有待于以精神之自由而显示其自体者也。爱世界，表相，必移为爱上帝，真理。一旦明知此秘密内在“神主”而拥抱之，则全部有体与人生将经过一番庄严升举与奇妙迁变。目视将开矣，不复凝滞于低等自性之无明，专注外表工作与现相，而处处皆见上帝，张目以对精神之一体与遍存。于是而世界之忧悲苦恼，乃消失于“大全幸福者”之福赐中；吾人一切弱点或错误或罪恶，皆化为“永恒者”之力量，真理，纯洁性，拥抱一切而转化一切者。化心思与神圣知觉性为一，化吾人全部感情本性为一遍处对上帝之爱，化吾人一切工作为对世界主之牺牲，化吾人一切敬拜企望为对彼之欣慕与皈依，转整个自我以对上帝于一纯全结合中，是为超出尘世生存而入神圣生活之道。斯则《薄伽梵歌》神圣敬爱之教，是中智识，行业，与深心之企慕化为一体，在一无上结合中，组合一切殊异，交织一切经纬，为一高度融合，为一广大同体为一之运动。

七、《薄伽梵歌》之至言

于此，吾人乃达《薄伽梵歌》瑜伽之核心，至于其教义之全部生命与呼吸中枢。兹已分明可见，有限人类心灵升上，自私我与低等自性退转，入乎平静，玄默，安定之非变易“自我”，仅为初步开端之转变。于兹亦又可见，为何《薄伽梵歌》自始即坚持在人类形体中之“神主”，“自在主”，常说“我”，“余”，说某伟大秘密遍在“本体”，一切世界与人类心灵之主，较彼不变易之自体存在为更伟大；彼自体存在者，固永为寂静不动，永远不为自然宇宙间主观客观现象所动摇感触者也。

一切瑜伽皆为寻求“神圣者”，转向与“永恒者”结合。寻求之方，结合之深度与圆满度，以及证会之完整性，一依乎吾人于“神圣者”与“永恒者”之观念适当与否而转移。人，心思之有体也，以其有限心思接近“无限者”，必开启此有限者对彼“无限者”之近门。必寻求某种概念，为其心思所可摄持者；必选择其本性之某种权能，以一绝对自我升举，而能远伸以触及无极“真理”；此无极“真理”，本身原出乎其心思理解以外。——以其为无极也，则有无数方面，言诠，及自我提示。——凡人试欲见其某一方面，乃自附于其间，庶几以直接经验，而达乎其所表象不可度量之真实性。无论此门如何狭窄，若使能开引人入胜之旷望，若使之就途，以趋向呼召彼之精神者，虽其高不可攀，深不可测，彼固已满意矣。人如是接近之，亦如是而得接纳焉。

哲理心思，则以抽象智识而欲达乎“永恒者”也。智识之事则为理解，在有限之智能，其事则为下界义，作决定。但决定此不可决定者，其唯一方法乃由遍是之否定，“非此也，非彼也”（neti neti）。是故凡自呈为得以识感，人心，了解而范限之者，心思则进行将其自“永恒者”之概念除外。于是全般对立随之而成：“自我”对非自我，永恒，非变易，不可界说之自体存在，对存在之一切形式，——“大梵”与“摩耶”相对，不可名相之“真实性”，与一切试欲表现然而不能表现此“不可名相者”又相对，——羯摩则对待涅槃，宇宙“能力”之长相续但长非永恒之作用与化育，又对待于此作用与化育之某种绝对无可名相之无上“否定”，则唐无一切生命、与心思性、与机动之意态者。智识向“永恒者”此种强力驱进，则引离一切生灭暂现之事物。于是而否定生命，欲以返乎生命之源，割离一切吾人之似为吾人者，以此而得吾人有体之无名无个人性之真实性。情心之欲念，意志之工作，思心之概念，悉皆拒斥无遗；甚且终于智识本身亦被否定，而捐诸“同体为一者”与“不可知者”。由增上寂静之道，终于一绝对被动性，此为摩耶所创造之心灵或此一束联想，即吾人所称为吾人者，皆入乎其人格理念之消灭中，断绝此生活之诳语，入“涅槃”而寂灭。

虽然，此自我否定困难抽象之方法，无论其如何吸引若干特殊气质之人，不能普遍满足人所内具之心灵。何则，其复杂天性之一切紧张努力，以趋向“永恒者”，皆不得从出之路。不但此抽象思维之智识而已也，而又有渴切之情心，活泼之意志，积极之思心，以寻求某种“真理”，其生存及此世界之存在皆为其多方之秘钥者，此皆有其向“永恒者”与“无极者”之紧张趋赴，求于其中发现神圣“渊源”，及其本体本性之正理。出乎此种需要，仁爱与工作之各种宗教遂起，其力，在于能满足吾等人类之最活动与已发展之诸多权能，引之转向上帝，——盖必由此等出发，而后知识乃有效能。甚至佛教，以其严肃而不妥协之否定，否定主观自我及客观万物，仍必始建其自体于工作之神圣戒律，以宇宙遍是之深慈大悲，一精神化之情感主义，而代对神明之“敬爱”，盖唯如是乃能化为人类有功之能行道，化为一真能解脱之宗教。甚至幻有论之摩耶说，以其于行事、于心思遍计，在因明上极度不容忍，亦不得不承认人，宇宙，世间之上帝，皆有其临时实用真实性，以为最初安立处与可行之出发点；不得不肯定其所否定者，使人生之束缚及其求解脱之努力，得少许真实性。

动力性与情感性之宗教，非无弱点也，其弊在于过度集中于某一神圣“人格”，过重有限者之神圣价值。进者，纵使其具有无极“神主”一观念，亦未尝与吾人以智识之充分满足，盖未尝追寻其超上倾向而究极至尽。此等宗教，绌于在“永恒者”中之全部凝聚，亦绌于同体为一之完善结合，——然而此种同体为一性，既以大全一性为其基础，人内中精神必有一日将达到者，若非循抽象之途，必遵其他路途达到。自他方视之，寂默观照之精神性亦有其弱点，则以过于绝对之抽象化而达此结果，终且必使人类心灵化为乌有或虚构，实则人类心灵之期望，自始至终为此结合企图之全部意义；若使无有心灵及其企慕，解脱与结合皆无意义矣。此种思维法所承认之存在之些许其他权能，亦被贬于一低等初步作用，斯则永远不达于“永恒者”与“无极者”之任何充分或满足之证验者也。虽受限制而无当，然有能为之意志，爱之强烈欣慕，知觉心思有体之正性光明，与拥抱一切之直觉，此等事物，固皆出于“神圣者”也，代表彼之真实权能，于其“渊源”中必有其正理，必有自体圆成于彼中之某种机动方法。无有上帝知识能为整体，完善，而普遍使人满意者，若舍此等之绝对要求而不加圆成，亦无有智慧究竟为明智者，若在其不容忍之出世道中，或在纯智识矜持中，而否定而蔑视精神真实性，在“神主”之此诸道路以后者。

《薄伽梵歌》之中心思想，汇集其一切条绪而交织之者，其伟大处在其一种观念之综合价值，此观念认识宇宙中人类心灵之全部本性，有其至上无极之“真理”，“权能”，“爱”，“本体”之多方需要，此皆人类在其寻求美满，永生，及某种至高之悦乐，权能，平安时所趋向者，于是加以一广大而且聪明之统一，承认此多方需要为有功为正当也。其中有一强大宽广之企图，趋向一上帝与人与宇宙存在之概括精神观念。诚然，非此十八章书摄一切法而皆尽，解决一切精神问题而无余；然所设规模如此宏大，吾人仅当充实，发挥，形况，着重，追踪诸点，阐明其暗示而光大其淡阴，以得一端绪，用答吾人智慧任何更远之要求，与精神之需要。于其自有之诘难，《薄伽梵歌》亦未作十分新奇之解答。欲达其概括性之目的也，则返至《奥义书》原始韦檀多诸大哲学派别之后；盖于彼处，吾人乃得精神、与人、与宇宙、之现有最广大而极深微之综合视见。但《奥义书》之对智识有未发挥者，以其闭置于一象征说法与直观之光明核心中故，《薄伽梵歌》则阐明之于后代理智思维及卓荦经验中矣。

在其综合结构中，亦容许抽象思维者寻求“不可名相者”，寻求

永非显了之“不变易者”。有致力于此寻求之人士，亦复发现“无上神我”，至上“神圣个人”，“自我”，“精神”，最高“心灵”，与事物之“主宰”。盖其有体究竟自体存在之道，诚为不可思议者，不可想象之正极者，一切绝对者之绝对真元，远出乎理智决定而外。负极被动性，寂静，工作与人生之厌离，由之以扪索此不可名相之“太极”，此种方法，《薄伽梵歌》哲学亦加承认，容许，但仅作微小含容之认可。此否定知识，唯由真理之一方面而接近“永恒者”，此一方面，为“自性”中具有形体之心灵所最难达到者，此以一高度专门化之方法进行，甚且为一不必如此辛苦之路，“其窄狭艰难，如蹈锋刃。”非由否定一切因缘，而为经过一切因缘，凡人乃可自然接近“神圣无极者”，而此又至为容易，宽广，可亲密摄持。此种观念，以为“无上者”与宇宙中人类心思，情命，物理存在绝不相缘，究竟亦非广大而最确实之真理；而说为事物之经验真理，因缘之真理者，亦竟非全然为最高精神真理之对待。反之，无上“永恒者”以千端万绪之缘，暗中与吾等人类生存相接触而相结合，且由吾人本性与世界自性之一切真元法则，此接触可使吾人感到，此结合可对吾等之心灵，情心，意志，智慧，精神，皆化为真实。是故此另一道乃自然而且易行。上帝非故使吾人难于接近；需要者仅为一事，要求者亦仅一事，即有单纯不可阻遏之意志，志在破除我辈无明之障隔，以思心，情心，生命全部坚决寻求，寻求彼一切时中皆近之者，与在其内中者，其自体之心灵，与精神真元，其人格与非人格之秘密，其自我与其本性。此为吾人唯一困难；其余一切，吾辈生存之“主”，将亲自加以处理而成就之矣。故曰：“我将尽释尔诸罪恶兮，尔无忧戚。”（拾捌，六十六）

《薄伽梵歌》综合教义最倚重纯智识一方面之处，适在此处吾人乃见其正准备此一更充分之真理，与更有内涵之经验。诚然，此正在《薄伽梵歌》所赋予自体存在“非变易者”之证验形式中固已暗许。一切存在之彼非变易“自我”，似诚退出参加“自性”之任何活动工事；但此非唐无任何因缘，或远离乎一切关系。彼为吾人之见证者，支持者；赋予以沉默与非个人性之认可；甚且有一静穆之享受。“自性”多方之作用仍有可能，纵使心灵安定于彼寂静之自体存在：盖能见证之心灵，即是不变易之“神我”，而“神我”固常与“自性”多少相缘者也。此寂静与活动之两面，其理由今兹乃启示于其全般意义中，——盖寂寞而遍在之“自我”，仅为神圣本体真理之一面。彼遍漫世界为一不变易自我而支持其一切变易者，同为人中之“神主”，众生内心之“主”；凡吾人主体变是，及一切吾人外出内入客体化之动作，此皆其有心知之“始因”与“主宰”也。瑜伽师之“自在主”，与寻求知识者之“大梵”原本是一，为一无上宇宙“精神”，为一宇宙至上“神主”。

虽然，此“神主”非若干显教中有限人格性之上帝也；盖彼等皆局部与外表之形成，皆属于其存在全部真理之另一面，创造与向导及人格性之一面。此乃一无上“个人”，“心灵”，“本体”，“神我”，一切神道乃其多方面，一切个人人格乃其在宇宙“自性”中之有限发展。此“神主”非“神性”专门化之名色，非智慧之虚构，或崇拜者特殊企望之形化。凡此等名色，皆仅为一“天”之诸多方面及诸多权能，此“天”，乃一切宗教一切敬拜者之共通“主”：此本身亦即彼宇宙“神”，“天中天”。此“自在主”非无个人性与不可决定之“大梵”在幻有“摩耶”中之反映：盖彼统治宇宙以内及宇宙以外，为诸世界及其众生之“主”。彼为“超上大梵”亦即“超上自在主”，无上“主宰”，盖彼即无上“自我”与“精神”，自其最高原始存在源出此世界而统御之，非自加迷惑，而实御之以遍智之全能。其神圣“自性”在宇宙中之工事，亦非梦幻泡影，非彼或吾人知觉性之虚相。唯一虚幻之摩耶，乃低等“自性”之无明，非在“彼一”与“太极”不可触知之背景上，而创造非有之事物者，但因其盲昧受阻碍且有范限之工事，遂以私我形相，及其他心思，生命，物体之非正当形相，向人类心思误表存在之更伟大意义，与更深沉之真实性。诚然，有一无上神圣“自性”，为宇宙之真创造者。众生万物皆此唯一神圣“本体”之变是；一切生命皆此唯一“主宰”之权能；一切自然皆此唯一“无极者”之一显示。彼为人内中之“神主”；情命乃彼之“精神”之精神。“彼”为宇宙“神主”；此在空间与时间之世界，乃彼在现相上之自我引申展拓。

《薄伽梵歌》之瑜伽，在此对存在及超存在概括视见之开展，乃得其统一意义，其弘大亦无先例。此无上“神主”，乃万有中一不灭且无变易之“自我”；是故人当觉悟此不灭不变“自我”之精神意义，用此以统一其内中非个人性本体。彼为人内中之“神主”，导源且指挥其一切动作；是故人当觉知此内中之神明，知彼所安寓之神性，超出一切为其障蔽或阴翳者，结合于其自我之此最内中“自我”，于其知觉性之此更伟大知觉性，于其一切意志与工作之此隐秘“主宰”，其内中之此“本体”，即其种种转是之源头与对象者。吾人一切为吾人者，以此“神主”之神圣本性为渊源，然此乃为诸低等自性之依起而浓密障蔽；是故人当由其低等现象存在，不完善而有生死者，还于永生与完善之真元神圣性。此“神主”在万有万事中为一，为生存于万有中之自我，亦万有生存且活动于其中之自我；是故人当发现其与一切众生为一之精神一性，见一切皆在自我中，见一切有体中之自我，甚至见万事万物皆是彼之自我（“以自我而为量”）——如是而思维，感受，行动于其全部心思，意志，与生活中。“神主”为一切在此世在余处者之源头；以其“自性”、彼乃化为此无量存在者，是故人当见及且崇拜此在一切有生物与无生物中，当敬拜之于日，星，花之显示中，在“自然”之一切形式与力量，性格与权能中。“凡此，皆涡苏天也”。人当以神圣视见，神圣同情，终且以强大之内中同体为一性，而使其自我与宇宙为一宇宙性。被动无缘之同一性，则摒除敬爱与行业，但此更广大更丰富之一性，以诸行业与纯洁情感而自体圆成：斯则化为吾人一切行为与感觉之渊源，涵藏，本质，动机，与神圣目的。吾人竟当以吾人之生命与行动作为一奉献，然奉于何神耶？奉于此“神主”，此“主宰”，有权纳吾人之牺牲者。被动无缘之同体为一，又摒弃崇扬与诚敬之欣欢；但敬爱之道，为此更丰富，更完全，更亲密结合之真际，内心，与极顶。此“神主”为一切因缘之成就，为每一生人之父、母，爱侣，朋友，心灵之归宿。彼为一宇宙无上之“天”，“自我”，“神我”，“大梵”，神秘智慧之“自在主”。在此一切道中以彼之神圣“瑜伽”，彼已显示此世界于其自我中：世界之万端存在于彼中为一，而彼在多方面于此等中为一。觉悟彼在凡此诸道中之启示，为同此神圣“瑜伽”凡人之一面。

为使此义截然明确，更无容置辩矣，谓此为其教义之全部真理，为其所允许开示之整个知识，此天帝应身乃简括重申其所说诸端，遂曰：“更听‘我’之至言。”盖谓此即至上之言而无他。《薄伽梵歌》至上之言，吾人见其第一作此明确不诬之宣示，谓对于“永恒者”之最高崇敬与最高知识，乃知而且敬其为一神圣至上“渊源”，凡一切存在者之“原始”，此世界及其人民之“主”，此万物皆为其本体之变是。第二，为声明统一之智识与“敬爱”，乃最上瑜伽；斯为赋予人类命定且自然之道，以臻乎与永恒“神主”结合者也。为使此道之界义更加明确，阐示此建立于智识且启对智识之敬爱道为至关重要，为神圣命定行业之基本与动能，信徒以整个思想与情心接受之，则说为更大发展之条件；由此最后一行动命令，终乃发施于此人间工具之阿琼那。遂曰：“更听余‘我’之至言，此言发自我之意志，乃为裨益汝心灵而说者，于今汝之情心敬爱‘我’矣。”盖此情心对上帝之爱好与欢喜，乃真实敬爱道之全部成分与真元。一旦此至上之言发出，阿琼那遂不得不承认其接受，于是乃要求在“自性”中之一切事物中见上帝之实际方法，由此问题，自然立刻发展见“神圣者”为宇宙“精神”之大观，遂生起世界行动之巨大命令矣。（拾，一至十八）

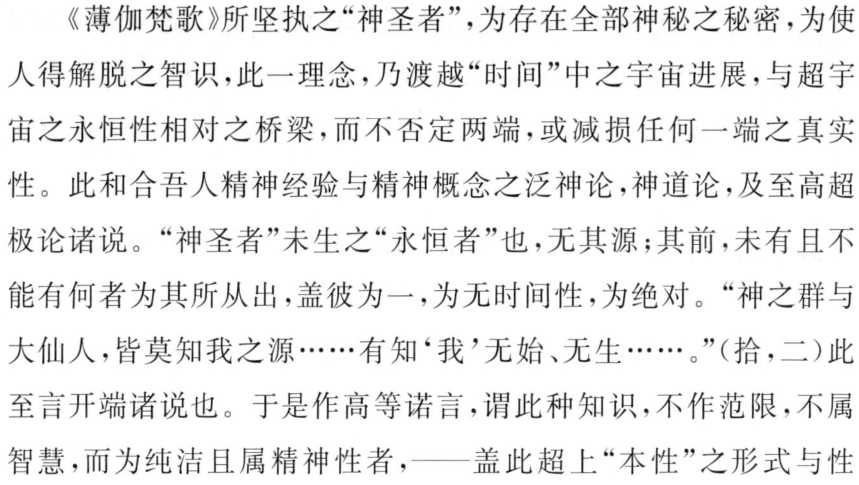

《薄伽梵歌》所坚执之“神圣者”，为存在全部神秘之秘密，为使人得解脱之智识，此一理念，乃渡越“时间”中之宇宙进展，与超宇宙之永恒性相对之桥梁，而不否定两端，或减损任何一端之真实性。此和合吾人精神经验与精神概念之泛神论，神道论，及至高超极论诸说。“神圣者”未生之“永恒者”也，无其源；其前，未有且不能有何者为其所从出，盖彼为一，为无时间性，为绝对。“神之群与大仙人，皆莫知我之源……有知‘我’无始、无生……。”（拾，二）此至言开端诸说也。于是作高等诸言，谓此种知识，不作范限，不属智慧，而为纯洁且属精神性者，——盖此超上“本性”之形式与性质，若吾人犹可以此等言语说之者，彼之“自相”，必非心思所可思议者，——能解脱生死中人于无明之一切纷扰，解脱其一切罪恶与痛苦之缠缚。“众生中彼非迷惑兮，凡诸罪恶消平。”（拾，三）人类心灵能寓居于此无上精神智识之光明中者，乃为此所提举而超出宇宙属理念或可识感之表呈。此上升于一超出一切然圆成一切之同体为一性之权能中，此权能固不可名相，此同体为一生则是处及彼处皆同。超上“无极者”之精神经验，破除存在泛神论观念之范限。宇宙一元论之无极，合上帝与世界为一者，则欲禁锢“神圣者”于其世界显示中，以此为吾人唯一可知彼之方法；但此种经验，则解放吾人入乎无时间无空间之“永恒者”。故阿琼那回答而呼曰：“薄伽梵！君之显示兮，昧彼鬼神。”（拾，十四）此全宇宙或甚至无数量宇宙皆不能显示彼，不能容纳彼无可名相之光明与无限伟大。一切其他微少上帝知识，皆唯依此超上“神主”之永未显了与不可名相之真实性而得其真理。

但同时此神圣“超级性”非一否定，亦非一“太极”而与世界无一切因缘。此为一无上正性者，一切绝对者之一绝对者。一切宇宙间关系皆由此“无上者”导源；一切宇宙存在皆归还于此，唯于此中得其真实无量存在。盖“‘我’遍为天神太始兮，又为仙人至尊”。（拾，二）诸天皆伟大不灭之“权能”，与永生诸“人格”，知觉以内成，组成，且临监宇宙之主观客观诸力量者。诸天皆永恒而原始“神明”之多种精神形相，由彼而降入世界之多种进行程序者。为多，为遍是，诸天神乃以存在之初始诸原则及其万端复杂体，组织“彼一”之此分殊存在之网。凡其自有之存在，自性，权能，程序，皆自超上“不可名相者”之真理，在每一方式，每一原则，每一线索中进展。无有独立在世间创造之物,亦无有由此等神圣经纪为本因,自体充足而起者;凡物皆得其有体与“是为意志”之原始,本因,第一精神正理,于此绝对无上“神主”中,——“我”遍为天神太始。宇宙中无在宇宙内有其真实本因者;一切皆发自此超上之“存在”。*

伟大之仙人,在此如于《韦陀》中说为七原始“见道者”,世界之“七古人”,皆彼神圣“智慧”之智能,彼“智慧”者,自其自我知觉之无极性而创生万物者也,由其自体真元之七原则循序发展而下。彼辈仙人包举《韦陀》之七种“思想”,皆持举一切,照明一切,显示一切者,——《奥义书》说万事万物,则皆以七数成列。随附于此者,有永恒之四摩奴,人类之初祖,——盖“神主”之活动自性为四重,而人类亦以其四重性格表现此自性。如其称名所暗示者,此等亦皆心思有体也。凡生命依赖显了或潜在之心思以生作用者,其创造者皆此世间一切生物所从出。一切皆其胤嗣云礽。而此等大仙与摩奴,本身皆无上“心灵”永恒之心思变是体,由“彼”之精神超极性,而入生于宇宙“自性”者也,——皆为创造者,但“彼”为宇宙中一切作始者之创造者。一切精神之“精神”,一切心灵之“心灵”,一切心思之“心思”,一切生命之“生命”,一切形体之“实质”,非一切吾人之为吾人者之对立者,反之,此超上之“太极”,作始且明照吾人与世界本体本性之一切原则与权能。

吾等存在之超级“原始”,非以不可渡越之鸿沟而自吾人分隔,亦非不承认有依彼而起之事物,或贬斥其仅为虚幻梦影。彼为“本体”,一切皆其变是。彼非自虚无而创造,非自“空”或自梦幻无实

---

* 按:“天”取佛教之“天”义,即俗言之“神”。

之胚型而创造。彼自其自我而创造，在其自我中变是；一切皆在彼之本体中，一切皆属于彼之本体。此一真理，容许且超越泛神论之事物观。则曰："一切皆是涡苏天"，是已，涡苏天是一切显现于宇宙中者，然亦为一切未尝出现其中，一切永远未尝显示者。彼之本体未尝如何为彼之变是所范限，亦未尝至如何程度为此因缘世界所束缚。即使在化为一切中彼仍为一"超极"，即使擅得有极之若干形体，彼常仍为一"无极"。"自性"或"冥性"，在其真元中乃彼之精神权能，自我权能，此精神之自我权能，发展在事物内向性中之无限原始变化性格，而转化之为外在形式与作用之表相。盖在"自性"之真元、秘密、而神圣之次序中，每一事物与一切事物之精神真理居先，此为"自性"之深沉同一性之事；此等同一性者之本性与性质，其内中心理上之真理，乃依于此精神真理，盖其内中之一切为真实者皆取自精神；在必需上为最少，在次序上居最后，形式与作用之客观真理，乃导源于内中本性之性质，依之而有此世界外间次序中之凡此存在诸多变相。换言之，客观事实，乃心灵因素总和之一表现而已，而此等常归还于其现相之一精神本因。

有限外表变是，神圣"无极者"之一有表之现象也。居次者，"自性"，低等"自性"，为一附属可变之发展，属于"无极者"诸多可能性少数选拔之结合者也。发自本体与变是之真元上与心理上性质（本性），此等形式与能力，作用与运动诸结合，为一甚有范限之因缘与相互经验而存在于宇宙之一性中。在事物之此低等，外表，现似之次序中，"自性"为"神主"之表现权能者，乃由阴暗宇宙"无明"之颠倒，而变改其形相；其神圣意义，亦消失于吾人情命与心思经验之机械作用中，此机械性固属物质化，有分别，而自私者也。

但即使在此，一切亦皆发源于无上“神主”，为一有生，为一变是，为一进化，为一发展程序，经过出乎“超极者”之“自性”作用。故曰：“‘我’为万物之初始兮，庶品由‘我’而兴。”谓由“我”而入乎作用与运动之发展也。此不但于吾人所标为善者为然，或赞美且认为神圣者为然，于举凡一切光明者，“萨埵性”者，有道德者，与人以平安者，精神上施与悦乐者，“智慧，知识，与无惑，宽恕，真实，自制，静谧，不害，平等，自足，苦行，与布施”皆然，亦于为一切反对而足使凡夫心思迷惑者，与之以无明与迷误者，“苦与乐，生与灭，恐惧与无畏，称誉与毁疾。”（拾，四、五）以及其余一切光明与黑暗之交错为然，凡千端万绪，如是苦痛而战栗，犹有其恒常之兴奋，经过吾等神经心思及其无明主观性之纠缠者，凡此亦莫不然。一切世间在其分别殊异性中者，在一大“变是”中主观之生存变化，皆得其有生与存在于超此一切之“彼”。“超极者”发端此等事物，亦又知之，然未尝陷于此分别化之知识如在网罗，未尝为其创造所制。在此吾人当观察此三字之并列，皆由“是”字而衍成者。（bhū，“是”，义为“变化而是”，）衍成三字曰：bhavanti，bhāvāḥ，bhūtānām。一切存在者皆“神圣者”之“变是”也，bhūtāni，此即“群有”。一切主观境况与运动皆属于彼，其心理之变是，为 bhāvāḥ，（按：又译曰“性”。）甚至此等，吾人微小之主观境况，及其一切显似结果，亦如最高精神境界，皆自无上“本体”“转变而成”bhavanti 者也。* 《薄伽梵歌》承认而且着重“本体”与“变是”之分辨，初未将其立为两相对

* bhavanti matta eva abhūt sarvabhūftābni“唯‘自我’化为群有”，其词语选择中即寓此含义‘自体存在者’已变是为此一切所变是者矣。参《伊莎奥义书》。——原注

者。倘其如是，又将废去宇宙之一性也。“神主”在其超上性中为一，乃支持一切之“自我”，在其宇宙性之一体性中为一。此三者，皆一“神主”也；一切皆源出于彼，一切皆自其有体而变是，一切皆“永恒者”之一分，或其时间上之表现。在“超上性”，在“太极”中，若根据《薄伽梵歌》，则吾人不当求万事万物之至极否定，而当求其神秘之积极启钥，其存在之叶调秘密。

虽然，“无极者”又别有一至上真实性存，必视为解脱智之一必不可少之原素者也。此真实性即宇宙神圣统治之密切内在当体，及其超上之下临。“无上者”化为一切造物而又无限超上之矣，非一远离其创造而无意志之原因。彼非一无志愿之发动者，卸除其宇宙“权能”之此等结果之一切责任，或委之于一虚幻知觉性，全然异乎彼自有之知觉性者，或委之于一机械“律则”，或委之于一“德密乌诘”，[*]或委之于摩尼教[**]两“原则”之争衡。彼非一居高绝缘之“见证”，无情以待一切之自灭，或归于其原始不动原则。彼为诸世界与诸人民有权能之主，“世界之大自在”，不但自内而且自上，自其无上超极性而统治一切。宇宙不能为非超于宇宙之一“权能”所统治。一神圣统治，已暗许一遍能“统治者”之自由主宰，必非一决定性变是之自动力量或机械律则，为宇宙之显似自性所范限者。此为世界之神道观，但此非畏缩乏弱之神道论，有畏乎世界之冲突矛盾者，而为一种神道论，见上帝为遍智遍能者，唯一原始“本体”，

* Demiurge 在新柏拉图哲学中，为无上神圣本体之附属显示，与太初混沌合而创造此世界。在旧柏拉图哲学中，则为半神道，为物质世界创造者。

** Manichean 摩尼教，盛行于波斯，在公元后三至七世纪间。教理持二元论，即光与暗，善与恶相对之原则。

自体显示于一切中，无论其为何者，或善或恶，或苦或乐，或光明或黑暗，以为其自有存在之本质，自加统治其所显示于其本身者。未为其对待所影响，不为其创造所拘束，超上而又与此"自性"及其一切众生亲切相缘而为一，为彼等之"精神"，"自我"，至上"心灵"，"主宰"，"爱侣"，"朋友"，"皈依处"，彼乃永远自内且由上导其经过无明，苦痛，罪恶，不善之种种生灭现相，永远领导凡人经过其本性，永远领导一切经过世界本性，而趋向一无上光明，与幸福，与永生，与超极性。斯则解脱智之全矣。此一知识，为吾人内中及世界内中之"神圣者"之知识。同时亦为超上"无极者"之知识。一绝对者以其神圣"自性"，以其"精神"之有效权能，而化为万有，乃自其超上性统治此万有。彼亲切内在于每一生物中，为一切宇宙事象之原因，统治者，指导者，然又过于伟大，有能，无极，非其创造所能范限。

此种知识之性格，以允诺之分别三颂而重言之。于是"神主"曰："有知我为世界大自在主兮，无始、无生，众生中彼非迷惑兮，凡诸罪恶销平。"又曰："伊谁如实知我之瑜伽与神奇，以不动瑜伽而遂和合兮——于此无疑。"（神圣瑜伽，以之"超极者"乃与一切存在合一，彼固多于此一切之全体，又内寓其中，而包含之为其自有"自性"之变是也）又曰："智者殷心如是兮，礼'我'唯敬念是凭"，（盖智者以"我"为每一与一切事物之生者，以为每一与一切事物皆自'我'而发展其作用与运动，如是思维，乃敬爱而崇拜"我"，）……"'我'则授以智慧瑜伽兮，由是来归于我。"以此"我"为彼等祛除"生自愚懵之黑暗"。此等结果，必然出自知识之真性，出自瑜伽之正性，所以转化此知识为精神生长与精神经验者。盖人之心思与行为之一切烦恼迷懵，其心思，意志，道德倾向，感情，识感，生命之冲动，凡此种种之颠蹶，动摇，与苦恼，皆可溯源于依约迷梦之认识与意愿，于其身中识感所暗蔽之生灭心本为自然者。若使见及一切事物之神圣"渊源"，自宇宙现象而上窥超极"真实性"，又从此"真实性"返观一切相，则彼解脱乎思心，意志，情心，识感之迷梦，而得启明且自由行动。其于一切事物也，则归以超上与真实价值，而不徒执滞于其当前似是价值，则得其间之隐秘联络，关系；自然知觉以指挥其全部人生与行为，以对向高等真实目标，以内中"神主"所发之光明与权能而统治之。于是乃能脱乎错误认识，错误心思与意欲之反应，错误识感之接受与冲动，皆导源一切罪恶，乖谬，痛苦者也。于是生活于超极者与宇宙者中，乃在更大价值中见其自我之个人性，及他人之个人性，然后乃脱乎其分别私我意志与知识之虚伪与无明矣。此则常为精神解脱之真义也。

如是，自《薄伽梵歌》视之，已得解脱之人士之智慧，非一抽象化且绝缘非个人性之知觉性，一略无所为之虚静止寂。盖彼之心思与心灵，皆坚定于一恒常之识感，一整体之感觉，觉宇宙"主宰"，实际弥漫于世间，当前指导推引，此所谓"真知'我'之神奇"也。彼觉知宇宙次序之精神超上性，但亦觉知以神圣瑜伽而与之合一。彼乃得见超极，宇宙，及个人存在每一方面于与至上"真理"之正当关系，而在神圣瑜伽之一体中，一一安置于其正当处。则不复见每一事物于其分别性中矣，——即分别观，或则任一切仍其未得解释，或任其对能经验之知觉性为一偏。然彼又非视一切为错乱混一，——侊侗观则所见谬诬，且使行为矫乱。稳定安立于此超极性中矣，彼乃不为宇宙压力及时间与环境之纷乱所影响。居于事物成败生灭之中央而不摇，其精神乃附丽于不震不惊不游移之瑜伽，与宇宙中永恒者精神者相结合。由此乃观察"瑜伽主"之一切神圣长存性，乃以此一平静普遍性，及与万事万物为一之一体性而有为。而此与万物之亲密相接也，未尝暗许心灵与心思内入于分别低等自性，盖彼精神经验之基本，非有在于低等现象形式与运动，而有在于内中之"大全"与"超极性"也。彼则化为与"神圣者"在本性同似；在本体律则同似，甚至在精神遍是性中而超上，在心思，生命，身体之个人性中而遍是。此瑜伽一旦完成，固定不移，由之彼虽取无论何种本性姿态，擅得无论何种人类情状，为任何世界行业，乃不退堕其与神圣"自我"之为一，不失其与存在"主"之恒常结合。故曰："纵其生为多方兮，彼修士生在'我'中。"（陆，三十一）

此种知识移入感情，情绪，气性界中，则化为一平静之爱与极度之欣慕，崇拜此原始超极"神主"，在吾人之上者，世界万事万物之永远当前之"大主"，人中之上帝，"自性"中之上帝。其初，此犹是理性之智慧，曰布提，但此乃附有情感天性受精神感化之一境界，夫是谓之"智者殷心如是"。情心与思心之转变，乃为全部本性改变之初端。内中一转变与新生，为吾人准备与所敬爱欣慕之无上对象结合为一。于是有一强度之敬爱欣欢，遍处得见神圣"本体"之伟大，美，与完善，遍现于超乎此世又在此世界中者。此深沉之欣欢，乃代散漫外表心思于生存爱好之位置，或毋宁谓吸收一切喜乐，而以奇妙之混合术，转化思心与情心之感念，及一切识感现行。全部知觉性乃充满"神明"，富有彼之感应知觉；而全部人生流注于一幸福经验之大海。凡此辈爱上帝者之语言思想，皆化为与"神圣者"之互相诉说与契解。在此一欣欢，乃集中有一切有体之满足，本性之一切游戏与快乐。时时在思想与记忆中有持续之结合，在精神中有不断为一体之经验持续。此内中境况开始以后，自兹已往，虽犹在未完善状态中，“神圣者”乃以意志与智识之完善瑜伽而加以确定。彼高举吾人内中智识之明灯，消灭分别心思与意志之无明，而在人类精神中昭然明朗。由意志与智慧之瑜伽，建立于行业与知识之光明结合者，此得渡乃克成就，自吾等低下烦恼之心思境界，渡至在活动本性以上之见证“心灵”，达于其不变易之安静。而于今以此更伟大之布提瑜伽，建立于敬爱与大全知识之光明结合者，心灵乃在浩大之欢悦中，上升于绝对且导源一切“神主”之超极真理。“永恒者”乃圆成于个人精神与个人本性中，个人精神乃自时间中之有生，而高飏入“永恒者”之无极。

八、变是权能中之上帝

至此，已达一重要阶段。《薄伽梵歌》精神解脱与神圣工作之福音，其发展已得一形而上学与心理学综合义之决定语。“神主”对阿琼那思想上已经开示；对思心之求，情心之见，已现示为无上与遍是“本体”，超上与宇宙之“个人”，吾人生存中内寓之“主宰”，此即凡人之智识，意志，与崇拜，经过“无明”雾障所求索者也。于此仅余多方神变“补鲁洒”之现示，以圆成其更多一方面启明者也。

形而上学之综合已完成矣。已采数论而划分心灵与低等自性——此种划分，必以自我知识经过分辨理性作成，又必超出吾人对组成此自性三德之隶属而成者也。此一成就，其范限亦已超越，则由无上“心灵”与无上“自性”为一体之一大启明。亦采纳韦檀多学，以自加消除周环私我而建立之自然分别人格。已采用其法，以广大无个人性之有体，代微小个人有体，消灭分别之幻相于“大梵”之一体中，以真实澄见，见万事万物在一“自我”中与“自我”在万事万物中，代私我愚昧之见。其真理已圆成于“超上大梵”之无偏颇之启示，斯则导源一切动者与非动者，变易者与非变易者，及行动与静止者也。其可能之范限皆已超轶，由于亲切启示无上“心灵”与“主宰”，则在此世化为“自然”中之一切，显示其自我于一切人格中，而发施其“自性”之权能于一切动作中者也。又已采纳瑜伽，以备意志，思心，情心，全心理之有体，自加投顺于“自在主”，自性之神圣“主宰”。圆成矣，由启示存在之超上“主”为原始之“神主”，至若情命，则其“自性”中之部分有体也。其可能之范限皆度越矣，由心灵见万事万物皆“主”，在一圆满精神之一性中见之也。

如是，结果乃有完整之视见，见“神圣存在者”乃超极“真实性”，宇宙之超宇宙渊源，万物非个人性之“自我”，宇宙之平静能涵容者，一切有体，人格，对象，权能，性格之内在“神明”，“内在者”，即一切存在者内中外表之变是，即有效能本性，亦即所构成之自我。智识瑜伽，则在此完整识见与“彼一”悟证中光荣成就。行业瑜伽，则冠以将一切行事委于其“主宰”之投顺，——盖自然之人，于今仅为彼之意志之一工具也。敬爱瑜伽，则在其最大形式中宣说之矣。智识，行业，敬爱三者之极度圆成，乃导致一心灵与“高尚心灵”极广度冠冕之结合。在此结合中，知识之启明乃对于情心一如对于智慧化为真实。在此结合中，自我在一为工具动作中之艰难牺牲，乃化为生动一性之容易，自由，幸福之表现。精神解脱之全部方法已开示矣；神圣工作之全部基础已造成矣。

阿琼那接受天人师如是付授之全般知识。其思心固已脱离其疑惑与寻求；其情心，于今既从世界外表方面退转，从其困惑现象退转，而转向其至高意义与渊源，及其内中诸真实矣，亦已脱除忧悲苦恼，而感触一神圣启明不可言表之欢欣。彼所用以申述其接受之语言，则为如是，有以再度坚执着重此智识之深沉完整性，及其概括一切之终极性与圆满性也。其初，彼承认其师为降世应身，在人中之“神主”，作为无上“大梵”为彼说法，作为超宇宙之“大全”，存在之“太极”，心灵若出离此显示与此局部变是，而返乎其源，则可寓居其中者。彼接受其为永远自由“存在”之无上清净化者，由消融私我于自我之不变易之人格中，永恒寂定而静默。其次，乃认定彼为唯一“永恒者”，永恒之“心灵”神圣“丈夫”。乃说彼为原始“神主”，崇拜之为“未生者”，遍在，内寓，自体引申之存在主。然则不独肯定彼为“神妙者”，超一切名相语言，盖无有名相语言足以显之。——“君之显示兮，昧彼鬼神”，——而且为一切存在之主，其一切变化之神圣有效能因，天中之“天主”，诸天皆由之而出，宇宙之主，以其无上遍是“自性”之权能，自上而显示之且统制之者，“创造主，万物原始兮，神中之神、王乎万国。”终之乃识彼为吾人内中及周际之涡苏天，乃世界万事万物，以其变是之充周世界，内寓万物，组成万物之主要权能，则曰：“君卓立以光荣遍此诸界而充盈。”（拾，十二至十六）

如是，彼固以情心之欣慕，意志之皈顺，智识之理解，而接受此真理矣。彼准备以此自我皈顺，于此知识中作神圣工具矣。但一更深沉恒常精神证验之愿望，已觉醒于其情心与意志中。此乃一种真理，唯对于超上“心灵”在其所自有之自我知识中为显明者，——阿琼那呼曰：“君唯由己而己知兮，嗟君人人之上极！”此一种知识，为发自精神同体为一性者，以寻常人未得佐助之情心，意志，与知识，固不能以其自体之动作而臻至者也，至多亦不过能得不完善之心思反映，而此种反映所隐蔽且变相者，多于所启明者。此为一秘密智，必闻之于实得见“真理”之容，亲聆其语，在自我与精神中与之化为一体之见道者。则曰：“仙人之群兮，如是说君，如彼圣仙那罗陀，阿悉多，提婆罗，维耶索皆如是说兮。”或则必自内而得之，由内中之“神主”启明而发动灵感，即提举“煌煌智识之灯”

者，而“今君亲以我闻”矣。一旦既经启示，则必承接之以思心之认可，意志之同意，情心之悦乐与诚服，全部心思信仰之三原素也。阿琼那接受之，有如是者。“凡此君为我说兮，我信为真。”但仍有其需要存，即需要在吾人有体之真自我中，深沉具有之，且发自最亲切之心灵中枢者，有心灵之要求，求得彼永远不可明言表相之精神证验。心思对此证验则仅为一初步或一影像而已。若无此证验，则不能与“永恒者”有完全之结合也。

于是，达彼证验之途，乃已指授阿琼那矣。若论诸伟大自明之神圣原则，此皆不至于惑乱心思；心思可启对无上“神主”之理念，无变易“自我”之经验，内在“神性”之直接认识，与有心知之宇宙“本体”之接触。心思一旦以此理念而明朗，凡人可从容上道，而且不论有何种初步困难以度越寻常心思认识，终于必达此等真元真理之自体经验，即此等居于吾人与一切生存之后者。人可从容得达，其故由于一旦有此怀抱，此等显明皆神圣真实；在吾人心思联想中，实无阻碍吾人在此高等诸方面承认上帝者。然困难有在也，则在见彼于存在之现似真理中，发现彼于此“自性”之事实中，发现彼于此世界变是之乔装现相中；盖此世界一切，皆与此统一化概念之崇高性相违反。吾人如何能同意于认“神圣者”为人，为动物，又为无生物？如何能见其在高贵者与下劣者，美悦者与可怖者，善者与不善者中耶？纵许有上帝引申于宇宙事物间，则吾人见之于智识之理想光明中，权能之伟大中，美丽之怡悦中，仁爱之慈和中，精神之宽大中，又何能禁止打破其统一之反对者，事实上固皆附庸于此等高尚事物，笼函之而翳蔽之者耶？甚者，纵若有人类心思与本性之范限，吾人亦可在天人中见上帝，然吾等如何能见之于反对彼

者中，在行为与性质上代表一切吾人所认为非神圣者中耶？若那罗衍那天不难见之于圣贤仙人中，又何莫难见之于罪人，盗贼，娼妓，贱民中也？于世界存在中之一切分辨，圣人遍处皆求一无上纯洁性与一性，必常返于此一严正之呼声曰："非此也，非彼也。"(neti neti)纵使对于世界若干事物，吾人或欣然或勉强认可，且承认宇宙间之"神圣者"，然在大多之前，心思岂不将坚持呼曰："非此也，非彼也"乎？于此，理解之同意，志意之认可，与情心之信仰，于人类心性之止泊于形貌现象者，恒属困难也。至少需要某种强迫之明征，某种联系与桥梁，某种支柱，以撑持此一性上困难之努力。

阿琼那虽接受此涡苏天之启示，以为即是一切，其情心虽已充满其悦乐矣，——盖其心思在一世界诸端对待之迷难问题中，常欲得一线索，一为向导之真理，于是已觉此能脱除其惶惑与颠倒之分别矣，于其所闻犹永生之甘露焉。——然犹觉需要此种指征与支柱。彼感觉其必不可少，以克服一完全坚定证验之困难；此外又如何能以此知识作为属情心与人生命之物耶？彼要求引导之指示，甚至询克释拏以详数其变化之神圣权能，而冀望无所遗漏于彼之视见中者，无有使彼迷难者留存。故曰："宜详尽以告余，君自我神圣光荣……！"——详尽无余，无所芟除——。"瑜伽师兮！我何由知君，将恒常以思虑？思君在于何处？何处？"(即无时无处不思君乎？在何种显著变化而思君也？)此瑜伽也，以之君与一切为一，在一切中为一，一切皆君本体之变化，一切皆君本性之或周遍、或显著、或乔装之权能，其为我详细充分说之，说之而更多说之；此于我为永生甘露，无论所闻若何充足，皆未餍也。于此，吾人于《薄伽梵歌》得一指征，即在《薄伽梵歌》本身亦未充分发挥者，然常见于诸

《奥义书》中，后世则发挥于维师鲁道(Vaishnavism)与权能道(Shaktism)，在识见之一较大深密性下：即人可能有之欢乐，乐于世界存在中之"神圣者"，宇宙之阿难陀，"母亲"之游戏，上帝游戏之美与悦乐。(拾，十六至十八)

神圣天人师许此请问已，开端即告以充分回答为不可能。上帝无限，彼之显示亦无限。所显示之形式，固非可数量尽也。每一形式为其内涵某种神圣权能之象征；对有识之士，则每一有限者内中存持其无限者之自体启示。故曰：是矣！我将告汝以'我'之神圣荣光，然此为大端显著者而已，事为汝所易见为神主之权能者，举其例为指征可已。盖"神主"自体充周于此宇宙中，细说将无止境。此段由此提示发端，又于章末更说之，使得更着重而明确。于是贯此章之余分(拾，十九至四十二)，吾人得其显著指示之描述，皆神圣力量在于宇宙万物与人中之显明表相也。其初似杂乱纷呈而无次序，但在数述中仍可见某种原则，若加离析，则可为向导以明其理念与结果之内中涵义。此章亦说为"光荣瑜伽兮"，——必不可无之瑜伽也。盖每当吾人与宇宙神圣"大化"在其一切引申中体认为一，至公不偏，无论其一切善、恶，圆、缺，光、暗之申引，同时吾人必当体验其中有一进化上升之权能，有其在事物启明之增上深密度，一层级秘密物，使吾人从初端之隐蔽现相上升，经过高而更高之形式，以向宇宙"神主"之广大理想本性。

此综括数述，始于说出一初始原则，宇宙间此显示之一切权能皆基托其上者。此即上帝隐居而可发现于每一有体与对象中一说也。彼内寓乎每一物每一生物之思心与情心中，如在崖穴，在其主客观变是核心中为一内我，为一切今是者、曾是者、将是者之始也，中也，卒也。盖是此内中神圣“自我”，自其所寓居之思心与情心前隐蔽，是此光明内中“寓居者”，不入于心灵在“自性”中之视景；心灵乃彼所遣入“自性”中为彼之代表；是此乃一切时中皆发为吾等人格在“时间”中之变易，及吾等在“空间”中之感觉存在，——“时”与“空”，皆吾人内中“神主”在概念上之运动与引申。一切皆此自见之“心灵”，此代表自我之“精神”。永自一切有体内中，自一切有心知与无心知存在之内中，此“大全心知者”，发展其已显示之自我于性格与权能中，发展之于对象之形式，于吾人主观性之工具，于知识，语言，思维，于心思之遍计，于作者之热情与行为，于“时间”之度量，于宇宙权能与天神与“自然”诸力，于植物生命，于动物生命，于人类及超人类之有体。

若吾人以有见识之眼光看事物，不为质与量之辨别所蒙蔽，不为价值之殊异，及性格对待之差别所瞖惑，则见一切事物在事实上皆此显示之权能，皆此宇宙“心灵”与“精神”之光荣，皆此伟大“瑜伽师”之瑜伽，皆此神奇自我“创造者”之自我创造，且皆不能为其他者。彼为其自有在宇宙间无量变是之主宰，无生而遍漫；一切事物，皆在彼自我“自性”中之权能与效用，“荣光”“显示”。彼为此一切之为一切者之原始，为其发端；在其永远变化格位中，为其支持，为其中；亦又为其末，每一所创造者在其止息或消逝中为其散坏或极顶。彼将其从彼之知觉性发出，而自隐于其中，又收归于彼之知觉性，于是万物或永恒或一时隐藏于其内。凡对吾人为显了者，仅为“彼一”变化之一权能：凡自吾人识感视见前所消逝者，亦“彼一”变化权能之效果。一切种类，族系，科别，个体，皆此“荣光”。但既由其变是之权能而彼对吾人显了，彼乃特殊显了于无论何种有明著价值之事物中，或似以强盛且明著之力量而作为者中。是故在每种有体，吾人最能见彼于是等中，即该种之本性之能量，于其间已达最高，最先，且最有效能自加启明之显示者。此等在特殊义度下皆为“荣光”。然显示与最高权能，犹是“无极者”之一甚属局部之启示；虽全宇宙亦仅为彼伟大性之一度所内成；为其光芒之一缕所照明，以彼之悦乐与美之一浅淡暗示而辉煌。——此为全部数述之大要，吾人所得出之结果，及其意义之中心。

上帝是不灭，无始，无终之“时间”；此为彼变是之最明显之“权能”，整个宇宙运动之真元。《歌》曰：“‘我’唯是无尽之时历。”在此“时间”与“大化”之运动中，上帝对吾人于彼之概念或经验，由其工作之证明，现为一种神圣“权能”，在运动中规定而且安排事物各于其位。在空间形式中，彼乃遍面对吾人者，躯体亿万，心思亿万，显示于每一存在者；吾人在一切方向皆见彼之面。则曰：“‘我’是遍面宇宙之载持。”盖同时在此“群有”，在此亿兆人与物中，有彼自我、与思想、与力量、之神秘发生作用，有彼之神圣创造天才，奇妙形成艺术，及其于种种因缘，可能性，必有结果上美满无缺之命定，在发生作用。彼在宇宙中亦现为“毁灭”之遍是精神，似为创造而终则消除其所创造者，则曰：“我为‘死’兮，遍灭。”然而彼之变是“权能”不止息其工事也，重生与新创之力，永远与死亡毁灭之力量合辙并进，则曰：“我为‘生’兮，方来。”事物中之神圣“自我”，乃现在之支持“精神”，过去之退引“精神”，将来之创造“精神”。

于是，在凡此一切有生命体中，宇宙神道，超人类，人类，及下人类动物中，在凡此诸德性，权能，对象中，为每类之首长及性格中最伟大者，皆“神主”变是之一特殊权能。则有曰：阿提诸神我为毗

搜纽;楼毚罗中之湿婆(即商羯罗);天主中之帝释(即因陀罗);群鬼中之鬼主(即帕那呵那陀);蒲厉贺斯帕底,世界最高祭司之领袖;塞建陀,即战神,诸将之统帅;摩鲁众中之摩利支;夜叉与罗刹中之财神;龙群中之阿难多;婆苏中之阿祇尼(即火神帕婆羯);乾闼婆中之吉怛罗啰度;生殖中爱神康陀帕;水族中之婆奴拏;祖先中之亚利玛;天仙中之那罗陀;执法中之法律主,琰魔;暴风神中之风神;——在此平衡之彼端,我为光芒聚中辉赫之太阳;夜间群星中之月光;水积中之大海;群峰中之迷庐;山脉中之喜马拉雅;流水中之恒河;兵器中之神圣雷电杵(金刚杵)。在植物则树中为菩提树;在马群中则为因陀罗之马,名高骧;象群中之蔼罗筏躭象;飞禽中之金翅鸟;毒蛇中则为神蛇洼苏启;母牛中之羯摩帖鲁;鱼中之鲨鱼(或鳄鱼);猛兽中之狮子。“月兮,我是孟冬之月;季兮,我为春之芳菲。”*

天帝告阿琼那言,在有生物中,我为知觉性,以之而自觉其本身及其环境者。在诸识中我为心王,以之而接受印象,对物境生反应者。我为彼等身,心,德操,动作之性格。我为美誉,语言,记忆,智慧,坚忍,恕道,有力者之强力,勇武者之威武。我为决断,为毅力,为胜利,为善人之萨埵性,狡狯者之赌博;为一切统制征服者之主宰与威权,为一切成功胜利者之策略;为秘密事件之沉默,智者之智,辩士之逻辑。字母中我为第一字母“阿”,离合释中为偶性辞,字中之神圣一音“唵”,格律中之“伽耶特黎”格(即三八音格),诸《韦陀》中之参曼韦陀,唱赞中之《大参曼》。于筹计量度者,我为

---

* 按:每年正月,合华夏之历则值孟冬也。

一切历数之始，即时纪。种种哲学，艺术，科学中我为精神知识。我为人类之一切权能，为宇宙及其一切创造物之能力。

凡我之权能在其中臻至人类所可达之最高度者，常皆我也，皆我特殊之“荣光”。人中我为皇王，领袖，强者，英雄。战士中之罗摩，勒瑟膩族中之克释拏，班荼缚人中之阿琼那。成就仙人亦我之荣光。是大修士仙人中之蒲厉古。伟大见道者，灵感之诗人，以理念声音文字之光明而窥见且启示真理者，即我自身也，光耀于有生者中矣。在见道诗人中我为乌商那。伟大圣人，思想家，哲学家，皆我在人中之权能，我自有之浩大智慧；圣人中我为维耶索。然不论显示中程度如何变化，万事万物在其自有之方式与自性上皆“神主”之权能。无论为静者，动者，有生物，或无生物，世实无有可能无“我”者。我为一切生存之神圣种子，彼等皆此种子之枝叶英华；凡在自体种子中者，唯此彼等乃能在“自性”中发展。我神圣之光荣，无数亦无限也；我所说者，不过发展之大凡，仅示少数主要征指之光明，无尽真实之一大开端。凡尔在世间所见之美丽光荣者，在人中在人上在人下为强有力者，念之，此皆“我”之光耀，能力，生自“我”之存在强能之一分，出自“我”之存在高度之权力。但此知识更何须详细说之耶？识之，即“我”在此世间，遍处，在一切中，组成一切：无有外乎“我”者，无有而无“我”者。“我”以“我”之无限权能之一度，渊深无底精神极微小之一分，遂支持此全宇宙；凡此诸世界，皆永恒而不可量之“我”之火花，暗示，内光而已，如是识之可也。

九、神能论(Vibhūti)

《薄伽梵歌》此章,初读以为不甚重要。心目中有成见者,欲在本文中寻求最后超极性之说,求人类心灵离世间执着以趋向遥远之"绝对者",亦见其仿佛不关重轻,实际此章之重要性远过于此。人中"神圣性"之福音,《薄伽梵歌》之使信也。斯为以增上结合之力,揭破低等"自性"之障蔽而展示其自我,向人类心灵启示其宇宙精神,启示其绝对超极性,启示其本身在人及万事万物中。此神圣瑜伽,此种结合,可能外发之果,凡人向"神主"生长,"神主"显示于人类心灵及内中证见,乃为吾人自私我之解脱,向一神圣人道高等自性之升登。不复陷于三德复杂纠纷生死之网,既寓居于更伟大之精神自性中矣,凡人在智识,爱,与意志上与上帝合一,委其整个有体于此"神主",诚能上升至此绝对超极性,但亦复能有为于此世间,不复在于无明中,而在个人对"无上者"之正当关系中,在"精神"之真理中,圆成于永生性中,则为上帝在世间而有为,而不复为其私我。号召阿琼那取此作为,使其觉知彼为彼之为本体与权能者,觉知此"本体"此"权能"之意志以彼而有为者,乃具于彼形体中"神主"之目的。为此目的也,神圣之克释拏乃充其御者;为此目的也,乃有伟大意气之挫折,及于其工作上微小人间动机之厌离,突然萃集;而以伟大精神动机代之也,则赐之以此启明,适当其所命

定工作之最高时会。“世界神我”之视见，与行动之神圣命令，乃导彼所趋向之顶点。斯固迫切矣；然设若无此由神圣荣光瑜伽而赋予之智识，则未能具足其充分意义也。

世界存在之神秘，部分已为《薄伽梵歌》所启示矣。固然，曰部分也；而有谁已竭此宇宙神奇莫测之渊，有何教派或哲学，而能说其在一狭隘范围或简括体系中，已启明此宇宙奇迹之一切意义哉？然对于《薄伽梵歌》之目的为至关重要者，则皆向吾人启示矣。吾人知世界源自上帝之道，知“神圣者”内在世间，世界内在“神圣者”中，知一切存在之真元一体性，知翳蔽于“自性”中之人类心灵对“神主”之关系，知其觉悟于自我知识，知其入生于一更伟大知觉性，知其上登其自有之精神高峰。然若代其原始无明而得此新自我见识与知觉性，则已得解脱之人，其于周遭世界之观念为何？彼于宇宙显示今既得其中心秘密矣，其态度又为何若？最初，彼当有存在原为一体之知识，及此知识之眷顾眼光。于是见其周际一切，皆唯一神圣“本体”之心灵，形式，权能矣。从此以往，此种见识将为其知觉性一切内向外向活动之起点，此将为其基本之见，一切行为之精神基础。将见万物与任何造物，皆生活、动作、且有为于“彼一”中，包涵于神圣而永恒之“存在”中。但亦见“彼一”为一切内中之“寓居者”，为其“自我”，内中之真元“精神”，倘非有其秘密当体在其知觉本性中者，则全然不能生活、动作，或有为，若非以其意志，权能，认可，或容许，则其任何时分，任何运动之一，几微度亦不可能。彼等自体亦然，其心灵，心思，生命，与物理型范，彼将见皆为此一“自我”与“精神”之权能，意志，与力量之结果。一切，对彼皆为此唯一宇宙“本体”之一大“用”。彼等之知觉性亦见为全依此

知觉性而起，彼等之权能与意志，皆得自且依于其权能与意志，彼等本性之局部现象，为其伟大神圣“本性”之一结果，无论在事物之直接真实性上，感触心思有如“神主”之一显示或一乔装，一成形或一毁像。无有事物之违忤或迷疑现相，能与此视见之完整性相冲突，或几微损减之。此为彼所升入伟大知觉性之真元基础，为必不可无之光明，在其周围已经开展者，为唯一完善看法，为唯一“真理”，使其余一切真理为可能者。

但世界仅为“神主”之局部显示而已。其本身非即此“神道”也。“神主”固无穷大于任何可能之自然显示。由其真无极性，及其绝对自由，“彼”超出全体表呈之一切可能性而存在，表于任何诸多世界之方案，或宇宙“自性”之申引者，无论此世界与任何世界在吾人恍惚其如何广大，复杂，变化无穷，——“是无止境而难详”(拾，十九)无论在吾人有限之见中为如何无限。是故，已得解放精神之眼光，必见究极之“神圣者”，超出宇宙矣。宇宙，在彼则见为自超乎一切相状之“神明”而得之相状，绝对存在中恒常一小项。每一相对者与有极者，彼将见为神圣“太极”与“无极”之一形相，且双由超一切有极者又经过每一有极者，将唯达于彼，唯见彼超乎每一相，每一自然创造物，每一相对作用，每一性质，与每一事会；谛视此等每一事物，而又视出其外，彼将于“神圣性”中得其精神意义。

此等事物，非对彼之心思为智识概念，此种对世界之态度，非仅为一思想方式或一应用教条。设若人之知识唯属概念，则此为哲学，为一理性之一构筑，而非精神知识与视见，非知觉性之精神境界。对上帝与世界精神上之见知，非徒属理念而已，甚且主要或初原皆非属理念性。此为直接经验，如心思之于形象，物境，与人之识根见知与感觉，同为真实，活动，接近，恒常，有效，亲切。徒然是生理心思，乃以为上帝与精神为一抽象概念，非其所能得睹，非能对之表呈，除非以文字、名色及象征形貌、与虚构。见精神者，精神也。神圣化之知觉性见上帝，一如身体知觉性之见物，如其直接而更直接焉，如其亲切而更亲切焉。乃见，乃觉，乃思维，乃识感"神圣者"。精神知觉性，于一切显了存在皆视为一精神世界，非一物质世界，非一生命世界，甚至非一心思世界。在其视景中，凡此外物皆为上帝思想，上帝力量，上帝形相。《薄伽梵歌》谓生活且行动于涡苏天中者，谓此。精神知觉性之觉知"神主"，乃以同体为一之切近智识，斯则较心思于可思议者之认识，或认感之于可识感者之经验，远过真实。斯亦如是觉知"太极"，超出一切世界存在而又居于其后者，且导源而驾越之者，永处于其变化迁流之外者。而此"神主"之非变易自我，以其不变易之永恒性漫遍而支持此世界变化者，此知觉性亦复觉知，以同体为一，以此自我与吾人无时间、无变易、无生灭之精神之为一。进者，以同一方式，亦又觉知此神圣"个人"，在此一切人与事物中知其自我者，在其知觉性中，化为此一切人与事物者，且以其内在之意志，形成彼等之思想与形式，而统制其行为者。斯则亲密知觉上帝为绝对者，上帝为自我，上帝为精神，心灵，与本性。抑又进者，此外表"自性"，亦以同体为一性与自我经验而知，但此同体为一之性，自由容受存在之唯一权能之变化，容受因缘，容受或大或小程度之作用。盖"自性"者，上帝多方自我变是之权能也。即"自我之神能"(ātmavibūti)。

但此世界存在之精神知觉性，非如寻常人之心思在无明中视世间“自性”也,或在无明之果中视其如是而已。凡在此“自性”中为属于无明者,凡非完善或苦痛,或颠倒且可憎者,皆非与“神主”之本性绝对相反,皆归于其自体以后之某物,归于精神之一救赎权能,其间可求得其真自体与解救者。有一原始且能发源之“无上自性”,其中神圣之权能与“是为意志”,享受其自有之绝对性格与纯粹启明。其中乃有吾人所见于宇宙间一切能力之至上能力与至完善能力。斯则对吾人自表为“神主”之理想自性,一绝对智识,绝对权能与意志,绝对爱与悦乐之自性。凡此一切其性格与能力之无穷变化,“无尽功德,无尽权能”,皆此绝对智慧、与意志、与权能、与悦乐、与爱之自体表呈,信为奇妙多方,可惊且自发为和谐而自由者。于此,一切皆诸无限者之多方不受拘束之一体。每一能力,每一性质,在理想神圣自性中,皆属纯洁,美满,自体保持,作用和谐;于此无有奋斗以求其自有之分别有限自体圆成者,一切皆动作于一不可表象之一性中。于此一切法,一切有体之律则,——法,有体之律则,仅为神圣能力与性质之特著作用,“功德行业”(guṇakarma)之作用,——皆一自由而且黏柔之法。有体之唯一神圣“权能”,* 以一无量自由而工作,不拘于任何一无外之法,不拘于任何能缚之体系,其乐于其无极性之游戏中,永不失其自我表现之真理,永恒完善者也。

但在此吾人生活之世间,原有一选择与辨异之分别原则。于此吾人见每一能力,每一性质,发为表现者,皆似自为而劳动,于其所能,以任何方式,尽作极多自体表现,或臧或否,与其他能力与性

* tapas,忍力,cit-śakti 心智之能。——原注

质之相敌或相友之势用，亦求其分别自体表现者，调和适应。“精神”，“神圣者”，寓居于此争斗之世界自性中，按加以某种和谐，则由其内中秘密一性至当不易之律则；凡此等权能之作用，皆建基于此秘密一性者也。但此为一相对之和谐，似得自原始分别者；乃出现自分别之震惊，且以此而支持其存在，似非出于原始之一性。或至少此一性似被抑遏而潜在，不自见，永不除其迷惑之乔装。事实上此亦不自见，直至此世界自性中个体在其自我中发现此高等神圣“自性”，凡此微小之运动皆依之而起者。虽然，活动于世界之性质与能力，多方多式起作用于人，于动物，植物，无生物中者，无论其所取为何种形式，皆常为神圣性质能力，皆“神主”之权能也。一一皆发自神圣“自性”于彼，一一皆为其自体表现动作于低等“自性”中于此，在此种种受阻滞之境况中，增进其肯定之性能与实现价值，且当其达于自体权能之高度，则趋近于“神性”可见之表现，自体向上以趋向其自有之绝对，在无上者，理想，神圣“自性”中者。盖每一能力，为“神主”之有体与权能，能力之扩充与自体表现，则常为“神主”之扩充与表现也。

甚者，在深密度之某一点中，吾人内中每一力量，知识之力，意志之力，仁爱之力，悦乐之力，可结果为一爆发，则破碎低等表呈之外壳，而从分别作用中解放出能力，使与神圣“本体”之无极自由与权能相结合。一向上帝之至高度紧张，则以智识绝对之见而解放思心，以绝对之爱与悦乐而解放情心，以意志之绝对集中对向一更伟大存在，而解放全部存在。但此冲击与解救震惊，则发自“神圣者”与吾人实际本性相接触，斯则导其能力脱离寻常有范限之分别作用与对象，而转对“永恒者”，“遍是者”，“超极者”，导之对向无极与绝对之“神主”。有体神圣“权能”之动力性当体遍在,其真理乃此“神能”理论之基础(Vibhūti)。

此无极神圣“权能”,遍处皆在,秘密支持此低等表呈,故说唯“我”之超上“自性”,宇宙由之载持。但本身则自居于后,隐于每一自然存在者之内心,故曰:“众生之内心兮,居者唯神”,直至此“瑜伽摩耶”之障蔽,为智识光明所抉破而后已。凡人之精神体,耆婆,具有此神圣“本性”。彼为上帝在此“本性”中之显示;潜在其中者,有一切神圣能力与性质,“神主”之光明,力量,本体之权能。但在此吾人生活其间之低等“自性”中,情命则追随选择与有限决定之原则,无论何种能力核心,无论何种性质或精神原则,随其有生而俱来,或将其作为自我表现之种子者,皆化为其本性之一活动部分,其自我变是之律则,而决定彼之自法,彼之行动律则,设若全体不过如是者,则亦无纠纷或困难;人生将为神道之一光明开展。但吾等世界之此低等能力,乃一无明之性,属自私,属三德之性。因其为自私之性,耆婆乃自计为分别私我:私自作发其自我表现,为一分别“是为意志”,与他人之“是为意志”或相冲突或相联合。彼企图以争斗而占有此世界,不由团结与和谐;着重在于自我中心之违戾冲突。因其为一无明之性,一愚昧之见,不完善或局部之自我表现,彼乃不知其自我,不知其有体之律则,一任本能而从附之,任了解未善之世界能力冲荡,生其争斗,起其内中无数纠争,而有极大迷误之可能性。因其为三德之性,此矫乱挣扎之自我表现,乃取各种无能,颠倒,或局部寻求自我之形式。既为答摩功德——即黑暗与惰性姿态——所统治,有体之权能,遂动作于衰惫之错乱中,弥漫之乏弱中,无所企望以服属于“无明”诸力量之盲目机械动作。

既为剌阇功德——即活动，欲望，占有之姿态——所统治，则有一番奋斗，一番努力，增长权力与能为，然此皆颠沛，痛苦，猛烈，为错误之见解，方法，理想所迷误，被策动至于误用正当之见解，方法，理想，于是至于腐败，颠倒，尤易倾于私我之夸张，恒为巨大。既为萨埵功德——即光明，守定，安和之姿态——所统治，则有一较和谐之动作，于本性有正当处理，但仅在一个人光明中为正当，有一种能为，然无由超出此低等心思意志与知识之较佳形式。然则脱此纠纷，超出无明，私我，及诸功德，乃真实第一步趋向神圣圆成。由此超上性，耆婆乃求得其自具之神圣本性与真存在。

精神知觉性中已得解放之智识眼光，在其世界展望中，非徒见此斗争低等"自性"而已。若吾人唯见吾人及他人本性之明显外表事实，乃以无明眼光见之也，则不能平等见知上帝在一切中，在萨埵，剌阇，答摩性格人物中，在神与魔鬼中，在圣贤与罪人中，在智士与愚夫中，在伟大者与微小者，在人，动物，植物，无生物中。已得解放之眼光，同时而见三事，为自然有体之全部玄秘真理。最初而居先者，见一切中之神圣"冥性"，* 秘密，存在，有待于进化；见其为万物中之真实权能，为对此各种性质与力量之一切显了作用赋以价值者；且见知此等后起现相之意义，在神圣"自性"之光明中，而不在其私我与无明之义度内见之。是故其次，亦见显了动作之分别，在诸天与罗刹，人，兽，飞禽，蛇虫，善者与恶者，智者与愚者，各有不同，但视之为在此等情况下、此等面幕下神圣性质与能力之作用。此非为面幕所眩惑者，而在每一面幕下后探见"神主"。

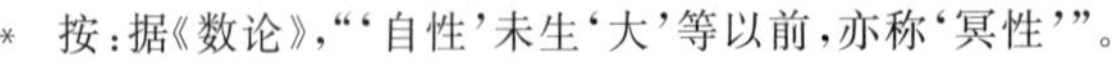

* 按：据《数论》，"'自性'未生'大'等以前，亦称'冥性'"。

此观察颠倒或过缺,但透视入其后之精神真理,甚且发现其在颠倒与过缺中,虽已自迷盲,然挣扎以求其自我,经过各种自我表现与经验之形式,扪索向完全自我知识,向其自有之无极与绝对前进。已得解放之眼光,于颠倒过缺,不完善之事物,不作非适当之着重,而能以情心之全般仁爱,智慧之全般了解,精神之全般平等,顾视一切。终焉者,则见"是为意志"之各种挣扎之权能,向上斗进,希求"神主";彼崇敬,欢迎,鼓励能力与性质之一切高等显示,"神圣性"之光焰火舌,心灵,心思,生命在其极深密度之峻兀伟大,升出低等自性水平,跻于光明智慧与知识之高处,上臻强大权威,力量,能为,勇武,英雄气概,仁爱与自我奉献之和悦,热慕,尊严,显著美德,高贵行为,袭人之美与和谐,优美如神之创作。精神之眼,见而且识人之神性上升于此伟大荣光中焉。

此乃视"神主"为"权能"之认识,而"权能"一名词,则取至广之义,非但强力之权能而已。且为智识,意志,仁爱,工作,纯洁,温柔,美丽之权能。"神圣者"即是本体,知觉性,与悦乐,在世间凡此皆外发,又还得其自体,皆由此本体之能力,知觉之能力,悦乐之能力;此为一种神圣"威德"工作之世界。* 彼"威德"在此世自加形成为无量种有体,而每种皆有其力量之各种特著势用。(按:"势用"亦即"权能"。)每一势用,为在彼形式中之"神圣者"本身,在狮子亦如在麀鹿,在天魔亦如在天神,在经以太而炽明之无心知之太阳,一如在世间思维之人。三德所予之缺陷形式,诚非主要而实为微小方面;主要者乃神圣权能,求其自体表现者。是"神主",乃自

* 按:Shakti,唐译为"威德",亦即"权能"。

加显示于伟大思想者，英雄，人群领袖，伟大导师，圣人，先知，教主，仙人，仁人，大诗人，大艺术家，大科学家，退隐之修士，事，物，与力量之炼士。工作本身，高华之诗，美之完善形式，深仁挚爱，高贵行为，神圣成就，皆神性之运动也；皆显示中之“神圣者”。

此一真理，一切古代文化所承认而敬仰者也。但近代思想之一面，则对此理念生其奇特反感，见此是徒然崇拜力量与权能，一种盲昧或自卑之英雄崇拜，或阿修罗式超人说。诚然，有一盲昧解此真理之方，亦如一切真理皆有一盲昧说法。但此在“自性”之神圣组织中，有其适当地位，有其必不可少之功能。《薄伽梵歌》则置此于彼适当地位与透视下。此必基于承认一切人中与一切创造物中之神圣自我，此必契合乎以平等心对待或大或小或明或昧之显示。必见、且爱上帝于愚者，卑者，弱者，罪人，及贱民中。在“神能者”本身，除非作为象征，非此外表个人，必如是加以承认推崇者，而是此唯一“神主”，于权能中自彰者。但此不能抹煞一事实，即显示中有一上升之等级，而彼“自性”，从其扪索，幽暗，或被压抑之象征，在层层自我表现之阶度上升，以达乎“神主”最初可见之显相。每一伟大有体，每一伟大成就，皆“自性”超越自体权能之表象，且皆一有最后无上超越之诺言。人类本身，对禽兽虫蛇，已为自然显示之高尚等级，虽则二者中皆一平等“大梵”。但人类犹未达其自体超越之自有最高度，其间人中“是为意志”之一伟大权能之每一暗示，必皆认为对此之诺言与标指。对在人中在一切人中神性之敬拜，若举目以观伟大“先驱者”之前踪，则不损减而且更加崇尚，更得有丰富意义；“先驱者”，固皆以向超人道之任何臻至步骤，指示人或领导人者也。

阿琼那本人，一“神能者”也；彼在精神进化中已高，为同时人物出群之佼佼者，神圣那罗衍那——人类中之“神主”——之一选拔工具也。《歌》中某处，天人师作为无上平等之“自我”，则说无人于彼为憎者爱者，但在余处，辄曰阿琼那为彼所亲爱，是彼之敬爱者，是故加以领导，安全在彼之掌握中，为视见与知识而选拔者。此不过似是之自语相违。彼“权能”作为宇宙之自我，则对于一切平等，是故各随其本性之工事而于每一有体有所付与；然“无上神我”对于人类亦有其个人因缘，则来近其前者亦特为亲近。此等英雄勇夫，在俱卢平原齐集交锋者，皆神圣“意志”之容器，一一彼以之而有为，各随其本性，然在各个私我障蔽之后方。阿琼那已达此一点，即障蔽恰可打破，而“神主”可对其“神能者”启示其工事之神秘矣。甚且尤关重要者，必有此一启示。彼为一伟大工作之工具，此工作在现相固属可怖，但必不可无，以谋民族迈进向前远踏一步，在其向“正义”，“真理”王国——正法之国——之战斗中，为一决定运动。人类循环史，是一进步，趋向人类生命与心灵中“神主”之揭发；其每一阶段，每一大事，乃一神圣显示。阿琼那，隐秘“意志”之主要工具也，为此首领，必化为神圣之人，能知觉以作此工事，“神圣者”之事业。唯其如是，而此事业在心灵上乃能生动，得其精神之重要性，及其秘密意义之光明与权能。彼必得自我知识；彼必见上帝为宇宙主，为世间万事万物之渊源，见一切为“神主”在“自性”中之自体表现，见一切中之上帝，见在彼本身中为人为“神能者”之上帝，在有体之低下性等及其诸高处之上帝，上帝在于绝顶，人亦在峰端，为“神能者”，而攀登极峰于无上解放与结合中。彼必得见成与毁中之“时间”，为“神主”在步骤中之相，——此诸步

骤圆成宇宙循环，在其运动之螺旋道上，人体中之神圣，起而在世间作上帝之工作，作为彼之“神能者”，以跻于无上超极性。此种知识固已付授矣；“神主”之“时间相”今当启示矣，由此形相亿万之口，将发出命令，命此已得解放之“神能者”，作其注定之事业焉。

十、世界精神观(上篇)
——时间为毁灭者

《薄伽梵歌》最著名强度诗化之一章，宇宙“神我”之大观也。然其在思想中之地位，亦未全然现于表面。愿意固在于作一诗化而能启明之象征，吾人当视其如何介入，目的何在，且当发现在其显著之多方面，所指者为何，然后能摄持其大义。此固阿琼那所启请者，诚欲见一活像，见所未见“神圣者”可见之伟大相，见统治宇宙之“精神”与“权能”真正形体。彼已闻存在之最高秘密义矣，即一切皆出自上帝，一切皆是“神圣者”，上帝寓居于一切中，隐秘，又能启示于每一有限现相。有妄念常固结于凡人心思识感中者，以为万物全然为自体而存在，且存在于其自体中，与上帝分离，或以为隶属“自性”之任何事物，可自加推动，自加向导，此种妄念，不复存在于其心矣，——此诚彼之疑惑迷惘而拒绝取行动之原因也。今彼乃知有生之意义为何，出离生存之意义为何。彼知神圣知觉“心灵”不灭之伟大性，乃此一切相之秘密。一切皆此永恒伟大“精神”在物中之瑜伽，一切事皆此瑜伽之结果与表现。一切“自性”皆充满秘在之“神主”，而致力启示于“自性”中。若使可能者，彼且欲见此“神主”之躯体与真形相。彼已闻知其功德，及其自我启示之步骤与方法；但今兹则求此“瑜伽主”启示其不灭“自我”，使瑜伽之眼见焉。斯则明非其无为无变易性之无相玄默，而是“无上者”，一切能力与作用皆自彼而出，凡一切相皆其面幕者，在“神能者”中启

示其力量者，——为行业之主，为智识与敬爱之“主”，为“自性”及其一切所造物之“主”。彼不得不求见此笼括一切至伟至大之观，其故非他，盖彼当自启明于宇宙间之“精神”，接受作其一部分世界事业之命令。

于是此降世之天帝谓之曰：凡汝所必睹者，非世间眼所得而见也，——世间眼唯见事物之外相，或识其作为分别象征形式，各各仅表永恒“神秘”之少数方面者。然而有一圣法眼，一最内中之见识，以之可见无上“神主”在其瑜伽中，余今俾汝以此眼力。遂曰：汝当见我千万形式，种类，相状，色彩，一一不同；汝当见诸阿底提，楼觉罗，摩楼多，阿施文；汝当见无数神奇，皆他人所未曾见者；今日汝当见全世界皆相关联且一集于我躬，以及凡汝所欲见者皆可见。然则此为主旨，此为中心要义。此为“多”中见“一”，“一”中见“多”，——而一切即是此“一”。唯此大观，对神圣瑜伽之眼，乃能解放，是正，说明一切今是者，曾是者，与将是者。一旦既见之而摄之矣，则如挥上帝之利斧，尽断一切疑难迷惑之根株，而消除一切否定与对待。是此一大观，乃为能调和且统一者。若使心灵在此视见中能与“神主”合一，则世间一切虽甚可怖畏者，皆失其可畏之处。顾阿琼那犹未至是，是故彼见之而怖畏焉。吾人见其亦是“神主”之一方面，一旦吾人发现彼在其中之意义，而不唯独以此而作分别之见，则吾人可接受全部存在，摄之以涵括一切之欢喜，强大之勇力，毅然以稳定步武趋赴所命定之工作，憬然于其后之至极圆成。神圣智识收万事万物于一览，不以分别，局部，因是而必迷误之见见之，心灵臻至乎此，则于世界于一切其余所欲见者，皆可得新发现；在此关联一切与结合一切之视见基础上，心灵可从启明趋

于圆成之启明。

于是，乃使无上之“形”为可见焉。斯则无极“神主”之形，其面对一切处，存在之一切神奇皆寓乎中，其本体无数卓异启示，增变无穷，一弥天之“神”，以无数眼而视，以无数口而言，严装备战，高举无数神武兵戈，以神圣美丽之庄校而辉煌，着诸天之袍服，带神圣花鬘，为可悦也，神香膏涂馥然。上帝躯体之光明如是，宛若千日同时丽空。全世界千端万类以相分，而又相合者，乃见于神中神主之身。阿琼那见之，上帝为宏大，美丽，可怖；万灵之主，在其精神之光荣伟大中，已显示此凌乱而巨大又有序且神奇亦可爱又可怖之世界。于是不胜惊奇，喜悦，而又惶惧，乃跪拜合掌而致其惊异之辞于此浩大观瞻之前，称曰：“天兮！我见诸神在天身，异品咸萃兮，聚群伦，大梵主兮坐莲花座，与神龙并诸仙人。我见君无数臂，腹，口，目兮，君无尽形漫遍面；君之终，始，中间无由见，主宙主兮！无尽变。见君具冕，权杖，与圆轮兮，为光明聚而周遍辉煌。难谛视其弥漫兮，炽然如火，如日，荣耀固不可量。君为‘不变者’无上者，人所当识，为此宇宙至高归宿，为永久大法之长存护主，君太始之人兮，——在我心目。”(拾壹，十五至十八)

虽然，在此大观中，亦有“毁灭者”可怖之像焉。此“不可量者”，无始、无中、无卒者，则万物皆成、皆住、皆灭于其中者也。此“神主”以其无数之臂抱持诸界者，亦以其亿万之手毁灭之，眼目为无数日、月者，其面乃如炽盛之火，亦永远以其能力之焰，尽焚全宇宙焉。彼之形威猛，稀奇，独周一切界而充于天地间。神之队皆入焉，畏惧赞叹，仙人及成就人，皆嵩呼而仰赞不已；神、魔、巨怪等，瞠目望之而惊嗟。眼炬之火光烂然，张口吻以吞噬，毁灭之长牙为可怖也，无数之面，则“死亡”与“时间”之火也。于是此世界战争两方之国王，领袖，英雄，豪杰，皆疾急奔赴其獠牙可畏之颚中，而有嚼碎流血之头颅，塞于其权威齿隙间者，诸国皆匆匆奔赴灭亡，入此火焰之口，其速莫可追也，如江河奔流入海，亦如飞蛾自投于火焉。以此炽烈之口，“恐怖之形”乃向诸方面咂舌吮唇；全世界皆充满其热烈之力，为其威猛光辉所炙灼。世界万国震动，焦急于毁灭恐怖，阿琼那亦不免于其周际之错乱惊慌；其内中心灵迷乱而痛苦，无有安静怡悦。于是向此恐怖之神主呼曰：“告余，君为谁兮，而狰狞此形！拜君兮，神上神其悦喜！我欲知君兮，太元，我不知君兮主旨！”（盖谓我欲知君自太始即是者为谁，然不知君工作之意志所在也。）

阿琼那此最后一呼，表此大观之二重原意。此为无上宇宙“本体”之形相，日月之“邃古”亦永恒者；此即彼永远创造者，盖创造者“大梵”，为现于其体中诸神之一；为长保持此世界于存在中者，盖彼为永远大法之护主；然亦常时毁灭以从新创造；为“时间”，为“死亡”，为楼毖罗，平静而可畏之“舞蹈者”，亦为迦黎神，串人头颅骨为鬘以挂于颈，裸身浴所戮天魔之血而舞于战场者；为暴风，为巨火，为地震，为痛苦，为饥荒，为革命，为摧毁，为海啸。而此际所显示者，则此最后一面也。此一方面，人类之思心自愿从之转背，如鸵鸟自藏其头于沙漠中，以冀偶尔不见，亦幸免为“恐怖者”所见。人类情心柔弱，仅欲得和悦安慰之真理，若不能得，则代以可乐意之寓言；而不欲得真理之大全，盖其中多有不明了、不愉情、不慰意之处，而实难了解，更难忍受。朴质宗教家，浅薄乐观思想家，感伤派理想主义者，受制于识感情意之人，皆同意于扭脱严酷之结论，世界存在之苛刻威猛面。印度宗教，常遭昧然诋斥，以其不参加此公共藏头游戏，反而建立“神主”可怖之象征，与“神主”妙美之象征并置于其前。然实以其悠久思想与精神经验之广大深微，乃阻其容许或感觉此等软弱之退缩。

印度精神性，知上帝为仁爱，为和平，为安定，为永恒，——而《薄伽梵歌》呈似吾人此等可怖形相者，说“神主”自具形体于此等中者，为一切众生之爱侣与朋俦。虽然，世界之神圣统治亦有其严酷面，从初即与吾人相遇者，即毁灭一方面也。于此而忽略，则失乎神圣“仁爱”，“和平”，“安定”，“永恒”之充分真实性，甚且为加偏私与虚幻之又一面于其上，因所置无外能安慰之形式，非可证于此吾人生活其中之世界者。吾人之战争与劳动世界，乃一危险毁灭吞并之世界也，此中生命存在，殊不安稳，心灵身体，皆在大危难中动止，而且无论吾人或愿或否，每前进一步，即有何者破碎压损，息息生机，亦息息死机也。将一切对吾人现似为不善或可怖者之责任，委诸一“半全能”之魔鬼，或视为“自性”之一部分而将其搁置不顾，划一道不可渡越之鸿沟于世界自性与“上帝自性”间，一若“自性”离上帝而独在者然，或者，卸责于人及其罪恶，仿佛彼于世界创造，有其重大之参议，或可违上帝之意志而创造某事某物者然，凡此，皆朴拙慰情之机巧，印度宗教思想素所不取者也。吾人当勇猛直面真实，见知上帝而非他者乃创造此世界于其本体中者，且彼所创造固如此矣。吾人当见“自然”吞噬其儿童，“时间”消食众生之生命，“死亡”遍是而无可免，在人及在自然中，楼瓮罗力量之强暴，亦皆无上“神主”，为其宇宙诸形相之一。吾人当见富大，神奇，为创造者之上帝，救助人类之上帝，坚强、仁慈之保持者，亦上帝之为

吞并者、毁灭者也。吾人偃蹇于罪恶、痛苦之摇床，此种楚毒，亦彼之接触，与快乐，美妙，愉怡不异。独以完全结合之眼光视之，且在吾人有体深处感到此真理，乃能完全发现大全幸福“神主”之平静美丽面庞，亦在此面幕之后，且在此试验吾人过缺之接触中，乃感到此朋友与人中精神建立者之触抚。诸世界之错乱乖戾，皆属于上帝，仅由接受之且通过之，乃能达其无上和谐之更大叶调，登其超极与宇宙“阿难陀”之峰，浩大惊绝。

《薄伽梵歌》所设置之问题，及其所予之解答，要求有此种明见“世界精神”之性格。此为一大斗争，毁灭，杀戮问题，为遍导“意志”所引起者，其间永恒之应身，躬亲降世为此战争主角之御者，得此见者，即该主角本人，人类冲突心灵之代表，必在其进化过程中，打倒阻碍之暴君与压迫势力，而享受一高等正义与高贵法律之王国。祸乱之恐怖一面使其迷疑矣，亲属相与交锋，其全国皆当毁灭，社会本身似亦命定沉沦于纷乱无秩序之深渊，于是退缩，违拒此命定职责，而问其神圣“朋友”与“向导”，缘何命彼作如此可怖之事耶？则教以如何超出任何工作之表面性格，教以见施使力量之“自性”乃事业作者，彼自然有体为工具，教以上帝为“自性”与行业之主宰，彼必奉以行业为牺牲，而无欲望或自私之选择。又教以“神圣者”固超出此一切事物，不为其所撄，然亦自显示于人，于“自性”及其作用中，而且一切皆此神圣显示之循环中一运动。但此际直面真理之具体，则见恐怖与毁灭一面，为神圣伟大性之形象所扩大，遂沮丧气短，几于不能自胜。“大全精神”缘何自显于“自性”中有如此哉？生死中之存在，即创造而又吞噬之火，此等弥漫世界之斗争，此等常有之悲惨革命，此生民之劳苦，煎迫，辛勤，灭亡，其意

义安在哉？彼遂发此古老疑问，而长吁其永恒之祈祷，“告余，君为谁，狰狞此形！拜君兮！神上神其悦喜！我欲知君兮，太元！我不知君兮主旨。”

于是神主曰：我立于此俱卢战场行事之愿望，即毁灭耳。——若吾人以象征说法而译此“法田俱卢之地兮”一语，则可谓为成作正法之原田，人类行为之土地，——一漫遍世界之毁灭，在“时间精神”之程序中已临。“我”有一先见之目的，则自加成就必然无失者，非任何人类之参加或退避可得而阻止，变易，修改；一切为世间人所能成就以前，“我”固已成就之于“我”意志永恒之眼中。“我”为“时间”，则必摧毁古旧建筑，而建立新兴强大辉煌之国。汝为神圣“权能”与“智慧”之人间工具，在此非汝所能禁止之战争中，必然为正道而战，杀戮且征服其反对者。汝亦为自然中人类心灵，必在自然中享受“我”所赋予之果，则正道大义之国土也。尔其自足于此，——在汝心灵中与上帝为一，接受彼之命令，奉行彼之意志，静观一无上目的圆成于人间。“我为时间兮，灭群生而峻起！我来尽毁此诸世！纵不以尔兮此行阵之士兵皆必逝。”* “是故起！起！夺得荣名，克汝敌，享有富国！彼等唯‘余’已尽戮兮，左臂子弓！汝独为其外力。陀拏，毗史摩，遮耶达罗他，羯拏，似其他战士‘余’已诛殛。克之！其无烦愁！战兮，阵中克汝之敌！”此伟大而可怖之工作结果，既已预言允诺矣，非为个人所贪得之结果，——盖对于彼事不当执著，——乃为神圣意志之结果，所当为之事，光荣成功，皆已美满，“神圣者”在其自有之神能中所自予之辉耀也。此为

* 拾壹，三十二，按：“时间”kālaḥ 亦即“死神”。

行动之最后强迫命令，发施予世界大战之主角者。

发施行动命令者，则为“无时间者”显示为“时间”与“世界精神”。当“神主”谓“我”为“时间”，即万物之毁灭者，彼非谓彼唯是“时间精神”，或“时间精神”之全部真元即是毁灭。但此为其工作之当前意志。毁灭常为一同时或互换之因素，与创造并行，由毁灭与更新，“生命之主”乃作其保持之长远工事。进者，毁灭乃进步之第一条件。在内，人而不毁灭其低等自我形成，则无以上达一高等存在。在外亦然，国家或团体或民族过久畏于毁灭，更替其过去生活形式，则必腐朽灭没，而其他国家，民族，团体，乃建立于其废墟。生民之初，人类常毁灭古老巨物而占有世界也。天神之保持宇宙间神圣“大法”之长存，亦由毁灭群魔巨怪也。凡有未及时而欲除去战争与毁灭之律则也，必徒劳于反对“世界精神”之更伟大意志。凡在其低等性行之乏弱中，从而退避者，非表现其美德，如阿琼那最初所为，——故其退缩被斥为微末而虚妄之怜悯，非光荣，非亚利安人性，非天神性，为心情之懦弱，精神之萎靡，——适足以表现缺乏精神勇武，以面对“自然”及行动与生存之严酷真理。人仅可由发现其更伟大永生之律则，而超出战斗之律则。有人求此于其常在之处，且必求而必得，在纯粹精神之高等造诣中，得之则自此为“死亡”律则所统治之世界退转。此乃一个人解决法，与人类、与世界初不相涉，或至多起一分别，即此等人丧失如许精神权能，亦可用于助其在进化之艰苦前行中迈往者。

倘使“世界精神”转向某一浩劫，在眼前化为“时间”之为“死神”者，兴起矣，增大矣，以灭亡诸国，而此主要人物，神圣工作者，宇宙“意志”已辟之涧道，又已当其前锋，或执兵戈而为战士，领袖，

向导,或感发人群者,以其本性之力量及内中权能又不得不如此,则竟当如何作为耶?将退出,袖手旁观,避免参加而为抗议乎?然退出则无补,无挽回于毁灭“意志”之满足,适由其所启之窦隙而增其纷乱。“神主”早已呼之曰:“纵不以汝之力”,余毁灭之意志仍当成就。若使阿琼那退出行阵,若使俱卢大战可弭,此种规避仅足以延长且增进方来必不可免之纷争,混乱,灭亡,而大局愈坏。盖此等事皆非偶然,而为已播必不可免之种子,必加收获者。已布狂风种子者,必收获风暴之灾。而其自身本性又必不使其作任何真实规避。在书末此天人师且教阿琼那云:“若凭我慢而自惟,曰,‘我则不战!’斯决意为唐劳,‘自性’将强尔还变!本性所生自有之职分兮,尔为所羁!以痴闇而不欲为者兮,尔无由自主而必为。”(拾捌,五十九,六十)然则又作一转,将用某种心灵力量,精神方法与权能,而不动兵戈乎?但此又同一动作之另一形式而已;毁灭仍为不免,倘成此一转变,亦非个人私我之意,将为“世界精神”之所愿望者。纵其如此,毁灭之力将以此新权能而自养,得其更巨大之冲动,迦黎将作,充满世界以其狂笑更可怖畏之声。直至人心堪值和平,无有真实和平也;除非楼毱罗之债务已偿,维师鲁之法必不能行。然则更作一转,旁退而向尚未进化之人群宣传仁爱与一体之律则乎?固当有仁爱一体律则之导师矣,盖究竟得救必遵此途。但非至人中之“时间精神”已有准备,内中究竟真实不能胜此外间直接真实。耶稣,释迦佛生世而又往矣,而握此世界于其掌中者,仍是楼毱罗。其间人类汹涌前进之辛劳,为某等“权能”所压迫、所毒楚,——此等“权能”,用自私力量及其奴工以获私利,——乃呼吁战斗“英雄”之剑,及其先知者之言。

为彼指定之最高道，乃使行上帝之意志而不自私，为其所见为命令者之人间工具与外力，恒常不忘此能支持之记忆：即上帝在彼自我中且在人中，一随其“自性之主”所指定之任何方式。故曰：“左臂子弓，君独为其外力。”彼不怀个人之私仇，愤怒，憎恨，自私之愿望与热情，亦不急于起衅寻隙，或甘于暴力与毁灭，如凶猛之阿修罗；然当作其工作，“保世”。在行业之后，彼将企望此所趋向者，为之而战斗者。盖为“时间精神”之上帝，不为毁灭而毁灭，在循环进化中，清除道路耳，以便有一较伟大之统治与进步显示，一丰富所胜之国。彼将在其更深义度中接受此斗争之伟大性及胜利之光荣，其深义非浅薄心思可见者，——若有其必须者，亦接受乔装为失败而来之胜利光荣，——亦导人享受其丰富之国土。睹“毁灭者”之面而无震怖，乃在其内中见永恒之“精神”，在此等可灭之躯体中不可磨灭之“精神”，在其后乃见此“御者”之面，人群之“领袖”一切众生之“友”。此“世界形相”，一旦得见而识之矣，此章余分乃指向彼重加保证之真理；章末乃现示“永恒者”较可亲近之姿容焉。

十一、世界精神观(下篇)
——论其双方面

神变巨观,阿琼那既见之矣,恐怖之情,亦犹未释,然最初答"神主"之言,词甚隽捷,在此死亡与毁灭一面后,发明一大振起且能慰足真实。称曰:"君之光荣兮,宜乎世赞美而尽倾!罗刹悚惧兮,四方散走;成就仙群兮,齐皈命而稽首。彼等如之何不拜兮,巨灵!君大于梵,为作者始!无极兮,神之主,宇宙皈依处!不朽兮,君为彼,非彼,超彼!君为太初之灵,太古神人兮,为宇宙最高归宿。为能知,又为所知,为超上之居!君无尽相兮,此世君所遍复。君为风神,死神,火神,海神,月神,造物主,人类始祖。拜君,拜君千拜君,再拜君兮无数!拜君于前兮,拜君于后,拜君遍面兮,遍对!威力无尽兮,权能靡量,君为大全兮,因君遍在!"

此无上宇宙"存在者",为生人之面,具生人之形体,而现于其前,为神圣"丈夫"为具形躯之"神主",为降世应身,洎乎此时,阿琼那犹未之知也。彼徒见人类,而视"神圣者"亦不过如世间人物。人类不过"神主"之容器与象征耳,彼犹未穿透此人间面幕而达乎"神主"也,于是乃祷求其原宥,恕彼不见之疏忽与粗率之愚昧焉,则曰:"我称唯!克释拏,唯!雅达婆!唯,吾友!以君为友兮,冒渎而语,由未识君此大象兮,或恃爱而或傲倨。对君戏谑兮,故不敬庄,于食于居兮,于游于藏,或独或俱兮,阿逸多!君其宥我兮,君不可量!君为动非动物世界父。为大师,崇逾大师,为人所敬,君无等俦兮！三界孰能逾君，权能又奚与并？故我拜君兮，五体投地。敬爱之主兮，恩慈我赐，如父于子兮，亲与所亲，友之于友兮，不我遐弃！见所未尝见兮，喜、余心转惕而迷。神！其更视我彼相兮，悯我！神之主！宇宙归栖！具冕，权杖而手圆轮，我欲再见君如是。复常形而具四体兮，君千手兮，尽宇宙之形似！”

从此初端所说，生出一种提示，即在此等可怖形相之后，有一重加抚慰，振作心情，而可愉悦之真理。有某一事物，使世界人心得其欢喜快慰于“神圣者”之称名与临近者。有使吾人睹迦黎神黑暗面，而于此亦见众生之“友”抒其保护之臂；在罪恶中，亦见纯洁不易之“恩仁”；在死亡中，亦见“永生之主”，此其至深义矣。畏神道之威，则罗刹奔逃，黑暗之巨大威猛力量也，皆溃败而克服焉。然彼成就仙人，修行而臻乎完善美满，知此“永生者”之名而咏歌之，且生活于其本体真理中者，则俯伏而拜“彼”之任何一形象，且知每一形象所寃寓所象征者为何。舍当毁灭者，罪恶者，无明者，“夜”之障蔽，罗刹之魔力，实亦无真有可畏者，“楼económ罗恐怖者”之一切运动与作者，皆趋于完善与神圣之光明美满也。

盖此“精神”也，“神圣者”也，徒在外表形相为“毁灭者”，为“时间”，破坏凡此一切有极之形相者也：但在其本身，彼为“无极者”，宇宙神道之“主”，世界及其一切作用，皆安寓其中。彼为原始且永恒发源之“创造主”，较所谓“大梵”即创造“权能”之形相者，更为伟大。“大梵”者，彼在事物形式中向吾人所示三位一体之一位，此即创造，与保持及毁灭相等衡。真实神圣创造原是永恒；为“无极”，悠久显示于有极之事物；为“精神”，永远隐藏而又显示于其无数量心灵之无极性中，于此等心灵作用之神妙中，及其形式之美丽中。

彼为永恒“非变易者”;为“是”与“非是”之双重现相,为显示者与永未显示者,曾有而似已无者,今是而又决定灭没者,将是而亦将逝去者之双重现相。然超乎此一切者,则“彼”也,“无上者”也,收纳一切变易事物于“时间”之一永恒性中,一切对之永远皆为存在。彼具有其不变易自我于一非时间之永恒性中,则“时间”与创造皆其永远伸张之一形相也。

是则彼之“真理”,一切皆调和于其中,且同时相互依倚诸真理,起于又归于一为真实者,于此得其和谐。此即无上“心灵”之真理,世界依此“心灵”而起,为彼“无极者”之一低等形相;亦即“邃古岁月”之真理,“邃古者”,永远监临“时间”悠久之进化者也。亦即原始“神主”之真理,斯“神主”者,一切诸天,人类,众生,皆其苗裔,权能,心灵,以其存在之真理,而于精神上是正其有体者也。亦即“知者”之真理,此“知者”,在人中发展其自体与世界及上帝之知识者也。亦即为一切知识之唯一“对象”之真理,此“对象”自加启示于人之情心,思心,心灵,以至吾人知识之每一新辟形式,皆为彼局部之开展,直至最高形式,以之而得亲切,深沉,且完整而见彼、而发现彼也。此为至高无上之“安定性”,为导出,支持,且容纳宇宙间一切于其自体中者。由彼,由彼之遍能,由彼神妙之自我形相化,与能力,及永远无尽创造之“阿难陀”(喜悦),世界乃开展于彼自体之存在中。一切皆彼物质形式与精神形式之一无极也。彼为一切诸天,由至微以至最巨者,为一切众生之父,一切众生皆其子,皆其民。彼为“大梵”之始因,万汇有生神圣诸创造者初祖之父。此一真理,则所反复坚持申说者也。又反复申言彼即“大全”,彼即一切,即每一。彼为无极“遍是者”,为每一人每一事物之“是”,为

吾等每人中唯一“力量”与“本体”，为无尽之“能力”，自投散为此群众者，为不可量之“意志”，行动与作用之伟大“权能”，由自体而形成一切“时间”经历，及“自性”中精神之一切事会者。

由此执持，思想自然转向人中此唯一伟大“神主”之当体。于是见此大观者之心灵，乃为三种连续提示所印象。最初，彼内中得此提示，即此“人”之子，在其身旁为人间暂现之一有生者，食同案，卧同席，与之相戏谑，作寻常事物谈论，商量，且为战争中一角色者，在此生人之身体中，恒常有某伟大者，隐藏者，具有重要意义者在，实为一“神主”，一“应身”，一宇宙“权能”，一“太一真性”，一无上“超极性”。于此玄秘神圣性，人类及其悠久种族之全部意义封裹于其中者，于此一切世界存在得其固有伟大性之内中意义者，彼昧然未尝见焉。唯及乎此际，乃在个人轮廓中见有宇宙“精神”，“神明”具于人形体之内，见此“自性”象征之超极“寓居者”。唯此时乃见一切现象事物之此伟大，无极，不可量之“真实性”，无边宇宙“形相”，虽如是超出每一个体形相，而实每一个体形相为彼所寓之安宅。盖此伟大“真实”为平等而且无极，在个体与在宇宙中不异。其初，以彼之盲昧，对此“神圣者”徒视为一外表之人，仅见心思与物理关系，乃觉仿佛为一种罪恶，有冒渎在是之尊严者。此一有体彼呼为克释拏，雅达婆，及“吾友”者，即此不可量之“伟大”，无比之“威力”，于万有中为一之“精神”，而一切皆其所创造者。是此，而非外蔽之人类形体——“咨余寓乎人形兮”——乃彼所当见之迕愕，投顺，而敬拜者也。

第二种提示，则为凡成相于人类显示及人间因缘者，亦为一真实，则随附此宇宙大观，而为吾人心思和缓其浩大性质者。必当见

此超极性及宇宙面,然后能超出此人类限际。在此能结合之一性中,一切皆当包括。但此本身将划分过大之一鸿沟,介于超极精神与围困于低等“自性”之心灵间。在未加和缓之光耀中,无极之当体过于浩大,非有限自然个人之分别微小所堪承受。故其间需要一联系,以此,人乃能见此宇宙“神主”,亦在其个别自然有体中,与之接近,不独以其遍是且不可量之“权威”,遍能以统制一切彼之为彼者,亦且化为人类形相,以亲切个人因缘,保持之,升之于一体。此有极之人拜于“无极者”之前,赞美而承受一切妙乐;时当其更深化为亲密之赞美,生活于上帝为父为友之意识中,发展为“神圣精神”与吾辈人类心灵与本性间能吸引之仁爱,则亦愈接近为朋俦为一体之真理。盖“神圣者”寓居人类心灵与躯体中;吸引人类心思与形相周于其身,如着袍服。彼擅得人类之因缘,则心灵在此生死躯体中所引起者也。此等因缘,在上帝中乃得其自有之极充分意义与最伟大实践。此即维师鲁教派之敬爱道。其种子具备于此处《薄伽梵歌》之辞,但后经深化,加以悦乐化而有重要意义之推阐。

由此第二提示,第三者踵之而起。超极且遍是“本体”之形相,对于已得解放之精神力量,则为一强大,能鼓勇,能捍卫之物,为一权能之渊源,为一平等化,升华且是正一切之视见。但对于凡人,此为压迫,可怖,非可通达者。毁灭一切之“时间”,不可测之“意志”,不可量不可解之工事,在此等之可怖且强烈诸方面之后,乃有重加保证之真理,虽了知亦难得而摄持矣。然在此亦有神圣那罗衍那仁爱之中介形体,如此接近凡人,且在人内中之上帝,战争与旅程之“御者”,具有其救助能力之四体,为“神主”之一凡夫化之象征,非复千万臂之宇宙相矣。凡人必有恒在其前为支柱者,乃此中介和缓之一方面也。是那罗衍那此一形相，所以象征此真理者，乃重能使人安定。斯则使此浩大之精神悦乐，化为切近，可识，生动，且易摄持；而于人内中之精神及生命，在其一切重大循环前进退转之后，宇宙之工事则荣皇臻极于此精神悦乐焉，为其神妙吉祥之结局。对此化为人类具于形体之心灵，其结局于此化为人与上帝之结合，亲近，恒常之友谊，人为上帝而生活于世间，上帝生活于人中，将谜疑之世界程序，在人中转化为其自有之神圣之用。然在此目的之外，有一更神奇之一性，与内入乎“永恒者”最后神变中之生活。

“神主”徇阿琼那之祈祷，遂复其寻常那罗衍那相，为温柔，美丽，慈爱，安雅之形，如其所求。但将隐去彼威猛“相貌”以前，仍说其无可计量之意义而谓之曰：如汝今所见者，乃我无上之形相，我光明力量之形相，为宇宙者，为原始者，人中除尔以外未尝有得见者。我以我之自我瑜伽而示现之。盖此乃我之真“自我”与“精神”之相，此为真实“无上者”，自具形貌于宇宙存在中；人之心灵，与“我”在美满瑜伽中者，见之神魂则无惊无怖，心思亦不乱不迷，盖彼非独观望在现相为可骇可愕者，亦且视见其高尚且更加使人安定之意义。汝亦当如是观之，无畏，心不摇，胆不落，不形丧而气短；但汝之低等本性，既未准备以高强定宁之力而观之，则我当为汝恢复我那罗衍那形相，人类心思见其独特孤立，与人性合调，为一友善神道之慈和，安悦，救助者。此伟大形相，——而此言亦于其消失以后再度述之，——独至上稀有之心灵得见也。天神永欲瞻之而未能也。此不能以诵习《韦陀》而得睹，或修苦行，或作布施，或奉牺牲而得见也。唯彼诚敬者，在一切事物中敬“我”，赞

"我",爱"我",乃能见,能知,且能入乎其中焉。

但置此"形相"于远超识见之外,虽以人类智识之寻常努力,及其精神最内中之苦修,皆不足,无补于达此视见,其故何也?盖人能以其他方法达于此唯一存在之某一方面而已,见其个体相,宇宙相,或离世界相,然不能见"神明"一切方面之此最伟大能调和之"一",其间则同一时,同一见,而一切皆已显示,已超越,已圆成者。于此,超极,遍是,与个人之"神主","精神"与"自性","无极"与有极,空间与时间,及非时间性,"本体"与"变是",一切吾人所能努力致思且得知于"神主"者,无论为绝对或已显示之存在,皆奇妙启示于一无可名言之一性中。达此大观,仅能由绝对敬,爱,亲密为一体,在其极顶则为智识与行业圆成之冠冕者。知之,见之,入乎其中,与此"无上者"之无上形相合而为一,然后可能,而《薄伽梵歌》为其瑜伽所树之目的,是此。有一无上知觉性,由之而能入乎"超极者"之光荣中,而包括非变易"自我"与一切变易之"大用"于一己,——可能与一切为一而又超乎一切,超出世间,然同时拥有宇宙及超宇宙"神主"之全部自性。在此拘囚于心思及身体之有范限之人,诚难能矣:然而"神主"曰,"为'我'而有为,以'我'为无上者,为'我'之敬爱者,而无凝滞,无怨怼于万物兮,斯人未归于'我'。"换言之,凌驾低等自性,与众生为一,与宇宙"神主"及"超极者"为一,与"神圣者"在行事中意志合一,绝对敬爱"彼一"与一切中之上帝,——斯则臻至彼绝对精神之自体超逸,与彼不可思议转化之道矣。

十二、道与敬爱者

在第十一章《薄伽梵歌》原本目的已经成就，且作至相当圆满。"精神"，寓居于世界及一切众生中者，世界一切工事亦发生于其中；与此"精神"相结合而为世界作神圣事业，此命令已发，彼"神能者"亦接受之矣。于是此门徒得离其凡夫旧态，出离其无明之标准，动机，展望，及自私之知觉性，离乎一切在其精神危难时机终于不济者。在以前立场上彼所拒绝之事，可怖，可愕之行动，劳力，今乃至于承认，且在一新内中基础上接受之矣。一叶调之更伟大智识，一较神圣之知觉性，一高等非个人性动机，一"一性"之精神标准，以"神圣者"之意志，出乎其光明渊源而有为于世间，具有精神自性之发动能力，——此乃行业之新内中原则，将以转变旧无明之行事者也。一种知识，拥有与"神圣者"为一之一性，由"神圣者"而知觉与万事万物为一；一种意志，空无自私之心，唯受工作秘密"主宰"之命令，且作为其工具而有为；一种神圣之爱，其唯一企望乃与一切存在之无上"心灵"亲切相依；此三种已完善化之权能结为一体，由此而更成就一内中遍涵之一性，即与超无极遍是之"精神"，与"自性"，与一切众生之结合，——凡此，皆奉献于已得解放之人，作为其一切行事之基础。从此基础，其人内中之心灵，能使作为工具之本性安稳有为；彼已升出一切颠沛挫折之因由，解脱乎私我及其范限，得救于罪恶及其后果之恐怖，远离于外表自性及有限行业之缠缚，即“无明”之纠结。彼不复在微明或黑暗中而在光明之权能中有所作为，其行动之每一步，皆得有神明认可之支助。精神之自由，与心灵在“自性”中之拘束，此种反对所生之困难，则以“精神”与“自性”光明相融和而得解决。此种对待，为在无明中之心思则存，为其在智识中之精神则亡也。

虽然，将以阐明此伟大精神变化之全部意义，犹有可说者。第十二章导达此余留之知识，而随后六章阐发之为一宏大终极结论。仍有待于说明者，即当日流行韦檀多派精神解脱观，与《薄伽梵歌》教义所为精神开辟之更广大概括之自由，此二者之殊异也。于兹回指此殊异之处。当时流行之韦檀多一道，引人通过严肃且除外之知识法门。其所承认之瑜伽，一性，作为手段，及其精神解脱引人之菁华者，则为一纯粹智识瑜伽，与一无上“非变易者”，绝对“无可名相者”寂定为一之一性——斯则为非显了“大梵”，无极，玄默，远离，不可触，超出此一切因缘宇宙之上。在《薄伽梵歌》所举之道，智识诚为必不可无之基础，然此是整体知识。属非个人性且属整体之行业，为最初必不可少之手段；但更以深沉广大之敬爱欣崇，为解脱与精神成就及永生阿难陀之至高至大权能，此则一无缘之“非显了者”，一远离一切而不动之“大梵”所不能回应者也；因此等皆必需因缘，且求有亲密之个人接近。凡人心灵所当与亲切合一之“神主”，在其至上格位中，诚为一超极“不可思议者”，“超上大梵”，过于伟大，非任何显示所能表者；但彼同时亦为一切事物之活泼无上“心灵”。彼为无上“主”，为行业与宇宙自性之“主宰”。彼超出其所创造者之心灵，心思，身体，然同时寓居其中为其自我。

彼为“至上神我”,“超上心灵”,“超上自在主”,而在此相等之一切方面,皆为同此一永恒之“神主”。对此整体叶调知识之觉悟,乃心灵究竟解脱之广大法门,亦本性一不可思议完善圆成之大道也。吾人之事业,敬爱,智识,当化为恒常内中牺牲而奉献者,奉之于在其一切方面皆为一体之此“神主”也。已得解脱之精神,一旦已达乎彼之智识,在其存在之一切原则与权能上,皆见之知之,一旦彼能摄持且享受其多方多途之一性,于俱卢战场大观所现示,则此心灵所当入者,是此“无上神我”,超出宇宙,又容持宇宙之精神,为其内寓者与具有者也。所谓“乃能知能见‘我’如实,而‘我’道能入”,此之谓也。(拾壹,五十四)

《薄伽梵歌》之解脱,非心灵个体自我遗忘之灭无,凝定于“彼一”而消失;此为诸种结合同时。固有与无上“神主”之纯全一体化,在于本体之真元,知觉性之亲密,福乐之认同中,盖此瑜伽目的之一,乃化为“大梵”。亦有永恒悦乐以居于“无上者”之最高存在中,——盖已说“汝唯当寓乎‘我’中”。更有一永恒之爱与敬拜在一联合之亲密中,而已得解脱之精神为其神圣“爱侣”所抱持,能包举其无极性之“自我”。又有心灵已得解放之本性与神圣自性同体为一,——盖自由精神之圆满,乃化为竟与“神圣者”相同,在其本体之律则上,在其工作与自性之律则上,与“神圣者”为一。正统智识瑜伽,鹄的在于汩没于唯一无极存在中,如深入无底之渊;独视此为纯全解脱。敬爱瑜伽,则憬想一永恒之寓居或亲近,为较大之释放。行业瑜伽,则导入本体与本性之权能为一体。但《薄伽梵歌》,则在其广大之整体性中遍加包举,而皆和合为一最伟大最丰富之神圣自由与圆成。

此殊异也，遂发为阿琼那之疑问。然吾人当记者，一为非个人性非变易之“不变灭补鲁洒”，另一为无上“心灵”，同时为非个人性又为神圣“个人”，且多于两者，此二者之辨别，在以后诸章中暗示于克释拏所常说之“我”、“余”中者，此际犹未十分明确划分。吾人一贯预加述说，以便从初能了解《薄伽梵歌》使信之充分意义，而不必往返乎在此更大真理光明中所窥测而新得见之原地，否则为必不可免者。阿琼那受教最初当沉浸其分别自我人格，于一永恒非变易自我之静寂非个人性（或非人格性）中。此一教义，与彼以前之意念相投而毫无困难。但今兹则彼面临此一大观，此最大超极最广遍是“神主”之观，而受命以智识，行业，敬爱与之合一。是故彼求消释一种疑惑为愈，否则亦可发生者，问曰：“信士如是常和合，而敬汝；又有敬拜不变易者，非显了者，彼等明瑜伽乎，孰愈？”——此问也，使人回想在前所作之分辨：“由是汝见众生咸生汝自我兮，更在‘我’而无余”！（肆，三十五）阿琼那明指君与“不灭者”，“非显者”之区别。实际彼谓君为一切群有之至上“元始”，“渊源”，内在万物中之“当体”，以君之形相充周此宇宙之一切“权能”，于君之“神能”中，于众生中，于“自性”中显现之“个人”，居为世间一切行事之“主”，居为吾人内心之“主”，则以君之盛大“世界瑜伽矣”。如是者，吾当知，当敬爱，且当以我之全部有体，知觉性，感情，行动，使我与君结合者也。顾彼“非变易者”又当如何耶？则永非显了，永不着任何形相，退然远离一切行动之后，永未与宇宙及其任何事物相缘，永恒为一，为寂默，为不动，为非个人性者，又当如何耶？据当代意想，此永恒“自我”乃一较伟大“原则”，而在显示中之“神主”，则为较小之形像也：则不是显了者而是非显了者，乃

永恒之“精神”。然则此容许显示、容许较小事物之结合，如何反为较伟大瑜伽知识耶？

此问也，克释拏作一着重决定性之答复，则曰：“彼凝集意念于‘我’，常和合而礼‘余’，具有无上敬信兮，皆最上瑜伽师——我思。”无上敬信者，于一切中皆见上帝之信念也。在其眼光中，显示与非显示皆同一“神主”。最完善之结合，乃以本性之全体，在每一动作中，时时刻刻与“神圣者”相接。然彼等唯求不可名相未显了之“非变易者”，以艰苦之攀登，亦来至于“我”所，“神主”固尝作是言也。盖彼辈之目标不误，然所循者，乃较难行之路，且不甚完全，亦非至善。至容易者，达乎非显了之“太极”，彼等必经过显了之“非变易者”于斯世。此显了之“非变易者”，乃“我”自有遍漫一切之非个人性与玄默；浩茫，不动，恒常，遍在，不可思议，支持个人性之动作而不参与其间。在心思此则无安立处；仅可由不动之精神非个人性与寂默而得之。专行此道者，当全然抑遏甚且完全凝敛其心思识感之动作。虽然，仍以其理解之平等，见一切事物中为一自我，以其沉默意志之静定慈祥，求饶益一切众生，则彼等亦在一切物境 ，一切创造者中与“我”相遇。然他人自以其生存一切诸方面与“神圣者”结合，广大且充分以达乎万物不可思议之生活源头，较之彼等由此艰难而无外之一性，攀登无缘且非显了之“太极”者，终皆发现同一“永恒者”而无异。但斯则不如其便捷，行之较艰；非精神化之人类天性之充分而自然之运动。

复次，吾人不当以为此道比较艰难，遂必为较高且更有效能之步骤。《薄伽梵歌》之容易道，导人至于同一绝对解脱，则更自然，迅速，而且正常。盖其接受神圣“个人”，初不暗许执滞于心思识感之范限,属具于形体中之"自性"者。反之,此能迅速有效解除生死现相之缠缚。修除外智识道之瑜伽师,自招一番痛苦斗争,与其本性多方面要求相奋斗;彼不与以最高度之满足,且断除其精神向上冲动,若其未能杜绝因缘,或缺乏一否定之绝对者。但《薄伽梵歌》之生活道路不同,求出吾人全部有体之最深密上达倾向,转之对上帝,则利用智识,意志,情感,本能,以趋于圆成,譬犹无数飞升解脱之健翮。非显了"大梵",在其不可名言之一体中,为具有形体之心灵所劣得臻至者,而此复由恒常楚毒其身心,苦痛其一切被抑遏诸部分,苛虐其本性,烦劳而焦灼。故曰:"彼辈烦恼滋多,……难为有形躯者所至。"不可名相之"一性",固接受一切攀登者,但不与以因缘助力,亦不与以足踏之地。一切皆当为之以严酷修炼,与孤独苛刻之个人努力。此与依《薄伽梵歌》寻求"至上神我"者,相去奚翅天壤!依《薄伽梵歌》之道修持者,以一种瑜伽观照之,他无所见,遍处唯见涡苏天,涡苏天则在任何处任何时皆与观照者相接,无时不示以无数形体,颜面,在其内中高举智识之灯,以其神圣快乐之光明,照烛其生存整体。如是而照明矣,则在每一形每一面辨识无上"精神",同时经过全"自性"而达乎"自性"之"主宰",经过一切有体而臻乎全有体之"心灵",经过彼等自我,而至于彼等一切之为彼等者之"自我";肆然一时抉破千百孔道,而入乎彼为万物元始者之渊源也。彼另一方法,守至难行绝缘之寂定,则试摒除一切行业,纵其于有生身者为不可能。于此不然,一切行业皆归于行业之无上"主宰",彼为无上"意志",则迎取牺牲奉献之意志,而代其负荷,自加担任吾人内中神圣"自性"之工作。每当敬爱者热情达于高度,对此人类及一切众生之"爱者""友人",倾注其知觉性之全部

心情，及于悦乐之企求，则“无上者”亦迅尔降临，为救主，为解放者，快乐拥持其思想，心情，身体，举之出世间自性生死海之波涛，而置入“永恒者”安定之怀抱焉。

如是，则最迅速广大之道也。“神主”谓人之心灵：尔其措思于“我”，以汝一切智识安立于“我”，于是沐浴乎神圣爱，意志，智识之超上光明，我将皆举而归之于“我”，则此等所从出也。无疑乎汝将居于“我”中，超出生死。能范限之世间自性，其锁链无能缩此永生精神，此永恒敬爱，意志，与智识之热情，权力，光明而扬举者。无疑乎此道亦有其困难；因低等本性犹在，有其猛力或沉重之下垂，阻滞且打击此上扬，使喜乐上达高骞之翼不能奋飞。甚至最初在伟大时分之奇妙中，或久在平静光明之经历中所发现之神圣知觉性，亦不能立即全加系持，或随意召返；时常未能保持个人知觉性固定于“神圣者”中；常有别自“光明”久经贬谪之长夜，有反动，疑惑，或失败之时分。纵使如此，由结合之修习，及恒常重复经验，彼最高精神仍得生长于自体，而永远占有其本性也。若使此道犹难，以心思外驰运动之强且固耶？则其法亦至简，为行业之“主宰”而作一切事而已。如是，则心思每一外驰动作，乃联系于本体内中精神真理，甚至正在其运动本身中，被召归永恒之真实，而与其渊源相联系。于是“无上神我”之当体，得以生长于自然个人中，直至彼已充满，化为一精神，一“神主”；人生一切，将化为恒常对上帝之忆持，于是增进其圆成，而人类心灵之全部生存，得与无上“存在”相结合。

或者，恒常忆念上帝，举吾人一切行业归之，犹有非有限心思之能力所能胜者，盖在其遗忘中，心思乃转于行事及外在对象，不

记忆返观内省，而置吾人每一动作于“精神”之圣坛。然则唯有管制低等自我于行为中，有所为而不希望其结果。一切结果皆当离弃，委之于指挥工作之“权能”，然工作不得不为，此乃“权能”所加于本性者。盖由此方法，则困难渐沉定削减，易于灭无，心思乃得自在持念“上帝”，而自安住于神圣知觉性之自由中。于此，《薄伽梵歌》标出能性上升之刻度，以超胜奖归于此无欲望之行业瑜伽。修习，反复于一种努力与经验，因为一伟大强能之事矣，而有胜于此者，智识也，思想光明对越事物以后之“真理”而无失。然此思想智识又不如凝定，则完全静定集中于此“真理”，使知觉性终且生活于其中，得常与之为一。而又有较此更强者，则无过于舍弃一己行事之结果，如是顿时一切烦恼之原因皆灭，自动生起且保持一种内中之宁定和平，而宁定和平者，使其他一切皆化为完善，且为静止精神所安全保有之基础也。于是知觉性乃能悠然自得，怡然自定于“神明”中，不扰无惊以臻乎至善。于是智识，意志，敬爱，得在坚实宁定之稳固土基，建立其高楼，而矗入“永恒性”之太空矣。

然则行此道者，转向“永恒者”敬拜，其神圣自性为何，其知觉性与有体之较伟大境况将为何若耶？《薄伽梵歌》以若干颂反复说必须改变，明其最初坚执之求，说平等观，说无欲，说精神之自由。斯则常为其基本，——亦为开端如此着重之故。在彼平等性中，对“无上神我”之敬爱，必提奉精神至于最高最伟大之完善境况，以此安定平等观为其广大基础者。于此，乃具出此平等基本知觉性之少数公式。最初，则为除去私我，无私且无我所。（按：我之所有，简言“我所”。）敬爱“无上神我”者，为具有极广大情怀与思想之人，斯则已决破私我之一切狭隘圜墙者也。一遍是之仁爱寓乎其心，一广普之慈悲自兹流出，如周环之大海也。对万物有其友爱恻怛，对有生物略无恨憎：斯人也，为坚忍，为有耐力，为久居忧患，为仁恕之源泉。彼固无欲望而自足，于苦于乐于忧患于安愉皆安静平等，坚定摄持其自我，具有修士不摇之意志与决心，具有诚敬喜爱，则奉其全部心思理智于“主”，于其知觉性与“智识”之“主宰”也。或者，彼将徒为一无有烦恼躁动低等自性之人，不染于其喜，惧，忧，悔，欲望之波浪，为一安定之精神，世界既不以彼而苦恼震惊，彼亦不因世界而震惊苦恼，为一和平之心灵，一切皆与之同处于和平中也。

或者，彼将为以一切欲望与行业皆捐之人，盖委之于其生存之“主宰”者也。纯洁，清净，不论所遭遇为何，一律无所动心，不为任何结果或事缘所苦恼，则不论属于内行或外业，抛弃一切自私，个人，与心念之作始而皆尽。乃为一使神圣意志与神圣智识得经彼而流衍之人，初不以其自我之思虑，癖好，与欲望改其道；然即因此故，在其本性之一切行业中为迅速，敏练，盖此无疵瑕与无上意志之结合，此纯洁之工具化，即行事中最大善巧之情况也。进者，彼为一无所欲于可乐事之人，不欣然于愉快之接触，亦无怖于不可乐事，而忧其负累。幸运与不幸运之事会，其辨别皆泯，盖其敬爱，自永恒之“主”与“爱者”手中接受一切事物，平等皆以为善也。上帝所亲爱之“敬爱上帝者”，乃一广大平等性之心灵，平等于友与敌，平等于荣与辱，平等于苦，乐，毁，誉，寒，暑，欣，哀，于一切以反对情感而扰动正常心性者。彼于人或物，异地或家乡，了然无执，恬然自足于无论何种环境，于他人无论何如与之相缘，于无论何种地位或幸运。彼将于一切事物中保持一坚定之心思，心思已寄托于最高自我，且永远凝定于其所敬爱之唯一神圣对象矣。平等性，无欲，无有低等自私本性及其要求，乃《薄伽梵歌》为伟大解脱常所要求之唯一完善基础。至末犹反复着重申述此初步基本教言与原本需要；智识之静定心灵，于一切事物中皆唯见一自我，由此智识而成之静定无私平等性，在此平等性中无欲望之行业，所以奉于工作之“主”者，投顺全部心思自性于强大内寓精神之手。而此平等性之极顶，则为建立于智识上之敬爱，成就于工具性之行业中，推及万事万物，一广大凝敛而遍摄之敬爱，爱此神圣“自我”即宇宙之“创造者”与“主宰”。固尝曰：“为一切世界之大自在主，为一切众生之同心密侣”也。（伍，二十九）

如是，则为基础，为条件，为手段或方法，以之而获得至上精神圆成者也。而“神主”谓言，凡以任何方法而能如此者，皆与“我”相亲。然我所至亲爱者，则彼等最接近“神主”之流，其对“我”之敬爱，以更广大之圆成而全备者，其道路与程序，我适已示汝矣。有敬爱之人，以“无上神我”为其唯一至上目标，以纯全之信心，精微奉行此教所说之永生大法。法者，据《薄伽梵歌》所云，义为有体及其工作之内在律则，乃出发且决定于内在本性之一种作用。在心思，生命，身体之低等无明知觉性中，固有若干达摩，律则，标准，法度，盖多种心思，情命，生理自性之种类与决定皆有不同。然永生之“达摩”则一；因其属于最高精神之神圣知觉性及其诸权能也。此则出乎三德以外，欲达之则凡此一切低等达摩皆当弃舍。代之者，“永恒者”之唯一能解放、能结合之知觉性与权能，当化为吾人行业之无尽渊源，为其型范，样本，决定因素。升出乎吾辈低等个人之自私，入乎永恒，漫遍，无变易之“非变灭神我”之宁定；此宁定也，非属个人性而平等；更由此宁定而上希，以人之一切本性与生存体之纯全自我投顺，上企别端高乎此“非变灭者”，乃此瑜伽之第一需要已。以此企慕之力，人可上臻于永生之“达摩”。于此，在本体，知觉性，与神圣幸福中，与“无上神我”合而为一，与其至上机动自性力量合而为一，则此已得解脱之精神，可无极知，无限爱，无退畏以有为于最高永生与完善自由之真实权能中。《薄伽梵歌》余分，书为充分彰明此永生“大法”者也。

第　二　部

十三、田与知田者

使心灵出低等本性而入乎神圣自性之道，得建基于一明晰完全之知识，《薄伽梵歌》最后六章也，则复述天人师所已俾阿琼那之启明，而形式不同。知识，原本犹是也；然诸细节及诸关系，今皆使之明著，其全部要义乃加拓出；若干思想，真理，原本为其他目的而泛说，或示及而一时掠过者，乃充分发皇其价值。如是，在开端六章，于非变易自我，与蔽于物性心灵之辩，于此所需之知识，乃卓然全加阐明。然其涉及无上"自我"与"补鲁洒"之处，仅属概括，略未彰明；其所以权立者，乃以之是正世间行业，固肯定其为群有之"主宰"，然舍此以外，初未视其为何者，其与余者之关系亦略未暗示，更无论发明。此其余诸章，则皆用以阐扬所抑伏之知识，使其昭然明白，朗然尊著也。自第七章至十二章，所著重标出者，则为"主宰"，"自在主"，高、低本性之辨，"自性"中导源一切、组成一切之"神主"大观，万有中之"彼一"也。兹者，固当更明确表述各种关系之详，在于无上"神我"，不变"自我"，情命，作用，及"功德"中之"自性"间者。于是使阿琼那发问，以便引出清晰之说明，解释诸仍昧然未尽之事。"神我"也，"自性"也，皆彼所欲询知者也。更问有体

之田原，与知田者，知与所知。[*] 于此则包含自我与世界之一切智识总和，若使心灵欲弃其自然无明，驻立于知识，人生，行业之正当运用，正当运用其在此等事物中与“神圣者”之关系，而与存在之永恒“精神”，臻至于有体之合一，则仍不可少者也。

预征其思想最后归趋也，《薄伽梵歌》于此等事物之理念菁华，固已在相当量度中说明矣；但以其今所从事者之观点，吾人不妨依例再加申述。行业，已承认者也，一神圣行业，出之以自我知识，作为宇宙间神圣“意志”之工具者，固已认为完全与“大梵”格位符合一致，且为转对上帝之运动中不可少之一部分，在内，且升此行业为一种牺牲，具有对“至上者”之敬爱，是矣；顾此道如何实际影响精神生活之伟大目标，由低等本性升入高等自性，由生死有体入乎永生本体之上达耶？一切生命，一切行事，皆心灵与“自性”间之交涉也。此交涉之原本性格为何？在精神臻极之际又化为何者？又领导此心灵至于何等圆成耶？——而此心灵者，已无有于其低等外在动机，内向已生长至“精神”之最高格位，已达乎其能力工事在宇宙中最深沉之动力者也。凡此皆所牵涉之问题，——更有其他若干问题，《薄伽梵歌》所未提出或解答者，因其在当时人物之心思中，未尝迫切出现，——而加以答复，则出于博大见解，取资于韦檀多学、僧佉论及瑜伽派之存在观，综合而得其解决，即《薄伽梵歌》全部思想之出发点也。

“心灵”，在世间具于“自性”中者，对于其所自有之自体经验，有三重真实性。第一，此为一精神有体，显似以无明而隶属于“自

---

[*] 按：此颂在七百颂之外，本译已删，文则第十三章第一颂转为问语而已。

性”之外发工事，且在其动性中，表为一能工作，能思维，能变易之人格，“自然”之一创造物，一私我。其次，当其入乎凡此行为与动作之后，则发现其自有之高等真实性，为一永恒且非个人性自我，与非变易之精神，其在此作为与运动中，除以其当体出现而支持之，除为一平等无烦之见证者而顾视之，此外亦无他分。第三，当其望出此两相对待之自我以外，则发现一更伟大不可名相之“真实”，为二者所从出，为“永恒者”即自我之“自我”及一切“自性”与行业之“主宰”，且不独为“主宰”而已，亦为在宇宙中彼自有能力之此等工事活动之情景，起源，与精神支持；又不独为起源与精神持载者而已，亦且为一切力量中，事物中，有体中之精神寓居者；更不但为寓居者而已，由吾人所称为“自性”，即彼本体永恒能力之发展，彼本身即是此一切能力，力量，一切事物，有体。“自性”本身分二种，一依起而低下，一原始而至上。宇宙机械中，有一低等自性焉，“冥性”中之心灵与之联合，生活于起自“摩耶”之一种无明中，三德所成之摩耶也，自认为具形本心思、生命、之一私我，工作于“自性”三态权势之下，且自以为被人格所拘束，苦楚，范限，系缚于有生之本分，行业之旋轮，为一有欲望之物，暂现忽终，有生旋死，其自有本性之奴隶也。出此存在之低等权能而上，有其所自具真实本体之一高等神圣精神本性，此心灵在其中，则长为“永恒者”与“神圣者”知觉之一分，幸福而自由，脱出其变是之面具，永生不灭，为“神主”之一种权能。以此高等本性，由建基于一种精神遍是性之神圣智识，敬爱，行业，而上达于“永恒者”，乃全部精神解脱之秘密钥匙。凡此，大抵皆明著矣。今者，吾人更当详审此有体之转变，更牵涉何种其他考虑，尤当究诘此两种自性如何不同，而解脱

又如何影响吾人之行为，及吾人之心灵格位。为此之故，《薄伽梵歌》进而启示最高知识之详，至今保存于背景后者。尤其反复著力于“本体”与“变是”之关系，“心灵”与“自性”之因缘，三德之作用，最高解脱，人类心灵至广大充分之自献于“神圣精神”。在此最后六章所说之一切中，多有至为重要者，然其作结束之最后思想，乃最极关切；盖吾人于此当发现其教义中心理念，其诉与人类心灵伟大之言，其最高使信矣。

最初，吾人当认定全部存在，为心灵在“自性”中建设与行为之原地。《薄伽梵歌》谓之为“田”(kṣetram)，则曰，身体名为精神之“田”；而在此精神之田中，有认识此田者，则为“知田者”，知“自性”者也。虽然，自其以后诸界义观之，显然非谓田即生理之身躯而已，亦且为凡属身体所支持者，本性之工事，心性，吾人主观体与客观体之自然作用。* 此较广大体亦唯是个人之田；有一更大遍是之世界体，为同此知者之一世界田地。在每一具有形体之创造者中，有此一“知者”。《伊莎奥义书》有云：“凡一切，皆为上帝之所寓居者也。”在每一存在者中，彼主要而且集中运用其自性权能之外在结果，即彼所形成为其寓居者，而彼之流动“能力”之每一分别存持之节结，皆用为彼发展诸和谐之初基与范围。在“自性”中，彼知此世界，如其影响此一有限躯体中之知觉性，如其反应；世界对吾人存在，如其为在吾人单独心思中所见者，——终之，此一似是微小内具之知觉性，甚且可如此扩充其自体，以包括全宇宙，“见宇宙

* 《奥义书》说“自性”之韬韽或身体乃有五重：一生理体，二情命体，三心思体，四理想体，五神明体；此可谓为全部“田地”。——原注

皆在我中”。虽然，在物理上则为大机构中之一小机构，而此大机构，大世界者，亦为精神知者所寓居之一躯体，一田原。

《薄伽梵歌》进而述吾人本体之此一有感觉之内具者，说其相状，性质，渊源，变态，权能等，斯义更为明显。于是吾人得见所谓“田”者，实指低等自性之全部工事。此整体乃吾人内具精神作用之原畴，其所认识之田地。凡属此“自性”世界在其真元作用上一切详尽多方之知识，如从精神观点所见者，吾人可参考古代圣贤之作，即《韦陀》及诸《奥义书》所包含之颂赞也。吾人乃得知“精神”之此等创作；其说多由灵感启发，且属直观者。亦当研读《大梵诸经》，则理性与哲学分析也。《薄伽梵歌》仅以数论思想家之说，作关于吾人有体之低等自性一应用简述。最初，有无辨别非显了之“能力”；由是而生物质五基境之客观进化；而诸识，智，私我之主观进化亦由斯而起；亦有五识根之五对象，或毋宁说为诸识认知世界之五种不同方式，皆宇宙能力所外发衍进之权能，以便处理其所创造万物之形式，皆出于其原始客体本质所擅得之五原素形况者也，——有机诸关系，具有智与识之私我，以之而生作用于宇宙诸形成者：此则“田”之经划也。于是有一普通知觉性，初则内成、次则照明“能力”在其作用中；有此知觉性之一种机能，“能力”以之而团结物境之关系者；更有一持续性，坚持吾人知觉性与其对象之主观及客观关系者。此皆斯“田”所必有之权能也。凡此皆共通普遍之权能，同时属于心思，情命，及生理体之“自性”者。苦与乐，好与恶，则皆“田”之主要变态也。以韦檀多学之观点论之，可说苦与乐皆情命或感觉之变相，低等能力与其工事相合时，所授于自发之阿难陀或精神之喜悦者也。从此同一观点，吾人可说好与恶皆相应

之心思变相，亦由低等能力所赋予精神之反应"意志"者，斯则决定能力接触之反应者也。此等对偶，皆正极负极两项，低等自性之私我心灵，享受世界于其间。此负极诸项，如痛苦，疾恶，忧悲，忤逆等，皆相违之反应，或至佳亦为愚昧颠倒之反应：而此正极诸项，如爱好，快乐，欢喜，吸引等，则皆被误导之反应，或至佳亦未为充分，在性格上逊于真精神经验之喜乐等。

凡此加以总合，乃组成吾人与"自然"世界初步交涉之基本性格，但显然此非吾人有体之全部叙述也；此乃吾人之现实性，然非吾人之可能性之限度。有外乎此所当知者；若"知田者"由此田地本土转入其内中且入乎其一切现象之后而知其自我，然后真实之"知"方始，——则为田之真知识，亦不下于为知者之真知识。唯此内转解脱无明。盖吾人内转愈深，则愈能摄持事物之更伟大更充分真实性，则愈能双见上帝、与心灵，及世界、与其运动之全般真理。故神圣天人师有云：知田与知田者之知，是谓此知，即一已结合甚且统一之自我知识与世界知识，乃为真实照明与唯一智慧也。夫心灵与自性，两皆"大梵"也，而"自性"世界之如实真理，唯已得解脱之圣人能见之，则亦具有精神真理之人也。一"大梵"，"自我"与"自性"中一真实性，乃一切知识之对象矣。

《薄伽梵歌》说明何者为精神知识，或毋宁谓其说明心灵已转向内中智慧之人，其智识之情况为何，其表征，现象为何者。此等表征，皆素经认定且属传统之圣贤德操也。——圣贤之流，情心决然舍离世间外物之执，精神内转而沉定，思心不摇而宁静平等，思想与意志皆凝集于最伟大之内中真理，凝集于真实永恒之事物而无动。其为人也，最初入乎一道德境界，于其自然有体乃作"萨埵性”管制。内中略无浮世之矫矜顽固，而有正直坦白之心灵，中怀容物，久经苦痛，仁慈宽恕，身心纯洁，静定坚刚，自制且能主宰其低等自性，情心专敬其师，师者，或为内中神圣之“师”，或为世间之“师傅”，而蓄神圣“智慧”者，——此乃所谓尊“师”之义也。其次，则有一较高尚较自由之态度，全然离乎耽执而平等，自然有体对于识感物境之引诱，则坚决舍离，廓然无有于彼恒常扰攘之私我意识，私我理念，私我动机，奴役凡人者也。于是亦不复系恋室家，眷念闾里。代此等情命与生理之运动者，乃有离系之意志与识感及智慧，深刻明了常人物理生命之缺陷性，服属于生、老、病、死，痛苦而无谓也，恒常等齐一切可乐非可乐之事缘，——盖心灵安宅于内中，与外事之震惊不复相涉，——其观照之心思转向孤独，远离群众及聚会之无谓喧哗。终焉者，内中有一强烈之转向，以对真实有关轻重之事，于生存真谛及伟大原则，有其玄哲之观，静然延续其内中精神智识与光明，绝不动摇其对上帝之诚敬爱悦，内心长时深沉敬拜此遍是与永恒“当体”，斯即瑜伽之道也。

精神知识之心思所必转对之唯一目标，“永恒者”是也。心灵，翳蔽缠裹于“自性”之云雾中，转而凝注于此，则恢复且享受其永生性与超级性之知觉性，其本生原有者也。凝定于迁化，唯限于现相间，则为接受生死性；变易事物中之恒常真理，是其中之内向而不变易者。若使心灵一任“自性”之现相统治蹂躏，必茫然自失，而旋转于其躯体之生死轮回中。于此，热中随附人格及其所关注者之变化而不已，必不能敛摄而返于其未生与非个人性之自我存在。能为此者，是能发现自我，而还于个人真实本体，斯则擅此有生，然不随其变灭形躯而变灭。心灵真实永生及超级性，乃享受此永恒性，有生与生命皆仅为其外在情况者。此“永恒者”或“永恒性”，则“大梵”是也。“大梵”者，超极之“彼”，宇宙遍是之“彼”也：为自由之精神，在前方则支持心灵与自性之活动，在后方则保证其不灭之一性；同时为变易者又为非变易者，为是“一”之“大全”。在其至上超宇宙格位中，“大梵”为超极“永恒性”，无原始亦无变易，远超乎存在与非存在、长住与旋灭之表，超出此一切相对现相，外在世界所转动于其间者。一旦在此永恒性之本质与光明中而见世界，则世界改观，较现示于心思识感者不同；盖于是而见万事万物，不复为心思，生命，物质之一旋飙，或一集团能力与物质之决定。乃见无非此永恒“大梵”矣。某一精神，以其自体无量充周此一切运动者，——诚然，运动亦复是其自体，——在一切有极限者之身，加以无极限性袍服之光荣，一无躯体而亦有亿万身之精神，其强力之臂，敏捷之足，皆环于吾人四周，无论吾人转对何方，皆可见其首，其眼，其面，此无数形貌皆是，其耳遍在而听永恒之沉默与诸世界之音乐，斯则宇宙“本体”，吾人生活于其怀抱中者也。

“心灵”与“自性”之一切关系，皆“大梵”之永恒性中之情况也；识感与性质，其反应者与组成者，皆无上“心灵”之机巧，所以表呈工事，则彼在事物中自有之能力，所恒常发为运动之工事也。而彼自身则超乎诸识之范限，见一切事物而不以生理之眼，闻一切事物而不以生理之耳，觉知万物而不以能范限之心，——心思者，能代表而不能真知者也。非任何性质所决定，在彼之本质中，彼具有且决定一切性质，而享受彼自有“自性”之性质作用。不系于任何事物，不为任何事物所系，不凝注于彼所为之任何事物；本身是静，而在一广大永生之自由中支持一切动、与作用、与热力、属于彼之遍是之“权能”者。彼化为宇宙间一切是者；凡在吾人内中者，彼也，凡吾人在身外所经验者，亦莫非彼也。凡内者外者，远者迩者，动者静者，均时皆彼也。彼为微妙者之微妙性，出乎吾人智识以外者，亦如其为体质与能力之密度，供吾人心思可摄持者。彼为不可分之“太一”，但似乎自分为诸多形体及诸多所造物，现为凡此一切分别存在。一切事物能归于彼，在“精神”中能返乎其自体存在之一体，为不可分者。一切永远由彼而生，为彼在其永恒性中所持载，而又永远摄归彼之一性。彼为一切光明之光明，朗耀乎吾人愚盲黑暗以外。彼为知识亦为知识之对象。精神超心思之智识，流注已启明之心思且改变之者，乃此精神在光明中显示其自体，示予为力量所翳蔽之心灵，彼所发于“自性”作用中者。此永恒之“光明”，在每一有体之内心；是彼乃为田地之秘密知者，作为事物内心中之“主宰”而监临此域，监临于彼已显示之变化与作用之此一切王国。若使人在其内中见此永恒遍是之“神主”，当其悟入一切事物中之灵魂，发现“自性”中之精神，当其感觉万有如一波浪，在此“永恒性”中涌起，而凡是者皆是此一存在，则彼负有此“神主”之光明，在“自性”诸世界中自由而立。一神圣智识，及以崇敬向此“神明”之完全转对，乃大精神解脱之秘密。自由，敬爱，精神智识，使吾人从生死自性上升入永生本体。

“自性”与“心灵”，仅为永恒“大梵”之两面，一明显之对偶，建立其宇宙存在之活动者。“心灵”，无始而永恒者也，“自性”亦无始而永恒者也；但“自性”之三态，及其所擅得对吾人知觉经验之低等形式，则在此二元之交涉中，有其始者也。斯皆出于“自性”，由“自性”而戴因与果，作为与作为之果，力量及其工事之外在串链，一切在斯世为暂住者、变易者。此等常变，心灵与“自性”似随之而变，但在其本身，此两种权能皆永恒而不变。“自性”创造且有为，“心灵”则享受其创造与作为；但在“自性”作为之低等形式中，则此享受化为阴暗微小形相，苦与乐是也。心灵，个人“神我”，则为其性质之工事所强力牵引，此诸性质之引诱，则恒常引之沦入各种有生，其间彼乃享受各种盛衰变化，“自性”中有生之善恶。但此仅为心灵之外表经验，以与变易“自性”自认同体为一，在化育中亦为变易者。变寓于此躯体中者，乃有“自性”之“神明”，亦吾人之“神明”也，为无上“自我”，“超上大梵”，至高“心灵”，威尊“自性之主”。彼乃监视“自性”之作为，认可其活动，支持其一切作为，命令其多方创作，以“彼”之遍是悦乐，而享受彼自有存在之此等“自性”形相之游戏。是则为自我知识，吾人必使心思习惯乎此，然后真能知吾人为“永恒者”之一永恒部分也。一旦此而固定矣，则不论吾人内中心灵在与“自性”之交涉中外表如何自处，无论其似为何事，无论其似擅得此一或彼一人格形相与活动力量与体中私我，在其本身则为自由，不复为有生所缚，盖由自我之非个人性，与存在之内中未生精神为一矣。此非个人性，则吾人与宇宙中一切之至上无私之“我”相结合也。

此智识去何而得？曰：以内中观照而得，由此则永恒之自我，于吾人所自有之自我存在中，对吾人化为显明。或者由僧佉之瑜伽而得，分别自性与心灵。或者由行业瑜伽，其间个人之意志消融，由于吾人思心，情心，及一切活动力量，皆启对上帝，则擅得吾人在自性中一切行业以自奉之“主”也。精神知识之觉醒，可由吾人内中精神之迫促，召作此一瑜伽或彼一瑜伽，循此一或彼一为一体之道。或者，由闻此真理于他人而得，型范此心思于其所敬信专虑而听从者之义度中。但不论如何得之，终度吾人出死而入永生矣。心灵与自性之生死性变易以相交涉，而远出乎此交涉以上者，智识示吾人有最高“自我”为自性行业之无上“主”，在一切对象与人物中平等为一，不以得具一躯体而生，不以凡此一切躯体皆亡而或死。斯则真实之见，见彼在吾人内中为永恒为永生者。若吾人愈见此万物中之平等精神，则吾人且入乎此精神之平等性；若吾人愈加安寓乎此宇宙本体中，则吾人皆自化为宇宙本体；若吾人愈加觉悟此永恒者，吾人亦自加以固有之永恒性而永存。吾人自认与此自我之永恒性同体为一，而不复认体同于心理生理无明之范限与痛苦。于是，乃见吾人一切工作，皆“自性”之一种进化与活动，乃见吾人真实自我，非行使之作者，而为自由之见证，主宰，于行业无着之享受者。凡此宇宙运动之表面，乃一永恒“本体”中诸自然存在之一多方变是，一切皆由宇宙“能力”自其“理念”种子，深具于彼之存在中者，而沛然生发，显示，引申。精神虽然在吾人此身体中取携且享受能力之工事，仍不为身体之生死所影响，因其永恒而超出生死；不为其能力中所多方擅有之人格所范限，因其为凡诸人格之一至上自我；不为性质之变易所改变，因其本身非性质所决定者；虽在作为中亦无所为，因其支持自然作用于一完善之精神自由中，绝无有于其业果；诚为一切活动之原始发动者，然绝不因其“自性”活动而变易或受其影响。如遍漫之以太，不为其所擅有之多方形式所变易所影响，而常仍其为此同一纯洁，微妙，原始本质，精神亦然，虽其已成作已变成一切可能之事物，在一切中仍其为同此一纯洁，不变，微妙，无极之真元。此则为心灵之至上格位，为神圣本

体与本性，而有人达乎精神知识者，则升入“永恒者”之此无上永生。

此“大梵”也，此永恒与精神之知田者，知其所自有自然变是之田者也，此“自性”也，以其悠久能力，将其自体化为此田者也，此在生死性中心灵之永生性也——凡此综合，乃组成吾人存在之全体真实性。内中之精神，若吾人转向之，则以其自有之真理全部光华，照明“自性”之田原全部。在彼智识日光中，吾人内中智识之眼方开，吾人乃生活于彼真理中，而不复更处于此无明内。于是吾人乃见今兹范限于当前心思与生理本性，乃黑暗之一迷误，于是吾人乃解脱乎低等“自性”之法律，心思与身体之法律，于是吾人乃臻至于精神之至上本性。此辉煌崇隆之转变乃为最后，神圣而且无极之变是，脱出生死性而得永生之存在矣。

十四、超出三德

“心灵”与“自性”之辨，详于第十三章，诸颂遣词，义皆决定，其各别权能与功用，又以少数简括然而缜铼之摹写流利出之矣；尤所重者，内在身中之心灵，服属于“自性”之作用，则享受德性，性质，或形态，而“无上心灵”，安居而享受诸德性，以其超出之遂不服属焉，此二者之辨也。——《薄伽梵歌》以此为基础，建置其解脱者之全部理念；解脱者，在其生存之知觉律则中，固已与“神圣者”为一矣。此解脱也，此一性也，此神圣性之迁变也，皆说为精神自由之菁华，永生之全部意义。极度着重所谓“同其法性”者(sādharmya)，乃《薄伽梵歌》教义之一主要点。

在古代精神教义中，永生，非徒谓身死而其人犹存也：在古义中，一切有生者皆为不死，死亡者，特其形躯耳。心灵而未得臻解脱，劫转仍生；在散怀时，一切皆在，皆内涵或秘在于“大梵”中，斯即显了诸界皆灭之劫终也，而在新时轮出现时，一切重复生起。动终，历诸世一周轮之末，凡存在之宇宙形体，及在其轮转中之个人形体，皆暂时消散，但此不过一时之止息耳，一沉默之间歇，继之以新创作迸发，重复抟合，重新组成，其间则一切再现，恢复其前进之驱策。吾人生理之死亡，亦一劫终散坏也。——《薄伽梵歌》谓“若其生命消逝”，乃谓负戴此身体之心灵，至于终劫，此种散坏，以其无明已自认其有体与之为一之物质形躯，此时消散，而还融入自然元质。然而心灵本身犹在也，一时间歇后，重复擅有一新躯体，由此等元质所成者，而恢复其周轮中有生之回转，正如宇宙“有体”在一时间断消歇之后，复始其周劫之无尽轮回。“时间”轮转中此永生性，为凡具于形体之精神所通有。

永生，在一更深之义度中，与此死后之犹存及此恒常之轮回，异矣。永生性者，乃彼无上格位，其间“精神”自知为超出生死，非其显示之性所规定，无极而无灭，不变而永恒，——永生者，永未生故永无死也。神圣“至上神我”，即无上“主”与无上“大梵”，永远具有此不死之永恒性，初不为其擅一形躯所影响，或以其相续取宇宙诸形体诸权能而变移，盖彼常存在于此自我知识中也。彼之真性，乃不变易觉知其自有之永恒性；彼自觉知无终无始。在此世彼为一切躯体中之“寄寓者”，但在每一躯体中为未生者，在其知觉性中不为此显示所限，不自认与其所擅得之生身性为一；盖在其存在之宇宙活动中，此不过一微小情况而已。解脱，永生，乃生活于“至上神我”之此不变易知觉之永恒本体中。（原注）但在斯世而达乎此伟大精神永生，具于形体之心灵，必终止其随低等自性之律则而生活；必自加以“神圣者”无上存在道之律则，事实上即其自有永恒真性之真正律则也。在其变是之精神进化中，不下于在其秘密原始本体中，必生长至于与“神圣者”同似。

此大事也，由人类天性而升入神圣天性，仅可由对向上帝之智识，意志，与崇拜之一番努力而为之。心灵，“至上者”所发为其永恒之一分也，下入宇宙“自性”工事中，为其永生之代表，然而以此等工事性质之故，于其外在知觉性中，不得不自认与“自性”之能范限境况为一，自认与生命，心思，身体为同一，斯则皆忘其内中精神真实性，忘其内在之“神主”者，〔所谓“此皆无由自力兮，实维自性率之”，盖谓此也。

(玖,八)〕然则返乎自我知识与真者知识,知真际有异乎心灵与"自性"之显似因缘,由精神经验而知上帝,吾人自我,以及世界,不复以物理经验或外化经验而知,由内中心灵知觉性之最深真理,而不经识感心思及外表理解之指征,皆属现象而误导者,乃达此圆成必遵之道矣。圆成必达,则自我知识与上帝知识皆不可无,尤不可无对于吾人自然生存之一种精神态度,斯则古代智慧,缘何如此着重以智识而得救之故,——此非对于事物之理智认识,而为人此心思有体生长入一更伟大精神知觉性。心灵得救,不可不先自圆成,不可不长成为神圣性;无偏之"神主",不能以一机巧之行为,或以恩宠之任意赐予,遂为吾人成就之也。神圣工作,于得救皆有效能,盖领导吾人至于圆成,至于上帝,自性,自我之知识,以其与吾人生存内中之"主"增上结合也。神圣之敬爱为有效,盖由之吾人生长至于与吾人所敬爱之至高唯一对象相似相同,而求得"至上者"感应之爱,沛然流注吾人以彼智识之光明,及其永恒精神能提举之权能与纯洁性。是故《薄伽梵歌》云,此为无上知识,一切知之至高者,盖此导人入乎最高之圆成与精神阶位,使心灵与"神圣者"相似相同(sādharmya)。是则永恒智慧,伟大精神经验,由之一切圣哲臻于至高成就,长至与"至上者"同一有体律则,则永远生活于其永恒性中,不于创造之始而生,不以宇宙散坏之苦而惑。如是,此种圆成,此种同法,方为永生之道,心灵而能知觉以生活于"永恒者"中,此其所必不可无之条件也。

人之心灵,若非在其秘密真元中,原与"神圣者"为一而不可灭,若非为其神圣性之一分者,则不能长至与"神圣者"相同相似;若使仅为一心思,情命,与生理"自性"之生物,则不能永生或化为永生。一切存在皆神圣存在之一显示,而在吾人内中者,永恒"精

神"之精神也。吾人诚已入乎此低等物质自性，且在其势力范围中，但吾人原自无上精神本性而来；此低等不完善之格位，是吾人之似是有体，而彼则为吾人真实本体也。"永恒者"发施此一切运动为其自我创造。彼同时为宇宙之"父与母"；无极"理念"(vijñāna)*之本质，"摩诃大梵"(Mahat Brahman)**则其所投其自体孕育种子之胎藏也。为"高尚心灵"，彼则投其种子；为"母"，为"自性心灵"，为充满其知识权能之"能力"，彼则受此种子于此本体之无极本质中，以彼之不可限量然而自体限量之"理念"而有娠。彼承受于此自体孕育之"浩大"中，在其间发育神圣之胎，为生存之心思形体与生理形体，生于化育创造之原始动作者也。*** 凡吾人所见者，皆发自此创造动作；然生于此世间者，仅为未生者与无极

* vijñāna，在佛乘则译曰"识"。但此"识"摄第八之"心王"，故室利阿罗频多译之曰"Idea"，"理念"乃顺通俗之译，近日吾国哲学家所反对。兹译"理相"似较妥。

** "摩诃"义为"大"。但此"大"乃《数论》二十五谛之第二谛。Mahat Brahman，若译"大大梵"，则其名词不立。"大梵"即 Brahman 之通称。此加"摩诃"，以表区别。

*** 此据《摩奴念典》(*Manu Smṛti*)，太初宇宙未判，混沌未开。自体存在之"主"，乃自加显示，祛除黑暗，最先造水。而投一种子于其中，此种子化为金卵。"上主"自之出生为"大梵"(Brahmā)。此卵破为二分：一为天，一为地。乃造十子，即般荼帕底(Prajāpatis)十神。皆生自心思之子，十子遂造万物。

另说据《罗摩衍那》(Rāmāyaṇa)"大梵"生自空(以太)，由之生摩利支(佛典中有《摩利支天经》)摩利支生迦叶(Kaśyapa)，迦叶生维洼思洼(Vivasvata)，维洼思洼生摩奴，摩奴为人类初祖。

另说"大梵"破金卵为二分后，一分为男，一分为女。遂生维罗遮(Virāj)，维罗遮生摩奴。为人类初祖。

凡此诸说不尽同。神话中说"大梵"出自维师鲁(viṣṇu)之脐，生于莲花上。后世造像常作一身三头三面。一大梵表"生"，二维师鲁表"住"，三湿婆(Śiva)表"灭"。或说楼瓷罗(Rudra)表"灭"，似其说较古。生、住、灭，亦即成住坏，亦即吾华古说之始、壮、究。三位一体。——参《歌》肆，一；拾肆，三，四。《伊莎奥义书》("立诸水"之说。)及其他《奥义书》。

者之有极理念与形体而已。“精神”永恒，且超出其一切显示：“自性”者，永恒而无始，在此“精神”中者也。以轮回之旋律而永远前进，创造之动作不休，终止之动作无卒；“心灵”亦然，在“自性”中取此一形体彼一形体者，其为永恒正未下之，故曰“两皆无始”。纵然当其在“自性”中遵此轮回周旋而不已，然在其所从而出发之“永恒者”中，永远高出死生两项，甚至在世间在其显似之知觉性内，亦能觉知彼内在且恒常之超极性。

然则为此区分者何？致使心灵入乎死，生，系缚之相者何？——盖独许此仅为一现象耶？此为知觉性之一附属动作，或知觉性之一境，此为一自体遗忘之体认为一，与“自性”之状态，在此低等动性之有限工事中自认为一，与心思，生命，身体作用之此一自裹于自我、系于私我之纠结自认为一也。若使吾人当返于吾人之充分知觉本体，脱离低等作用之迷困势力，而附着精神之自由性及其永恒不死性，则非超出“自性”之诸态不可。此“同其法性”之情况，乃《薄伽梵歌》再进而阐明者。在前章固以暗示及之，简括着重以定说，但今则更详细指明此诸状态此诸德性为何，如何系缚心灵，使其不得精神自由，又何谓超乎“自性”诸德。

“自性”之诸态也，在其真元上皆属质而不属量，因此谓之为功德，为性质。在宇宙之任何精神概念中此为必然，盖联系精神与物质间之中介者，必为性灵或心灵权能，而初原作用必属于心理，属质，而非属于物理或属量；质非实物，为宇宙“能力”之一切动作中更属精神之原素，为其初始动能。物理“科学”而居优，使吾人习惯于“自然”之一不同之观念，盖于此第一事使吾人注意者，乃其工事量一方面之重要性，及其依赖量之结合安排而创造诸形体也。然而甚至在此，宁以物质为能力之质素或动作，而不以能力为一自体存在之物质之发动势用，或在物体中动作之内在权能，此种发现，又已趋于稍稍复苏宇宙“自性”之旧说矣。古代印度思想家之分析，容许“自性”之量之作用（mātrā）；但视此为有当于其较属客体且在形式上属于实施之工事；其内在属理念性之实施权能，一随事物之有体与能力之性质，——（功德，本性）——而处理事物者，乃视为原始决定因素，居乎一切外表量之安排之里。在物理世界之基本上此非显然，徒因基层属理念性之精神，“大梵”，为物质之运动与物质能力所掩盖障覆。但即使在物理世界中，原素之各种结合与量彼此初无不同者，有其奇妙多变之结果，此种现象，若非原有一多变性质之超上权能，以此等物质安布为其方便之机巧者，则难得可忖度之解释。或者，吾人无妨即说，必当有一宇宙能力之秘密属理念性之能耐，——纵使吾人假定此能力及作其工具之理念，（buddhi），在其自性上原属机械性，——为规定此算数与外间安布及决定其结果者，此即精神中全能之“理念”，发明且运用此等机巧者。且在情命与心思之存在中，质则顿时分明现为第一权能，而能力之量，不过为第二因素。但实际心思，情命，及物理存在，均皆隶属质之范限，皆为质之决定所管辖，虽此一真理，当吾人愈降下存在之等级，则似愈晦而不彰。唯有“精神”，以其理相之体，（mahat 摩诃，即“大”）与理念之力之权能，乃决定此等情况，而不被如是决定，不服属质或量之任何范限，盖其不可度量不可决定之无极性，原超乎功德，为其所发展而用于其创造者。

复次，“自性”全部质之作用，在其细处及变换上错综无穷，则形表之为范于质之普通三态者，遍处皆在，交互参杂，几于纷不可

解，即所谓“萨埵”，“剌阇”，“答摩”三德也。《薄伽梵歌》说此三德，仅说及其在人中之心理作用，偶亦涉及此等事如食物等，依乎其在人所生之心理或情命效果。若吾人求更普通之界说，或可窥见之于印度宗教象征理念中，其宇宙三位一体之神，各分属此一种德性，“萨埵性”归于维师鲁，宇宙之保持者也，“剌阇性”属于“大梵”创造主也，“答摩性”隶于楼奄罗，毁灭者也。在此理念之后，求此三重归属之基本原则，吾人可以宇宙“能力”动作之义度，而界说此三种状态或三种德性，为“自性”随同并具而不可分之三种权能，一平衡性，一动力性，一惰性。但此仅就“力量”之外表作用说，现象是此。若使吾人视知觉性与力量为一“存在”之孪生两项，则不然矣。说为孪生两项者，谓其在有体之真实性中常为并存，无论在物质“自性”之初元外表现相中，知觉性之光明，可如何消失于无知且未明朗化之能力一浩大作用内；而在精神静定相对之一极端，力量之作用又可如何消失于能观照或作见证之知觉性一止寂内。此两种境况者，似是相分离之“神我”与“冥性”两极端也。但在其极点上，各上废除其永恒之对偶，至多不过隐藏之于其自有特殊有体方式之深处。然则知觉性既恒常存在，甚至在似是无心知之“力量”中，吾人乃必求一与此三德相应之心理权能，自内形成其更属外表之实施作用者。在其心理方面，三德可以界说：“答摩”为“自性”之无知权能，“剌阇”为其活动求索之无明，以欲望与冲动而启明者，“萨埵”则为其能具有知识且和谐化知识之权能。

“自性”此质之三态，于一切宇宙存在中皆相交织而难解。“答摩”即惰性原则，则被动怠隋之无知，受一切震动与接触而冥顽不灵，了无任何主动反应之动力，其本身可使能力之全部作用解体，

及本质之彻底消散。但此为“剌阇”之机动力权能所驱；甚至在“物质”之无知中，与一虽未经具有然已内在之保持原则相遇，且为其所拥有，即和谐与平衡与智识之原则也。物质能力在其基本作用中现为“答摩性”，冥顽无知，属机械性，在运动中则分崩离析。但此为大力量大冲动所管制，则喑默之“剌阇性”动力也。甚至在其消散离析中，且由其消散离析，驱之建设创造，又为在其现似为无心知之力量中一“萨埵性”有理念之原素所保持，则常于此两相反对之倾向加以一种和谐，加以能维持之秩序者也。其次，“剌阇性”，即“冥性”中冲动，动作，创造企图之原则，在“物质”中现为动能者，在“生命”之显著性格中，则更彰明为一全知觉或半知觉之热情，即寻求与欲望与动作之热情，盖此热情为一切情命生存之本性。由其本身，在其本性，必导至一坚持但常变动而不安定之生存与活动与创作，而无任何妥当之结果。但其工事一方面，以“答摩性”离析之权能而与死亡，坏灭，惰性相遇；另一方面，其无明之作用又为“萨埵”权能所支持，安定，而谐和，在生命之低等形体中为下心知，在心思性出现时则渐次愈为有心知，在已进化之智识努力中最为知觉，形成为意志与理智，居于已充分发展之心思体。“萨埵性”为理解之智识原则，为适应之同化，度量，与平衡之原则，由其本身必仅导至某种固定且光明之和谐，长久调叶，然在此世界之动作中，被迫而随顺永恒动能之变易冲突与作用，且恒常为惰性与无知性之力量所制服，所阻障。如是，“自性”之质之三态，纠结而交相范围，活动以统治此世界，此其现相也。

《薄伽梵歌》，以此宇宙“能力”概括之分析，转施于人之心理本性，于人与“冥性”系缚之关系，及精神自由之实践。于是告吾人曰，“萨埵”，以其质之纯洁，为光明与照耀之因，由此纯洁，使心性中疾病不生，痛苦不作。光明而涌入身体诸门，宛如闭置之宅舍，窗牖皆启对日光，为理解，知见，智识之光明，——若智性活泼而明澈，识感增其明敏，全部心思体皆悦适而光辉盛满，全部神经有体皆安静，充周朗彻之舒和明适，于是可知为自性中“萨埵”一德大增而飏起之相也。盖智识与和谐之安恬，愉怡，快乐，皆“萨埵性”特著之结果。而此“萨埵性”悦乐，又非独内中清明，随满足之意志与智慧俱生者所赋予之惬适而已，亦且为心灵保持自体于光明中所生之全部安乐，亦生于顾念之心灵，与周际“自然”及其所供奉之欲望与认识对象，有其融洽，或有适当且真诚之调整。

进者，《薄伽梵歌》曰，“刺阇”以爱好与想望之引诱为真元。心灵而耽执于物境之欲，则“刺阇”性生；于所尚未得之满足而生自本性之渴想起矣。是故充满不安，热烈，兴致，贪欲，躁动，为一驱策寻求之事，若此居中之一德增长，则凡此在吾人中皆盛焉。此为欲望之力，发动一切寻常个人作为之端，亦为吾人本性中凡此一切寻求，躁扰，鼓努之运动，亦即行业与作为之冲动。然则“刺阇”分明为“自性”三德中之机动力。其结果为行业之贪欲，但亦为忧悲，苦恼，及一切患难；盖于其对象非正当具有——如实欲望暗指未得具有，——甚至其已得具有者之乐，亦为烦恼而不安定，盖此非清明智识，而不知如何具有，亦不能得调和及正当享受之秘密。人生一切盲昧而热烈之寻求，皆属此“自性”之“刺阇”一态。

终者，“答摩”生于惰性与无明，其果亦惰性与无明也。是“答摩性”之黑暗障蔽知识，而兴起一切错乱，迷惑。是故与“萨埵性”相对反，盖“萨埵性”之真元为光明，而“答摩性”之本真为无光明，无知，冥昧。但“答摩性”导致作用之忘废与无能，亦如错误之忘废与无能，及疏忽，误解，不了解；昏沉，懈怠，睡眠，皆隶属此德。是故亦为“剌阇性”之对待，盖“剌阇性”之真元为运动，为冲动，为动能，而“答摩性”之原本是惰性。此即无知之惰性与无作用之惯性，一双重负极者。

此“自性”之三德也，显然皆存在且活动于一切人类中，无人能说其全除或此或彼，或三者中已缺其一；无人型范于唯独一德中而除外其二。凡人在内中，不论至何种程度，皆有欲望与活动之剌阇性驱迫，皆有光明与快乐之“萨埵性”福赐，心思于其自体，及其环境与对象，皆有相当之平衡与调整，而且各人皆有其“答摩性”之无能、与无明或无知之分。但在其力量之量之作用中，或其诸原素之结合中，此等性质皆非于任何人为恒常不变；盖此等皆可变换，而且在一相互迫击，嬗代，交参之持续境况中。一时此一居优，一时另一增盛而取领导地位，一一皆使吾人隶属于其作用与后果。仅以某一德性普通寻常居上，人可说为“萨埵性”，或“剌阇性”，或“答摩性”之人；但此亦属泛说，而非绝对或除外之称述也。三德乃三重权能，以其交互作用而决定凡人之性格、德操，由此且以其各种动作，乃决定凡人之行为。但此三重权能同时为三重系缚之纽带。故曰：“此三德生于‘自性’；乃系缚于此身，此有身而不灭之灵明。”在某一义度中吾人立刻可见，倘随附三德之作用，必然有此系缚；盖皆为其性质与活动之有极所限，且能生范限。“答摩性”在其双方面皆属无能，固显然拘于范限。“剌阇性”欲望为行为之创始者，自是一较积极之权能，然吾人仍可明白见知，欲望对人能范限、能专持，常为一缠缚。虽然，“萨埵性”者，智识与快乐之权能也，又何

能为系链耶？此亦化为系链，因其为一心思自性之原则，一有范限且能范限之智识原则；为一快乐之原则，是已，然此快乐乃依于正当随顺或臻至此一对象或彼一对象，或否则依于心思之某种境界，依于心思之光明，而此光明仅能多少为一朦胧之明，其快乐仅能是一流逝之深密性，或一有形况之安适。至若无极之精神智识，吾人精神本体所具自由自体存在之悦乐，则迥乎异已。

于是有一问题发生，即虽内在于“自性”中吾人无极而不灭之精神，如何而自限于“自性”之此低等作用，且受此缠缚，又如何不能如彼为其一分之无上精神，虽享受其活动进化之自体范限，然仍在其无极性中为自由耶？其故，如《薄伽梵歌》所云，在于吾人执著三德，及其工事之结果。则曰，“萨埵性”凝滞于快乐，“剌阇性”耽执行为，“答摩性覆蔽智识，而沉溺于错误之疏忽与怠惰。其说曰：‘萨埵’……以乐执与智执而系缚兮；剌阇……乃系缚此灵明兮，以行业之缠；答摩……（彼亦能）系缚兮，以放逸，弛懈，沉眠。”换言之，心灵以耽执享受诸功德及其结果，则集中其知觉性于“自性”中身体、心思、生命之低等外表作用，自拘囚于此等事物之形式中，而遗忘其自有在后方、在精神中更大之知觉性，不复觉悟其能解脱之“神我”之自由权能与境域。然则求解脱而得圆成，吾人必从此等事物退引，离出且超出三德，而还于超“自性”彼自由精神知觉性之权能，亦彰彰明著矣。

虽然，此似将暗许一切作为皆息，盖一切自然作用，皆功德所成，皆“自性”由其三态所成。心灵本身不能有作，仅能由“自性”及其三德而作为。然《薄伽梵歌》之要求无有于三德也，仍坚持作为之必要。于此则坚持舍弃其果之重要性见矣。盖有望于事业之果，乃心灵受缠缚最强有力之原因，舍此，心灵乃得自由动作。无明乃“答摩性”行业之界，痛苦乃“剌阇性”工作之终，反动，失望，不满，无常，皆痛苦也；是故执著此等活动之果，了为无益，此等活动，终不能免于不可欲之随附。然而正当作成之事业，其结果为“萨埵性”而纯洁，其内中之效果为智识与快乐。纵使如此，于此等可乐事之执著，亦当弃除，第一，因在心思中此等皆为有限且能范限之形式；第二，因“萨埵性”既恒常纠缠于“剌阇”与“答摩性”而为其所困，随时可为其所克服，则其保有亦不安定。纵使又无有于任何结果之执著，于事业本身亦能起执，或为事业本身之故，即原本“剌阇性”之缠，或由懈弛而受“自性”之驱使，即隶属“答摩性”之势力，或因事业成就之正当而引人入胜，则为“萨埵性”执着之由，善德人士及智识之士所不免者也。然则对治之方，明见于《薄伽梵歌》另一教言者，即以行业本身，舍归于工作之“主”，仅为其意志之无欲而平心之工具可矣。见“自性”之诸德，皆吾人工作之全部经纪与因由，知超出三德之至上者而转向之，则轶出低等本性以上之法也。唯如是而吾人能跻乎“神圣者”之运动与格位，以此而脱乎生死，不服属其同列之老，病，忧苦，坏灭，得解脱之心灵，终可享受永生及一切为永恒者。

但阿琼那问：此种人之表象为何耶？彼之行动为何，如何虽在行为中而云超出三德耶？克释拏云：其征象，即我所常说之平等性也；其象，即在内中视苦与乐同等，为金，为土，为石，其价值皆相若，而可乐者与不可乐者，称誉与讥谤，光荣与侮辱，友党与敌党，皆无异矣。彼在一明智之内中镇定与安宁中，无变动，不扰，乃为坚定。彼不作始任何动作，而任一切事业皆由“自性”之三德为之。

"萨埵","剌阇","答摩"三德,可在其外表心性中或起或伏,在其生理运动中或抑或扬,可发其结果为启明,为事业之驱策,或无所作为,心思体与神经体皆翳蔽而了无动作,然彼亦不欣然于此来或彼往,而又不拒违或朒缩于此等事物之活动或止息焉。是人者,已自居于别一原则之知觉光明中,异乎此三德之性,而彼较伟大之知觉性,则在其内中坚定不摇,超出此等权能而不为其荡所移,有如升入太空者,见太阳照于层云之上也。自彼高处视之,则见凡在转动程序中者,皆是诸德,凡其风飙及静止,皆非其自我,而为"自性"之一运动;其自我在上固安然不动,其精神亦不参与不安定事物之迁变转移。此即"大梵"格位之非人格性;盖此高等原则,此一广大高居之知觉性,所谓"安定如磐"者(kūtastha),即非变易"大梵"也。

虽然,此间显然有双重格位,有体划分为两对待;已得解脱之精神,在非变易"自我"或"大梵"中,观察一未得解脱而变易之"自性",——是"非变灭者"与"变灭者"之分矣。然则无有更高格位耶?无更绝对圆满之原则耶?或此种分划为在躯体中可能之至上知觉性耶?而瑜伽之究竟,岂即是刊落变易本性,及诸功德,生于具形体于"自性"中者,而消逝入于"大梵"永恒之定宁及非人格性中乎?是否此没灭(laya),或个人补鲁洒之消灭,即最大解脱?于此,又似有其他者在矣。盖《歌》于此章之末,常返于其最后一调,有云:"唯皈命于'我'而不流,修敬爱瑜伽以为操,彼既超诸功德兮,乃堪入乎梵道。"谓彼则堪化为"大梵"也。此"我","无上神我"也,乃玄默"大梵",永生,及不灭精神存在之基础,亦为恒久大法与快乐之究极幸福之基础。然则有一格位,较"不变灭者"静然观察三德纠纷之定宁,尤为伟大。超出"大梵"之非变易性以上,更有一至高精神经验与基本，有一永恒之“达摩”，大于向行业之“剌阇性”驱策，有一绝对之悦乐，不为“剌阇性”忧苦所濡，亦超出“萨埵性”之快乐；此等事物，则皆可求得且保有于内寓乎“无上神我”之本体与权能中也。夫其既以敬爱而得矣，其格位必为彼神圣悦乐，阿难陀，其间可以经验至上敬爱之结合，而得其一性，则敬爱道之极顶也。而升入彼阿难陀，入乎彼不可名言表相之一性，必为精神成就之终极，永恒不朽大法之圆成矣。*

* 吾人当注意，《薄伽梵歌》，未尝标指个人精神有体之消逝，汩没于非显了者，不可界说或绝对之“大梵”中，为永生之真谛或情形，或为瑜伽之真目的。反之，此后且说永生为内寓乎“自在主”于其无上格位中，于是为“同其法性”，无上圆成，与“至上者”为有体与自性同一律则之变是，然仍坚住于存在中，且知觉宇宙运动而超上之，如一切圣人至今犹在，不系于创造中之生，亦不以周期之坏灭而扰也。——原注

十五、三补鲁洒

自始至终,《薄伽梵歌》教义,虽转动应变,条绪纷纶,然皆辐凑于一中心思想;其达之也,则权衡各派哲学之相违,加以调协;且慎重综合诸多精神经验之真理。此等光明,若分别随逐其外弧辉射之曲线而不顾其余,则常相冲突,或至少亦相乖异,但于此皆凝集之于综观之一焦点。此中心思想,则三重知觉性之理念是也,是三而一,存在于生存之全部等分中者。

世间固有一精神,从事活动,虽在无数现相中为一。此为有生与行业之发展者,为生命之活动权能,为"自性"亿万变化中一内寓且能联系之知觉性;为所以组成"时间"与"空间"中此一切纷扰之真实性,其本身亦即"时间","空间",与"环境"。斯即此世界中心灵之群;亦即诸天,诸人,诸有生物,诸无生物,诸力,诸质,诸量,诸权能,诸当体。此为"自性",即"精神"之权能,为对象,即其名,色,形,理念,存在之种种现象,皆是独一自体存在之精神整体,"彼一","永恒者"之诸部分,诸有生,与变是。但吾人所见显然活动于吾人之前者,非此"永恒者"及其知觉之"权能",而为一"自性",在其活动之盲昧挣扎中,不知其动作中之精神。其工作为若干种基本功德,性质,力量原则,在机械作用中一种混乱,愚昧,能限制之活动,及其后果之固定或流衍。无论何心灵在此作用中现出表面,其本身在现相上为愚昧,苦痛,拘束于此低等"自性"之不完全且使人不满足之活动。然“自性”中内在之“权能”亦异乎其现似如此者；盖显示于其现相而隐藏于其真理中者，为“变易者”，为宇宙“心灵”，为在宇宙现相与变是之变易性中之“精神”，与“非变易者”及“无上者”为一。吾人必当达于其显了现相后方之隐秘真理；吾人当在此等面幕之后发现此精神，而见万有皆“一”，一切皆是涡苏天，为个体，为遍是，为超极。设若吾人生活长此集中于低等“自性”，则此为未能以何内中真实性圆满成就之事。盖在此“自性”之低等运动中，有一无明，一摩耶；隐匿“神圣者”于其怀抱，自其本身及其所造物前将此障蔽。“神主”为其所自有创造一切之瑜伽摩耶所蔽，“永恒者”而现流变迁谢之形，“本体”而为其自有之显了现相所吸引，障覆。若使取“变易者”单独为一事物在其自体，为变易之遍是者而与无分之“非变易者”与“超极者”相离，则知识必不完全，吾人有体必不完全，因此亦无解脱。

虽然，有另一精神为吾人所觉知者，非此等任何事物，而为自我且仅为自我。“精神”常为永恒，永远如是，绝不为显示所变移或影响，为一，为安定，为一无分之自体存在，虽“自性”中诸事物与权能相互分别，现似分别亦复无有，在“自性”之作用中为无作，在其运动中为不动。此为一切之“自我”，然而不动，无所感，不可接，仿佛凡此一切依乎彼之事物皆“非自我”，非其自有之结果，权能，后效，而如动作之一出戏剧，呈现于一不参加无感动之观者眼前。盖表演而参加此戏剧之心思，异乎“自我”，异乎无情以包含动作之“自我”。虽吾人见此精神为在“时间”中，彼实为无时间性者；虽吾人见其仿佛弥漫空间，实亦未尝展拓于空间。若吾人由外向内转，或在作用与运动之后方，求某事物之为永恒与安定者，或由时间及其创造出离，而进乎未创造者，由现相而返乎本体，由人格性者至非人格性，由变是转入不变之自体存在，则依正比例而愈加明觉乎此。此为“非变易者”，变者中之不变者，动者中之不动者，坏灭事物中之不坏灭者。或者，毋宁说，既仅有一遍漫之现相，此则为无变、无动、无灭者，一切变易坏灭事物之动性皆由之而出。

“变易”之精神，吾人所见为一切自然存在，一切存在之大全，皆弥漫以动作于不动永恒“非变易者”中。此变动“自我之权能”，动作于“自我”之彼基本安定性中，为物质“自性”之第二原则，“风大”(Vayu)，以其聚，散，引，拒之接触力，支持“火大”(属光，属气，属电)及其他原素运动。弥漫依序列于“空大”(以太)微妙而弘庞之安定性中。此“非变易者”，为高于“智谛”之自我，——甚且超出吾人有体中“自性”之最高主观原则，即解脱智，以之吾人出乎动作不息之心思自我，而返乎安定永恒之精神自我，终可脱离有生之持续，及行业之长链“羯摩”者。此自我在其最高格位中，所谓“无上之居”，乃在原始宇宙“冥性”，“非显了”原则以外之非显了者，且倘若心灵转向此“非变易者”，宇宙及“自性”之执持遂脱，出乎有生以外，而入乎不变永恒之存在。然则此二者，乃吾人所见于世界中之二精神也；其一在其作用中出现于前方，其一留居其后方，坚住于彼持续之玄默中，是则行业所由而生，一切行业归于其中而止，消逝于无时间之存在，“涅槃”。故曰：“一变易一非变易兮，斯世补鲁洒二者”也。

然岬挫吾人心智之困难，则此似为不可调和之对待两端，其间无真实联系，了无从此至彼之任何过渡，无非一急烈分离运动。“变易者”分离以动作于“非变易者”中，或至少在其中发动动作；

“非变易者”亦以自体为中心而离立，在其不动作中与“变易者”分离。初见似乎倘承认数论之说，以为有“神我”与“自性”之原始永恒二元，虽不承认心灵永恒之多性，乃较为方便，更合逻辑，且易于理解。然则吾人于“非变易者”之经验，简单为每一“神我”退归自体之敛抑，为其转离“自性”，因此在生存之诸关系中，与其他心灵不复相接触；盖一一在其自有真元中，为自体周足，为无限，为完全。究之，至极经验，终为一切有体之为一，此非徒经验之共通，同隶属于“自性”之一力量，而为精神中之一体，在此无尽决定之种种变化以外，在此相对存在之一切似是分别性后方，知觉有体，浩大同而为一。《薄伽梵歌》以此至高精神经验为立场。诚然似乎承认心灵之一永恒多性，而服属于永恒一性，且为其所支持，盖宇宙永久，而显示则以无终之轮回前进；然未尝于任何处肯定或以任何言表指明一绝对之消失（laya），个人心灵而灭没于“无极”中。但同时强力执持“非变易者”，为凡此诸多心灵之唯一自我，然则此二精神乃同一永恒且遍是存在之双重格位，显然可知。此为最古之说；即为诸《奥义书》广大见解之全部基础，——如《伊莎奥义书》所云，“大梵”双为动者与非动者，为“一”为“多”，为群有之“自我”，为“明”，为“无明”，为永恒未生之定位，亦为一切存在之有生，若使坚执其一而斥退其永恒之对偶，斯即无外知识之愚暗，或无明之黑暗矣。该书亦如《薄伽梵歌》，坚执吾人必知此二者，两加接纳，以明“至上者”之全——即《歌》中所谓“我之大全”，——于是而享受永生，生活于“永恒者”内。《薄伽梵歌》教义，与诸《奥义书》此一方面之说，乃正相同；盖皆顾及且承认真实性之两方面，而仍归于同一性以为结论，为存在之最高真理。

但此一较伟大之知识与经验，无论其诉于吾人最高识见为如何真实有力，仍当除去一极切实且紧迫之困难，一种实用上且属逻辑上之冲突，初见似坚持直至精神经验至高之高处者。“永恒者”异乎此活动之主观与客观经验，有一更大之知觉性，“非敬拜异乎此者”（《由谁奥义书》）；而同时凡此皆是“永恒者”，凡此皆“自我”长远之自见，“凡此群有皆为‘大梵’，‘自我’，亦‘大梵’也”，（《唵声奥义书》）“‘永恒者’已化为一切存在”，（《伊莎奥义书》）“汝为此儿童，彼少女，彼老叟，扶杖而行者”，（《白净识者奥义书》）——甚至如《薄伽梵歌》中，“神圣者”谓彼为克释拏为阿琼那，为维耶色，为乌商那，为此狮王，为彼菩提树，为知觉性，为智慧，为一切质，为一切众生之自我。但此二者如何能为一耶？不但在性质中相冲突，抑且在经验中如此难于融合？若使吾人生活于变是之动性中，吾人或可觉知，然难生活于无时间性自我存在之永生性内。若使吾人凝定于无时间性之有体中，则“时间”，“空间”，及“环境”，皆从吾人退落，现似为“无极”之一噩梦。最易起信之结论，初见必以为“自性”中精神之动性是一虚幻，仅在吾人生活其中时为真，但在其本原中则非真实，斯是何以每当吾人还于自我时，此即从吾人不可毁坏之真元前堕去之故。此即通常斫断此谜纠结之法。“大梵真而世界伪也。”

然而《薄伽梵歌》不托荫于此说，以此说本身有莫大之困难，亦又无从说明虚幻之故，——盖唯说一切是神秘而不可知之摩耶，然则吾人亦可说凡此一切皆是神秘而不可知之双重真实，精神自隐蔽于精神而已。《薄伽梵歌》说及摩耶，但唯说其为一使人迷惑局部之知觉性，未克摄持全部真实性，生活于流动“自性”之现相中，

而不见及“精神”，彼实为其活动“权能”者。若吾人超过此摩耶，世界并不消失，唯改变其全部意义中心。在精神视见中，吾人不唯见及非此一切真为非有，而且见及一切皆有皆是，然其为是为有，意义较今之错误观念不同：一切皆“神主”之自我与心灵与本性，一切皆是涡苏天。世界于《薄伽梵歌》为真，为“主”之创造，为“永恒者”之权能，为“超上大梵”之显示，虽此三重摩耶之低等自性，亦依无上神圣“自性”而起。吾人又不能全然依托此分辨，以为有二重真实，一则为低等活动而有时间性之真实性，一则为超上宁定静止之永恒真实性出乎动作以外者，遂以为由此局部性而趋于彼伟大性，由动作而趋于玄默，即是吾人之解脱。盖《薄伽梵歌》所坚持者，乃吾人生活时，能知觉且当知觉自我及其玄默，然不能不在“自性”之世界中以权能而有为。且举例谓“神圣者”本身，虽不必须为有生所缚，自由而超乎宇宙，然仍永居于行动作为中，“咨余仍处乎行”。是故由与此神圣自性全体相同相似，然后此双重经验乃全然可能。虽然，彼一性原则者，何是？

《薄伽梵歌》得此于其“无上神我”之至高视见中；据其教理，此乃圆足与最高经验之典型，为“知全者”之知识。“非变易者”，是超上，在对于宇宙“自性”之作用及诸原素之关系为超然。此即一切之非变易“自我”，而一切之非变易“自我”，即是“无上神我”。在其自体存在之自由中，即“非变易者”，不为其在“自性”中自有权能之动作所影响，不为其自有变化之驱策所击汰，不为其自有性质之活动所扰乱。但此仅为一方面而已，虽为全体知识之一大方面。“无上神我”同时更大于“非变易者”，盖彼多于此非变易性，且不为其本体之至高永恒格位所范围，此即所谓“至上之居”者。虽然，仍是由吾人内中无论何永恒与不变易者，吾人乃达于彼至上格位，由之而不重返乎有生，此即古代智者，圣人，所寻求之解脱也。但设若专循“非变易者”一道求之，则求解脱成为求“不可名相者”，其道艰难，如吾人之具形体于“物质”中，于吾人此本性为难事。“不可名相者”，吾人内中纯粹不可表诠之自我，“非变易者”，在其分离之驱策中向之升起，——即某至上“非显了者”，——而彼至高非显了之“非变易者”仍是“无上神我”。是故《薄伽梵歌》有云，彼等寻求“不可名相者”，亦来至于“我”，永恒之“神主”。然而彼较此至高非显了“非变易者”尤为伟大，尤有多于任何负极“绝对者，非此者，非彼者”。盖亦当知彼为无上“补鲁洒”，在其自有存在中弥漫此全宇宙者也。彼为一无上神秘之“大全”，为世间万事万物之一不可以语言名相表之正极“绝对者”（太极）彼为“变易者”之“主”，不但为彼处之“至上补鲁洒”，亦在此世间居于众生之内心，为“自在主”。甚至在彼处在彼至高永恒格位中，彼为“超上自在主”，而非离隔绝缘之“不可名相者”，乃为原始，为父，为母，为初基，为自我与宇宙之永恒居处，为一切存在之“主”，为享受一切牺牲奉献者。然则由同时知彼为在“非变易者”与“变易者”中，由知彼为“未生者”，在有生中局部现示其自我，甚且恒常降世为“应身”，由知彼之“大全”，然后心灵乃易从低等“自性”之现相解脱，而以浩大顿时之生长，广大无量之高升，而返入神圣本体与最高“自性”。盖“变易者”之真理，亦是“至上神我”之一真理。“至上神我”乃在每一造物之内心，显示于其无数量“神能者”中；乃彼为在“时间”中之宇宙精神，乃彼，发施命令，使已得解脱之人类精神为其神圣行业。彼固双为“变易者”与“非变易者”，然仍是第三者，盖较大且多于此双对待之任何

一面。故曰:“别有超上补鲁洒,称‘无上自我’,入乎三界而持载之,是不灭‘自在主’。”此一颂调和吾人存在之似是相对两方面,《薄伽梵歌》之警策语也。(拾伍,十七)

“无上神我”一理,从初端即已准备,内定,暗示及之,隐约描述之,然直至今第十五章,乃大加阐明,其分辨乃以此一名而彰。视其如何直接表达之且加以阐明,固甚有教示意味也。吾人已得知上升于神圣本性,必先自安定于一完善精神平等性中,超出三德之低等自性。超出低等自性已,吾人乃自处于非人格性中,于超一切行业不能扰之优胜性中,自处于离乎一切性质所范限界说之纯洁性中,即“无上神我”显了性之一面,彼显为自我之一性,永恒性,“非变易者”。但“无上神我”亦有不可表相永恒之多性,至高至真之真理,在心灵显示之初原神秘以后。“无极者”有一永恒之权能,有彼神圣“自性”无始无终之作用,而在此作用中,心灵人格之神奇,乃出现于似是非人格性诸力量活动之表。此为可能者,盖人格亦为“神圣者”之性格,在“无极者”中得其最高精神真理与意义者也。然“无极者”中之“个人”,殊非低等“自性”之私我,分别,可忘之人格;而是已经升扬,遍是而超上,永生而神圣者。此无上“个人”之神秘,乃敬爱之秘密。精神个人,补鲁洒,吾人内中永恒心灵,以其自体及其一切所有与所是者,奉于永恒之“神圣者”,无上“个人”与“神主”,彼为其一分者。智识之完全,亦得于此自我奉献中,由吾等个人性格之扬起,以敬爱、且崇拜、吾等人格及其作为之不可言说之“主宰”而致也。由此而行业之奉献,得其圆成与完善之认可。然则是由此等事物,人之心灵乃得极完全成就于此别一动力性秘密中,于神性自性之此别一伟大亲切方面,以此圆满成

就，遂得具有永生，无上幸福，与永恒“大法”之基础也。《薄伽梵歌》既分述此二重需要，一自我中之平等性，一对“主宰”之敬爱，最初仿佛其为臻至“大梵”格位两歧异之途——一取出世清净道形式，另一取神圣敬爱与神圣行业形式，——至此，乃进而结合人格性者与非人格性者于“至上神我”，而界定其关系。盖《薄伽梵歌》之目的，乃摒除偏见与分别之夸张，而融合此知识与精神经验两方面，为独一且完善之道，以达乎无上圆成也。

如是，最初用韦檀多之喻言，说宇宙存在为一大菩提树。宇宙存在之树，在时间或空间中无始无终者也，为永恒而不可磨灭。其真形不能为吾等在此人类有生之物质世界所窥见，此在世间亦无任何显似坚定之基础；此为一无极之运动，其基础乃在于“无极”之超上者中。其原则乃邃古永恒趋向动作之驱策，则永远发于一切存在之原始“心灵”，无始而无终者也。然则其原始渊源，在上超出“时间”以外，在“永恒者”中，但其枝干下垂，引申其蔓根下入此人类世界，凡执著与欲望，滋引繁生更多之欲望，与无穷发展之作为，皆固定而纠缠之蔓根也。《韦陀》诸颂赞则喻为树叶，知此宇宙树者即“《韦陀》明者”。在此吾人乃见此于《韦陀》或至少于《韦陀论》贬抑之观，此吾人从初即当注及者。盖《韦陀》所给与吾人之知识，诸天之知识也，乃关于宇宙诸原则诸权能之知识，其果，则皆牺牲之果，牺牲原以欲望而奉献也，求果，则求三界自然中之享受与权威。三界者，地界，天界，及天地中间一界也。此宇宙树之枝桠，引生向下亦复向上，下至物质界，上至超物理界；以“自性”之三德而生，盖三德为诸《韦陀》之一切题材主旨。故曰：“《韦陀》皆三德为境兮。”（贰，四十五）《韦陀》唱赞皆此树之叶，正当奉行牺牲祠祀所

得可欲之物境，又此树叶之新芽恒吐也。然则当人享受三德之活动，而耽执欲望，则纠缠于有生与行业运动之网，恒常流转于地界，中界，及天界间，而不能返于其无上精神之无极诸体。此则古代圣贤所见者。为得解脱也，则彼等循从寂灭之路，止息原始对行业之驱策，而此道之圆成，即有生之止息，及一超上格位，在“永恒者”最高超宇宙极诣中。但达此目的，必挥“无执著”之利剑，斫断此等长久固结欲望之根，然后求彼最上目标，既达之后，必不被迫还堕生死也。无有于低等摩耶之困惑，无有私我，既克服执著之最大过缺，一切欲望皆寂，忧乐之对待皆捐，常时定止于纯洁精神知觉性中，此皆达彼至高“无极”道之等级矣。于此，吾人乃得无时间性之本体，不为日，月，火光所照，盖其本身即是永恒“补鲁洒”当体之光明。韦檀多颂中有云：“我将求彼原人兮，太古动力之所渊。”原人者，原始“心灵”也。此即“无上神我”最高格位，即彼之超宇宙存在。

但此似乎甚可以出世道之止寂而达之矣，甚且优裕而径直可通。其注定之路程似即“非变易者”一道，全然舍弃行业，置人生于不顾，为修士之离索，成退隐之无为。然则尚何有于发动行业之命令，何有于保持此宇宙存在，何有于俱庐战场之杀伐，何有于“精神”在“时间”中之路，何有于万千躯体“神主”之大观，及其行动命令：“起！起！克汝敌！享有富国”哉？何处尚有余地，或至少犹有斯号召，有此必需耶？然《薄伽梵歌》答曰：此精神，此“变易者”，吾等变易生存之此享受者，亦是“无上神我”，是彼在其永恒多性中。则谓：“唯‘我’一分永存兮，于情命(Jivas)界化为耆婆。”(拾伍，七)此一语也，有其莫大之关系与后果。盖其意义为每一心灵，每一有体，在其精神真实性中即是“神圣者”，无论其在“自性”中之实际显示如何褊狭。甚且，倘文字而有任何意义者，乃谓每一显了之精神，多中之一，即是一永恒之个体，独一“存在”之永恒一不生不灭之权能。吾人称此显了之精神为“情命”（耆婆），因其在此现为有生体世界中之生人，吾人称人中之此精神，为人类心灵，而唯以人类观念加以想象。真际此为大于其当今现相者，不拘束于其人性；在其过去此为较人类为低之显示，在其将来亦可化为远大于心思之人者。若此心灵上升而超出一切无明之范限，则表出神圣性，其人性仅为一暂时之障覆，一局部且无完足意义之物。个人精神存在，且永远存在于彼面“永恒者”中，盖其本身原是不朽，自古永历。显然是此永恒个人之理，使《薄伽梵歌》避免任何表述，可提示一全般坏灭者（laya），宁肯说心灵至高境界，为“至上神我”中之寓居，“自兹尔居于我而无疑”。若使当其说一切之一“自我”，似用“不二论”之说，然而此永恒个人之坚定真理所谓“一分永存之我”，乃增加一种形况，竟似几于承认“胜不二论”之观点——虽吾人不能以此径抽绎一结论，遽谓唯此是《薄伽梵歌》哲学，或此教义即是后代罗曼耨遮之说而无殊。然说在唯一神圣“存在”之精神本体中，不但有一虚幻之多性原则，亦有一永恒一真实原则，此戋戋之理固属显明者也。

永恒个人非异乎“神圣补鲁洒”，或真如何与之分离。此为“神主”本身，为“自在主”，由其一性之永恒多性，——凡存在者，岂非彼“无极者”真理之一表达也？——遂永远存在为吾人内中不灭之心灵，而取得此身躯，而又舍此旋灭之躯壳而去，蜕化以消失于“自性”之原素中。其入也，则挟其“自性”之主体权能俱来，即心思与五识，且长育之以备心与识对于物境之享受，而其出也，则挟之俱去，如风摄香气，离花瓶外飘。然而“神主”与变易“自性”中之心灵同为一体，以外表现相而隐，且迷失于此“自性”纷杂流动之眩惑中。凡夫一任“自性”形态统制，无论为人类形态或其他形态，永弗能见焉，且将漠视蔑视寓居人类躯体中之“神圣者”。其愚不足以见其来去，不足以见其住持，享受，擅有德性，而仅见对于心思识感为何识者，非较伟大之真理；唯具正知识眼者，乃可瞥见也。无论彼等如何用力，终不得见，直至其学得脱除外表知觉性之范限，在内中建立其精神本体，宛若为之创造一形体于本性中者然。人而欲知其自我，必为圆成之心灵，于精神型范中形成而具足，于精神视见中觉悟而启明。瑜伽师有此正知识眼，乃见吾人之为“神圣本体”，见之于其自有无尽真实性中，于其自有精神永恒性中。既启明矣，则在彼等本身中克见“神主”，解脱粗重物质范限，离乎心思人格形式，出乎迁变生命表呈：彼等居于自我与精神之真理中而永生。又不独在本身克见彼，亦在全宇宙中见之。在照耀世界太阳光明中，彼等乃见吾人内中“神主”之光明，月光火光，皆“神圣者”之光明。是“神圣者”为此后土之形，为其物质力量之精神，以其能力而持载此群有。“神圣者”亦为月浸(Soma)之神，以其在后土中之滋润，而养育被其外表之草木。是“神圣者”而非他，乃生命之火焰，支持生物之生理躯体，消化其食物以保持其情命力。彼居于每一有呼吸者之内心；由彼而有忆念，知识，理智之争辩等事。彼为以一切《韦陀》，以一切知识形式而智者；彼为《韦陀》明者及韦檀多作者。换言之，“神圣者”同时即物质之“心灵”，即生命之“心灵”，即心思之“心灵”，亦即超心思光明之“心灵”，超心灵之光明，乃超出心思及其有限推理智用者。

如是,“神圣者”乃显示于其神秘之二重心灵,即双重权能;同时支持变灭事物,——即凡此一切存在——之精神,又支持不变易精神,在其永恒玄默与定宁之不动性中,不扰无纷,居而超于万物之表者。是由在其中“神圣者”之力,而人之思心,情心,意志,乃如此强力被此二精神引向殊方,宛若其为相对不容之引力,其一必坚欲消灭其一者。但“神圣者”既非全是“变易者”,亦非全是“非变易者”。彼大于不变易“自我”,更大于变易事物中之“心灵”。若彼同时能为二者,盖由其异乎二者,为超全宇宙之“无上神我”,然亦引申于世界中,于《韦陀》中,于自我知识中,于宇宙经验中。而有如是知彼且见彼为“无上补鲁洒”者,则既不复为世界现相所惑,亦不复为此似是反对之分别吸引所迷。二者,在人中互相违拒,初被视为宇宙作用之一正极者,与在“自我”中之一负极者,似无与于此作用,作用乃全属于或似全属于“自性”之无明。或甚者,此二抵触其知觉性,一作为纯洁,安定,永恒,不可决定之自体存在之正极者,一作为其负极者,属此一世界,则为难可究诘种种决定与因缘,种种理念与形式,永恒不定之变是,作用与进化,生与死,显与隐,成与毁之纠缠。斯人者,怀抱此一切又离出之,克服其对待,化为大全知,为“知全者”。彼见自我与万物二者之全般意义;恢复“神圣者”之整体真实性,结合“变易者”与“非变易者”于“无上神我”中。彼敬,爱,依附,且崇扬彼及一切存在之无上“自我”,彼及一切能力之“主”,在世内世外为迩为远之“永恒者”。而其为此也,不以其自我之一面或一部分,偏至精神化之思心,深密然失弘大之情心炫眼之光明,或意志在工作中之单独企愿,而以其有体与变是,心灵,与

本性之一切完善明彻之道而为之。在其不可扰动自我存在之平等性中而神圣，在其中与众生万物之一，彼则挹此无边之平等性，深纯之一性，入乎其思心，情心，生命，身体中，在其上建立神圣爱，神圣行，神圣智之三位一体为不可分之整体。此则《薄伽梵歌》之救度道也。

然则此岂非亦真实“不二论”，于一永恒“存在”中不作几微分割者耶？此究极无分之“一元论”，虽在“自性”无数多中，在一切方面，在自我与宇宙之真实性中，一如在彼超宇宙者极伟大真实性中，皆见之为一。此超宇宙者，即自我之渊源，宇宙之真理，不为宇宙变是之任何肯定所系，亦不为任何遍是或绝对否定所撄也。至少此为《薄伽梵歌》之“不二论”。彼天人师告阿琼那云：此极玄至秘之论也；此为引导吾人入乎生存至高神秘中心之无上教，无上学。绝对明乎此，摄之于智识，于感情，于力量，于经验，乃为在已转化之理解中圆成，在情心得神圣满足，成功于一切意志，作用，行为之无上意义与目标。斯即永生之道，升入最高神圣本性，且摄得永恒“大法”之道矣。

十六、精神作用之充实

《薄伽梵歌》之思想发展至此，已达于一点，仅余一问题待解决矣。——吾人本性原有束缚，且多过阙，然则不但在原则上而且在其一切运动上，如何成此进化，由低等有体以进化至高等有体，由其当今之行动律则，进化至永生"大法"耶？此一困难，原已暗涵于《歌》中若干处，然未至此等处所时，必大加阐发，且必出之以较明晰之形式，使呈于吾人智识之前。《薄伽梵歌》以一种心理知识进展，在其时代思想中原属惯知，在其思想步武上，原可跨越若干过渡处，若干处可不说自明，当时假定其为固然者，在吾人则不能不鲜明廓出，使其精确详定。教义在初端，即拟定吾人在世间行业一新渊源与水准；此为出发点，亦为推进其结论者。其原本目的，非洽合为建置一解脱之方，而为示人以行业与心灵趋向解脱之努力，两不相背，且一旦已得精神自由，此本身亦与世间之继续有为，互相融洽。偶尔遂发展出一综合瑜伽，或臻至精神解脱与圆成之心理学方法。亦揭露若干形而上学之肯定，若干吾人本体与本性之真理，此瑜伽之效用所得安立其上者。但其原来所主要从事者，犹一贯存在，原来即此一困难与问题，阿琼那之思想与感情，既起强烈痉挛，脱失行动之固定自然合理之基础与标准矣，如何可得一工作上新而且使人满意之精神模范，或者，阿琼那当如何生活于"精神"真理中，——彼既不复能依照凡人普通本性与理智之局部真理

而作为矣，——而又行其在俱卢战场命定之事？是内中安定以生活，无所耽执，静定于遍是与非个人性“自我”之玄默中，而抒发动力以作为，为动力“自性”之事；且更有大焉者，与吾人内中“永恒者”合一，而施行“永恒者”在世间之一切意志，此意志表现于已升华之力，于个人本性之神圣崇高，此本性已升扬，解脱，遍是化，与“神性”结合为一矣，——此《薄伽梵歌》之解答也。

吾人且在极明确与正性之义度下，从在阿琼那之拒绝与困难之根本上彼问题之立场，观此究竟结果至于何似。彼为一世间人，社会中人也，职责在于行刹帝利分内高尚行事；无此，则社会必至于解体，民族理想失其维护，而正义与公道之和谐秩序无由保持，无由反抗压迫，罪恶，不公平，无政府之暴力。然此循职尽分之要求，本身已不能使此战争主角满意，盖在俱卢战场之可怖事实中，此要求现为苛刻，纷乱，而义亦不定。履行其社会职责，忽然现为赞同一罪恶，忧悲，苦难之莫大结局；寻常保持公道与社会秩序之方法，反可导至一巨大祸乱与无秩序状态。正当要求与法益，即吾人所称为权利者，其统治在兹于彼已不起歆想；因其当为本人与兄弟及同属而战取之王国，固正当属于彼等，拥护之固为维护正义而推翻阿修罗之暴虐统治，然此正义则喋血之正义也，此王国则忧悲而占有之王国也，留一极大罪恶污痕，于社会为巨大祸害，于民族为真实罪行。而“达摩”伦理正道之统治于彼亦复无动于中；盖诸种达摩自相冲突。解决此问题需要一新而更伟大之律则，初非意料所及者，然此律则为何？

然则自行业退引，遁入仙人修士式之无为，一任缺陷世界以其不完善之方法与动机自转，固为一可能之解决，易于想象，无难实

行，然此乃斩断纠结之法，彼“天人师”所坚持不许者也。世界之“主”要求世人为其事业，世界及彼之行业原地，无论此行业成于私我，在于无明，或以人类有限理智偏至之明，或发乎视景与动机之较高而所见更广之一界。进者，直斥此特殊行动为罪恶，亦为另一解决，径归于短视、道德化之心思；但此退避，彼天人师亦不认可。阿琼那之退避，则将作成一更重大之罪恶，若使此而有任何效果者，则将为不义与无道战胜，拒绝其作为神圣行业工具之使命。民族命运已临一暴烈危机，此非由诸种力量盲目动作而生，或由人类之理念，利益，热情，私意相冲突而起，而为一在此等外表现相后之“意志”所发者。阿琼那必得见此真理；彼必学得不为个人无烦恼而有为，不为彼小小个人欲望及怯弱人类退缩之工具，而为一更广大更光明“权能”之工具，更伟大，全智，神圣，遍是“意志”之工具。彼必不为其自我而有为，普遍有为，为于其心灵与内中及外在“神主”之结合中，为于与其所自有无上“自我”之一静定“瑜伽”中(yukta 结合)。

但此种真理，必不能正确见知，此种行业，必不能正当为之，必不能化为真实，若使人长此为私我所管制，纵使为理性与心智之“萨埵性”私我所管制，半启明而未明彻者。盖此为一精神真理，为发于一精神基本之行为。非智识之知，而为精神之知，乃此种行为方法所必不可无之需要，为其唯一可能之光明，中介，刺激。是故彼天人师最初指明凡此一切理念与感情，所以扰乱，困恼，挫折阿琼那者，凡此快乐与忧愁，欲望与罪恶，心思之转向以行业外在结果而管制行业，人类在宇宙“精神”与世界之交涉中，从似为可怖畏事前退避，凡此，皆生于吾人知觉性之服属于一自然无明，皆低等自性工作之法，心灵内处于此低等自性中，自视为一分别私我，酬答对之生作用诸事物以二重反应，如苦、乐、善、恶，是、非，幸、不幸等。此等反应，造成一复杂纠缠之网，其中心灵茫然自失，为其自有之无明所迷惑；必以局部而不完善之解决自加领导，此等解决法，在寻常生活中，劣得有用，及试用于一较广大见界与深沉经验时，必然失败。欲了解行业与存在之真实意义，吾人必须退入此等现相之后方，入乎精神真理中；必建立自我知识，然后能有正当世界知识之基础也。

振心灵之翼，无有于欲望，热情，烦恼，及人类心思凡此一切颠倒错乱境界，倏然自由，高举而入乎无恼热平等性之太空，无个人性宁定之天宇，对事物无私我感觉与观念，乃第一需要矣。盖唯在彼清明上层空气中，非一切风云所能及，而有自我知识能临；乃能以周顾之眼，在悟知一切参透一切而不可扰乱之光明中，凝定见及世界律则与“自性”真理。此微小人格，乃一无能工具，“自性”之一被动或唐劳抵拒之傀儡，在其创造物中所形成之一形相，然在其后方，乃有一非个人性自我，在一切中为一，见知万事万物；有一平等、无偏、遍是之当体，与创造之支持者，一能见证之知觉性，强“自性”成作事物之变是，各随其本性，然不沦入或自失于“自性”所作始之行业中。从私我退出，从烦恼人格退引，以入乎此宁定，平等，永恒，遍是，非个人性之“自我”中，乃趋于瑜伽中观照作用之第一步；此瑜伽者，知觉以与神圣“本体”及必无差失之“意志”相结合也，无论其今兹如何在吾人为昧然，终自显示于此世界者。

当吾人定宁生活于此非个人性广大自我中，因其为浩大，寂静，安宁，无个人性，吾人别一微小虚伪之自我，即行为之私我，乃

消失于其广大性中，而见活动者，非吾人而为“自性”，一切行业皆“自性”之行业，不能是其他。而此所谓“自性”者，是在动作中永恒本体之遍处实施之“权能”，在其所创造者此一类或彼一类，乃取各种相状与形式，在每一种性之个体中，一随其自然生存之类型，及其工作之究竟功用与律则，而取各种相状与形式。每一所造物，必随其本性而作为，不能以任何其他事物而作为。私我与个人意志及欲望，无非一宇宙“力量”之活泼知觉形式，与有限自然工事，此“力量”本身，无相无极，且皆远超过之；凡理性，智识，心思，识感，生命，身体，一切吾人所矜为自有者，皆“自性”之工具与所造物。但非个人性之“自我”则无所作为，非“自性”之一部分；此在后，从上，观察行为动作，仍其为自体之主，为自由且无情之知者。生活于此非人格性中之心灵，不为行为动作——以吾人本性为工具者——所影响；不以忧与喜，欲望与退缩，引诱与拒违，或此千百对待，所以引动，摇撼，且困苦吾人者，而与之相应，或与其效果相应。此以平等眼光视一切人，一切物，一切事，观察“自性”之形态或德性，生作用于形态或德性，睹此机动之全部秘密，但其本身则超出诸形态德性，为一纯粹绝对真元体，无情，自由，安定。“自性”发皇其动作行业，非个人性与宇宙性之心灵则支持之，然不沦入其中，不执滞，不受纠缠，不困苦，不被迷惑。若吾人能生活于此平等自我中，吾人亦得安定；时若“自性”之冲动在吾等工具中延长，吾人之工作亦仍继续不止，但有一种精神之自由与清净。

虽然，此静“神我”，动“自性”之二元，非吾人有体之全；实非此事之终极二语。倘其如此，或则一切行事对于心灵将漠不相关，任三德转动变化无管制而驰逸，则此行为，或彼事业，或了无所作为，

必将发生，——阿琼那当由工具中“剌阇性”冲动而作战，或由“答摩”惰性或“萨埵”冷漠而避免作战，——或其不然，若彼必作为且唯如是而作为，则此当出自“自性”之某种机械决定。甚者，心灵在其退引中，将入而生活于非个人性静性“自我”中，全然止息生活于活动“自性”中，其最后结果将为静寂无为，止息，惰性，非《薄伽梵歌》所教示之行业。终焉者，此二元性不足以真解释缘何心灵全被驱使，自牵涉入“自性”及其工事中；盖此必不能是一永远未尝内入且自知之精神，转而沦入，且消失其自我知识，又必归还于此知识。反之，此纯粹“自我”，此“心灵”，常在而不变，常为此一自体心知而超然无个人性之“见证者”，或行业无偏之支持者。是此一缺处，此一不能有之空白，乃迫使吾人不得不假定有双“神我”，或一“神我”之两姿态，其一秘在于“本体”中，从其自体存在而观察一切，——或了无所观察，为另一自加映入“自性”者，假借其自体予“自性”之作用，自认与“自性”所创造为同一。但即使此“自我”与“自性”之二元论，或经双“神我”二元论修改之摩耶说，亦非《薄伽梵歌》全部哲理教言。《薄伽梵歌》出此以外，至于一高等“神我”最上遍覆一切之一性，即“无上神我”之一性。

《薄伽梵歌》肯定有一无上“神秘”，至高“真实”，能持举且调和此两不同显示之真理者。有一无上“自我”，“主宰”，与“大梵”，是一而双为人格性与非人格性者，然异于又大于任何其一，且异于又大于二者合并。彼为“补鲁洒”，“自我”吾人有体之心灵，但彼亦是“冥性”或“自性”，即“大全心灵”之权能，“永恒者”，与“无极者”之权能，自体策动以有为，以创造。此至上“不可名相者”，宇宙“个人”，以其“自性”而化为此一切造物。此至上“心灵”与“大梵”，以其自我知识之“摩耶”，及其无明之“摩耶”，显示宇宙之谜之此二重真理。为无上“主”，为其“力量”，“权威”之主宰，彼创造，策动，管制此一切“自性”与此无量数存在之人格，权能，与工作。每一心灵是此自体存在“太一”之部分有体，此“大全心灵”之一永恒心灵，此无上“主”及其宇宙“自性”之局部显示。凡此世间一切皆是此“神圣者”，此“神主”，此“涡苏天”，盖以“自性”及“自性”中之心灵，彼化为凡此群有，而万事万物皆由彼而出 ，以彼而存，或存于彼中，虽彼自体大于任何至广遍之显示，任何至深沉之精神，任何宇宙形相。此即存在之全部真理，即吾人所见宇宙作用之全部秘密，从《薄伽梵歌》后部诸章中脱颖而出者。

但此更伟大之真理，如何形况或影响精神事业之原则也？最初，在此基本一事上加以形况，即“自我”与心灵与“自性”间之关系，其全部意义均皆改变，开拓出一新视景，填满其空白，获得较宽宏之广大度，且擅得一真实且在精神上属正极性之意义，一无疵瑕之完整意义。世界不复为“自性”之作用与决定，属纯粹之机械性质者，以配对一非个人性自我存在之寂境，无自我决定之性质或权能，无能力或冲动以创造者。不圆满之二元论中间空缺，已能架度，在智识与行业，及心灵与“自性”间，已启示一能扬举之一体性。寂默非人格性之“自我”是一真理，——此真理者，属于“神主”之宁定，“永恒者”之沉默，“主宰”之自由于一切生起，变是，行动，创作，其自体存在之安定无极之自由，不为彼之创造所拘束，所扰乱，所影响，不为彼之“自性”之正动与反动所触及。于是“自性”本身，不复为不可解释之虚幻，不复为对反相离之现相，而为“永恒者”之一运动，凡“自性”之一切激扰，活动，与多性，皆建立且支柱于一离执且观察之静性，属非变易自我与精神者。"自性"之"主宰"，仍其为非变易自我，纵其同时为而一而多之宇宙心灵，而在一局部显示中，化为凡此诸力量，权能，知觉性，诸天，动物，非动物，人类。三德之自性，是其权能之一低等自加范限之作用；此为不完善之知觉显示，是故属于一种无明。自我之真理，甚至如"神圣者"之真理，退藏于"自性"之表面力量后方，此力量固在世间专集于其外间作用上者，——甚似人之深沉本体，退藏于其外表知觉性之知识后方，——直至"自性"中之心灵，内转而寻得此隐秘之物，入乎其自体中，发现其所自有之实际真度，高度，深度。此则为何必自其个人渺小私我，退入广大，非人格性，非变易性，是宇宙性之"自我"，然后堪有自我智识也。然而"上主"有在也，不但在彼"自我"中，亦且在"自性"中。彼居于众生之内心，以其当体引导此伟大自然机械运转。彼存在于一切中，一切生活于彼中，一切皆彼自我，因一切皆彼本体之一变是，皆彼生存之一分或一相。但世间一切，皆在一低等局部工事中进展，此则发乎"神明"之一秘密，高等，更伟大，更完全之自性，即永恒无极性，或"神主"之绝对自我权能。完善整体以知觉之心灵，隐藏于人内中者，"神"之永恒一分，永恒"神圣本体"之一精神体，若使吾人常时生活于彼之作用与吾辈生存之此真实真理中，则可在吾人内中启发，且可启发吾人对彼。寻求"神主"者，当返于其不变永恒非个人性自我之真实，而且必同时遍处见及"神圣者"，即彼所从出者，见其为大全，见其在此变易"自性"之全体中，在"自性"之每一部分，每一结果，每一工事中，而且于此使其自我与上帝为一，于此生活于上帝中，于此亦后入乎神圣之一性中。在此整体中，彼乃以神圣之安定与自由，属于彼深沉真本存在

者，结合于工具作用之一无上权能，在其“自性”已神圣化之自我中。

虽然，此事当如何作为耶？第一，此事可以吾人工作意志中一种正当精神作为之。求道者，当视其一切行为，为对行业“主宰”之牺牲奉献，此“主宰”即永恒遍是之“本体”，其个人最高“自我”，及一切他人之“自我”，宇宙中无上遍居，遍涵，遍辖之“神主”。“自性”之全部作用，亦是如此一种牺牲，——起初诚然奉献于在其动作且加以策动之“权能”，但此等权能，皆仅为无限者与“太一”之有限名色。寻常，人仅或公开，或在乔装下，奉其牺牲于私我；其灌献，乃其私我意志与无明之谬妄动作。或者，为褊狭，有时间性之私人目的，而以其智识，作为，企愿，有能耐与努力之工作，奉献于诸神诸天。反之，有智识之人，已得解脱之心灵，奉献其一切活动于唯一永恒“神主”，而不执滞于得果，或低等私欲之满足。彼为“上帝”而工作，非为一己，为普遍福利，为世界之“心灵”，而非为任何特殊目的，属彼个人所创造，或为彼心思意志之任何构架，或情命希图之目的；作为一神圣经纪者，而非在世界贸易中一总经理与分别图利者。吾人复当注意，此事不能真实作成，除非心思达到一平等性，遍是性，广大之非个人性，清彻无有于坚执私我之任何乔装，然后依正比例而能作成：倘非如此，则自谓为如是作，适为伪作或虚妄。世界之全部作用，乃宇宙“主宰”之事业，自体存在“精神”之企业，乃其在“自性”中不息之创造，进展之变是，明著之显示，生活之象征。果实皆彼之所有，结果皆彼所决定，而吾辈个人之行业，仅为一小小贡献，若其动机仅是一私我之要求，则为吾人内中此“自我”与“精神”所统御，监临，此亦即一切中之“自我”与“精

神”，为宇宙之目的与至善而统制万事万物，非为吾人私我之故。无我，无欲，无执于业果而工作，为上帝，为世界，为伟大“自我”及宇宙意志之圆成而工作，——此为向解脱与圆满之第一步。

但在此第一步之外，有另一更伟大动作，即将吾人一切作为，向吾人内中之“神明”作内中之投顺也。盖策动吾人之工作者，为一无极“自性”，与其上及其中之一神圣“意志”，乃要求吾人有为；吾人私我所与之答复与选择，乃一“答摩性”，“剌阇性”，“萨埵性”之贡献，一低等“自性”中之变形。此变形由于私我，自以为作者；事业之性格，乃取有限个人本性之形式，心灵遂束缚于此，束缚于此狭隘形相，而不使行事自由纯洁以出自其内中之无限权能。私我亦束缚于行事及其造就；此必遭受个人之后果与反应，正如其自认为负责发起，行事是其个人意志。自由完善之工作，生于初则以行事及其发起，属之吾等生存之“神主”，终则全般对之投献；盖吾人增进感觉此为吾人内中一无上“当体”所取携，心灵被吸引与一内中“权能”与“神主”深相契合，密切为一，而事业，则直接从伟大“自我”发出，从一永恒有体之全智，无极，宇宙之力量发出，而非出于此微小个人私我之无明。行业乃随本性而选得，而形成，但全是由于本性中之神圣“意志”，故在内中为自由而且完善，不论其外表现相为何；乃至于钤以“无极者”之内向精神印章，此为“当作之事”，在遍智行业“主宰”之道上，为所命令之一运动及运动之一步。已得解脱者之心灵，自由于其非个人性中；纵使彼以其个人性工具性之自我创造，及其本性中之特别意志与权能，皆归之于行业，作为其手段及其机缘，亦复如此。此时彼意志与权能，非分别为其所私有，而为超上个人“神圣者”之一力量，“神圣者”就其“本性”

(Swabhava),即自然本体之特著形式,在彼一己之变是中,即亿万人格之一之变是中而有为。此为已得解脱人士行为之至上秘密,神秘。此为人类心灵,生长至一种神圣"光明"之结果,其本性与一最高宇宙本性相结合之结果。

此转变也,除以智识外无由而成。必须有自我与上帝与世界之正当知识,生活且生长入一更伟大知觉性中,此知识容纳吾人进入者。于今吾人知此知识为何者。吾人当记此知识乃安立于别一更阔大视见上者,非人类心思之识见,乃一已经改变之识度与经验,由此,凡人先得解脱乎私我意识之范围及其接触,乃见及且感觉一切中之自我,一切在上帝中,万有皆是涡苏天,一切皆"神主"之容器,一己亦是此唯一"神主"之重要有体与心灵权能;乃在一精神之联合知觉性中,视其他生命上之一切遭际,宛若一己生命上之一切遭际;乃不容有分隔之间壁,而与一切存在者生活于一普遍大同情中,然处于世界运动以内,仍作其一切众生有福利之工作,一随"神圣者"所任命之途,且如"精神"即"时间主"所命令所加之量。吾人记此,足矣。如是,生活且有为于此知识中,人之心灵乃与"永恒者"在个人性与非个人性中结合,虽行为于"时间"中,实生活于"永恒者"内,甚且如"永恒者"行为,则不论在"自性"中所做事业之形式与决定为何,终为自由,完善,而且幸福矣。

得解脱之人,则有完全整体知识,为"知全者",其做一切事,亦无任何心思所成之拘碍,为"行全者",一随其内中神圣意志,随此意志之力量、与自由、与无极权能而作为。且彼既与"永恒者"结合矣,亦有彼永恒存在之无限纯粹精神悦乐。欣然而崇敬彼即其一分之"自我",彼行业之"主宰",彼之心灵与自性之神圣"爱者"。彼不但为一无情静默之观察者而已，不但举其智识与意志至于“永恒者”，亦以其爱，敬，热烈之情心趋赴之。倘若无此情心之升扬，则其全部本性未得圆满而与上帝合；精神平静之欣愉，必以心灵“阿难陀”之大欢而转化。在个人情命体与非人格性“大梵”或“心灵”以外，彼臻至于超宇宙之“无上神我”，即在非人格性中为不变易，在人格性中成就其自体，而以此两种不同吸引，引吾人至彼者。已得解脱之求道者，个人升至彼最上之“神主”（Numon），由其心灵对上帝之爱乐，且由其内中意志欣崇其行业之“主”；其非人格性是宇宙性之知识之广大和平，乃得完善圆成，则由悦乐于此“神主”之真实性，此“神主”超出一切而遍是，此真实性为自体存在，完整，亲切，而近临。此悦乐华耀其智识以光荣，以之与“精神”对其自体及其显示之永恒悦乐相结合；此亦完善化其人格于神圣“补鲁洒”之超人格中，使其自然有体与作为，并永恒美，永恒和谐，永恒爱与阿难陀而为一。

但凡此一切改变，意义是从低等人类本性全般入于高等神圣本性。此为吾人整个有体之一升举，或至少为全部知，感，愿望之心思体，超出吾人为吾人者以外，入乎某种最高精神知觉性，存在之某种使人满足之充分权能，精神某种至深至广之悦乐。此或以超出吾人现今自然生活而可能，或在世间存在以外某天上境界中之可能，或更在其外，在一超宇宙之超心知中为可能；此或可以过渡至“精神”之绝对且无极之权能与格位而致。但方吾人在此世间躯体中，在此世间生命中，在此世间行业中时，在此转变内，低等自性化为何者耶？盖今兹吾人之一切活动，其趋向与形式皆为本性所决定，而世间之“自性”，则三德之自性也，在一切自然有体与一切自然活动中，有此三德，“答摩”与其无明及惰性；“剌阇”与其动性及作用，及其热情，忧悲，颠倒；“萨埵”与其光明与快乐，及此等事物之束缚。假定心灵在自体化为超于三德，然在工具本性中，又何能逃出其工事与结果及束缚耶？《薄伽梵歌》亦云，虽智识之人，亦循其自性而作为。在外表显示中而感觉且忍受三德之反应，但无有于三德，超然于在后方观察之知觉自我中，此不足也；盖此仍留存自由与奴役之二元，内中吾人与外表吾人间之矛盾，吾人之自我与吾人之权能间之冲突，吾人自知为吾人者，与吾人所愿望所行为者，两不相容。然则此解脱何在？充分高举，转变至一高等精神本性，永生达摩，一神圣本体之无极权能与纯洁性所当有之律则，此种升扬转变抑又何在？若此变易不能成于尚在此身之时，则可谓全部本性不能改变，必仍留有一无可调和之二端，直至存在有死之此型，从精神如一脱除之躯壳而禅蜕。但似此情况，则行业之福音，至少亦必非究竟之福音。然则纯全之寂静，或尽可能纯全之寂静，一进步之出世道，弃除行业，仍似为圆成之真教，——诚如摩耶论师所云：《薄伽梵歌》之道，若吾人仍处乎作为中时，固正当之道，无疑，然一切行业究属虚妄，而寂静乃无上道矣。在此精神中有为有，善已，然仅作为至于舍弃行业之一过渡而已，过渡至于止息，至于绝对寂静。

是则《薄伽梵歌》仍当遭遇之困难问题，以便为寻求“精神”者是正其工作。否则必谓阿琼那云：“姑可如此行之，以后再求舍弃行业之高尚道。”然《薄伽梵歌》反曰：较佳之道，非止息行业，而为弃除欲望；且说及已得解脱者之行为。甚且紧执作一切事业；且说无论已臻圆成之瑜伽师如何行为，生活，彼乃生活，行为于上帝中。

若使本性在其动力与行事中亦化为神圣，为一不扰，不可测，不可乱之权能，纯洁而不为卑下“自性”之反动所困者，唯此庶几可能。然则此最困难之转化当如何成就，取何步骤耶？心灵圆成之此最后秘密为何者？此转移吾等人类与人间本性之原则或程序究为何者？

十七、提婆与阿修罗

愚昧而受桎梏者，人之寻常本性也，此而改变为神圣精神本体之动性自由，若吾人明确自问，三德之工能有其拘束，遭受困难，乃将转变为得解脱者无有极限之行为，其人不复为三德之奴隶，此种过渡，何由而成耶？其实际困难固为显然矣。此过渡殊不可无；盖已明白言之，其人必超出三德，或无有三德。另一方面，亦同等明白同等着重说出，斯世每一自然存在，固皆有三德，在其难解难分之工事中，甚且已说，凡人，或创造物，或力量之一切作用，不过此三德之交互作用而已，皆其一工事，中间此德或彼德居优，余者则修改其活动与结果。然则如何能有另一种动能动力之自性，或任何其他一种工事耶？凡有所行，即是隶属于"自性"之三德；出乎"自性"工作此等情况以外，即是守玄默于精神中。"自在主"，"无上者"，即"自性"作用与行为之主，且以其神圣意志向导之、决定之者，诚然超乎此性质之机动，不为其三态所范限或触及；但仍似是彼常以此等而作为，常以本性之权能而形成，由此三德之心理机械而形成。三者，"自性"之基本功能也，为实施之"自性"力量所必有之活动。此力量在斯世成形于吾人中，而情命本身不过此"自性"中"神圣者"之一分。设若得解脱之人仍然有为，仍动作于此动力转运中，则彼必动作有为于"自性"中，受三德之范限，而隶属于其反应；以其人自然部分之坚执故，必不能动作有为于"神圣者"之自

由中。然《薄伽梵歌》所说，适尔相反，谓已得解脱之修士，则出离三德之反应，不论其所为何事，不论其如何生活，彼动作且有为于上帝中，于其自由与永生之权能中，于至上永恒“无极者”之律则中；则曰：“纵其生为多方兮，彼修士生在‘我’中。”（陆，三十一）是处似为矛盾，其理似难通矣。

虽然，若吾人自缚于分析心思之严格逻辑对待，固如是矣；若吾人自由且深微观察精神之自性及“自性”中之精神，则不然也。推动世界者，实非“自性”之三态，——此皆其低等方面，为吾人寻常本性之机动。真实发动之权能，是一神圣精神“意志”，于今运用此等低下境况，而其本身，非若人类意志然，为此三德所范限，所统制，所机械化也。无疑，三德在其作用中既如此漫遍，必出于精神“权能”中之某内在者；神圣“意志——力量”中必有若干权能，为此“自性”诸方面之渊源。盖低等寻常本性中一切，皆导源于“至上神我”本性之高等精神权能，则曰：“庶品皆由‘我’而兴”。皆非无其精神原由，从新而有。精神真元权能中，必有某者，吾人本性之“萨埵性”光明与满足，“剌阇性”动能，“答摩性”惰性，皆依之而起，皆为其不完善或降等之形式者。若一旦吾人返乎此等之纯洁渊源，超出此等吾人生活其间之缺陷或降等形式，若吾人一旦开始生活于精神中，则将顿见此种种动作皆有完全不同形相。全体与大用，有体之三德与作用，皆化为全然不同之物，远超于其今之有限现相。

宇宙之纷乱动力及其一切冲突纠争，其后方更有何者？当其感触心思，加被心思价值，则作成种种反应，如欲望，挣扎，紧张，意志之错误，忧患，罪恶，痛苦，此又为何者？此为精神在运动中之一种意志，此为在作用中之一伟大神圣意志，不被此等事物所触者也；此为自由且无极知觉"神主"之一权能，（即 tapas，cit-śakti，热力，心智之权力），无所欲望者，盖行其遍是之保有，及其运动之一自发阿难陀。未尝疲于挣扎，紧张，此享受对其手段与目的之自由宰制；未尝为意志之错误所误导，此保持一自我与事物之智识，为其"自在"与阿难陀之渊源；未尝为任何忧患，罪恶，痛苦所袭，则保有其本体之悦乐与纯洁，保有其权能之悦乐与纯洁。生活于上帝中之心灵，以此精神"意志"而有为，非以未得解放之心思意志而有为；其动能以此精神力量而发，而不以"自性"之"刺阇"一态，正因其不复生活于缺陷所属之低等运动中，而在神圣自性中已返于动能之纯粹完全意态。

复次，此"答摩性"之后方，更有何耶？"答摩性"即"自性"之惰性，当其完全时，使"自性"之行为如一机械之盲目冲动，除所规定遵循之轨道外，不顾一切，甚至对此运动律则亦无所知觉，——其所习惯之行动一旦止息，则成为灭亡，消散；在心思中则化为无作用与无明之权能者，其后何有？吾人可说此"答摩性"是一种黑暗，将"精神"定宁休止之永恒原则，误译为权能之无作用，智识之无作为，——然彼定宁休止，"神圣者"虽在作为中亦不丧失者也，永恒定宁休止之性，乃支持智识之全体作用，及其创造意志之力量，双在其自有之无极性中于彼，在其作为与知觉之似是范限中于此。"神主"之平安，非能力之消散或一空虚之惰性；纵使遍处之"权能"，一时期停止其积极以知、以创造，此亦复凝聚一切"无极性"所知所为者，集中以知觉于一遍能之玄默中。"永恒者"无须睡眠或休止；彼不疲劳困乏；无须暂止，刷新或恢复消耗之能力；盖其能力不竭而永同，无劳亦无限。“神主”在其作用中，亦是平静安止，另一方面，其作用之真止息中仍保留其动力性之充分权能与一切潜能。已得解脱之心灵，入乎此平静中，而参与精神之永恒休息。任何人而或曾尝试解脱之乐者，于此当知，其中实含有一平静之永恒权能。且此深沉之寂静，可居留于动作之核心，堪忍受坚持于诸多力量最强烈之运动中。可能有心思，行为，意志，运动之一洪流，爱之奔腾洋溢，自体存在精神大欢乐之情绪，在其最强之深密度，而此复可自引申为炽然有力之精神享乐，享受世间万事万物，且享受之于“自性”之道中，然此寂静定宁，仍留于此狂潮之中及其后方，常觉知其深度，常存而不变。已得解脱者之安宁，非懈弛，乏弱，冥顽，惰性；此实充满不灭之权能，堪能为一切动作，合调于最深之悦乐，启对深沉之挚爱同情，启对极度阿难陀之每一形态。

复次，同然，“萨埵性”后方更有何者耶？“萨埵性”可谓“自性”之最纯洁一性质，然其光明与快乐皆属低微。其权能足以作同化与等量，正当知识与正当行事，佳妙之和谐，坚定之平衡，正当行动律则，正当之保有，且足以使心思满足，为寻常本性中最高一物，如其若是而可加以保持，则其本身亦至可欣想，然不稳固，以范限而得安立，依规律与情形而定，——在此之后方，在其遥远高处源头，有一更伟大之光明幸福，在自由精神中为自由。彼既不依赖界限，规律，或情形，亦不为此等所范围；自体存在而至当不易，非吾人本性之刺谬乖戾中此一和谐或彼一和谐之结果，而为和谐之渊源，能随其所愿而创造任何和谐。彼为一光明精神智识之力量，在其本源作用上为一直接超心思之智力（jyotiḥ），而非吾人之受形况依他起之心思光明（prakāśa）。彼光明与幸福，属于最广大之自体存在，自发之自我智识，亲切宇宙同一性，最深沉之自体交互，而非属求得，同化，调整，与辛劳所获之等衡。彼光明，充满辉煌之精神意志。其知与行间略无间隙，亦无不和。彼悦乐，殊非吾人淡薄之心思快慰，而为一深沉，集中，紧密自体存在之幸福，漫遍于一切吾人有体之所作，所见，所创，为一固定神圣欢悦，阿难陀。得解脱之心灵，愈加深沉参入此悦乐与幸福，且愈加完善生长其中，则愈完整与“神圣者”相结合。观乎低等“自性”三德，必然失其平衡，其度量变迁不定，恒相凌越以求主制，但彼“精神”更伟大之光明，幸福，定宁，动力意志，则不然；彼此不相排除，无所冲突，甚且不但平衡，每一亦为余二之一方面，充实则皆不可分而为一。吾人之心思接近“神圣者”时，似专入其一而除其他，例如成就宁定，则似摒除行业之动能；但此因吾人接近“神圣者”，初由心思中之选择精神。此后吾人若能超出甚至此精神心思而上，吾人可见每一神圣权能包括其余一切，乃可泯除此初端之谬误。*

如是，吾人乃见心灵不隶属于“自性”三德寻常降等之工事，而行业仍有可能。三德工事，依赖乎吾人所处之心思，情命，物理范限；此为一种变形，一种无能，一错误或损减之价值，为物质中心思与生命所加于吾人者。若吾人生长入精神，此“自性”之达摩或低等律则，则为精神之永生达摩所更代；于是则有一自由永生之行业，一神圣无限量智识，一超极权能，一深不可测之宁定，凡此种种

* 此处所说最高“自性”作用，与三德相对照者，其无上精神与超心思形式，非得自《薄伽梵歌》，乃出自精神经验。《歌》中未详说最高“自性”之作用，缄之为“无上微密”，使求者以其精神经验自加发现之。唯指出高等萨埵性之气质与作用之性质，由之而必达此无上秘密，同时则坚持逾越“萨埵”，而超出三德。——原注

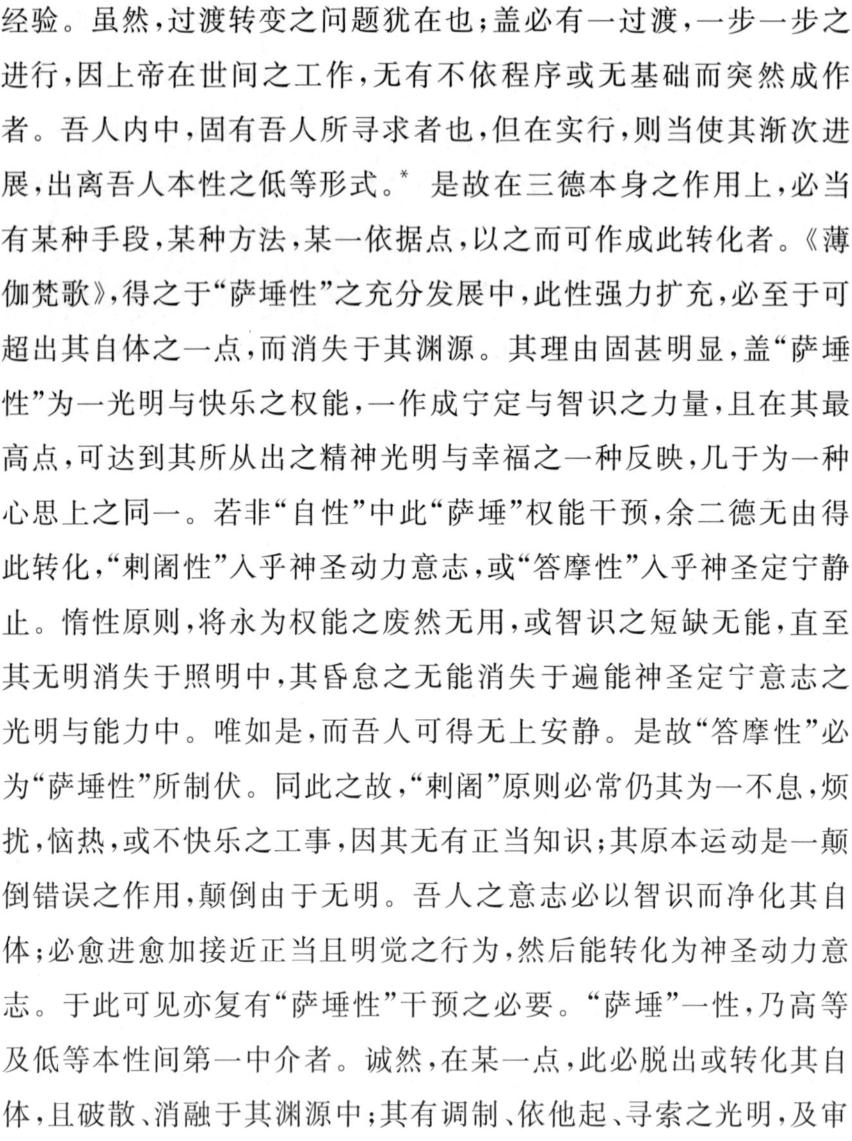

经验。虽然，过渡转变之问题犹在也；盖必有一过渡，一步一步之进行，因上帝在世间之工作，无有不依程序或无基础而突然成作者。吾人内中，固有吾人所寻求者也，但在实行，则当使其渐次进展，出离吾人本性之低等形式。* 是故在三德本身之作用上，必当有某种手段，某种方法，某一依据点，以之而可作成此转化者。《薄伽梵歌》，得之于“萨埵性”之充分发展中，此性强力扩充，必至于可超出其自体之一点，而消失于其渊源。其理由固甚明显，盖“萨埵性”为一光明与快乐之权能，一作成宁定与智识之力量，且在其最高点，可达到其所从出之精神光明与幸福之一种反映，几于为一种心思上之同一。若非“自性”中此“萨埵”权能干预，余二德无由得此转化，“剌阇性”入乎神圣动力意志，或“答摩性”入乎神圣定宁静止。惰性原则，将永为权能之废然无用，或智识之短缺无能，直至其无明消失于照明中，其昏怠之无能消失于遍能神圣定宁意志之光明与能力中。唯如是，而吾人可得无上安静。是故“答摩性”必为“萨埵性”所制伏。同此之故，“剌阇”原则必常仍其为一不息，烦扰，恼热，或不快乐之工事，因其无有正当知识；其原本运动是一颠倒错误之作用，颠倒由于无明。吾人之意志必以智识而净化其自体；必愈进愈加接近正当且明觉之行为，然后能转化为神圣动力意志。于此可见亦复有“萨埵性”干预之必要。“萨埵”一性，乃高等及低等本性间第一中介者。诚然，在某一点，此必脱出或转化其自体，且破散、消融于其渊源中；其有调制、依他起、寻索之光明，及审

* 此乃从吾人本性之上升观点而论，上升则由于自我克制，努力，与训练也。然亦必有神圣“光明”，“当体”，“权能”，增盛降入此有体而转化之；否则转变达于一极点且超出之，无由而致。此乃为何作为一最后运动必有绝对“自我皈顺”之故。——原注

慎构成之动作，必化为精神之自由直接动作与自发光明。但其间“萨埵”权能之高度增加，大使吾人脱除“答摩性”与“剌阇性”之缺失；而其本身之短阙，若吾人不过度为此余二性所引而低坠，固较容易超越也。发展“萨埵性”直至其充满精神之光明，宁定，悦乐，乃预加训练本性之第一条件。

在此，吾人乃见《薄伽梵歌》其余诸章之全部主旨。然在论及此启明运动以前，先说两种有体之分辨。即提婆与阿修罗是也。提婆(Deva)者，(天也，神也)，能为高度自我转化之“萨埵性”行事，阿修罗(Asura)(魔也，怪也)则不能。吾人当研究此发端之说，目的何在，此种分辨之精神为何。一切寻常人类天性，同已，是三性之混合；然则似是凡人皆在此能力，增强且发展“萨埵”因素，引之向上以对神圣转化之高峰。寻常转向，实际趋于使吾人之理智与意志，隶役于“剌阇”或“答摩”性之自利自私，奉行吾辈动性欲望，无止息而失平衡者，或隶役于自我放纵之怠惰与不动惯性；若是者，可以想象其为吾人尚未发展精神本体之暂时性格，为其未完善进化之朴质状态，若使吾人之知觉性上升于精神格度，则必然消失者也。然而实际吾人所见凡夫，至少高于某一水准之凡人，大抵分为二类，一类人“萨埵性”力量雄强，转向知识，自制，善行，圆成，别一类人则“剌阇性”得其优势，转向自私之夸大，欲望之满足；其自我之强盛意志与人格，鸱张恣肆，欲以加于世人，非以此服役上帝或人群，而以此为其自我之骄矜，光荣，快乐。此则提婆与阿修罗或檀南婆，即天神与魔鬼两道之人间代表也。在印度宗教象征中，此种分辨由来已古。《黎俱韦陀》之基本理念，即天神与其黑暗仇敌战斗，“光明之主”，无极群儿，敌“分别”与“黑夜”之子孙，人亦

参加此战争，是则反映于其全部内心生活与行事者。此亦为祆教（即苏鲁支教）之一基本原则。同此一理，亦著于后代文学中。《罗摩传》（*Ramayana*）之道德主旨，为一巨大斗争，喻天神在人类形貌中，与罗刹（Rakshasa）生世以相敌，一表高等文化与“大法”，一表庞大无羁之力与夸诞“私我”之丕壮文明。《摩诃婆罗多》史诗（*Mahabharata*），《薄伽梵歌》其一分也，主题为人间提婆与阿修罗毕生攻战，一方为权威之人，天神之子，为高等道德“大法”之光明所统治者，对方则为具“狄靼”（Titan）性人，权能之人，生世以役于其知识，情命，及物理私我者。古代思想，较今世思想更能启对事物之真理，不为物理之外幕所障，见及人类生命后方，有诸伟大宇宙“权能”或有体，代表宇宙“威德”（Shakti）之某种转向或格度者，为神圣性，狄靼性，巨怪性，魔鬼性，而强烈代表此诸性型之人物，则目为提婆，阿修罗，罗刹，毕沙遮（Pisachas）。《薄伽梵歌》用此分辨以成其说，发挥此两类有体之分殊。此前亦尝提及阿修罗，罗刹性格，阻碍上帝知识，及救度与圆成者；今兹则以转向此等之天神性格与相比较。

阿琼那，天神性人也。其师固如是云。彼无须忧念如接受战争而攻杀，或将顺服阿修罗性冲动。一切所依而转之作为，阿琼那当作之战，有“神主”降世应身为其御夫，依在“时间精神”形式中“世界主”所嘱，此一役也，建立“大法”王国，“真理”，“公道”，“正义”大邦之战也。彼生于提婆类型中；在本身已发展“萨埵性”体，及至此时乃达于一点，堪作高度转化，超脱三德，因此甚至舍离“萨埵性”。提婆与阿修罗分别，非遍于一切人类，非严格可加于一切个人；在民族之道德或精神史上各时代，在个人进化之各方面，此分辨亦非廓然决然可见者。"答摩性"人占大多数,如于此所云,不归于任何类,虽在其人,两种气质极轻微度皆有,大抵略略服事低等气质而已。凡夫通常气性参杂;独或此或彼一倾向比较显明,将使其化为"刺阇答摩性",或"萨埵刺阇性"而特著,则可谓为彼准备任何一端归极,或为神圣之清明,或为狄鞮之浑浊。然在此成问题者,乃气质进化中之趋于极端,如歌词所说可见。一面可能有"萨埵"气质之升华,未生之提婆出显或臻极;另一方面则为心性中"刺阇"转变高起,阿修罗全部出生。其一导至解脱之运动,《薄伽梵歌》正待着重表述者;此使"萨埵"气性之高等自体超越,及转化为与神明本体相似相同,成为可能。另一则趋于违异此宇宙潜能,降而至于吾人私我系缚之张大。此其分殊处也。

天神性之卓异处,在"萨埵性"之习惯气质,皆臻顶点;凡自制,牺牲,宗教习惯,清净且纯洁,坦白而正直,真诚,平静兼自克,慈悲以御物,谦和,宽恕,温文尔雅,忍耐,坚强,深纯和悦,绝无有于一切不安,浮薄,无常之行,皆其本有之德操也。彼阿修罗气质,如嗔恕,如贪婪,狡诈,故损他人,骄傲,顽固,妄自尊大,于此中皆无有也。而其温柔自克,无以有己之度,皆无任何弱点;且有其能为与心灵力量,坚强之决定,心灵之大无畏,则生活于正道中,一依真理与不害者也。其整个有体,全部气性,彻内彻外,皆为纯洁;则勤求知识,且静然安定于智识中。此则生而有提婆性禀赋之人所具之丰富资财也。

阿修罗气性人,亦有其资财,亦有其丰富之力,但全然不同,属于强猛与邪恶一类。修罗性人无正当知识,不知当为与不当为,本性中当实践与当退避之道,其人无真诚,无洁净之行为,无忠实之操守。其观世界，则为除满足私我之一巨大活动外，余无有也。其世界为一“情欲”之世界，以此为因，为种子，为统制力量与律则；为一“偶然”之世界，唐无正当因缘及相联系之羯摩；为一无上帝之世界，非实有，非建立于“真理”中者。无论其具有何种更优之智识意见，或高尚宗教规条，唯此则为其心思与行动意志之一真信条；常随其“情欲”与“私我”一教而已。在彼人生观，如彼等所真实依倚者，以其伪妄，遂损毁其理性与心灵。阿修罗性人，遂成为一凶猛狄[illegible]行事之中心或工具，为世间毁灭之力，损害与罪恶之源。固执己见，骄妄自尊，醉心矜大，此等迷方之人，自欺者也。坚执其荒谬与顽固目的，一遵其所想望之决意，胶结而不纯洁者也。彼等以为情欲与享乐乃人生目的之全，既不法且无厌足以追逐之，遂成为一吞噬者之猎品，无量无休以劳心，经营，焦虑，死而后已。百结所缠，贪嗔所噬，而不疲于增殖不义之财，或有以供其享乐而满其欲壑者，彼等常自思维，今日我已得此可欲之物，明日我将得彼物；今日我有如许财富，明日得之更多。我已杀此敌，我将更杀其余。我为主者，我为人中之王，我为完善，成就，强力，快乐，幸运，世界之有特权享受者；我为富足，身世高贵；有谁如我者哉？我且作供奉，我作祭祀，我将享受也。——如是，为无数自私之理念所凭，迷惑而作业，然作之错误，强烈有为，然但为己，为情欲，为享受，非为其自我中之上帝，亦非为他人中之上帝而有为，于是而堕其自作罪恶之不净地狱焉。彼等亦作牺牲施与，然出之以自矜之虚饰，出于妄想，加以一种倔强愚蠢之贡高。以其强力与权势之自私，以其怨嗔愚妄之激烈，彼等憎恨，蔑视，轻侮隐藏于其自身内中之上帝及人中之上帝。因其狂妄憎恨且鄙视善德与上帝，因其凶猛，邪恶，“神

圣者"亦不断投之于阿修罗道转生而不已。不求彼者,亦不得彼也;终且全然迷失向彼之路,此等人遂沉沦于最下心性格位焉。

虽然,此一白描叙述,纵许其与所暗指之辨别以全部价值,必不能求之过深,多于其本义所谓。若其说此物质世界原有两种有生体之创造,提婆与阿修罗*,亦非谓人类心灵,自始即如是为上帝所创造,一一有其在自然中不可避免之历程,更非谓有一严肃精神定命,而从初为"神圣者"所弃者,必使之盲昧,以致永动沉沦,堕不净地狱而莫拔。一切心灵皆"神圣者"永恒之部分,阿修罗不异于提婆,一切皆可得救度:甚至罪大恶极之人,亦可转向"神圣者"。但"自性"中心灵之进化,乃一番探险,其间以"本性"及为本性所统治之羯摩,皆永为主要权能。若使本性,心灵之自体变是,显示中之过度处,其活动之错乱处,将有体之律则转向反面,若使"剌阇"性质获得优势,长育以至于侵灭"萨埵性",则羯摩之倾向及其结果,必然不得臻极于"萨埵性"高处,能胜任解脱运动者,而必至于低等本性之颠倒错乱高度增强。倘其人不中辍而舍弃其错误道路,终必至于阿修罗在其人全部生成;一旦与"真理"与"光明"大相违背,则已弗能挽回其堕落危亡之增速,盖由其内中神圣权能,原极宏大而被误用,斯必至于堕入深处,至于底极,然后方见其道路究竟引归何处,其权能耗费至尽而皆已虚糜,其人亦在心灵最低格位,即地狱矣。唯当其觉悟而转向"光明",《歌》中所说另一真理始

* 此两种创造物之分辨,在超物理界中,其运动非精神进化之律则所管制诸界,乃完全真实。有提婆诸界,有阿修罗诸界。在吾人之后方诸界中,有种种定型存在者,支持创造之全部神圣活动,于宇宙之进行为不可少者,亦投射其势力于此世间,于此物理存在界之人类生命与本性上。——原注

克出现，谓虽最大罪人，极不清净至猛殊恶之暴徒，一旦转而崇拜追随其内中之“神主”，亦且得救。然则仅由此一转，而迅登“萨埵”之道，趋向至善与自由也。

阿修罗自性，在极度则“剌阇性”也；役使“自性”中心灵为奴隶，趋于欲，趋于嗔，趋于贪，“剌阇性”私我之三种权能，地狱之三重门也。自然有生体若恣纵于其低下或颠倒本性中，肆为不善，错误，而不求纯洁，势必堕入此地狱。三者，又为入大黑暗之门，返闭入“答摩性”中，原始“无明”之特著权能也；盖“剌阇性”无羁之力，一旦耗竭，则还于衰弱，委顿，昏暗，无能，皆属至卑下“答摩性”心灵格位者。若避免此堕落，必除去此三恶力，转向“萨埵”性质之光明，依从“真理”与“大法”；以正当关系而生活，生活于其真实关系中，于是则随顺己所具之上善，而达乎最高心灵格位。随顺情欲之法，原非吾人本性之真律则；其工事原有一较高尚较公平之标准。但此具于何所，又何从而得之耶？第一，人类盖常寻求此公平高尚之“大法”矣，凡其所发现者，莫不具藏于“经论”(Shastra)中，其科学与知识律则，伦理律则，宗教律则，最佳社会生活律则，人与人、与人帝、与自然正当关系之律则也。“经论”非所谓习惯之一聚集，有善有不善，为“答摩性”人之机械心思所盲从者。“经论”者，知识与教义，以直觉、与经验、与智慧而安立者，人生之科学，艺术、伦理也，人类所可得之最佳标准也。半觉悟之人，不遵“经论”，而随其本能与情欲向导，可得欣喜，然不能得快乐，因内中快乐，唯可由正当生活而得。彼不克臻于至善，不能得最上精神格位。本能与情欲之律则，在动物界似乎居首，然人类之人道，以追求真理，宗教，智识，正当生活而生长。然则彼所建立之“经论”，已公认之“正

道”，以其理性与智识意志，用之而管制其低等诸体者，必首先遵行，使之为行事与工作之权威，分辨当为与不当为之标准，直至本能之欲望习性皆已驯良，低抑，为自制之习惯所伏，而后得始从事于较自由之明哲自我向导，其次乃得从事于精神自性之至上律则，无上自由。

虽然，“经论”在其寻常方面，非彼精神律则也，虽在其最崇高之一点，当其化为精神生活之一种科学与艺术，——《薄伽梵歌》自谓其教言乃最高至秘之“论”，“内我之明论”——亦表呈“萨埵性”自我超上之一种律则，发扬一种训练，引导至精神变移者。然一切“经论”皆建立于若干准备条件即诸“法”之上；为手段而非目的。最高目的乃精神之自由，时则捐弃一切法，心灵转对上帝，以之为行动之唯一律则，直依神圣意志行事，生活于神圣本性之自由中，不在“法”中，而在“精神”中。此乃教义之发展，阿琼那次一问所准备者也。

十八、三德、信心、工作

逞个人私欲之行为，一类也，依“经论”之行为，又一类也，《薄伽梵歌》辨之审矣。吾人当知，后一类为人生已经公认之学术，人类集团生活之产品，其文化，宗教，科学之精华，最佳人生律法进步发现之结果，——虽然，人类犹彳亍于无明中，在半明半暗中进向智识也。个人私欲行为，属吾人本性尚未新苏境界，督之者，为无明，为谬误知识，及一未受管制或管制不当之动性或“剌阇性”自私原则。唯“经论”是凭之行业，乃智识，伦理，美学，社会与宗教文化薰陶之结果；斯则内具一种企图，欲得某种正当生活，正当秩序与和谐，是显然为人中“萨埵”气质一番努力，欲凌驾，管制，或指导其“剌阇”与“答摩性”自私原则，在所不免者也。此种努力，依其环境亦多少进步成就。此乃进前一步之方，是故人类必先经过之，以“经论”为其行动律则，而非依从其个人欲望之冲动。无论人类在何处已臻至一安定发展之社会，此常为其所公认之通则矣；人类有其理念，必需臻于至善之一种秩序，法律，标准，异乎其情欲之向导，异乎其原始冲动之朴率驱使。此较伟大之律则，个人常得之于身外，得于民族经验与智术之所产生，多少已经固定者；于是接受之，其心思及有体之主要部分皆认可之，由实践之于其心思，意志，行业中，将化之为己有也。其有体之此种认可，其明觉之接受，其愿加接受而且体验，可以《薄伽梵歌》一名词称之曰，此其“信忱”也

(śraddhā)。凡此宗教,此哲学,此伦理,此社会理念,文化理念,我以信仰加之者,则授我本性及其工作以一种律则,一种相对之正道理念,或相对或绝对完善之理念。如我在此中有诚,信心具足,如我愿依此信仰而生活之意志之深密度,如理如量,我可化为其所附属于我者,我可自加形成为彼正道之体像,或彼完善之模型。

虽然,吾人亦见人中有一较自由之倾向,异于其私欲之领导,又异于其接受"律则"之意志,非欲接受固定理念,安全管制之法,属于"经论"者。在个人常见,在集体生命中则无时不见,欲舍离"经论"而去之,不复忍耐之,失彼意志与信仰之形式,进而寻求别一法则,其在此时,更准备信受之为生活之正当规律,为生存之一更重大或更高尚真理者。若已建立之"经论"不复为活物矣,颓废或僵化而为一团成俗惯例矣,则此事常可发生。或者,因发现"经论"为不完善,于所求之进步为无用矣,此事亦可发生;一新真理,一更完善生活律则,更为迫切需要。若此而无有也,则当由民族之努力而发现之,或由某伟大而明悟之个人心思,体现民族之愿望与寻求者,努力以发现之。古《韦陀》之法化为成俗惯例矣,而佛陀出现于世,说八正道之律则,涅槃之目标;于此可以附带注及,佛陀弘扬此教,非以之为个人发明,而为亚利安人生活之真正律则,常为诸佛,启明心思,觉悟精神所重新发现者。但此义实际为有一理想,有一永恒"大法",为宗教,哲学,伦理所欲得者,为人中一切追求真理与至善之权能所常努力以体现于新说中者,斯即一新"经论",一内中与外表生活之科学与艺术之新说也。摩西宗教,伦理,社会正义之法,被议为狭隘,为不完善矣,而且其时已化为陋俗旧例,于是基督之法起而代之,革新扬弃,亦废亦兴,废斥其不完善形

式，而兴其所欲达之事物之精神，即生活之神圣律则。圆成之于一更深沉博大之光明与权能中，然人类之寻求，不止于此也，又亦遗弃此等形构，或返于其已废斥之某古代真理，或突进至于某新真理与权能，但其所求者，常为此同一事物，即其至善圆成之律则，其正当生活之法，其完全，至上，真元之自我与本性也。

此运动也，始于不复满意于旧法之个人，因其发现此不复与其理念相合，不复与其自我于生存之至大或极深之经验相应，是故不复愿意信受奉行。此不与其本体内中之道相应，于彼即非“萨的”(sat)，非真者，如实为是者，正者，至高或最美或极实之善者；此非彼之存在及一切群有之真理与正法。“经论”对个人为非个人性者，由此乃得于其诸体之狭隘个人律则上立其权威；但同时对于集体又为属个人性者，为其经验，教化，或本性之产物。在其全部形式与精神中，此非是“自我”圆成之理想律则，或吾人本性之“主宰”之永恒大法，虽在其内中可含有对此远过伟大事物之指点，准备，照明之瞥见，其量或大或小。然个人或已超过集体，已经准备接受一更伟大真理，更宽广道行，“生命精神”之一更深沉之原旨。背“经论”而驰，未必常为一高等运动；此可为一种私我或“剌阇”本性之反动，感觉遭受羁轭，阻滞其自足与自利之自由。但即使如此，以“经论”之某种隘处或过阙，此乃常得其辨正，或者由于生活之当时律则，已颓废为一无生命或徒成窒碍之成俗矣。若是者，则仍在此分际中为正当，此有诉于一种真理，有其存在之良好正当理由：盖虽已失乎正道，仍不失其为“剌阇性”私我之自由运动，因其内含更多生命与自由，固佳于“答摩性”之死守一成例而不化者。“剌阇性”运动常较强健，常更有力而感发兴起，其中之可能性，多于答摩

性中所有。甚焉者,此一奔驰,其中心可为"萨埵性"者;可能为向一更博大高尚理想之转变,使吾人更接近自我与宇宙存在之真理,较从来所见者更宏大完全,因此亦更近接最高律则,即与神圣自由为一者。实际此种运动,常为试欲把握某一已经遗忘之真理之企图,或试欲前进至于吾人本体之一尚未发现尚未经生活实践之真理。然则此非徒然是不羁本性之放恣运动;此自有其精神辨正,在吾人精神进化上为一必需。纵使"经论"仍为活物,于通常人士为最佳律则,而非常之人,精神人物,内中已发展者,亦不受彼标准拘束。彼原被命趋出"经论"划定之界线以外。盖此律则,为寻常不完善凡夫而立也,指导之,约束之,使至于相当之完善而已,然彼则当臻至一更绝对之完善:此为固定诸达摩之一系统,而彼则当学习生活于"精神"之自由中也。

虽然,一种行为,既离私欲之向导,又脱乎寻常法律,其稳固基础将为何者耶?私欲之统治,固自有其权威矣。于吾人已不复安定或堪称满意,如其于动物或在原始野蛮人为然,然如其若是也,仍建立于吾人本性甚有生命之一部分,而为其强烈表征所维护。"经论"者,其律则之后固有久已建立之统治,自昔成功之认可,及稳定过去经验之全部权威也。然此新运动,则属于一种勇猛冒险性质,探测未知者或略知者,为大胆发展,为新举征服,然则所当随从者,究有何路线,其所能依赖者,究为何种领导光明,其在吾人本体中坚固基础又为何者耶?此问题之答案,则为此路线与支撑,可得于人之信心中也。其信心,信仰之志,生活于所见所思为其自我与存在之真理中也,是已。换言之,此运动为己之所诉于己者,诉于其自我或宇宙存在中强有力而驱迫之者,促使其发现彼之真理,彼之生活律则，彼趋于圆满完善之道者也。一切皆依乎彼之信仰之性质，在其内中或宇宙心灵——彼为其显示或一分者——中某事物，彼以信心趋赴之者，且依乎彼由此而接近彼之真自我，以及宇宙真本体或“自我”之程度而定。若其人属“答摩性”，阴暗，翳昏，信仰愚痴，意志薄弱，则不至达于任何真实事物，且将堕入其低等本性中。若彼为虚伪“剌阇性”光明所诱惑，则可能由其自我执拗而误入歧途，履乎危崖，陷入泥沼。处此二者任何一境，彼唯一得救之机，乃在于“萨埵性”恢复，加新启明之秩序与统治于其诸体，则可解除其自我执拗之狂妄错误，或其昏暗惑痴之顽钝过失。另一方面，若彼有“萨埵性”，具“萨埵性”信心，以此而引导其步武，则且将至于见及一高等然尚未达到之理想律则，斯则可导彼甚至偶尔超出“萨埵性”光明，至少亦登于趋向至高神圣辉明之大道，与神圣有体神圣生活之路。因其人内中“萨埵性”之光明如此盛大，且将引彼至其自有臻极之点，由此点更进，能求得从入之门，入乎彼神圣、超极、绝对者之熹明。凡此可能性，皆具于发现自我之一切努力中；皆为此精神探险之条件。

于是，吾人当视《薄伽梵歌》在其自有之精神教义与自我训练之路线上，如何处理此问题也。盖阿琼那随即提出一提示性之诘难，此问题或此问题之一面所由起者。则曰：倘使人具信忱对上帝或对于神敬奉牺牲，然而不遵“经论”之所教，则其内中诚敬之集中意志，能赋予以此种信忱而策动之为此种行业者（谓曰“心境”niṣṭhā），竟为何耶？此为属“萨埵”，“剌阇”，或“答摩性”耶？本性三股，此属何一？《薄伽梵歌》之答复，最初说此原则，谓吾人内中之信仰，原有三重，同于“自性”中一切事物，随吾人本性居优势之气质而异。凡人之信心,得其形式,色彩、性质于彼本体之质素,组成之气性,彼生存内在之权能,所谓皆随其本真实际而生也。此后半颂,殊可惊叹者,《薄伽梵歌》谓此“补鲁洒”,如其为人中之心灵,即如其为信仰所成,为信心,为“是为意志”,为对其本身及生存之信仰,无论在其人中此意志,信心,或组成之信仰为何,彼为是,是亦即彼。所谓“人为信仰所成兮,是斯信,斯即其人”也。若吾人更稍切近研究此含义丰富之半颂,则见一行有力寥寥数字,几于暗含全部近代实验主义之福音。因凡人或凡人中之心灵,即是其人内中信仰,以此语深义而论,则势必推至于其所见及、所欲实践之真理,于彼即为其有体之真理,即彼所已创造或方创造、彼一己之真理,于彼则亦无其他如实真理。此真理属于彼之内中及外表行业,属于彼之变是,心灵之动力,而非属在彼内中永远不变者。其人为今日之人,缘于其本性之过去若何意志,支持继续于当前之意志,欲如,欲信,欲是为者,在其智慧与情命力中者也;而在彼真本质中活动之此一意志与信仰,无论取何种新转变,此即彼将来当变是者也。吾人在心思与生命之作为中,创造吾人所自有之生存真理,换言之,即吾人创造吾人之自我,我辈乃我辈自我之创造者。

虽然,此显明是真理之一方面耳,凡一方面之说,思想家莫不致疑者也。真理,非仅为吾等人格之为何者,或吾等人格所创造为何者;此仅为吾人变是之真理而已;在幅员广大之动动中,此但是着重之一线或一点。在吾等人格以外,第一,有一宇宙本体与一宇宙变是,属吾人者,为其一小小运动而已;又出乎此以外,有一永恒“存在者”,凡一切变是皆依之而起,凡变是之潜能;原素,原始与终极动机,皆由之而得。吾人诚然可说:一切变是皆仅是宇宙知觉性之一番动作，是摩耶，是变是意志所创造；若犹有任何其他真实者，则必仅是一纯粹永恒存在，超出知觉性以外，无相状，未显表，且不可表相者。此实亦摩耶论师之“不二论”所取之立场，及其分辨之原义；该辈论师，分辨实用真理，以为虚幻，或至少亦仅为暂时有实，局部为真，然近代实用主义，则以之为真实真理，至少亦为唯一可识之真实性，盖唯独此真实性，吾人能知能行，——区分彼一实用虚幻，与此创造摩耶之另一方面，一单独“绝对者”，无相状亦无可表诠。但于《薄伽梵歌》，绝对之“大梵”亦即是无上“神我”，“神我”常为知觉“心灵”，虽其至上知觉性，吾人亦可称之曰：“超知觉性”，——于此可增一语曰：如其至下者，即吾人所称为“无心知者”，——迥乎与吾人心思知觉性不同，吾人惯常称为知觉性者，即心思知觉性也。在此至上超心知中，有永生性之最高真理与大法，有本体最伟大之神圣道，有永恒者与无极者之道。存在之永恒大道，本体之神圣大法，原已存在于“无上神我”之永恒性中，然吾人今兹在世间亦试行创造之，在此由行瑜伽之变是中；吾人之企图，为化为“神圣者”，为与“彼”无异，“同其法性”。此亦依乎信忱而已。由吾人知觉体质之一番作为，以及对其真理之一片信心，一最深沉之意志，欲实践之，而转变成之，然后吾人方克臻至之；但非谓此原不超出吾人而已存在也。虽此可对于吾人外表心思为不存在，直至吾人见及，且重新创造自我于其中，然此仍在于“永恒者”中，甚且可谓此已在吾人自具之秘密自我中；盖吾人内中深处，“无上神我”固常在也。吾人之生长入彼中，吾人之创造乎此乃属于彼，且是彼在吾人中之显示。凡有创造，因其出发自“永恒者”之知觉体质，诚然皆彼之一显示，且以信仰，奉行，“是为意志”而进行于导源之知觉性中，所谓“知觉性权能”(chit-shakti)是也。

复次，今兹吾人所关切者，非形而上学之结论，而为吾人本体中此意志或信仰，与生长至于神圣本性之圆成有其可能之关系。此一权能，此一信心，无论如何，为吾人之基础。当吾人生活，当吾人随欲望而行为，且为吾人之为吾人者，此即信心之一番坚执行事，大抵属于吾人情命体与生理体，“答摩性”与“剌阇性”。若吾人试欲成为、试欲生活、且奉行“经论”所教者，则吾人以信仰之一番坚执行事而前进；假定此信心非一常规之信心，则属于一“萨埵性”倾向，常致力自加于吾人“剌阇”与“答摩性”诸部分上者。若使吾人双弃此二者，而试欲成为，生活，行动，依乎吾人自我所发现或个人单独接受之某一种理想，或真理之某一新概念，此亦是吾人以信心之一番坚执行事而前进，此信心可为三德之任何一德所主制，则恒常管理吾人之每一思想，意志，情感，行为者。更有进者，若使吾人试欲成为，生活，行动，一依乎神圣自性，则吾人亦当以一番信仰之坚执行事而前进。此信仰也，据《薄伽梵歌》所云，必为“萨埵性”信心，当其臻极、且欲破除其自有之分明界际。但凡此一切或此任何一事，皆暗许某种自性之推移或动能，一切当假定有一内中行业，或外表行业，或寻常双为内中兼外表之行业。然则此行业之性格为何耶？《薄伽梵歌》说吾人当为之行业，主要原素有其三者；三者为何，牺牲，布施，与苦行是也。阿琼那问外表与内中出世道之分别时，克释挐坚持三事全然不当抛弃，皆当全体奉行，盖此所谓“当为之业”，使智者纯洁化。换言之，此等行事，为吾人臻于完善之方法。但同时此等事可由愚者愚而为之，或非甚明智而为之。凡一切动力性作为，在其真元诸部分上皆可归结至此三原素。盖

一切动力性行业，本性之一切动能，包括一自愿或非自愿之苦行，为吾人之种种力量或种种能耐之集中与力行，或某种有助于吾人造就，求得，或成为何者之能耐之集中与力行。一切行业，亦包含发施吾人之为吾人者，或吾人所有者，为一种耗费，即此成就，获得，成为之代价。一切行业，更包含一种牺牲，为对于质素能力或宇宙权能之奉献，或奉于吾等工作之至上"主"。问题在乎吾人之为此等事，是否无心知而被动，或至多以一愚暗半心知之意志而为之；或者不智，或颠倒，然心知而力行之；或者以一聪明心知之意志，建立于智识中者而为之。换言之，即吾人之牺牲，布施，苦行，是否属"答摩"，"剌阇"，或"萨埵性"也。

盖世间一切事物，摄物理事物，亦分有此三重性格也。例如食物，如《薄伽梵歌》所云，亦随其性质、与在身体之功效、而分三等。心思与生理躯体中之"萨埵"气性，自然嗜好能增加寿命，增加内中与外表体力之食物，同时营养心思，情命，体力，且增大其悦乐，快慰，怡适之境者，则一切滋润，柔软，充实，甘美之食皆是也。"剌阇"癖好，自然倾向极酸，辣，热，涩，生硬，烈性，焦灼之食物，则增加疾苦，不能调适身、心之食品也。"答摩"嗜好，则颠倒取乐于置冷，不洁，失味，腐败，或无味之物，或甚至如动物然，食他人之残余。是三德原则皆遍漫矣。在另一端，三德亦同可施于心思与精神之事物，于牺牲，布施，苦行，《薄伽梵歌》则三三而分辨之，依此等事物之习惯说法，如古代印度文化之象征主义所表呈者。但忆及《薄伽梵歌》之说牺牲，乃取其至广大义，吾人不妨取此等暗示之表面意义扩大之，启对更自由之义度。由"答摩性"逆上至"萨埵性"而论之，较为方便，盖吾人今乃讨论如何自下而上，出离吾人低等本性，经过“萨埵性”之臻极与自体超上，而达乎三德以外之神圣性与行业也。

“答摩性”之牺牲，不以信心而为之工作也；此谓无有充分知觉之理念与接受与意志，而“自性”仍强迫吾人施行之事。此机械以为之，因生活之事要求之，因吾人遇及之，因他人为之，因避免他种更大困难，倘不为则可发生者，或因其他“答摩性”动机而为之。若吾人充分具有此习性，则为之必疏忽，敷衍，错误。此非出于仪轨，或“经论”所教之正当方式，必不能按部就班而行之，遵循人生学术所规定之正当法则，及成就此事之正规科学。在牺牲中亦不施与食物，——而食物之施与，在印度教义中，象征每一真牺牲事业内所固有福利他人之原素；为必不可无对人之给予，为必有效果对人对世界之助益。若使无此，则吾人之行业，化为纯属利己之事，违犯互益与团结之宇宙律则。亦非成之以奉献财力，献予领导举行牺牲祭祀者，无其甚所需要之嚫施，或自我奉献，无论对外在之向导或辅助吾人成事者，或对吾人内中或隐或显之“神主”皆然。又非成之以唱诵赞诗，无一系至诚敬奉之思想，即吾人意志与知识之神圣本质，升举以对越吾人所事奉之神明而致其牺牲者。“答摩性”人不以其牺牲奉于天神，而奉于低等原始权力，或诸邪魔灵鬼，在隐蔽后噬食其行事之果，且以其黑暗而统治其生活者也。

“剌阇性”人则奉献牺牲于低等神道，或邪道权能，夜叉，财神，或阿修罗及罗刹等势力。彼之牺牲，外表可为之如“经论”所教，而其动机则为虚荣，夸饰，或其强烈意兴有在于得行业之果，猛力求其工作之报酬。然则一切行事之发乎强烈自私之个人欲望者，或出乎顽固意志，为个人目的而欲强加于世界者，纵使其标饰为光明，纵使其外表似是牺牲，终皆属于“剌阇性”。虽貌为奉献于上帝或天神，真本则仍其为一阿修罗性行业。赋于吾人之工作以价值者，乃内中之心境，动机，与方向，非徒外表明显之方向，非徒吾人可用神圣名词而认可，甚且非诚恳智识上之信仰，似足以是正吾人之出此行为者。无论何处在吾人之行为中有居优势之自私性，该处吾人之工作即化为一“剌阇性”牺牲。至若真“萨埵性”之牺牲，则以三种表征而明著，皆其性格之沉默封印也。第一，此为有效验之真理所策动，遵仪轨而实行，循乎正当原则，精确之方法与规律，吾人工作之正当旋律与法度，顺其功能，循其达摩；若是者，理智与启明之意志，皆其步武及其目的之向导，皆其决定者。第二，其行使也，则以心思集中凝定于一理念，即当为之事，为一真实牺牲，为管制吾人生命之神圣律则所加于吾人者，是故为之则以高尚内中感激之情，或迫切之真理，而无望于个人得果，——其间所发施之力量性质愈属非个人性，行为之动机愈属非个人性，则其为“萨埵性”也愈甚。第三，此为绝无保留而奉于神明者。存在之“主宰”，用以管制宇宙之种种神圣权能，可谓为“彼”之种种面貌与人格者，乃视此种牺牲为可接受。三者，皆“萨埵性”牺牲之安定钤印也。

如是，“萨埵性”牺牲，固甚近于理想，直达乎《薄伽梵歌》所要求之一种行业矣；但此非终极最高理想，尚非生活于神圣本性中完善人物之行为也。盖其施行也，以之为固定之“法”，奉于天神，作为一番牺牲奉事，或奉于“神圣者”之局部，或一方面之权能，显示于吾人中或宇宙中者。工作、而成之以无私利之宗教信心，无我、为人类而为之，或由敬奉“正道”与“真理”，无个人容心于其间而出之者，皆此性质也；盖此纯化吾人之思想，意志，及吾人之自然体质。吾人所当达之“萨埵性”行业极顶，则属更广大而且自由一类；此则吾人所奉最后最高之一牺牲，乃奉于无上“神圣者”之大全，有以寻求“至上神我”，或具有一种视见，见一切存在中皆涡苏天，而行之则无个人性，有宇宙性，为世界之福利，为宇宙间神圣意志之圆成。此而臻极，必导至超上自体，达乎永生“大法”。于是乃有一种自由，其间了无个人行业，亦无“萨埵”达摩之管制，亦无“经论”之范围；低等理性与意志固皆超出矣，非此等而唯是一高等智慧，乃主管而领导工作，且命定其目标。于是亦无个人得结果之问题；盖行事之意志非吾人所有，而为一无上“意志”，以心灵为其工具者。即无自私，亦无无自私；盖性命即“神圣者”永恒之一分，与其存在之最上“自我”合，在此“自我”与“精神”中，彼与一切皆为一矣。于是亦无个人之行业，盖一切行业，皆已奉于吾人工作之“主”矣，是彼以神圣化之“自性”而为此行业也，——于是亦无牺牲，除非吾人能说牺牲之“主宰”，乃以其在情命中之能力所作以自奉，在彼自有之宇宙形式中。此为一无上自我超越之境，以牺牲行业而达者，此即心灵之圆成，已达乎其充分知觉于神圣自性中者。

“答摩性”苦行者，以昏蒙诬罔之理念从事者也，其痴惑则顽固坚强，支撑于对某种虚伪事物所妄想之迷信，以一番努力与痛苦而为之。强加于己，以追寻某一狭隘鄙陋自私之目的，而此目的与任何真实伟大目标了无关系，或否则集中其能力，志在损害他人。使此种力行成为“答摩性”者，非任何惰性原则，盖惰性与苦行无缘，而是心思与气性中之黑暗，作为中之狭隘丑恶，或目的上，或主动感觉上之禽兽本能或情欲。“剌阇性”苦行之作为，意在求光荣与他人之敬拜，为表个人之优异，与外表华饰及伟大相状也。或者，其事亦出于若干自私意念与骄矜动机之一。此种苦行，乃奉献于流变特殊之目的，略不能增益心灵向上发展与圆成；其事殊无固定有益之原则，其能力亦拘束于流变迁灭之机缘，其本身亦属此种性质。或者，纵其矜为有更属内向且为崇高之目的，信心与意志皆属高尚一类，然倘若任何种顽固或骄矜，或猛烈自我意志与情欲之巨力，侵入此苦行中者，倘若此苦行迫出若何有害，违法，暴烈之行为，违乎"经论"，反乎人生与工作之正当规律，损害一己或损害他人者，或者，若其性质为自我虐待，且毁伤心思，情命，身体诸质素，或侵害吾人内中之上帝，安寓于内中微妙体者，则此亦为不智慧之苦行。修罗性之苦行，"剌阇性"或"剌阇兼答摩性"之苦行矣。

"萨埵性"苦行者，则修之以最高启明之信忱，深心接受以为职分，或为某种道德或精神或其他高尚理由，而无所望于行事中外在之果，或任何狭隘个人所得之果。其性质为自我训练，要求自我克制，与一己本性之和谐化。《薄伽梵歌》说此"萨埵性"苦行有其三种。最初为物理方面者，即外表行事之苦行；在此条下特别说及尊敬崇奉堪受尊敬者，说个人，行为，与生活之洁净，说直道对人，说色欲清净，说不杀与不损害他人。其次，语言之苦行，卓矣，斯则为研究经典，说仁爱，真切，利他之语言，谨慎避免言语之可使他人生畏，生忧，或起苦恼者。终者，则心思与道德圆成之苦行为，此即整个气质之纯净化，为温文，为心思安定清明之怡悦，为自制，为沉默。于此遂有一切足以镇定或训练"剌阇性"与自私性者，以及一切善德、美德之快乐安定原则，所以代之者。斯则"萨埵"一法之苦行，在古印度文化体系中至加尊尚者也。其更伟大之所诣，乃理智与意志皆高度清纯，心灵平等，深沉之平安静定，广大同情，有堪与万物为一之度，其内中心灵之神圣欢悦，则反映于心思，生命，身体中矣。在此高极之一点，道德乃已化入精神之性格与典型。而此种极诣，亦可使其超出自体，可提高至更高尚自由之光明中，可度入无上本性之定止能力，有如天神。于是而所余遗者，唯独为精神纯洁之“热力”（Tapas），在其诸体中一最高意志、与光明力量，动作于一广大坚实之平静中，且在一渊深纯洁之悦乐（即阿难陀）中。于是亦不需任何其他苦行矣，一切皆不难神圣，自然神圣，一切皆此“热力”。于是亦无低等力行之特别劳苦，盖“自性”之力，已寻得其真实源头与基础于“无上神我”之超上意志中。于是，由于此高上发端，此能力生作用于低等诸界，其作用亦将自然自动发于内在完善意志，且由固有之完善向导而前踪。则亦将非于今任何达摩所能范限；盖将为一自由行业，固远超“剌阇”与“答摩”自性，亦又远出乎行业之“萨埵”规律以外，非其过于谨慎且狭隘之范围所能限也。

与苦行同者，一切布施亦有其三种，一属无明之“答摩性”，一属夸饰之“剌阇性”，一属无所且已启明之“萨埵性”者。“答摩性”布施，愚昧以施与，不顾时机，地方，所与者之正当情形；此为一愚蠢，无考虑之举动，实际仍属自私自利，一吝啬卑微之慷慨，而其所赠，亦非出之同情或真实大度，不顾念受者之感觉，虽受之亦为受者所轻视也。“剌阇性”一类布施，则悔吝以为之者也，或非愿意，或损伤一己，或有个人目的及自私之意，或愿望自何处转得何种报答，或于受者冀望相当之报酬，或与己以更大利益。“萨埵性”布施法乃不同，施之以正当理由，善愿，同情，得其时，得其地，得其人，则堪受此布施，而此布施对之真能有益者也。其为是也，盖为布施而布施，为慈善而布施，不计已作之福利，或受施者将有所报于己，且于此行为中无个人目的。此“萨埵性”布施之极诣，将使行业中得一增上之因素，即广大之自我奉献于他人，于世界，于上帝，斯即《薄伽梵歌》所教，牺牲工作之最高奉献也。神圣性中之超诣，将为建立于最广大存在意义上自我奉献之伟大成全。凡此多方世界之存在也，且得而持续也，皆由上帝布施其自我与其权能，滂沛降澍其自我与精神于此一切众生故也；《韦陀》固云：宇宙本体乃“补鲁洒”之牺牲。已得圆成之心灵，其一切行业，甚且将为其自体与权能恒常之神圣布施，其所具有在“神圣者”中之智识，光明，强力，仁爱，悦乐，有益之权能，皆充盛流溢，由其影响，沛然滂注于其周际之一切，一随受施者之能量，或者泽及此一切世界及其一切众生。若是者，心灵自体全然奉献于吾人生存“主者”之全般结果也。

《薄伽梵歌》结束此章，以初见似是为奇奥之一语。谓“唵！特的，萨的”，(Om，Tat，Sat)是“大梵”三字之界说，古代之《婆罗门书》，《韦陀》，牺牲皆由是而创造者，其意义悉具于其中。“特的”，即“彼”，表“太极”。“萨的”表无上宇宙存在于其原则中。“唵”，则三重“大梵”之象征也，即外向之“补鲁洒”，内向或微妙“补鲁洒”，及超心知为因之“补鲁洒”是也。“唵”，一音中三字母，A，U，M，循序向上各表其一，而此一音合读，则表第四境(Turiya)，即上入乎“太极”矣。“唵”乃发端之呼，在作一切牺牲，一切布施，一切苦行开端时呼之，作为祝福之导引与认可；此为提示吾人，当以行业作为吾人内中三位一体“神圣者”之表现，且在理念与动机上转对于彼。求解脱者，为此一切行业而无望于果，而唯具有此绝对“神圣者”之理念，情感，阿难陀在其自性后方。斯则以其工作中之此非个人性与纯洁性，此高上之无欲，私我浩大之空无，“精神”之充实丰富，所殷勤寻求者也。“萨的”之义为“善”，亦为“存在”。二者，善之原则与真之原则，必具于此三种行业之后者也。一切善业皆为“萨的”，盖为心灵预备吾人本体之入乎高等真实性；于牺牲，布施与苦行中一切坚定安住，及以此中心观念而为之工作，作为牺牲，作为布施，作为苦行者，皆“萨的”也，此皆为吾人精神之最高真理建立基础。又因信心为吾人生存之中心原则，任何此等行业不以信心为之，则为虚伪，在此世或彼世无有真义，无有实质，无有真实性，无有权能，以忍受以创造，于此生世或来世于吾等知觉精神之更伟大境界中。此非徒理智之信仰也，而是心灵之诚信，是其意志之合一，以知，以见，以信，以行，以是为，一随其视见与智识者，乃以其权能决定吾人转变可能性之量度，且是此信心与意志，在吾人一切内外自我，本性，行业中，转对一切为最高者，至神圣者，极真实而永恒者，然后能使吾人臻于无上圆成也。

十九、三德、心思、工作

分析行业，依据三德之基本理念，又由最高"萨埵性"训练超越自体之极诣，而三者皆离，《薄伽梵歌》至此尚未竟其说。信忱，(śraddhā)，——以信仰，以"是为"，以知，以生活，以笃行吾人所见之"真理"，此种意志，乃为主要原素，在一自我发展作用后方，为必不可少之力量，尤其在于心灵生长之次为然；心灵以行业而生长至其充分精神体段也。然而亦有心思权能，工具，与条件，佐助组成此一番活动之能量，转向，与性格者，故于充分了解此心理训练，皆为重要。《薄伽梵歌》进而对此等事物作总括心理分析，然后乃归结于其伟大之终曲，凡其所教之顶点，最上秘密，即精神超出一切法，一神圣之超诣。于此吾人当追随其简说，概括之，扩充至恰可摄持其主要理念之际；盖此等皆次要事，然一一在其适当位置，在其自具之目的上，皆有重大意义。吾人所当从本文之简单叙述中取而阐释者，乃此等投置于三德型铸中之行业；既有普遍之超极性矣，则其间每一或任何其一之超诣，超出三德，必自动随之而发生也。

此部分题材，由阿琼那最后一问引起，问弃世道与退隐道及其分别也。《薄伽梵歌》于此紧要分辨，时而反复着重叙述，其是正固可于印度后代思想发展史征之矣。印度后代思想，常混淆此二绝不相同者为一事，强烈倾向于蔑视《薄伽梵歌》所教之任何行事，以为至多不过一番事先之准备，趋于出世道之至上无所作为而见已。

就事实而论，凡人说弃绝，说退隐，即指物理之出世，如其就字义所知，或至少就其所着重者而言；然《薄伽梵歌》，正尔取绝对相反之观点，以为真实弃绝，乃以行业与世间生活为基础，而非逃空山，入岩穴，遁寺院。真所谓弃绝者，为行业而舍欲望者也，此亦即真退隐之道。（Tyaga，弃绝，即弃世道；Sannyasa，退隐，即出世道。）

能解脱之行事，属于“萨埵性”自我训练者，必充之以退隐精神，——此为一重要原素：但为何种退隐且在何种精神动态中耶？非不作尘世中事业之谓也，非任何外表之出世道，非虚饰弃除可见之享乐也；而为情命欲望与私我之出离，弃舍，为全部抛除分别个人生活，属于欲望心灵，私我所管制之心思，及“剌阇性”情命本性者。此为入乎瑜伽高境之真实情形，无论由非个人性自我与“大梵”之一性，或由遍是之涡苏天，或由内入乎至高“无上神我”，而达乎瑜伽高境，皆以此为条件矣。较通俗而论，“限隐”，以见士寻常之术语出之，即物质上舍弃或委弃为欲望所驱之行业。而“弃绝”者，——此乃《薄伽梵歌》所出之分别义，——乃智者所用之名称，指心思或精神上之出离，全般抛斥一切吾人事业得果之执着，或行事本身之执着，或其个人之作始，或“剌阇性”冲动之执着。在此义度中，是“弃绝”而非“退隐”，乃较胜之道矣。非可欲之行业皆当舍离，而欲望之赋予行业以此种性格者，乃吾人所必免除者也。行业之果可生，乃由吾人工作“主宰”所锡赐，然于此必不能有自私之要求，以此为行事之报酬或条件。或者，结果可以全然无有，而事业不能不为，以之为必当做之事，内中“主宰”要求吾人为之者。其成也，败也，皆操之于彼，彼且将随其遍知意志与玄奥目的而调制之。行业，诚然，一切行业，终于皆当捐弃矣，非物理上加以避免，无动

作，任惰性，而是精神上委之于吾人生存之“主”，唯以其权能而任何事业始克成就者。是故当祛除一种妄念，以为吾人本身乃是作者；盖实际乃宇宙之“权能”（shakti），以我辈之人格与私我而有为。精神上转移吾人一切行业于“主宰”及其“权能”，乃《薄伽梵歌》教义中之真出世道也。

虽然，问题仍起，何等事业当为耶？于此一困难问题，虽主张作一终极物理上遁世出家之流，意见皆不一致。有人主张凡是行业皆当从吾人生活上割弃，宛若此为可能者然。但吾人仍留于此形躯而且生活之日，此为必不可能。而且救度者，不在于以禅定而消减吾人活动之自我，至于无生命之寂灭，如土块瓦砾。“三摩地”之寂默，亦不能解除此困难，盖一自生息苏于身体，吾人立即返于动作，从精神冥绝而得救之高境，下堕尘寰。真救度则不然，以内中弃除私我，而与“无上神我”相结合，此种救度，则无论在何境界中皆不倾动，坚住于此世内或世外或任何世内或一切世外，乃自体存在，“纵其生为多方”，（陆，三十一）初不依赖有为无为。然则所当为之行事为何耶？彻底出世道之答案，——此非《薄伽梵歌》所说，或许在当时尚全未流行，——可能是在自愿之活动中，唯乞丐，饮食，与禅定可许，否则即身体所必有之动作而已。然更自由博大之解决法，显然为继续三种最属“萨埵性”之行事，即牺牲，布施，与苦行是也。而《薄伽梵歌》云，此皆当为，因其使智者清净化。但更扩大而论之，取此等事之广义，则为正当有管制之行业，乃所当为，如“经论”所教者，即正当知识，正当生活，正当行事之为科学与艺术所管制者，或为真元本性所约束者，或终焉最佳者，为吾人内中及在上之“神圣者”之意志所统驭者。最后一种，乃解脱人士之真实唯一行业。弃除此等行

业，则非正当运动，《薄伽梵歌》明确说之于末，谓"退避乎法定之行业，诚不应为"。愚昧信此退避已足，误以为此即真解脱，此必属"答摩性"也。吾人见三德追随吾人于行业中，一如在舍弃行业中。舍弃而耽执无所作为，又同等为属于"答摩性"矣。至若舍弃行业，因其能生苦恼，或困乏肌体，劳敝心思，或感觉一切皆空，徒乱人意者，此乃"剌阇性"弃绝，必不能生高等精神之果者也；此亦不得谓之真弃绝。此为智识之悲观或情命疲劳之结果，植根仍在私我中。为此自私原则所管制之舍弃，则必不能生自由矣。

"萨埵性"弃绝之理，非谓废除行业，而为退斥个人要求，即其后之私我因素。此乃做非欲望所独裁之事，乃为正当生活律则所主制，服属真元自性，服从其智识，其理想，其对本身信念，其于"真理"所见，其信忱。或者不然，则在高等精神界中，此种行业，命令皆发自"主宰"之意志，以在瑜伽中之心思为之，而无个人之执着，既不执此行事，亦不滞于得此行事之果。于此则必全般抛弃一切欲望，及一切自顾自私之选择与动机，终且捐除意志上极微妙之自私性，如说："此乃我之工作，我为作者"，或甚至说："此乃上帝之工作，但我为其作者。"必不能粘执愉快，可欲，顺利，成功之事，亦不能以事业有此等性质而不为；此等事亦所当为，——无我而为之，全般为之，以精神之认可而为之，——若其是自上且自吾人内中所要求之事，所谓"当为之业"。亦不能违拒不愉快，不可欲，不可乐之工作或事业，必生或似必随之而生苦恼，危难，窘迫情况，不祥结局者；此亦当无我以承受之，全然受之，深切了解其需要与意义，若其是"当为之业"。智士者，抛弃欲望心灵之退缩与踌躇，脱除寻常人类智慧之犹疑；以微小个人性，或流俗习惯性，或否则亦属有范

限之标准而度量者也。彼在充分“萨埵性”心思之明中，具一种内中离绝之权能，升举其心灵至于非个人性，举之以对上帝，以对宇宙遍是者与永恒者，以对其本性之无上理想律则，以对工作“主宰”之意志，居于其秘密精神中者。其为工作也，既不为任何个人所得之结果，或此生中任何报酬，或执著任何成功，利益，或效果：其为工作也，亦不为不可见之后世中某一果，或求他生或他方世界中之报酬，即半成熟宗教思想所渴慕之奖赏也。可乐，不可乐，与混合，此三种果，在此界或他界，在此生或他生者，皆为欲望与私我之奴隶而设；不能沾染自由之精神。以内心之舍弃而将工作奉献于伟大“权能”，此得解脱之工作者则无羯摩，不为业力所缚。行业彼将作也，盖某种行业，或大或小，或小或多，乃必不可免者，于形体内具之心灵原属正当而且自然，——动作（行业）是生活神圣律则之一部分，乃“精神”之高等动能。出世道之精义，真实弃绝，真实退隐，非无所作为之粗法，而为一无所自利之心灵，无以有己之心思，从私我过渡至自由非个人性，与精神本性。此种内中弃绝之精神，乃最高臻极“萨埵性”训练之第一心思条件矣。

《薄伽梵歌》进而述及成就行业之五种原因，或必不可无之需要品，如僧佉论所建立者。此五者为何：一、身，心，生命之此躯体，为“自性”中心灵之基础或“安立处”者，（adhi ṣṭ hāna）；二、作者（kartā）；三、“自性”中各种工具（karaṇa）；四、种种勤勇以成此作为之力量者（ce ṣṭāḥ）；五、“命运”之神（daivam），即是异乎人类因素之一“权能”或诸多权能之势用，亦异乎“自性”可见之机动，此势用乃居于此一切之后方，形况工作，安排其结果于行事与后效之步骤中。此五因素，乃组成一切有功效之原因，（kāraṇa），决定凡人以身，语，意所为任何工作之形成与结果者。

作者，寻常以为是吾人表面个人私我也，但此乃错误理念，属于理解之未臻乎智识者。私我为貌似之作者，然私我及其意志，皆“自性”之工具与创造品，而愚昧之理解，遂误认此等与吾人之自我为同一，实则甚且皆非人类行为仅有之决定者，更无论属于其转变与后果矣。一旦吾人从私我解放，则吾人在后方之真自我现前，非个人性，是宇宙性，在其与宇宙“精神”为一体之自我视见中，见宇宙“自性”为工事之作者，而其后方之“神圣意志”，乃为宇宙“自性”之主宰。仅吾人尚未有此智识以前，吾人乃为私我及其意志所束缚，以之为作者，为善或为不善，自足于吾人之“答摩”，“剌阇”，“萨埵”三性中。然一旦吾人生活于此较伟大之知识中，工作之性格与后果，对精神自由更不能有分别。工作在外表可能是恐怖行业，如此俱卢战场之杀戮与大战争；虽已得解脱之人参加此斗争，尽杀此诸人，彼实未杀一人，且不为其工作所系缚，盖此工作属于“诸界之主”，是彼在其隐秘遍能之意志中，已尽灭此诸军也。此毁灭工作原自需要，庶几人类向前进展，达于一新创造与新目的，庶几如以一火而尽燎其过去恶业，不正道，无公理，与压迫之行业，然后进入乎“大法”之邦也。已得解放之人，如一活工具而做其被任命之事，其精神与宇宙“精神”为一。既知凡此一切皆为必然，且见及外表现相之后，彼非为一己而有为，乃为上帝，为人，为人类，为宇宙秩序*而有为也，实际亦非是彼一己为之者，乃觉知神圣“力量”之当

* 宇宙秩序成为问题，盖人类中阿修罗之胜利，即为至该限度宇宙诸力量之平衡中阿修罗得势矣。——原注

体与权能，有在于其行事及事业之结果中者为之。彼明乎无上之“权能”，正有为于其心思，情命，与身体中，所谓“安立处”者，而此“权能”乃为唯一作者，做“命运”所注定之工作；实际此“命运”又非“命运”，非一机械规定，而是全见全知之“意志”，活动于人类羯摩之后者。《薄伽梵歌》全部教义依此“可怖行业”而转，乃一极端之例，在外表上为至不祥之行业，所谓“不善业”也，然其表相之后方，有至大之善存焉。故当由神圣任命之人物，无个人性以为之，所以总摄世界目的，所谓“保世为怀”者也；其无个人目标或欲望，因其为任命之工作。

于是，工作非唯一关重要之事，亦可明矣；能作巨大精神分别者，吾人做事之知识也。《薄伽梵歌》说有三事，乃以组成事业之心思驱策者，一为吾人意志中之知识，二为知识之对象，三为知者；在知识中，三德又常交相为用矣。是此三德原素，对吾人于所知事物之观念，对知者作其行事之精神，乃作成一切分别。“答摩性”愚蒙之知识，乃一微小，狭隘，懒惰，顽钝之事物观，未尝见及世界之真性，或所为事之真本性，或其原地，或所作为，或其情形。“答摩性”心思，不求真实因果，独自凝定于一运动或一常程，顽固执着之，除眼前个人少份活动外，不见其他，实亦不知其所为何事，盲昧使自然迫力施展于其所事，于其结果初无概念，无先见或全知之明。“剌阇性”知识，则唯见事物之纷多，仅在其分别性与活动之殊异在此万事万物中，而未能发现一体之真原则，或正当安置其意志与行业，而徒然随顺情欲与私我之所趋，其繁枝密节私我意志之活动，及纷纭错杂之动机，与内中及外境策动与势力之要求相应。其知，则为知识段片之杂集，而往往互相冲突者，为心思所勉强凑合

一处，使吾人从半明半无明之混乱中，稍廓出一可通之道。或其不然，则为一机动无休多方之作用，其中竟无高尚能统御之固定理想，与真光明及权能之自体完具之律则。反之，“萨埵性”知识，在凡此诸种分别中，见存在为不可分之一体，在一切变是中不可磨灭之一本体；乃主制其行业原则，及某一行业与生存整个目的之关系；于是将全部程序之每一步骤，各安置之于恰当地位。在知识最高处，此一见识，乃化为世间唯一精神之知识，则凡此诸多存在中之唯一者；乃化为一切工作唯一“主宰”之知识，明乎宇宙间各种力量，皆“神主”之表现，而工作本身，乃其在人、与其生命、与真元本性中，彼之无上意志与智慧之活动。个人意志，已化为全然知觉，彻然明朗，在精神上醒悟，则生活而且有为于此“一”中，愈加完善以服从其无上命令，愈加成长为彼在此人类个人中光明与权能之工具，了无缺点。无上解脱之行业，由此“萨埵性”知识之极诣而达也。

于是更有三事：作者，工具，与所做之事，三者结合行业，而使其可能者也。于此亦复是三德之分别，决定此每一原素之性格。“萨埵性”心思，常寻求正当和谐与正当知识者，乃“萨埵性”人物之统率工具，发动此机器其余诸部分。欲望之一自私意志，支柱于情欲心灵者，乃“剌阇性”工作之主制工具。物理心思与粗朴情命本性，其愚昧之本能或未启明之冲动，乃“答摩性”行业作者之主要工具力。解脱者之工具，乃一更伟大之精神光明与权能，较最高“萨埵性”知识又高出甚远，从一超物理中心下降而笼括其人，作用于其人中，用已经清净化且能承受之心思，生命，身体，作为其力量之一清澈涧道。

“答摩性”行业，以错乱，迷惑，愚暗之心思而为之者也。机械以服从本能，冲动，与盲昧之理念，初未顾及力量或能耐，或愚暗误用其力之浪费与损失，未能见及冲动，努力，或劳工之前因，后果，及正当情形。“剌阇性”行业，则在欲望统治下而为之者也，眼光专注于工作及其所冀得之果而无它。或者，行之以自私意识，以为由彼自有在行业中之人格而出之，而行之以不适当之勤勇，热烈之劳力，极度兴奋紧蹙其个人意志，以求得其所欲也。“萨埵性”行业，则人在理智与智识之清澈光明中，静然所成者也，而有正道，职责，或理想要求之非个人性意识，而有正道，以之为当然必行之事，不论其于一己在此世界或他世界之结果如何，行之而无执滞，无所爱憎于其刺激或负累，唯求满足其理智与正义感，满足其清明之知识与觉悟之意志，纯粹无私利之心思，及高尚自得之精神。在“萨埵性”臻极之一线，此更当转化，而成为最高非个人性行业，为吾人内中精神所主使，而不复为智识所裁决；此行业也，自性之最高律则所推移者也，无有于低等私我及其轻重负担，甚且无有最佳意见之限制，最高贵欲望，最纯洁个人意志，或极尊上心思理想之范围。凡此诸障了无所有；代之者，为一清明之精神自我知识，彻悟明觉，亲切而尊威之意识，知有一必无失坠之权能方有作为，且觉其为世界，为世界“主”所当为之事矣。

“答摩性”作者，一不真实从事工作之人也，乃以机械心思而作为，或服从群众最下劣之思想，随顺普通常程，或且谬结于盲目错误与成见而不解。愚钝而倔强，错误而仍执拗，逞其愚妄之骄矜于昏暗举措；以狭隘闪躲之狡狯，代替真智识。凡与之相接者，彼皆傲慢蔑视之，于智者及胜彼者尤甚。一种混沌之懒惰，迟滞，因循，懈怠,乏弱,虚伪,皆其行事之特征也。"答摩性"人,通常做事迟钝,步武迁延,易于颓唐,若所事稍劳其力,强其勤,试其忍耐性者,则亦随而弃之矣。反之,"剌阇性"作者则有异,乃易于耽执其所事,急于忽遽完成,痴念得果实,报酬,后效,其心贪,其思混,所采之手段则常为激烈,凶恶,险毒也;若果其求,满其愿,餍其志,辅其私我之欲者,则亦罕计及彼所损害者为何人,或损害他人至何程度。其有成功也,则恣然狂欢;其失败也,则忧苦而莫知所措。然而"萨埵性"作者,则无有凡此一切耽执,自私,强暴,或暗弱;成功失败皆不足以撄其心志,其中乃充满非个人性之决定,平静亮直,以高洁无己之毅力而赴其所当为之事。在"萨埵性"极点亦又超出之者,此种决心,诚衷,毅力,乃化为精神"热力"之自发工事,终且化为一最高心灵力量,直接之"上帝权能",神圣能力在人类工具中之一强大坚决运动,贤哲意志,玄秘聪明之准确步武,随之者,有自由精神之广大悦乐,乐于此得解放自性之工作中矣。

理智而辅以聪明意志,有为于人中,一随其所具此等人类禀赋之无论何种度量与形态,则为正为邪,为昏为朗,为狭小为广大,一如其所具有者之心思然。本性之理解之能,谓之智(布提,buddhi),乃为人选择工作,或更寻常在其诸多复杂本能,冲动,理念,欲望之若干提示中,允许而认可其一——或此或彼。此即为彼抉择是与非,法与非法,当为与不当为者。而意志之坚持,谓之忍(特里梯,dhṛti),乃心思"自性"之持续力量,所以支持工作,而赋以一致性与持久性者也。于此,亦复有三德投效焉。"答摩"理智则为一虚伪,愚暗,昏黑之工具,羁束吾人见一切事物于一混沌谬误之光明中,一团误解之疑云,对人对事物之价值皆蠢然莫睹。此理智也，谓暗为明，以光为昧，以非真实法为真实法而且支持之，以不当为之事为当为之事而坚执之，且举似吾人谓其为唯一当为之事。其愚昧殊难解免，其意志之坚执，乃其无明之满足与庸鄙矜张中之坚执。斯在其盲目作用一方面为然；其另一面，亦随之以惰性与无能之重压，沉滞于惛瞢睡眠，违逆心思之转变进步，胶粘于恐怖，痛苦，与心思之抑郁，斯皆阻碍吾人之道路，或抑屈吾人于懦弱卑鄙之途者。然则畏缩，规避，游离，懈怠，心思之袒护其恐惧，误疑，虚惊，拒卸职分，违废高等本性之召呼，召其安稳循行绝少抵抗之路，以求极少困难，冒险，努力，而可获吾人工作之果者，——则曰：比较一番崇高伟大之勤劳，或危险艰难之事业与冒险，则宁可不得结果，或结果不良，——凡此，皆答摩性意志与智度之特征也。

“剌阇性”之理智也，若其不明知故犯，为作恶与错误而作恶而错误，则亦能分辨是非，当为与不当为者，然辨之不正，乃屈曲事物之真度，恒常混乱其真价值。其故，在其理智为私我之理智，意志为欲望之意志，而此等权能，乃误表且曲折真理正义，以达其个人自私之目的也。独在吾人离乎私我与欲望而自由，以静定，纯洁，无私利之心思，唯关注其真理及其后效者，凝定以视事物，然后能有希望于正见事物，且见之于公平价值中。然而“剌阇性”意志，坚定凝注于满足其自有之耽执与欲望，追寻利益，快乐，以及其所认为或愿意认为正义与公道，——“达摩”者。其于此等事物也，常倾向于假之以虚构，则最能谄谀且辩护其欲望者，而凡能助之以得其工作与事业所贪图之果实者，则莫不坚持以为正当而且合理。人类理智与意志之虚伪与妄行，四分之三皆职此之由。“剌阇性”以其强力执持情命私我，则最大之罪人与积极之错误领导也。

"萨埵性"理智也,见世界运动,各于其正当地位,正当形式,正当度量,见行业之律则,见避免行业之律则,见当为之事,见不当为之事,见何者于心灵为安全,何者为危险,见何者当畏当避,何者当为意志所怀蓄,何者束缚人之精神,何者将其解放。凡此者,或去或取,皆由其明觉意志之坚持,一随其光明之程度,及其在上升于最高自我与"精神"之进化中所达之阶段。此"萨埵性"聪明之顶点,可由企慕智(布提)之一高度坚持而得;斯智也,固已希冀且安定于超出寻常理性与心思意志之外者,上指诸峰,转而稳定约束其诸识与生命,以瑜伽而与人之最高"自我"合,与宇宙"神圣者"合,与超极"精神"合。于此,乃由达乎"萨埵"一德而后能超出三德之表,而后能攀援至心思与其意志聪明之限际以上,而"萨埵性"本身,亦且消逝于居三德以上者中,消逝于出乎此为工具之自性以外者中。于此,心灵乃为光明所环绕,臻极于与"自我","精神","神主",坚固相结合。既达乎此极顶矣,则可随顺"至上者"领导"自性"于吾人诸体中,自由自发其神圣作为:盖于此必无错误或混乱工事,无谬误或乏弱原素,以翳障或委曲"精神"之光明美满与权能。凡此低等条件,律则,"达摩",遂于吾人不复系摄;"无极者"作为于已得解放之人中,于是更无所谓"法",而唯有自由精神之永生真理与正道,无"羯摩",无任何系缚。

和谐与秩序,"萨埵"心思性之特著性质也,为静定之快乐,清明澄定以自得,内中适悦而安宁。诚然,快乐者,人类本性或公开或间接随处所寻逐者也,——凡人皆寻求快乐,或其某种提示,或甚至某种伪造,某种喜慰,享受,有以满足心思,意志,情感或此躯体者。痛苦,乃一种经验,为吾人本性所当接受,若其为非自愿而为必需，为宇宙“自然”中一不可避免之事机，或由自愿，以为达乎吾人所追寻者之手段，要之，必非为痛苦经验本身故而愿望之也，——除非在颠倒境况中故意求之，或热烈寻求痛苦，以接触其所生之猛烈享乐，或所生之深密力量。而快乐或喜悦亦有多种，随吾人本性中居优势之功德而异。若“答摩性”心思，则可安然自足于其懈怠与惰性，昏沉与睡眠，盲昧及错误。“自性”已装备之以一种雍容自得之特权，在其钝暗与无明，崖穴瓮牖之见，懒惰自足，微小或卑下之欢喜，或粗鄙之取乐中者。迷茫自失乃此种满足之始，而迷误痴惑亦为此事之终，然其中有一种鲁钝虽非可羡慕然亦充分之欢喜，此居崖穴者所感受者也。故曰：有一种答摩性快乐，建立于惰性与无明者。

“剌阇性”人之心思，则满引一更浓烈醉人之杯矣；识感，身体，为识感所纠缠或强烈动力性之意志与智慧，皆有其深锐，流动，活泼之惬适，则于此等人物，真成人生之全部喜悦，及生活之真实意义矣。此杯初接于唇，味如甘醴，然杯底暗藏毒药，尽之矣，则觖望，厌足，疲劳，反动，憎恨，罪恶，烦恼，损失，幻灭，种种毒楚皆生。宜固其然，盖此等快足，在其外表形相上，皆非吾人内中精神所真实要求于人生者；在此种形式之后，出乎此等形式迁流变灭以外者，原别有其物，为永久，自体充足，而使人满意者。是故“萨埵性”人所求者，乃高等心思与精神之快慰，若一旦得此伟大所求，则心灵清明纯洁之快乐自生，为一种充实情境，一常住之悦怿与安和。此快乐不依赖外物，唯依乎我辈本人，及我辈最内中最优良者之敷荣外发。但初始此非吾人寻常所得而有也；必以自我训练争取之，必经过一番心灵劳苦，一高度勤奋努力，然后可致也。其初，此则为多少习惯安愉之损失，多少痛苦斗争，为搅动吾人本性所生之毒药，[*]种种力量相冲突之痛楚，对此转变之若干反动叛离，由于诸体不甘驯服，或情命运动顽梗不化；然而其末也，永生之甘露起焉，极苦而回甘，如吾人攀登高等精神自性，烦恼告终，忧患痛苦皆恬然消逝。在“萨埵性”修持之极顶一点或一线上，有此超越之快乐降乎吾人矣。

“萨埵性”自体超越何由成乎？成乎吾人出离此伟大然仍是低等“萨埵性”喜悦之际，出乎心思知识、与美德、及和平、之喜悦而外，达乎自我永恒宁静，及神圣一体性之精神大欢。此精神之欣欢，非复“萨埵性”快乐，而为绝对“阿难陀”。“阿难陀”者，秘密喜乐也，一切事物皆由之而生，一切皆以之而存，在精神极诣中凡人皆可臻至者也。夫唯如是，则解脱之士，已无私我及其欲望矣，终于与其至上自我为一而生活，与万物为一，与上帝为一，在一种精神之绝对幸福中生活，乃得而保有之矣。

* 按：此句出印度神话，群天神等搅动牛乳海，求长生甘露，初有极毒之药浮出云。

二十、本性与自法

审如是,由心灵之一种解放发展,出离三德低等自性,入乎三德以外之无上神圣本性,吾人乃最能臻乎精神自由与圆成矣。而此发展,复由最高"萨埵性"处于优势,预先发展,直至"萨埵"亦经超过,破除其本身之范限,抉入明觉精神之最高自由,绝对光明,静定权力中,其间了无三德纠争之决定,斯最可致已。一最高"萨埵性"信心与目标,重新形成吾人是为吾人者,一随吾人内中可能性之最高心思概念,能成就于自由智慧中者,新形成之,则以此过渡而化为吾人于自有真实本体之视见,化为一精神自我知识。最崇高之理想性,或"达摩"之标准,吾人自然生存正当律则之追求,乃转化为自由确定自体存在之圆成,其间不复依倚任何标准,一切超出,而永生自我与精神之自生法则,乃代替诸体及诸工具之低等规律。"萨埵性"心思与意志,转变为认同一体之存在之精神智识与动力权能,其中全部本性脱卸其乔装,化为其内在神明之一自由之自我表现。"萨埵性"作者,化为与其渊源相接之耆婆,与"无上神我"合;彼不复为行事之个人作者矣,而为超极宇宙"精神"工作之沟涧。彼已经转化而且已经启明之自然有体,则仍其为一是宇宙性非个人性之行业工具,神圣"射手"之神弓。曾是"萨埵性"行业,则化为完善本性之自由活动,其间更无任何个人范限,更无此德或彼德之拘牵,更无善,恶,人,我,或其他之任何系缚,而唯有一无上

精神之自我决定。此则工作之极诣，由寻求上帝之知识与精神知识，举之以对唯一"神圣工作者"也。

但仍有一附带问题，在古代印度文化系统中甚关重要者，而且，若使无取于彼古代观念，亦仍不失其广泛重要性者，此则《薄伽梵歌》已往略曾提及，此际乃归于其恰当地位。在寻常水准上，一切行业乃三德所决定；"当为之业"，取布施，苦行，牺牲三形式，三者或任何其一，可擅此任何一德之性格。是故吾人应当进而举此等至其"萨埵性"最高境界，为其所可能者，更从而出离之，远进至一广大境界，其间一切行事，皆化为一自由之自我奉献，神圣"热力"(Tapas)之能为，精神存在久持之圣礼。但此为一普通律则，凡此一切讨论，皆阐明甚属寻常之原则，无分辨施于一切人一切事而皆同。凡人皆可由精神进化，终达此严格修持，此广大圆成，此最高精神境界。顾心思与行业之普通律则，于一切人皆同矣。吾人亦见有一不同之恒常变易律则，每一个人，不但随人类精神，心思，意志，生命之共同律则而行为，亦且各随其本性而行为也；每人尽其各别之功能，或循一独异之倾向，则随其所自有环境，能量，事宜，性格，权能之律则而相异。然则，此种变易，本性之个别法，在精神训练中其地位为何耶？

《薄伽梵歌》固尝注及此点，且认为原属至关重要。最初，尝述及刹帝利族姓人之本性，规律，功能，为阿琼那行事之法，为其"自法"(svadharma)；(贰，三十一)进而明确着重申言，凡人所自有之本性，规律，功能，当加遵守，——纵使其有缺陷，犹胜于美满成就他人之法。遵所自有本性之法而战死，佳于在一陌生运动中而获胜。循他人本性之法，于心灵危险，可谓违反其自然进化之道，为一机械强加之事物，是故为外入，为不自然，能杜绝长成精神真实体态之生机。由本性所发出者，斯为正当而且健康之事，为真实运动，而非自外按加，由生命之强迫或心思之错误所加者。“自法”，大致分为四类，外表依古印度社会文化之四体系而分呈。《薄伽梵歌》固云，此组织与一神圣律则相应，曰：“四姓皆‘我’所创生，惟德业之异凭。”（肆，十三）——则存在之“主宰”自始所创造也。换言之，此皆自动本性之四分别体系，或本性中心灵四基本典型，每人之工作与正当功能，与彼之本性典型相应。于此乃终于详尽述之矣。四族姓者，婆罗门，刹帝利，吠奢，戍陀也；《薄伽梵歌》谓其分也，以功德之殊异，生于其自有内中本性，精神气质，真元性格（svabhāva）者。严肃，自制，苦行，清净，容忍，正直，智识，接受精神真理，皆婆罗门之事，生于其本性者也。英武，刚强，坚忍，能干，临阵不逃，慷慨施与，有领袖主宰之风格，皆刹帝利人之自然工作也。耕耘，畜牧，贸易兼工匠技人之劳动，皆吠奢之职分也。一切以服务为事之工作，则戍陀自然之责。进而又谓凡人自奉于其人生中自然工作，乃得精神成就，诚然此非由行事本身，而设苦其为之以正当知识与正当动机，设若其使所行事成为对造物主之敬拜，诚敬奉之于宇宙“精神”，凡一切作为之冲动由之而起者，此固可得。一切劳动，一切行业，一切功能，无论其为何者，皆可由此奉献而事上帝，皆可化人生为对吾人内中外在“神主”之自我供奉，而其事本身，亦化为精神圆成之方法。但工作而非吾人自然所有者，虽行之而善，若以外在及机械标准绳之，自外表观之已佳，或者在人生中成功较巨，然而就作为主观生长之方法而论，仍属低下，正因其有外在动机与机械迫力。个人自己之自然事业，虽自其他观点视之,有其缺陷,然固较优。若使工作于事业之真精神中,与自有本性之法相合,则不犯罪过,不染垢污。凡一切三德中之行业,无完善者,凡人类工作,必有过失,缺陷,或限制;然必不因此遂使吾人废除吾所自有之正当工作及自然功能。行业必为受正当管制之行业,内向必属于一己,由内中而外发,与人本体之真理相和谐,为"本性"所主制也。

虽然,《薄伽梵歌》之原义,精确果为何者?请先就其较外表之义论之;其时代、其民族之理念,以彰明其原则者,吾人且观其色彩,——文化背景之渲染,在古代之原义。此诸颂及以前诸章中所称关于此同一问题者,今人各以为据,争论族姓*问题,有人释为对现代制度之认可,有人复解此为反对族姓之传统基础者。就事实严格言之,《薄伽梵歌》此诸颂于当今阶级制度原无联系,盖今制与古制迥不相同。此古代"四姓"(caturvarṇa)之社会理想,亚利安社会明确划分之四系,《歌》中所述者,与今制初不相符合。畜牧,耕耘,及各种贸易,在《歌》中说为吠奢之事,然在后代制度,多数从事于贸易,畜牧,工艺,小手工业者流,若其未全然屏于四流之外者,亦被列入戍陀,且除少数例外,商人自为一阶级,而此亦非处处皆列入吠奢。农事,行政管理,及服勤之事,皆自婆罗门下至戍陀各阶级之正当职业。若使功能之经济划分淆乱至无可救正者,则功德或性质之法,更非后代制度之一部分。一切皆为严格之习俗,(ācāra),初未计及个人本性之需求。若吾人再就宗教方面考察主张阶级制度者之诤论,则于《薄伽梵歌》中语,实无由系以此等

* 按:或译为"阶级制度"。

乖谬之理，谓此乃凡人本性之正法，不顾其个人倾向与能量如何，必继其父祖或其远祖之职业，医之子必为医，取乳人之子必为取乳人，为履者之子必为为履者，终其生而至于世之尽；更不能谓如此而行，以此愚蠢机械性重复他人本性之法则，不顾一己个人质素与志愿，凡人遂可推进其自有之完善化，而达乎精神之自由也。《薄伽梵歌》之词，原指古代"四姓"制度，如其尝存在或假定其存在于其纯净理想中者，——是否此不过一种理想，或一普通名义，事实上未尝严格实现者，意见亦颇不一致，——固当唯在此观念下了解之也。虽然如是，了解其精确外在意义，亦犹有重大困难。

古代"四姓"之制，有其三方面，则为一、社会与经济面，二、文化方面，三、精神方面。在经济方面，则承认在集团中社会人之四种功能：一宗教与智识，一政治，一经济，一服劳之事。如果乃分为四种工作：一、宗教事宜，文书，学术与知识工作；二、政府，政治，行政，战争工作；三、生产，理财，贸易工作；四、雇佣与服勤工作。四种功能，分明划出四阶级，由此别异，固尝以图建立全社会秩序而安定之也。此制度亦非印度特有者，在其他上古或中世纪社会中，虽情况或有不同，仍为社会进化一阶段之主要现相。一切正常公众团体生活中，此四种功能依然内在，但明划之界际，则无处可见矣。各处古制皆崩，禅让于一较流动之等级，或者，如在印度，则溃而为混淆复杂之社会僵直性与经济凝固性，转颓废为族姓之混淆。随经济之分划俱生者，有文化理念之联合，每一阶级，各自成其宗教习欲，法律尊荣，道德规矩，合宜之教育与训练，性格之典型，家族理想与风规。然而人生事实，未尝必与理念相合也，——寻常心思理想，与情命及物理实行间，往往有沟壑分隔，——然求尽其可能真实相合,此种努力固常在也。此种企图,及其在过去社会人物训练中所创之文化理想与氛围,其重要性殊难估计过高;而在今日,此亦聊存微少历史意义,一已过去进化中之意义而已。终之,凡此制度存在之处,亦尝多少得其宗教认可,——在东方为甚,在欧洲较微,——然在印度,则得其较深之精神效用与意义。此精神意义,则《薄伽梵歌》教理之真核心也。

《薄伽梵歌》见及此制度存在,见其理想俱在印度人心,于是承认且接受此理想与制度及其宗教认可。故克释拏云:"四姓皆余所创生;唯德,业之异凭。"单就此语而论,亦不能遽尔推定《薄伽梵歌》视此种阶级划分,为一永恒普遍之社会制度。其他古代权威学者未尝如此视之;反而明确申言,此制在初始未尝有焉,且在时轮之后期必然崩溃。虽然,仍由此一语也,吾人可以了解,社会人之四种功能,曾被视为寻常内在固有于每一公团之心理与经济要求中,是故得"精神"之认许;此"精神"固自表于人类集团与个人存在中者也。《薄伽梵歌》此句,事实上乃就"韦陀"一颂(PurushaSukta—《黎俱韦陀》第十曼陀罗之第九十颂)之著名象征,加以智识上之表述而已。但此等功能之自然基础与实验形式固为何者?古代之实用基础,化为遗传原则。无疑,一人之社会功用与地位,原自取决于其环境,事机,身世,能耐,此至今在较自由而非甚密切组合之社团中犹然;但后来乃有更固定之层级化,其人之等级,大抵实际由其身世或唯由出生而定,更后来之族姓制度,则身世乃成为品位之唯一律则矣。婆罗门之子在品位上常为一婆罗门,虽其了无典型婆罗门之性格或品质,了无知识训练或精神经验,又无宗教价值或知识,与其阶级之正当功能更不相关,在其工作中既无婆罗门

行，在其本性中亦无婆罗门质。

此固为必然之进化也。因外表征相，乃唯一容易且方便于决定者，而在增上机械化，复杂化，习俗化之社会阶级中，身世乃最便且易处理者。有一时期，此遗传之谬说，及其人真实本生之性格与才能，其间之参差不合处，乃以教育与训练而弥缝之，减至极少：然终于此种努力亦未克保持，而遗传之俗见乃绝对统治。古代立法者，固承认遗传之习俗，然坚持气质，性格，才能，乃唯一真实坚固基础，此而无有，则遗传之社会品位，将成一无精神性之虚伪，盖已失其真实意义矣。《薄伽梵歌》亦然，如常建立其思想于内中意义。在一颂中诚说与人俱生应作之业，但此义非暗许遗传基础。据印度思想之再生说，《薄伽梵歌》所承认者，凡人天生之本性及人生过程，原本皆由其过去诸生所决定，皆其自我发展，为其夙昔之业及心思与精神进化之果，而不能唯赖乎彼之祖先，父母，生理身世之此一物质因素；此可为一附属机缘，或且为一有效表征，终不能为主要原则也。"俱生"或"天生"一名词之义，乃谓随吾人有生俱有者，凡自然，内在，固有者，皆是也。其在余颂中之同名，则为"本性生业"。凡人之工作或功用，决定于其气质，"羯摩"取决于功德；此乃为其"本性"所生之工作，亦为其"本性"所管制者。于此着重一种内中性质与精神，表现于工作，功能与行为者，此乃《薄伽梵歌》"羯摩"说之全部意义。

如是，著重内中真理而不著重外表形式，精神之意义与权能遂起，《薄伽梵歌》归之于遵循"自法"者也。是则此诸颂之真谛矣，近人过于著重其与外表社会阶级之关系，宛若《薄伽梵歌》之目的，乃为阶级之故而支持阶级，或以一种宗教哲学之理论而为之辩护云。

事实此极少著力于外在律则，而极度重视内在之法，此则族姓制度所甚欲付诸有节制之外表实施者也。然则此段思想着眼处，乃在此法之个人价值与精神价值，而非其集团与经济或其他社会与文化之重要性。《薄伽梵歌》接受《韦陀》之牺牲理论，然加以一度深沉转变，一内中，主观，宇宙意义，一精神意识与指归，遂更换其全部价值。于此亦然，且以同一方式，接受人类四族姓之理论，然加以一度深沉转变，一内中，主观，宇宙意义，一精神意识与指归。此理论后之义旨，遂立即改变其价值，而化为一生活且持久之真理，不为某独一社会形式与秩序之无常迁变所拘束。《薄伽梵歌》所关切者，非亚利安之社会制度，今已衰废或在消释状态中者，——倘使如此，则"本性"与"自法"之原则皆将无永久真理或价值，——其所关注，固有在于人之外表生活与内中本体之关系，发乎其心灵之行业与本性内在法则之进化也。

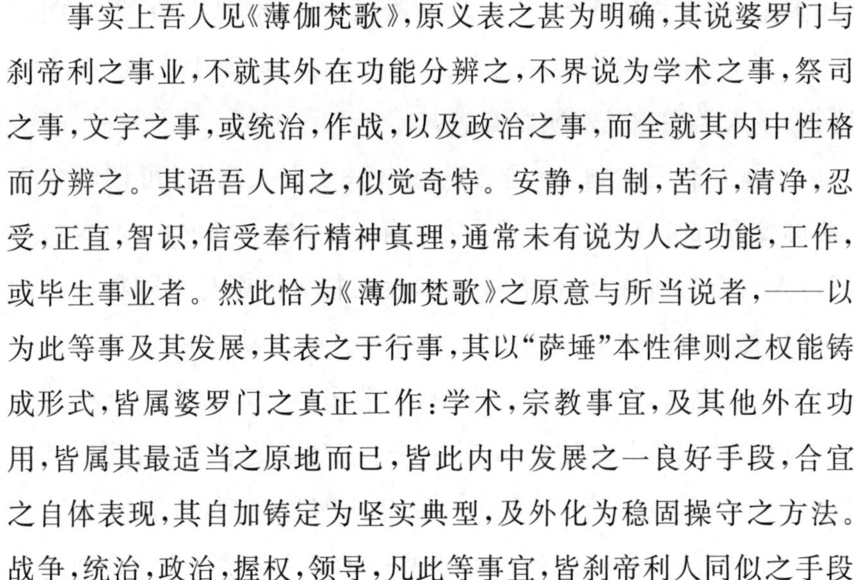

事实上吾人见《薄伽梵歌》，原义表之甚为明确，其说婆罗门与刹帝利之事业，不就其外在功能分辨之，不界说为学术之事，祭司之事，文字之事，或统治，作战，以及政治之事，而全就其内中性格而分辨之。其语吾人闻之，似觉奇特。安静，自制，苦行，清净，忍受，正直，智识，信受奉行精神真理，通常未有说为人之功能，工作，或毕生事业者。然此恰为《薄伽梵歌》之原意与所当说者，——以为此等事及其发展，其表之于行事，其以"萨埵"本性律则之权能铸成形式，皆属婆罗门之真正工作：学术，宗教事宜，及其他外在功用，皆属其最适当之原地而已，皆此内中发展之一良好手段，合宜之自体表现，其自加铸定为坚实典型，及外化为稳固操守之方法。战争，统治，政治，握权，领导，凡此等事宜，皆刹帝利人同似之手段与原畴；但其真实工作，仍在于发展其活动，奋斗，君主或战士精神之法，将其表于行事，将其形铸且化为运动之动力律度。吠奢与戍陀之工作，则表之于外在功能，而此一相反之转变亦有相当意义。盖专于生产与求财之气性，或囿于劳动与服务之气质，商业与服勤之心思，常皆外向，较专于其工作之外在价值，而较少著重其发展德操之权能，此种倾向，固不甚利于本性之“萨埵性”或精神性之作用也。缘何一商业或工业时代，或专从事于工作与劳动理念之社会，在周际能产生一种氛围，利于物质生活甚于精神生活，更适合于情命效率，有过于上达之心思与精神之微妙圆成，此亦其故矣。虽然，此种本性及其功能，亦自有其内中意义，精神价值，亦可作为圆成之手段与权能。如余处已云，非独婆罗门，具有其精神性，纯洁道德，与智识之理想者，非独刹帝利，有其高贵，勇武，尊崇性格之理想者，亦复是求财利之吠奢，困于劳作之戍陀，妇女之安于狭隘，围困，役隶之生活者，不入流之贱民，生于罪恶之胎者，皆能由此道一时上臻于最高内中之伟大与精神自由，臻于成就，臻于解脱，臻于人类中神圣本质之圆满。

于是乃有三主题，一见乃显然自呈于吾人之前，可谓暗含于《薄伽梵歌》此段所说之一切中者。第一，一切行业必由内中决定，因每人自有其所独具者，有彼之本性某特著原则与天赋权能。此乃彼精神之有效权能，创造其心灵在本性中之动力形式，且以行业表现之，完成之，使之在其工作中，于能耐与行动及生活上有其效力，为其真“羯摩”：此则指示彼内中外表生活之正道，为其更进步发展之正当起点。第二，本性大致有此四种典型，各有其特著功能，工作之理想律则与性格，此典型指示其人适宜之原地，且当为彼圈定其在外表社会生存中功能之恰当范围。第三，无论所为是何种工作，若随其本体、随其本性之真理而为之，可以转对上帝，化为精神解脱与圆成之有效工具。此第一事与第三事，皆一显明真理与正道之提示也。寻常个人生活与社会生活之道，诚然似与此等原则相违；吾人皆负担可怖之重压，为外物之必需所统治，法律与规则之重荷也。吾人需要自我表现，发展我辈真实个人，我辈真实心灵，我辈本性内中深处之特具律则，然而无处不受环境势力之干涉，阻滞，迫而改道，仅得一薄劣之机会与范围以发施也。生活，国家，社会，家庭，周际之一切人物，似联盟以羁轭吾人之精神，强迫吾人就其型范，强加吾人以其机械利益及粗鲁之直接方便。吾人化为一机械之诸部分；在真实义度中，吾人皆不是且几于不被允许为心灵之人，心思之人，精神自由之子，受权可发展吾人本体之至上特著完美，使之化为对人类服务之方。仿佛吾人非吾人之自作为吾人者，而是吾人被制作为何者。然而吾人在智识上愈加进步，《薄伽梵歌》律则之真理亦必愈加显现。儿童教育，必为启发其本性中之一切最优秀，最强能，最亲切，与最生动者；凡人之行业与发展所当流入之型范，固属其内在性质与权能者也。彼必获得新事物，然托基必在其所自有已发展之典型与天生之力量上，于是而最活泼最优胜以获得之。人之功能亦然，固当决定于其自然倾向，禀赋，才能。如果自由发展之个人，必为一生动之心灵与心思人物，其服役于人类之权能乃愈大。至是吾人乃愈明见，此法不独于个人为然，于团体，国家，群众心灵，集体人物亦莫不然矣。第二主题关于四典型及其功用者，较有可诘难之处。可谓其过于简单而且积极，未尝充分考虑人生之复杂，人类天性之粘柔而可陶捏，然

则无论其持说为何，其内向之胜处为何，其外向在社会上实施，必至恰合趋于机械律则之暴君专制，即与一切“自法”之律则坦白相违者。但此在表面之下有一更深沉之意义，赋于以难可非议之价值者。纵或吾人加以拒斥，第三主题在其普遍重要性中仍可安立也。无论人之工作及在人生之功能如何，若使其自内中决定，或得许其化之为其人本性之自我表现，则能转变之为生长之法，为更伟大内中完善化之方。且不论其为何，若其人完成其自然功用于正当精神中，若彼以理想心思而启明之，若彼转致其行事为内中“神主”之用，以此而服事显了于宇宙间之“精神”，或化之为人道中“神圣者”之目的之知觉工具，则彼亦可变之为趋向至上精神圆成与自由之方法。

虽然，《薄伽梵歌》此处之教义，固犹有更深沉者在也。常人往往引据此段，与余分割离，以为其意义自含内足矣，然吾人则当取其与全部作品一贯之义，尤其在后十二章中所说者。《薄伽梵歌》之人生哲学，行为哲学，主旨说一切皆发自“神圣存在”，超极与宇宙遍是之“精神”。一切皆“神主”涡苏天隐障下之显示，则曰：“自‘彼’而起众生进化兮，由‘彼’而诸有遍漫。”然则揭发此内中及世间之“永生者”，生活与此宇宙“心灵”为一体，升起在知觉性，知识，意志，慈爱，精神悦乐中与无上“神主”为一，以此自然个人有体生活于最高精神自性中，蜕除其过缺与无明，化之为神圣“权威”工作之一知觉工具，是则人类所堪能之圆成，亦永生与自由之条件也。然此如何而可能耶？事实上吾人固封于自然之无明中，心灵囚于私我之牢狱中，为环境所型铸，锤击，占领，征服，为“自性”之机械所主宰，隔绝而不克摄持吾人所自有秘密精神力量之真实性，则此如何而可能耶？答复则为：凡此自然作用，不论其今兹如何镉扃于障蔽违反之工事中，仍包含其自有外发完善与自由之原则。一“神主”安寓于每人之内心，为此“自性”神秘动作之“主”。虽此宇宙之“精神”，为此万有之“太一”，似使吾人旋转于世界旋轮上，由“摩耶”之力，如在机轮，在无明中成作吾人，如陶工之制瓶，若织工之织布，运用其机械原则之巧，然而即此精神，乃是吾人所自有最伟大之自我，且即依吾人自身之真理，如实理念，即依此在吾人内中生长者，生生世世常获得其更新且更适合之形式者，在吾人之动物，人类，及神圣生命中，在吾人曾为吾人，今为吾人，将为吾人者中前进者，——即依此内中心灵真理，如吾人张目可见者，吾人实由此吾人内中之精神以其全智全能进步而形成者也。此私我机械，此一三德之纠缠错综，凡心思，身体，生命，情感，欲望，斗争，思想，企愿，努力，凡苦与乐，善与恶，奋斗之失败与成功，心灵与环境，自我与他人之纠结交互，凡此，仅是我内中一高等精神“力量”所取外表不完善之形式而已，此“力”也，经过其险阻起伏，乃追求神圣真实与伟大之进步自我表现；此神圣真实与伟大性，今我在精神中秘密是焉，且将显然在本性中变是者也。此作用于本身中包含其自有成功之理，即“本性”与“自法”之原则是也。

情命者(耆婆)，“无上神我”一分之自体表现也。在“自性”中代表至上“精神”之“权能”，在其个人性中即此“权能”；在一个人生存中发表宇宙“心灵”之潜能性。此情命本身即是精神，不是此自然私我；是精神非私我之形式，乃吾人之真实性与内中原则。吾人之是为且能是为吾人者之真力量，固在于彼高等精神“权能”中，三德之机械“摩耶”，非其运动之最内中与基本真理也；此不过为当前行使之能力，一低等方便之器械，一外表施行与实用之方案。精神“自性”之化为世界中多个人格者，乃吾等生存之基本质素：一切其余皆低等之依他起与外在形成，出乎精神之最高隐秘活动者。在“自性”中，吾辈每人有吾人自有变是之一原则与意志；每一心灵为自我知觉性之一力量，构成一“神圣者”之理念于其中，以此而领导其作为与进化，其进步之自我发现，其恒常变换之自我表现，其似是不定然秘密中为必然之生长以趋于圆成。此即吾人之“自性”，吾人自是之真本性，此即吾人之本体之真理，于今在世间各种变是中仅得一恒常局部之表现者。为此“本性”所决定之行动法则，即吾人自我形成之正当法规，功能，与工作之正当律则，即吾人之“自法”是也。

此原则也，流泛全宇宙；随处有一“权能”，一共通宇宙“自性”活动，但在每一格度，形式，能力，种性，族类，个体生物中，此“自性”贯彻于一大“理念”，与诸小理念与原则，属于恒常复杂变化者，斯则双建立每一个体永恒之法及其暂时诸法者也。此等为之规定有体在变是中之法，规定其生，住，变易之曲线，其自我保存及自我增殖之力量，其安定外发之自我表现与自我寻求之路线，其与宇宙间“自我”一切其余表现之关系，规定此关系之律则。遵循其本体之律则，“自法”，发皇其本体之理念“本性”，乃其安全基础，正当道路与程度也。如是，终亦不致拘束其心灵于任何当前表呈，反而由此发展方法，以新经验同化于其自有之法与原则，乃确使其自体必然增加丰富，盛大生长，及时机一至，可破除其当前型范，而发为高等自我表现。若使不克保持其自有之法与原则，失于适应环境，未能使环境应顺一己，且使之有用于其本性，斯乃失其自我，废除其自我之权利，离其自我之正道，此即是毁灭，即是虚伪，死亡，颓废与坏散之痛苦，且在薄蚀与隐没后，常有痛苦恢复自我之必需，即是徒劳循环于错误之路，滞碍吾人真实进步者。此法在一切“自性”中，通行于此一形式或彼一形式中；居于科学所启示宇宙律与变易律一切作用之基层。同此一法周于人类生命，周流于其多身之诸生。此有一外向活动、与内向之精神真理；时若吾人已发现此内向之精神真理，且以精神价值照明吾人一切行事，然后此外向活动方得有其充分真实意义。此伟大可欲之转化，能迅速且强力而致，则以吾人在自我知识中之进步程度为正比例。

最初吾人当见，“本性”在至上精神自性中别为一事，在三德低等自性中则取一迥异之形式而义旨亦不同。于此亦复生其作用，但非充分具有自体，仿佛在半明或黑暗中寻求其自有之真实律则，经过若干低等形式，若干虚伪形式，无数缺陷，颠倒，自失，自得，若干模范与律则之追求，如是进行，直至达于自我发现与成就。吾人在斯之本性，乃一混合交织物，则明与无明，真与伪，成与败，是与非，得与失，善与恶之错杂也。常由此等事物而求自我表现与自我获得者，吾人之“本性”也，故曰：“此皆自性之转运。”（伍，十四）此一真理，乃教示吾人普遍之慈悲及观念之平等，盖吾人皆隶属于此同一纠纷与冲突。此等动作不属于心灵而属于自性。“无上神我”则不为此无明所范限；彼在上统治，领导心灵经过其变易。纯粹非变易自我不为此等运动所染；则以其难可思议之永恒性，见证且支持此变易“自性”于其倚伏兴替中。个人之真实心灵，吾人内中之中枢本体，较此等更大，然在其“自性”中之外向进化中，则皆接受之。一旦吾人已达此真实心灵，达乎支持吾人之不变易宇宙自我，

达乎“无上神我”，即吾人内中之“主”，监临且领导“自性”之全部作用者，则吾人于人生律则之全部精神意义皆已获得。盖吾人已觉知存在之“主”，永远表现其自我于其无限之德性中，于一切存在者中。吾人遂觉知“神明”之四重当体，一、“心灵”之属于自我知识与世界知识者；二、“心灵”之属于力量与权能者，盖寻求，获得且运用其权力者也；三、“心灵”之属于创造物与创造物间之变换，创造，因缘，互易者；四、“心灵”之属于工作者，劳动于世间，对个体为全体服务，且化各个人之劳动为对一切余人之服务。吾人亦知觉吾人内中“神圣者”之个体“权能”，即直接运用此四重权能者，指定吾人自我表现之努力者，决定吾人之神圣工作与职事者，以此提举吾人至彼多性中之普遍性，直至吾人由此而能获得精神之一性，即吾人与彼在宇宙中一切之为彼者为一体也。

人生中人而有四阶级之分，此一外在理念，唯涉及此神圣作用之真理之较属外表工事；在三德之功能中，唯限于其活动之一方面。诚然，人之有生，大抵归入四典型中之一型，或为智识之人，或为权力之人，或为生产之主力人，或为粗工与服务之劳动人。此皆非基本分别，而为人道中自我发展之阶段。人类起程，固已充分负有无明与惰性之重荷；其最初境况，乃为粗重之劳苦，则其身体之所需，生活之驱策，“自性”之所求者，所强加于其动物性之怠惰者也，及至超过需要之某一点，则又有社会某种直接或间接之迫促，强加于其身；仍为此“答摩性”所统治之人，则戍陀也，社会之农奴也，唯效其劳动力于社会，比较更发展之人所贡献于人生多方活动者，实未能或极少有其他贡献。以动力之行业，人遂发展其内中“刺阇性”，而吾人乃得第二型人物，彼等常为一种本能所驱，求为有用之创造,生产,具有,获得,保持,享受,此则中等经济与情命力中人,吠奢也。吾等同一共通本性之“刺阇”或动能质素而增上,在一高起处,乃得活动之第三流人物,有其更雄强之意志,勇猛之奢望,有其作为,战斗,行使其意志之本能,在极强度且欲领导,命令,统治,纳群众于其轨道中,此则战士,领袖,统治者,王子,国君,刹帝利是也。而有“萨埵性”心思居优势之处,则得婆罗门,斯则转向知识之人,于人生加入思想,观照,真理寻求,或加以一明智在最高度且为精神之律则,以此而明照其生存之概念与方式。

在人类天性中,固常有属于此四种人格全体者,或已发展,或未发展,或广或狭,或压抑或扬起于表面;但在大多数人中,此一或彼一人格趋占优势,且似欲占据全般本性作用之空间。无论在何种社会中,吾人必有此四种典型,——取譬而论之,纵使吾人能创造一纯生产与商业之社会,如近代所企图者,或为此而创一戍陀之劳动社会,如一无产阶级之戍陀社会,在最近代人士心目中甚有诱惑力者,如今在欧洲一地已加试行,在其余各处则加以宣传者。其中必仍有思想家也,动心以寻求此全部事实之法与真理与其领导律则者也。亦必有工业之领袖与主持者,且将使此一切生产事业,成为辩护其满足冒险,战斗,领导,统治要求之理由。又必有若干特出纯粹生产与求财利之人。终必有普通工人,满足于其少许劳动及劳运之酬资者。但凡此皆甚属外表之事,若此竟是一切者,则此人类典型之分别将了无精神意义。或者,其意义至多亦不过如有时在印度所说者,即吾人在诸生世中必须经过此发展之各阶段;因吾人不得不进步发展,经过“答摩性”,“刺阇答摩性”,“刺阇性”或“刺阇萨埵性”,至于“萨埵性”,上升且自定于一内中婆罗门道中

(brāhmaṇya)，于是由此基础而寻求解脱。倘若其事如此，则《薄伽梵歌》之说，谓虽是戍陀或占闼罗人，亦可转其生命以对上帝，而直跻于精神自由与圆成者，必无其逻辑之安立处矣。

由是观之，基本真理非此外向之物，而为吾人内中本体在运动中之一种力量；即精神本性四重活动权能之真理。每一情命体在其精神本性中具有此四方面，则为智识之心灵，强力与权能之心灵，交换互惠之心灵，劳动与服务之心灵；四者，此一面或彼一面在行业与表现精神中居优势，遂涂染心灵与其所具本性之关系；此乃领导他种权能，加之以印可，利用之于行动，倾向，经验之一主要气质。于是"本性"随之，微妙而且柔顺随此主要气质之律则，发展之，则同时发展其余三种权能；为微妙柔顺，非如社会划分之粗拙严肃也。如是，追从妥善完成之服务与工作之冲动，则亦发展智识，增加权能，训练交互性之密切或平衡，以及关系之善巧与有序。此四重神性之每一前方，由其本性自有之优胜原则扩充增大，以及其余三方面之佐益增丰，乃推进至于整体圆成。此发展亦经过三德之法。甚至可能以"答摩"与"剌阇"方式，而追随智识心灵之法，亦可能以粗暴"答摩性"或高度"萨埵性"方式，而遵循权能之法，以强力"剌阇性"或美丽高贵"萨埵"方式，而遵循劳动与服务之法。达到个人内中"自法"之萨埵道，及其在人生路上推进吾人工作之萨埵性方式，乃圆成之第一条件。可附带注及者，内中之"自法"，不拘束于行事，职业，功能之社会形式或其他外表形式也。例如工作之心灵，或吾人内中此一原素，满足于服务者，能化追求智识之生活，争斗与权力之生活，或交互，生产与贸易之生活，为满足其劳动与服务之神圣冲动之方法也。

要之，臻极达于此四重活动之最神圣方式与极有动力之心灵权能，乃一宽阔之进道，通于最高精神圆成之最迅速与至广大之实现者也。吾人能为此事，若使吾人转“自法”之作用为对内中“神主”之敬拜，即敬拜此宇宙“精神”，此超极“至高神我”，而且终于以全部行业委之，所谓“属诸行业于我”（叁，三十）。于是而出离三德之范限，亦超出此四重律则之分别，则且越出一切分明之法律以外矣，所谓“尽弃一切法”是也（拾捌，六十六）。“精神”乃安置个人于宇宙“自性”中，结合吾人内中本性之四重心灵而加以完善化，乃做其自体决定之工作，一随此造物中之神主善美之权能，及其神圣意志。

《薄伽梵歌》之谕，即以吾人自有之工作而敬拜“神圣者”也。吾人之供奉，必为吾人本体与本性固有律则所决定之工作。盖一切创造运动，与作为之冲动，皆由“神圣者”而出，由彼而此宇宙遍漫，总摄诸界，彼监临之，且以“自性”而形成一切行业。用吾人一切内中外表之活动而敬拜彼，化吾人整个生命为对此“至上者”一种工作牺牲，是准备吾人在吾人全部意志，与本质，及本性中与彼合而为一。吾人之行业必依据吾人内中之真理，此不当为应合外在与不自然之标准：此当为心灵及其本生诸权能一种生动活泼且至诚之表现。盖在吾人当今本性中之此心灵，若吾人贯彻其最内中之生活真理，终必至于有助吾人达乎永生真理，属此同一心灵而在今之超知觉无上自性中者。于此，吾人乃能与上帝，与吾人真实自我，与一切事物，生活于一体中，而且既圆成完善矣，化为神圣行业之一了无瑕疵之工具，作用于永生“大法”之自由中已。

二十一、趋向无上秘密

天人师所当言者，余分皆毕。凡彼使信之一切中心原则，佐证提示，及使信所涉，皆阐明矣；疑惑难题，庸或在其周际生起者，皆加解答矣。然则说其最后一语，即使信主旨，彼福音之核心，出以明确透辟表呈，所余唯兹一事当作者已。此最后至上一决定语也，乃凡此以前所说诸事之精华，集中述及修持所需之自我训练，且说及更伟大之知觉性，为此一切努力与苦行之果者；不但此也，亦且扫荡而前，破除一切界限、法则、信条、公式，而启出一广大不可限量之精神真理，具有其含义之无限潜能。此即《薄伽梵歌》教义之精奥，宏博，伟大处也。寻常宗教教义或哲学理论，摄持真理之某伟大紧要处，化之为可用之信条与教规，方法，与实行，以领导人之内心生活，为行动之律则与形式，亦弥自足矣；而皆不肯更远前行，不在其自有体系圆周上更开法门，不导人入乎至广远之自由与无拘碍之博大。此种范限，在一时期诚为有用，弥不可少。为心思与意志所拘束之人，需要一法则，一管制，一固定体系，一决定修为，有所拣择于其思想与行动者；要求单独不迷已经开辟之路，树以藩篱，固定稳实而可履也，要求有界限之视景，要求封囿之安隐处。唯有少数健者，能由自由达于自由。然其末也，自由之心灵，必将别有出路，离乎此等形式与体系，心思则自囿且得有限之乐于其间者。而百尺竿头更进一步，不伫立于最上一阶，无碍以大举迈进入

精神之空阔，斯为解脱，于吾人之圆成至为重要者也；精神绝对自由，乃吾等圆成之格位。《薄伽梵歌》之领导吾人也，开辟一坚实准确然亦广大上登之路，一伟大之“法”，于是更领吾人出乎此一切铺设以外，超出一切法，入乎无限空间，以其希望透露于吾人，使吾人参与此绝对圆成之秘密，则建立于一绝对精神自由中者。而此“无上秘密”，即其所谓最极一语之实质，此其隐蔽之物，即其最内中之知识也。

最初，《薄伽梵歌》重申其使信主体。以寥简十五颂，总括全部纲领与要旨，意义与表现皆简略而集中，文字则流利而明确，于此事核心所属，未失一物也。是故当沉吟讽咏，在凡此以前所出之义中读之，盖此十五颂者，意在于抽绎菁华，《薄伽梵歌》本书所认为其教义之中心意旨者也。其说出发乎书中思想原来起点，人类行为之迷疑，似属不可度越之困难；一面生活于最高自我与精神中，而又同时当继续为世俗间事。最简便之法，则为弃去此问题，以为原属不可解决者，以为人生与行业皆是虚幻，或为存在之低等运动，一旦吾人能出乎世界之网罗，入乎精神本体之真理，旋即弃去矣。此而可称为解决者，乃出世道之解决法；无论如何，此为一决定而有效脱出此迷疑之方；虽古印度最高等最有观照之思想，一旦开始离乎其最初博大自由之综合，而作分明之转向时，常增上偏于取此道也。《薄伽梵歌》，如密教（Tantra，即印度教中之密乘），亦如在后世诸教若干方面，固欲保持此古代平衡；于初始综合，则保存其基础与实质，然其形式则加以改变，在发展下之精神经验中加以更新。此教义则未尝规避此困难问题，调叶凡人充分活动生活与内心生活；乃建置其所以为真实解决者。全然未尝否认苦行出

世道于其自有之目的非无效能，然见其为一刀两断之法，而未能解此迷疑之纠结，*是故说为下策，而说其自有之方法为殊胜也。此二道也，两皆引离吾人出于寻常低等无明本性，入乎纯粹精神知觉性；至此分际，二者皆可认为有效，且在真元上原属无二：但其一道终止而退转之处，另一则明决勇迈而更前，启发未经开辟视景之门，成就人于上帝中，在精神中叶调心灵与“自性”而相合。

是故在初五颂中，《薄伽梵歌》如是陈言，两能施于内与外之出世道，然表以如此之词气，使人仅于其寻常所用词语加以较深更内转之义，乃得其所重之方法之意义与思想。人类行为之困难，在于人之本性与心灵，不幸隶属于多种缠缚，无明之监狱也，私我之网罗也，情感之锁链也，当前生活打击之坚持也，诚如黑暗有限之圆周，无其出路。心灵禁置于此行业圆墙中，无自由，无暇晷，无自我知识之光明，以发现其自体，与人生真价值，及生存之真意义。彼诚于其本体有所能获得之暗示，自其活动人格及动力本性所得者，然于此间其所能建立之完善标准，则过于世俗，过于拘碍而且相对，不足以为其自有迷难之圆满解钥。当其活动本性专一不断迫其外向前驱，胶执而不解，则如何返于真自我及精神生存耶？苦行出世道与《薄伽梵歌》之道，两皆同意于首先必当脱此凝滞，抛除对外间事物之外在要求，分别活动本性与玄默自我；必自认与不动精神同体为一，而生活于玄默中。必臻至于内中之“无欲”。然则是此救人之内中被动性，《薄伽梵歌》于此树为其瑜伽之第一目的，为其中第一必有之完善化或成就。(siddhi)故曰：“智遍处无凝滞

* 按：此语阿罗频多或用希腊故事。

兮，自克而祛外诱，由退隐而臻至兮，至上无为成就。”（拾捌，四十九）

理想在于退隐，自克之寂静，精神之冲漠，无欲望而自由，此一切古代智慧之所同也。《薄伽梵歌》说此理想之心理基础，其清晰周善，殆亦罕俦。此基托于共同之经验，凡自我知识之寻求者所共有也，吾人内中原有二不同之本性，一我宛若二人。其一为低等自我，属阴暗之心思，情命，生理本性，在其知觉性之真本质上，尤在其物质基础上，隶属惰性与无明；以生命之权能，诚可发动而有生力，但在其作用中无内具之自我保持与自我知识；在心思中亦臻至少分知识与和谐，然亦艰难努力而得，常与其所不能者相奋斗而致也。其二为高等自性与精神本体之自我，自体保持，且自体光明，但在吾人寻常心思性中，无由与吾人之经验相接。有时吾人瞥见吾人内中此伟大之物，但吾人非知觉以寓乎其中，吾人不生活于其清明，静穆，与无限之光辉以内。此二迥不相同之物，前者即《薄伽梵歌》三德之本性。其自见也，以私我理念为中心，其行事也，以生于私我之欲望为原则，而此私我之症结，则于心思，识感，生命欲望对象之执着也。凡此等事物必然恒有之结果，乃为缠缚，固定奴役于低等管制，缺乏自我主宰，缺乏自我知识。其他一较伟大之权能与当体，乃发现为纯粹精神本体与自性，非私我所规制者，此在印度哲学中，谓之为“自我”，与非个人性之“大梵”。其原则为一非个人性且无极限之存在，在一切中为一且为同一；又因此非个人性存在是无私我，无规定之性质，无欲望，需求，或刺激，乃是不动不变，永恒为同，此则顾及且支持宇宙之作用，然而不发动或参与其间。当心灵自投于活动“自性”中也，此即《薄伽梵歌》之“变易者”即其

流动或变易之“神我”(补鲁洒);同此心灵自已凝敛,而返于纯粹玄默自我与真元精神中也,即《薄伽梵歌》之“非变易者”不动或不变之“神我”(补鲁洒)。

然则显然最直捷简单之路,以脱离活动自性紧密之缠缚,而还于精神自由,乃全然抛弃一切属于无明之动力者,而化心灵为一纯粹精神存在。此之谓“成乎梵道”即化为“大梵”也。此为解除一切低等心思,情命,物理生存,而安立纯粹精神本体。此最能以聪明与意志,(布提 buddhi)而成就,吾人今之最高原则也。此必违离低等生存事物,最初至要脱出其欲望紧缠之纠结,弃舍心思识感所追寻物境之执着。人当化为一种理智,无着于一切事物,所谓“智遍处无凝滞”也。于是一切欲望乃从在玄默中之心灵前消失,无有若何想望矣。克服低等本性,保有高等自我,乃随之以成,或于至可能。此种保有,依赖全般自我主宰,以强烈征服吾人流动本性而得。凡此一切,乃臻至对事物欲望之一绝对内中舍弃。所谓“出世道”是已。“退隐”乃臻此圆成之道,此内中出世之士,《薄伽梵歌》称曰真“退士”。因此名词通常亦表外间之退隐,有时且唯指此而已,故天人师别用一名词曰“弃绝”,分表内中与外表之出世不同,遂曰“弃绝”优于“退隐”。苦行一道,背离动力“自性”更远,唯为遁世而遁世,且坚持在外全然抛弃人生与行业,使心灵与自性完全止寂。《薄伽梵歌》于此答曰:若吾人犹生活于此身体中也,则此非全然可能。如其可能也,固不妨为之已;然其如此激烈消减工作,非必要也。甚且实际无可取,至少寻常亦不宜如是。唯一所需要者,乃一完全内中之清静道,此则《薄伽梵歌》所谓“无欲”之整个意义矣。

若吾人问为何有此保留，为何放纵此动力原则耶？吾人之目的，岂非变为纯粹自我，而纯粹自我，岂非说为不动者乎？答曰：此种无活动性，及“自我”与“自性”离异，皆非吾人精神解脱之全部真理。“自我”与“自性”，终极原是一物；一全部完足之精神性，使吾人与“自我”及自性中之一切“神圣者”为一。事实上此一“成乎梵道”，此擅得入乎永恒玄默之自体中，非吾人全部目标，仅为一必要之浩大基础，以备更神奇伟大之神圣转化也。（mad-bhāva，转化为“我”）欲达乎彼极伟大精神成就者，吾人在自我中自当不动，在诸体中寂默，然亦当在能力，“权能”，“自性”中，在“精神”之真实高等力量中有为。若使吾人问此两似相反对者如何而同时可能，其答复则为此正是一完全精神本体之真性；常有此“无极”之双方面。非个人性自我是玄默；吾人内中亦当玄默，无个人性，内敛入乎精神。非个人性自我视一切行业非其所作，而是“自性”所作；用一种纯粹平等性，观察其性质，功能，力量之工事：在自我中已非个人性化之心灵，亦当视一切行业非其所作，而是“自性”之功德所作；彼于一切事物中必当作平等观，智无凝滞则曰“遍处”也。同时又使吾人不终止于此也，使吾人终于可以前进，在吾人之工作中，不独得一内中玄默与不动律则，且更得一精神律则与动向，于是要求吾人以牺牲态度加于智慧与意志，吾人一切行业在内中皆变，化为对“自性主宰”之牺牲，“主宰”者，以“自性”为其自体权能之“有体”，无上“精神”也。甚至吾人终当以一切委于其手，捐弃一切个人行业作始，使吾等自然自我，唯独成为彼之工作与目的之工具。此等事皆已充分阐述于前矣，《薄伽梵歌》于此不复重申，仅用简单名词而不更加形况，曰“退隐”，曰“无欲”而已。

既承认至完全之内中清静道，为趋向纯粹非个人性中生活之方，则次一问题，为在实行上如何而致此结果。“如果得其成就兮，如是臻乎大梵，彼无上智之归宅兮，高底夜耶！——简言尔其知鉴。”（拾捌，五十）“智”者，谓僧佉瑜伽也，——《薄伽梵歌》所承认之纯粹智识瑜伽，如其与《歌》中所说瑜伽为一，亦即包括行业瑜伽者也。但一切行业此际皆存而不论。于此所谓“大梵”者，起初即说是玄默者，不变易者，非个人性者。但“大梵”于诸《奥义书》及《薄伽梵歌》，皆是凡此一切是者，生者，动者；非徒一非个人性“无极”，或不可思议无由通达之“太极”。凡此，皆“大梵”也，此《奥义书》之言；凡此，皆“涡苏天”也，此《薄伽梵歌》之说；——无上“大梵”是凡此一切动者，静者，其手，足，头，面，目，皆遍在吾人各方。虽然，此“大全”也，仍有其两方面，——彼之非变易永恒自我，支持存在者，一方面也；彼活动权能之自我，在世界运动中推移者，又一方面也。仅当吾人消失有限私我个人性于自我之非个人性中时，吾人始克达乎宁静与自由之一性，始克与“神圣者”之宇宙权能在其世界运动中，保持为真实之一体。非个人性，否认范限与分别，信从非个人性，乃真实有体之自然条件，真实智识所必有之初步准备，因此亦为真实行业之第一要求。倘使坚执私我之有限个人性，则不能与万物为一体，与宇宙精神及其浩大自我智识，复杂意志，广被之世界目的为一，固彰明甚矣；倘使如此坚执，则人我分离，在观念中、在行为意志中，使吾人拘束，而以自我为中心矣。倘拘囚于个人性中，吾人仅能得一有限与他人之结合，斯则或由同情，或由相对适应他人之观点，感觉，意志而致也。与万物之一，与“神圣者”及其宇宙中之意志为一，吾人必先除个人性，脱离私我及其要

求，改变私我视吾人，他人，及世界之观念。若使吾人有体中原无某事物，有以异于个人性，有以异于私我者，若使其中无一非个人性之自我与一切生存为一者，则吾人绝不能为此。然则消除私我，在知觉性上作为此非个人性自我，化为此非个人性之“大梵”，乃此瑜伽之第一运动。

顾如何为之耶？《薄伽梵歌》云：第一，以已纯洁化之智慧与吾人内中纯粹精神本质相结合，由布提瑜伽也。是谓与“清明之智和合”。智慧之一精神转化，由外望下瞰，转而内视，上窥，乃智识瑜伽之神髓。已经纯净化之理智，当管制全部有体，所谓“自制其躬”。此必引导吾人离乎低等自性外驰欲念之执着，则有赖于强固而坚定之意志，所谓“坚忍”以自制其躬是也。在其集中之际，则唯面对纯粹精神之非个人性。识感必捐弃其对象，心思必抛除其此等对象所激起之好恶，——盖非个人性自我，无所欲望亦无厌憎；此皆吾等个人性对于物感之情命反应，而心思与诸识对于物感之相对反应，乃其佐助与基础。于心思，语言，身体，甚至情命之生理反应，如饥，渴，塞，暑，以及生理之苦、乐，皆当得其全部管制；吾人有体之全部必化为漠然无情，不为此等事物所影响。平等于一切外间感触，及其内中之反动反响。此为最直接而有力之方法，瑜伽径真明确之道。固当使欲望与执着全然止息矣，所谓“贪，瞋，又能不衷”也。学道者当坚决归于非个人性之闲静，以静虑而与最内中自我恒常相合。然此种精严修持之目的，非如圣人及思想者流，不烦参与世间行业之劳，因而定止，遂以自我为中心，处于某种极度自私之僻静境界；其目的乃在除去一切私我。极致最初当去者，“剌阇”自私性，自私之强能与暴力，顽固，欲望，瞋怒，占有之意识

与本能，热情之迫促，生命之强烈欲乐。其次，则其余各种自私性皆当屏斥，虽最属“萨埵性”型者亦然；盖目的在于使心灵，心思，生命，终皆无有一切能囚禁凡人之我慢，我所。当前一法，即是消除私我及其种种要求矣。盖纯净非个人性自我，坚定不摇，支持宇宙，无自私性，于人于物，了无所求；此为静定，光明冲虚，以自我知识与世界知识之平等无私眼光，静然观照万事万物。然则显明是内向生活，居于相似或同一之非个人性中，然后内中心灵脱乎事物之桎梏，最能与此非变易“大梵”化为一体，此“大梵”能见且知，然不为宇宙诸形态及变化所影响。

《薄伽梵歌》所教，第一追求非个人性，显然随之以某种最完全之内中清静，其中深奥之处，及实行原则，与出世道方法相同。然仍有一点，其退乎动力“自性”及外间世界之要求，该倾向及兹而止；仍加以一种界际，阻止内中清静，不至深化为拒绝行业及物理退隐。识感屏绝物境，必属“弃绝”之性质；此必为一切识感执着之泯除，而非杜绝诸识内中必有之活动。凡人当以诸识之纯粹，真诚，深密，简单，绝对之活动，游于环境事物间，生作为于识界对象，以为精神在其神圣行业中之用，故曰：或独以诸识而行（伍，十一），固全然不能为满足欲望之用也。必不能有贪，此非在寻常义度中厌憎人生，失味于世间事，而为弗有耽执，及反耽执之忿恚。固当离乎一切心思与情命之爱好也，亦当离乎任何心思与情命之厌憎。求此，非为灭无，乃庶几有一完善有能之平等性，使精神在其间得以认可对事物作整体大全神圣观，认为“自性”中整体神圣作用，而无滞碍无范限也。“常处于禅定瑜伽”，乃稳妥方法，由此人之心灵可体验其“权能”之自我，与玄默之自我。虽然，又不当放弃活动生

活，而专从事禅定生活；行业固当常为，作为对无上“精神”之牺牲。出世道之退转运动，为个人准备凝定消失于“永恒者”中，然则其在世间避除行业，遁出人生，正为其程序中所必有之步骤。然《薄伽梵歌》之“弃绝”一道，乃准备转化吾人全部生命，存在，及一切行业，与“神圣者”严肃而无量之本体，知觉性，与意志为一，斯则导源心灵之浩大全部升举，出离低等私我，上入至高精神自性不可表相之圆成，且使其可能者也。

《薄伽梵歌》思想决定之转捩处，分明表于以后两颂，第一颂尤显著层叠相生；其词曰：“成乎梵道兮，心灵恬静。无忧无虑兮，众生等平，彼于‘自我’兮，皈其至敬。”（拾捌，五十四）但在智识狭隘道中，“敬爱”，对个人性上帝之敬拜，仅足为低等初步运动；其末也，极致为个人性消失于无方无相之一性中，即与非个人性“大梵”为一，其间“敬爱”无其地位也：谁复为所敬爱，谁复为能敬爱，皆无有矣；“情命”而与“自我”合，玄默不动而遂同，其余一切固皆消失矣。然吾人于此更得尤高于“非个人性者”，——于此乃有一无上“自我”，即无上“自在主”，于此乃有无上“心灵”及其无上自性，于此乃有“无上神我”，双超个人性者与非个人性者之表，且调叶二者彼永恒之高处。私我人格仍消失于“非个人性者”之玄默中，但同时在其后且与此玄默并存者，有一无上“自我”之作用，彼更大于“非个人性者”。于此不复有私我及三德之作为，为低等盲昧而蹇钝者；而有一无极精神“力量”，一自由不可量之“权能”，发抒其自加决定之运动。全“自性”皆化为此唯一“神圣者”之权能；一切作为皆彼之作为，以个人为沟涧为工具而已。代私我而起者，为真实精神个人，知觉且显了于其本性之自由中，于彼超上格位之权能

中，于其永恒与“神圣者”相缘之尊极荣皇中，为无上“神主”不灭之一分，为无上“自性”不可毁灭之一权能。于是人之心灵，自觉在一至高精神非个人性中，与“无上神我”为一；而在其宇宙化之个人性中，则为“神主”之一显了权能。其智识为“彼”之智识之一光明，其意志为“彼”之意志之一力量，其与宇宙间万事万物为一体者，又“彼”之永恒一性之游戏也。是在此双重实践中，是在此一存在之无可表诠之“真理”两方面之结合中，由其一、或由其二、且双由其二，人可接近而入乎其自有之无极本体。已得解脱人士，乃当生活，行动，感觉，而且决定——或毋宁说已有其至高自我最伟大之一权能，为彼决定之矣，——其与一切之关系，及其精神之内中与外表工事。是在此结合之证验中，不但崇扬，敬爱，竭诚，皆仍有可能，亦且属最高经验之一大部分，一必不可无且登峰造极之一部分。彼“一”永恒变化为“多”，“多”在其似是分别中仍永恒为“一”，“最高者”在吾人中舒展其存在之此神秘微密，不以彼之多性而分散，不由彼之一性而范围——此则为整体智识，此则为调叶之经验，使人堪能作解脱行业者也。

此智识何由而生？《薄伽梵歌》则曰：生于至高之敬爱也。思心而超出其自体，发皇超心思与高等精神之事物观，则得；情心亦超出吾人寻常诚奉爱敬之较愚庸心思形式，上而与一种恬静，深沉，以至广大智识而光辉之敬爱叶调，上升至于对上帝之无上喜悦，无限欣爱，无可扰动之极欢，精神之阿难陀，则可臻至。若心灵已消失其分别人格，已化为“大梵”，然后乃能生活于真实“个人”中，可上臻于对“无上神我”至高启明之敬爱，究极由其深沉敬爱之力，由其情心之智识而知彼矣，故曰：“以诚敬而知‘我’兮。”是则为整体智识，若情心之渊深视见足成思心之绝对经验，——“知我之全”。则曰：“如实知我，奚量，抑又为谁。”此大全知识为在于凡人内中“神圣者”之知识也；此为对秘居人心中“主宰”之全部经验，今兹启示为其生存之最高“自我”，已经明彻之知觉性之“太阳”，一切彼之行业之“主宰”与“权能”，心灵一切敬爱与悦乐之神圣“源头”，其敬拜崇扬之“爱者”与“被爱者”。此知识亦伸引于宇宙之“神圣者”，属“永恒者”，万事万物由之而兴，生活于其中，且得其有体者也，属宇宙之“自我”与“精神”，属于涡苏天，已化为万有万是者，属于宇宙存在之“主宰”，统治“自性”之工事者也。知神圣“补鲁洒”，光辉于其自有之超上永恒中，其本体之形式固逃出思心之思惟，然未能逃出思心之玄默者，即此知识也。体验彼为绝对“自我”，无上“大梵”，无上“心灵”，无上“神主”，此其全部生活经验也。盖彼似是无由通达之“太极”或“绝对者”，同时且甚至即在彼至上格位中，为导源宇宙作用之“精神”，为凡此一切存在之“主”。已得解脱者之心灵，于是以协调之智识，以美满同时之悦乐，即超极“神圣者”，个人中“神圣者”，宇宙中“神圣者”之悦乐，而贯入“无上神我”矣。故曰：“入乎‘我’其必随。”斯人者，在自我知识自我经验中与彼为一，在其本体，知觉性，意志，世界知识，世界冲动中与彼为一，在宇宙中，在其与宇宙万有为一体中与彼为一，超出世界与个人，在其永恒“无极”之超上性中与彼为一，故曰：“彼得永恒不灭之归。”斯则无上敬爱之极顶，在于最高智识之核心中者也。

如是，斯亦显然明白矣：如何各种行为，继续无间，于人生活动无有损减，亦不摒除，不但与一无上精神经验十分一致，亦且如诚敬或智识，同为达此最高精神境况得力之法。无有较《薄伽梵歌》

于此更积极之说也。其言曰："虽常为诸行业兮，彼则以'我'为依。以'我'恩慈之故兮，得永恒不灭之归。"（拾捌，五十六）能解脱之行业，其性格属于与"神圣者"相合之工事，以意志，以吾人本性之一切动力部分，深与吾人中及宇宙中之"神圣者"相契合而为之者。起初视行业如牺牲而为之，仍有以吾人为作者之理念，其次，则并此理念而无之，以为"自性"乃唯一作者。终于乃出之以此种知识：即此"自性"乃"神圣者"之至上权能；于是以吾人一切行业皆委之，以个人为涧道与工具而已。吾人之工作乃直从"自我"与吾人内中之"神圣者"出，为不可分别宇宙作用之一部分，非吾人作始或成就，而为一浩大超极"权能"所成。凡吾人之所为者，皆为安居于众生内心之"主"而为之，为个人中"神主"而为之，为成就其在吾人中之意志而为之，为世界中之"神圣者"，为一切众生之福利，为圆成世界作用与世界目的而为之，或者，一言以蔽之曰，为"无上神我"，且实亦由彼之宇宙"权能"而为之也。此等神圣工作，无论其形式或外表性格如何，不能缠缚，反而为有力之工具与手段，以超出三德低等"自性"，而臻至最高神圣精神自性之圆成者也。脱离此等混杂有限之法，吾人乃遁入永生"大法"；此"大法"也，若吾人与"无上神我"在全部知觉性与行业中合一，则临乎吾人矣。彼一性于此，附带有升起之权能，上升入超"时间"之永生性于彼。彼处，吾人将生存于彼之永恒超极性中。

如是，详细研读此八颂，用彼"天人师"已授之知识详细读之，则知其虽然简略，仍为一概括之指示，表白《薄伽梵歌》全部瑜伽之整个真元义理，完具之中心方法，其一切之核心者已。

二十二、无上秘密

瑜伽与教义之精华，如是传授于弟子，乃在工作与战斗之场，神圣天人师则进而施之于行事，然出之以一种方式，固可施于一切行事者也。附丽于危迫事例，咐嘱于俱卢战场主角，其言也，有更广大意义存，对于准备超出寻常心思性而欲生活行动于最高精神知觉性中之人，且为一普遍律则。破除私我，突出个人心思，见万事万物于自我与精神之广漠中，知上帝，崇拜之于其整个真理及其一切方面，投顺以一己之全，皈依于自性与存在之超极"心灵"，具有神圣知觉性且为其所具有，与"太一"为一，与之在敬爱，悦乐，意志，智识之宇宙性中为一，与一切众生在彼中为一，做一切事业皆视为一种敬拜，一种牺牲，陈于一世界之圣坛前，其间一切无非上帝者，且在一已得解脱精神之神圣格位中，——此则《薄伽梵歌》瑜伽义也。此为一种过渡，从似是真理，渡越至无上精神真理，吾人本体之实际真理也。何由渡入？由捐除分别知觉性之若干范限，消释心思于热情，烦恼，无明之执滞，斥退微小之朦胧光明与知识，善与恶，低等自性之标准与二元律则，如是乃可渡入也。是故天人师曰："心以诸行捐于'我'兮，其以'我'为无上！凭依智慧（与意志）瑜伽兮，心思永其'我'向！存想于'我'兮，尔度出凡诸苦难由'我'慈仁；若凭我慢兮，终毁败兮，尔不余遵！若凭我慢而自惟，——曰：'我则不战！'斯决意为唐劳，自性将强尔旋变。本性所

生自有之职分兮，尔为所羁！以痴暗而不欲为者兮，尔无由自主而必为！众生内心兮，阿琼那！主者惟神！由‘彼’之‘摩耶’兮，众生旋转如驾机轮。往！尔其皈依于‘彼兮’！以尔身心其尽如。以‘彼’恩慈之故兮，得永恒至上之安居。”（拾捌，五十七，至六十二）

此诸颂也，内涵瑜伽之极深奥义，导人至于其经验极顶，吾人必在其内中深处之精神中了解之，在彼经验高峰之全部浩大性中体会之。此诸言也，表上帝与人可能最完全，亲密，与生活之关系，且具足宗教情感之集中力量；此种情感，发源于人类之绝对崇仰，向上投顺其全部生存，完善无保留以奉献自我于超极遍是之“神明”，彼由之而生，又生活其中者也。此种情感之着重，全然契合《薄伽梵歌》所划与敬爱道之高等悠久地位，以为敬爱一道，敬爱上帝，崇拜“至真”，为无上行业之最内中精神与动机，为无上智识之核心与极顶。其所用之词语，及其中震荡之宗教感情，似尽其可能，使其最深切明著，且极度着重“神主”之当体与个人性真理。此非哲学家之抽象“太极”，非无感应无个人性之“当体”，或不可思议之“玄默”，不容受任何人事因缘，而吾人以一切工作全般投顺皆不能纳，此种在吾人知觉生存一切诸体中与彼为一之亲密接近，非吾人圆成之律则与条件，或此种神圣参与，保障，救赎皆非所允诺者。唯其是吾人工作之“主”，吾人心灵之“友人”与“爱人”，吾人生命之一亲密“精神”，一切吾等个人性与非个人性自我与自性之内寓与上临之“主宰”，乃可为吾人说此亲密动人之教言也。然此又非各宗教所建立之寻常关系，建立于生活在“萨埵性”或其他私我心思中人、与“神道”之某个人性形式与方面间者；该种关系由彼心思所构成，或奉之于心思以满足其有限理想，企愿，或欲望也。此为平

凡心思人物之宗教虔诚，为其寻常意义及真实性格；但在于此，则有较为广大者，超越心思及其范限及其诸法者。是较心思更深沉者，乃能作此奉献；是较所爱之“神道”更伟大者，乃能受此皈依也。

于此而投顺者，情命也，真元心灵也，人之原始中枢与精神之本体也，个人“神我”也。情命脱离范限与无明私我意识，知其自我非一分别人格，而为“神圣者”永恒之一分，为其权能，为其心灵变是。情命以无明既逝，乃得解脱而上升，始克建立于其自有真实无上本性之光明与自由中，此本性与“永恒者”之本性原为不二者也。吾人内中此中枢精神本性，乃与“自我”，与吾人生存之“权能”相结合，斯固为本源，为能涵，为管制者，而与之结合也，亦在亲密真实关系中，悦乐而相融。彼接受吾人皈命者，非有限之“神”，而为“无上神我”，为此唯一永恒“神主”，万有与全“自性”之超极“心灵”，为存在之原始超上“精神”。一无变易无个人性之自体存在，乃彼之明显精神第一自体表呈，呈似于吾人解脱智识之经验，乃彼之当体第一征象，对彼之质素第一印象与感触。一遍是与超极无限“个人”或“补鲁洒”，乃彼之真本体神妙隐微之秘密，在心思形式中为不可思议者；时当吾人之知觉性，情感，意识，智识，皆出离自体，脱乎其盲目与小方形式，而入乎一阿难陀与权能与玄秘智，其时则与吾人知觉性之权能极为接近而前陈；而此阿难陀等，则光明且属精神性，属超心思又无量者也。“彼”者，不可表扬之“绝对者”也，然又为“主”，为“友”，为“启明者”，为“爱者”为此最完全所敬爱，所接近之对象，最亲密内中转化与皈依之对象也。此种结合，此种关系，超上于有限心思之形式与律则，于凡此一切低微达摩皆过高；此乃吾人自我与精神之一真理。然而或毋宁说因为，因其为吾人

自我与精神之真理，为其与彼“精神”为一之一性真理也，——彼“精神”者，一切由之而出，一切以之而存在，而动作，依之而起，为其提示，——是故亦又非一种否定，而为一种圆成，圆成一切心思与生命所指向者，所含藏为其秘密与未完成之意义者。如是，非由一种吾人在斯世一切为吾人者之涅槃，一除外与否定之寂灭，而由无明与私我之涅槃，此等之除外与否定之寂灭，且由一随兹而起无可名相之成就，成就吾人之智识，意志，及情心之企慕，由升举此等，且使之无限生活于“神圣者”“永恒者”中，由吾人一切知觉性之化形移转于一更伟大内中格位，然后能臻此无上圆成与精神解脱也。

此精神问题症结，此过渡性质，凡人寻常心思极难得一真实领悟者，全在于一主要分辨，辨别私我在低等本性中之无明生活，与已得解脱之情命，在其自有真实精神本性中之光明博大生存。前者之舍弃必当完全，后者之转化必当绝对。此一分辨，则《薄伽梵歌》不厌以全力着重申说者。一方面为知觉性之私我情态，混乱震荡而夸张，所谓“我慢”是也，此微小，薄弱，分别之人格，是狭隘，是蹇钝，然吾人寻常固依其观点而思维，行动，感觉，且以之反应生存之感触也。另一方面为永生之充实，幸福，与智识之浩大精神境界，吾人与神圣“本体”结合乃能入焉，吾人乃此“本体”之一种显示，在永恒光明中一种表现，不复为私我本性之黑暗中一种乔装。《薄伽梵歌》所谓“心思永其‘我’向”，谓此种全般结合也。私我生命，建立于一种结构中，则生存之心思，情命，物理之似是真理也；建立于个人心灵与“自性”之实用关系上；建立于理智，情绪，感觉之事物解释上，吾人中此微小有限之我，在宇宙浩大作用中，乃用之以保持且满足其束缚，分别人格之理念与情欲。凡吾人一切法，凡吾人一切标准，吾人以之而决定事物观念，及吾人之行为与智识，皆在此狭隘有限基础上进行，纵使随之环绕此私我中心而作最广远之轮转，亦终不能使吾人出乎此小小圆周以外。在此小圆周内，心灵乃为一满足或正奋斗之囚人，永远隶属于“自性”之混杂驱迫。

盖“神我”自隐蔽于此周旋，隐蔽其神圣永生本体于无明中，服属于一坚持碍限“自性”之法律。此则三德之强迫法也。此为一三重阶梯，矗起至于神圣光明，然终莫能达。在其基本，是隋性之法或达摩：“答摩性”人，在一习惯机械动作中，弛怠以服从其本性之提示，冲动，及意志之旋转，此皆属于其物质，半明智知化之情命与感觉之本性。在其中段，则有动性之法或达摩参与；此则“剌阇性”人，活泼，有生命力，有动性，且欲强加一己于其世界与环境也，然适足以增加其混乱之热情，欲望，自私性之压杀重量，及暴虐羁轭，转动不休固执己见之负担，“剌阇性”之缰锁。在顶上则有和谐节制之法或达摩，下压人生；“萨埵性”人试欲建立且随顺其理智之有限个人标准，其启明化实用性或机械化美德，其宗教与哲学与伦理公式，心思之体系与遍计，理念与行为之固定沟涧，凡此，多与人生意义之大全不相融合，且常时在更广大宇宙目的之运动中破碎。“萨埵性”人之法，在三德圆周中乃最高者；但此视线亦复有限，标准亦属低缺。其不完善之指征，导人趋向微小与相对之完善；一时能满足已启明之个人私我，然非建立于自我之整个真理，或“自性”之整个真理上者。

然在实际，人之真实生活非任何时为此等事之一而已，既非一

机械常例执行“自性”初步朴野之法，亦非行业动性心灵之奋斗，又非最上知觉光明，理智，善德，知识之胜利显现。有者，乃凡此诸法之一混合，由此吾人之意志与聪明，作出一颇属勉强之虚构，尽可能加以实践。而事实上除与宇宙“自性”中其他强迫之事物相妥协外，迄未实践。吾人已经启明之意志与理性之“萨埵性”理想，或则本身即此种妥协，最佳亦是进步之妥协，隶属于一恒常缺陷与变易潮流，或者，若竟属绝对性，仅能作为完善化之一种方案，在实行上则大部分加以忽略，或仅作为局部势力而稍有效能。若使有时吾人想象已经完全实践时，此乃因吾人在自身中，忽略其他权能与动机之下知觉或半知觉之混合；而此诸动机与权能，常时正如吾人之理想，为吾人行事中之真实力量，或且过之也。此种自我无明，组成人类理智与自是性之全部虚妄；此为一黑暗秘密里衬，外表则为雪白无瑕之人类圣道也；唯此，乃使智识与美德之虚饰自私性，有其可能。最佳之人类知识，乃半部知识；最高之人类美德，乃一混合性质之物，纵使在标准上极真诚为绝对，在其实行上亦充足为相对。作为生活之普通律则，绝对“萨埵性”理想不能在行为上贯通，虽作为改善及提高个人企望与行为之权能，亦不可无；其坚持足以修改生活，然不能全般改变生活；其美满之实现，徒自影像于将来之梦中，或一天堂世界中，无有吾等地上生存之混杂牵扭。固不能不如是矣，盖世界自性或人类本性，未是且不能是纯“萨埵”性质所成之一片整物也。

出离吾人可能性之此一范围，出离此诸法杂乱混合，吾人所见，第一脱出门路，乃某一高尚路向，趋于非个人性，乃内向之运动，趋于某种广大，遍是，平静，自由，公正，纯洁之物，今兹为私我之碍限心思所蒙蔽者。其困难也，当吾人有体平静寂寞之时，吾人诚能感觉入乎此非个人性之一种积极解脱，然非个人性之活动，殊非容易实现。若使吾人犹全然生活于寻常心思中也，则对此心思为自然且必有者，如吾等人格之法，情命本性之微妙驱策，私我之色彩，势必染污此一非个人性真理之追求，或行为中一非个人性之意志。由此等势力，非个人性真理之追求，反化为一未加留意之外裹，隐蔽一系智识偏好，为心思有碍限之固执所支持者；而无私利无个人性行为之追求，反化为一更大权威与显明高等认可，认可吾等个人意志有私利之选择，及盲目武断之坚执。自他方面观之，一绝对非个人性，似将外加一同等绝对之清静道，其意义将为凡属行业皆系乎私我及三德机械，而遁出人生及其工作，为唯一离此圈围之出路矣。虽然，此非个人性寂静，非此事中智慧之究竟一语也，因其非自我实践之唯一道路或极顶，或非全部道路与最上极顶，启对吾人可努力而行者。更有一积极精神经验，更充实，强能，私我人格之圆圈，心思限际之边界，皆消失于其中，消失于一最伟大自我与精神之无边无极性中；不但人生及其事业犹有可能，均可采纳，而且皆上臻并外发至其极广之精神圆成，且擅得一崇大升举之意义。

一绝对非个人性，与吾人本性之动力诸可能性间，有其鸿沟，度架而跨越之，其运动亦有种种等级。大乘佛法之思想与实行，作此困难协调，则以一种深沉无欲之经验，空一切有为法，广大消融心思与情命执着与诸行，其积极方面，则运之以遍是无量之慈悲，度此世界及其一切众生，其化也，似注倾发施高等涅槃境况于人生与行业。此调协也，同等为另一精神经验之义度，更知觉一世间意义，在行业边更深沉，更宏博概括，更引发灵感，更近《薄伽梵歌》思想一步：此种经验，吾人得之于道家者流，至少读其书而可会其意如此。彼教中似有一无名之“常”，（“永恒者”）为精神，同时为天下之唯一生命：无私以支持而泽流万物，其义与“平等大梵”（samam brabma）同；为“一”即“无有”（asat），因其非此一切吾人所见者，而又为凡此一切存在之全。盲目人格，形成于此“无极”上，如沫，动性私我及其所执与所离，所好与所恶，与其固定之心思分别，乃一有效能之影像，所以隐蔽唯一真实，而畸变其形者也。此唯一真实曰“道”，太上之“大全”与“虚无”也。唯由消失此个人性及其微小构架形式于此不可摄持遍是而永恒之“当体”中，庶乎可几也。一旦成就乎此，吾人乃有一真实生活，有别一更伟大知觉性，使吾人贯彻万物，吾人亦为一切永恒势力所贯彻。于此，如在《薄伽梵歌》中，最上一路，似乎为全般启对且自我投顺于“永恒者”，道家之言曰：“汝身非汝有也，……是天地之委形也；生非汝有，是天地之委和也，性命非汝有，是天地之委顺也。”* 于此一博大圆成与解脱行业，亦皆心灵投顺之动性结果。私我人格之工事，皆分离背驰，反乎宇宙自性之成见者也。此一虚伪运动，必代以明智静定之被动性，被动于宇宙永恒“权能”之手，此种被动性，使吾人对无极之作用可以适应，与其真理相和谐，对“精神”能形成之气息为粘柔易变。得此和谐之人，内中可以不动，凝定于玄默，然其“自我”出现，无复乔装，神圣“势力”将在彼内中活动；当其止于寂静而居于内中之无为也（“无欲”），仍将以无可抵抗之权能而无不为，亿万事物，

* 按：此数语见《庄子》“知北游”篇；《列子》“天瑞”篇亦引此文。

皆当聚集于其势力之下而动作焉。“自我”非个人性之力量，取其工作，运动，不复为私我所曲屈变形者，荣皇以彼而有为，以摄持且管制此世界及其人民，所谓“保世为怀”也。

此等经验，与《薄伽梵歌》所教初步非个人性活动，微少分别。《薄伽梵歌》亦教吾人舍弃情欲，执着，私我，超出低下本性，抉破吾等人格及其微小形成。《薄伽梵歌》亦要求吾人生活于“自我”与“精神”中，见“自我”与“精神”于一切中，见一切为“自我”与“精神”。此《歌》要求吾人委弃自然人格及其工事，与道教思想家同，委之于“自我”，“精神”，“永恒者”，“大梵”。其为同事相符，固然，盖此常为人所能有之最高且极自由之经验，即清静内中之冲漠与玄默，与外表动力性活动生活相调融，二者同位并列，或混融于非个人性无极真实性与无限作用中，皆属于唯一永生“权能”与唯一永恒“存在”者也。然《薄伽梵歌》增一小语，曰：“更在‘我’而无余。”（肆，三十五）斯语也，意义重大，而全般之意度皆变。（ātmani atho mayi）其要求为见一切事物于自我中，而更在“我”“自在主”中，委一切行业于“自我”，“精神”，“大梵”中，然后更归之于超极“个人”“无上神我”中。于此乃有精神经验更伟大深奥之错综，人生意义之一更大变易，一深心感到更神秘之扫荡，如江河之归海焉，个人工作与宇宙作用，皆复返于“永恒工作者”。着重纯粹非个人性有此困难与缺点，即损减此内中之人，精神个体，内中深处本体之久远神奇，化之为“无极”中一暂有，虚幻，与变易之形成。“无极者”独存，除在一掠过游戏中，对生物心灵略不顾念。若此心灵甚且如同常可更新之躯体，不外“无极”中之一现相，倏现还灭者，于此不能有人中心灵与“永恒者”间之永久真实关系。

诚然，私我及其有限人格，甚且皆为“自性”如此暂现与迁变之形成，故必当加以破除，而吾人必自觉与一切为一，且为无限。但私我非真实个人；若其已经消散，而精神个体仍留，永恒情命犹在。私我之范限消失，心灵遂生活于与“太一”为一之深沉一体中，感觉其与万事万物遍是为一。然仍是吾人自有之心灵，乃享受此空阔与一性也。纵使感觉宇宙作用，为一切中之此一且同一能力之作用，纵使经验其为“自在主”所作始，且为其运动，然此在凡人各个心灵中仍取不同之形式，在凡人本性中仍有不同之转向也。精神知识之光明，多方之宇宙“权能”，本体之永恒悦乐，灌注吾人内中，流绕吾人周际，集中于心灵，由每一心灵又滂沛及周遭世界，宛若发自一生活精神知觉性之中心点，其圆周则消失于无极限中者。甚焉者，精神个人仍其为神圣存在之一小天地，独立，同时又不可分离于神圣自我所显示之整个无极宇宙，其一小部分，则吾人现见于身周者也。为“超极者”之一分，为能创造，彼创造其身外自有之世界，纵使当其保留此宇宙知觉性，其余一切皆在其中者，正尔如此。若使反对此说，谓此是虚幻，当吾人退归超上“太极”中时，必然消失；然其事亦终究无极确定之确定性。盖仍是人内中之心灵，为此解脱之享受者，如其尝为神圣作用与显示之活动精神中心点；故其事有较多者，多于徒然自体抉破个性之虚幻外壳于“无极者”中。吾人生存之神秘，指示吾人之为吾人者，非徒彼“一”之一暂现之名、色而已，而可谓为“神圣太一性”之一心灵与精神。吾等精神个性，——私我特其在无明中一种映示，一误人之影像耳，——有一真理或即是一真理，超出无明以外而长存者；吾人内中固有某物，原永远居于“无上神我”之超极本性中，则曰：“自兹尔居于‘我’

无疑。”（拾贰，八）此乃《薄伽梵歌》教义最深沉之概括处；当其承认一宇宙化之非个人性真理，吾人以消灭私我乃入乎其中者，——此即“梵涅槃”，倘若无是，则必不能有解脱，至少亦无绝对解放，——同时亦承认吾等人格长存之精神真理，为最高经验之因素。非此自然有体，而为彼神圣在吾人内之中央本体，为永恒之“耆婆”即“情命”。“自在主”，即是万事万物之“涡苏天”乃取吾人之心思，情命，身体，以供低等“自性”之享受；是“无上自性”，即“无上神我”之原始精神本性，乃摄合此世界，出现于其中为“情命”。此“情命”则是“无上神我”之原始神圣精神本体之一部分，为活“永恒者”之一活权能。彼非徒低等“自性”之一暂时形式而已，而为“最高者”在其无上“自性”中之一永恒部分，神圣存在之一道永恒知觉光明，与彼超上“自性”同其永久。吾人已得解放之知觉性，其最高圆成与格位之一方面，必为擅得“情命”在一无上精神“自性”中之真地位，在彼处居于超极“神我”之光荣中，在彼处得永恒精神一性之乐。

吾人有体之神秘，必然暗含“无上神我”本体之一同似之至高秘密。非“太极”之无外非个人性为至高秘密也。此至高秘密，乃一无上“个人”、与一显明浩大“非个人”、二者为之一，此诚奇迹也。万事万物之一无变易超极“自我”，与显示其自体于此世界之“精神”，在宇宙真正基础上，显为一无限多方人格，遍处生作用者，——即一“自我”与“精神”，对吾人最后、最密切、最深沉之经验，启示为一无可限量之“存在者”，接受吾人，取吾人归彼，非入乎一无相存在之空白中也，而为最积极，深沉，奇妙以入乎“彼自我”之全体，且在彼与吾人知觉存在之一切道中。此最高经验与此最广大之观，对吾人本性诸部分，对吾人之知识，意志，情心之敬爱，开拓出深沉，动展，无穷之意义；若使吾人除外着重非个人性者，则亦消失或损减矣；因如此着重，则压抑诸多运动与权能，或将其微小化，或不许其有最深密度之成全；而此等运动与权能，固皆吾人最深沉本性，深密性，光明性之一部分，依附于吾人自我经验之本质纤微间者。非独严肃知识可以佐助吾人；实有空处与无限之空处，以容纳情心之爱敬与企慕，为知识所照明且扬举者，即一更神秘清明，更伟大沉静有情之知识。是由吾人情心知觉性，思心知觉性，大全知觉性永恒和合之密接，——所谓“永存‘我’想”者，——吾人乃得与“永恒者”为一之极完整经验。在全本体中最切近为一，虽在宇宙性间于一种神圣热情中犹深沉孤独，虽在超上性之绝顶犹深属个人，在此乃教令人类心灵，此为达彼“至高者”之道，为其保有神圣知觉性与圆成之方，对此乃由其本性作为一精神而呼召之往也。智识与意志，当以其全体存在一切诸部，转依“自在主”，转向彼全部存在之神圣“自我”与“主宰”，故曰：“倚乎布提瑜伽。”情心当投一切其他情绪于与彼为一之悦乐中，在一切众生中爱彼。已经精神化之识感，当遍处见彼，闻彼，且觉知彼。人生究极当为彼在情命中之生命。一切行业皆当发乎彼之唯一权能与唯一创始，在意志，智识，作业根，识根，情命诸部，及躯体中者皆然。此道也，深属非个人性，盖私我之分别性已消除，为“心灵”而宇宙化，且还复于超上性矣。然而又亲切属于个人性，盖其高举至一内寓及一性之超上热情与权能中。无相之寂灭，可为心思消除自体之逻辑上严格要求，然非无上秘密之究竟一语也。

阿琼那拒绝支撑其神圣命定之工作，出乎其私我意识，即“我慢”是也。其后方为种种理念与冲动之混合，杂乱，纠缠错误，皆属“萨埵”，“剌阇”，“答摩”性私我。情命本性则畏惧罪恶，及其属个人之后果。情心则以个人之忧伤苦恼而厌憎，理智则由私我之冲动而蒙蔽，蔽以正义与美德外相完好而实为自我欺骗之托词。吾人本性愚昧退缩于上帝之道前，此似异乎生人之道，且按加可怖与不愉快之事物于人神经与情绪诸部分及其智识上也。于今对彼已启示一高等真理，一行业精神与大道矣，若仍守其私我而深闭固拒，斯为空执，且不可能。斯则精神后果，较之从前且更坏而无底止。其起也，徒以一时乏力，忽然强烈离经，离其最内中性格之能力原则，非其本性之真义与真道也。斯时决意，本属唐劳，其为退转，空虚无谓。若此时竟投戈不战矣，然当其见战争杀戮，未由彼参加而仍进行，见其规避又致诸人战败，彼岂非为此诸人而生者耶？天生之职分有当保卫者，大义也；为其主角缺席而不为，遂使大义不立而竟诬，挫折困窘于胜者无忌惮与冷嘲之力，彼等自私、自利、无公理、无正义之徒，反而胜利矣，斯时也，必为自性所迫，又挺刃而起矣。然此一还复中，必无精神美德。是私我心思理念与感情之错乱，迫其拒绝战争；及私我心思之特著理念与感觉恢复常态，本性因之而动，又迫其打消此拒绝之念矣。然不论其动向如何，如是长此奴役于私我，必为大坏大不幸之精神闭拒，必趋灭亡；因其将是决定堕离其本体之伟大真理，较彼在低等自性无明中所随从者，更为伟大者也。彼已被容纳于一高等知觉性中，得一新自我实践，神圣而非为私我行为之可能性，亦已示诸彼矣；神圣与精神生命之门乃为彼大开，以代徒为智，情，识，动之生命。彼被召呼为一知觉心灵，为“神主”之一已启明之权力与容器，不复为一大盲

从之工具已。

盖吾人内中，原有此可能性：虽在吾等人类最高造诣，亦可有此圆成与超上性。凡人寻常心思与生命，乃隐蔽于其人内中某物之显示，然此显示为局部而不全，为半明半昧且多属无明之一种发展。有一神主在于其中，对其人隐匿，对其知觉性为潜在，居于一种工事之黑暗隐障后而无动，此种工事，非全属于其人者也，其秘密彼尚未知。彼自视在世界中，思维，愿望，感觉，作为，自以为是一分别自体存在者，本能自以为如是，智识自以为如是，至少生活如是，以为有其思想，意志，感情，行动之自由。彼负戴其罪恶，错误，忧患之重荷，负其知识与善德之责任而居其功；彼声明有权以满足其“萨埵”，“剌阇”，或“答摩”性私我，擅权以形成其自我之命运，以转变此世界为其私我之用。“自性”在彼内中活动，是由于此本身之理念，“自性”一随彼自有之概念而与其人相接，然无时不成就其内中（按：此指“自性”内中）更伟大“精神”之意志。凡人此种自我观念之错误，乃真理之一颠倒，与其大部分错误同，此颠倒遂创出一全系列谬误然有效能之价值。于彼之精神为真者，彼则归之于私我人格而误用之，出之以谬误形式，得其一聚无明之结论。此无明也，在于其表面知觉性之基本缺陷，即彼唯自认与己身外间机械部分同体为一，实际此机械部分乃“自性”之一方便技巧；又仅自认与如许心灵为同一，如所映射或反映于此等工事中者。彼失乎此更伟大之内中精神，使凡其心思，生命，创作，行为得一暗藏意义与未成全之允诺者。一宇宙“自性”，于此处服从“精神”之权能。（按：文中凡谓“此处”，大抵指“此世间”，此义原从梵文出。）“精神”，固宇宙主也；遂形成每一造物，一随其“本性”而决定其行业；

亦复形成凡人，一随其自类本性之普通律则，即心思有体，陷于生命与身体中且属无明者之律则，而决定其行业；亦又形成个人，而决定其独有之行业，一随其自有析然典型之律则，与其自有原始本性之变易。是此宇宙“自性”，乃形成且指挥身体之机械工作，及情命与神经诸部分之本能活动；于此吾人之服属“自性”，极为明显。亦又形成且指挥识感心思与意志及智慧之动作，于今亦不下于为机械性者。其不同于动物者，在动物中，心思工作乃全然机械服从“自性”，而人则具有一知觉发展，心灵得更自动参加其间，遂赋予其外表心思性以此意识，于人为有用且不可无，然大抵使人迷误者，使人觉得相当自由，且增上主宰其工具本性也。此尤使人迷误者，因使人昧于其束缚之严酷实事；其虚伪自由理念，阻止其不能寻得真自由自主。盖凡人之真自由自主，自由主制其本性，几于不是真实，不能完全，直至其觉知内中之“神明”，且具有异乎私我之原有真实自我与精神而后可。此则“自性”所致力表现于心思，生命，躯体中者也；此亦强加“自性”以本体与工事之此一律则或彼一律则者（“本性”）；此亦形成吾人内中心灵之进化及其外表命运者。然则仅在人保有其真实自我与精神之后，其本性乃能作为神主之一知觉工具、与已启明之权能也。

如是，仅当吾人入乎生存内中深处之自我，然后方知在吾人内中与一切中，是此一“精神”与“神主”，为全“自性”所役属、所显示者，吾人自我，皆此“心灵”之心灵，此“精神”之精神；吾人之身体，为彼所遣出之形象；吾人之生命，乃彼生命旋律之一种运动；吾人之心思，乃彼知觉性之一躯壳；吾人之诸识，皆彼之工具；吾人之感情，感觉，皆彼于本体悦乐之寻求；吾人之行业，乃彼目的之手段；

若吾人仍属无明，则吾人之自由仅为一影像，提示，或一瞥，若吾人知彼且自知者，则为彼永恒自由之延续与有效能之涧道。吾人之主制，乃彼权能在活动中之反映；吾人最佳之知识，乃彼之智识之一局部光明，吾人精神至高强而有力之意志，乃万事万物中此“精神”意志之一种映射与遣使，此“精神”者，宇宙之“心灵”与“主宰”也。是居于众生内心之“主”，乃转动吾人在无明时于一切内外行业上，如转动于此低等“自性”摩耶之机轮上。无论在无明中而昧，或在明中而明，是缘吾人内中之彼，世界中之彼，吾人乃有存在。知觉且整体以生活于此知识于此真理中，是为抉破“摩耶”而逃出私我。一切其他最高之“法”，仅为此一“大法”之准备；一切瑜伽，仅为一种方法，由之吾人起初能达乎某种结合，终极若吾人有充分光明者，吾人能达乎与吾人生存之“主宰”、即无上“心灵”与“自我”全般结合。最伟大之瑜伽，乃脱出吾人本性之一切烦恼困难，而皈依此一切“自性”之内在主，以吾人全部有体皈依之，以生命，身体，识感，思心，情心，理性皈依之，以吾人全部奉献之知识，与意志，与作为，在吾人知觉自我与工具本性上，无不皈依之。若使吾人能在一切时中全般为此，则神圣“光明”，与“慈爱”，与“权能”，乃护持吾人，双使自我与工具充满之，领导吾人安然度出吾人心灵与生命可遭之一切迷疑，困难，祸乱，危险，领导至吾人永生与永恒格位之无上平安与精神自由，所谓“至上永恒之安居”是也。

既说一切“法”，说出瑜伽最深精义以后，说出此第一秘密，由精神知识之转化光明所启示于心思者，其外，则此为更深更秘密真理矣，《薄伽梵歌》忽转一语，谓尚有一“至言”当说。一切秘密真理中之至深秘密，天人师将以授之阿琼那，为其至上之益，盖彼为所选择所挚爱之一心灵。显然，有如《奥义书》所云，唯罕有之心灵，为“精神”所选择，足以启明其自身者，乃堪入乎此玄秘中，盖唯此人在情心，思心，生命间，至为接近“神主”，乃能以其全部有体真实起其反应，使此成为生活之实行。《薄伽梵歌》最后结束之至言，表此极上神秘者，乃出以简单直捷之两颂，不更作其他注释或增广，使之沉入心思，发布其充分意义于心灵经验中已。唯以此内中展拓不已之经验，乃能使此似是微小简单之词句，所含蓄无穷之义蕴，显豁朗然。当此二颂既说，吾人乃感觉是为此，乃此弟子之心灵长时所准备者，其余一切皆不过一种启明之训练与教义，使克臻此而已。此秘密之至秘，“自在主”最高最直捷之使信，曰：“致思于‘我’兮！敬‘我’兮！事‘我’！拜‘我’！爰臻至于‘我’所！——尔为‘我’之所亲，故真挚其尔许。——尽弃一切法兮，皈‘我’于一！‘我’将尽释尔诸罪恶兮，尔无忧戚！”（拾捌，六十五，六十六）

《薄伽梵歌》，一贯坚持瑜伽训练，伟大而组织完好者，一弘博而界画分明之哲学系统；论“本性”与“自法”，论人生“萨埵性”律则，由其以上举而超出自体至于永生之自由精神大法，广泛，空阔，虽此最高一德亦且远过之；论臻于圆成之若干律则，手段，训诫，条件；斯时也，乃似突然一变，抉破其自所构筑，而谓此人类心灵曰：——“捐弃一切法，唯自奉于‘神圣者’，自奉于在上，在尔内中，在尔周际之至高‘神主’：此为尔一切所需者，此为最真实、最伟大之道，此为真解脱。”——世界之“主”，现俱卢战场神圣“御者”与“天人师”之形，已向凡人启示“上帝”，“自我”，“精神”之弘大真实性，与此复杂世间性，及人类思心，生命，情心，识感与此“精神”之关系，以及胜利之方，由之经过精神之自我训练与努力，人可超出

生死而达乎永生，出乎其有限心思生存，而入乎其无极精神存在。于今为人与万物中之“神主”与“精神”，辄谓之曰：——“凡此个人努力与自我训练，终皆无所用也，若使汝能完全归顺于‘我’，唯依汝及万事万物中之‘神主’，‘精神’，唯信从彼之向导，则一切遵从信守诸法诸律，终于皆可抛弃，如障碍也。转汝之一切思心向‘我’，充之以于‘我’之思维，及‘我’之当体。转汝之一切情心对‘我’，无论汝之行动为何，皆化之为对‘我’之牺牲奉献。为此已，则一任‘我’行‘我’之意志于尔之生命，心灵，与行业间；毋以‘我’处理尔之思心，情心，生命，工作，有似不遵乎凡人所自加之法，自加之律则，以向导其有限之意志与智识者，遂因而惶惑忧悲也。‘我’之道，为完全明智之道。为一完全智慧与权能与敬爱之道，知一切，结合其一切运动，有见于一完善究竟结果者也；盖此乃精练交织一整体圆成之无数经纬。我在斯，与汝同载此战车，显现为汝内中外在生存之‘主’，我重复说此绝对保证，不失之诺言，我将导汝经过且超出一切忧悲罪恶而至于‘我’。无论何种困难恼乱生起，其确信我将导尔至于宇宙‘精神’中一完全神圣生命，至于超上‘精神’中一不灭永生也。”

秘密者，全部深沉精神知识所启示吾人，镜照于各种教义中，是正于心灵经验中者，斯于《薄伽梵歌》则为精神自我之秘密，隐藏于吾人内中，凡心思与外表“自性”，皆仅为其显示或表相者也。心灵与“自性”，“神我”与“冥性”间恒常关系之秘密，一内寓“神主”之秘密，则为一切存在之主，在其形相与运动上隐蔽于吾人之前者也。凡此真理，皆韦檀多学派，僧佉学派，瑜伽学派所多方教示者，悉已综合于《薄伽梵歌》初分诸章。在其一切似是分辨中，皆是一真理；瑜伽一切不同之道，皆各种不同精神自我训练之方，由此吾人不静定之心思，盲昧之生活，皆归于清净，转向此多方之“太一”，而自我及上帝之秘密真理，信如是其真切亲密启示于吾人已，使吾人竟可生活且寓居其中，或消失分别自我于“永恒者”中，全然不复为心思之“无明”所驱策矣。

更秘密者，如《薄伽梵歌》所发明，乃神圣“无上神我”深沉协调之真理，彼同时为自我，神我，无上“大梵”，为独一，亲切，神秘，不可表相之“神主”。于思想，则为究竟智识立一更深沉广大之理解基础；于精神经验，则立一更充实、更伟大、能启悟、能概括之瑜伽。此更深沉之神秘，建立于无上精神“自性”中之微密，建立于“耆婆”之微密，“耆婆”即“神圣者”在彼永恒及此显了“自性”中之一分，在其不变易自体存在中，原与彼同属一精神与真元者也。此较深奥之知识，遁出精神经验于“彼方”及此世之基本分辨以外。盖诸世界彼方之“超上者”，同时又为在世界万事万物中之涡苏天；彼为居于一切众生内心中之“主”，为一切生存者之自我，为其所发于“自性”之一切事物之本原及超等意义。彼显示于其“神能者”中，为时间中之“精神”，驱策世界之行动者；为一切智识之“太阳”；为心灵之“爱者”与“被爱者”；为一切行业与牺牲之主。内中深处启对此更深沉，真实，微密之神秘，乃《薄伽梵歌》大全智识，大全行业，大全诚敬之瑜伽也。此为一同时之经验，体验精神之宇宙性，及一自由而完善之精神个人性，且体验全部与上帝结合，全然寓居于彼中，作为心灵永生性之框限，及吾人在世间在躯体中已解放行业之支柱与权能。

于是，乃着此至上一语，及一切秘密中之至秘矣，即此“精神”，

“神主”，乃一“无极”，无有于一切法，虽依固定之法而领导此世界，领导人经过人之一切法，如明与无明，善与罪，是与非，好与恶及俱非，苦与乐，忧与喜，及凡此相对之双违，如是种种之法，经过其躯体，情命，智识，感情，道德，与精神之形式，律则，标准，然彼“精神”与“神主”者，于凡此一切皆凌驾之，超上之；若使吾人亦能舍弃一切法之凭藉，皈顺此自由且永恒之“精神”，唯留意于使吾人无外且极致启对于彼，唯信赖吾人内中“神圣者”之光明，悦乐，权能，无忧无畏唯受彼之向导，如是，则此乃最真实、最伟大之解脱，使吾人之自我与本性臻于必至且绝对之圆成矣。此为奉献于“精神”选民之道，——唯奉于彼所喜爱之人物，因此等人物于彼最为亲切，最堪合一，甚且能如彼然，自由认可“自性”于其最高权能与运动中，与之一致，在心灵知觉性中为遍是，在精神中为超上矣。

盖在精神发展中有一时期将至，其时吾人觉知凡吾人之一切努力与作为，皆不过情命与心思之反应，为对吾人内中及周际此一更伟大之“当体”，对其玄默与秘密执持，生其反应。已镌识于吾人者，即凡吾人之瑜伽，吾人之企慕与努力，皆属不完全或狭隘形式，盖已变形或至少亦已受限制，改变且受制于心思之联想，要求，成见，偏好，误表或半译一浩大真理也。吾人之理念与经验与努力，皆仅是最伟大事物之心思影像；最伟大事，若由吾人内中彼“权能”亲为之，若吾人被动充当工具，自委于其无上绝对能力与智慧之手，则为之更完善，直接，自由，宏大，且更与宇宙永恒意志相和谐。彼“权能”者，非离于吾人也；为吾人自我与一切他人自我之为一，同时为一超上“本体”又为内在“个人”。吾人之存在，行业，若被采纳入此最伟大“存在”中，则不复如今之独为吾人所自有于一心思分别中者。此将为一“无极”与一亲切然无可指名之“当体”之浩大运动；将为此深沉遍是自我、与此超上“精神”在吾人内中恒常自发之形成与表现。《薄伽梵歌》指示此若将全然可能也，必皈依为全无保留，吾人之瑜伽，吾人之生活，吾人内中本体之情况，必为此生活之“无极者”所自由决定，而非由心思坚执此法或彼法或任何法所预先决定。神圣“瑜伽自在主”，则将亲受吾人之瑜伽，而升举吾人至究尽可能之完善化，斯圆成也，非任何外在或心思标准或有限制之规则之完善化，而为浩大，宏涵，对心思为不可量。为一全见之“智慧”依大全真理所发皇之完善化，最初诚然犹属于吾等人类本性之真理，其后则属于其将启对之一大事物，一精神与权能，为不可限量，永生不朽，自由，而大成化者，一神圣与无极自性之光明与辉耀焉。

一切，皆当奉为此变易之资料。一全智之知觉性，自将双取吾人之明与无明，真理与错误，而弃其乏弱之形式——此所谓“尽弃一切法”——转变一切为其无限之光明。一全能之“权能”，将尽取吾人之善，恶，功，罪，强力，弱点，而抛除其纠缠之形态，——亦所谓“尽弃一切法”——而转变一切为其超上之纯洁，遍是之善，不匮之力。一不可名相之“阿难陀”，将悉取吾人之微小喜悦，忧愁，争斗之快乐，痛苦，消除其乖戾及不完善之韵律，——又所谓“尽弃一切法”矣，——而转变一切为其超上遍是之阿难陀，不可想象者也。凡一切瑜伽所可为者，皆当为之而更增；然且为之以更伟大见知之道，以更大之智慧与真理，非任何圣、贤、人间尊师所可教者。此无上瑜伽将领导吾人入乎内中精神境界，此境界将超出此世间一切，然亦遍涵此世界及其他诸世界中一切，但于一切皆有一精神转化，无其范限，无其拘束——又所谓“尽弃一切法”焉。“神主”无极之存在，知觉性，悦乐，在其安静玄默与光明无际之活动中，固犹在也，将为其真元，基本，遍是之质料，型范，性格。在此无极性之型范中，已显了之“神圣者”，将不复为其瑜伽摩耶所隐蔽，而明朗寓乎吾人内中；随时如其所欲也，且将依其自我圆成之意志与永生之悦乐，在吾人内中建置无论何种“无极者”之形相，知识，思想，爱，精神喜乐，权能与行业之形式，透明几于全明者。然则自无拘束之效果，不复拘束此自由心灵与无染之本性，不复凝固为此或彼低等公式而无所逃。盖一切行业，皆“精神”权能所施为于一神圣自由中，终所谓“尽弃一切法”矣。无坠失以居于超上“精神”中，所谓“至上之居”者，将为此种精神境界之保证与基础。一亲切有理解与宇宙本体众生万物之为一，脱离分别心思之罪恶与痛苦，然明智以顾念真实分别，则将为决定权能。一恒常之悦乐，斯世永恒个人与“神圣者”，及彼一切之为彼者，相和谐而且为一，则将为此全般解放之效果。人类生存之困难问题，如阿琼那所遭遇，为一明锐之事例者，皆由吾人之分别人格在无明中所造成。此一瑜伽，因其安置人之心灵于与上帝与世界存在之正当关系中，且化吾人之行业为上帝之行业，化形成且推动之知识与意志，为彼之知识与意志，化吾人之生命为一神圣自我表现之和谐，乃全然消除此等困难问题之法矣。

如是，全部瑜伽遂尽启示矣，教义之至言亦付嘱矣，阿琼那，此选拔之人类心灵，不复在其私我心思而在此最伟大自我智识中，再度转向神圣行业。“神能者”已准备作神圣生活于尘世人生，其知觉精神已准备为解脱心灵之行业。其心思之幻妄皆灭矣；心灵乃还复记忆其自体及其真理；久矣，此皆为人生之迷惑现相与形式所隐藏，于是复化为其寻常知觉性：一切疑惑苦恼皆除，转能执行命令，忠恳作为上帝为世界之任何工作，则吾人有体之“主宰”，自体圆满于时间及世界中之“精神”与“神主”所命定所分派者也。

二十三、《薄伽梵歌》义理核心

《薄伽梵歌》成书，若干世纪矣。后世人生思想，经验，皆大抵改变，然则于现代人类思想，其精神用处为何？其为用之价值如何，其使信又为何者？人类心思常向前进，改变观点，扩大思想本质；其变易之效果，使过去思想体系归于堙废，倘其犹存也，则引申之，调整之，或微或显以改变其价值。古代教义之生命力，验于其能自然自致于此种处理之程度；此谓不论其范限如何，不论其思想形式如何陈旧，其本质之真理，其生动知见与经验之真理，此一体系得建筑于其上者，仍然健全，而保有其永久之效能与意义。《薄伽梵歌》，卓异不磨者也，其真本实质，依然清新鲜健，不异于其初出现于《摩诃婆罗多》史诗中时，或写入史诗框廓中时；盖恒常可在经验中从新试历。在印度，仍以此为统治宗教思想权威之一，为义理大国之一，若非为其一切宗教信仰宗教意见诸派诸家所全然承受者，要之皆不得不承认其宗教价值最高。其势用不徒属哲理或学术研究，而是生动活泼，直接亲切，于知于行，两皆有力；在一国一文化之复兴与革新中，其理念实皆发为一雄强创造之因素矣。甚至当代某一巨声，曾说凡吾人于精神生活所需要之精神真理，皆可得自《薄伽梵歌》。若凿义而执彼言，适足以长对此书之迷信。精神真理原无极限，不能如是加以拘囿也。虽然，大部端绪仍存于是中，而当精神经验近代发展发明之后，吾人今日仍可返于此本，以得大灵感与指南。印度以外诸国，亦承认其为世界伟大教典之一，欧洲则明了其思想，甚于知其精神实用之秘密。然则赋予《薄伽梵歌》之思想与真理以此生命力者，为何者耶？

人类生活行为外表之实事，与内中精神真理之最绝对、最完整之实践，于此二者，试欲加以协调，且成办一种一体之结合，此《薄伽梵歌》哲学与瑜伽之中心旨趣，以之发端，持续，而结束之理义也。二者间之妥协，固属寻常，然永不能成为终竟圆满之解决。释精神性为伦理，亦属恒有，作为行为律则，亦自有其价值；但彼为一心思解决，不至成为全部精神真理与全部人生真理之完全实际协调，如其解决若干问题，亦又引生若干问题矣。其中之一，诚为《薄伽梵歌》之起点；自一种争斗所引起之道德问题出发，一方为行动性人物之法，其人，为王子，为战士，为人群领袖，为一大危机中之主角；其争斗，为物理界之战争，为实际生活界之战争，公理正义之权能，与非公理非正义之权能相冲突；民族之命运，要求此人抵抗，作殊死战，虽经过一场可怖物理之斗争，一番广大屠杀，而必建一新纪元，建立真理，正义，公理之统治；对方则为伦理意识，贬斥此种手段与行为，斥为罪恶，避拒付予个人痛苦与社会扰乱冲突不安之代价，而以避免暴力用武，为唯一道路，唯一正当道德态度。精神化之伦理，坚执“不害”（Ahimsa，又译为“非暴力运动”）。不伤，不杀，为精神行为之最高法。倘此战而必作也，必作之于精神界，出之以无抵抗主义，或拒绝参加，或仅作心灵抵抗；若此而不成功于外界，若无道之力量竟获胜利者，则个人仍已获保持其美德，且以其事例而保全最高理想矣。另一方面，倘若极度坚持内中精神指向，超出此社会职责与绝对论者伦理理想之冲突，则势必至于

作出世道之一转，指向人生以外，离弃一切人生目的及行为标准，而以别一超宇宙或天上境界为极归，唯在其中乃出离生生死死纠缠之虚妄幻有，而后能有纯粹精神存在。顾《薄伽梵歌》，于此等事，各如其分际无一弃斥者，——盖坚执社会职责当尽，人在共通行业中必尽其分而守其法；亦接受"不害"为最高精神伦理之理想；又承认出世道之退隐，乃精神得救之一端。然毅然越出此种种冲突据点以外；大胆决然，辨正一切生命对精神为唯一"神圣本体"之重要显示，肯定纯全人类行业与一纯全精神生活，可以相容，是与"无极者"结合，与最高"自我"同调，表现至善"神主"之精神生活也。

凡一切人生问题，起于吾等生存之复杂，起于其真本原则之幽暗，起于最内中之权能，发出其决定，而管制其目的与程序者，秘密莫测。向使吾等之生存原是一整片，单属物质情命，或单属心思，或单属精神，或者，甚至其他一切，全部或主要皆内在于此中之一，或甚潜隐于吾人之下心知或超心知诸部分中，则必无足以使吾人纷乱者；物质与情命律则将为至高法令，或属心思者，对其纯粹而不受阻碍之原则将自然明朗，或属精神者，对精神亦自体存在而自体周足。动物不知有问题；一心思之神，在一纯粹心思性世界中，亦不容有问题，有则或将纯以一心思律则而尽解决之，或将纯以一理性和谐之满足而尽解决之；至若一纯粹精神，固当尽皆超上，而自足于无极中矣。但人类生存是一三合之网，是同时神秘属于物理情命，心思，与精神之物，而彼不知此等事物间之真实关系如何，彼之生命与彼之本性之如实真性为何，其命运之吸引归于何处，其圆成至善之境界何在也。

物质与生命者，人之真实基础也，彼出发于是，安立于是，若其全然必生存于世间、于此形躯中者，不得不满足其要求与律则。物质与情命律则，乃生存，竞争，欲望，占有，自我拥护，满足身体，生命，与私我之法则也。世间一切智识推理，一切道德之理想主义与精神之绝对论，人类高等官能所堪者，不能废此情命与物质基础之真实性与要求，或阻止民族在“自然”命令驱迫下追随其目的而满足其必需，或阻止其将此等重要问题，作为人类命运，利益，企图之一重大合法部分。甚且人之智慧，既未能得其支柱于精神或理想之解决，则背弃之，转而无外接受情命与物质生存，转而作其本能或理智化之追求，追求至极可能之效率，安乐，有组织之满足；而彼等精神或理想解决者，凡其他一切皆可解决，独不能解决实际人类生活之迫切问题者也。求生之意志，或求权能之意志，即理性化之情命与物质完善之权能，此种福音，已化为人类所公认之“法”，而其他一切，则或被认为矫饰之虚妄，或甚属附庸之物，一较小且有依赖性之侧出问题矣。

虽然，物质与生命，纵其固执且属十分重要，终非全部人之为人，人亦不能全然承认心思纯为生命身体之仆役而非它，因其服役，遂酬之以其自有之某种纯粹享受，或视之为不过情命驱策之引申或英华，附庸于物质生活之满足，为一理想之奢侈品。较身体与生命更亲切为人者，心思也，当其发展，则愈坚执身体与生命为其一工具，——诚为一不可少之工具，然亦为一巨大障碍，否则亦无有问题矣，——为用于其自有特殊之满足与自体实践。人之心思，非徒一情命体与物理体也，而为智识，美感，善德，心灵，情感，与动力之明智体，在其倾向之每一境界中，其最高最强之本性，为努力以趋于此等之相当绝对者，然生命之机构，必不使其全然获得或具有之，或使之在世间全然真实化。吾等企慕之心思绝对者，仍其为一局部摄得之光辉或明炽之理想，心思在内固可使其现前，内向于其努力为命令，甚且可使其局部发生效果，然终不能强纳一切人生事实入其形相。于是乎有一绝对者，一属智识之真理与理性之高等命令，为吾人智识体所寻求者；有一绝对者，正道与行为之权威，为道德良知所专注之鹄的者；有一绝对者，仁爱，同情，慈悲，一性之命令，为吾人情感与心灵本性所渴慕者；有一绝对者，悦乐与美之命令，爱美心灵之所欣往者；有一绝对者，内中自我主制与生活管制之命令，为动力意志之所劳苦者；凡此并存，而冲击另一绝对者，即占有，快乐，安全具足生存之命令，为情命与物理心思之所坚持者。而人类之智慧，因不能全然实践任何其一，更不能充全体皆实践之，遂于每一境中，建立若干“法”，若干标准，真理与理性之标准，正道与德行之标准，悦乐与美之标准，仁爱，同情，一性之标准，自我主宰与管制之标准，自我保存与占有，及情命效能与快乐之标准，而试欲皆强加之于人生。然绝对辉煌之理想，高居于上，远非吾人能力所及，仅稀有个人尽其能事，庶几近之：普通群众，则随从或伪作随从少数次等模范，非如此宏伟者，少数可能而且相对之已定标准。就全体论之，人类生命受此吸引，然仍拒绝此理想。生命以其自有某种幽暗无极性之力，抵抗，消磨，或打破任何已定立之心思与道德秩序。此必或因二者虽是相遇且交相为用之原则，原迥乎不同而相违，或因心思未能得人生全部真实性之奥窍。此奥窍必求之于某更伟大事物中，超乎人类心性道德以上某未知者中。

心思本体，亦有此种某超上因素之朦胧意识，当其追求其绝对者，亦常触及之矣。心思瞥见某一境界，某一权能，某一当体，与之相近，在其内中，居于深处，然较之为伟大无量，遥远独离而在上焉；心思有此视见，见此为较其绝对者更为绝对，更为本原者，为亲切，为无限，为一，斯则吾人所称为“上帝”，“自我”或“精神”者也。是此，乃心思所欲知，欲入，欲触及，欲全分摄持，欲接近之，欲变是，或与之臻至某种结合，或与此“奇异者”（贰，二十九）全然同体为一而自失焉。然其困难，在于此精神于其纯净境，似较心思之诸多绝对者，距人生实际尤远，非心思以其自有名相所能表译者，遂入生命与行业，更不必论矣。是故有过激绝对精神论者，拒绝心思而贬斥物质体，企慕一纯粹精神存在，付以消除一切吾人在生命与心思中之为吾人者——涅槃——之代价而愉快获得。其他一切精神努力，自此等“绝对论者”热狂人物视之，皆一种心思准备或妥协，生命与心思极其能事之精神化。此种困难，事实上寻常胶粘于心思性者，乃其情命体之要求所表呈，生命、与行为、与作用所表呈之困难，因此，此种准备企图所取之方向，主要在于心灵心思所支持之道德心思，经过一番精神化，——或毋宁说加之以精神权能与纯洁性，以佐助此等实现其绝对要求，而赋予以一更大权威，较生命所许予行为之正道与真理之道理理想，或许予爱与同情与一性之心灵理想，其权威为更大。理智与意志，认可精神之绝对一性，以一切众生本原为一；由认可此一性基本真理，遂佐助此等事物发抒其最高表现，得其广大光明基础。此种精神性，以某方式附丽于凡人寻常心思之要求，被诱导至接受有用之社会职责，及社会行为之习惯法，更以敬拜、与仪文及偶像而通俗化，则世界诸较伟大宗教之外表体质也。此等宗教，各自有其胜利，召入某道高等光明，

投加一广大精神统治或半精神统治之光影，然不能得一完全胜利，在一妥协中且即在妥协行为中，终皆颓然为生命所击败矣。人生之问题犹在，甚且复发于最猛烈形式中，——甚至有如俱卢战场此一狰狞问题也。理想化之智识及道德心思，常望消除此等问题，发现其自有企慕所生之愉快妙法，以其自有之急切执持而生效用者，则将消灭人生向下丑恶之一面；然此固长存而不被消除。另一方面，则已精神化之智慧诚以宗教之声，作出此后数千年胜利之允诺，然其间已半信世间人之乏弱无能，乃信心灵于尘世为外客，为陌生者，遂声言终于非在此世界之躯体生命中，或在生死中人集体生命内，而在某永生之“彼方”，为彼天国或涅槃境，唯在其中可得真实精神存在矣。

恰在此际，《薄伽梵歌》乃参入焉，重申“精神”，“自我”，“上帝”之真理，世界与“自性”之真理。于是引申重铸由古《奥义书》后期思想所发皇之真理，以稳定之步武大胆前进，施其解决之能力于人生与行业问题。《薄伽梵歌》所贡献之解决，不解近代人类全部问题之纠结；为对较古代之心思说教，未曾承对现代人类思想坚持之压力，求集体之进步者；未曾回应其呼声，求一集体生活，终可包含一更伟大理性及道德理想，或有可能者，甚且包容一动力性精神理想者。其呼召为向个人，已转化至堪有完全精神存在者；而于其余群众，仅开示一渐次之进步，将明智成就此种进步，则在于忠实遵从其本性之律则，以增上之智慧与道德目的追随之，终作向精神性之一转。其使信亦触及其他微小解决，然纵使其部分接受之，亦指其超出自体，至于一高等较完全之秘密，至今唯有少数个人自示其合格能参预者。

对心思之追随情命与物质生活者，《薄伽梵歌》之使信则为：一切生命诚为宇宙"权能"在个体中之一显示，依"自我"而起，为"神圣者"之一缕光明，然实则表象隐障于乔装"摩耶"中之"自我"与"神明"；而为低等生命之故追寻低等生命，乃坚持颠顿之路，推尊吾人本性幽邃之无明，全非寻求存在之如实真理与完全律则。此等福音，如：求生之意志，求权力之意志，满足情欲，夸尚武力与强能，崇拜私我，及其猛烈贪图之私愿，自利不休之智能，此皆阿修罗之福音，唯能领导人生至浩大之毁败灭亡者。情命与物质之人，必接受宗教，社会，与理想之"法"，服其管制，虽在正当约束下满足其欲望，利益，然由此能训练且克服其低等人格，审慎调度之，与双属个人生命及集团生命之一高等法律相调协。

对于第二种人，对心思从事于追求智识，道德，社会之标准者，心思坚执由遵守固定之法，道德法，社会职责与功能，乃得救者，或坚持解脱智之解决者，《薄伽梵歌》之使信，则谓此诚是一重要阶段，"法"固当守，若正当遵守可能提高精神之体段，准备且从事精神生活，然此仍非生存之全部与究极真理。人之心灵，必往乎彼方，至于人之精神与永生本性之某绝对"法"。若此而可成就也，则唯由吾人压抑且除去低等心思原素之无明遍计，以及私我人格之虚伪，使聪明与意志之行为非个人化，生活于与一切为一之同一性中，抉破一切私我型范而入乎非个人性之精神。心思转运于三重低等自性之碍限迫促中，其建立标准也，则服从"答摩性"，"剌阇性"，或至高亦服从"萨埵性"之性质；然心灵之命运，乃一神圣之解放与圆成，而此则唯能基植于吾人最高自我之自由中，唯能得之于经过其超出心思以外之浩大非个人性与宇宙性，而入乎"神主"，

"无极者"之全体光明，此"无极者"至高无上，"神主"，不可量，竟超出一切"法"也。

对第三种人，寻求"无极"之绝对论者，引非个人性至于除外之极端，保持急切不耐之热情，欲消除生命与行业，以止息全个人有体于无名无相"精神"之纯粹玄默中，为究竟之指归与理想者，《薄伽梵歌》之使信则曰，是矣，此诚入乎"无极"之旅程之一，然为最困难之道，无为之理想，以教言或以例证而举似于世界之前，乃危险之事；此道也，虽然伟大，然非于人为至佳之道；此智识虽真，犹非整体智。"无上者"，大全知觉之"自我"，"神主"，"无极者"，非徒一精神存在，远隔，为无相无方；彼在于此世间，同时为隐为显，显之于人，于神，于一切众生，于一切群有。求彼，非徒在于某无变易之玄默中，而在于世间及其一切有体中，在一切自我，一切"自性"中，且唯由扬举思智，情心，意志，生命之一切活动，与彼作整体亦复最高之结合，然后人能同时解决其"自我"与"上帝"之内中迷疑，及其活动人类生存之外在问题。化为与上帝相似相同，人能享受无上精神知觉性之无边广大，此由行业而致，不异由敬爱与智识而致也。永生而自由，人能由彼最高水平而仍继续其凡间行业，变之为至上全包之神圣活动，——此则诚为世间一切工作，生活，牺牲，世界努力之最高峰顶，与无上义谛矣。

此最高使信，最初为有力追随此道者而发也，则皆圣贤，伟大心灵，知上帝者，爱上帝者，行上帝之行者，生活于上帝，为上帝，为彼欣然在世间行其所事者。所为乃神圣工作，固超出私我之虚伪范限，及人类心思无止息之黑暗者。同时《薄伽梵歌》亦说倘人而有愿，则虽为甚卑极恶之徒，亦可入此瑜伽之道。于此，吾人乃见一缕伟大诺言之光，以此吾人有望于一集体归于至善之转变，——盖凡人既有希望矣，人类缘何不能有希望耶？若于内在“神明”作至真之自我皈顺，而具有绝对无私之信心，则斯道之成功为必然矣。所需者，为决定之转依；对“精神”必有坚定之信仰，有诚笃坚持之志愿以生活于“神圣者”中，在自我与“自性”中与彼为一，——是中吾人原为彼永恒之一分也，——与彼之更伟大精神“自性”为一，在吾人一切体中皆具有上帝，且类乎上帝矣。

《薄伽梵歌》在其理念之发展中，引生若干论点，如：“自性”之决定，宇宙显示之意义，解脱心灵之究竟格位，皆争执不休辩论不决之问题。此一系论文，目的有在于审查且积极肯定《薄伽梵歌》之实质，分析其对于人类悠久精神思想之贡献，与其生活实用之核心，然则无须深入此等讨论，或考虑吾人与其立场或结论相异之处何在，或保留吾人之认可，或甚至出乎其形而上教义或其瑜伽以外，在后代经验中甚为强盛者。然则结束以一种表呈，陈述其生动活泼之使信，犹有以致与此永恒寻求者与发明者之人，以领导其经过当前之循环，及其生命可能直上之攀跻，上蹑精神高境者，斯亦足矣。

二十四、《薄伽梵歌》之使信

如是，吾人可总括《薄伽梵歌》之使信，彼神圣天人师之言，曰："行业之秘密，与人生及一切存在之秘密原为一也。存在，非徒然为'自性'之一机械，非法律之一旋轮，心灵或一时或永世纠缠于其间而不得脱；存在，'精神'之一恒常显示也。生命原非徒为生命之故而有，乃为上帝而有也，人之生活心灵，'神主'永恒之一分也。行业，所以发现自我，圆成自我，实践自我，非徒为其一时或将来外在似是之果。一切事物，有一内中律则与意义，依于自我之无上自性，亦如依于其显了自性；工作之如实真理有在于此；仅可偶然呈似，且不完善，而为无明所乔装于心思及其作用之外表现象间。然则行业至高、无瑕、广大之法，为发现汝所自有最高最内中存在之真理，且生活于其中，而非追随任何外在标准与'达摩'。直至斯际，一切人生与行业将仍非完善，为一困难，为一奋斗，为一问题。仅由发现汝之真自我，依随其如实真理如实实性而生活，然后此问题可终于解决，此困难与奋斗皆得胜过，而汝之行为，既于已发现之自我与精神之安定中而完善化矣，乃化为神圣真实之行业。知汝自我；知汝之真自我即是上帝，而与其他一切之自我为一；知汝之心灵即是上帝之一分。生活于汝所知者中；生活于自我中，生活于汝无上精神本性中，汝其与上帝合一而有似上帝。最初，奉献汝之一切行业于汝内中之'至上者'与'太一'，世界中'至上者'与'太一’，作为一种牺牲；最后交付一切汝之为汝，及汝之所为者于彼之手，使无上与遍是之‘精神’，以汝而施行其在世间之意志与事业。此为我所授汝之解决法，而终极汝将发现更无其他解决法也。”

于此，不得不申述《薄伽梵歌》对于基本反对之意见，同于一切印度学说，有以作为论据者。真自我之发现，此种吾人及一切内中“神主”之知识，非易致也；纵使心思见及之，而化之为吾人知觉性之本质，及吾人行业之全部条件，亦非易事。一切行业，取决于吾人有体之有效能境况，有体之有效能境况，又取决于吾人恒常自见之意志、与活动知觉性之境况，且决定于其动力运动之基础。是吾人以吾人之全部活动本性，以见、以信吾人为何者，及吾人与世界之关系意义为何者，是吾人之信忱，乃成吾人之为吾人也。然而人之知觉性原属二重，与存在之二重真理相应；因有一内中真实性之真理，与一外表现相之真理。任其生活于其一或于其另一中，彼将成为寓居于人类无明中之一心思，或为建立于神圣智识中之一心灵。

在其外表现相中，存在之真理，不过吾人所标为“自性”或“冥性”者，为一种“力量”，作为有体之全部律则与机构而活动者，创造此世界，即吾人心思与识感之对象，亦创造心思与识感，以为此创造物与其所生活其中之客观世界间之关系之缘。在此外表现相中，人在其心灵，心思，生命，躯体中，似为“自性”之一创造物，以其躯体，生命，心思，尤以私我意识之分别，与其他创造物相异；——而其私我意识，乃一为彼而构造之微妙机能，使其可以确定且集中凡此强烈分离性与殊异性之知觉性。凡在彼中者，彼之心思及其作用之性灵，一如其生命与躯体之功能，显然为彼之本性律则所决定，不能出乎其外，不能不如此活动。彼诚以某种自由，归于其个人意志，其私我意志；但实际此归极于乌有，因其私我不过一意识，使其自认同于"自性"所创造之为彼者，同于所创造之分别心思、与生命、与躯体者。彼之私我本身即"自性"工作之产品，如其私我之本性如是，彼必依此而行为，不能外，不能异。

此则为凡人于其一己之寻常知觉性也，此为其对一己有体之信仰，即彼为"自性"之一创造物，一分别私我，与他人与世界建立无论何种关系因缘，于一己作出无论何种发展，满足其无论何种意志，欲望，心思理念，皆在"自性"圈围中所容许者，与"自性"之原意相和谐，或与其存在之律则相融洽。

虽然，人之知觉性中，仍有某事物不符合此严格公式者；彼有信心于存在之另一内中真实性，当其心灵发展，此信心亦复增强。在此内中真实性中，生存真理，不复为"自性"而为"心灵"与"精神"，是"神我"而不复为"冥性"。"自性"本身不过"精神"之权能，"冥性"是"神我"之力量。一"精神"，一"自我"，一"本体"，一切中之一，乃此世界之主，世界不过彼之一局部显示。彼"精神"为"自性"及其作用之支持者，认可者，唯由其认可，"自性"之律则乃能施令，其力量及其方式乃能衍出。此"自性"内中之"精神"，乃为"知者"，乃照明之，使其在吾人内中有心知；彼之意志，乃内在且超心知之"意志"，感发而推动"自性"之工作。人中心灵，此"神明"之一分，分有其本性。吾人之本性为吾人心灵之显示，以心灵之认可而活动，具有其秘密自我知识，与自我知觉性，及存在意志，在"自性"之运动，形式，及其变易中。

吾人之真心灵与自我，从智识前隐退，则由于对内中事物之无知，由于伪诬之自认为同体，由凝敛于心，命，身之外在机能。若使人之活动心灵能一旦从此认同退转，不自认与其自然工具为一，若使能见知且生活于对此内中真实之全般信心中，则一切皆变，人生与存在现相迥乎不同，行业之意义与性格皆异。吾人之本体，不复为“自性”之此微小私我创造物，而化为神圣，永生，与精神之伟大“权能”。吾人之知觉性，不复属此有限而挣扎之心思与情命创造物，而将是一种神圣，无极，精神知觉性。吾人之意志与行业，不复属此受拘束之人格及其私我，而将是一神圣与精神之意志与行业，“宇宙者”，“无上者”，“大全自我”与“精神”之意志与权能，以人类形相而自由作为者。

此天人师，降世应身，人中“神主”，其使信且续曰：“此乃伟大之转化，变形，我号召出类拔萃之人物所趋赴者也；凡人能转移其意志，出离自然工具之无明，转向心灵之最深经验，内中自我与精神之知识，与‘神主’相接触，入乎‘神圣者’中之权能，皆我所谓选拔之民者也。选拔之民，皆能接受此信心与大法者也。诚然，人之智识，有难于接受此者，是皆常固执于其无明之昏尘暗雾，半隐半现之形式与光明，更胶粘于人之心思，神经，生理诸部分更幽暗之习惯，故接受为难；然一旦已接受之矣，此则为一伟大，准确，得救之道，因其与人生本体之如实真理为同一，亦其最高最深本性之真实运动。

“虽然，此改变大矣，为一浩大之转化，若非汝全本体本性完全转向移易，终莫能致。必需以汝之全自我，全本性，全生命，不奉献于其他，而唯奉献于‘至高者’；盖必以此一切皆为为‘至高者’故而持存；无物可以接受，除非在上帝中，为上帝之一形式，且为‘神圣

者’故而接受之。必需容纳一新真理，全部转移而奉献汝之心思，转向自我，他人，世界，上帝，心灵，‘自性’之新知识，一性之知识，遍宇宙‘神明’之知识；其初必以理解而接受之，终则必化为一种见识，一种知觉性，心灵及其运动范围之一永恒境界。

“所需要者，乃一种意志，将化此新知识，视见，知觉性，化为行业之动机，且为其唯一动机。若行业为勉强，有限，唯拘于‘自性’之少数几种必要工事，或少数事物似有助于形式上之完善化，适合于一宗教转变，或个人得救者，则固不能为其动机也；全部人生行业，为平等精神所取，为上帝故、为一切众生福利故而作者，乃为其动机。所需要者，更当有情心之升举，单纯欣慕‘至高者’，专独爱此‘神圣本体’，唯独崇扬上帝。亦需恢宏已宁定明觉之情心，以拥抱一切存在者中之上帝。所需要者，人之习惯与正常本性，如其今之为人者，改变为一至上神圣精神本性。一言以蔽之，所需要者，为一瑜伽，亦即为整体智识瑜伽，为整体意志及其行业之瑜伽，为一大全敬爱，崇拜，与虔奉之瑜伽，及全部有体，并其一切诸部分，境况，权能，动作之一整体精神圆成之瑜伽也。

“必由理解而接受，以心灵之信奉而支持，对思心，情心，生命化为真实生动者，此知识为何者？斯即无上‘心灵’与‘精神’在其一性与大全中之知识也。此即彼‘一’之知识，彼‘一’，为永恒，超时与空，超出名与色与世界，远高于其所自有之个人性及非个人性水平以上，然万事万物皆由之出，一切皆显示之于多方‘自性’及‘自性’之多数形体中者也。此即彼之为非个人性、永恒、无变易之‘精神’之知识，此‘精神’也，宁静而无边际，吾人称之曰‘自我’者，为无极，平等，而常同；在此恒常之变易，在此纷纷总总个人人格，心灵权能，‘自性’权能，还灭现似之存在中种种形式，力量，缘会间，仍其不变，不受修改，不受影响。此即知彼同时又为‘精神’与‘权能’之知识，彼又现为永远变易于‘自性’中者，为‘内寓者’，自体形成为每一形式，自体形况为其权能之每一等级，格度，活动；为‘精神’，虽永远无限多于凡此诸有，然亦化为凡此诸有；寓居于人，于动物，于事物中，于主体与客体，于心灵、与心思、与生命、与物质，于每一存在，每一力量，每一造物中者。

“汝能行此瑜伽，非仅由执持真理之此一面或彼一面。汝所当寻求之‘神圣者’，所当发现之‘自我’，无上‘心灵’，以汝之心灵为其永恒之一分者，同时即是此一切；汝当同时知此一切于一无上一性中，同时入乎彼一切中，于一切境一切事物中唯见乎‘彼’也。若彼唯是在‘自性’中之变灭‘精神’，则唯有宇宙永恒之变是。若汝范限汝之信心与智识于此一方面，则汝永不能出乎汝人格及其恒常变易形相以外；在此基础上汝将拘系于‘自性’之流转生灭中。但汝非徒一相续而已，非徒为心灵顷刻在时间中之相续。汝内中有一非个人性自我，支持汝人格之川流，彼与上帝之浩大非个人性之精神为一。而双出此个人性与非个人性以外，不可计量，管制汝在斯世之为汝者之此恒常两极，汝乃为永恒且超上于‘永恒超极性’中。

“再者，若使唯有一永恒非个人性自我之真理，此自我既无所为亦无所创造，则此世界及汝之心灵皆为虚幻，而无任何真实基础。若汝范限汝之信心与知识于此孤独一面，则遁离人生与行业为汝之唯一资源。然世间之上帝及汝之在世间，皆为真实，世界与汝，皆‘无上者’之真实权能与显示。是故汝当接受人生与行业，而勿弃绝之也。在汝非个人性自我与真元中与上帝为一，为'神主'永恒之一分，以汝精神人格之爱与崇敬，为其自有之'无极性'而转依于彼，转化汝之自然有体为其意所必是者，为'神圣者'之一工作工具，一涧道，一权能。在真际固常是此；然今则不知不觉且不完善是此，以汝之私我，由汝之低等自性，而贬谪之为'神主'之变相矣。然则汝当明知明觉且完善而不容私我之缴绕，化之之'神圣者'在其无上精神自性中之一权能，为彼之意志与工作之一工具。果能如是也，汝将生活于汝本体之全部真理中，具足整体与上帝之结合，即全部无瑕之瑜伽矣。

"此'无上者'，即是'无上神我'，永恒超出一切显示，无限出乎时间，空间，因果，任何其无量数性质与形相之一，出乎此等范围以外。但此非谓在其至上永恒性中，彼不与此世间一切事物相联系，从世界与'自性'隔离，远乎凡此群有。彼为至高不可名相之'大梵'，为非个人性自我，又为一切个人性存在。此世间之精神，生命，物质，心灵与'自性'及'自性'之一切工事，皆彼之无极永恒存在之诸方面与诸运动。彼为至高超极之'精神'，一切由彼而出为显了，一切皆彼之形式与自我权能。作为唯一自我，彼在世间漫遍，等平，属非个人性，于人，生物，非生物，任何对象，'自性'之任何力量皆然。彼为无上'心灵'，凡诸心灵，皆此唯一'心灵'不息之光焰也。一切生物，在其精神个人性中，皆此唯一'个人'或'神我'永生之部分。彼为一切显了存在之永恒'主宰'，诸世界及其创造物之'大主'。彼为一切行业之遍能作始者，不为其工作所拘系，一切行业与劳动与牺牲皆归于彼。彼在一切中，一切皆在彼中；彼已化为一切，然彼仍超于一切，而不为彼所造者所范限。彼为超上

‘神圣者’；降世为应身；以其权能，彼显了于‘光荣者’中；彼为秘在于每人中之‘神主’。凡人所拜诸神，皆仅为此唯一‘神圣存在’之诸多人格，形式，名目，及心思体系。

“‘无上者’自其精神真元，且在其自有之无极存在中，显示此世界，亦多方多相显示彼自体于此世界中矣。一切事物皆彼之权能与形相，彼之权能形相无穷，因彼之自体无穷也。作为一遍漫能含之非个人性自体存在，彼内成且支持宇宙间凡此一切无限显示，平等而至公，于任何人，物，事，相，无其偏好或耽执。此纯粹而平等之‘自我’，无所为，无偏支持事物之一切作用。仍是此‘无上者’，作为‘时间精神’及宇宙‘精神’，乃愿望，导行，决定世界之作用，则由彼多方之‘是为权能’，即‘精神’之权能，吾人所称为‘自性’者。彼创造，支持，而毁灭彼之所创造者。彼亦居于每一生物之内心，由彼处作为个体中之秘密‘权能’，不异于由彼在宇宙中之遍是当体，彼乃以‘自性’能力而发动、显示、彼之若干道神奇于自性之性质中，于自性施行之能为中，分别形成每一事物，每一有体，各从其类，而发端且持载一切作用。是此超上最初由‘无上者’之发源，与‘彼’在万事万物中恒常之遍是显示与个体显示，乃构成此复杂宇宙。

“‘神圣本体’、恒常有此三态。常且永，有此唯一永恒不变易之自体存在，为所有存在事物之基本与支持。常且永，有此在‘自性’中变易之‘精神’，由‘自性’而显示为凡此存在者。常且永，有此超上‘神圣者’，同时能双为此两相异者，能为一纯粹而玄默之‘精神’，同时又为宇宙轮转中之活动心灵与生命，因彼为别一异于且大于此二者之物，无论二者或合或分。在吾人中为‘情命’者，乃此‘精神’之一精神，此‘无上者’之一知觉权能。彼在其最深自我中涵具内在‘神圣者’之大全，在‘自性’中生活于宇宙‘神圣者’中，——非暂时之创造，而为一永恒心灵，活动且作为于永恒‘自我’中，于永恒‘无极者’内。

“吾人内中此有心知之灵，可采纳此‘精神’三态之任何其一。人在此世可生活于‘自性’之变易中，且唯生活于其中。昧于彼之真自我，昧于彼内中之‘神主’，彼唯知‘自性’：彼见其为一机械实行与创造之‘力’，见己及余人皆其所创造物，——皆其世界中之若干私我，若干分别存在者。如是，肤浅言之，彼今如是生活，直至彼超出外表知觉性，而知彼内中所有者为何，凡其思想，学术，仅能为一道光明之影，投射于幕布及表面上者。此种无明诚属可能，甚且为外加，因内中之‘神主’，为其自有权能之隐障所蔽。彼较大之真实性非吾人所见，因其完全自认与其所创造者及形相之局部表相为一，且吸引其所创造之心思，凝注于其所自有‘自性’之迷误工事中。此属可能，亦因真实，永恒，精神之‘自性’，即事物本体内中之秘密，非显了于其外表形相。吾人外窥而得见之‘自性’，生作用于吾人之心思，躯体，识感中之‘自性’，乃是一低等‘力量’，一依他而起者，一‘魔术师’，制造‘精神’之形相，然隐藏‘精神’于其形相中，隐匿真理，使人唯见外幕；此‘力量’也，仅堪有次等贬格诸价值之总和，而不堪表‘神圣者’之显示之充分权力，光荣，悦乐，优美。吾人内中之‘自性’，乃私我之‘摩耶’，二元之纠纷，无明与三德之网。如人之心灵长此生活于心思，生命，躯体之表面事实，而不生活于其自我与精神中，则不能如实见上帝及其一己与世界，不能克服此‘摩耶’，而不能不以其名目及形相行尽彼所能为者。

“有可能者，从于今凡人生活其间之本性低等转向退回，从似是光明然为黑暗者觉醒，而生活于永恒非变易自体存在之明朗真理中。于是人乃不复被拘于其人格之狭隘监狱，不复自视为此微小私我，为少许事物而思维，行动，感觉，奋斗，劳碌者也。彼已合并于纯粹精神之广大自由非个人性中；彼化为‘大梵’；彼自知与万事万物中之一自我为一。不复自觉为私我矣，不复为二元性所恼乱，不复以忧愁而苦，不复以喜乐而烦，不复为欲望所摇，不复为罪恶所撄，不复为善德所限。如或此等事物之阴影仍存者，彼见且知其仅为‘自性’工作于其自有之三德中，而不觉其为一己生存于其中之真理。唯‘自性’动转，作发其机械形表：但纯粹精神，则玄默，无为，而自由。不为‘自性’之工事所触，深沉定宁，以一纯全之平等性而观，自知有以异于此等事物。此精神境界，能予人以寂静之安定与自由，然不能予人以具动力之神圣性，犹非整体之至善圆成；此为一大进步，然非全上帝知识与自我知识。

“至完善之圆成，仅由生活于全体至上‘神圣者’中而可几也。于是人之心灵，乃与‘神主’合契，以本为其一分也；于是而在自我与精神中与众生万物为一，双在‘神我’与‘自性’中与之为一；于是不但自由，且为完善，汩没于无上幸福中，准备究竟圆成矣。彼仍见自我为一永恒无变易之‘精神’，寂静以持载万事万物；但亦见‘自性’不复徒为一机械力量，随三德之机械而成作一切事物者，而为‘精神’之一权能，为上帝之力量在显了中者。彼见低等‘自性’非精神作用之最深奥真理；彼乃悟得有‘神圣者’之一最高精神自性，其中乃包含一待加以实践之较伟大真理，即凡此未完善表象于心思，生命，躯体中者之真理与渊源。由低等心思自性，上升至此最高精神自性，彼于此乃脱离全部私我。彼自知为一精神本体，在真元上与一切存在为一，在活动本性上为独一'神主'之一权能，为超上'无极者'之一永恒心灵。彼见一切在上帝中，上帝在一切中；见一切皆涡苏天矣。遂双离欣，哀，忧，乐，成，败，得，失，善，恶，功，罪等对待。此后，一切对其知觉之眼光意识，皆为'神圣者'之意志与工事矣。彼成为宇宙知觉性与权能之一部分，一心灵而生活，而有为；充满超上神圣之悦乐，精神之'阿难陀'。彼之行业化为神圣行业，彼之格位化为至上精神格位。

"此解决也，此救度也，此圆成也，凡闻其内中神圣之声，堪有此信心与智识者，余皆以此奉之矣。跻此优胜境况，第一需要，初始一基本步骤，乃脱离凡一切属汝之低等'自性'者，以意志与智慧，集中于两高于意志与智慧者，高于思心，情心，识感，躯体者，如是以处己。最先，必转向汝所自有永恒非变易自我，无个人性，于一切众生中为同一者。若使汝生活于私我及心思人格中，则永将周转于同一回旋而必无真实出路。转汝之意志向内，出乎情心及其欲望，识感及其吸引对象以外，升之向上，出乎思心及其联想、与执着及其有拘限之愿望，思想，冲动之表。于是达乎汝内中某物，为永恒，永远无变，静定不纷，平等无偏于万人，万事，万物者，不为任何行业所影响者，不为'自性'之任何形相所变移者。汝其成为是，为此永恒自我，为此'大梵'。若汝能以永恒精神经验而成为此者，则可安立于一稳固基础，离脱汝心思所造人格之范限，无有于私我，不至于堕离安静与智识也。

"倘使长育，怀存，而执着汝私我及任何附丽于私我者，则无由

使汝之本体非个人性化。欲望及生于欲望之热情，皆私我之主要表象与症结。使汝长时谓‘我’与‘我之所有’者，欲望也；其奴役汝也，则以坚执之自私性，使汝奴役于满足与不满，好与恶，希望与失望，喜乐与忧悲，役汝于微小之爱憎，瞋恚与痴惑，使汝耽执成功与愉快事物，陷于失败与不愉快事物之苦恼优悲。欲望，常引起思心之昏乱，意志之范限，事物之自私见与颠倒观，知识之失败与蒙蔽。欲望，与其偏好与暴力，皆罪恶与错误第一强固之根。时若汝怀存欲望，则不能有确实清净之安止，沉定之光明，恬静之纯粹知识。亦不能有正当生存，——盖欲望为精神之妄倒，——亦不能有正当思想，行为，与感觉之坚定基础。欲望，若容其存留于任何色彩下，必于虽极明智之人为长存之威胁，可于无论何时，或猛力或微妙推倒心思，从其最坚定最确切获得之基础堕落。欲望者，精神圆成之大敌也。

“然则戮之矣。除去对外物保有与享受之任何耽执。凡向汝前来为外间感触与要求者，为心思识感之对象，汝皆使之与自我隔离。汝其学习忍受且拒绝一切热情之腾上，安坐于汝内在自我中，虽其激荡于汝诸体中亦不之顾，直至其不复能影响汝本性任何部分而后已。同然，亦复忍受且拒绝忧与喜之猛烈攻击，甚至其几微诱导之感触。抛除好与恶，毁灭癖嗜与厌憎，根除畏缩与烦恼。对凡此一切事物，当平静漠不关心，对凡汝本性中一切欲望对象皆如此。以一非个人性精神之玄默沉静眼光视之矣。

“此结果也，将为一绝对之平等性，及不可动摇之宁静能力，皆宇宙精神所保持于其创造物之前方，永远面对此‘自性’之多种作用者。以平等眼光而观；以平等之思心与情心，接受一切外来者，无论其为成功，为失败，为荣誉，为耻辱，他人之尊敬，爱我，与他人之讥诃，毒楚，恨我，平等接受每一事缘，于他人将为乐受之因，及每一事缘，于他人可为苦受之因者。平等观一切人，善人，恶人，智士，愚夫，婆罗门，下流贱者，平等观人之在其至高位，及每一最微小人物。平等待遇一切人，无论其与汝之关系如何，为友与同盟，为中立者与无情人，为仇与敌，为所爱者与所恨者。此等皆触及私我，然固谓汝当除去私我也。此皆个人性关系，然汝固当深念非个人性精神而观察一切也。此皆汝所当见为一时属个人之分别，然慎勿为其所影响；汝勿凝注于此等分别，而当专注于一切中之为同一者，即一切皆是之一自我，于每一创造物中之'神圣者'，'自性'之唯一工事，即上帝之平等意志，平等于人与物中，于能力、与事会、一切努力与结果，及世间劳动之无论何种成果中者。

"行业，在汝仍当为之矣，因'自性'无时不有所为；但汝当学知，当感觉，非汝自我为行业作者。简单观察，不动以观察'自性'之工事，其三德之魔术，其性质之施为。不动以观察此种作为于汝躬；观一切在汝周际所作成者，而见此在他人中为同一工事。观察汝之工作及他人工作之结果，常异乎汝及他人所欲望或原意所期待者，非他人所有，亦非汝所有，而为一更伟大'权能'全能所规定，此'权能'固愿望、且行动于世间于宇宙'自性'中者也。更当见及在汝工作中之意志亦非汝所有，而为'自性'所有。此为汝内中私我意识之志愿，为汝机构中优胜之性能所决定者，则'自性'于过去所发展，或否则此际出之于当前者也，此有赖乎汝自然人格之活动，然此'自性'所形成者，固非汝真实个人。试由此外在形成而退入汝内中玄默自我；则见汝为'神我'，不动无为，然'自性'则常依其三德而继续其工事。试固定汝本身于此内中之无为与寂静，不复自视为作者可已。超然于活动而安寓于汝内中，无有于三德纷纭之动作。安定生活于一非个人性精神之清净中，彼坚持于汝诸体中之生灭波涛，终不汝扰也。

“若汝能为是，则当自见已升入一大解脱，一广大自由，与一深沉安定中。于是乃觉知上帝而且永生，具有无年无岁之自体存在，不依赖心思，生命，身体而独立，稳存汝之精神本体，不为‘自性’之反动所感触，不为热情，罪恶，痛苦，忧悲所染污。于是不复依生死外在世间事物而得欣慰与所欲，竟然保有一平静永恒精神所有自体充分之悦乐而不移。于是汝已终止为心思人物，竟且化为不可限量之精神，‘大梵’。入乎此玄默自我之永恒性中已，净除汝心思中一切思想种子，欲望根苗，脱去身体中有生之形相，则终于以定止于纯粹‘永恒者’中，以知觉性之一强大转移，而渡入‘无极’、‘太极’中矣。

※　　※　　※

“虽然，此非瑜伽之全部真理，此目标与出离之道，虽为一大目标，一大道，然非我所向汝提议者。盖我为汝内中永恒之‘工作者’，所要求于汝者，工作。非求汝对‘自性’之机械运动作被动认可，汝在内中完全与之分离，漠然无关而隔绝者；所要求于汝者，乃完全且神圣之行业，为‘神圣者’之一自愿且觉悟之工具而作，为汝及他人内中之上帝而作，为世界之福利而作者。余向汝建议作此种行业，无疑，起初作为在无上精神‘自性’中圆成之手段，但亦为此圆成之一部分。行业，乃整体上帝知识之一部分，彼之更伟大神秘真理之一部分，全般生活于‘神圣者’中之一部分也；甚至圆成与自由皆得，行业仍当继续而且应为。余要求汝作‘解脱情命者’(Jivamukta)之行业，‘成就者’(Siddha)之行业。有所当增广于已说之瑜伽者，——盖已说不过第一智识瑜伽而已。亦有一行业瑜伽在上帝经验之照明中；行业可与智识作为同一精神。盖在全部自我识见，上帝识见，上帝中之世界、与世界中之上帝之识见，在此中而为之工作，本身即智识之一运动，光明之一运动，即精神圆成之不可少之手段与亲切部分。

“是故，于今对高等非个人性经验，亦当加以此种智识；凡人所遇之‘无上者’，为纯粹玄默自我，亦可见其为一浩大动力性之‘精神’，导源一切工作者，为诸世界之‘主’，为人之行为，事业，牺牲之‘主宰’。此‘自性’之似是自加发动之机械，中藏一内在神圣‘意志’，驱策之，向导之，形成其目的。然汝若自禁于汝人格之狭隘圜室中，拘束于私我及其欲望之观点，为其所蒙蔽，则不能感觉或见知彼‘意志’。仅当汝以智识而非个人性化，且广大化而见一切事物于自我与上帝中，见自我与上帝于一切事物中，然后汝能全然与之相应。此世间一切，由‘精神’之权能而变是；一切皆由上帝内在于一切事物及每一造物之内心作其工作。诸世界之‘创造者’，不受其所创造者之范限；工作之‘大主’不为其工作所拘束；神圣‘意志’不系着于其劳动及劳动之结果，盖此为遍能，大全具有，大全幸福。然此‘大全’仍自其超极而下窥其所创造，彼降世为应身；彼即在此、在汝内中；彼从内中统治一切事物于其自性之步武中。然则汝亦当在彼中工作，随神圣本性之方式与步武，未为范限、执着，或拘牵所触及者。为一切至上福利而有为，为保持世界之前进而有为，为支持或领导其人民而有为。所要求于汝之行事，乃已得解脱

瑜伽师之行事;此为上帝所保持之自由能力之自动奔放,此为一平等心思之运动,此为一无私我、无欲望之劳工。

"此行业之神圣,自由,平等道上之第一步,乃弃绝汝于得果望报之执,而徒为所必为之工作本身而为。盖汝必深沉感觉,结果非汝所有,而为世界之'主宰'所有。奉献汝之劳力,委其酬报于'精神',即自加显示且圆成于宇宙运动中者。汝行业之成果,唯独为彼之意志所决定,不论其为幸运或不幸,失败或成功,皆为彼所运用于其世界目的之成就者。个人意志及全部为工具之本性,做全然无欲望无私利之工作,乃行业瑜伽之第一法规。毋求果,接受所得之任何结果;以平等性及宁定之欢欣接受之:或成功,或挫折,或繁荣,或困苦,汝其弗惊,弗惧,弗乱,弗摇,而继续行神圣行业之峻道。

"然此亦不过此道第一步而已。盖汝不但于结果当无所执,亦当无所执于劳工。慎弗念工作为汝所有;如汝已捐除工作之果,亦当如此委工作于行业与牺牲之'主'。识之,是汝之性格决定汝之行业;是汝之性格统治汝之'本体'之直接动作,而决定汝精神之发展及表现之转向,在'自性'实施力量之途程中。慎勿更参入任何自私意念以搅乱汝遵循向上帝一路之心。接受于汝本性相合之行业。凡汝之所为,由最伟大、最非常之业,以至于日常最微细之事,思心之每一起,情心之每一念,身体之每一动,向内向外每一转,每一思维,意志,感觉,每一步行,每一止息,每一运动,皆当化之为一牺牲,奉献之于一切牺牲与苦行之'主'矣。

"其次,当知汝为'永恒者'之永恒一分。汝本性诸权能,若无彼则皆非有,若非彼之局部自我表现,则皆非有。是'神圣无极者'

进步圆成于汝之本性中也。此乃无上之‘是为权能’，乃‘大主’之‘权能’形成，且成形于汝之本性者。然则遣除一切汝为作者之意识；唯见‘永恒者’为行业之作者。化汝之自然有体为一机缘，一工具，一权能之涧道，一显示之手段。献汝之意志于彼，与彼之永恒意志合一：将一切汝之行业，在汝自我与精神之玄默中，悉皆委归于超汝本性之超上‘主’。若犹有任何私我意识，或心思要求，或情命喧扰者，则不能真实为此，或为之而善。虽极轻微度为私我而为之行业，或极轻淡为私我之欲望或意志所染污，则必不能为完善牺牲。此伟大之举亦不能真实美好完成，若犹于任何处有不平等性，或愚昧退缩与偏好之徽识。然若使对一切工作，结果，人，事，皆有纯全之平等，对‘至上者’而非对欲望或私我皈顺，则神圣‘意志’将决定汝一切行业，绝无顿挫或游移，神圣‘权能’将自由施行之，绝无卑下之阻挠或障碍之反动，决定且施行一切工作，于汝已经转化之本性中，纯洁而且安定者。任神圣‘意志’在其纯洁之威权中，以汝而形成汝之每一行事，乃圆满成就之极高度，以行瑜伽中工作而致者也。为此已，则汝本性将遵其宇宙轨道，恒常且全部与‘无上者’相结合，表现最高‘自我’，服从‘自在主’。

“此神圣工作一道，较之物理上舍弃人生与工作之出世道，远为完善之解放，美满之解决。物理上出离，亦非全然可能，非在其可能性度量中，于精神自由为不可少；甚者，亦为危险之事例，盖于凡夫生一种迷误影响。最优秀、最伟大人物立出标准，而余人努力以追效之。然则行业既是人所内含精神之本性，工作既皆永恒‘工作者’之意志，则伟大精神者流，主导思想者流，应当树此标准。彼等应当为世界工作者，行一切世间事而无所保留，——为上帝之工作者，自由，欢乐，无欲，为已得解放之心灵与本性矣。

※　　※　　※

“非智识之思心及意志之行业遂为一切也；汝内中犹有一情心，要求悦乐。于此亦然，在情心之权能与光明中，在其悦乐之要求中，心灵满足之要求中，汝之本性亦必转向之，转化且提升为知觉与‘神圣者’合一之极乐。非个人性自我知识，附有其自具之阿难陀；有一种非个人性之喜悦，纯精神之独欢。但一大全知识乃附起更伟大之三重悦乐。开启‘超上者’之幸福之门；发放一遍是非个人性之无限欢悦；发现凡此多方显示之极欢：盖有‘永恒者’在‘自性’中之悦乐。情命，世间‘神圣者’之一部分，在其中之阿难陀，乃出其形式为极乐，建基于为其渊源之‘神主’，于其无上自我，其存在之‘主宰’中。全般敬爱上帝，欣慕崇扬，引申为对世界之仁爱，对其一切形体，权能，造物之仁爱；在万事万物中见‘神圣者’；已见之，得之，崇拜之，服事之，或于一性中感觉之。试加此永恒三位一体悦乐之宝冠于智识与行业；容纳此爱，学习此敬，使之与智识、行业为一贯精神。斯为至善圆成之极顶矣。

“此敬爱瑜伽，将俾汝以最高潜能之力，以享精神之伟大，一体，与自由。但此必为与‘上帝知识’为一之爱。有一种诚敬，在患难中为慰安，救助，解脱而求上帝；有一种诚敬，为赐予，神圣助力，与保障而求上帝，作为满足其欲望之泉源；有一种诚敬，仍属无明，为光明与智识而转向于彼。若人而限于此等形式也，则虽在至高尚尊贵转对上帝中，仍有三德坚持活动。但设若‘爱上帝者’同时亦为‘知上帝者’，则爱者与‘被爱者’化为一体；因其为‘太上’之所拔擢，为‘精神’之选民。其发皇汝内中此专注于上帝之爱；则已精神化之情心，既超越低等本性之范限，且将至亲切对汝启示上帝，启示其不可量之本体之秘密，注汝以彼神圣‘权能’之光荣，全然感触，倾流；且示汝以一永恒欢乐之神奇。纯全之爱，乃启纯全智识之钥匙。

“此整体对上帝之爱，亦要求整体工作，为在汝及一切众生中之‘神圣者’而为者。凡人工作，则依从某种欲望，或善或恶，某种情命冲动，或高或卑，某种心思拣择，或凡或圣，或发乎某种交杂之心思与情命动机。但汝所为之工作，必自由而无欲；无欲以为之事，则不造成反动，亦不外加缠缚。作之于至善之平等性，与不动之宁静与和平中，亦无任何神圣热狂，此初为精神责任之微妙羁轭，为‘当为之业’；其次为一神圣牺牲之上达；在其极高处可能表现为活动一性中一平静欢欣之许与。爱中之一性，可能成就更多；将以深沉强度之喜乐，代替诸端冷淡之静定；此喜乐也，非私欲之微小快慰，乃‘阿难陀’之无极汪洋。‘被爱者’在汝之工作中而当体现前，汝将有此纯洁神圣之热情与流动意识；为在汝及一切众生中之上帝而劳力，其中有一深固之欢喜。爱为工作之宝冠，爱为智识之华冕。

“此爱即是智识，此爱能为汝行业之极深内心者，将为汝最有效能之力量，以作究极之奉献与美满之圆成。个人有体与‘神圣本体’全般结合，乃完善精神生活境况。然则其全然转向‘神圣者’矣；以智识，敬爱，行业而使汝之全本性与彼合一。至极皈依于彼，无所吝惜以汝之思心，情心，意志，全体知觉性，以至于汝之诸识及躯体，皆委于彼之手。使汝之知觉性，由彼荣皇华贵以型铸为彼之神圣知觉性之形模，了无瑕颣。使汝之情心化为‘神圣者’之一清明或辉焰之心。使汝之意志化为彼之意志之无瑕作用。使汝之真本识感与躯体、化为‘神圣者’之欢乐识感与躯体。以汝之一切为汝者爱彼且奉献于彼；念念思想与感觉，每一冲动与行为，皆忆彼不忘。坚持忍耐，直至凡此诸物皆全为彼有，而彼在汝精神内中最深处神坛，一如在最平凡外表事物间，皆出现其能转化之当体而后已。

※　　　　※　　　　※

“此为而三而一之道，由之汝乃全能出脱低等本性，升入汝之至上精神自性。此为隐秘超乎心识之本性；情命，高上‘神圣者’与‘无极者’之一分，在有体律则上与彼亲切为一者，乃寓居于彼之‘真理’中，不复寄寓于外在化之‘摩耶’中矣。此一圆成，此一一体性，可享受之于其自有原本格位中，高处于一超宇宙之无上存在内：但于此，于此人类身体及此物理世间，汝亦可且应当实践之。为此目的，内中自我平静无为，脱乎三德，徒然观察且漠然许其在外间诸体作机械活动，此不足也。盖活动本性，亦当奉献于‘神圣者’，化为神圣，自我同然。凡汝之为汝者，皆当生长至与‘无上神我’同一有体之律则，此之谓‘同法’；一切皆当转成‘我’之知觉精神变是。当有最完全之投顺皈依。在汝本性之一切生活道上及所有途程中，汝其皈依于‘我’；夫唯如是，乃能成就此伟大转变与圆成矣。

“瑜伽之此高上成就，将立即解决行业问题，或毋宁谓将全部除去或根绝此问题矣。人类行业，固充满困难纠纷者也，纷乱丛杂，有如密箐深林，有少数半明或幽暗之道开凿其中，然绝无通道也；凡此纠缠困难，皆起于此一简单事实，即人类拘囚于其心思，情

命，身体本性之无明中而生活也。彼为其性质所迫，又为其意志中之责任所苦，盖彼内中某物，觉彼实为一心灵，当为彼本性之统治者与主宰，今兹彼则全然非是，或亦极少是为者也。在此种情况下，凡其生活律则，凡其一切法，必然不完善，属暂时，且属权宜者，最佳亦不过部分真实或正当而已。其缺陷可以消失，必其已知一己，知此彼生活其中世界之真性，尤在于其知此‘永恒者’，彼从之而来，因之而存在，且生活于其中者也。既成就一真实知觉性与智识矣，则不复更有问题；盖如是，彼发于衷而自由行为，且自动依于彼之精神真理，及彼之最高自性而生活。充其极，在此智识之绝高峰顶，非彼作为而是‘神圣者’作为，即永恒而无极之‘太一’在彼中作为，在其已得解放之智慧、与权能、及成就中，以彼而作为也。

“在其自然有体中，人是‘自性’之一‘萨埵’，‘剌阇’，或‘答摩’性动物。由人中此德或彼德居于优势，乃成作且追随其生活行动之此法或彼法。彼之属“答摩性”，物质，外感之心思，服属于惰性，恐怖，无明者，或则部分服从其环境之强迫，部分服从其欲望之间发冲动，或则托庇于常规服从一钝阍习惯智识。‘剌阇性’之欲望心思，则与其所生存其间之世界奋斗，常试占有新事物，试欲命令，战争，征服，创造，毁灭，积聚。常一往直前，颠沛于忧，喜，成，败，极喜，绝望之间。无论其似是接受何种律则，实际唯遵其低等私我之法，属阿修罗与罗刹本性之心思，不息，无疲，吞噬自体，且吞噬一切者也。‘萨埵性’智慧则部分超越此境，见有优于欲望与私我之律则者，为其所当遵守，于是建立且自外加一种社会，伦理，宗教律则，一‘达摩’，一‘经教’。此为常人心思至上所能达者，建立一理想或实用律则，以领导其心思与意志，且尽可能忠实遵守之于生活与行为间。此'萨埵性'心思必加以发展至最高点，在其处乃克全然抛弃其私我动机之混杂，为'大法'本身之故而遵守之，视为一非个人性之社会，或伦理，或宗教理想，徒然因其为正当，遂无私以为之，所谓'当为之业'是也。

"虽然，凡此'自性'作用之实际真理，多内向而属主观，少外向而属心思者。此为：人即是一具于形体之心灵，内入乎物质与心思性中，彼在其中随顺彼发展之进步律则，为彼本体之一内中自法所决定者；彼精神之型模，作出彼之心思与生命型模，所谓彼之'本性'是已。每人有一'自法'，即其所当遵守，发现，而随顺之内中本体律则。为彼内中本性所决定之行业，即彼之真实'达摩'。依顺乎此，乃彼之发展之真律则；违离乎此，则起其错乱，退转，误失矣。凡社会，伦理，宗教或其他之法，最能佐助其遵守实行彼之'自法'者，则常为最佳胜者也。

"复次，凡此行业，虽至上亦隶属于心思之无明，及三德之运转。仅当人之心灵已发现其自体之后，乃能超过、且自知觉性上拭除无明，以及三德之纷乱。诚然，即使汝已发现自我，且生活于汝之自我中，汝之本性一时仍将继续其故道，随其低等诸态而转。但此际汝可以完善自我知识而循此行动，使之化为对汝生存之'主宰'之牺牲。然则遵从汝'自法'之律则，作汝'本性'所要求之事，不论其为何者。弃斥一切私我动机，一切私我意志之作始，一切欲望统治，直至汝能以汝有体之一切道法，皆对'至上者'作全般投顺。

"一旦汝克至诚为此，其时则退除汝之行业作始之机，绝无例外，皆委于汝内中无上'神主'之手。于是汝乃得解脱乎一切行为律则，逍遥乎一切法。汝内中之‘神圣权能’，‘神明当体’，将脱汝于一切罪恶不善，且举汝高出善德功行之人间标准而超卓矣。盖汝乃生活行动于精神本体与神圣自性中，于其绝对且自发之正道与纯洁中。非汝，而是‘神圣者’，将以汝而发施其意志与工作；非为汝个人之低等欲望与快乐也，乃为世界目的，及汝之圣善，及一切众生或隐或显之幸福。光明洪流，倾注于汝，汝当见‘神主’之形相于此世间，于‘时间’之工事中，知其目的，听其命令。汝之本性，作为工具，唯将接受彼之意旨，无论其为何，行之而不惑，盖随汝行为之任何作始，由上而来，由汝内中而出者，必有一命令式之智识，一光明之认许，认许神圣智慧及其意义矣。战争，将为彼所有也，胜利属于彼，王国属于彼也。

“此将汝在世间在此形躯中之圆成；超出此诸有时间性生死界之外，无上永恒超知觉性将为汝所有，汝且永远安居于‘无上精神’之至高格位。转轮劫运生死之威，无由怖汝；盖汝必已能完成‘神主’之表现于此人生，而汝之心灵，虽已降入心思与躯体，则固已生活于‘精神’之浩大永恒性中矣。

“如是，此为无上运动，此为汝全自我与本性之整个皈依，此即捐弃一切法，委之于‘神圣者’即汝之最高‘自我’，此为汝一切诸体对无上精神自性之绝对企慕。一旦汝能成就乎此，不论在发端或迟在中途，不论汝在外表本性上是为何者，曾是何者，汝之道已确定，汝之圆成为必然已。汝内中一‘无上当体’将取汝之瑜伽，顺汝‘本性’之轨辙，而迅达于其圆成美满。此后，则无论汝人生之道为何，行业之态为何，汝将知觉以生活，动作，有为于彼中，而‘神圣权能’，将在汝每一内中外表动作间用汝而有为也。此为无上道，因其为最高秘密玄微，而仍为一内中运动，可为一切人进步以体验者也。此为汝之真实生存，汝之精神存在之最深沉最密切之真理矣。”

附：

薄 伽 梵 歌

1988年中译本序言

印度教之有薄伽梵歌，犹伊斯兰教之有可兰经，基督教之有新、旧约圣经也。佛典浩瀚，宗乘分隶，教理行果，藏通别圆，莫不依经为主，或且以名其部。道教类同，无俟殚述。救恩圣道，言量卓绝，要皆高明博大，弘涵邃中，亦玄亦史，参糅神话，或瞻彼岸，或企仙人，求脱苦海，钦慕乐国。等观并列，异曲同工，难谓孰能尽赅宇宙真理之大全，盖各遵其所信所证以立说，遂垂世而成其教也。近代文明迈进，我社会主义国家信教自由，煌煌宪法，具有明文。各教人士同乐太和，熙熙皞皞，不干国纪，无有轇轕，固当一视同仁，更毋庸是非褒贬于其间已。稽之史乘，元魏时颇闻此教，未有其书。当时释家，视为外道。唐初玄奘求法东归，尝携婆罗门与俱，则二教已无间然矣。其后西来者，经师而外，传天算、医药、工技、乐舞等多婆罗门。亦有祆教、摩尼、一赐乐业之徒，先后莅止，争奇吐耀，各事弘扬。然其经典无传、立功不远。祀废年湮，芝兰同化。婆罗门教者，印度教也。异名同谓，然亦微有辨别。时先于佛者，泛称婆罗门教；后于佛者，概称印度教，其实一也。观乎物质环境历史背景毕同，可知其与佛教相应奚若。顾未尝盛大，迄未入乎士大夫之林。不可与华夏历代佛法相拟，亦与明末公教不侔。近世圣雄甘地尝言，印度教离其本土东西两河之间，无有生命。嗟

乎！何自知之审耶？千年来伊斯兰滋大弥光，则不显亦不宾灭。而基督福音传入，公教尤竞，根深柢固，逾三百年，印度教又瞠乎后尘。甘地或有感于斯而言。将非以地理、时代、族姓、语文、习俗之殊异，阃阑有不可逾越者耶？抑其中亦有不足耶？虽然，此其千祀传承第一族姓所以安身立命之大经大法也。倘研礶奥旨，邈达玄言，观其澍泽流慈、化民成俗，且将广我遐瞩、博我至闻，或亦可契会宇宙真理之一隅，而得解脱之乐欤！抑此圣典，歌也。歌必可唱咏讽诵，于华文以古诗体译之也宜。抑此歌，圣典也。译词当不失其庄敬，出义须还之于梵文也无失。敬不失礼，而文义可复，庶几近之矣。

梵澄侨居天竺，凡三十三年。译成于贝纳尼斯在一九五〇年。越七年，始出版于南印度捧地舍里。盖挥汗磨血几死而后得之者也。书稍行于南洋各地。欧、美名学府时或采之，国内罕闻。适有中国佛教文化研究所大心之士读而善之，谓可再版。用是以梵本详加校订，增注数端，重付剞劂。盖归国十年乃得以呈示国内读者，距初版三十余年矣。今日中国之佛教，固亦无间于印度教哉！——书次，并于中国佛教文化研究所诸君子致其谢悃。

1988 年 2 月

徐梵澄识于北京

1957 年海外初版序言

五天竺之学，有由人而圣而希天者乎？有之，《薄伽梵歌》是已，——世间，一人也；古今，一理也，至道又奚其二？江汉朝宗于海，人类进化必有所诣，九流百家必有所归，奚其归？曰：归至道！如何诣？曰内觉！——六大宗教皆出亚洲，举其信行之所证会，贤哲之所经纶，袪其名相语言之表，则皆若合符契。谅哉！垂之竹、帛、泥、革、金、石、木、叶，同一书也；写以纵行、横列、悬针、倒薤之文，同一文也；推而广之，人生之途，百虑而一致，殊途而同归，可喻已。

人理则然，天理奚异？鼓万物而不与圣人同忧，天理与人理又奚不异？七十子之徒，或少孔子三、四十岁，进之退之，因才而异，常所教者，多礼乐文为之事，故言性与天道，赐也叹其不可得闻。《庄子》辄谓夫子废心用形。而子路请祷，则曰：丘之祷也久矣。夫其用形是已，而谓废心者，何欤？非谓思虑有无所可用者耶？……爰咨于释，辄闻其说有谈空。空者奚空？有者奚有？曰圆成实奚其实？曰净觉随顺奚其随顺？籍曰自性，自者谁自？籍曰真如，真者奚真？……爰咨于道：道也奚道，常也奚常，万物之宗何是，至道之精何处？……叩三氏之学，将非昭昭冥冥，希夷仿佛，格于上下远迩无不遍，形于众生万物无不周，至静而至动，常有而无极者耶？其他立义标宗者，吾皆得执此而诘之矣。人理之封，思辨之智，名相语言之所诠表，有难得而测者矣。然舍是则无以立，不得已必落于言筌，则曰至真，即至善而尽美，曰太极，即全智而遍能；在印度教辄曰超上大梵，曰彼一，人格化而为薄伽梵，薄伽梵者，称谓之至尊，佛乘固尝以此尊称如来者也。欧西文字，辄译曰：天主，上帝，皆是也。

姑舍是。——且印度古有大部落曰句卢者，以贺悉丁那普为首都，今德里所在地也。其君名逖多罗史德罗，昏聩，其子朵踰檀那失德，不足以王此大法之国；其弟班卓之五子皆贤，义当分国之半。然朵踰檀那以阴谋流放此五人于外者，十有三年。故皆矢志复国。克释拏，雅达婆部落之君长也，与句卢族为友，甚欲解此一家兄弟之争。时五人乞五邑以自安，朵踰檀那不许，谓虽针锋之地亦不与。于是终不得不出于一战。顾克释拏初无左右袒也，遂辞其军，谓得其军者，不能得其人，得其人者，不能得其军。朵踰檀那乞其军，遂尽委之，己乃独赴班荼缚之军，为阿琼那之御者；阿琼那，最善射者也，临阵有退意，克释拏一说，遂奋勇杀敌，大战十八日，双方四百余万人皆尽，班荼缚胜而复其国。——此薄伽梵歌，即克释拏阵前所说词也。然皆托出之于桑遮耶之口，桑遮耶，瞽君之御者也，以其在战场所见所闻，一一闻于其君。事具《摩诃婆罗多》大战史诗，而此歌即该史诗毗史摩分第二十三章至第四十章也。（目录见后）

婆罗多大战，古信有其事矣，史诗作者，名维耶索，平生事迹不详。时代亦不详。考史者大致推定诗成于公元前，或曰在公元前五世纪。撰者之意，盖假一历史事迹，以抒其精神信念与宗教思忱。要其涵纳众流，包括古《韦陀》祭祀仪法信仰，《古奥义书》超上大梵之说，天主论之神道观，僧佉之二元论，瑜伽学之止观法，综合而贯通之。书成在《古奥义书》以后，诸派哲学发展及其经典形成以前，则昭然可睹。世间宗教，莫不自有其独立之宝典，而印度教之宝典，乃自一史诗分出，稍异；此史事非他，又至亲骨肉同室操戈以相剪屠之流血史事，故说者往往视若庄列之之寓言；而天神降世之说，自来诸教皆莫能外者也，则谓天人相与之际，值人生奋斗方兴，人类精神遭际至大之危难，故天帝降世，亲说此教言矣。

虽然，抑非寓言之类也，盖指陈为道之方，修持之术，是之谓瑜伽学。求“瑜伽”一名词之本义，曰“束合”也，“约制”也。俗谛则凡人所擅之能，所行之术，皆瑜伽也。广义则为与上帝相结合之道，为精神生活之大全。大抵为三：一曰知识瑜伽；宇宙人生之真谛，超上神我之微密，有在于是焉。体其动静，会其冥显，观其常变，达其实理，臻于解脱，至于圆成之学也。二曰行业瑜伽；离私欲之缠缚，遵至道而有为，自法是依，性灵所托，在俗归真，保世滋大之事也。三曰敬爱瑜伽；坚信不渝，至诚顶礼，敬万物中之神主，拜万相外之太玄，物我为一而毕同，保合太和而皆爱，其极也，与我契合，臻至圆成，乘彼逍遥，同其大用，斯则贤愚皆所易为，前二道之冠冕也。——至若旁枝侧出，其道弥弘，人各有修为之方，师各有独到之见，或赫他瑜伽，始洁身躯，练习体式，次学制气，终期调心，列等分程，有为有得。或罗遮瑜伽，其术较简，修身守戒，专务止观，寂虑敛凝,入三摩地。夫其灵明独朗,契道亦有其由,他若秘授专持,具依密法,得其成就,重在神通,方士异人,术难究诘,咒语符录,何可胜量,一守庸或有偏,至极终期解脱;若斯之类,皆属瑜伽,——综其大凡,以上三者。

抑愚之翻译是书也,未尝不深思其故:耶、回、袄教,吾不得而论之矣。欧洲学者,辄谓其与新约在伯仲间,不知前后谁本。日耳曼学者罗林泽于一八九六年翻译此歌,乃条出百余处,谓思想甚至其文句有与《新约·福音书》相同者,乃谓其抄袭《新约圣经》;然《薄伽梵歌》成书远在公元以前,自不必论。近代甘地之记室德赛,于其译本中广引可兰经等以相发明,亦可见诸教典之义相贯通。若谓超上本有一源,万灵于兹具在,教主由之降世,宗教以此而兴,此无论矣。或谓真理原有一界,非必属乎神灵,法尔宛如,唯各时代各民族之圣智入焉,斯其所见所证会皆同,此亦无论已。当就其同者而勘之,则不得不谓其合于儒,应乎释,而通乎道矣。枝叶散义,凿执较量,其事难穷,近乎烦琐;无已,请略举其一二大旨,比较而观其会通可乎!是所就教于博达高明之士者已。

何以谓之合于儒也?——儒者,内圣外王之学也。经学罕言神秘,纬学乃多异说,无论经学纬学,未有不尊孔子者也。观于史事,假令汉高祖过曲阜而未尝祀孔子,汉武帝未尝罢黜百家独尊儒术,谓其遂不至于俎豆千秋亦不可见。然孔子曰:圣,则吾不能,孟子曰:乃所愿,则学孔子也。后世逮及姚江支派,而犹曰愿学孔子也,至清而学人之志稍衰焉。何也,以其内精微而外广大,有非诸子百家所可企及者也。今若就其外王之学求之，则祖述尧舜，宪章文武，有非后世所能尽守者也，后世典章制度礼乐文为无一不变，然其内圣之道，终古不变者也；非谓孔子之后，儒林道学遂无臻圣境者，圣者不自表于世也。

如何谓之圣？夫曰：心之精神之谓圣，近是已。虽然，此心也，理也。诚则不已，纯亦不已，下尽乎人情，上达乎天德，道无不通，明无不照，宇宙造化之心也。昭明之天，星云光气弥于其间，博厚之地，山岳江海载于其间，皆非蠢然之物而已也，具有灵焉；三才，造化之心也。一大弥纶而曰天道，曰天德，曰天命。人，非徒有生而已也，曰有生命。命也者，使也，"天之令也，生之极也，天所命生人者也。""受命于人则以言，受命于天则以道。"故曰："分于道，谓之命，形于一，谓之性，化于阴阳象形而发谓之生，化穷数尽谓之死。"又曰："天命之谓性。"性也者，仁义理智之性也。成性则知命焉。《春秋》书邾子蘧蒢卒。其言曰：命在养民，死之短长，时也。君子谓之知命。夫子自道，五十而知天命。非其性与天合，奚足以知天命？夫曰："大人者，* 与天地合其德，与日月合其明，与四时合其序，与鬼神合其吉凶，先天而天弗违，后天而奉天时。"曰："穷理尽性以至于命。"是皆心学也，理学也，亦圣学也，希圣而希天者也。故曰肫肫其仁，渊渊其渊，浩浩其天。……

虽然，合宇宙造化之心者，又何足以言喻？故曾子曰：江汉以

* "大人"谓"帝王"。纬书古义："大人者，圣明德备也。"是即内圣外王之学。朱子序《易》，亦引此文，而注云：人与天地鬼神，本无二理，特蔽于有我之私，是以梏于形体而不能相通。大人无私，以道为体，曾何彼此先后之可言哉。——于此可见朱子之精诣。"性与天合"，亦汉儒旧义。是天人一贯之学。

濯之，秋阳以曝之，皓皓乎，不可尚已。以子贡之智而曰望夫门墙。是皆取譬之说。至宋儒辄曰观其气象。夫曰四十而不惑矣，则宇宙人生之秘蕴，既已洞烛无遗，生死之念，不置于怀，人我之间，无分畛域，是则修之以礼乐，博之以文为，措之于至中，止之于至善。或遇馆人之丧而垂涕，或值狸首之歌若弗闻，无他，一合乎天道，顺之而行已；推而至于平居申申夭夭之象，非游，夏之徒所庶几也；怪、力、乱、神，夫子不语，固知其不可以思智摄，不可与世俗言也，然其余事足以知颜子三月不违仁，商瞿四十而有后，若此之类，又皆至微者也。

此内圣之学，《薄伽梵歌》所修也。辄曰：皈依于我，我者，儒家之所谓天也。然不讳言神，神奇变观，将非道之华腴而去其枯谈欤？尚文者，视为繁辞以藻说；学道者，信为实事而不疑；此其大本也。稍寻端绪：仁义之性者，彼所谓萨埵性也，扩而充之，至极且超上之，与吾儒所谓体天而立极，一也。夫子绝四，一曰毋我，与彼所谓毋我或毋我慢，一也。毋我而毋意，毋必，毋固随之，三者绝而毋我亦随之，皆彼修为之事中所摄也。《孟子》严于义利之辨，而彼曰循自法而有为，曰天生之职分，即义之所在也。战阵无勇，在儒门则曰非孝也；在彼则为生天之道，克释拏所极谏也。礼，分散者，仁之施也，在彼则布施有其萨埵性者也。儒者罕言出世，然《易》曰遁世不见知而不悔，孟子曰，穷则独善其身。春秋多特立独行之人，使孔子之周游，值在竺之修士，必曰隐者也。孔门亦未尝非隐者也。古天竺之修士，在人生之暮年，不及期而隐，不贯也，在儒家亦必曰非孝也。孟子曰人皆可以为尧舜，与彼所谓虽贱民亦可得转依而臻至极，其为道之平等大公，一也。

内圣外王之学，至宋儒而研虑更精，论理论性论气论才，稍备矣。勘以此《歌》主旨，则主敬存诚之说若合焉；理一分殊之说若合焉；敬义夹持之说若合焉，修为之方，存养之道，往往不谋而同；在宋世释氏且为异端，印度教更无闻焉，自难谓二者若何相互濡染，然其同也，不诬也。

凡此诸端，皆其理之表表者也。《歌》中自述为皇华之学，秘之至秘，较之儒宗，迥乎有别，儒家罕言神秘，后世儒者或谈气数，终亦不落于神秘；以王船山一代大师，而谓至大而无畦畛，至简而无委曲，必非秘密者也，一落乎神秘，似已非至大至公，而其中有不足者然。然而儒门精诣，直抉心源，穷理尽性以至于命，上而与大化同流，所谓圣而不可知之谓神者，亦秘之至矣。宋人论后世人才，非不如三代，然儒门淡泊，收拾不住，辄为他教扳去；观于他教，亦何尝不淡泊，有且至于枯槁者；独不以神秘自表曝于世，是以谓之淡泊耳。二千五百余年前，印度教與儒宗，两不相涉，其相同也若此！尤可异者，孔子之教一集大成，三代文物礼教之菁华皆摄，而后有战国诸子之争鸣。在印度则此书之法一集大成，尽综合古《韦陀》等教义而贯通之，而后有诸学派及经典竞起。其运会之相类又若此！

观其同，固如是矣，以明通博达之儒者而观此教典，未必厚非。若求其异，必不得已勉强立一义曰：极人理之圆中，由是以推之象外者，儒宗；超以象外反得人理之圆中者，彼教。孰得孰失，何后何先，非所敢议矣。三家以儒最少宗教形式，而宗教形式愈隆重者，往往如风疾马良，去道弥远，于此《歌》可以无讥，可谓一切教之教云。

何以谓之应乎释也?——本为一物,不曰合、同;前引后承,姑谓之应。仪法之教,至韦檀多时代浸微,迄佛出世千余年间,婆罗门之法席几于尽夺,举往昔传承之繁文淫祀,阶级,迷信皆加变革,以印度社会史观之,未始非一大启明运动也。然大乘及密乘之兴,皆印度教所资益;及其衰也,又独尊而光大,《薄伽梵歌》之学,遂盛行至今。其中原有耿耿不可磨灭者在也。

今稍就其大略言之:曰信,曰行,曰证,三者皆具,自为正法无疑。虽然,昔者,窃闻之,雪藏之南,高丘之上,有圣湖焉,渊然以清。其水,则甘露也,饮之得永生焉。三毒,所除也;羯摩,所涤也;无明,所湔也;烦恼,所濯也;轮回,所息也;明智,所增也;安乐,所施也;……若斯之类,自韦陀教以下,诸宗各派之所共信,遑论佛教,即耆那教亦未能外也。六度未举其数,《歌》中历历可指也,度舟,早见于《黎俱》者也。因缘十二支佛所独详,然其义咸在也,亦非创于此《歌》,无明亦早见于《韦陀》,识缘名色,名色缘六入等支,散见诸古《奥义书》。六度之阿修罗在《韦陀》中无不善义,传至《薄伽梵歌》时代,其义已变,与后之佛法中义同;然诸天,则犹《韦陀》之诸天也。天神降世之说,《歌》中之警策也,而彼净饭王子,岂非谓乘白象而至者欤?其相应也若此。然而千余年来,两教人士,势如水火,诤端症结,一在于有上帝或无上帝,一在于是幻有或非幻有;此以成正觉为超诣,彼以合天主为极归,各自是其正宗,相互斥为外道;此外多枝叶散义之殊,理实名称之异;或则仪法迹象间事耳。虽然,掇拾绪余,聊陈数意:

数论神我自性之说，法相唯识师势欲以因明破之无余。《薄伽梵歌》同数论之分，广说二自性三神我；其超上神我，乃双涵有功德无功德大梵，为一为多，显于自性又超于自性，立说乃精妙圆明，此彼因明所不及也。以时代论，且稍轶因明发展之前。吾诚不知商羯罗之摩耶论，与龙树之中观，相去奚若；读其所造赫黎诸颂及三书之疏等，将毋于大全真理，仅有其名相与偏重之殊？要之后世论师，运用因明，了无差别。比量推理，立破斐然，狭义三支，词锋犀利，二教因明固皆微妙，耆那教因明且立十支。皆以应思辨之内者绰然，度理智之外者不足。入其界域，即有终穷；离彼方隅，浩茫莫测也。芥子须弥，大海牛迹，将谓三支五支，遂可弥纶宇宙哉！是以圣言一量，论师杜口；如《韦陀》之象征隐喻，尤所难穷；妙道玄征，必躬亲证知，了于心目。何况因明，尚且非语言所限也。此其一。

瞻部诸宗，莫不指归解脱，同法同界，理致弥辨，就佛法视之，则解脱极诣，无过涅槃。此不可一概而论小。小乘涅槃，虚无寂灭，就此观之，乃汩没私我，入静定无为之永恒大梵中，可谓负极绝待。而入大梵涅槃者，乃更上与“超上补鲁洒”契合，合其德，同其体，返其真，一其性，双超动静之表，可谓超极绝待。非谓一舍此身，顿成解脱；非是迷有漏天，作无为解；非标究竟无得，即是菩提；非指寂灭精圆，而为彼岸。而度世利生，更由兹起。固也余依皆尽，斯还于太上灵明，直入空有之本源，达彼一永恒之真际者已。夫人生究竟，本非入灭而无还，纵或事有可能，如实理非正大，贵其上合至真，双超生死。由斯而有所诣，以非无所从来。大乘广利群生,无学终为小果,断灭有闻外道,等平正尔弥慈,自来大乘论师,多成此转。如入无色天者,相佛而不及见其弘法,是以有悲。倘使多生结习,次第皆除,神圣新生,兹焉不异,解脱不期而致,转化自在而成,安乐法身,去来无碍,保世弘道,无或疑焉。论于世俗,譬如襄阳居士,千古不可无一,亦不可有二者也。而雪山夜义,蕲其半偈,生灭灭已,寂灭为乐,岂究竟义谛欤?此其二。

梦幻六如,大乘了义。俗人学佛,万相皆空。此所谓一刀断缠,殊非解缚。借以祛其我执,此亦方便法门,若论宇宙渊源,竟非大全真谛。夫曰诸相非相,因非显是而已,偏契极真,遂觉皆相,是者终是,相还如是。摩耶义为幻有,乃低等自性之无明,此必非于一真之前,造本无之相。何况万德万善,法界森然,大慈大悲,流注无竭,岂可曰此皆幻有,等是虚无?此世俗胜义,两无乖背者也。倘使摄末归本,明体宜求于用。空固未离于有,如初无益于真。故知无所住而生其心者,从入之一途,不住于相者,修为之一法,理皆偏至,事则权宜。夫其誓愿出家,坚诚求法,此必非以如幻之心,学如幻之佛,证如幻之道,度如幻之生,例此一端,可以明矣。《薄伽梵歌》行世,远在大乘发扬之前,淳源未漓,坦途无碍。既不以空破有,亦不以有破空,但使双超上臻,初未旋说旋扫,固曰无始无上之大梵,非有非非有是名也。(拾叁,十二)后世治法相学者,辄曰五法三自性皆空,八识二无我俱遣,既空既遣,必证必得,上方犹大有事在。斯则依他实依真我,非如芦束相交;镜智自镜圆成,有照双栖同树。此其三。

净土一宗,吾华尤盛,简易平实,流布广远,溯其渊源,固自此

教出也。夫其行事虽似凡俗，其秘奥正未可量，宇宙间原有大力载持，非小我私意所可测度也。唯识宗于五力不判，正以其弗可措思，密乘除灾、增益、降伏、摄召之事，亦由兹衍出。若隐世利济，功效可观，若显表权能，机祸弥烈；下有所求，上乃相引，往生得度，各赖信忱；举凡念诵祷告之义具在于是。夫精诚所至，金石为开，一忏悔而物我同春，一恻怛而苍生霖雨，谦变亏盈之数，复见天地之心。务当消除己私，克制欲念；毫芒之判，事异渊云，吁可慎已。夫耶、回博爱，孔子言仁，老氏宝慈，与佛法大悲，同源一贯，内心原不限于思辨，妙用亦不囿于人间，所谓大威德之施流，有不可思议者矣。不然，古印度圣贤，亦不以敬爱瑜伽，为三道之极尊也。此其四。

佛法顶珠，禅宗妙悟，不立文字，无朕可寻，盖非显了者之道，难为有形躯者所诣，歌中有述也。究其用力措心，竟无立锥之地。以论身心性命之全般转化，事功行业之自在光华，殊与法付无法不侔，亦与枯木寒岩未称。必至运水搬柴，无非妙道，法身安乐，等是牟尼。若功在一朝，亦难相拟。窃疑其理究竟无有不贯者，彼遍周宇宙又超宇宙之太一，在无明中又在自性中之士夫，斯亦得之于无相可拟之前，或会其静定真常一面，是则心佛众生，三无差别，当下即是此体，何有文字语言！所以能一棒一喝，大彻大悟也。即知即能，即悟即道，棒喝象征神用，机锋迸出妙源。击发灵明，断绝疑路。若使原无有在，蒸砂必不成粢；究其不致落空，适非深龛无坐者也。宗依教本，教以宗荣，倘能一超直入，正尔三学相资，世徒见其竖拂振威，未寻其守戒修定，当其上堂呈偈，振锡游方，恶辣钳锤，淋漓棒血，举似酬答，常落臼窠，参究话头，全依自力，又远非此平实依他之易行道可比也。及至明语言之不足，知思虑之唐劳，两边不可以契极中，小慧不足以当大事，由是廓清一切，呵佛骂祖也欤！论厥圣功，亦未止此。谅哉！奇亦无奇，秘乃至秘，终不若全归敬爱，还我故家，有道有方，愈瞻愈近。善知识当知：此际直在毗卢顶上行也。此其五。

五义之余，请稍稽史事：远者不论，佛法未入中国以前，周秦西汉之世，人生刚健，充实光辉。晚周诸子，学术争鸣，东汉士林，声实弘大，古无前例，后罕继踪，固由往圣之德泽未渝，礼教之菁华未竭。然其弊也，英雄事去，则纵情于醇酒妇人；君子路穷，唯有使祝宗祈死。要皆性命之本真是率，局限于形体之封。黄老盛而人生观为之一变，佛教传而人生观踵之再变。自是葆真遐举，削发披缁。澹情累于五中，栖心神于遐外，浮世之乐既非乐，有生之哀亦无哀，由此忧悲苦恼始稀，常乐我净之说皆入。而其弊也，则浑沦浩瀚之真元凿，深纯朴茂之德泽亏，博大光明之气象阴，笃厚善良之风谊薄矣。鼓芳扇尘，经唐历宋，救苦诚然救苦，利生亦殊利生，盛兴未及千年，迄今遂趋末法。夫斲彫不可返朴，浇漓不可复淳。今欲废除佛法而复兴殷周之礼，事不可能；欲导扬佛法而绍隆唐宋之观，亦势所不许。无已，倘弘雅量而于佛教以外求之，则同出西天，源流异派，可资裨益殊堪尊尚者，犹大有在也。夫道本无分，群非可出。一麻一麦，犹藉耕耘，半缕半丝，终由纺织。则诚所谓逃空虚出尘世者，果何可得也？以此歌而论，天帝降世，乃激励猛士赴战场，以建立正义大法之国土，非可异欤！例此一端，足以救弊。

大致古婆门之颓废，佛教皆可匡正之。小乘之不足，大乘足以博充之；末法之罅漏，新起印度教可以弥缝之。更互代兴，后来居上，独尊光大，今数百年，大济斯民，同功异位，且远播欧西，又百余年。吁嗟！非无故矣。

何以谓之通乎道也？——谈道者宗老子，岂不曰：天得一以清，地得一以宁，侯王得一而为天下贞？又曰：抱一以为天下式。一者何？太一也，彼一也。无上大梵也，超上神我也，超上自在主也，名异而实同。——归根曰静，是谓复命。复命曰常，知常曰明。根者，本也，在上而非在下者也。喻之曰天地根，是则归根者，岂有异于臻至虚静不变不动永恒之神我耶？

且《老子》之所谓德，寻常世俗之所谓道德，《歌》中所谓萨埵性者也。然更有无上自由超极之性，非寻常道德名相所可囿者，此之所谓上德不德。——唯仿唯佛，曰希曰夷，杳杳冥冥，其中有真，皆所谓彼一之德，自我之真性也。尽其名相语言之能事，表此无上本体，两家皆不能尽，亦无以异。

进而观其最相合者，曰为无为，事无事。夫曰为无为者，非块然无所作，偷视息于人间者也。不动于欲念，不滞于物境，不着以私利，不贪于得果，不眷于行事，不扰于灵府，以是而有为于世，即所谓为无为也，终至于有为无为，两皆无执焉。皆《歌》中之义也。而其于宇宙人生之观念，有一要义曰等平。土块、金、石；大国，小鲜，在彼道流，相去奚若？如是者，奚其白，奚其辱，奚其不足，奚其不刍狗万物？如是者，微妙玄通，深不可识！

要求其为道之方：曰去甚，去泰，去奢。曰致虚极，守静笃。曰为学日益，为道日损，损之又损之，以至于无为。曰我有三宝，一曰慈，二曰俭，三曰不敢为天下先。……凡此，《歌》中所常见也。夫其所损者，祛其我慢，克制情欲，变易低等本性以成就其高等自性也。积极言之，损之又损之，谓尽其所以为己者，一委于至上至真，视若牺牲已，亦皈诚奉献之义也。

虽然，何哉？将谓千古一大教典，而教人以术自取足于世耶？曰用柔，庄生且曰用弱。曰专气致柔，曰以天下之至柔，驰骋天下之至刚，曰江海所以为百谷王者，以其善能下之。曰大国以下小国……嗟乎！凡此亦皆喻投诚皈命之事也。识人生之有限，观大化之无穷，知其无可奈何而安之若命。一宅而寓于不得已，致虚极，守静笃，损之又损，下之又下，柔之又柔，弱之又弱，以对越此万物内中外在之至真，于以挫其锐，解其纷，和其光，同其尘，于是而无为之为出焉，于是而妙窍见焉，于是而大道可行矣！

且夫至真者，无所措其心智语言者也。故曰修除玄觉；侗乎其无识，一委之于此太上者，然后与彼契合而逍遥于圣域焉，则弘道救世利生，何莫由此而出矣！此亦瑜伽之能事也。固曰：吾言甚易知，甚易行。道之至易而至妙者也；以是而混休戚，同欣哀，齐彭殇，达生死，皆无论矣；将谓委蜕形躯而我果亡乎？大浸稽天而我果沦乎？坻颓山崩而我果伤乎？死而不亡者寿，彼，永生者也。

于史事观之，道之显明，乃常在据乱之世，载胥及溺，民不聊生，典章丧沦，制度破坏，分崩离析，朝不保夕，于是归栖之意常多，安隐之求愈切，故《老》、《庄》出于衰周，而魏、晋道流多卓荦，以此《歌》而论，出于至亲骨肉相残之际，亦人生由外转内之机也。而世之解《老》、《庄》者，一误于申、韩之克核，再误于方士之求仙，皆强索玄妙无上之真，于粗重形下之器，未得乎牝牡骊黄之外者也：至若导引服气，固形养寿，与彼瑜伽，亦多合辙。以术而辅道则同然，为术而行术皆无可。不然，即欧阳公所谓始于一念贪生，虽寿至千岁，功在一身，亦何益矣！或者此书一出，可资攻凿而相得益彰也欤！其佐证正未可一一数也。

就此三家，略标大致。愚久居天竺，行箧无书，旧学既荒，新义难得，惜无从取诸载籍，比勘深求。然意其入华也，必然无阂。虽然，亦又尝深思其故，今世中西学术昌明，分科繁细，重外轻内，枝叶深芜，而人生大端，或昧略矣。世愈不治，乱难瘼矣。倘世界欲得和平，必人心觉悟而循乎大道，举凡儒、释、道、印、耶、回，皆所当极深而研几也。是皆身心性命之学，略其形式，重其精神，就其所长，自求心得、不议优劣，不画畦町，开后世文明运会之先端，祛往古异教相攻之陋习，则大之足以淑世而成化，小之足以善生而尽年。夫智无涯而生有涯，世界五千年之文明，东西方之智术，安可穷也？安可穷也？何居乎？量沙算海，泛滥无归，若考信典籍，专务外求，则新莽时人有死于书卷间而不悟者。若守道不坚，立义不笃，则近世学者有六变而骇世焉者。然则存其大体，身体力行，深造自得斯可矣。且自有人类，智术发于心源。今聚全世界古今教典图书，亦不能谓真理罄尽于是也。而世变愈深，祸乱愈烈，虽梦所未见，亦事之恒有，必不能尽求于史有征，于法有据而相应。然则唯有返求诸己，觉自内心，常养灵明，不枯不竭，则真理层出，大用无穷，宝珠在衣，灵山不远，不疾而速，不行而至，竟可得其向导，臻至圆成，要之希圣，希天，终必发蒙乎内心矣。——奘、净而后，

吾华渐不闻天竺之事,几不知佛法以外,彼邦原有其正道大法存,而彼亦未知吾华舍学于释氏者外,更有吾华之正道大法存焉。以言乎学术参证,文化交流,近世乃瞠乎欧西后尘,倘从此学林续译其书,正可自成一藏,与佛藏,道藏比美。间尝闻其当代领袖,竟以此一歌而发扬独立运动,士以此蹈白刃,赴汤火,受鞭朴,甘荼毒而不辞,卒以获其国之自由。向者吾游天竺之中州 ,接其贤士大夫,观其人人诵是书多上口,又皆恬淡朴实,有悠然乐道之风,是诚千古之深经,人间之宝典矣。译成,附以注释,并识其涯略如此。壬辰秋分,徐梵澄序于南印度捧地舍里室利·阿罗频多学院。

第　一　章

1.　　　逖多罗史德罗言：

于此法田句卢之地兮，

咸齐集而奋欲交绥；

我属与班荼缚兮，

桑遮耶！彼等胡为？

2.　　　桑遮耶言：

邦君朵踰檀那兮，

睹班荼缚之聚屯，

来至阿阇黎前兮，

乃如是而进言：

3.　阿阇黎！观彼班卓诸子兮。

成此大军！

是君之弟子所部署兮，

都鲁波陀子之勋。

4. 是皆英雄而善射兮，
　　阵前与毗摩，阿琼那等伦，
庾庾坦那，与维罗咤，
　　及都鲁波陀敌万弓人，

5. 特黎史计都，与掣岂丹那，
　　及迦尸之王以勇闻，
弗卢芰孔底毫遮，
　　与尸畀人之君，

6. 禹坦曼尼羽雄猛兮，
　　愠怛没赭为勇异，
缫婆陀与陀劳波提耶，
　　皆万夫之统帅。

7. 而我军之良将兮，
　　精锐君亦当知！
君"重生者之至上"兮！
　　说与君为诹咨。

8. 吾师、与毗史摩，
　　羯拏，与羯勒波皆常胜于战中，

阿湿缚他摩，与维羯拏，
缫末陀底兮亦同。

9. 其他英雄甚众兮，
为余皆欲捐生，
种种兵器具备兮，
悉娴习于战争。

10. 我军有不足兮，
护军者毗史摩；
而彼军盛壮兮，
护军者毗摩。

11. 尔等其于诸路前，
一一按队伍而定立！
唯毗史摩是保兮，
诸将士其齐集！

12. 乃鼓舞其壮气兮，
彼威猛之大父、句卢之叟，
高吹战螺兮，
作大声如狮子吼！

13. 于是羯鼓,应鼓,大鼓兮,
与军螺,画角齐鸣。
诸一时而顿作兮,
纵撞噪乱其声。

14. 爰乃驾以白马兮,
御乎大战之车;
亦各吹其天螺兮!
阿琼那,与克释拏。

15. 赫里史计舍鸣其“巨人骨”兮!
檀南遮耶吹其“天施”,
“狼腹为恐怖事者”兮!
亦声其巨角“匏荼罗”。

16. 孔底子邦君于地瑟耻罗,
亦吹其螺名“胜无涯”;
那拘罗,与萨贺提婆,
各吹其“妙声”与“珍珠花”。

17. 迦尸之王善射兮,
施康地为良乘,

特里施荼都孟那,
　　维罗咤,与萨底阿契无能胜。

18.　都鲁波陀,陀劳波底诸子,
　　与“巨臂缫婆陀”……
大地君王兮!
　　诸方各吹其战螺。

19.　其声震惊天地兮,
　　轰虺濈嘹。
逖多罗史德罗诸子兮,
　　心焉动摇。

20.　爰睹逖多罗史德罗诸子兮,
　　成列而矢石将下;
猿帜之班卓子兮,
　　方引弓而欲射。

21.　大地君王兮!
　　时彼谓赫里史计舍言:
　　　　阿琼那言:
阿逸多兮!

驻我车于两军之间!

22. 俾我得观彼等兮
整齐跃跃将战;
竟谁与我周旋兮?
值初以兵戈相见!

23. 而得睹此群众兮,
求战咸集于斯。
彼恶慧逖多罗史德罗子兮,
众欲为彼战而悦之。

24. 桑遮耶言:
古咤计舍既如是言,
婆罗多!彼赫里史计舍
遂于两军之间
驻彼无上兵车;

25. 而面对毗史摩与陀拏,
及诸邦国之君,
乃言:观之!帕尔特!句卢之群!

26. 于是帕尔特观之：
对立者皆父辈，祖父辈，
阿阇黎，母舅，兄，弟，
子，孙，及诸俦侣。

27. 及外舅，暨诸朋友……
见林立于两军兮，
皆亲姻而对垒。

28. 深悯恻而怅望兮，
孔底子悲伤而有语：
阿琼那言：
此皆我之亲串兮，
克释拏！观其对峙而鼓舞！

29. 我四肢疲惫兮，口舌为焦；
毛发为竖兮，躯体摇摇。

30. 大弓堕自我手兮，
肌肤如灼，
我几不能自立兮，
心飘飖如无托。

31. 凯也舍筏兮!
我见兆之不祥。
诚不知果何益兮?
杀亲串于战场!

32. 克释拏!我不愿胜利兮
亦不求王权与安乐。
歌宾陀!王国于我何有兮?
安乐驯至性命将奚若?

33. 求王权,享受,与欢乐兮,
实为彼等之故也;
而彼等方集于兹战争,
弃捐性命与财富也。

34. 亲教师,诸父,诸子,
以至于大父,
母舅,外舅,诸孙,
中表,暨余亲属也。

35. 我不欲杀彼等兮,
虽我身而被戮也。

纵为三界主而不为之，
　　况王此土地而独也？

36.　杀彼逖多罗史德罗诸子，
　　又奚足以为我愉？
我辈适陷于罪恶兮，
　　而杀彼等暴徒。

37.　故我辈不当戮彼兮。
　　彼等我之宗族。
摩闼婆兮！
　　戮宗亲奚为有福？

38.　虽彼等贪冒昏心兮，
　　不见亡宗亲之罪，
　　与欺朋友之恶，

39.　瞻纳陀那！
我辈固见殄宗之虐。
然则胡为不戢兮，
　　知自免于斯瘼？

40. 家族毁、则传统宗法皆废兮！
宗法废、则举族皆陷于非法！

41. 非法嚣张兮，
　　则家庭之妇女失贞！
妇女失其贞洁兮，
　　则族姓之淆乱滋生！

42. 淆乱则有地狱之祸兮，
　　降于族，降诸殄宗亲之人，
其祖祢之灵斯陨兮，
　　麦饭与水浆之祀其湮！

43. 由彼等殄灭宗亲之罪兮，
　　及混淆族姓之恶；
伊昔传承之家法兮，
　　与族姓之法皆索。

44. 我辈固尝闻之：
彼家法废坏之人，
瞻纳陀那！入地狱其永沦。

45.　　鸣呼！

我辈必陷于大罪兮！

　　决将剪戮我宗亲，

　　以贪享王国之福。

46.　　彼逖多罗史德罗诸子，

　　若入阵手刀兵以加我，

我无拒亦不执兵兮，

　　斯在吾而宁可！

47.　　桑遮耶言：

临阵既作是言，

　　阿琼那仰于车座。

弃掷弓矢兮，

　　心忧意辫！

第　二　章

1.　　桑遮耶言：

如是悲悯兮动魄，

　　泪盈盈于双目兮，心烦冤。

摩脱苏陀那

　　乃如是而进言：

2.　　室利薄伽梵言：

阿琼那！迫兹危难兮，

　　何自而生汝此沉忧？

此非亚利安人之素行兮，

　　亦非升天之路由，

　　又适为讥谤之所投！

3.　　毋自陷于孱弱兮，

　　此于尔非洽适！

去尔心卑下之愁积兮，

起！起！克敌！

4. 阿琼那言：
阿利苏陀那！
彼陀拏，与毗史摩皆可亲敬；
我何能发矢兮，
而射之于行阵？

5. 戮此伟烈诸师兮，
在世余宁餐乞丐之食也。
固皆加我善愿之师，
杀之，则斯世宴享我尝皆血䘓也。

6. 于兹竟不知孰愈兮，
为彼胜我抑我胜彼？
戮彼等而我辈亦痛不欲生兮，
彼逖多罗史德罗诸子——兹焉对垒。

7. 怆惘为过蔽我本性兮，
于正法心意然疑。
二者孰愈兮？
问君为我决之！
我为君之弟子兮，
告我！皈依师！

8.　不知如何而能去此烦忧兮，
　　此焦灼我诸根；
于世虽得无敌而富庶之国土兮，
　　又为明神之至尊？

9.　　桑遮耶言：
克敌如是言于赫里史计舍；
遂谓歌宾陀云；
“我则不战！”——而归于沉默。

10.　婆罗多！
彼处两军之间而忧心悄悄兮；
赫里史计舍熙颜如笑兮，
　　乃为是言：

11.　　室利薄伽梵言：
尔忧所不当忧者兮，
　　尚作明智之言；
智者不忧已逝之人兮，
　　及人之在存。

12.　非我未尝存在兮，

非尔，非此诸王；
又非我辈于未来兮，
凡存在而或亡。

13. 如性灵于此身兮，
历童年，少，壮，老衰，
如是而更得一身兮！
智坚定者于斯不疑。

14. 与物境相接兮，
感寒温与苦乐；
斯皆有来去而无常兮；
尔强忍为坚卓！

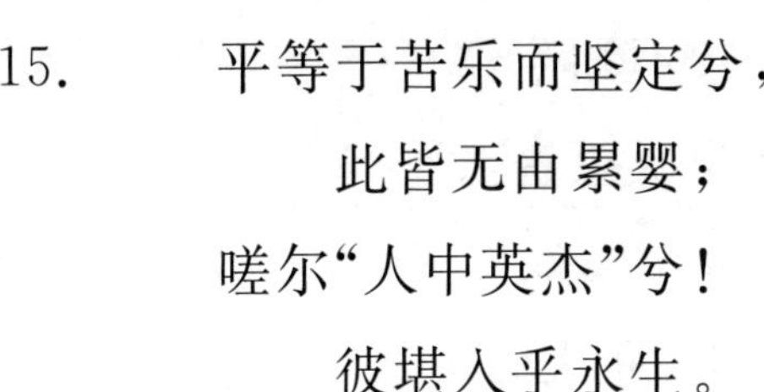

15. 平等于苦乐而坚定兮，
此皆无由累婴；
嗟尔“人中英杰”兮！
彼堪入乎永生。

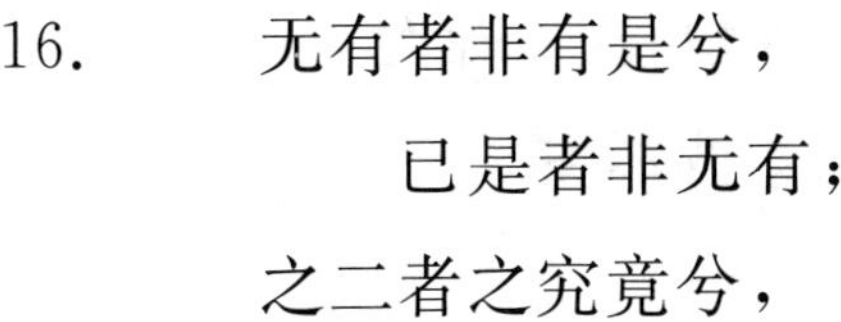

16. 无有者非有是兮，
已是者非无有；
之二者之究竟兮，

知真之士所睹。

17. 知彼为不朽者兮,
由彼而群有遍是。
人无或能兮,
使不变者而毁。

18. 在身则为所禀兮,
彼常存,不可量,而不磨。
其身则云有卒兮。
是故战兮!婆罗多!

19. 或以此为杀者,
或思此为所杀;
二者皆不知兮,
此非能杀非所杀者。

20. 彼未尝或生,亦未尝灭,
未为已是兮,或又将是非是;
未生,常存,永恒,而太始兮,
身虽戮兮彼不毁。

21. 有人知此为不生不灭兮，
无变易而常恒；
帕尔特兮！
彼杀人或使人被杀其焉能？

22. 如弃敝衣兮，
人斯革取其新；
如是弃捐故体兮，
性灵入乎新身。

23. 唯斯火不能焚兮，
唯斯刃不能刊，
唯斯水不能湿兮，
唯斯风不能干。

24. 唯斯弗可割，弗可烧，
弗可叹，弗可溺兮，
恒常，遍漫，无变，弗动，
——邃古永历兮！

25. 斯则谓之不显，不变易兮，
不可思量；

倘知彼其如是兮,
　　汝故不可忧伤!

26.　若汝思彼为常生而常灭兮,
纵如是,巨臂!汝故不可忧伤!

27.　生者之死定然兮,
死者之生必当。
故于必不可免之事兮,
　　汝竟不可忧伤!

28.　万物作始皆为不显兮,
　　婆罗多!而独显于中;
其消亡又归于不显兮,
　　于斯竟胡为乎忧忡?

29.　有人视彼如奇异兮,
有人说彼如奇异兮,
有人闻彼如奇异兮;
人虽闻兮……无人知彼!

30.　彼居众生身内兮,

永恒而不能创。
婆罗多！于一切众生兮，
汝故不可忧伤！

31. 且有鉴于自法兮，
汝尤不可战栗！
舍正义之战斗兮，
刹帝利事无更优逸。

32. 刹帝利其庆幸兮，
如此战争自来；
帕尔特！盖偶尔得之，
如值天门之开！

33. 倘尔将弗作此正义之战兮，
自法与声名皆忝，
且逅污玷！

34. 抑亦此非名誉兮，
凡夫永将议尔；
荣誉英雄而蒙耻兮，
固远不如死矣！

35. 彼诸乘御大将兮,
以尔为畏故临阵而逃;
素为彼等所尊上兮,
将鄙薄之是遭!

36. 丑言滋多兮,
将发自尔之敌,
讥谤尔之勇武兮,
孰有甚于斯戚?

37. 死之!尔得生天!
胜之!尔享斯土!
起!起!高底夜耶!
战兮!尔其决取!

38. 平等于苦乐,得失,胜败兮,
乃备而赴战,
——如是尔不得罪。

39. 此授尔为僧佉之智兮,
更听余说瑜伽智:
与瑜伽智其和合兮,

以此尔弃行业之缠累！

40. 于此事功无或唐捐兮，
无得果之乖误。
纵斯法之少许兮，
亦救人离大恐怖。

41. 是中决定之智兮，
厥唯一端。
非决定者之智度兮，
多枝蔓而不完。

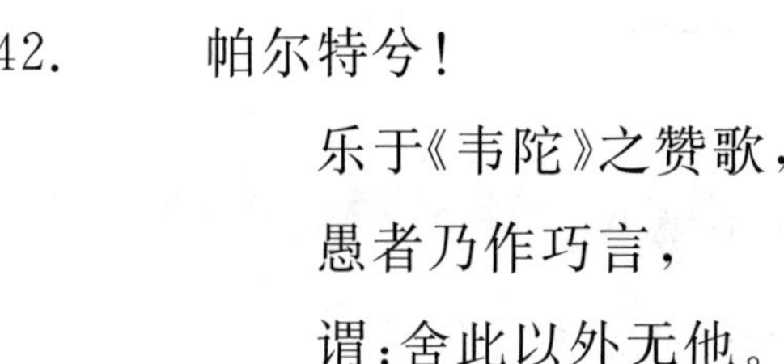

42. 帕尔特兮！
乐于《韦陀》之赞歌，
愚者乃作巧言，
谓：舍此以外无他。

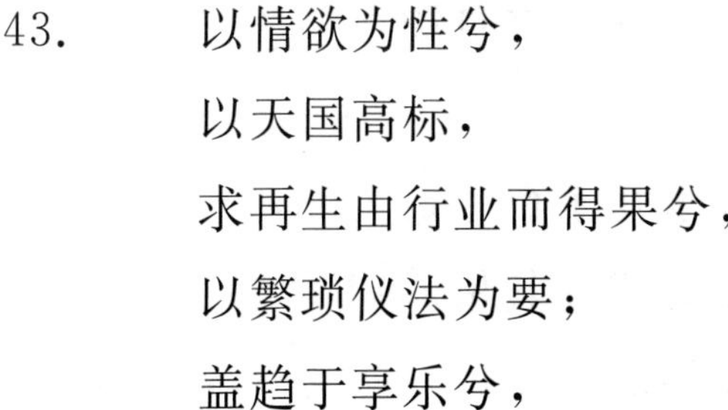

43. 以情欲为性兮，
以天国高标，
求再生由行业而得果兮，
以繁琐仪法为要；
盖趋于享乐兮，

而威福是徼。

44. 执迷乎权威自在兮，
其心为斯言所剽。
无决定性之智兮，
不堪入三昧而无摇。

45. 《韦陀》皆三德为境兮，
阿琼那！尔超乎三德斯可！
超对待之偶俪兮，
常安定于萨埵，
无心于得之守之兮，
独建立于“自我”。

46. 如遍处水漫兮，
而小池之为用！
如有用于明智之士兮，
是《韦陀》之赞颂。

47. 尔之分唯在于行兮，
无时或在其果。
勿因业果故为兮，

亦毋以无为而自裹。

48. 安定于瑜伽而为事业兮，
弃执着！檀南遮耶！
于成败其等平兮！
平等性谓之瑜伽。

49. 行业诚远逊于智慧瑜伽，
尔其皈依于智慧！
为得果而为业兮，
斯可悯嗟！

50. 与智慧而和合兮，
兹双弃善、不善业。
故尔且趣瑜伽，
瑜伽在诸行为便捷。

51. 哲人与智和合兮，
行业生果斯弃，
解脱乎有生之缠缚兮，
入乎无垢氛地。

52. 时尔之智慧兮,
脱痴闇之纷纭,
时则无动于衷,
于当闻与所闻。

53. 若汝以所闻而迷惑兮,
智坚立而不摇,
居三昧而不动兮,
时则瑜伽其能调。

54. 阿琼那言:
何谓坚定之智,
属彼深入三昧人?
智定者云何语?
云何坐?
……云何行?

55. 室利薄伽梵言:
时舍心之欲望皆罄兮,
以己唯安于“自我”!
是时其人谓之智坚定兮!

56. 处忧患而心无恼乱兮，
居安乐而不执持，
离贪、离畏、离嗔兮，
是人谓之定智牟尼。

57. 彼遍处无凝滞兮，
美恶随其相应，
无欣欣亦无戚戚兮！
彼智则为坚定。

58. 时彼如龟之藏六兮，
诸根退于根境兮！
彼智则为坚定。

59. 物境则离兮，
离彼无耽执之有身；
犹存之味想亦离兮，
傥有见乎至真！

60. 智者虽自律兮，
高底夜耶！
彼诸根之剽疾兮，

亦强夺其心。

61. 凡此彼皆能制兮,
合太和坐观“我”为最胜;
力能自制诸根兮;
彼智则为坚定!

62. 人而怀诸物境兮,
遂于境而起执,
执起而生贪欲兮,
贪欲兴而瞋恚斯集,

63. 由瞋恚而生痴,
痴生而忆念忘失,
失忆念则智穷兮,
智穷其人必卒。

64. 彼离绝乎贪,瞋兮,
而逍遥乎根境,
“自我”主制诸根兮,
自克者得乎清净。

65. 彼自处于清净兮，
诸苦之消除可证。
诚彼心其清净兮，
其智随之宁定。

66. 不自克者无智慧兮，
不自制者亦无静虑，
无静虑者不定宁兮，
不宁定者奚由悦豫？

67. 心随诸根之驰转而动兮，
此则挟其智以俱去；
譬如水上之舟兮，
风飘之而迭举。

68. 是故离诸根于根境兮，
遍处皆能自胜，
摩诃婆和！
彼智则为坚定！

69. 于众生为暗夜兮，
自制者常独醒；

是众生醒寤之境兮，
　　时见道之牟尼乃冥冥。

70.　如众流之归海兮，
　　位不动而持盈；
欲念所归如是兮，
　　彼乃得乎定宁；
——而非彼驰骛兮欲情。

71.　彼尽捐其欲念兮，
　　行其无所愿望，
无我所而无我执兮，
　　入宁定以徜徉。

72.　帕尔特！斯为梵道之所诣，
　　臻至者无复迷疑。
傥弥留而定处其中兮，
　　入梵涅槃其有归。

第　三　章

1. 阿琼那言：

瞻纳陀那！

倘君思智慧胜于行业；

凯也舍筏！

胡为命余兮奋斯武烈？

2. 君似纷纶其辞，

神智宛余迷眩，

请决定其一言，

遵余臻于至善！

3. 室利薄伽梵言：

斯世信有二途兮，

余夙言之：安那过！

智数之人——智识瑜伽，

行动之人——行业瑜伽，

4. 彼行业之不作始兮,
无为不得。
彼遁世而无所为兮,
圆成不获。

5. 居寂无行业兮,
孰尝刹那庶几?
"自性"生之功能兮,
必使凡人有为!

6. 彼业根固已自持,
坐念外物而意驰,
竟颠倒其心神兮,
是曰伪行之人。

7. 心始制诸识根,
业根作行业瑜伽,
而无执着兮,
彼优胜兮!阿琼那!

8. 为汝分所当为兮!
有为胜于无作。

竟然无所为兮，
　　此身行将焉托？

9.　异乎为牺牲而为兮，
　　斯世皆由业缚。
孔底子！为之！为牺牲，
　　于此其毋执着。

10.　万物主之造人兮，
　　原与牺牲俱周。
始谓“滋蕃此所由兮，
牺牲遂汝之所求兮！”

11.　“神以兹歆飨兮，
　　将供汝之馔；”
“人神相互为养兮，
　　俱汝臻乎至善。”

12.　“神克歆汝所奉兮，
将锡汝求所以为愉！”
彼受施不报而享之，
　　是谓贼夫！

13.　食牺牲之馂余兮，
　　善人愆垢消无。
私备馔以自为兮，
　　罪人自食其辜。

14.　庶品凭食而生，
　　食从雨得，
致雨在乎牺牲，
　　牺牲出乎行业。

15.　汝知行业起于大梵兮，
　　大梵出于彼无变恒贞。
大梵遍无不入兮，
　　故常在于牺牲。

16.　人于世不周此轮转兮，
　　安生于罪恶而乐其识情；
帕尔特！彼实虚生！

17.　而人唯于“我”以自安，
足于“我”以自若，
得于“我”而自愉，

彼固无可为者。

18. 于世彼无所容心——
以有为而得之，
以不为而失者，
庶品彼无用凭恃兮！

19. 故汝分所当为兮，
常为之而不执；
人为事而无执兮，
将上臻于至极。

20. 禅那迦诸贤圣兮，
唯有为而圆成克致。
宜乎汝有为兮，
纵唯观于保世。

21. 贤者之所作兮，
他人同之；
彼所成之准则兮，
举世从之。

22. 举三界“余”无可为，
　　无未得而待成。
帕尔特！
　　咨“余”仍处乎行。

23. 若“余”不处乎行，
　　恒行而无休，
　　人将遍遵“余”道而效尤。

24. 若“余”羌无行动兮，
　　诸界且将摧折！
“余”且为祸乱之元恶兮，
　　群生于焉尽灭！

25. 似凡夫执于行业兮，
　　智者当如斯有为，
　　而无执滞兮，
婆罗多！保世为怀！

26. 愚夫执其所为兮，
　　智辨弗使之生。
智者当和合而有为，

诱人进乎诸行。

27. 遍是诸行业兮，
唯发乎“自性”之三德。
蔽于我执之人，
巧思“我为作者”。

28. 摩诃婆和！
知真者知德、业分立，
思惟“功德运乎功德耳”，
——彼则离执。

29. 迷于自性功德兮，
执滞乎功德之运行，
彼愚顽所知不全兮；
知全者于彼当弗撄。

30. 属诸行业于“我”兮，
内“我”汝其心眷；
去己私而无所愿兮！
祛烦热兮！战兮！

31. 人恒遵“余”此教兮,
诚信而无诟疵:
乃行业之系皆离。

32. 人而不遵“余”此教兮,
寻瑕索疵;
当知其诸智蒙蔽兮,
将灭没兮愚痴!

33. 贤哲亦循其本性而行,
众生俱“自性”是随;
固强制之奚为?

34. 贪、瞋之于根境兮,
固结诸根。
其弗涉入彼之樊!
二皆修道之所由屯。

35. 循自法虽无功兮,
胜行他法而与宜。
遵自法虽死其犹胜兮!
他法来其畏危!

36. 阿琼那言：

竟何所迫兮，人罹罪辜？

亦非己愿兮，似有力驱。

37. 室利薄伽梵言：

是贪欲兮！是怒瞋！

起自剌阇之德，

能大坏灭而为大罪恶！

念哉！彼皆斯世之敌！

38. 如烟蔽火光，

镜暗于尘，

如衣裹胞胎，

是亦如斯晦湮。

39. 蔽兮！贤哲之聪明，

此常在之敌使其瞀昏。

情欲其形，高底夜耶！

无餍兮！如火之燎原。

40. 谓识根，心，智，

皆其所都；

以此误其聪明,
更蔽身内藏之灵躯。

41. 婆罗多猛士兮!
汝初制汝诸根!
戮此罪魁兮,
此毁伤智识之元!

42. 谓根为上兮,
心又上之;
谓心为上兮,
智又上之,
更上于智兮,
非“彼”其谁?

43. 悟“彼”之超于智兮,
自制以“自我”而制。
巨臂!汝其戮此大敌!
其形为情欲而难逮!

第　四　章

1.　　室利薄伽梵言，
是不朽之瑜伽，
　　“余”尝授之维伐思注；
伊神授之摩奴，
　　再传伊刹峨古。

2.　学如是其传承兮，
　　皇王仙圣相仍。
克敌！此瑜伽之道兮，
　　世辽绝而莫称。

3.　同此太古瑜伽，
　　今日“余”以授君！
君“余”信士又“余”良友兮！
　　此至上之秘闻。

4.　阿琼那言：君生在后兮，

维伐思注在前；
此何可知兮，
始自君传？

5. 室利薄伽梵言：
阿琼那！君生与“余”生，
已往历多世！
一一“余”知之！
克敌！君不谛！

6. 虽“我”无生、无变灭；
为庶品之主宰；
居乎“我”自性兮，
“我”由“自我”摩耶而起！

7. 时时正法其凌替兮，
非法孔庞，
婆罗多！斯时
“吾自我”来降！

8. 翌卫善人兮，
歼彼顽凶，

建树大法兮，
　　世世“余”降。

9.　伊谁知“我”圣生，
　　如实知“余”圣举，
捐躯则不往再生，
　　伊来“余”所。

10.　离贪，离畏，离怒瞋，
　　念“我”兮，依“我”为主；
修智识苦行而净化兮，
　　多人和合其“我”与。

11.　人如是其就“我”兮，
　　“我”亦如是而佑之；
苍生遍是遵“余”之道兮，
　　辟特阿之胄兮！

12.　望行业之成就，
　　在世敬其明神；
业生果迅速成就兮，
　　在斯世间凡人。

13. 四姓皆“我”所创生，
　　唯德、业之异凭；
知“余”虽为作者兮，
　　实无为而永恒！

14. 行业不“余”玷染兮，
　　业果“余”无求索；
彼倘知“余”若是兮，
　　彼又奚为业缚？

15. 古之人求解脱兮，
　　如是知而立功！
是故汝当为业兮，
　　与尔先民事同。

16. 孰是有为兮、孰是无为？
见士于此兮，亦多迷疑。
故当告汝为业兮，
知之，不善庶其出离。

17. 当知何者是“有为”，
当知何者是“为非”，

当知何者是“无为”，
　　“为”道深微。

18.　见无为于有为，
　　见有为于无为；
人中彼则睿智兮，
　　无不为兮彼瑜伽师。

19.　彼凡诸作始兮，
　　不着情虑之求，
智火锻其百行兮，
　　识者称之圣流。

20.　弃离业果之执兮，
　　常自足而不依，
营营虽举措诸业兮，
　　彼诚了无所为。

21.　彼无所希冀兮，
　　善自制其心、身，
捐所系唯以身行道兮，
　　垢染于彼无尘。

22.　随所得而遂足兮，
　　超对待之双途，
等成败而不忮兮，
　　纵有为已无拘。

23.　彼执已解兮彼缚已除，
矢心兮唯智之居，
为牺牲而有为，
凡所为业兮尽虚！

24.　祀事兮即是梵天，斟灌兮即是梵天，
献于梵天之火兮，亦由梵天，
观想行业皆梵天兮，
　　唯彼将至于梵天！

25.　有余瑜伽师，
　　唯奉祀其明尊；
有余师以牺牲献事兮，
　　唯斟灌于梵天之燔。

26.　有奉耳等识兮、
　　捐于自制之火；

有奉声等境兮、
　　捐于识根之火。

27.　有更尽诸根之功用、
　　与生命气息之业、皆捐
　　于自制瑜伽之火兮，
由智慧而炽然。

28.　更有以财物为牺牲，
　　有牺牲为瑜伽，为苦行，
　　有坚誓而专诚，
　　牺牲以智识，以研咏。

29.　更有引下气入上气兮，
　　导上气于下气，
以调息为极诣兮，
　　气出入而皆制。

30.　更有以节食为牺牲，
　　合神气于太虚。……
彼等皆知牺牲者兮，
　　由牺牲而愆垢消除。

31. 牺牲之余为甘露兮，
　　饮之臻永古之梵天。
此非不牺牲者之世界兮，
　　况云他世兮,句卢之贤!

32. 牺牲如是其多方，
　　悉陈献于大梵之前、
是皆生于有为兮，
　　知之汝其解悬!

33. 智识之奉献兮，
　　优于物质；
克敌！凡百诸行兮，
　　会归智识其有极。

34. 以皈诚,敬问,服事而学此，
　　智者见道人，
　　将以知教汝。

35. 汝既知此兮，
班荼缚！无复堕似尔痴愚；
由是汝见众生咸在“我”兮，

更在“我”而无余！

36. 倘汝为一切罪人之尤兮，
则唯以智识之筏兮，
而度滔滔之罪流！

37. 信如炽焰之燎薪兮，
阿琼那！化为烬煨；
信如智识之火兮，
焚诸业而尽灰！

38. 较智识而能净化兮，
斯世更无与同；
人成就于瑜伽兮，
以时自得之于衷。

39. 诚信之人兮，崇此专一，
调制诸根兮，得此智识，
得此智识兮，迅兮！彼入乎太上之安谧！

40. 嗟彼愚蒙兮，信心渺茫；
意虑犹疑兮，至于灭亡；

既无此世兮,又无彼方;
疑惑之人兮,终无乐康。

41. 以瑜伽舍弃所为,
以智识尽断诸疑;
彼常得其“自我”兮,
行业无由縈维。

42. 居于内心兮,起自无知,
故此疑惑兮,
以“自我”智剑断之!
坚就瑜伽兮!
起!起!婆罗多!

第　五　章

1.　　阿琼那言：

克释拏！

君既称舍弃行业兮，又赞瑜伽，

　　二者孰愈兮？君决定其告余：

2.　　室利薄伽梵言：

弃舍与行业瑜伽，

　　皆畀汝无上之福。

二者行业瑜伽，

　　优于弃舍行业。

3.　彼不忮不求兮，

　　恒常退士兮宜称，

彼无有于对待兮，

　　释乎羁缚兮善能。

4.　说僧佉与瑜伽别异兮，

非智士乃童蒙；
虽卓立于其一兮，
固当双获其功。

5. 是处僧佉师所达兮，
亦瑜伽师所通；
见僧佉与瑜伽为一兮，
彼哉见道之同！

6. 弗修瑜伽兮、
则弃舍难全；
合以瑜伽兮，
牟尼迅归梵天。

7. 合以瑜伽兮清心魂，
克制私己兮胜诸根，
化自我为群生"自我"兮，
彼虽有为兮无愆。

8. 我了无所为兮！
——彼合道知真者自惟——
视兮，听兮，触兮，嗅兮，

食兮，行兮，卧兮，呼吸兮，

9. 言语兮，宣泄兮，摄持兮，
目开闭兮，
此诸根接乎根境耳！
——其人自思。

10. 弃夫执滞而为兮，
献梵天以行业；
罪愆莫彼或染兮，
如水不沾莲叶。

11. 瑜伽师弃除执滞兮，
独以身，心，智而行，
或独以诸识兮，
业所以清净其生。

12. 和合者弃捐业果兮，
得太一之定宁。
不和合者为欲念所驱，
系乎业果兮累婴。

13.　心思尽舍诸业兮,
　　主者安居九关之城,
既自无所为兮,
　　亦弗使其有营。

14.　神主不造世间诸业兮,
　　亦不造行者之性,
　　更不造业与果之缘合兮;
　　——此皆“自性”之转运。

15.　神主不取伊谁之罪恶,
　　亦不取伊谁之善功。
无知覆其明智兮,
　　此众生所以昏懵。

16.　人以“自我”智祛其无知,
其明智皎如太阳,
　　显彼“极真”其有光。

17.　思“彼”兮,以“彼”为己兮,
自建于“彼”兮,以“彼”为归极!
则入不还之地,

污垢由此智而尽涤！

18. 贤者庶几等观兮！
——为象，为母牛，为犬，为贱人，
为婆罗门、学正而品端兮！

19. 世间能胜造物兮，
唯人宅心于等平；
梵天实无垢而平等兮，
故斯人自建于梵天。

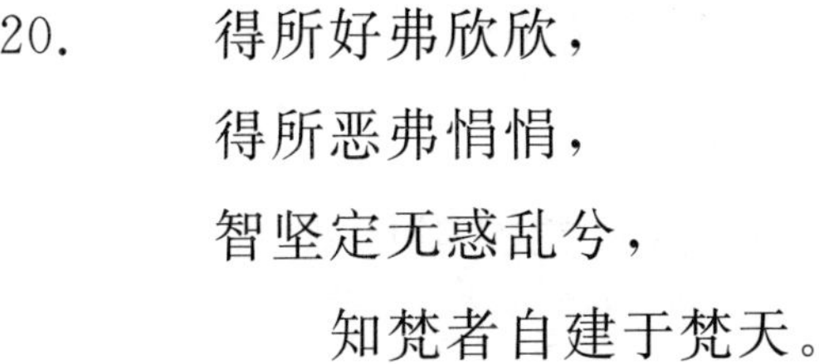

20. 得所好弗欣欣，
得所恶弗悁悁，
智坚定无惑乱兮，
知梵者自建于梵天。

21. 自我不凝滞于外物兮，
得自我内中之愉穆；
彼自我以瑜伽而合大梵兮，
享不朽之幸福。

22. 愉乐生于所接兮，

实唯忧苦之所胎;
斯自有其始卒兮,
明觉者于斯不怀。

23. 倘居世犹未脱此形躯,
而堪忍贪、瞋所起之动力;
彼为至乐之人,
彼人合乎至德。

24. 彼内中其自得兮,
于内中其恬安,
于内中唯光耀兮,
彼修士兮,
成梵道,入梵涅槃!

25. 仙之人兮,得梵涅槃,
罪垢消磨兮断绝二端,
克制私我兮,
以福利一切众生而为欢!

26. 修真之人,
去贪、瞋而自制其心,

有知“自我”之明，
梵涅槃于焉近临！

27. 杜外境之驰接兮，
内视凝两眉之间，
调气息于鼻中，
匀出纳以周旋；

28. 善制诸根、心、智兮，
牟尼指自在而上达，
尽销其情欲，畏惧，怒瞋，
斯人永臻乎解脱。

29. “我”歆牺牲而嘉苦行，
为一切世界之大自在主，
为一切众生之同心密侣，
知“我”兮，——乃至乎安土！

第　六　章

1.　　室利薄伽梵言：

为其分所当为而不计果兮，

　　彼则为退士，为瑜伽师。

非不燃祭祀之火兮，

　　与夫不为法仪。

2.　　尔知人云弃舍兮，

　　即瑜伽修。班荼缚！

孰能为瑜伽士兮，

　　而不捐弃图谋？

3.　　牟尼志达瑜伽，

　　谓行业其途径；

既上达乎瑜伽，

　　其路谓之宁定。

4.　　时无凝滞于根境，

弗沾执其所为，
悉捐弃诸图谋兮，
——上达瑜伽谓斯。

5. 庶以我而自扬兮！
毋以我而自抑！
唯我为我友兮，
唯我又为我敌。

6. 我为其自我之友兮，
彼唯以我而自克。
于彼不自克者流，
我为仇怨其如贼。

7. 彼自克而安恬止足兮，
其至上之“我”
坚定平等于寒、暑、苦、乐、荣、辱兮！

8. 自我止足于智识兮，
制诸根而安定如磐；
彼瑜伽师谓之和合兮，
等土块、金、石、……同观。

9.　于同心之人,友与敌,
　　漠然者,中立者,所恶与所亲,
　　善人,不善人,——
而一视同仁兮,
彼为卓越无伦!

10.　瑜伽师其常自克制兮!
　　处乎幽独,
善自调伏其心、身兮,
　　无求无欲。

11.　敷坐具于清净处兮,
　　为一己之定居,
　　不高亢而不卑兮,
　　纍吉祥草,鹿皮,而上絺綀。

12.　于是耑一念虑兮,
　　调制心思识根,
如是定止安坐兮,
　　修瑜伽以清净神魂。

13.　端直其身躯、头、项兮、

不倾动而坚牢，
凝观视于鼻端兮，
四方其无目逃。

14. 安神魂而无畏兮，
守贞誓而不移，
善制意独心于“我”兮，
合道兮坐观“我”为极归。

15. 如是调伏其心兮，
瑜伽师恒与“我”合德，
彼遂至于静谧兮，
臻在“我”之涅槃于至极。

16. 彼无有于瑜伽兮，
或饱食或唯辟穀是经。
彼亦无有于瑜伽，
或耽睡或恒醒。

17. 节嗜食与盘游，
节形劳于功烈，
节睡眠与醒时，

修瑜伽而苦灭。

18. 是时心调伏唯安于“我”兮,
凡可欲皆无意于有得,
是时斯人谓之和合兮!

19. 如镫置无风之处,
则其焰不摇;
斯可喻修“自我”瑜伽兮,
修士之心伏调。

20. 彼处心其止息兮,
修瑜伽而妄念皆无;
唯彼处以“自我”而见“自我”兮,
于“自我”其安愉。

21. 于彼得其至乐兮,
可以智摄而超根身;
既自定于彼中,
更不游离而远乎“真”。

22. 既得乎彼兮,

不思其他可得者胜之，
既自定于彼中，
虽重苦莫之或移。

23. 当知是则名为瑜伽，
所以脱乎痛苦之羁；
当决然行此瑜伽兮，
坚其志而弗衰！

24. 图谋所起之欲望兮，
悉捐弃其无余。
唯以心调制识蕴兮，
约束之于六虚。

25. 由智慧之坚定兮，
缓缓归于静止，
意安住于“自我”兮，
思心了无所起。

26. 荡摇不定之心意兮，
由彼由彼而骛驰；
当唯导归“我”制兮，

自彼自彼而反之。

27. 瑜伽师止息心意兮，
寂情欲而无累；
与大梵其合一兮，
至乐于焉来萃。

28. 如是修持常体“自我”兮，
瑜伽师尽销其垢氛；
与大梵其合一兮，
善受其无涯之乐欣。

29. 既以瑜伽自靖兮，
处处等观而皆平；
见众生皆在“自我”兮，
“自我”在于众生。

30. 彼遍处皆见“我”兮，
观万物皆在“我”；
“我”则不离于彼兮，
彼亦不失“我”。

31. 彼独皈于一兮，
　　“我”居于庶品维崇；
纵其生为多方兮，
　　彼修士生在“我”中。

32. 彼遍处作等观兮，
　　以“自我”而为量，
　　或乐或苦兮，阿琼那！
——我以彼瑜伽师为最上。

33. 　　阿琼那言：
君言此瑜伽由平等性，
　　余不见其定基，
——心思以动为性故。

34. 心意兮，动转无息，
　　突荡兮，不屈而多力；
余以为难制兮，
　　譬如风之难抑。

35. 　　室利薄伽梵言：
无惑乎，摩诃婆和，

　　心意难制而常摇也，
高低夜耶！
　　由修为与离欲而渐调也。

36.　余以为不自克制人，
　　则瑜伽难得；
彼自调伏者能得之，
　　由善用其力。

37.　　阿琼那言：
人具信心而不自律，
修瑜伽而意念游离，
彼不至瑜伽圆成，
克释拏！行何所诣？

38.　俱不成而堕落兮，
　　岂不如残云灭无？
彼飘摇无定兮，
　　迷乎大梵之途！

39.　克释拏！此余之惑兮，
　　君宜断之无余；

舍君更无他人，
　　而斯惑之能除！

40.　　室利薄伽梵言：
于此世及他生，
　　斯人焉有灭无？
挚友！帕尔特！
　　行正道之人兮不堕恶途。

41.　彼达乎净行世界兮，
　　居之永永其年，
再生清正福德之家；
——倘自瑜伽其下迁。

42.　于是或生修士之家，
　　其人皆聪明正直；
独如此降生，
　　斯世最为难得。

43.　于斯合其夙慧兮，
　　得所修于前生，
句卢难陀那！

由此更修进圆成。

44. 由宿习其迁流兮,
人自难于为力。
虽求学知瑜伽兮,
已超梵道语言之域。

45. 瑜伽师勤勇修为,
罪垢除扫,
历多生以圆成,
爰臻至上之道兮。

46. 瑜伽师高于苦行之士,
论且高于智识之士,
瑜伽师高于功业之士兮,
阿琼那!故汝当为瑜伽师。

47. 有在诸瑜伽师,
内中与“我”合一,
唯“我”敬止而具虔信兮,
“我”意其契“我”臻极!

第　七　章

1.　　室利薄伽梵言：

尔心独契于“我”兮，

　　修瑜伽以“我”为依；

听之！知“我”大全其无疑。

2.　将告汝以此智兮，

　　与此理而尽言；

倘已知此兮，

　　世更无当知者或存。

3.　倘迈进以求成就兮，

　　千人中难得一人；

虽彼进修成就之徒兮，

　　罕一夫知“余”之真。

4.　地，水，火，风，空，

心思，与智慧，

及我执为八,
分判"我"自性。

5. 此皆自性之卑者,
知"我"自性别有高者在;
是为生命之本兮,
此世由之持载。

6. 当知此二者,
是众生万物之胎。
"我"为全宇宙之源起兮,
抑又为其坏颓。

7. 檀南遮耶!
无有何者更高于"我"!
群有皆系于"我"兮,
如线索之贯珠颗。

8. 高底夜耶!
"我"为水中之味,日、月之光明,
诸《韦陀》中之"唵"唱,
空中之声,人中之英,

9. “我”为土中之清香，
火中之辉光，
万物之生命，
修士之苦行，

10. 帕尔特！尔知
“我”为万有之种子，邃古永生，
“我”为智慧人之智慧，
“我”为光荣者之光荣，

11. “我”为勇士之力兮，
而贪、欲俱离；
“我”为众生中之欲兮，
而与正法无违。

12. 凡以萨埵，剌阇，答摩为性者，
知彼皆唯“我”由从，
非“我”在彼等兮，
实其皆在“我”躬。

13. 三德成性以翳蔽兮，
举斯世莫“我”知；

“我”超彼等兮，
　　永无灭时。

14.　“我”之神圣摩耶，
　　功德所成，信难超越；
独皈依于“我”之人，
　　度此摩耶而出。

15.　恶人不依于“我”兮，
　　痴愚，人中幺么，
损智慧于摩耶兮，
　　禀气性于阿修罗。

16.　善行人之敬“我”兮，四者分殊：
　　痛苦中人，求智识之夫，
　　明哲之士，求财利之徒，
婆罗多沙婆！

17.　其间明哲之士常纯
　　皈敬于“一”兮，最良！
哲士独于“我”最亲，
“我”情亦于彼大当。

18.　唯此群流高尚兮，
　　余独以哲士为“自我”；
彼唯以“我”为无上归止兮，
　　彼自制而自建于“我”。

19.　历多生而终竟兮，
　　智者爰归于“我”极，
　　见“万有皆是婆苏天”；
斯巨灵最为难得。

20.　人正智为此情彼欲所夺兮，
　　转趋敬其他天神，
　　修此此彼彼法戒兮，
斯唯其本性之徇。

21.　任何信士，于此何相，
　　愿以虔诚而敬拜者，
“我”则使彼于其敬信，
　　安而无倾。

22.　以彼诚敬自结兮，
　　人崇拜其所神，

由此而获其求愿兮，——
福利实唯自“我”申。

23.　　而小智之人，有限其果，
敬诸天者归诸天，
敬“我”者乃归于“我”。

24.　　由隐而至于显兮！
——如是思“余”、无识，
莫知“我”超极之性兮，
无上而无变易。

25.　　隐蔽于“瑜伽摩耶”，
“我”于众庶非显明；
斯惑乱之世莫“我”知兮，
“我”非变易而无生。

26.　　阿琼那！
“我”知过去，现在，未来诸有兮，
而知“我”者其谁？

27.　　好恶起对待之惑兮，

庶品生皆入之！

28. 人之罪恶净尽兮，
业行福德，
坚誓愿以敬“我”兮，
释对待之痴惑。

29. 求解脱乎老死兮，
皈依“我”而致力；
则知彼大梵，
知行业之全，
知内我之极。

30. 人于外物，明神，献祀尽知，
知“我”如是，
其心则无不治兮，
知“我”虽于长逝之时！

第　八　章

1.　　阿琼那言：

何者彼大梵？何者内我知识？

　　何者业？“至上人”！

云何知外物？何谓知明神？

2.　　如何又何者为知献祀者

　　在于此身？

如何长逝之时而犹知汝，

　　彼自我克制之人？

3.　　室利薄伽梵言：

大梵兮！至高上而无变灭；

彼之自性兮，称内我知识；

有力兮！使群有外发生起，是名为业。

4.　　外物知属变灭群有；

神道知属宇宙元真；

献祀知者斯“我”居此身。
嗟尔“群生之上人”!

5. 临长逝之时,
唯念“我”而蜕遗;
彼来入乎“我”体兮。
——兹焉不疑。

6. 身蜕之时而有所念兮,
则适往其所念者中;
孔底之子兮!
常结念而遂通。

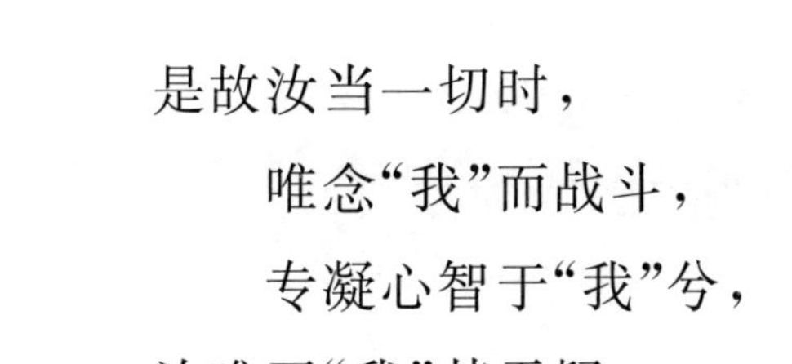

7. 是故汝当一切时,
唯念“我”而战斗,
专凝心智于“我”兮,
汝唯至“我”其无疑。

8. 制以瑜伽修习兮,
心不他驰,
达乎至人至上至神兮,
凝定其思。

9.　　心念“彼”即见者，太始，宇宙之主，
　　　　小于极微兮，万物之载量，
　　　　其形不可方，
　　　　颜色如太阳，超乎黑暗；

10.　　临逝时心不激昂，
　　　　以诚敬而定止，
　　　　唯瑜伽之力是将；
　　正摄生气于两眉中央，
　　——彼则达乎至圣，至神，至上！

11.　　有道兮，《韦陀》师称其不灭，
　　修士无欲兮斯能入，
　　求者兮终守贞洁；
　　——概括之，当为汝说：

12.　　善闭诸关兮，
　　　　守意于心，
　　存生命气息于元兮，
　　　　定止唯瑜伽是任，

13.　　“唵”！

此唯一声是大梵而念之，
而唯“我”是思；
彼长逝捐躯兮，
则无上道其归。

14. 恒常念“我”兮，
心不他思；
彼易得“我”兮，
常自制之瑜伽师。

15. 彼辈巨灵既来归“我”兮。
则不复转生
于此无常苦藏；
无上道已圆成。

16. 上而至于梵天，
诸界皆有轮回；
唯独归于“我”兮，
则无有再来。

17. 历千世为梵天一日兮，
历千世而为一夜；

知此之人兮，
　　是知昼夜。

18.　万物由隐以达显兮，
　　当白昼之方醒，
入夜又消逝兮，
　　于此所谓不显之冥冥。

19.　庶品如是生生兮，
　　入夜定然偕逝；
非自力又皆出显兮，
　　当白昼之初丽。

20.　超此冥冥兮，
　　别有太元。
纵然庶品皆灭兮，
　　彼则永存。

21.　太元谓为不灭兮，
　　又曰无上之途；
有能达者兮不返，
　　此“我”最高之居。

22. 此为至上神我兮，
独以诚敬可达而非他；
万物皆寓其中兮，
由之庶品群罗。

23. 瑜伽师之长逝兮，
何时不返？何时再生？
嗟尔“婆罗多之英”！——
余当告汝以其时：

24. 火，光，白昼，月朔至望，
太阳行北道之半年；
由斯道而上达兮，
知梵之人至于梵天。

25. 烟，夜，月望至晦，
太阳行南道之半年；
由斯道而上逦兮，
修士得月光界而有还。

26. 此明暗二途兮，
谓皆斯世所永由；

循其一而不返,
　　遵其次而生再投。

27.　知此二途兮,
　　修士无或迷疑。
故汝于一切时,阿琼那,
　　其修瑜伽以自维!

28.　彼福德之果兮,可誉
　　于《韦陀》,献祀,苦行,布施,
修士知此遂皆超越兮,
　　往彼太初无上之居!

第　九　章

1.　　　　室利薄伽梵言：

汝弗寻瑕索疵兮，

　　我将告汝此至上秘密；

知则汝脱乎不善兮，

　　此理智之合一。

2.　　此皇华之学兮，皇华之秘，

　　现量所得兮，净化之至，

　　与大法相合兮，

　　行之也易而不匮。

3.　　人不信持此法兮，

　　则不来归于“我”；

　　而还于世界之途，

　　死生重堕。

4.　　全宇宙皆“我”所充周，

冥冥不显“我”形；
群有皆安于“我”内兮，
“我”非群有之内以宁。

5. 抑群有非安于“我”内兮，
识之！“我”瑜伽神圣权威；
护持万品而不寓其中兮，
“我”为群有之化机。

6. 如风大常遍周流，
寓乎太空；
汝知群有居于“我”内兮，
亦此之同。

7. 劫尽万有归“我”自性兮，
劫初“我”又创生之。

8. 倚乎“我”自性兮，
“我”数数吐此群生而全出之。
此皆无由自力兮，
实维自性率之。

9. 而此诸行莫“余”系缚兮，
“我”居然泊若，
于此诸业无执着兮！

10. 凡物之动者、非动者，
由“我”监临，由自性而出衍；
实维兹故兮，
世界循环旋转。

11. 咨“余”寓乎人身，
愚者蔑焉“余”侮；
莫识“我”超上之性兮，
“我”为万物之大主。

12. 其人求愿空，行事空，智识空，
心思蔽蒙，
唯依罗刹、阿修罗之性兮，
其性昏瞢。

13. 而巨灵禀神圣之性兮，
端心唯“我”是敬；
彼辈知“我”兮，

是万物之初而无竟。

14. 居常赞“我”兮,
自奋于信誓能坚,
居常和合而敬拜兮,
皈依“我”以诚虔。

15. 以智识为奉献兮,
余人亦“我”祀尊,
以“我”为一,为异,为多,
为宇宙之遍存。

16. “我”为祭祀兮,“我”为牺牲,
“我”为祀祖所荐兮,“我”为药英,
“我”为祷祝之词兮,“我”为膏腴之清,
“我”为斟灌之液兮,“我”为燔燎之荣,

17. “我”为此世界父,母,保傅,先祖,
为唯一当知者,为清净化者,
为“唵”声,亦为《黎俱》,三曼,夜矩,

18. 为道,为夫,为主,

为见证，为居所，为皈依处，为同心侣，
为始作，为坏散，为存住，
为府库，为不朽之种子。

19. “我”散热兮，施而收雨，
“我”为永生兮，又为死，
阿琼那！
“我”乃万是兮，又为非是。

20. 三《韦陀》学者兮，
饮梭摩消其罪尤，
以牺牲祀“我”兮，唯天路是求；
彼等达乎因陀罗福德界兮，
居天飨群神之圣羞。

21. 乐天界之广居，
福尽而降入生死世间。
如是修三《韦陀》之法兮，
求其乐而得其往还。

22. 凡夫不思其他，
常自克而敬“我”唯虔，

我将畀以其所未得兮,
于所有畀以安全。

23. 彼等信他神之徒,
具诚敬而为依;
彼等亦唯敬“我”兮,
纵古法仪已违。

24. “我”乃诸祭之飨者,
抑又为其祀主。
人非如实知“我”兮,
故尔终然堕苦。

25. 敬礼明神者往乎明神,
祭祀祖祢者归于祖祢,
崇拜灵鬼者至于灵鬼,
奉事“我”之人
于“我”安牴。

26. 人诚敬而献“我”兮,
以叶,以花,以果,以水……
“我”享此虔诚奉献兮,

以其肃心敬止。

27. 凡汝所行，
所食、所献、所施、
与所以为苦行兮，
为之！犹“我”为尸。

28. 如是汝离乎善、非善之果兮，
脱行业之系缚；
修舍弃瑜伽以自靖兮，
自由兮汝来“余”托！

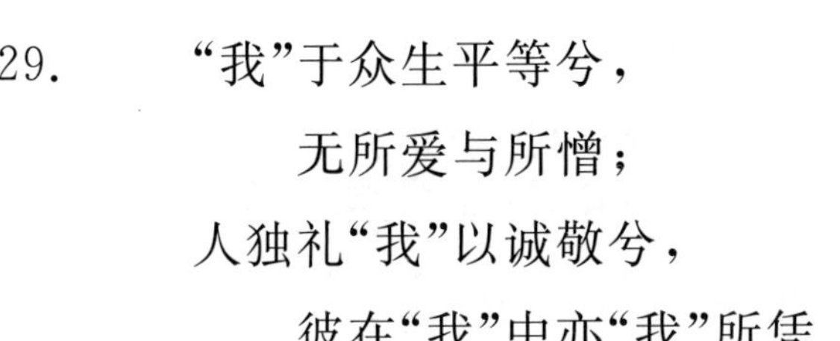

29. “我”于众生平等兮，
无所爱与所憎；
人独礼“我”以诚敬兮，
彼在“我”中亦“我”所凭。

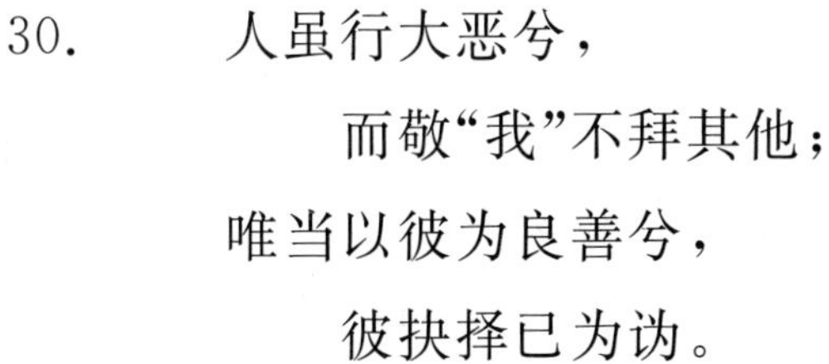

30. 人虽行大恶兮，
而敬“我”不拜其他；
唯当以彼为良善兮，
彼抉择已为讷。

31.　　迅疾成其法体兮,
　　爰至永安,
宣扬兮,孔底子!
——敬"我"之人兮自不殚残!

32.　　彼皈依"我"之人,
　　虽为贱胎,为妇女,
　　　为吠奢,为戍陀兮,
咸跻无上道陔!

33.　　况复为福德婆罗门,
　　如诚信皇王哲士?
既生此无常悲苦之世兮,
　　汝其唯"我"敬止!

34.　　措思于"我"兮"我"敬,
奉献于"我"兮皈命,
如是和合于"我",
以"我"为无上道兮,
——至于"我"以终竟。

第　十　章

1.　　　室利薄伽梵言：

摩诃婆和！

　　更听“余”之至言。

汝于“我”敬爱兮，

　　愿有以益汝而论；

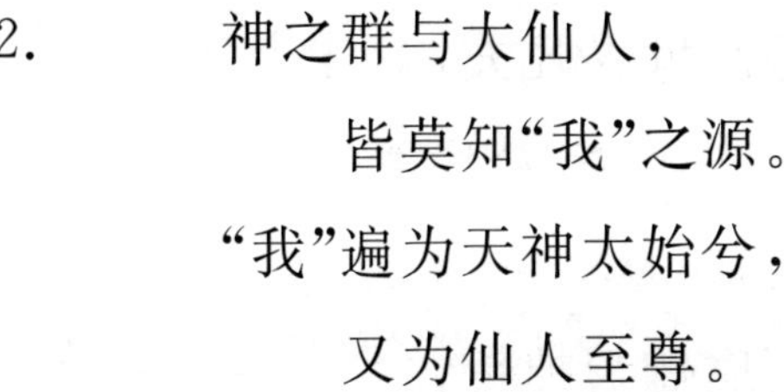

2.　神之群与大仙人，

　　皆莫知“我”之源。

“我”遍为天神太始兮，

　　又为仙人至尊。

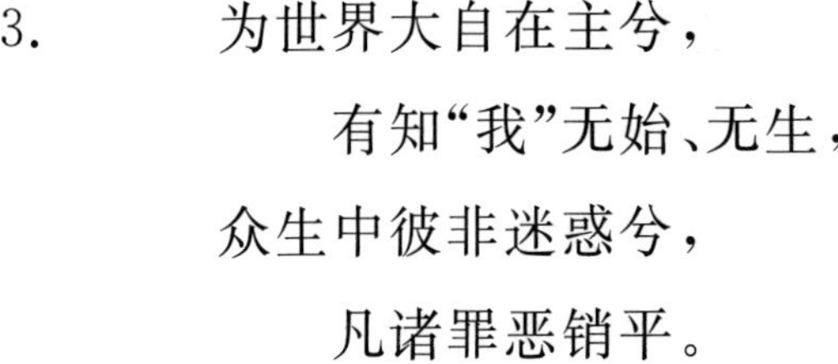

3.　为世界大自在主兮，

　　有知“我”无始、无生，

众生中彼非迷惑兮，

　　凡诸罪恶销平。

4.　智慧，知识，无惑，

宽恕,真实,自制,静谧,
戒惧,无畏,生,死,苦,乐,

5. 不害,平等,自足,
苦行,布施,毁,誉,……
——凡此众生之性兮,
一一唯自"我"出。

6. 古之七大仙人兮,
　　与四摩奴,得"我"体
　　皆生自"我"心思,
其胤嗣即此世界凡夫。

7. 伊谁如实知
　　"我"瑜伽与神奇,
以不动瑜伽而遂和合兮;
——于此无疑。

8. "我"为万物初始兮,
　　庶品由"我"而兴;
智者殷心如是兮,
　　礼"我"唯敬念是凭。

9.　乃心于“我”兮，
　　性命于“我”是安，
　互相启沃兮，
　　论“我”未阑；
　——彼常悦豫兮“我”欢！

10.　彼辈常和合兮，
　　以爱敬礼“我”；
　“我”则授以智慧瑜伽兮，
　　由是来归于“我”！

11.　唯为慈悯斯人之故兮，
　　彼黑暗生于愚懵；
　“我”居斯人心内兮，
　　破以煌煌智慧之镫。

12.　　阿琼那言：
　君为无上大梵兮，
　　无上之居，
　　无上清净化者，
　为神我，永恒，其圣如，
　为不生，遍是主，

神道之初。

13. 仙人之伦如是誉君,
彼圣仙那罗陀,
阿悉多,提婆罗,维耶索,
皆如是说兮,今君亲谓我云。

14. 凡此君为我说兮,
我信为真。
薄伽梵!君之显示兮,
昧彼鬼神。

15. 君唯由己而已知兮,
嗟君人之上极!
创造主、万物原始兮!
神中之神、王乎万国!

16. 宜详尽以告余,
君自我神圣光荣!
君卓立以光荣
遍此诸界而充盈!

17. 我何由知君，
　　将恒常以思虑？
瑜伽师！薄伽梵！
　　思君在于何处，何处？

18. 君之光荣与瑜伽，
　　其更细为我论！
我无餍于得闻
　　此甘露之言！

19. 　　室利薄伽梵言：
嗟乎！“我”将语尔大凡，
　　神圣“自我”荣光，
句卢人之英杰兮！是无止境而难详。

20. “我”为灵明兮，
　　于众生内心安宅。
“我”为万物之始与中，
　　抑又为其终极！

21. 阿提诸神“我”为毗搜纽，
光芒聚中“我”为辉煌太阳，

风神众中“我”为摩利支,
星宿群中“我”为月光,

22. “我”是《韦陀》之《三曼韦陀》,
“我”是天王之帝释,
“我”是诸识之心王,
“我”是众生之智识,

23. “我”是楼达罗之商羯罗,
“我”是夜乂、罗刹之维帖奢,
“我”是婆苏之帕婆羯,
“我”是群山之迷卢,

24. 帕尔特!尔其“我”知;
“我”是蒲厉贺斯帕底——祭司主宰,
“我”是塞建陀——将领统帅,
“我”是水积中之大海,

25. “我”是大仙众之步厉古,
“我”是语言之一声,——(唵!)
“我”是祭祀之默祝祷祀,
“我”是静定位之雪藏高峰,

26. 诸树中“我”是菩提树，
圣仙中“我”是那罗陀，
乾达婆之吉怛罗啰他，
成就仙之牟尼羯庇罗，

27. 尔知马群中“我”是
　　搅甘露而起者高骧，
象群中“我”是蔼罗筏耽象，
人群中“我”是皇王，

28. 兵器中“我”是金刚杵，
母牛中“我”是果愿牛，
生殖中“我”是矜陀般，
毒蛇中“我”是洼苏启，

29. 龙群中“我”是阿难多，
水族中“我”是婆娄拏，
祖先中“我”是阿利玛，
执法中“我”是琰摩，

30. 群鬼中“我”是鬼主，
计度中“我”是时间，

走兽中"我"是狮子,
飞禽中"我"是金翅鸟,

31. 清净化者兮"我"为风,
战士兮"我"为罗摩,
鱼兮"我"为鲨,
流水兮"我"为恒河,

32. 造物兮"我"为成,住,坏,
阿琼那!
诸明兮"我"为自我之明,
辩论兮"我"为至理之评,

33. 字母兮"我"为"阿"字母,
离合释兮"我"为俪辞,
"我"唯是无尽之时历,
"我"是遍面宇宙之载持,

34. "我"为死兮遍灭,
"我"为生兮方来,
诸柔德兮"我"为记忆,智慧,坚忍,恕道,
为美誉,为善辩,为多财,

35. 唱赞兮又为《蒲》《厉赫三曼》，
节律兮“我”为“三八音”诗，
月兮“我”是岁之正月，
季兮“我”为春之芳菲，

36. 变诈中“我”为赌博，
勇士兮“我”为武力，
“我”为胜利兮，为决断，
为真者之正德，

37. 勒瑟腻族中“我”是婆苏提婆，
班荼缚人中“我”是檀南遮耶，
牟尼众中“我”是维耶索，
见士中“我”是诗人乌商那，

38. 责罚者“我”为权杖，
征伐者“我”为善策，
秘密中“我”为沉默，
哲人中“我”为智赜，

39. 凡为万有之种子，
阿琼那！彼即“我”是；

无动者与静者,
或无“我”而有彼。

40. “我”之神显无端,
神用无竭,
细数神圣光荣兮,
“吾”此徒为简说。

41. 凡有光荣者,
雄强有力或彪炳有文,
汝当识其所起兮,
出自“我”光芒之一分。

42. 凡此详悉兮,
阿琼那!于汝何云?
“我”居而支持此全宇宙兮,
以“自我”之一分。

第 十 一 章

1.　　　　阿琼那言：

君为悯余兮，

　　开说至上微密，

　　谓之“内我知”，

我此迷疑消失。

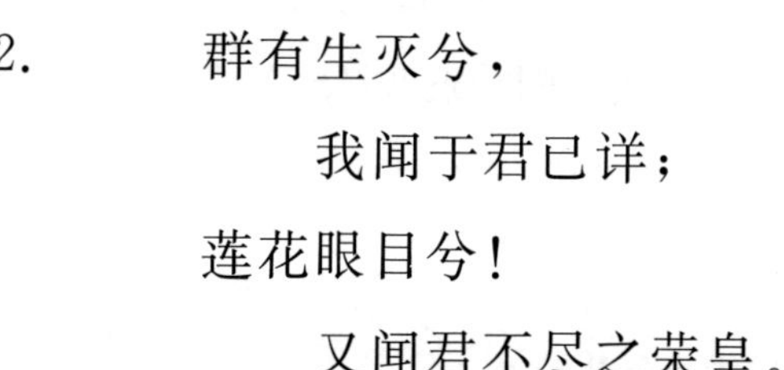

2.　　　　群有生灭兮，

　　我闻于君已详；

莲花眼目兮！

　　又闻君不尽之荣皇。

3.　　　　超上自在主！

　　如君说“自我”如斯；

至上人！我欲观

　　君形变神奇。

4.　　　　主兮！瑜伽自在主！

倘以为余能见。
君相无尽
其示现兮!

5. 室利薄伽梵言:
千百变化兮,帕尔特!
观"我"之形!
种种色相兮,庄严圣灵!

6. 观诸阿提底耶,婆苏,楼达罗,
与二阿室宾,如诸摩娄怛,……
无数神奇变现前所未见兮,
观之!婆罗多!

7. 今兹一集"余"身兮,
全宇宙动者、非动者,
观之!及其他君欲见者。

8. 以尔自有之眼,
尔诚不能"余"见,
"吾"畀尔以圣眼兮,
"我"之威德瑜伽可眄!

9.　　桑遮耶言：
大王！被大瑜伽自在主，
　　赫黎，既作如是言！
　　遂显无上神奇变相，
　　使帕尔特观之。

10.　　不一其口与眼目兮，
　　乃呈无数奇观；
不一其天仙严饰兮，
　　举神武之兵器多般；

11.　　戴天鬘兮着天裳，
涂神膏兮发异香；
庄严无尽兮显辉光，
无数之面兮对诸方。

12.　　倘千日同时并出兮，
　　赫曦丽乎太空；
或此巨灵之光耀兮，
　　唯仿佛其能同。

13.　　全宇宙群分无数兮，

举聚合而为一,
而萃此神上神之身,
班荼缚见于此日。

14. 于是檀南遮耶,
惊奇震怖,毛发竖立,
稽首神前,合掌而称曰:

15. 阿琼那言:
天兮!我见诸神在天身,
异品咸萃兮聚群伦;
大梵主兮坐莲花座,
与神龙并诸仙人。

16. 我见君无数臂、腹、口、目兮,
君无尽形漫遍面,
君之终,始,中间无由见,
宇宙主兮无尽变!

17. 见君具冕、权杖、与圆轮兮,
为光明聚而周遍辉煌,
难谛视其弥漫兮,

炽然如火，如日，
荣耀固不可量！

18. 君为不变者，无上者，人所当识，
为此宇宙至高归宿，
为永久大法之长存护生，
君太始之人兮，——在我心目。

19. 无始，无中，无卒，
具无边威力，
无数臂，日月为目，
见君面辉辉如祭祀之火兮，
自生光煦此万物。

20. 此天地两间兮，
独君充周亦遍诸方。
巨灵！睹君此神奇恐怖相，
三界震动而彷徨。

21. 此修罗队纷纷入乎君兮，
有惶慴合掌而颂叹！
大仙人，成就众，齐呼“圣善”兮，

多歌咏而赞谨。

22. 楼达罗，阿提底耶，
婆苏，与萨睇耶，
维湿缚，二阿室宾，
摩娄怛，与乌瑟摩波，
乾达婆，夜乂，
阿修罗，悉檀众兮，
——皆凝望君而惊愕。

23. 见君庞躯大体兮，
无数眼与口，无数臂、胫、足，
无数腹，无数崖牙龌齿兮；
诸界惴栗兮，如我骇瞩！

24. 顶天兮彩丽多端，
哆口兮广目光烂，
毗搜纽！见君兮震我五内，
力不支兮心无泰安！

25. 见君口以齿牙可怖兮，
宛如坏劫时之焰辉，

迷方兮我心不宁定，
安悦兮，神之主！宇宙依归！

26. 此遬多罗史德罗诸子
　　与诸护世之王，
毗史摩，陀拏，苏多子，
　　及我方将士之精良，

27. 皆匆遽入君唇吻兮，
　　可愕可怖之断龈，
见有留挂于齿隙兮，
　　其头皆碎为齑粉。

28. 如江河众流
　　唯奔于海兮！
此辈人世英雄
　　皆汇入君之口，腾光采兮！

29. 如飞蛾之增速兮，
　　投炽焰以自灭；
彼辈入乎君吻兮，
　　举迅赴而皆绝。

30. 以君猛炽之口，
遍面吞噬诸众而喋唇；
毗搜纽！君之光满全宇宙兮，
灼以君之烈焰其如焚！

31. 告余，君为谁？狰狞此形！
拜君兮！神上神其悦喜！
我欲知君兮太元！
我不知君兮主旨！

32. 室利薄伽梵言：
“我”为“时间”兮，灭群生而峻起！
“我”来尽毁此诸世！纵不以尔兮，
此行阵之士兵皆必逝！

33. 是故起！起！夺得荣名，
克汝敌！享有富国！
彼等唯“余”已尽戮兮，
左臂子弓！汝独为其外力！

34. 陀拿，毗史摩，遮耶达啰他，羯拏，
似他战士“余”已诛殛；

克之！其毋烦愁！
　　战兮！阵中胜汝之敌！

35.　　桑遮耶言：
既闻凯也舍筏此言，
　　冕者合掌而犹疑；
嗫嚅不能成语，
　　再拜怂兢而陈辞。

36.　　阿琼那言：
赫里史计舍！君之光荣兮，
　　宜乎世赞美而尽倾！
罗刹悚惧兮，四方散走；
成就仙群兮，齐皈命而稽首。

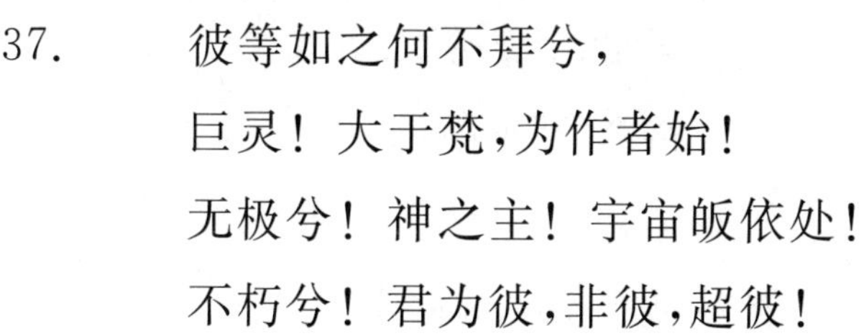

37.　彼等如之何不拜兮，
巨灵！大于梵，为作者始！
无极兮！神之主！宇宙皈依处！
不朽兮！君为彼，非彼，超彼！

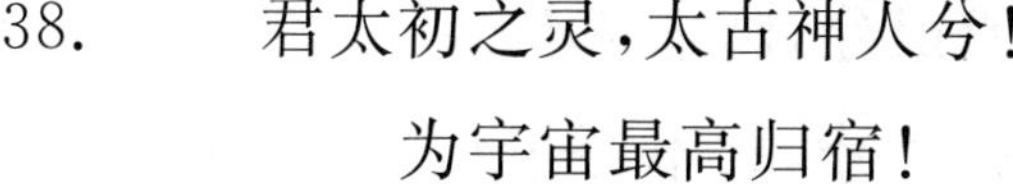

38.　君太初之灵，太古神人兮！
　　为宇宙最高归宿！

为能知,又为所知,为超上之居!
君无尽相兮,此世君所遍覆!

39. 君为风神,死神,火神,水神,月神,
造物主,人类初祖!
拜君,拜君千拜君,
再拜君兮无数!

40. 拜君于前兮,拜君于后,
拜君遍面兮遍对,
威力无尽兮,权能靡量,
君为大全兮,因君遍在!

41. 我称:唯! 克释拏! 唯! 雅达婆!
唯! 吾友! 以君为友兮,冒渎而语!
由未识君此大象兮!
或恃爱而或傲倨。

42. 对君戏谑兮,故不敬庄,
于食于居兮,于游于藏,
或独或俱兮,阿逸多!
君其宥我兮,君不可量!

43. 君为动非动物世界父，
为大师，崇逾大师，为人所敬；
君无等俦兮！三界孰能逾君，
权能又奚与并？

44. 故我拜君兮，五体投地，
敬爱之主兮，恩慈我赐！
如父于子兮，亲与所亲，
友之于友兮，不我遐弃！

45. 见所未尝见兮，
喜、余心转惧而迷。
神！其更示我彼相兮，
悯我！神之主！宇宙归栖！

46. 具冕、权杖、而手圆轮，
我欲再见君如是，
复常形而具四体兮；
君千臂兮！尽宇宙之形似！

47. 室利薄伽梵言：
阿琼那！由“我”恩慈，

尔得睹此无上变相，以“自我”瑜伽之力！
辉煌，遍是，太始，无极，
曾无人见兮，君独识！

48. 不以研读韦陀，祭祀，
不以布施，仪文，苦行，
而能见“我”相相兮！
世无其人！句卢之英！
见与君并！

49. 尔其毋惧兮弗迷，
睹“我”此形兮可怖；
无畏兮，心其安舒！
更观“我”形兮常度。

50. 桑遮耶言：
既与阿琼那如是说，
婆苏天更示以自有之形，
而慰抚此慑慴者；
复其温蔼之体相兮巨灵。

51. 阿琼那言：

睹兹人相、君慈蔼兮，

瞻纳陀那！

今我心意安舒，

还复本初。

52. 室利薄伽梵言：

君获观“我”此相兮，

至难得见；

天神亦常愿见此形变兮！

53. 不以《韦陀》，苦行，布施，献祀，

而能见“我”兮，

适如君所见之“我”。

54. 唯敬奉“我”而无他，

乃能知能见“我”如实，

而“我”道能入。

55. 为“我”而有为，

以“我”为无上者，

为“我”之敬爱者，

而无凝滞，无怨怼于万物兮，

斯人来归于"我"！

第 十 二 章

1.　　阿琼那言：

信士如是常和合而敬汝；
又有敬拜不变易者，非显了者，
彼等明瑜伽乎孰愈？

2.　　室利薄伽梵言：

人凝集意念于“我”，
　　常和合而礼“余”，
　　具有无上敬信兮，
皆最上瑜伽师——我盱。

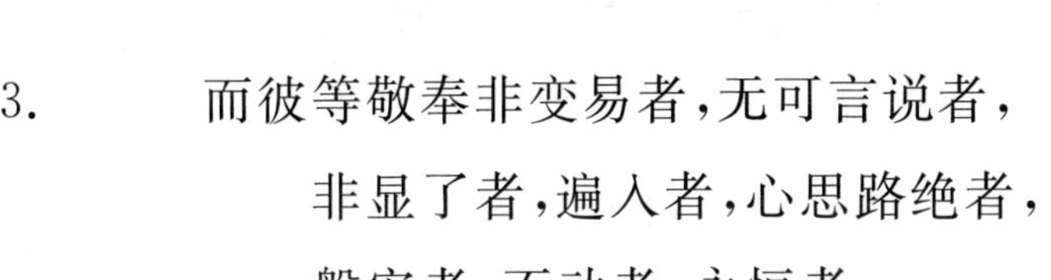

3.　　而彼等敬奉非变易者，无可言说者，
　　非显了者，遍入者，心思路绝者，
　　磐安者，不动者，永恒者，

4.　　善克制其诸根，
　　又遍处作平等观，——

亦唯皆归于“我”兮，
　　以利济万类而为安。

5. 彼等烦恼滋多，
　　于非显了者凝定其思；
盖非显了者之道，
　　难为有形躯者所诣。

6. 彼舍诸行皆奉于“我”兮，
　　而以“我”为至上；
唯以瑜伽无异兮，
　　敬“我”存其定想，

7. “我”则迅举其人，
　　超出生死海兮！
帕尔特！彼凝思唯“我”在！

8. 唯于“我”而定思，
以尔智安于“我”，
自兹尔居于“我”无疑。

9. 倘尔不能凝集思念于“我”兮，

其修习瑜伽

　　而求臻至于“我”！

10.　　倘尔不能修习兮，

　　其为以事“我”为至上之人；

以“我”之故而为所业兮，

　　成就尔其亦臻！

11.　　倘尔又不能为此兮，

　　则唯以与“我”和合为依，

尽捐诸业行之果兮，

　　尔其克自约持！

12.　　智识固优于修习兮，

静虑优异于用智，

弃捐业果又优于静虑兮，

弃舍则安宁随至！

13.　　于众生无瞋恚兮，

所有唯慈与悲；

无我所而无我慢兮，

平苦乐以恕推；

14. 常自足而修省兮,
自制而信念坚真,
奉献"我"以心智兮,
——彼敬爱士为"我"所亲!

15. 由此世既不惊兮,
于世彼亦无震;
解脱乎喜、惧、嫉妒、惶迫兮,
——彼斯为"我"所亲!

16. 独立无所求冀兮,
敏于事而清纯,
高处而无恼病兮,
尽捐业行,
——彼敬爱士斯"我"所亲!

17. 无忧亦无所欲兮,
无宠亦无所瞋;
尽捐美恶,敦敬爱兮,
——彼斯为"我"所亲!

18. 敌与友其平等兮,

荣辱斯同；
寒暑苦乐俱齐兮，
婴累皆空；

19. 等毁誉而端默兮，
凡受于物而意气和醇；
游方行道坚于慧命兮，
于“我”充其爱敬；
——斯人兮，为“我”所亲！

20. 圆修如是说此甘露法兮，
信“我”为无上正鹄，
——彼等敬士兮“我”亲爱之笃！

第 十 三 章

（此章发端，尚有“阿琼那言”一颂，内容即此之问语，商羯罗所未注释，多本皆删，使此《歌》全部为完整七百颂。今删。）

1. 室利薄伽梵言：
高底夜耶！
此身谓之田；
知此者是知田者。
——有此知者云然。

2. 当知“我”是知田者，
遍诸田处；
知田与知田者之知，
是谓此知，——吾自许。

3. 何者为田？相状伊何？
何谓其变？其来自何？
彼知是谁？权能云何？

简括听之自“我”：

4. 圣哲多方播之歌咏兮，
颂赞多端；
《梵经》字字陈因兮，
立义不刊。

5.6. 五大，我慢，智，冥性，
十根，一心，五根境；
欲，瞋，苦，乐，集，慧，忍，
简言曰田，摄变性。

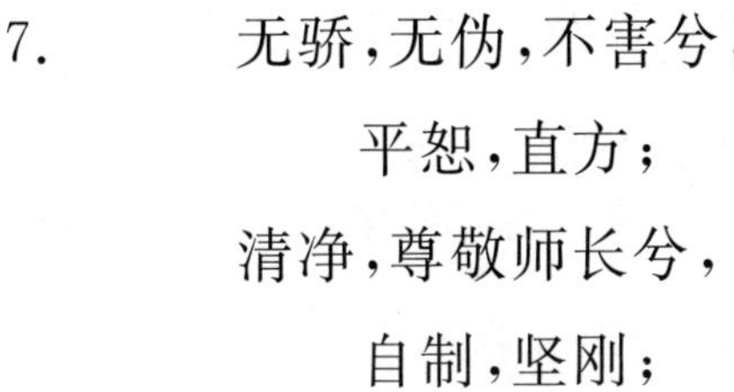

7. 无骄，无伪，不害兮，
平恕，直方；
清净，尊敬师长兮，
自制，坚刚；

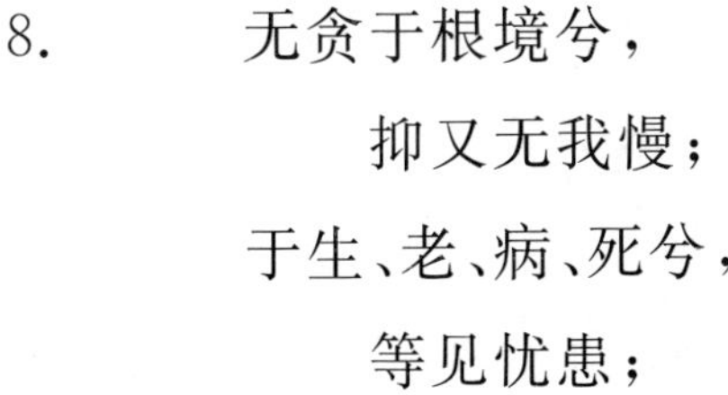

8. 无贪于根境兮，
抑又无我慢；
于生、老、病、死兮，
等见忧患；

9.　　无凝滞于物兮，
　　不以妻子家庐等为自我；
常等平其意气兮，
　　遭际所乐或非所可；

10.　　以精一瑜伽敬“我”兮，
　　用志不纷；
别居间寂之所兮，
　　不乐人群；

11.　　常自得于“内我”知识兮，
　　见入真知之至诣，
——斯则谓之此知，
　　非是谓之不智。

12.　　将告尔以“彼”当知者兮，
　　知之得享永生：
无始无上大梵兮，
　　非有非非有是名。

13.　　遍处其手足兮，
　　遍处其耳目，

遍处其头面兮，
　　“彼”居世间遍覆。

14.　诸根之用现似兮，
　　而无有诸根；
无凝滞而遍载持，
　　无功能又享受功能。

15.　“彼”为动者又为静者兮，
　　在凡物之表、里，
“彼”微妙故莫测兮，
　　“彼”为远兮又为迩；

16.　在群有而无分，
　　居然似乎分呈，
当知“彼”持载群有兮，
　　吞灭而又生成；

17.　“彼”光明之光明，
　　亦曰超乎暗阴，
为知，为所当知，为以知而至者兮，
　　居众生之内心。

18. 如是田,如知,与所当知,
皆已简说,
"我"之信士如是而解兮,
则堪与"我"契合。

19. 当知自性与神我兮,
二皆无始;
又当知转变与功能,
皆由自性而起。

20. 自性谓之因,
是生因果因;
神我谓之因,
是受苦乐因。

21. 神我寓乎自性,
享受功能由自性生;
而执滞于功能,
乃生自善、非善胎之因。

22. 监临者,允可者,持载者,
受用者,大自在,亦曰

超上自我,——
是皆谓之无上神我,
　　在此身者。

23.　彼如是知此神我,
　　自性,并功能兮,
不论其人生若何,
　　必弗投生再世!

24.　有以禅定兮,
　　以“我”而见“我”于“我”中;
有以智识瑜伽;
有以行业瑜伽;

25.　更有无知于此兮,
　　闻他言之而敬止,
尊所闻为道岸兮,
　　彼等亦超乎生死。

26.　凡生为有物兮,
　　为动辟为静耑,
知之!婆罗多良士兮!

皆生自田与知田者合抟。

27.　　无上自在主兮，
平等居于万是，
灭者中彼无灭兮，
——如是观者见止。

28.　　见其平等遍在兮，
自在主与万有咸俱；
不以自我戕贼“自我”兮，
乃践履无上之途。

29.　　唯由自性成行业兮，
遍处漫是，
而“自我”非作者兮，
——如是观者见止。

30.　　时若见万有之异
固同立于一兮，
唯出于彼而遍漫兮，
时则臻于大梵兮！

31. 彼无始兮无功德，
“超上自我”兮不朽灭，
虽居有身兮，高底夜耶，
彼无为兮无垢孽；

32. “自我”不垢兮，
虽遍在于有身；
如遍漫之太空，
微妙故无染尘。

33. 如一太阳
普照此全世兮！
田主遍诸田地
亦如斯明丽兮！

34. 以慧眼如是观
田与知田者之分，
又观群有由自性之解脱，
彼等皆臻兮，
至上超越！——

第 十 四 章

1. 室利薄伽梵言：
我当更说无上智兮，
一切智中之最。
得此臻至极成就兮，
诸牟尼由兹而蜕。

2. 既皈依于此智，
来与“我”之法性其同；
不再生虽于创造之始兮，
亦弗苦于坏劫之终。

3. “我”之胎藏为大梵兮，
“我”置种子其中；
婆罗多！
万物由斯发蒙！

4. 无论何胎所生何似兮，

大梵皆为其妣兮，
“我”为其考而与之种子！

5. 萨埵，剌阇，答摩，——
此三德自性所生；
乃系缚于此身，
此有身而不灭之灵明。

6. 此中萨埵不垢兮，
故光芒发越而无瑕；
以乐执与智执而系缚兮，
安那迦！

7. 当知剌阇以贪为性，
为渴欲与凝滞之源；
乃系缚此灵明兮，孔底子！
以行业之缠。

8. 当知答摩生于愚昧，
使凡有灵性者痴癫；
系缚兮，婆罗多！
以放逸，弛懈，沉眠。

9. 萨埵系人于乐兮，
刺阇系人于行业；
答摩覆其明智兮，
于放逸等而咸摄。

10. 萨埵强盛兮，
　　已克制刺阇，答摩；
刺阇亦强盛兮，
　　唯克服萨埵，答摩；
如是答摩强盛兮，
　　倘胜伏刺阇，萨埵。

11. 时智慧之光芒，
　　流耀其身之诸门；
时可知其萨埵兮，
　　增盛方敦。

12. 贪得而躁动兮，
多作业，无休，而望奢；
婆罗多之良士兮！
　　时起于刺阇之盛加。

13. 阴暗，冥顽，放逸，亦又愚痴，
皆起于答摩强盛之时。
句卢难陀那！

14. 若其身命消逝兮，
值萨埵增盛之时；
时则往生净土兮，
知至上者居之！

15. 身逝值剌阇之盛兮，
生于业缚之俦；
如是死亡于答摩兮，
愚阇之胎遂投。

16. 善业之果兮，
云属萨埵性而纯洁；
剌阇之果为痛苦；
答摩之果为顽劣。

17. 萨埵生智兮；
剌阇唯贪；
答摩生痴顽，放逸，

唯又愚憨。

18. 人安止于萨埵,上界是升;
刺阇性人,中间是凭;
答摩性人,
居劣功德趣而趋下层。

19. 时见士得睹兮,
作者唯功德非余,
又知超功德者,
则臻至于“我”居。

20. 身内者既超此三德兮,
——三德所以生身,——
则脱乎生,死,老,苦兮,
永生庶其可臻!

21. 阿琼那言:
主兮!以何表相,
而知人已超此三德?
其行云何?
彼如何越此三德?

22. 室利薄伽梵言：
光明及躁动与愚阇兮，
彼无憎其现前；
亦皆无复冀望兮，
追其既迁；

23. 高居似乎无与兮，
不为功德所挠；
观“凡是唯功德变转已”，
彼坚定而不摇；

24. 等苦乐而自守兮，
视土块、金、石其如同；
齐好恶而坚定兮，
平己身之贬抑、褒崇；

25. 平等于荣于辱兮，
平等于友好、仇敌；
弃捐凡百作始兮，
——是人谓之超乎功德！

26. 唯皈命于“我”而不流，

修敬爱瑜伽以为操；
彼既超诸功德兮，
乃堪入乎梵道！

27. “我”为大梵居宅兮，——
属永生无变易者，
恒久长存之法者，
无待无极之福者！

第 十 五 章

1. 室利薄伽梵言：
谓终古一菩提树兮，
根在上而下垂枝；
以《韦陀》之赞颂为叶兮，——
明此者为《韦陀》师。

2. 高下布其枝干兮，
以功德而华滋；
物境为其芽茁兮，
蔓根亦又披离，
——成行业于人世而系维。

3. 于此其形既不可识兮，
始、末、出处皆不可穷；
断此根深柢固之树兮，
以无着之利剑为功。

4. 然后寻彼高躅兮,
履之者去不复还;
——我将求彼原人兮,
太古动力之所渊。——

5. 去骄、痴,克除执滞之过兮,
常依"内我"而离欲;
脱对比名苦与乐兮,
不迷而达彼无疆之福。

6. 彼处日不明,月不照,而火不炬兮,
往者不返兮!
斯"我"最高居所。

7. 唯"我"之一分永存兮,
于情命界化为有情;
遂吸引诸根以意为第六兮,
居于自性之扃。

8. "自在"得一身而舍之,
以此等而俱去;
如风之挟芬芳兮,

摄自留香之处！

9. 居临视听触尝嗅诸根，
以及意根，
“彼”受用诸根境。

10. 或去或处兮，
或受用，与功德相依。
——迷者弗见兮，
具慧眼者见之！

11. 瑜伽师用力而得见兮，
见内定于“自我”；
愚者虽用力而弗见兮，
非自靖其奚可！

12. 彼太阳之光，照全宇宙，
月中之英，火中之明，
当知此皆“我”有。

13. 入乎厚土兮，
以“我”力而持载群生；

化为月浸兮,
　　凡植物以"我"而滋荣。

14.　处于有气息之体中,
　　化为中焦之火力;
与上下气相调顺兮,
　　乃消化其四食。

15.　中处群有之内心,
　　由"我"而有念,知,推理除疑。
唯"我"为由诸《韦陀》以知者,
　　《韦檀多》作者,
　　又为《韦陀》明者。

16.　斯世补鲁洒二者:
　　一变易一非变易,
变易者为群有兮,
　　称不变者安如磐石。

17.　别有超上补鲁洒,
　　称"无上自我";
入乎三界而持载之,

为不灭“自在主”。

18. “我”既超于变易者，
又超上非变易者，
故于世间于《韦陀》，
称“我”为“无上补鲁洒”。

19. 彼如是无妄知“我”兮，
“无上补鲁洒”是；
尽其为彼以敬“我”兮，
彼臻遍智！*

20. 斯极玄至秘之论兮，
安那迦！为“我”所说。
知此则为智者兮，
婆罗多！所事皆圆成无缺！

---

* 据阿罗频多译本，当作“以其遍智”。

第 十 六 章

1.　　室利薄伽梵言：
无畏，身心清净兮，
坚定修智识瑜伽，
布施，自克，为祀事，
读经，苦行，直无邪，

2.　不害，真诚，无怒瞋，
弃舍，安静，无谤伤，
慈爱生物，去欲贪，
温柔，谦裕，有则常。

3.　强毅，宽恕，坚忍兮，
无骄，无恨，深纯兮，
——婆罗多！
此诸禀赋兮，
属彼生成神性人！

4. 虚妄，傲慢，与骄矜，
苛刻，愚顽，与怒瞋，
——帕尔特！
此诸禀赋兮，
　　乃在阿修罗性人！

5. 神禀要于解脱兮，
阿修罗性为缠缚。
班荼缚！无忧兮！
汝生而有神明之托！

6. 斯世生物二类：
　　神圣性与阿修罗性。
神圣性余已详言，
　　听我说阿修罗性：

7. 阿修罗性人，
　　不知当为与不当为，
在彼无清净，无正行，
　　无真诚。

8. 彼等谓："斯世兮无真，

无本兮无神,
世界生于交合,
舍情欲兮何因?”

9. 固执此见兮,内心丧绝,
其智褊小兮,其行暴烈,
出为世界之敌兮,
为其毁灭!

10. 倚无餍之欲望,
充其虚伪,骄矜,狂热;
以愚智执其谬见兮,
行事意非纯洁;

11. 归于无量劳心兮,
抵死方休;
以餍情欲为极则兮,
坚执如是为尽由;

12. 缚于冀望其百结兮,
发贪嗔其至极;
为餍饫情欲而经营兮,

不义货财之增殖；

13. “今日我得此已，
且将获我之所求；
此今已为我所有，
彼财将为我所蒐；

14. “此敌今为我所戮，
我且将戮其余者；
我为主宰，享受者，
成功，有力，欢娱者；

15. “我为富足兮身世光荣，
而又有谁兮与我争衡？
我将祭祀，将施与，
我且为乐兮！”——
如是无智其荒伧！

16. 以种种妄念而颠狂，
网于痴闇之缠裹；
耽情欲之欢娱，——
不净地狱兮其将堕！

17.　自矜张而顽固兮，
　　既迷醉于势利，
矫虚名为祭祀兮，
　　又不遵乎古制；

18.　凭我慢，权势，顽强，
　　情欲，与怒嗔兮，
彼等苛刻之人，
　　憎“我”于己，于他人之身！

19.　彼等凶恶憎恨者，
　　人中下贱之才；
“我”将永掷之于恶趣
　　于阿修罗之胎！

20.　既堕阿修罗胎兮，
　　生生世世迷痴！
远弗臻至于“我”兮，孔底子！
　　彼等趋而下之！

21.　地狱之门三重兮，
　　皆足以毁灭其躬；

是淫欲，怒嗔，与贪得兮，
　　故当三弃而莫从！

22.　高底夜耶！
　　人离此三入阇之门，
　　转修己之上德，
　　乃将诣乎超极！

23.　人而弃经论之教兮，
　　行为私欲所驱；
彼弗臻于成就兮，
　　无乐，亦不登至上之途。

24.　故当以经论为尔量兮，
　　以决断当为与不当为；
既明经教所说兮，
　　为业于斯世尔宜！

第 十 七 章

1.　　阿琼那言：

有人弃经论之教言，

　　又诚敬而奉牺牲；

为萨埵，剌阇，答摩耶？

克释拏！彼等之境何名？

2.　　室利薄伽梵言：

有身者之信仰，

　　自性生者三支：

为萨埵，剌阇，答摩性，

　　　　尔其听之：

3.　凡人之信仰兮，

　　皆随像其本真；

人为信仰所成兮，

　　是斯信，斯即其人！

4. 萨埵性人，敬拜明神，
刺阇性人，拜夜义，罗刹，
其他答摩性人，
　　拜精灵鬼怪之群。

5. 非经论所规订，
　　人暴烈以自苦，
结妄心与我慢，
　　而为贪、欲之力所拄，

6. 以痛楚其身之百骸，
是为愚鲁，
且及寓其内中之“我”，——
当知此皆是
　　阿修罗性为之谋主！

7. 抑凡人所嗜之食兮，均有三类；
献祀，苦行，布施，亦皆如是。
——分别兮，听此！

8. 食而延寿，充神，壮力，强身兮，
　　食之益乐而增欢，

为甘,为润泽,为滋养,为惬心兮,
　　皆萨埵性人所嗜餐。

9.　　食之味苦,味酸,极咸,极热兮,
　　为辛,为干燥,为灼舌兮,
此皆剌阇性人所悦兮,
　　生苦,生忧,生疾兮!

10.　　久置,失味,而腐、败兮,
　　为弃余,为不洁兮,
斯食乃答摩性人所餮兮!

11.　　献祀于徼于得果,
　　遵仪法之所规;
虔心视奉献为当然,
——此萨埵性人所为!

12.　　献祀而冀乎得果,
　　又唯以虚荣故,
婆罗多之良士兮!
　　当知此剌阇性所务!

13. 献祀不遵仪轨兮，不施饮食，
不诵祝赞兮，不赠财帛，
亦无敬信兮！
——斯为答摩性可识！

14. 尊敬天神，婆罗门，本师，智人，
清净，直方，贞洁，不害兮，
——是皆谓之身苦行！

15. 不作激恼之辞令，
可亲，有益，而诚信，
居常讽习于赞咏，
——是皆谓之语苦行！

16. 温柔，沉默，意安静，
善自克制，心纯正，
——是皆谓之意苦行！

17. 人以至诚极敬兮，
而修此三苦行，
不求果而和合兮；
——斯则谓之萨埵性！

18. 苦行唯出于虚矜，
　　为求尊敬与奉事；
斯则谓之剌阇性，
　　游离，旋易颠蹶！

19. 苦行以痴迷而固持，
　　徒以自病，
或为损他之故兮，——
　　斯则谓之答摩性！

20. 以布施为当然，
　　必无冀于酬报，
适其时，合其地，当其人，
——此布施为萨埵性可称道兮！

21. 而布施为获报之故，
　　或有望于得果，
　　或且生其烦恼兮，
——此布施称为剌阇性！

22. 布施于非其地，非其时，非其人，
　　或鄙夷，无敬，

——斯则谓之答摩性！

23.　“唵！特的萨的！”
　　记此大梵三言之名！
　　《婆罗门》，与《韦陀》，与祭祀兮，
　　自古由是而成。

24.　信如圣典所说兮，
　　献祀，布施，苦行诸仪，
　　善以梵祭师始事兮，
故常诵“唵！”一词。

25.　无希冀于果报兮，
　　为种种祭祀，苦行，布施之仪，
求解脱之人，
　　诵“特的”一词。

26.　说“萨的”表“真”义与“善”义！
　　“萨的”亦用于可颂赞之行事。

27.　坚定于祭祀，苦行，布施，
　　是亦谓之“萨的！”

且唯为“彼”而有为，
　　是乃谓之“萨的！”

28.　不以敬信而献祀，苦行，布施。
帕尔特！此皆谓之“阿萨的”！
　　无益于后世，无益于斯！

第 十 八 章

1. 阿琼那言：

摩诃婆和！

我欲分别知：退隐兮，真义云何？

弃绝兮，抑又云何？

2. 室利薄伽梵言：

见士所识为退隐兮，

谓舍为私欲而为业；

弃捐一切行业之果兮，

智者称为弃绝。

3. 有牟尼作如是言：

尽舍行业如去恶！

祭祀，布施，苦行诸业兮，

有余师谓当作。

4. 听我言弃绝决定义兮！

——弃绝义说有三:

5. 祭祀,布施,苦行诸业兮,
此宜作唯不当弃绝。
唯祭祀,布施,与苦行兮,
智者因之圣洁!

6. 即此诸业兮,
为之当弃执而舍果。
帕尔特兮!
我思此义决定而最可。

7. 退避乎法定行业,
诚不当为;
此由愚痴而弃绝,
答摩性其可知。

8. 以行业为苦兮,
惮身烦恼而弃之;
此成其剌阇性弃绝兮,
弃绝之效必亏。

9.　唯治法定行业兮，
　　阿琼那！以为必作；
称此弃绝为萨埵性兮，
　　唯弃果与执著。

10.　无憎于非可乐之业兮，
　　无耽执于可欣之事；
弃士充其萨埵性兮，
　　断疑虑而明智。

11.　凡有身命兮，
　　不能弃行业无余；
独弃行业之果兮，
　　斯弃士其可誉。

12.　非弃绝之士兮，
　　身后之业果三途：——
可乐，不可乐，与杂糅，
　　退隐之士皆无。

13.　摩诃婆和，学此！
　　僧佉论其五因，

是有为之究竟,
诸业以之成就:

14. 行动之基,兼作者,
诸识,动力亦种种,
而有监临在诸处,
是其神明为第五。

15. 人以身、语、意为业,
或邪或正此五因。

16. 信于此其然兮;——
而有人见唯己为作者;
非明智成就之故兮,
彼无见,为恶见者。

17. 若无我私之见兮,
智非染污。
纵其尽戮此人兮,
非杀戮亦无所拘。

18. 知、所知、与知者三,

所以起诸行业。
缘、所行、与作者三，
行业于於焉咸摄。

19. 知、业、与作者，
唯功德异而三分。
尔如实其听之！
功德数论如是云：

20. 彼知为萨埵性兮，
在万有而见一；
此“一”无变易兮，
在群分而无析。

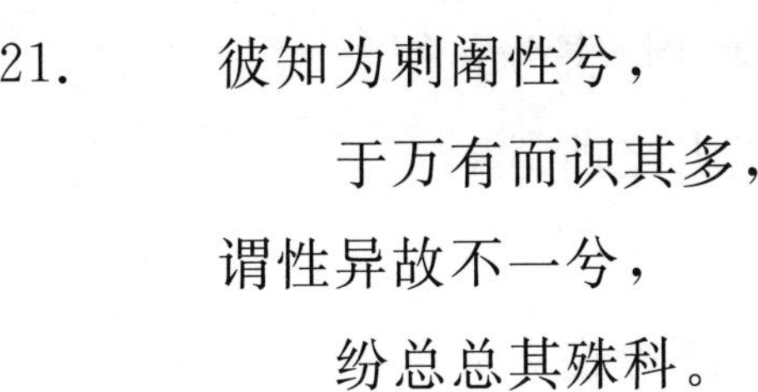
21. 彼知为剌阇性兮，
于万有而识其多，
谓性异故不一兮，
纷总总其殊科。

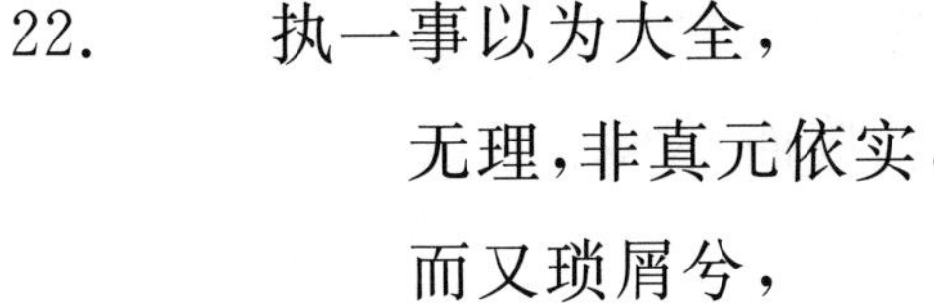
22. 执一事以为大全，
无理，非真元依实，
而又琐屑兮，

此答摩性知可识。

23. 彼业称萨埵性业,
行其分所当为;
离执着而无憎、爱兮,
不于业果萦思。

24. 彼业谓之剌阇性业,
将以求其所欲;
或更由我慢兮,
而作之剧笃。

25. 彼业称答摩性业,
所作以愚妄而兴;
不计后效、损、害兮,
与能力之所胜。

26. 作者谓之萨埵性人,
离执着弗用己私;
具坚忍与诚衷兮;
等成败而不移。

27. 作者著称剌阇性人，
望业果亦又贪攘，
损害为性又污垢兮，
随喜忧而惚怳。

28. 作者谓之答摩性人，
浮荡，粗鄙，顽梗，诈伪，
阴险，懒惰，颓废，因循。

29. 智与忍各三种，
以功德而判分。
听之，一一详尽以闻：

30. 彼智为萨埵性分，
知缚与解，进与退，
当为与不当为，
当畏与不当畏。

31. 彼智为剌阇性兮，
法与非法，
当为与不当为，
知不如实。

32. 彼智为答摩性兮,
由愚闇而盖缠;
以非法为法兮,
视事物其皆颠。

33. 彼忍为萨埵性兮,
修瑜伽缩其散驰,
善制意念,吐纳,与诸根之动兮,
乃坚定而不移。

34. 彼忍为剌阇性兮,
固耽于法,欲乐,财利;
执著以求果愿兮,
亦坚持而不异。

35. 彼忍为答摩性兮,
不解其迷梦,恐惧,忧愁,
及颓唐,与狂妄,
固痴顽之不瘳。

36. 而乐亦有三种,今尔听之!
婆罗多人杰!

由修习而悦豫兮，
　　至于诸苦皆绝；

37.　由其始如毒苦兮，
　　其末如饴。——
此乐谓之萨埵性乐，
　　生自清明之“我”知。

38.　诸根与根境相接兮，
始如甘露而末如毒苦。——
　　此为剌阇性乐兮，记取！

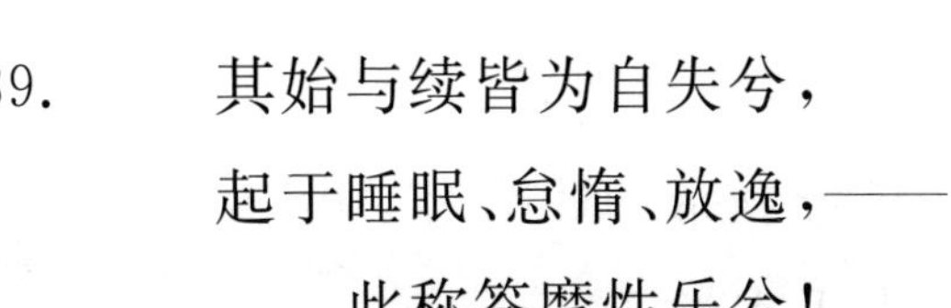

39.　其始与续皆为自失兮，
起于睡眠、怠惰、放逸，——
　　此称答摩性乐兮！

40.　既不在地，
　　亦非于天上神中；
而有萨埵兮，
　　解脱此自性生功德三重！

41.　婆罗门，刹帝利，

吠奢,戍陀,——
由本性生之功德兮,
职分于是分劃。

42. 严肃、自制、与苦行,
清净、容忍、唯直正,
知识、理智、及敬信,
——是皆婆罗门职分兮,
生于本性。

43. 勇武、雄强、又坚忍,
临阵敢死,而机敏,
慷慨、为事能主引,——
是皆刹帝利职分兮,
生于本性。

44. 吠奢本生职分兮,
畜牧,耕耘,贸易。
戍陀本生职分兮,
服劳勤力。

45. 各各尽己之分,

人以是得圆成；
听之！如何而获成就，
尽职分于自生？

46. 自“彼”而起众生进化兮，
由“彼”而诸有遍漫。
尽己分以为“彼”敬兮，
人成就于焉美完。

47. 自法纵无功德兮，
优于循他法而有功。
尽敕于本性之分兮，
愆垢庶几不蒙。

48. 天生之本分兮，
虽有缺憾而不可堕也。
凡有作必有过缺兮，
如烟之蔽火也。

49. 智遍处无凝滞兮，
自克而祛外诱，
由退隐而臻至兮，

至上无为成就。

50. 如是得其成就兮，
如是臻乎大梵，
彼无上智之归宅兮！
简言尔其知鉴！

51. 与清明之智和合兮，
坚忍以自制其躬；
声乐等境其弃绝兮，
贪、瞋其无动于衷；

52. 居间寂之所兮，
少食，而善制语，持身，守意；
常处禅定瑜伽，
得澹泊萧清之致；

53. 涤除我慢，权威，倨傲，
欲情，忿怒，贪好兮，
无我所而恬安，——
彼则堪成梵道！

54. 成乎梵道兮，心思恬静；
无忧无虑兮，众生等平；
彼于“自我”兮，皈其至敬。

55. 以敬爱而知“我”兮，
　　如实知“我”奚量，抑又为谁；
既知“我”如实兮，
　　入乎“我”其必随之。

56. 虽常为诸行业，
　　彼则以“我”为依；
以“我”恩慈之故兮，
　　得永恒不灭之归。

57. 心以诸行捐于“我”兮，
　　其以“我”为无上！
凭依智慧瑜伽，
　　心思永其“我”向！

58. 存想于“我”兮，
　　尔度出凡诸苦难由“我”慈仁。
若凭我慢兮，

终毁败兮，尔不“余”遵！

59. 若凭我慢而自惟，
——曰：我则不战！
斯决意为唐劳；
自性将强尔还变！

60. 本性所生自有之职分兮，
孔底子！尔为所羁！
以痴闇不欲为者兮，
尔无由自主而必为！

61. 阿琼那！
众生内心兮，
主者唯神！
由“彼”之摩耶兮，
众生旋转如驾机轮。

62. 往！尔其皈依于“彼”兮！
婆罗多！以尔身心其尽如！
以“彼”恩慈之故兮！
得永恒至上之安居！

63. 此智“我”以授尔兮，
　　较玄秘而更闳！
此观照而无余，
　　则径行尔心之所出！

64. 更听“我”之至言，
　　一切秘密中之至秘；
尔于“我”为挚爱兮，
　　故“我”言尔之所利：

65. 致思于“我”兮！
　　敬“我”！事“我”！拜“我”！
爱臻至于“我”所！
　　尔为“我”之所亲，
故真挚其尔许！

66. 尽弃一切法兮，
　　皈“我”于一！
“我”将尽释尔诸罪恶兮，
　　尔无忧戚！

67. 其永毋以此语人！

若其人无苦行，无诚敬；
或不愿闻之，
或于“我”而诟病！

68. 有以此至上秘密兮，
授于“我”之信士，
斯致无上诚敬于“我”兮，
无惑乎其“我”归止！

69. 人中更无胜彼兮，
奉事于“我”更亲；
如彼为“我”所爱兮，
于世亦无余人！

70. 尔“我”间此圣言，
有人从而研咏；
“我”思彼以智识兮，
献于“我”而为敬！

71. 有人得而闻此兮，
充敬信而不议，
彼亦将解脱兮，

　　　得净行之善世！

72.　帕尔特！
　　　尔闻此专心一意乎？
　　檀南遮耶！
　　　尔无明生惑庶几息乎？

73.　　　阿琼那言：
　　以君慈恩兮，阿逸多！
　　我痴遂解兮，记忆还存；
　　我今坚定兮，疑惑皆祛；
　　我将行君之所言！

74.　　　桑遮耶言：
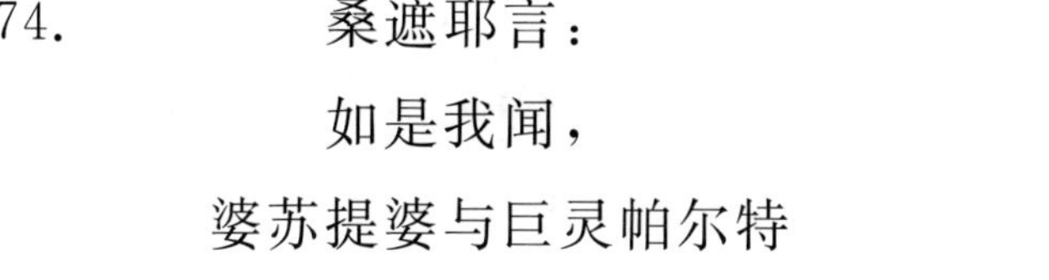
　　　如是我闻，
　　婆苏提婆与巨灵帕尔特
　　　为斯奇异谈论，——身毛喜竖！

75.　由维耶索仁慈，
　　此至上玄秘瑜伽，
　　　我亲闻自
　　瑜伽主——克释拏所自云！

76.　　君王兮!

此凯也舍筏与阿琼那之谈论,

　　恢奇而又圣哲;

余记之而又记之!

　　欢悦而又欢悦!

77.　　君王兮!

睹赫黎之神变,

实惊绝其瓌瑰!

余记之而又记之,

　　欢喜而又欢喜!

78.　　彼处有克释拏——瑜伽主,

彼处有帕尔特——神臂弩,

是处即有吉祥,胜利,

　　安乐,永恒大法兮!

我思兮所许!

室利《薄伽梵歌》终此

注　　释

释辞（义译）

辞者，诗人所歌咏之辞也。译时意或未尽达。

其说或非华夏所知，不得已，从而释之。

章Ⅰ.颂 2.　聚屯——列阵也。有所谓金刚阵等，战时每日列阵变换云。（Ma. Bhā. Bhī. 19. 4-7；Manu. 7. 191）

阿阇黎——亲教师也。

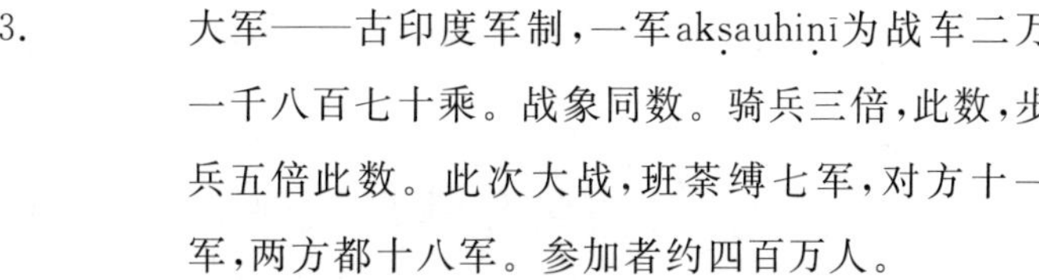

3.　大军——古印度军制，一军akṣauhiṇī为战车二万一千八百七十乘。战象同数。骑兵三倍，此数，步兵五倍此数。此次大战，班荼缚七军，对方十一军，两方都十八军。参加者约四百万人。

4.　敌万弓人——古制，能敌一射手者、为一战车兵rathin；能敌多射手者，为 atiratha，能敌万射手者，为 mahāratha，即一大御者，战车大将也。（Ma. Bhā. Udyoga，164-171）

36.　暴徒——古印度法：放火者，施毒者，以兵械攻杀者，劫财者，夺地者，夺人妻女者，此六皆谓之暴徒。此处盖指剥夺土地而言。《摩奴法》中（Manu. 8. 350）谓，凡为暴徒者，无论其为老师，为老人，为儿童，为有学之婆罗门，皆当杀无赦，杀之者无罪。而《法论》Dharma Śāstra 谓虽杀暴徒亦不为无罪。二说相违。

41. 族姓——古亚利安四族姓也。Caturvarṇa。今译阶级，未当。玄奘译“族姓”，较妥。（见《大唐西域记》）。即婆罗门，刹帝利，吠奢，戍陀也。（叁拾捌，四一至四四）。古印度社会久经变乱，即今此风俗犹存，然其中血统亦颇混杂云。

Ⅱ.7. 正法——正当行为之轨则也。Dharma。义为法律，亦为宗教，亦为原则，义皆不遍。译曰“道”曰“正道”差近。详见“音译”四，达摩。

25. 不显——非眼、耳等可得而察识也。

41. 不完——无终也。堕无穷过等。

46. 明智——见道之谓。

赞颂——谓《韦陀》中求福之赞颂诗章，所以禳灾，祈雨，求子等。弥曼萨Mīmāṁsā派之学也。

52. “所闻”Śruti，诸《韦陀》诸《奥义书》通称。另说乃敌方在战先游说之词。（Udyoga Parva 22-27）即阿琼那在第一、二章中所复述者。

57. 凝滞——耽执也。即佛乘中所谓执著。汉时辄曰凝滞，如曰：“圣人不凝滞于物。”

59. 无耽执——原文谓“无食物”。诸识根而享受根境（今言对象）则“有食物”之谓也。

意想——习气也。

至真——谓超上大梵。

71. 我所——我之所有也。取佛乘旧译。如心之所有，谓之心所。

Ⅲ.3. 信——信仰也。名词。

4. “无为”naiṣkarmya，此义同老氏之无为，非释氏之

"无为"asaṁskara也。心灵臻于宁定静止,居高以观察自性之所为,而不为其所动,乃此所谓无为,非谓无所作为也。(参伍,九;拾捌,十一)

6. 业根五——作业之根也。手、足、喉、二排泄根也。

14. 行业——此处谓祭祀礼仪。

23. 无休——直译为"无睡眠"。

26. 智辩——理智之剖析也。——智者当弗使愚人生其理智分别,转增迷惑也。

有为——为遍在之神圣者而行为也。

33. 强制 nigraha——勉强制止也。异乎善导 sanyama。强制削减生力,善导发皇性能。前者乃意志之压抑本性,后者乃低等自性服从高等自我之领导。

Ⅳ.7. 来降——降生世间也。

17. "为"道,有五相:

"无不为"是智者第一相。(18)

"不着情虑之求",即无欲,是第二相。(19)

"自足"内中安恬和悦,不依外物之得失及事业之成败,是第三相。(20)

精神臻于非个人性是第四相。唯以身行道而已,余皆出自上界。

个人性有业垢,精神之非个人性纯洁无垢。(21)

平等性是第五相。(22)

19. 作始——直译,作业也。

25. 明尊——天神也。见另释。

燔——焚也,取抽象义。

27. 诸根——凡十:五业根,见前;五识根:眼、耳、鼻、舌、皮。诸根之功用:识根之用为视听等;业根之

用为语言,执持等。生命气息——即吾国医家所谓“气”,有其十种,功能各别:

一、上气,亦呼气 prāṇa。

二、下气,亦吸气 apāna。

三、周气 vyāna,在前二之交点,如张弓,提重等动作用之。

四、平气 samāna,即分送养分于全身之气。

五、魂气 udāna,死时离身之气。

六、呻气 nāga。

七、瞬气 kurma,司眼开闭。

八、生饥气 krikara,即化食气。

九、欠伸气 devadatta。

十、本气 dhananjaya,充周全身,虽死不离。

30. 节食——常食以腹之半实食物。余四分之一饮水。余四分之一使空,使气得流行云。节之或视月之盈亏为增减,或间断等。

32. 大梵——另说为《韦陀》。原文本具多义。

42. 坚就——谓内心生活于此真理中,生长于此真实中也。

V.13. 九关之城——身体也。上身眼耳口鼻为七关,下身司排泄有二关。共九关,喻如城。

18. 等观——等皆见为大梵也。

VI.1. 退士——弃世之修士也。

2. 图谋 saṁkalpa——计功果之策划也。

3. 路由——谓方法 kāraṇa。

宁定 śamaḥ——自主自制之安静姿态。仍属“为”道。非上达之后即不作一事也。

9. 中立者——于两派皆有善愿者。

漠然者——乃于两派皆无善愿亦无恶愿者,原文有超然高处义。

14. 守贞誓——去色欲之谓也。

Ⅶ.8. 英 pauruṣam——谓丈夫刚健之德性。

9. 苦行 tapas——原义为修持忍苦之热情毅力。

10. 种子——谓神圣存在者之精神权力。

16. 苦痛——谓疾病之类。

17. 抱一——唯敬一超上主也。

大当——大合也。

19. 巨灵——伟人也。

23. 有限——指时间言,易灭也。

24. 无识——谓无识之士。

Ⅷ.1. 彼大梵 tad Brahma——彼即是大梵。是依士释。内我知识 adhyātma——字从 adhi + ātma。adhi 者,"寓乎其中""属于"之意。亦可译"其本","其主"即自性中之自我原则。外物知 adhibhūta——宇宙本体之客观现象。

神知 adhidaiva——宇宙本体之主观现象也。

2. 献祀知 adhiyajña——工作与牺牲之宇宙原则。

4. 宇宙人 puruṣa——即宇宙本体,宇宙元真。

5. "我体"——我之"本体",我之"本性"也。

9. 极微——即阿耨,亦译微尘。又曰邻虚。邻近虚空,过此无有也。

20. "太元"——原文意为"永恒不显者"。

Ⅸ.2. 现量——"谓离分别,不谬……此有其四种:其一是根知,其二是意知,由自境根知,他境为助伴,等无间缘生。其三返照知,返照于自体……其四是直知,修习于实谛,极诣至边限,有知从此生。"

16. 药英——即药草。

膏腴之清——醍醐也。牛乳油之最清者。祭祀则

倾于火中。

20. 梭摩 Soma——究为何物，今已失传，说者谓为酒类。

24. 飨者——即所祀之神也。祀主——即主祀者。

Ⅹ.25. 默祝 Japa-yajña——默念神圣之名也。(Manu，2.87)

雪藏——音译则为“喜马拉雅山”。

27. 高骧 Uccaihśravas——马名。神话谓上古世鬼神搅牛乳海以求不死之药。逸出一马，遂为因陀罗之战马云。

32. 至理之评——辩论谈义有其三种。一曰 Vāda，即求真理至当之义。二曰 Jalpa，即以曲说，诡辩与敌诤论，胜而后已。彼此皆有所立。三曰 Vitandā，以误解曲说破敌论而已，己亦原无所立也。此以第一译为“至理之评”，或师弟之间或朋友之间，皆无成见，虚衷以求真理者。

33. 阿——即 A 字，凡字母中之第一也。梵文子音皆带此声。

偶俪——即二名在一词中，平等重要。今言复词，即古所谓“离合释”也。

34. 柔德凡七——神话谓皆女神名。除“辩才”，“恕道”二者外，与余五者——即“健康”，“信仰”，“作为”，“惭愧”，“聪明”——为Dakṣa王之十女，皆嫁与达摩王为妃，故名 Dharma-Patni 云。

(Ma. Bhā. Ādī. 66.13，14)

38. 善策——古印度制敌四策：一讲和，二贿赂，三离间，四征讨。——善策，讲和之策也。

42. 一分——如一瓶中或一室中之空，是太空之“一分”也。

XI.15. 莲花座——旧释为须弥山。谓地为莲花形,此山其蒂也。“须弥”音译又作“苏迷卢”。

21. “圣善”(*Svasti* = *Su* + *asti*)——如呼万岁也。

XIII.5. 五大——地等五大也。我慢——我性也。十根——五识根,五业根也。五根境——五唯也。僧佉廾五谛,除神我外,皆具于此颂矣。

19. 自性——物性也。

神我——性灵也。

无始——永恒也。(心物二乃大梵之两面,非独立,非自有,此韦檀多学。二皆独立,自有,永恒,此僧佉学)

XIV.6. 无邪——无忧患疾苦也。

XV.13. 月浸 *Soma* ——字有二义:一为酿成此酒之植物 *Somavalli* ,一为月光。《韦陀》中说月光如水,洁白有如此酒,遂皆称为植物主。据上下文,此当解为月光。盖已说其光明于前颂,乃说其性质于后。植物,如稻麦等,如水能浸灌之也。故释曰“月浸”。

14. 有气息——有呼吸之生物也。

四食——一、嚼食,如饼饵。二、啜食,如粥糜。三、吮食,如饴糖。四、含食,如甘蔗,唯咽汁也。此与佛说分段等四食不同。

XVI.2. 不害 *ahimsā* ——分身不害,语不害,意不害三。心理之损伤虐杀,其为祸有甚于杀人之身者,故尤当以“不害”对治。有译为“非暴力”或“无抵抗”者,皆未恰当。此亦印度独立运动中之口号。

10. 意——原义亦为誓愿。

XVII.10. 久置——原文为 *yātayāma* ,义为炊后已置三小时者,则已冷且失味矣。腐败——腐 *pūti* 谓有臭气。败 *paryuṣitam* 谓隔夜所具食，盖气候使然。不洁——如毒箭所杀动物之肉。

18. 奉事——俗言供养。

XVIII. 1. 退隐 *saṁnyāsa*——弃舍或弃绝 *tyāga*，字义皆为“舍弃”，所谓出家也。细分则退隐属外表生活，弃绝属内心生活。

33. 吐纳——义亦作“生命”，则为制心，诸识，及生活三者，使不动摇。

37. 饴——意译，原文本义为“甘露”。

释 辞（音 译）

（一）薄伽梵

梵文名词，含义过多，唐人往往不译而存音译。*Bhagavat* 一名，出自 *Bhaga*，本义为“太阳”，引申之义为“光荣”，“尊贵”，对上之尊称也。

《维师鲁古事记》中，出其六义：一自在义，二大全义，三正法义，四声誉义，五吉祥义，六离欲义，如是皆解脱之德，是皆“薄伽”，咸具有者，“薄伽梵”也。

在佛教中则以此名称如来。《佛地论》一：薄伽梵者，谓薄伽声，依六义转。一自在义，二炽盛义，三端严义，四名称义，五吉祥义，六尊贵义。——《青龙疏》云：“薄伽梵者”，依《佛地论》有二义释。初成德义，后破魔义。薄伽梵声，有六义转：一自在义，永不系属诸烦恼故。二炽盛义，炎猛智火所烧炼故。三端严义，三十二相所庄严故。四名称义，一切殊胜功德圆满无不知故。五吉祥义，一切世间亲近供养，咸称赞故。六尊贵义，具一切德，常起方便，利益安乐一切有情，无懈废故。——或能破坏四魔怨故，名“薄伽梵”。

名词本始之义必简；后起附益之义乃多。析之多无定诂。文字训诂之学，往往表现浓厚宗教色彩，于韦檀多学常然，是犹历史与神话之分也。

（二）瑜伽

瑜伽一词，或独用，或合用，于《薄伽梵歌》凡八十见。故稍详说。

Yoga，字根为 *yuj*，原义为“合”，“结合”，“同处”，后义为“术”，“计”，“方

法”,“技巧”。何以言之?

古印度占星术中,某某数星值运行成某一象,以为吉利或不吉利,辄曰:某某数星已成一吉利“瑜伽”或不吉利“瑜伽”矣。义则为“同处”,“相合”。

《史诗》中叙克释拏睹陀拏辄不可胜,曰:唯用一“瑜伽”可以胜之。义则为“计”,“策略”。后亦言如何为保护正法,而以“瑜伽”杀诸不义之王。义亦同此。又叙毗史摩掠 *Ambā*, *Ambikā*, *Ambālika* 诸女子时,诸王追之,在后呼曰:“瑜伽!瑜伽!”义亦同“计”,则有不善义。

通常求财者,亦多术矣。而以劳力得财不损其独立自由者,谓之“得财瑜伽”*dravya-prapti-yoga*,义为“正当方法”,则有善义。

于今通俗之义,则制气*prāṇāyma*,调心之术也,《羯陀奥义书》中,所说瑜伽,亦是此义。*Amarasiṁha* 字典中亦曰禅定,以瑜伽而灭心思之动转。*Pātañjala* 撰《瑜伽书》,专论调心入定之方。在《薄伽梵歌》中,唯第六章说及之(Ⅵ,12,23)。顾其方法甚幽奥,行之亦难,端赖乎师授。又视其人身体之健康与先天之禀赋,及学习修为之毅力,久暂,而决定其成就。

顾在《薄伽梵歌》中第一次出现时(Ⅱ,39),克释拏谓当授以瑜伽。始述凡夫心智之不定,由于冀行业之得果,执由冀果,缚以执生,何不弃执矣!(Ⅱ,48)得失成败,心焉等平,此即瑜伽也。是则为行业之方便善巧,故曰:“瑜伽在诸行为便捷。”商羯罗于此句释云:“善巧者,以平等智而消灭行业所自然而生之束缚也。”(Ⅱ,50)

然其义不止此也。天帝既称“瑜伽主”矣(ⅩⅧ,75),则其创造之神圣权能,亦谓之瑜伽,(Ⅶ,25;Ⅹ,7;Ⅺ,8)所谓“威德瑜伽”也。

商羯罗以前,悟道之人住世,有其二途:一为捐弃一切人事,了无所作,所谓弃世也。一为此身一日住世,即一日不废行业,无功无过,无咎无誉而已。故曰:“弃世与行业瑜伽,二皆畀汝无上之福。”(Ⅴ,2)说僧佉与瑜伽者(Ⅴ,4),乃简言之,即此二途。瑜伽有“结合”义,不离乎行业之道也。

阿琼那,行动性人也。则以行业瑜伽,属之行动性人矣。(Ⅲ,3)故勉之以坚立于瑜伽,呼其“起!起!”以赴战杀敌也。(Ⅳ,42)《史诗》中亦以瑜伽道即*pravṛtti-mārga*与智识道即*nivṛtti-mārga*对举。(*Ma. Bhā. Aśva. 43. 25*)又言奉行薄伽梵教者,非舍行业也,不外方便善巧行之而已。*suprayuktena* *karmaṇā* (*Ma. Bhā. Sān. 348. 55*)。以此乃臻超上自在主云。

证之以他书:巴利文之(*Milindapraśna 1. 4*)有“宿昔瑜伽”*pubha-yoga* 之词,释者谓为 *pubha-karma*,即“宿昔行业”。马鸣之《佛所行赞经》(*Buddha-carita*,*1. 50*)亦言 *yoga-vidhi*,即可释为“无求无欲之行业瑜伽”。古事中禅那迦 *Janaka* 为名王,以此而教诸婆罗门,大致谓国王虽不弃世出家,亦得解脱。此王亦《薄伽梵歌》(Ⅲ,20)所称者也。

要之,无论说其道为二为三以至于六,义皆为精神生活,即与“至真”结合之道。(以上多采 *Tilak* 氏说。)至近代室利阿罗频多,乃有综合瑜伽之学。

(三)羯磨 Karma——行业也

Karma,字根为 *Kṛ*,作也,事也。天竺之俗,信鬼而好祀。古弥曼萨(*Pū rva-Mimāṁsā*)派之学,以为祀神 *yajña*,(《歌》中常译“牺牲”,即以牺牲为祭祀也。牺牲亦常取抽象之广义。)乃人生之唯一事业,而宗教之事,即依《韦陀》所记之仪文行其祭祀而已。其功效则祭祀者可以生天,天,乐土也。

《韦陀》教人行祭祀,此种行事或业,非能为人生之束缚也。然希望乃在于得果。于是祭祀牺牲之行业,亦归于人事有求之业中 *puruṣārtha*。有求得果即不能无缚,于是祀事 *yajñārtha* 即 *kratvartha* 亦复起缚。此《薄伽梵歌》所以贬抑之也(Ⅱ,42,43,44,45,46)。此谓《韦陀》行业一类 *Śrauta*。

但人生之事,如弥曼萨派所云,皆奉献神明之牺牲,如求财利,所以为牺牲也;收稻麦,所以为牺牲也,则亦无论已,特宗教观点耳。而法家视此不同。自社会观点论之,乃有按族姓而分其行业者,刹帝利以战争为行业;吠奢则以商贾;戍陀则以服勤。此则谓为“法典”行业一类 *Smārta*。

然人生之事,不以上述二类而尽也。而有《古事记》中所详述之节食,修为等事,斯则又成“古记”行业一汇 *paurāṇika-karma*。此又分为“常业”*nitya-karma*,如沐浴也,晨夕之祈祷也。行之无功,不行则有过。“非常业”*naimittika-karma*,如禳灾星,行忏礼是已,如无灾星则不禳,无过咎亦无忏。“有求业”*kamya-karma*,则依经教行之,求雨,求子嗣等皆是。而有人生绝不可行之事，如饮酒，则谓之“禁业”*niṣiddha karma*。在佛法中又分“性业”，“遮业”，或“引业”，“满业”等，兹不具说。

《薄伽梵歌》，于行业所说甚详，译时往往又译之曰“为”，曰“有为”，曰“行”，实皆原文“羯摩”一字也。要之人生之所为者，凡起，居，饮，食，行，住，坐，卧，视，听，言，动，思惟，静默，取，与，求，舍，农，工，商，学，战，斗，教，令，或属身，或属语，或属意者，皆谓之“羯摩”。字原无不善义也。（吾华大儒马一浮氏尝曰佛典中说“业”总有不善之意，是已。于此《歌》原文中求之，殆不然。教义之不同也。）

（四）达摩 Dharma

《歌》中“达摩”一字屡见，辄译曰“法”，“正法”或“职分”。*Svadharma* 则译曰“自法”。且何谓“法”也。

《史诗》中有云：

“能持者谓法，　　众生法所持，
起持系者法，　　是为决定义。”（*Ma. Bhā. Karṇa.* 69.59）

盖字从*dhṛ*而得，“持”也。唐人释曰：“法谓轨持”，佳说也。持击系，结合也。

以入世道论之，古有“王法”*rājadharma*，为君王之法，即君王之职责也。世俗所谓王法，则“民法”*prajādharma* 耳，即人群之法律。国家及地区有其职事，责任，谓之约法宪法等，则可入于*deśadharma*一类。家庭中男女之责任，父子兄弟之分，有不可逾者，则家法 *kuladharma* 也。婆罗门有其祭祀等事，刹帝利有其战争等事，职责所在，则“族姓法”*jātidharma* 也。战场中有武士之德，不杀降，不戮手不执兵器之人，如是者，双方共守，则战争法 *yuddhadharma* 也。印度古说人生之所求者，四端耳。一教法 *dharma*；二财利 *artha*；三情欲 *kāma*；四解脱*mokṣa*；谓之人生四谛，则所云教法者，伦理耳。维耳索尝云：

“举臂为君说，　　而无人我闻。

人若以正法，　　得财利欲情，
则君等何由，　　而不遵正法?”

则正法者，寻常正当律则耳。

夫“轨持”者，就其用而言之耳。持支此社会，保障此人群，使人人皆趋于安乐之道也。故摩奴《法典》中谓“能生不乐者，是法即当弃。”(*Manu*, *4. 176*)而世间之正义，善行，分所当为之事皆归之。不必具文者也。

但就出世道论之，“达摩”义为趋于来世或彼土之轨道，无论其为净土为天堂，则不但《韦陀》之祀事，即各宗教之所修为者皆归之，又不徒为保持社会人群而已，而有望于灵魂之得救。所谓佛法者，亦归入此类。而有以《史诗》为第五《韦陀》者矣，与弥曼萨二书(*Pūrva-Mimāṁsa*, *Uttara-Mimāṁsa*)为婆罗门日常诵持之三书。盖出世入世之道，就行业言之，原无严格之区划。住世一日，即一日不能无行业，食粟一颗，即未能离脱人群也。斯则又专谓“解脱”之法。

顾法何自而生?《史诗》尝云：“法者，起于习俗者也。”(*Ma. Bhā. Anu*, *104. 167. ācāraprabhavo dharmaḥ*)《法典》亦云：“法者，最高之习俗也。”(*Manu*, *1. 108.*——*ācāraḥ paramo dharmaḥ*)又云：“《韦陀》也，《法典》也，善行也，及吾人之所欲者也。”(*Manu*, *2. 12.*——*vedaḥ smṛtiḥ sadācāraḥ ca priyamātmanaḥ*)则皆就其相而言之也。而弥曼萨派辄云：“法者。教感之事相也。”(*Jai. Sū. 1. 1. 2.*—*codānā-lokṣno'rtho dharmaḥ*)所谓“教感”*codanā*者，贤人哲士之所言，此当为，或此不当为，使人感奋兴起者也。然则就其范限而言之也。

夫人生之事如此纷繁，中西古今之习俗殊异，则何者当为，何者善行，何者为量，何所适从?而使人感发兴起者，多述矣。《史诗》中固云：

“推理非安立，　　闻义(《韦陀》)已纷歧。
仙人所说言，　　无一为至量。
法之真实理，　　玄奥固难测。
伟人之所行，　　斯则为大道。”(*Ma. Bhā. Vana. 312. 115*)

夫世间伟人多矣。而其行径，又非一一可为轨则者也。

且何谓“自法”耶?浅说之，则自有之职分耳，自有之宗教耳。《歌》中辄云:"循自法虽无功兮,胜行他法而与宜。"(Ⅲ,35)或"优于行他法而有功"(ⅩⅧ,47)。似为固守已事,固执本教,向使非洲土人,固守其教其法,则终古为半开化之民族而已。是说也,其义似狭,不足以餍吾人之望。

就佛法论之,宗乘不同,经权各异,禅宗心传,辄付无法;说其法门,八万四千,何可胜道?

至此,不得不舍此语文研究,进而作至简单之玄学探讨矣。大抵可谓:吾人所以为吾人,及吾人将为吾人者,其力量乃在一高等"精神"之权能中。我辈生存之本质,乃宇宙间无数人格之"精神"自性也。吾人之性灵,亦即此"精神"之一分。在此自性中,每人皆有其转变之原则与意志,每一心灵,皆自我知觉性之一种力量,所以构成其中神圣性之理念者,由此而引导其作用与进化,及自我发现与自我表现,终必趋于圆成。此即吾人之自性,亦即是真性。由此真性所决定之行为,有其律则,乃吾人之自我形成与种种行为作用之正当律则,此之谓"法",此之谓"自法"。

《薄伽梵歌》,亦论人生"法"事之书也。是法非法,当为与不当为,皆详说之,以决大犹豫定大疑难。其说皆具于室利阿罗频多《疏论》。

(五)僧佉 Saṁkhyā

字从*Saṁ-khyā*——"计数"也。即"智慧数","数度"。在《薄伽梵歌》中有二义:一即数论哲学(ⅩⅧ,13);即凡哲学皆是。故*Saṁkhyā-yoga*又释为"知识瑜伽"(Ⅱ,39;Ⅲ,3;Ⅴ,4;ⅩⅢ,24);则不但数论哲学在其中,即韦檀多派哲学亦在其中。说者谓此派哲学安立二十五谛,故该派之修士得此名称。即"计数者"也。然韦檀多派之修士亦得此名称。在《薄伽梵歌》成书时代,数论哲学,正渐自圆成,趋于独立也。

唐人谓:从数起论,名为数论;论能生数,亦名数论。其造数论及学数论名"数论者"。——正尔不讹。皆即此一字。

自佛法视之,数论为外道。谓有外道名劫庇罗 *Kapila*,此即《歌》中(Ⅹ,26)所谓"我是成就仙之牟尼羯比罗。"乃此论之创立者。顾其生于何年何代,无从考据。《史诗》中谓其与 *Sanatkumāra*，*Sanaka* 等七人为梵天之七子，皆生于梵天之“心”者(*Ma. Bhā. Sān. 340. 72*)。则似其时代甚古。《史诗》同分中又有毗史摩云：僧佉所说宇宙起源之学，随处可得。得之于“古事记，古史，法典中等。”且谓“凡此世间之智识，皆出于僧佉论”云。另处又云此学阿修利以授禅那迦。阿修利为劫庇罗门人。——若此阿修利即《百道婆罗门书》(*Śatapatha Brāhmaṇa*)中所言之 *Asuri*，则其人大致生于公元前六百年。

吾华之知数论，盖自大乘佛法而得。至今《金七十论》及《唯识述记》中诸说，犹有可观。然以佛徒而说“外道”，牒之所以非之，立之所以破之也。故其中义蕴，殊待阐发。即如三德译为“勇，尘，闇”等，亦未恰当，(此见后释萨埵等)而《薄伽梵歌》虽取数论之种种名相，其说又有不同。兹略释之：

> “依《金七十论》，立二十五谛，总略为三，次中为四，广为二十五。略为三者，谓变易，自性，我知。
>
> 变易者，谓中间二十三谛，自性所作，名为变易。
>
> 自性者，冥性也。今名自性，古名冥性。今亦名胜性。未生大等，但住自分名为自性。若生大等，便名胜性，用增胜故。我知者，神我也。
>
> 中为四者：一、本而非变易。谓即自性，能生大等，故名为本。不从他生，故非变易。二、变易而非本。——说谓十六谛：——即十一根及五大，——总十六谛；又说但十一根。唯从他生，名为变易，不能生他，是故非本。三、亦本亦变易、——说谓七谛：即大，我慢，及五唯量。又说并五大合十二法，谓从他生，复生他故。四、非本非变易。谓神我谛。
>
> 广为二十五谛者：一、自性。二、大。三、我慢。四、五唯。五、五大。六、五知根。七、五作业根。八、心平等根。九、我知者。于此九位，开为二十五谛。”(以上录唐窥基《成唯识论述记》卷四，以其文简要故。)

世间现见万物生灭。固然。油从麻出，不生于沙；酪从乳生，不出于水。世间万物，必已原有；本来非有，何物可生？由此以推，所生 *kārya* 在能生

kāraṇa 中本有。他论谓种子坏灭,芽乃出生,芽既坏灭,树乃成长。数论谓是事不然(韦檀多派同数论)。种中所有,未尝坏灭,资于水土,乃得生芽;芽中所有,未尝坏灭,资取外物,乃复成树。本来无因,何由得果?由是万物,必有始因。此说谓之 *satkārya-vāda*。即窥基所说"执因中有果"也(参 *Sāṁ. Kā. 9*;*Sāṁ. Bhā. 2. 1. 18*;*Chān. 6. 2. 2*;*3. 19. 1*;*Tai. 2. 7. 1*;*Ve. Sū. 2. 1. 16. 17*)。此亦《薄伽梵歌》"无有者非有是兮,已是者非无有。"义。(Ⅱ,16)

此一始因,谓之"自性"*prakṛti*。义为"基本"。以今言表之,毋宁谓为"本质"。凡自其所生者,谓之 *vikṛti*,即自性之变易 *vikāra*。然吾人今见金、石、土、木,其性不同,于是数论者视万物之分殊,而区之为三态,斯即唐人所云三德。凡物皆有极纯净完善之态,此之谓属于萨埵性者 *sāttvikī*;其不完善一态则为属答摩性者 *tāmasī*;其中间由二进至于一之一态,则为属剌阇性 *rājasī*。三者原平等有在于"自性"中,由其力量(或曰密度)异而万物得睹。于是基本物质虽一,而有地、水、火、风、空等不同(五大有实名空,或译曰"以太")。宇宙间实无非三德所成者,亦无纯一德者,以某德独著,则余二虽存而不彰,此之谓"伏"。(*Sāṁ. Kā.* 12)《薄伽梵歌》所谓在人则"萨埵强盛兮,已克制剌阇,答摩"等,谓此。(XIV,10)

复次,万物始因,"非显"*avyakta* 者也。"显"*vyakta* 谓如声色等,可见可闻。以识根可得,皆"显"者也,概括分之,则曰"粗"*sthūlaḥ* 与"微妙"*sūkṣma* 二者。"妙"者,渺也。以太甚微,然弥漫宇宙,此一"本质",体是"微妙"(*Sāṁ. Kā. 8*)。而《胜论》极微聚集之说,亦不能外。盖究彼极微,必有原质,既有原质,仍入此樊。此"自性"者,无可分析,遍漫万物,其体是常,虽非显了,而可以推知者也。以其为万物之本,故曰"初基"*pradhāna*;以其自破平衡,激吐三德,又名"激德" *guṇakṣobhiṇi*;以其含藏万有之本质,故名"多种" *bahudhānaka*,以其能生,故曰"能生者"*prasavadharmiṇi*。而劫末之时,万物散坏 *pralaya*,非灭没也,皆还归于此"非显"之"本质"(冥性)而已。唐人言变"易"而不言变"灭"者以此。《薄伽梵歌》,亦同此说。(Ⅱ,28;Ⅷ,18)

复次:宇宙非徒一"物"而已,而实有"灵"。知觉 *caitanya*,非生于物者也。能知所知,必是二者(*Sāṁ. Kā. 7*)。知者既异乎自性,必非三德摄。自

性无知 *acetana* 而有为,神我有知 *sacetana* 而无为。一盲一明,二者双立,本有而常。《薄伽梵歌》谓自性神我,二皆无始(Ⅹ,19)即是此义。若使显者入冥,万物返本,神我与本,二皆永存。二者之外,别无其他。如谓"时间",若是显了,亦自性所生;如说"自在",若无相无性,则执因中有果,三德所成之物,必非由是而起。此僧佉所以为二元论亦为无神论也。然《薄伽梵歌》,不说二者皆本有而双立。其视"自性",则摩耶耳。(摩耶 *māyā* 是"幻有",后当广说。)即自在主之摩耶。(Ⅶ,14)又曰:我之胎藏为大梵,置种子于其中而万物发蒙。(ⅩⅣ,3)且曰:唯"我"之一分永存兮,于情命界化为性灵。(ⅩⅤ,7)则一元论也。

复次:僧佉神我,一中有多。凡人生死不同,苦乐异况,一得解脱,他犹未得,则神我相异,其数无量(*Sāṁ, Kā. 18*)。此执万物皆为大梵之韦檀多派所不许也。(Ⅷ,4;ⅩⅢ,20—22)(*Ma. Bhā. Sān. 351*;*Ve. Sū. Sām. Bhā. 2. 1. 1*)许是实有,是多所成。

复次,宇宙仅有自性与神我,其关系云何?自性原不可见,其粗体微妙体,依神我而出现。(*Sāṁ, Kā. 57*)神我独离 *kevala* 而冲漠,三德之起伏,乃纷呈于其前(*Sāṁ. Kā. 59*),辅车相依,乃生宇宙间一切法(*Sāṁ. Kā. 21*),此《薄伽梵歌》所许也。(ⅩⅢ,29)神我有体而无由见,乃以三德之自性而自见。且"大"者,智也 *Buddhi*,(此与"五大"异谛),自性所生,而三德之自性如镜(*Ma Bhā. Sān. 204. 8*)。若使"大"转为萨埵性矣,明莹朗澈,神我自于此镜中,自见其超乎自性,且三德之起伏皆超越矣,则诸缚皆解,而归于独离,如是谓之"解脱"*kaivalya*。此亦《歌》中所言者也。(ⅩⅢ,30;ⅩⅣ,20)

复次:此"独离"为自性离神我耶?为神我离自性耶?神我不动而无为,则何由离绝?(ⅩⅢ,31,32)则能离者,自性也(*Sāṁ. Kā. 62*)。《歌》亦云然。(ⅩⅢ,34)且谓知二者之分,"智者"也。(ⅩⅤ,20)然《歌》中所言"解脱",乃性灵之证见其本源,即"超上大梵",双超"自性"与"神我"二者,此其所以为"不二论"也。

复次:得"解脱"而臻"独离"矣,岂非形寿皆尽耶?《僧佉论》曰不然。如陶家轮,转动制瓶,瓶已成就而分离,轮转不因此而遽止,得解脱者亦然,正尔长久住世;(*Sāṁ. Kā. 67*)然既臻独离矣,神我坐照人生之苦乐,漠然无动,恬然晏如，可谓超乎生死矣。非是者，纵或生天，终于未了，或犹转世，三德相资。(*Sāṁ. Kā. 44. 54*)《薄伽梵歌》之说，于此亦同。(XIV，18)然则修"法"犹或未离，得"智"乃为极诣，劫庇罗之说，于此分辨甚明。"智"者，超乎三德之证悟也。以其由萨埵性增胜而得，故仍安立于萨埵性中，而不另立一性，此亦《薄伽梵歌》所同也。(XVIII，20)

总之，《薄伽梵歌》善摄僧佉之论，终以一元驾此二元。所谓"田"者，自性；"知田"者，神我也，(XIII，19—34)而其义微别。说超乎三德亦然，(XIV，22—27)而有一"无上大梵"，双生此自性神我二者。商羯罗疏《韦檀多经》，(*Ve. Sū. Sāṁ. Bhā. 2，1. 3*)亦曰，凡僧佉之论，皆可采也，独奥义书之"不二论"，即宇宙有一"超上大梵"之说，所不可弃者也。其相同相异如此。

(六) 萨埵，剌阇，答摩

《薄伽梵歌》于此三者分辨甚详，(XIV，5—27；XVII，1—22；XVIII，7—10；19—40)故为简说。此诸音译，皆遵唐人之旧；义译亦皆取之，然实有未尽未当者，兹据《僧佉论》等辨之。

《唯识述记释》"三德合故"下云："三德合故者，意云此萨埵等三，是自性功德。然我本有，不从他生。……德者功德之义。彼计三德为生死根本，亦发佛法中贪，嗔，痴为生死本也。"又："若傍义翻，旧名染，粗，黑，今云黄，赤，黑，旧名喜，忧，闇，今言贪，嗔，痴，旧名乐，苦，痴，今言乐，苦，舍。"又："三德应名勇，尘，闇者，意云：一切有情所有勇，悦，染污，贪，嗔，痴，忧，喜，闇，钝等事者，皆由三德与自性合，转变而成，能令有情，有如是事。"而《义蕴》亦云："勇，尘，闇者，有能生大等之功能，故名勇；从微至著，以细生粗，故类于尘；未生法时，相貌未显，义同于闇。"

功德者，*guṇa*之旧译。意谓有其体之有其德。是形况或相状义。然此三者，乃所以组成自性者也，是本体义。定义是"绳索"为能缚，又为"弓弦"之能张。

据《僧佉论》(*Sāṁ. Kā. 16*)云：

“性,变异生因　　　三德合生变,

转故犹如水　　　各各德异故。”

此义自性有三德,故能生变异,三德合故,譬如多缕和合生布。三德亦如是更互相依,所以生变异。故另喻自性为一绳三股,亦合。

三德何由而知?因果故,相应故,果有乐,苦,痴,则因必有喜,忧,闇。

三德相互违,如何共作事?实尔,三德相互违,为属一我不自主故,得共一事,如三物为镫,是火违油,炷;油亦违火,炷。如是相违法,能为人作事。三德亦如是,其性虽相违,能为我作事。其事云何,同萨埵能照 *prakāsa*,剌阇能造 *pravṛtti*,答摩能缚 *niyama*。

夫萨埵性者,字从 *sat* 而得,义作“真”,“是者”,真者真性,皆萨埵性 *Sattva* 也。唐人译“勇”,未详所闻。彼“菩提萨埵”,必不翻“觉勇”也。大致一切修持向上功夫,皆从萨埵性做起。若曰以勇能生,则第二非不能生。且萨埵性,为美满,圆成,能生乐等,故说为“美悦光明轻扬”*Sukhaprakā Śalaghava*(据 *Sāṁ. Tatt. Kaumdi 13*)(按此书后出,为奘师所未见。然义非后出,原是古义,而奘师亦非不明真义之人也,特自佛法视之,此外道耳,故辨之不详,审之未谛,推及窥基之流,门户之见更深,如喻“庖牺”于“兽主”等,于儒已然,何况外道?此其说之未可尽据也。)与“勇”义殊为悬隔。岂不欲以归之欤!其次剌阇 *rajas* 为“尘”,“尘”不况性。“从微至著,以细生粗,故类于尘”亦是望华言而臆说,昧《数论》之本义。原义是近苦生劳,转动不休之性 *duḥkhopastambhakatva pravartakatva*。而“答摩”译“闇”,义自无乖,原是痴重覆障之性 *mohagurutvā varanaiḥ*(所据同上书 13)。然必曰“未生法时,相貌未显”,则以一覆三,自性未显三德平衡时,似仅无前二。《义蕴》之失如此。

然基师亦不能无失,即以贪,嗔,痴为生死本计三德为生死本也。盖于萨埵,已加昧略。萨埵亦是超生死本,则未知也。而其言“黄,赤,黑”者,亦非无据。考《奥义书》中尝云:

“*Ajām ekām lohitaśuklakṛṣṇām*”(《白净书》,Ⅳ,5)

此义为“牝羊赤白黑”。商羯罗则以此与《唱赞书》,Ⅵ,4,所说三色相通,而释云:“此颂所言赤,白,黑者,义是剌阇,萨埵,答摩。剌阇性色赤,制造不安；萨埵性是光明，自白；答摩性黑，自然阴黯。由皆属自性，故曰不生。”（*Sāṁ. Bh.* Ⅰ. *4. 9*）——商羯罗生后于奘师，然此亦是旧说，但“黄”之与“白”，亦有分殊，在汉文“黄”字有“光明”义，声义相通而然。岂旧翻所据，抑有他故也？

要之，以释家而说“外道”，自难尽晓。此三德《薄伽梵歌》出义大致明晰；若深究其义，《数论》之经典注疏，至今具在也。

（七）摩耶 Māyā

《歌》中此字数见，存在音译者，则Ⅶ，14曰：“神圣摩耶”。ⅩⅧ，61曰：“众生内心兮，主者维神。由彼之摩耶兮，旋转众生如在机轮。”何谓摩耶？

敬拜“超上自在主者”，以为必有可见。可见可知，皆其显相，其不可见不可知之超上一面，则其隐者也。（Ⅶ，24）恶乎隐，隐乎“瑜伽摩耶”。（Ⅶ，25）义译当曰“创造之力”，亦有待阐明。

摩耶者，幻有也。《歌》中第十一章天帝示阿琼那以神变之形，摩耶也。（按：《史诗》中类似之事，有同一记载，天主示那罗陀以千百眼，面，等形色，则曰：“汝所见者，我所作之摩耶（即幻相）也。”*Ma. Bhā. Sān. 339. 44*）

吾人大致可说超上主有其不显之位，即非由凡人之识可得者。由不显而至于显，则为彼之“摩耶”，是则既为幻相，又可说为创造力量。而人之欲得解脱者，可克服此摩耶，体会超上主之纯粹而不显之一位，即超出一切相也。

然则此全宇宙为“超上自在主”之摩耶矣？实尔。超上自在不显之位，无相可得，无德可称 *nīrguṇa*，语言道断，心思路绝 *yato vaco nivartante aprāpya manasā saha*（《泰迪书》，Ⅱ，9），而人以之为有相有德者，则“无明”故。于是后期韦檀多派，又以摩耶二分，一是“幻相”，一是无明。如谓摩耶于纯萨埵性高张得势时，则有纯粹幻相，“大梵”在此相中映现，则为有相或有德之自在主 *Īśvara*，亦即所谓“梵金胎” *Hiraṇyagarbha*；若此萨埵性不纯净时，则此“摩耶”化为“无明”，在其中映现之大梵则为“情命” *jīva*。（*Pañcadaśī* Ⅰ. *15—17*）但《薄伽梵歌》未作此分辨。

商羯罗独标摩耶之说。则眼前世界，皆名色耳 *nāmarūpātmaka*，此为虚幻，暂现还灭。世固有“真”乃在斯摩耶之后。——此即 *Māyāvāda*——。摩耶之为名色，始亦于《奥义书》中见之，《白净书》(Ⅳ，10)谓“自性即摩耶，当知摩耶主，即是大自在，其分为万有，遍漫此世界。”若更溯其源，则甚且可求之于《黎俱韦陀》(*Rg. 6. 47. 18*)或(*Taittirīya Saṁhitā*，*1. 11.*)。要之名色非常而不真，万象旋灭而是幻，其说非商羯罗阿阇黎所独特创立，有其所自。

谓摩耶是“幻有”，“幻相”，是已。顾印度教与佛教之说不同。自印度教视之，此“摩耶”大梵之一权能也，与大梵其他之权能同是实而不虚。以此权能，彼不生不灭永恒之“自我”，乃得系住于有生有灭不恒之物质世间，于是而“自我”乃得经历自性之对待，如苦乐寒暑等。“净法论”者，乃分三解：曰“神圣摩耶”*Daivī-māyā*，此乃“超上自我”之世间一面，“彼”在宇宙间之工作所由成者也。已得解脱之巨灵，居此“权能”中，礼彼无上主宰云。其次曰“伊莎摩耶”*Īśa-māyā*(伊莎亦神主也)，其事则关乎神天阶位近乎大梵矣，转生者，入世间而有为，即“翊卫善人，保护正法。”而《薄伽梵歌》第十一章阿琼那所见者，即天主之伊莎摩耶相也。其三为“具功德摩耶”*Guṇamayī-māyā*。人类进化之事也。功德即萨埵等矣。修持者超出此势力，乃得解脱。

已而说摩耶字义者，谓“门”字母“*m*”为大梵之总。第二字母“阿”“*ā*”为大梵之显了面，为“超上心灵”，“心灵”，“情命”。“耶”音 *yā* 乃 *yar* 之阴性，即大梵之无限多方面之权能或威力。又，知宇宙间各种事相而不识其源者(即大梵之权力)谓之“无明”。知此大梵为万事万物之因者，谓之“明”。以此大梵之权能，而拘“自我”于其物质体中，则“无明”生焉。然则 *māyā* 者实 *yā mā* 之谓，“彼非是者”，彼非是者，则幻有也。彼非幻有，知之则“明”，是幻有者，皆“无明”相。此皆后起密乘之解字义法也。

总之，以韦檀多学观点说之，宇宙一切“名色”，皆非“自我”，(《唱赞书》，Ⅵ，1；Ⅶ，1。《大林间书》，Ⅰ，6，3。《蒙查书》，Ⅰ，2，9；Ⅲ，2，8。《六问书》Ⅵ，5)属之“无明”。宇宙之本，必超名色，必无功德，不可见知；功德见知，皆为后起，说为名色，还灭旋变。此种名色，即是摩耶。而僧佉之“自性”，无非萨埵等三德合成之摩耶耳，即具名色之摩耶也，于是说宇宙为“自在主”之一出摩耶游戏 *līlā*，亦固其宜。及至体悟大梵，证悟至真，乃克服摩耶矣。

余详《薄伽梵歌论》。

(八)唵 ōm

此象征字也。名*Praṇava*。(Ⅹ,25;ⅩⅦ,23,24)

所象征者,宇宙间万事万物究极之原始也。其音为三。即 *A-U-M* 三字母所合成者也。*A* 表万物中之唯一"自我",内在且永恒,吾人之自我则其反映现似也。*U* 表根本原素,为一切显示之物质基本。*M* 表此"自我"——即主体——与其物质工具——即客体对象间之关系。此种关系,乃表于一否定公式:*Aham etat na* 即"我非此"。凡有举似即"不是",终之则其"是"者可以悟矣。《泰迪书》(Ⅰ,8,1)云:"唵"者,大梵也。余详《唵声奥义书》。

Ōm tat sat 者。*tat* 者,"此",亦大梵也。*sat* 者,"真",亦大梵也。"真"表绝对真实性,至善,吉祥。"此",万事万物皆是也。"此"即是"彼"非对待而说也,乃绝对者。"真"则可谓无上遍是之存在原则。若说"真"为此可见可知之世界,则"彼"乃超出此可见可知之世界矣。要之此 *Brahma saṁkalpa* 三言,在任何祭祀仪文之始皆诵之,为臻至大梵之道云。

说者谓 *A-U-M* 三字母之外,其中尚暗含一 Ī 字,说 *A* 为"大梵"之"自我"一面(或说自我位),则 *U* 为其"非自我"一面,即自性也。*M* 为二者间之关系,固矣,与其中潜在之 Ī 皆表其权能或力量之一面。在玄学,此"唵"为一切综合玄学之基础,谓白法修士如法诵之,其效力殊不可思议云。

大乘佛法衍变而为密乘,则自印度教采入此字;而其六字真言:"唵摩呢叭咪哞"*Ōm maṇi padme hum*——义为"唵! 莲花上之宝珠!"则有种种神秘阐释。然此"唵"字来源远自上古,说者谓先于亚利安族之入印,与"阿门"同。

(在印度教中,诸《奥义书》之说法皆大同小异,参《六问书》,Ⅴ。《羯陀书》,Ⅱ,15—17。《泰迪书》,Ⅰ,8。《唱赞书》,Ⅰ,1。《弥勒书》,Ⅵ,3,4。《唵》《书》,全,Ⅰ至 12。——据末者则 *A* 为粗者外表者之精神,曰 *Virat*;*U* 为精者内中者之精神,曰 *Taijasa*;*M* 为秘密超心知之遍能 *Prajña*。*OM* 为"太极"*Turiya*,与前说略有不同而已。)

余详《内篇》第三部第十八论末。

(九)蒲历赫三曼

Brihat Sāma,《韦陀》诗颂也。原以颂因陀罗者,如云:"因陀罗兮,我辈颂赞唯君……"(*Ṛig. Ved*. Ⅵ. 46. 1),赞之为一切事物之主者也。

(十)伽耶特黎 Gāyatrī 即"三八音诗"

二十四音节之《韦陀》颂律也。其词如:

"*tat-sa-vi-tur-va-re-ṇi-yam*
bhar-go-de-va-sya-dhi-ma-hi
dhi-yo-yo-naḥ-pra-cho-da-yat"

此颂数千年来凡婆罗门皆诵于晨起时,或于采药(*Soma* 植物)时唱之。另说其精神之力,仅次于"唵"之一音。为一切知识之母 *veda-mātā* 云。愚尝以廿四字译之。(见《大林间书》,Ⅵ,3,6)

释 名(人 名)

梵语人名、原未必一一有义。后世加以解释,说不必尽同。

兹略就其可释者释之、如颂次、不重出。略附以《史诗》中事。

章Ⅰ.颂 1. 逖多罗史德罗 *Dhṛtarāṣṭra*——国王名。字为*dhṛta*字根为*dhṛ*,“持”也。*raṣṭra*,“国土”也。义合为“持国”,即“治国”也。

国王之子百人,皆称阋多罗史德罗*Dhārtarāṣṭrā*。国王目瞽,大战之始,仙人维耶索谓之曰:君欲观战者,当使君目复明。则曰:宁瞽也,不忍见同堂兄弟自相残杀。于是仙人使一少年桑遮耶*Sañjaya*,观战,以战场所见闻者,一一闻于其君。

句卢 *Kuru*——人名。此一家族之远祖。其地乃今德里所在处。句卢尝耕于此,因陀罗 *Indra* 神为祝福云:有战死于是者,有作法事而死于是者,皆得生天。于是句卢辍耕。音亦译俱卢。

班荼缚 *Pāṇḍavā*——班卓 *Pāṇḍu* 五子之通名。*paṇḍu*字义是“浅黄色”。后亦以班荼缚专称阿琼那。然末音“缚”短。

桑遮耶 *Sañjaya*——字根为 *ji*,胜利也。义为“胜者”。

2. 朵逾檀那 *Duryodhana*——字析为 *dur* 与 *yodha-*

na,义为“极难”与“克服”。即名“难胜”。为“持国”王长子,在班荼缚兄弟流放时为王。

阿阇黎——即亲教师,名陀拏*Droṇa*,两方之老军事教官也。诸子之战术,射艺,皆彼所教。字义为“大湖”或“雨云”。为婆罗门。

3. 都鲁波陀 *Drupada*——国王名。即半遮罗人 *Panchala* 之王。字义为“树足”或“树根”。为女子陀劳波提 *Draupadī* 之父,班荼缚兄弟之岳父。都鲁波陀子,名特里施荼都孟那 *Dhṛṣṭadym-na*——字义为“高上光荣”或“高上权力”,为班荼缚军之统领。

4. 毗摩 *Bhima*——将名。字义为“可畏者”。其母祷风神涡柔 *Vayu* 而生云。

阿琼那 *Ārjuna*——将名。字义为“白色”。又是树名。其母祷雷电神因陀罗 *Indra* 而生之云。

班卓之大妇名孔底 *Kunti*,雅达婆族之女也,生三子。长子名于地瑟耻罗,祷法神达摩 *Dharma* 而生者。次子为毗摩,三子为阿琼那。皆善战。阿琼那在《史诗》中别名甚多,见于《歌》中者凡十七:

一、高底夜耶 *Kaunteya*——即孔底之子。

二、班荼缚*Paṇḍava*——见前。

三、帕尔特 *Pārtha*——孔底又名*Pṛthā*,故称“辟特阿之胄”,即孔底子。

四、婆罗多 *Bhārata*——见后。

五、檀南遮耶 *Dhananjaya*——义为“胜财”。

六、句卢难陀那 *Kurunandana*——义为“句卢族之胤”。

七、句卢室列史多*Kuruśreṣṭtha*——义为“句卢人之英杰”。

八、句卢索怛摩 *Kurusattama*——义为“句卢人中之至真者”或“至善者”。或“句卢之贤”。

九、婆罗多沙婆 *Bharatarṣabha*——义为“婆罗多之英”。“沙婆”原义为“巨牛”,译亦为“良士”,“人杰”,“猛士”。

十、婆罗多室列史多 *Bharataśreṣṭha*——义为“婆罗多之最良者”,故译“良士”。

十一、婆罗多索怛摩 *Bharatasattama*——“婆罗多之至真者”,或“至善者”。

十二、波南多波 *Parantapa*——义为“克敌”,直译为“敌之焦灼者”。

十三、古咤计舍 *Guḍākeśa*——字若析为 *guḍāka* 与 *īśa*,义即“能主制其睡眠之人”;字若析为 *guḍa* 或 *guḍha* 加 *keśa* 则义为“头发缠结之人”。青项注主后说,以“身毛喜竖人”为喻 *Romaharṣaṇa*。

十四、左臂子弓 *Savyasācin*——义译。字析为 *savya*“左手”与 *sācitum*“弯弓”。

十五、安那伽 *Anagha*——义为“无罪者”。

十六、补鲁洒维耶窭罗 *Puruṣavyāghra*——义为“人中之虎”,“虎”表“英雄”。即粤语所谓“猛人”。此名唯见于第十八章第四颂,译时删去。

十七、摩诃婆和 *Mahābāho*——义为“大力手臂者”,译“巨臂”。亦以称克释拏。

庾庾坦那 *Yuyudhana*——将名。雅达婆人之主帅

也。字义为"屡战不已者"。即萨底阿契 *Sātyaki*。为班荼缚人战。维罗吒 *Virāṭa*——将名。字为 *vi* 与 *rāṭa* 之合,义为"多光荣"。为玛苴雅 *Matsya* 族人之王。班荼缚兄弟放逐时,曾加以保护。

5. 特黎史多计都 *Dhṛṣṭaketu*——将名。字为 *dhṛṣṭa* 与 *ketu* 之合,义为"高帜"。常建之军旗也。为杰提 *Chedi* 族人之王。掣岂丹那 *Chekitana*——将名。字根为 *kit*,义为"多知者"。雅达婆 *Yadava* 族人。

迦尸之王 *Kāśirāja*——迦尸,地名。在今中印度境。即贝纳尼斯 *Benares* 于今二名并用。

弗庐芰孔底毫遮 *Purujit Kuntibhoja*——将名。弗庐 *Puru*,族名。弗庐芰 *Purujit*,字义为"战胜弗庐族之人",姓孔底毫遮 *Kuntibhoja*,字义为"保护孔底者"。

尸界人之君——尸界 *Śibi* 族人之君,名奢以毗亚 *Śaibya*,此行义微变,直译当作"与奢以毗亚人中之君"。

6. 禹坦曼尼羽 *Yudhāmanyu*——将名。字乃 *yudhā* 与 *manyu* 之合,义为"战怒"。即以战斗而忿怒者。慍但没赭 *Uttamaujās*——将名,字乃 *uttama* 与 *ojās* 之合,义为"有至上之力者",简称则"大力"。以上二人,来自半遮罗 *Pāncāla* 国,皆阿琼那战车之卫士。缫婆陀 *Saubhadra*——将名。阿琼那次妇,克释拏之妹也,名苏婆陀 *Subhadrā*,义为"善贤",生子从母名,则为缫婆陀。又名阿毗曼泥羽 *Abhimanyu*,义为"殊怒"。

陀劳波提耶 *Draupadeyā*——五将之通称。班荼缚五兄弟同娶一妇陀劳波提,各为生一子,从母名,通称陀劳波提耶。

8. 毗史摩Bhīṣma——句卢族中最老之英雄,字义为"可怖者"。——即第十二颂所称"彼威猛之大父,句卢之叟"为两军兄弟之叔祖,平生未尝近女色,至老犹为善战之第一人。彼亦知朵踰檀那王不义,致力于调和此同族之争。然睹句卢族世仇其他部落皆入班荼缚军,遂决然为朵踰檀那王战,约仅参战十日,十日之后即退休,然终战死。

羯拏Karṇa——将名。字义为"耳生"。乃孔底前夫之子,为三班荼缚兄弟之同母兄。在敌方继毗史摩为主帅。

羯勒波Kṛpa——将名。其妹为陀拏之妻。两方兄弟之最幼教官也。为战后彼方所存三人之一。

阿湿缚他摩 Aśvatthāma——将名。字为 Aśva 与 sthāman 之合,义为"马力"。陀拏之子。羯勒波之甥。战后夜袭班荼缚军而尽灭之者,亦所存三人之一,往林间而终。

维羯拏Vikarṇa——将名。字义为"无耳"。朵踰檀那百兄弟之一。百人中唯一守正者。

缫末陀底 Saumadatti——将名。即素末陀底 Somadatti 之子。"素末"Soma,亦译"梭摩","陀底"datti,义为"施与者"。又名"多闻"Bhuriśravā。乃薄喜迦 Bahika 族人之王。

14. 克释拏Kṛṣṇa——史有其人。为雅达婆族之长。颂中此行作"摩闼婆与班荼缚"。——摩闼婆Mādhava,见下《神名》。

15. "狼腹"Vṛkodara——Vṛka字义为"狼",又为"蟒

蛇”,*udara* 字义为“腹”。吞噬生人之谓,即毗摩。

16. 于地瑟耻罗 *Yudhiṣṭhira*——将名。阿琼那之长兄。字义为“坚住于战斗者”。孔底之子。最修正法,有“正法国王”之称。那拘罗 *Nakula*——将名。字义为“食蛇之鼬鼠”,与萨贺提婆 *Sahadeva*——将名。字义为“与天神俱偕”。——同为班卓次妇摩陀利 *Madri* 所生之孪生子。为祷阿施文而生者。故班荼缚为同父异母兄弟五人。

17. 施康地 *Śikhaṇḍi*——将名。都鲁波陀之长子。字义为“孔雀冠”。《史诗》谓其为无髭之不男者,后转男身。毗史摩勇武,平生不与非男子较力,故不与施康地相斗。故阵中阿琼那匿其身后向毗史摩发矢,因以谲胜。

20. 猿帜——帜上绘一猿,即阿琼那之旗。亦称。

24. 婆罗多 *Bhārata*——地名。字根为 *bhṛ*,义为“持载”,“养育”。在《史诗》中为人名,都史扬多 *Dushyanta* 与莎恭达罗之子。衍为此民族名,此颂中以称逖多罗史德罗王。他颂中以称阿琼那。

Ⅲ.20. 禅那迦 *Janaka*——人名。字义为“父”,“能生者”。传说为上古之贤王,又为法王,得大解脱。名亦见《奥义书》,在释迦佛以前。

Ⅳ.1. 维伐思瓦 *Vivasvat*——古圣人名。字义为“太阳”。摩奴 *Manu*——人名。维伐思瓦之子。又古十四人皇之通名。字义为“人”,“人类”。第一世为 *Svayambhuva Manu*,传说即《摩奴法典》之作者。至第七世 *Śraddhadeva*,乃此世界人类初祖云。

伊刹俄古 *Ikṣavāku*——人名。即摩奴之子。为中天竺日光姓第一王。唐人解字义,辄以此与 *Ikṣu* 相混,曰"甘蔗"王。误。

Ⅹ.13. 维耶索 *Vyāsa*——人名,古作者。义为"分析者","解词者"或"编订者"。详另篇《考证》"撰者"。

26. 苏多子 *Sūtaputra*——将名。"苏多"*sūta*,音译,义为"善驾战车者"或"御者"。"子"*Putra*,义译。苏多子即羯拏。(见前)孔底生后弃之于水,为一御士所育。

羯庇罗 *Kapila*——人名。字义是"黄赤色"。即《数论》哲学之创造者。

31. 罗摩 *Rāma*——人名。《罗摩衍那》长故事诗中之英雄主角。唐人称此诗为《罗摩传》。

34. 遮耶达罗他 *Jayadratha*——将名。义为"胜车",即善御之武士。为朵踰檀那王之妹婿。信度国 *Sindhu* 之王。战中为阿琼那所杀。

37. 乌商那 *Uśanas*——星名。又诗人名。即 *Śukra* 或 *Śukrācārya*。传说谓为宗教仪律及社会法律之作者。神话谓为阿修罗及群鬼之导师。盖古《韦陀》诗人也。古印度诗人必为见道之士。故亦称"见者"。

释 名(神 名)

Ⅰ.14. 克释拏 *Kṛṣṇa*——即“薄伽梵”。(见《音译》)字义为“黑”。有析为 *Kṛṣi* 与 *ṇa* 者,义为“地”,“大地”,与“成就”或“圆成”。意谓大地之上,凡有希求成就者,彼皆护持而使得圆成。即可说为“地成”此歌中别名凡十八:

一、赫里史计舍 *Hṛṣikeśa*——字析可为

甲、*hṛṣika*“诸识根”与 *iśa*“主宰”。义为“能主宰其诸识根者”。又说

乙、*hṛṣi* 与 *keśa* 二字合成。*hṛṣ* 义为“喜乐”,“给予喜乐”;*keśa* 则义一为“头发”,另义为“光明”。故一解为“以喜乐而毛发为动者”。一解为“以其光明充满世间以喜乐者”。

二、阿逸多 *Acyuta*——字义为“不败者”。

三、阿利苏陀那 *Arisūdana*——字义为“杀敌者”。

四、凯也舍筏 *Keśava*——字或析为 *ke* 与 *śava* (*śete*)则义为“卧于水中者”。或谓为 *keśa* 与 *va*,即为“(美)发者”。

五、歌宾陀 *Govinda*——字析为 *go*“牛”,*vinda*“主之者”,义为“牛群之主人而护持之者”。

六、摩闼婆 *Mādhava*——字析为 *mā*(*yā*)与 *dhava*，义为“财富女神之夫”。

七、瞻纳陀那 *Janārdana*——字义是“为人或(人类)所求祷者”*janānardayatijanārdanaḥ*。另说为“(为)人类除(恶)者”。

八、摩脱苏陀那 *Madhusūdana*——二字之合，*sūdana* 义为“杀戮者”，即“杀摩脱(妖怪名)者”。

九、瓦瑟业友 *Vārṣṇeya*——义为勒瑟腻 *Vṛṣṇi* 族之后。字义为“云”，“光”，“羊”，未详所取。此名在《歌》中凡两见，译时皆芟。

十、计兴泥灼陀那 *Kesiniśū dana*——计兴 *Keśin*，阿修罗名。义为“杀戮计兴者”。此名仅在第十八章第一颂一见，计时芟。

十一、雅达婆 *Yādava*——义为雅朵 *Yadu* 氏之后。即勒瑟腻族。以族名其人，其首长也。

十二、莲花眼目 *Kamalapatrākṣa*——义译。谓眼之美丽如莲花瓣。

十三、瑜伽自在主 *Yogeśrara*——义译。“自在”即“主”。主宰也。

十四、维瑟努 *Viṣṇu*——唐译毗搜纽或毗奴。义为“遍漫宇宙者”*veveṣṭi viśvam*。唐译“遍入天”，天，神也。字出 *viś*。

十五、宇宙主 *Viśveśvara*——义译。即宇宙自在。

十六、赫黎 *Hari*——义为“太阳”。

十七、婆苏天 *Vasudeva*——义为“遍居天”

vasati sarvāsmin iti vāsuḥ即内居于众生万物中者。婆苏 vāsu 音转 Basu 或 Bose，今世习见之名。天，音译则为“提婆”，字出 div，有“光明”义，以光明与人者，谓之天。通俗则父、母、师、长、宾客皆可称曰天，表尊敬。

十八、补鲁灼恒摩 Puruṣottama——义为“无上神我”。或“无上补鲁洒”。者“至上人”，“人之上极”。

Ⅲ.15. “大梵”，“梵天”Brahman——华文古无“梵”字。字原作“芃”。《诗经》：“芃芃黍苗。”至晋葛洪《字苑》始录“梵”字，乃别有“洁”也，“净行也”诸义。古无轻唇音，以“梵”字音译 Brahm(省 a)，正合。“大”字，“天”字，皆译家增。原字从 bṛṁh 而得。bṛṁhāti brahmā 义为“长育”，“生长”，“增长”。衍为此神名，则为宇宙间无上存在者，遍漫万有之灵。亦别称“自生者”，“大父”，“世界主”，“超上主”，“金胎”等名。即创造万物之主云。

Ⅹ.6. “七仙人”，“四摩奴”——仙人 ṛṣi，从唐译。成道而住世者，“七仙人”存三说：

1. *Bhṛgu*, *Nabha*, *Vivaśvan*, *Sudhāmā*, *Virajā*, *Atināmā*, *Sahiṣṇu*.

(见 *Harivamsa*, *1*, *7*; *Viṣṇu 3*, *1*; *Matsya 9*)

2. *Marīci*, *Aṅgirasa*, *Atri*, *Pulastya*, *Pulaha*, *Kratu*, *Vasiṣṭha*.

(见 *Ma. Bhā. Sān. 335. 31*; *340. 69*)

3. *Kaśyapa*, *Atri*, *Baradvāja*, *Viśvāmitra*, *Gautama*, *Jamadagni*, *Vasiṣṭha*.

(见*Viṣṇu Pur*. *3*，*1*，*32*，*33*；*Matsya*. *9*. *27*，*28*；*Ma*. *Bhā*. *Anu*. *93*，*21*. 南本 *81*，*4*)

以第二说较著称。

然此行另可译为：

"七大仙人兮，

古之四，与诸摩奴！"

"古之四"童身仙 *Kumāra*，生自"梵天"之"心"者，有二说：

1. *Sanaka*，*Sānanda*，*Sanatana*，*Sānatkumāra* (见 *Bhag*. *3*. *12*. *4*)
2. *Vāsudeva*，*Saṁkarṣana*，*Pradyumna*，*Aniruddha*.

(见 *Ma*. *Bhā*. *Sān*. *339*. *34*—*40*；*340*. *27*—*31*)

第一说谓四人出生后即修道终老。第二说较常见。谓四人者，表"超上自在主"之四位，即灵、命、心、性（个性），四方面。

摩奴传说有十四人，分为二组：

1. *Svāyaṁbhuva*，*Svārocisa*，*Auttamī*，*Tāmasa*，*Rivata*，*Cākṣuṣa*，*Vaivasvata*.（见 *Manu*，*1*. *62*. *63*）
2. *Sāvarṇi*，*Dakṣa-Sāvar-ṇi*，*Dharma-Sāvarṇi*，*Rudra-Sāvarṇi*，*Deva-Sāvarṇi*，*Indra-Sāvarṇi*.（见 *Viṣṇu*，*32*；*Bhag*. *8*，*13*；*Harivamsa 1*，*7*）

每一摩奴为人类一纪元之初祖。余详《释时》。

13. 那罗多 *Nārada*——仙人名。字义为"以辩胜人者"。传说为梵天十子之一，从其足生。在人间为琵琶之发明者，又为法律制作者。

阿悉多 *Asita*——仙人名。字义为“黑”。

提婆罗 *Devala*——仙人名。字义为“迎神者”或“事神者”。

21. 阿提诸神 *Āditya*——字从 *diti* 而成。“太阳”神也。为数十二,表十二月。劫末时,十二太阳并现于空云。维瑟努 *Viṣṇu*——见前。此谓十二神之主。宇宙之神,三位而一体,即大梵,维瑟努,湿婆,依次表生,住,灭三态。

摩利支 *Marlci*——风神 *Maruta* 有七,*Āvaha* 即摩利支其首也。(余为 *Pravaha*, *Vivaha*, *Parāvaha*, *Udvaha*, *Samvaha*, *Parivaha*。)在地界与天界之间。其在上者,吹动星辰云,而七神之下各有七神,故风神总数四十九。

22. 帝释 *Vāsava*——雷电之神,即因陀罗 *Indra*。古《韦陀》时代之神也。此从佛乘旧译。佛乘中称之为“释提桓因”,简称“帝因”,或称“帝释”,盖从“释提婆因陀罗”之音省略而成。《韦陀》之神,表强力,战斗,武怒,与佛教中所述,亦无二致。(参看《法苑珠林》引《长阿含经》)

23. 楼达罗 *Rudra*——十一神之总名,司毁灭,皆湿婆之化身。商羯罗 *Saṅkara* 即湿婆也。

维帖奢 *Vitteśa*——即 *Kubera* 财富神也。夜叉罗刹皆事奉财神云。

婆苏 *Vasu*——八神之总名。水神 *Āpa*,空神 *Dhruva*,月神 *Soma* 及地神 *Dhara*,风神 *Anila*,火神 *Anala*,晨曦之神 *Pratyūṣa*,日光之神 *Prabhāṣa*——此八神者,名八婆苏。——帕婆羯 *Pāvaka* 即 *Anala* 火神也,位最尊。

24. 蒲厉贺斯钵底——*Bṛhaspati*——天神中之最高

祭司。

塞建陀 *Skanda*——战神也。幼为六星所抚育，——六星即 *Kṛttika*，即 *Pleidas*，——故又名 *Kārtikeya*。与罗马之 *Mars* 同。

25. 步厉古 *Bhṛgu*——第一摩奴所生十长老之首也。与火同生云——*bhṛg* 原是谐声语，像燃火之爆发声。

26. 乾闼婆 *Gandharva*——半神道也。为天仙之乐师，歌者，以吉怛罗他 *Citraratha* 为其领袖。

27. 蔼罗筏耽象 *Airavata*——象王之名。即因陀罗之象，又，东方之象也。神话、东、西、南、北、中，五方各有一神象。象各有其名称。亦犹吾华汉代说五方各有一神鸟。

28. 果愿牛 *Kamadenu*——神话谓 *Vasiṣṭha* 仙人所畜。名 *Surabhi*，凡于世间有求者，求之辄能满愿云。

矜陀般 *Kandarpa*——情欲之神也。

哇苏启 *Vāsuki* 毒蛇之王名。

29. 阿难多 *Ananta*——千首龙王名。维瑟努寝卧其下。又名 *Seśa*。室利陀罗注：谓龙则无毒而蛇有毒。龙王火色，蛇王黄色云。

婆娄拏 *Varuṇa*——水神也。西海之王名。

阿利玛 *Aryaman*——人类鼻祖名。

琰摩 *Yama*——死者之神也。俗称阎罗。古《韦陀》之神。

30. 鬼主——名 *Prahlāda*。生前为婆罗门，投生为鬼主 *Hiraṇya-Kaśipu* 之子。生前之信心未改，仍敬 *Viṣṇu*，其父恶之，多方加以楚毒，终不死。后 *Viṣṇu* 化形为半狮人，从柱中出，扑杀其父，遂继其父为鬼主。

6. 阿室宾 *Aśvin*——太阳神之孪生子名,为天神之医者。

摩娄怛——即风神。

22. 萨睇耶 *sādhyā*——一类天神之总称。

维湿缚(提婆)*Viśvadevā*——宇宙群神。

乌瑟摩波 *Uṣmapā*——祖灵也。字义为"热饮(食)者"。周年祭祀,唯上热食,祖宗乃歆享其馨香云。

悉檀众 *siddhasaṅgha*——即成就仙众。以人而修仙得成者,谓之 *siddha*。

释　　时

（一）

历数与天文相接，其末也，归于混茫。下焉者，推其说于人事之吉凶祸福，然在古代，此正其发展持续之由。神话往往为科学之先驱矣。古印度计时，异乎诸夏，年分六季，昼夜六时。语其细，则“壮士弹指顷，六十四刹那”，语其大，则天神岁月，悠悠难量矣。

《歌》中“历千世为梵天一日兮，历千世而为一夜。”（Ⅷ，17）“世”者，在华夏为三十年，或终一人之身为一世，兹以译 yuga，义异。印度神话：世有其四。最古为“纯真世”*Satya-yuga* 或 *Kṛta-yuga*，人间真理弥漫，善德圆满，历四千年。其次为“三一世”*Treta-yuga*，善法真理，对不善法非真理，为三比一，历三千年。其次为“二一世”*Dvāpara-yuga*，即真伪善恶，各居其半，历二千年。第四为“斗争世”*Kali-yuga*，为时一千年。而世与世之间，尚有一过渡时代。“纯真世”前后各四百年，“三一世”前后各三百年，“二一世”前后各二百年，“斗争世”前后各一百年。合计之为万二千年，周而复始。

然人类文明已逾五千年，有史以来，可谓斗争已启其端，则其复始之“纯真世”至今亦过，而今代为“三一世”矣。斯则明与世间相违，虽神话而其说难通也。

于是《古事记》中为之说曰：此万二千年者，非人间之年，天上之年也。弥卢之山，天神居焉，地球之北极也。太阳似行北道之半年为其一日，似行南道之半年，为其一夜。然则天神一昼夜，等于人间一年。天神以三百六十日为一年，则其一世为四百三十二万人间之年。千世为梵天一日，则人间四亿三万二千万年，其一夜，数同。

而其说尚不止此也。天上一万二千年，历四世一周，则为人间之一“大世”*Mahāyuga*。历七十一周为一纪 *Manvantara*。纪凡十四，终而复始。每纪有一纪元之初祖，名曰“摩奴”。而初纪前后及余十三纪之后，各有一过渡期，同于一“纯真世”。然则合十四纪与十五过渡期，乃天上之千年，则为梵天之一日，同数乃为其一夜云。

梵天之一昼夜为一“劫”。“劫”者，“劫波”之省文，*kalpa* 之音译。劫末万有消亡，次劫之初更始。“劫尽万有归‘我’自性兮，劫初‘我’又创生之。”(Ⅸ,7)谓此。

(二)

“计度中‘我’是时间”(Ⅹ,30)。“‘我’唯是无尽之时历”(Ⅹ,33)。前后似相重复。注家谓前者如寿量，计人寿百岁等，人死亦尽，为有限之时间。后者谓无限而永恒之时间。梵文固是 *Kāla* 一字，而译文为“时间”与“时历”，已有分矣。

(三)

印度六季，唐人译为“春，暮春，夏，秋，冬，冬尽”。僧徒“安居坐夏”者，即安居以度雨季也。春日芳菲，故《歌》云：“季兮，我为春之芳菲。”(Ⅹ,35)论月，则以孟冬之月最佳。(见同颂)约当西历十一、十二月间，月圆在 *Mṛga* 宿中，故名*Mārgaśirṣa*。古时计岁以此月为首，亦名 *Āgrahāyana*。故从义译，为“岁之正月”。

释　器

Ⅰ.14.　大战之车——广车也。古印度之制，四马两轮，御者与战士坐于车前。中载弓矢。车后为一空处，外表装备极坚。战士受伤，休息于此。此处译曰“车座”。阿琼那弃掷弓矢时，乃在车上此处也。后陀挐升天时，亦坐于此处。

15.　“巨人骨”*Pāñcajanya*——角名。克释挐尝斗杀一巨人，名*Pāñcajana*，取其骨为吹角。

“天施”*Devadatta*——阿琼那之角名。义为“天所施与者”。（此字佛典中音译调达，人名。）

“匏荼罗”*Paundra*——角名。字义未详。

16.　“胜无涯”，“妙声”，“珍珠花”，皆螺名。

30.　“大弓”——阿琼那之弓，名 *Gāṇḍlva*。竹节谓之 *Gāṇḍl*。

Ⅵ.11.　坐具——吉祥草 *kuśa*，印度随处有之，干之以藉地。数千年来，修行者唯用此草，故视为圣洁。虎皮 *ajinam*，不去毛。有译为狮皮者，有说为黑色鹿皮者。草上铺皮，皮上蒙布，以为跏趺处。

Ⅹ.28.　金刚杵 *Vajra*，多五股，乃四圆刃而中一长锋。亦有三股、九股者。此处义为“雷电”。

Ⅺ.11.　鬘，花串挂颈项者，下垂胸前。

17.　轮表世界，杖表执法，皆权威象征。

ⅩⅧ.61.　机轮。如陶家轮。

释　　木

菩提树(XV,1,2,3,)

树名"阿湿婆他"*Aśvattha*,又名"荜波罗"树 *pippala*。拉丁名 *ficus religiosa*。即佛教中所谓"菩提树",吾华所熟知者也。析字义为 *Aśva*"马",*ttha*"留系处"。神话谓琰摩界(即"死"界)祖灵乘*Pitṛyāṇa*之夜中,日神税驾此树下,故名。韦檀多派析字义,为 *a*"不",*śva*"明日",*ttha*"留存",谓宇宙虚幻,变灭无常,"无留存至明日者"也。亦成一说。

参天大树,由一种子生,以喻可见之宇宙,由一不可见之超上大自在主生。说神主在天。故倒生。《史诗》中亦说为"梵树"或"宇宙树"。枝干喻梵金胎及凡有生者等。"高下漫布兮",——"高"谓在超物理界,"下"谓在物质界。芽茁喻五根境,即色、声、香、味等。蔓根喻有欲望之人生行业,原自上出,故"亦又低垂"。

《史诗》中说宇宙树即"梵树"凡两见,其立说与《数论》同。有颂云:

"不显者种生,　　大为树之干,
我慢为树柯,　　诸根茁芽眼,
五大为巨枝,　　五唯为条枚,
永常生花叶,　　善果非善果。
此乃古梵树,　　持养众生者,
挥真实慧剑,　　智者研复析,
破此执著网,　　起生老死者,
无我所无我,　　解脱斯无疑。"　(*Ma. Bhā. Aśva* 47. 12—15)

此四颂直译。所谓"不显者",即"自性"或"物性"也。具有萨埵等三德,亦即是摩耶。“大”者智也（又名 *āsuri*，*mati*，*jñāna*，*khyāti* 等）。由之而生我慢（又名 *abhimāna* 等），我慢以下，生萨埵性者，五知根，五业根，与心（或名意 *manas*）为十一谛。其答摩性者，五唯及五大凡十谛，今在无生物界摄。以“无着”之利剑斫之析之，则《薄伽梵歌》所同也。

《黎俱韦陀》（*Ṛg. Veda 1. 24. 7*）说婆鲁拏*Varuṇa*界有树与此同。其下则死神与幽灵饮宴之所也。（*Ṛg. Veda 10. 135. 1*）其上则有双鸟与一甘芬之荜波罗。（*Ṛg. Veda 5，54，12*）《史诗》中又谓坏劫之时，有仙人（名 *Mārkaṇḍeya*）见超上大自在主，作儿童相，坐一永生树之枝上云。（*Ma. Bhā. Vana. 188，94*）其根从上垂，或者取相于榕树*vaḷa*，则非荜波罗矣。而《白净书》，Ⅲ，*9*；Ⅵ，*6*，有说此树者，未详说为何树。另说《蒙查书》，Ⅲ，上，*1*，则上栖二鸟，一为“情命自我”，一为“超上自我”，一则啄荜波罗果云。然另说为*audumbara*树者，亦见《古事记》中。《史诗》（*Ma. Bhā. Anu. 149，103*）尝并出三名：“*nyagrodho dumbaro'śvatthaḥ*”，《歌》中所云者，固荜波罗矣。

《黎俱韦陀》之说，与僧佉故有不同，《薄伽梵歌》此说，则和合二说者也。第一颂以“《韦陀》之颂赞”*chandāṁsi*为叶，字根原出于 *chad*，“覆荫”也。（《唱赞书》，Ⅰ，*4*，*2*）知此则“韦陀明者”也。第二颂以下乃依《数论》而说者。

征　　引（一）

《歌》中文义前后相生，有当同读者，始可见制作之弘大与结构之精严。其与《摩诃婆罗多史诗》文字大同小异者，凡全颂二十六，半颂十二，其他散语，屡见不一见。《史诗》迄无华文译本，而治《史诗》原文者，南、北诸本虽异，于此等处亦易检寻，故不备录。然《歌》自《史诗》分出单行之后，本身被视为一《奥义书》，《静虑颂》中云："一切《奥义书》，皆如同母牛（中略），《歌》是所取乳，是上上甘露。"（*Gitādhyānam 4*）是且视为《奥义书》之菁华，故其资取古《奥义书》之处，或全颂或半颂文字相同者，兹并条出之。又有菩提留支论外道涅槃涉及此歌者，亦并录存，以备学者参考。

章Ⅰ.颂 10.　克释拏教阿琼那以无上道自此颂始；即证"超上大梵"。——纵已证"超上大梵"者，仍有二途：一知识，一行业。（Ⅲ，3）——行业一道高于舍弃行业之知识道。（Ⅴ，2）——自Ⅱ，39 颂起，始阐明行业。

16.　参《唱赞书》，Ⅵ，2，2。

19.　（后半颂）"二者皆不知兮……"与《羯陀书》，Ⅱ，2，19，同文。

20.　（后半颂）与《羯陀书》，Ⅱ，2，18，同文。

29.　"有人视彼如奇异兮……"与《羯陀书》，Ⅱ，7："有人说彼为奇异兮……"同文。

31.　以下凡两颂（Ⅲ，35；ⅩⅧ，47），皆说及"自法"。此外表之义为一己之职责，余详前"音译"达摩条。42、43，二颂连读为一长句。

45.　三德详见下 ⅩⅣ，5.20。

61.　"合太和坐观我为最胜"，原文三言：*yukta sita mat-*

*paraḥ*说者谓此为全部《薄伽梵歌》秘旨。

69. 知识乃光明,无明为暗夜,参下 XIV,11。

72. 弥留时心思应当清静,见下 VIII,5—10;——此说亦见《唱赞书》,III,14,1;《六问书》,III,10。

III.4. 无为,参下 V,8,9。

9. 执著,冀乎得果,参下 XVIII,6,11。

13. 《黎俱韦陀》(*Ṛig. V. X. 117, 6*)有云:"凡不飨贤哲友人而独食者,斯为罪人。"

《摩奴法典》(*Manu 3, 118*)有云:"独为己私而炊烹者,唯食罪恶;祭祀之余乃贤者所食。"

牺牲之余为甘露,见下 IV,31。

15. "大梵",自商羯罗以下注疏,皆释作"韦陀",以此释颂初二句固合,以释后二句则不合。独罗曼耨遮释作"自性",则皆合。与下 XIV,3,义合;与《史诗》(*Śān. 267, 34*)义皆通顺。

17. 与下二颂一贯读。

35. 此颂乃印度独立运动中之真言,合下 XVIII,47。

39. 《摩奴法典》(*Manu 2, 94*)中有云:"情欲不以享受而平,如火以加膏油而盛。"

42. "谓根为上兮……"与《羯陀书》,I,3,10,同文。

IV.11. "敷座具于清净处兮……"与《白净书》,II,10,大致相同。

13. 此后二句义参下 V,14。

33. 知识之牺牲奉献,见下 IX,15;XVIII,70。

35. "更在我"三字极关重要,详内篇阿罗频多《疏论》。参下 VI,*29*;*Bhāg. 11, 2, 45*。

V.8、9. 二颂为一长句。

13. "端直其身躯,头,项兮……"与《白净书》,II,8,大致相同。

19. “自建于梵天”,义出《唱赞书》,Ⅱ,23,1,所谓“卓立于大梵中者,乃得永生焉”。

22. 与上Ⅱ,14,同义。此谓“有始卒”,彼谓“有来去”。

Ⅵ.7. 至上或超上自我,参下ⅩⅢ,22,31。

13. 此静坐法由来甚古,参《白净书》,Ⅱ,8—10。

18. 此章下29,30,47凡三颂皆同此意。期与至圣至神者合德,静坐乃不生弊病。

20. 此颂至第23颂,一贯读下。

26. 与《羯陀书》,Ⅰ,3,3—4,同义,喻善御者使马就羁也。

27. 参《弥勒书》,Ⅵ,28。《甘露滴奥义书》(*Amṛtanāda 29*)——大致皆谓意志坚定而勤勇者,六月已可有成就。

29. 后半颂见《摩奴法典》中(*Manu 12,19*);又《解脱书》(*Kaiva,1. 10*)同文。《伊莎书》(六)皆义同而文字微异。

44. 后半颂见《弥勒书》,Ⅵ,22。《甘露滴书》(*Amṛtabindu 17*)有云:(此即上二七所举之《甘露滴书》,“甘露”是“永生”义)“当知大梵有二:语言大梵及超上大梵。语言梵道既修,则臻至超上大梵也。”——此所谓“梵道语言之域”,谓《韦陀》,《奥义书》等。

Ⅶ.2. 参下ⅩⅢ,30;ⅩⅧ,20。又《唱赞书》,Ⅵ,1,4;《蒙查书》,Ⅰ,1,3。

4、5. 诸《奥义书》相同之说:《蒙查书》,Ⅱ,Ⅰ,3;《解脱书》,Ⅰ,15;《六问书》,Ⅵ,4。

“由此超神我,遂生有生命,心思与诸根,
　　空、风、水、火、地,——持载宇宙者。”

五唯与我慢及智慧为七谛,称prakṛti-vikṛti,加原本自性为八，aṣṭadhā prakṛti，然以原本自性与其所生七谛为八而并列之，则无以见能生与所生之异，故《薄伽梵歌》代以“心思”为八，此与《数论》异撰。

8. 以下五颂，释如何持载宇宙，一贯读。

12. 参《僧佉论》，Ⅻ：“喜忧闇为性，照造缚为事，更互伏依生，双起三德法。”

19. 万有皆是涡苏天，参《史诗》（Sān. *341*，*33—35*；*40*）。

23. 参下Ⅸ，20—25。

25. 参上Ⅳ，6；下Ⅸ，7。

30. 参上Ⅱ，72。

Ⅷ.5. 参上Ⅶ，23，30；本章下13；Ⅸ，25。

6. 诸《奥义书》相同之说：《唱赞书》，Ⅲ，14，1；《六问书》，Ⅲ，10；（上Ⅱ，72）《弥勒书》，Ⅳ，6。

9. “小于极微兮……颜色如太阳，超乎黑暗……”与《白净书》，Ⅲ，9，20，同文。

11. “求者兮，终守贞洁……”与《羯陀书》，Ⅱ，15，同文。

16. 轮回之说，参下Ⅸ，21；《大林间书》，Ⅳ，4，6。

27. 二道之说，早见于《黎俱韦陀》，亦屡见于诸《奥义书》，而调和于《韦檀多经》中。参《大林间书》，Ⅴ，10；Ⅵ，2，15，16。《唱赞书》Ⅴ，10；《考史书》，Ⅰ，3。*Vedānta-sū*. Ⅳ. *3*，*1—6*。

Ⅸ.19. 参下ⅩⅦ，26—28。

21. 参上Ⅱ，42—44；Ⅵ，41；Ⅶ，23；Ⅷ，16—25。《大林间书》。

22. 参 *Śaśvatakośa* 100，292：——得所未得曰 *Yoga*，保所已得曰 *kṣema*。

Ⅹ.35. 颂因陀罗之唱赞，参《黎俱韦陀》，（如*Ṛig. V.* Ⅵ *46*，

1 等)。

42. 此义本之《黎俱韦陀》(*Ṛig. V. X 90. 3*);亦见《唱赞书》,Ⅲ,12,6。

Ⅺ.4. “瑜伽自在”即“瑜伽主”,亦见下ⅩⅧ,75。

34. 此答上Ⅱ,6,阿琼那之问。

37. 此颂分九层说。“超彼”参下ⅩⅢ,12。

38. 此颂分七层说。

40. “遍是”“遍覆”义,见《蒙查书》,Ⅱ,2,12;《唱赞书》,Ⅶ,25。

46. 此颂与前第17颂见为一片光芒者,义非重复。

55. 商羯罗疏,谓此颂乃《薄伽梵歌》全书主旨。

Ⅻ. 颂3、4为一句。

颂6、7为一句。

颂18、19为一句。

20. 以上七颂,说有所亲爱,盖就敬爱瑜伽云然。上Ⅸ,29所云于众生无爱憎,盖就知识瑜伽而言。二者非矛盾。

ⅩⅢ.6. “忍”意见下ⅩⅧ,33。

13. 参《白净书》,Ⅲ,3;11;14;16。

15. “远迩”义参《伊莎书》,Ⅴ;《蒙查书》,Ⅲ,1,7。

16. “无分”,为一也。参下ⅩⅧ,20。

17. “光之光”,参《大林间书》,Ⅳ,4,16;“超出暗阴”,参《白净书》,Ⅲ,8。

25. 回参Ⅳ,39。

27. 回参Ⅷ,20。

28. “戕贼”谓堕于物欲也。回参上Ⅵ,5,6,7。

ⅩⅣ.5. 三德之说见《史诗》(*Anugītā*)亦见《摩奴》(*Manu* Ⅻ);三德之相互,亦见《史诗》(*Aśva 36* 并 *Sāṁ. Kā.*)(前Ⅶ,12条下)。

14.　参（*Sāṁ. Kā. 44*）。

16.　萨埵等业相，见下 XVIII，23—25。

19.　回参 II，45。

26.　成梵道而入涅槃也。参上 II，72；下，XVIII，53。

XV．1.　“谓……”——谁谓？“宇宙树”之说，早见《韦陀》中，亦见古《奥义书》中：（*Ṛig. V.—X. 135，1；I. 164，22；V. 54，12*）（*Atha. V.—V. 4，3；XIX 39，6*）《羯陀书》，II，6，1；《白净书》：VI，6。等。

4.　“我将”二句，《韦檀多》诗句也。

6.　“彼处日不临，月不照，而火不炬兮……”与《羯陀书》，V，15；《白净书》，VI，14，同文。

7.　永恒一分，如瓶空；说亦见《韦檀多经》II．*3，17；43*。

12.　回应本章前 6；前 VII，8，9，10，皆同此义。

15.　“唯我为由诸《韦陀》，以知者兮……”与《解脱书》，XXII，同文。

下半颂见《解脱书》。或谓《薄伽梵歌》时代，尚无《韦檀多》学，遂疑此颂为窜入者。实则“韦檀多”一名，早见于其他《奥义书》中，《蒙查书》，III，2，6；《白净书》，VI，22。故可毋疑。

XVI.　说智说理，自第七章起，至上章论变易者，非变易者。归极于至上补鲁洒，止矣。其次论智者愚夫之别，已于玖章，十一，十二两颂发其端；而三德以萨埵性为低等自性与高等自性间之一中介者，必且消融而返于精神之源，然则发展萨埵性，直至其充满精神之光明，静定而悦乐，乃为上达之本。必说此而后全书总结于第十八章，斯美满圆成。

1.　“坚定修知识瑜伽”，又可释为坚定修知识“与”瑜伽二者。参上 IV，41，42。

自克,自制也。《史诗》(*Sān. 160—163*)。以“宽恕”,“坚定”等二十五至三十善行归之。其“真诚”又摄十三善行。此种分类,多无一定。

8. 释此颂颇有多说:一说“交合”,为三德之相合;另说为雌雄之合;另说为因缘之合,则据上Ⅲ,14,及(*Manu 3. 79*),说“食从雨得”云云。从摩闼婆疏。另说则据《泰迪书》,Ⅱ,1:“由彼‘自我’而有空。由空而有风,而风而有火……”则亦因缘之说。

11. “如是”,如云:人生以享乐为目的。古有其说。

ⅩⅦ. 古之设教者,鲜不平实。Ⅵ,16、17,教人如何调摄,此章更教人拣择食物。而第七章智理之辩,至此章讨论始毕。

10. 食物清净,则身心随之清净。盖古训也。参《唱赞书》,ⅩⅩⅥ,2。

14. 参(*Manu 11. 236*)。

15. 参(*Manu 4. 138*)。

23. 此真言也,诸书之说多不同。参《六问书》,Ⅴ。《羯陀书》,Ⅱ,15至17。《泰迪书》,Ⅰ,8。《唱赞书》Ⅰ,1。《弥勒书》。Ⅵ,3,4。《唵声书》全。

ⅩⅧ. 此章总结全《歌》,乃作四分:

一、颂1—39,论功德,心思,行业。

二、40—48,说自性与自法。

三、49—56,说趋无上秘密之途。

四、57—58,开演无上秘密之教。

而Ⅴ,13,说“自无所为,弗使他有营”;Ⅸ,28,教“修弃舍以自靖”,Ⅳ,20,说“营营举措诸业”;Ⅻ,11,且说“尽捐诸行之果”。——凡此若离若合,皆仍待阐明。

1. “退隐”属外表生活,“弃绝”属内心生活。《奥义书》

于此,多说外表者。如《解脱书》Ⅱ;《摩诃那罗书》Ⅹ,21;《蒙查书》Ⅲ,2,6;《大林间书》Ⅳ,4,22。

11. 参前Ⅲ,5。内中弃绝,而仍有委诸神明之行业,斯无业缚矣。

20. 参《大林间书》Ⅳ,14,19—20。《羯陀书》Ⅱ,4,11。

23. 此颂乃行业无为之真谛。回参Ⅳ,17,18。

36. 此颂后半与第三十七颂为一句。

40. 《摩奴法典》(*Manu 12,48—50;89—91*)中,萨埵性更分上、中、下三品,上品解脱,中品生天云。

41. 回应上Ⅳ,13 所说。至 44。自性生职分不同,数见于《史诗》。(*Vana 180,211;Śān. 188;Aśva 39,11*)

49. 此颂以下总括全书主旨,至六十六,最为精采。54、55,两颂乃本书最明晰之决定义,异于他派思想者。

57. 智慧即平等性智。作事业而不存果报之想,回参Ⅱ,49;Ⅴ,13。颂 65、66,至秘之言,尽此二颂。

70. "研咏",即"奉献以研经,以学能",回参上Ⅳ,28。

(按:以上与诸《奥义书》或全部相同,或相同而微异之处,大致具备。但有一事可研资究者,即诸《奥义书》中之"无明"一字(avidya),在《歌》中乃代以"摩耶"(māyā),或"无知"(ajñ āna)。然则《薄伽梵歌》虽全部承袭诸古《奥义书》之精神哲学,其时亦在此"摩耶"一字代替"无明"一字行世以后也。而"摩耶"最初乃见于《白净识者奥义书》Ⅳ,10,见前。)

征　　引（二）

元魏菩提留支译提婆造："释楞伽经中外道小乘涅槃论"。其第十二外道，即指此《歌》。文云：

问曰：

"何等外道说见自在天造作众生名涅槃？"

答曰：

"第十二外道摩陀罗论师言那罗延论师说：

"我造一切物，（参《歌》Ⅸ，13；Ⅹ，8，15，20。）

"我于一切众生中最胜，（Ⅱ，61。）

"我生一切世间有命无命物，（Ⅸ，10；Ⅺ，43。）

"我是一切山中大须弥山王，（Ⅹ，23。）

"我是一切水中大海，（Ⅹ，24。）

"我是一切仙人中迦比罗牟尼，（Ⅹ，26。）

"我是一切药中榖，（按：此句《歌》中无文，疑即Ⅸ，16之第二句：

'我'为祀祖所荐兮，'我'为药英。）

"若人至心以水，草，花，果供养我，我不失彼人，彼人不失我。（Ⅸ，26；Ⅵ，30。）

"摩陀罗论师说那罗延论师言：一切物从我生，还没彼处，名为涅槃。（Ⅸ，7）是故名常，是涅槃因。"

（按：《薄伽梵歌》胜义，至今世几于阐发无遗，然其考据研究，窃意犹有未尽。此条姑附存于此，乃极有研究价值之一橛史料。唯愿治佛学者，按此《歌》求之，则沉沉大藏中，类是必有可发现者也。）

图书在版编目(CIP)数据

薄伽梵歌论/(印)室利·阿罗频多著;徐梵澄译.—北京:商务印书馆,2017
(汉译世界学术名著丛书:120年纪念版:珍藏本)
ISBN 978-7-100-14623-4

Ⅰ.①薄… Ⅱ.①室… ②徐… Ⅲ.①史诗—诗歌研究—印度—古代 Ⅳ.①I351.072

中国版本图书馆CIP数据核字(2017)第152221号

汉译世界学术名著丛书
(120年纪念版·珍藏本)
薄伽梵歌论
〔印度〕室利·阿罗频多 著
徐梵澄 译

商 务 印 书 馆 出 版
(北京王府井大街36号 邮政编码100710)
商 务 印 书 馆 发 行
北 京 冠 中 印 刷 厂 印 刷
ISBN 978-7-100-14623-4

2017年12月第1版 开本710×1000 1/16
2017年12月北京第1次印刷 印张47¾
定价:240.00元